Schriften zum Unternehmens- und Kapitalmarktrecht

Herausgegeben von

Jörn Axel Kämmerer, Karsten Schmidt und Rüdiger Veil

120

Sabrina Seitz

Abfindung, Börsenkurs und Normzweckadäquanz

Eine Untersuchung der Geeignetheit von Börsenkursen zur Bestimmung angemessener Barabfindungen unter besonderer Berücksichtigung des Freiverkehrs

Mohr Siebeck

Sabrina Seitz, geboren 1995; Studium der Rechtswissenschaften an der LMU München; 2019 Erste Juristische Staatsprüfung; Referendariat am Kammergericht Berlin; 2023 Promotion; 2024 Zweite Juristische Staatsprüfung.
orcid.org/0009-0006-3616-1828

Diss., Ludwig-Maximilians-Universität München, 2023

ISBN 978-3-16-162761-3 / eISBN 978-3-16-163336-2
DOI 10.1628/978-3-16-163336-2

ISSN 2193-7273 / eISSN 2569-4480
(Schriften zum Unternehmens- und Kapitalmarktrecht)

Die Deutsche Nationalbibliothek verzeichnet diese Publikation in der Deutschen Nationalbibliographie; detaillierte bibliographische Daten sind über *https://dnb.dnb.de* abrufbar.

Das Buch wurde von epline in Bodelshausen aus der Times New Roman gesetzt, von Laupp & Göbel in Gomaringen auf alterungsbeständiges Werkdruckpapier gedruckt und dort gebunden.

Printed in Germany.

Vorwort

Diese Arbeit wurde im Wintersemester 2022/23 von der Juristischen Fakultät der Ludwig-Maximilians-Universität München als Dissertation angenommen. Literatur und Rechtsprechung konnten bis August 2023 berücksichtigt werden.

Ich möchte mich an dieser Stelle bei all denen von ganzem Herzen bedanken, die mich in dieser herausfordernden und zugleich bereichernden Zeit begleitet und unterstützt haben.

Mein besonderer Dank gilt meinem Doktorvater, Professor Dr. Mathias Habersack, der mir bei der Ausrichtung der Arbeit freie Hand ließ und dabei stets mit wertvollem Rat zur Seite stand. Professor Dr. Rüdiger Veil danke ich für die zügige Erstellung des Zweitgutachtens und gemeinsam mit seinen Mitherausgebern Professor Dr. Jörn Axel Kämmerer und Professor Dr. Karsten Schmidt für die Aufnahme in ihre Schriftenreihe. Dem Munich Center for Capital Markets Law (MuCCML) danke ich für die Auszeichnung der Arbeit mit dem Dissertationspreis im Gesellschafts- und Kapitalmarktrecht 2023.

Für die fachliche Unterstützung und wertvollen Denkanstöße möchte ich mich bei meinen zahlreichen Gesprächspartnern aus der Praxis bedanken, insbesondere bei Dr. Jonas Wittgens für den kontinuierlichen Austausch über das gesamte Verfahren hinweg.

Mein ganz persönlicher Dank gilt Tristan Denis für die bedingungslose persönliche wie auch fachliche Unterstützung und den stetigen Rückhalt während meiner gesamten Studien- und Promotionszeit.

Zuletzt möchte ich meinen herzlichsten Dank an meine Eltern ausdrücken, die mir bei meinem akademischen und beruflichen Werdegang besonderes Vertrauen entgegengebracht haben. Ihnen widme ich diese Arbeit.

Berlin, im Februar 2024 *Sabrina Seitz*

Inhaltsübersicht

Inhaltsverzeichnis

Teil 1

Einleitung

§ 1 Problemstellung und Zielsetzung

Kaum ein Thema wird im Kapitalgesellschaftsrecht schon seit Jahrzehnten so intensiv diskutiert wie die Abfindung[1] von Aktionären. Dies verwundert nicht, handelt es sich bei der Entschädigung für Eingriffe in Rechtspositionen um ein grundlegendes Rechtsproblem, welches bei der Abfindung von Aktionären durch die betriebswirtschaftlichen und gesellschaftsrechtlichen Implikationen besondere Schwierigkeiten aufwirft. Von den juristischen Rahmenbedingungen bis hin zu den bewertungstheoretischen Einzelfragen werden daher intensive Diskussionen geführt. Gerade die notwendige Verknüpfung sowie die Wechselwirkung von Betriebswirtschaftslehre und Rechtswissenschaft machen die Suche nach der angemessenen Abfindung zu einem hochkomplexen juristisch-betriebswirtschaftlichen Unterfangen. Aufgrund dessen sieht man sich als Rechtsanwender einer überwältigenden Flut an Literatur und Rechtsprechung ausgesetzt. Problematisch ist dabei nicht nur die Masse an Beiträgen, sondern auch, dass bereits keine Einigkeit über die Grundannahmen besteht und diese häufig nicht offengelegt werden. Es werden daher regelmäßig nur Einzelfragen untersucht, ohne dass ein einheitliches dogmatisches Gesamtkonzept entwickelt wird.

Trotz der engen Verzahnung von Recht und Bewertungslehre kann Ausgangspunkt einer juristischen Untersuchung, deren Fokus auf der Abfindung bei Strukturmaßnahmen liegt, nur das Gesetz sein. Lange Zeit war umstritten, ob überhaupt ein Ausschluss von Aktionären möglich ist. Zwar ist dies mittlerweile gemeinhin anerkannt, was durch die Einführung und verfassungsrechtliche Anerkennung des Squeeze-Outs bestätigt wurde.[2] Die Diskussion hat sich dadurch aber nur auf die Rechtsfolgenebene, namentlich die zu leistende Abfindung verlagert, und wird nun dort vehement weitergeführt. Denn das Gesetz

---

[1] Der Begriff der Abfindung wird nachfolgend verwendet als Oberbegriff für die verschiedenen Abfindungsarten (Barabfindung, Abfindung in Aktien, Ausgleich, Umtauschverhältnis und bare Zuzahlung [vgl. KK-AktG/*Gayk*, Anh. § 11 SpruchG Rn. 3]).

[2] BVerfG, NJW 2007, 3268 – „*Edscha*" zum aktienrechtlichen Squeeze-Out (§§ 327a ff. AktG) und BVerfG, NZG 2012, 907 – „*Deutsche Hypothekenbank*" zum übernahmerechtlichen Squeeze-Out.

fordert als Kompensation schlicht die Angemessenheit der Abfindung.[3] Was aber ist unter dem unbestimmten Rechtsbegriff der angemessenen Abfindung zu verstehen? Dies konkretisiert das Gesetz nicht.

In der Praxis hat sich zur Bewertung seit langem das Ertragswertverfahren nach den Vorgaben des Instituts der Wirtschaftsprüfer (IdW) etabliert. Ertragswertverfahren erfordern jedoch zeit- und kostenintensive Gutachtertätigkeiten und unterliegen als prognostische Verfahren erheblichen Bewertungsunsicherheiten. Bewertungsgutachten werden daher nicht selten gerichtlich angegriffen.[4]

Vor allem in Anbetracht der Verfahrensdauer von Spruchverfahren, bedingt durch die hohe Komplexität des Bewertungsvorgangs[5], wird daher immer häufiger diskutiert, wie das Bewertungsproblem zeit- und kosteneffizient gelöst werden kann, ohne dabei die berechtigten Interessen der Minderheit aus den Augen zu verlieren. Insbesondere bei börsennotierten und kapitalmarktorientierten Gesellschaften drängt sich die Frage auf, warum überhaupt umfassende Gutachten erstellt werden müssen, wenn doch auch die Marktbewertung – der Börsenkurs – als Anknüpfungspunkt für die Bestimmung der Abfindungsleistung dienen kann. Durch die Heranziehung von Börsenkursen auf langwierige Bewertungsgutachten verzichten zu können, ist insbesondere aus verfahrensökonomischer Sicht besonders attraktiv. Denn die überlange Verfahrensdauer von Spruchverfahren ist auch verfassungsrechtlich nicht unbedenklich.[6]

Konnten diese Überlegungen früher – wohl auch in Anbetracht der unterentwickelten deutschen Kapitalmärkte – im Ergebnis nicht hinreichend überzeugen, hat sich in jüngerer Zeit aufgrund der zunehmenden Professionalisierung der Kapitalmärkte eine gesteigerte Bereitschaft von Rechtsprechung und Lite-

---

[3] Vgl. nur § 327a Abs. 1 Satz 1 AktG: „Die Hauptversammlung einer Aktiengesellschaft oder einer Kommanditgesellschaft auf Aktien kann auf Verlangen eines Aktionärs, dem Aktien der Gesellschaft in Höhe von 95 vom Hundert des Grundkapitals gehören (Hauptaktionär), die Übertragung der Aktien der übrigen Aktionäre (Minderheitsaktionäre) auf den Hauptaktionär gegen Gewährung einer *angemessenen Barabfindung* beschließen." (Hervorhebungen durch Verf.).

[4] An den deutschen Zivilgerichten wird jährlich eine Vielzahl an Spruchverfahren geführt, um im Anschluss an eine Strukturmaßnahme die den außenstehenden Aktionären zu gewährende Abfindung einer gerichtlichen Kontrolle zu unterziehen. In all diesen Fällen stehen die Gerichte vor der Aufgabe, die Angemessenheit der Abfindung zu überprüfen und im Falle ihrer Unangemessenheit, eine angemessene Abfindung zu bestimmen (vgl. nur die Liste der über 300 LG- und über 160 OLG-Beschlüsse der vergangenen 20 Jahre auf Spruchverfahren direkt, (abrufbar unter https://www.spruchverfahren-direkt.de/?page_id=555, zuletzt abgerufen am 16.08.2023).

[5] Verstanden als die Zuordnung eines Wertes zu einem Bewertungsgegenstand aus der Perspektive eine Bewertungssubjekts (Fleischer/Hüttemann/*Böcking/Rauschenberg*, § 2 Rn. 2.4); *Decher/Hoffmann-Becking/Löbbe/Wilsing*, Stellungnahme DAV, S. 467.

[6] Siehe dazu S. 54 ff.

ratur gezeigt, Börsenkurse zu beachten. Diese Entwicklung maßgeblich angestoßen hat das BVerfG in seiner DAT/Altana-Entscheidung.[7]

Entgegen der zunehmenden Akzeptanz werden Börsenkurse in der Praxis aber bislang nur zögerlich – meist in Kombination mit einem Ertragswertgutachten – herangezogen.[8] Dies ist angesichts der überlangen Dauer von Spruchverfahren ernüchternd und zeigt eine gewisse Pfadabhängigkeit auf, trotz der beachtlichen Kritik und alternativen Bewertungsmöglichkeiten überwiegend am Ertragswertverfahren festzuhalten, zumal das Gesetz methodenoffen ausgestaltet ist. Es obliegt gerade dem Rechtsanwender die Leerformel „angemessene Abfindung" mit Inhalt zu füllen und dabei auch neuere Entwicklungen zu berücksichtigen. Vor dem Hintergrund zunehmend regulierter und effizienter Kapitalmärkte soll folglich angeregt werden, neue Pfade zu beschreiten und sich – wo möglich – noch stärker an Börsenkursen zu orientieren.

Beitrag der vorliegenden Arbeit dazu ist es, umfassend zu untersuchen, inwiefern Börsenkurse bei der Bestimmung der angemessenen Abfindung (vorrangig) herangezogen werden können. Hauptaugenmerk der Untersuchung liegt dabei auf dem oftmals vernachlässigten Zweck der Abfindungsnorm (Normzweck) und einer konsequenten Ausrichtung der juristischen Bewertungsgrundlagen daran.

Im Zentrum der Diskussion um die Alleinmaßgeblichkeit von Börsenkursen steht der regulierte Markt. Freiverkehrskurse werden dagegen bislang nur stiefmütterlich behandelt.[9] Die strukturelle Verschiedenheit der beiden Börsenseg-

---

[7] BVerfGE 100, 289 – „*DAT/Altana*"; zuvor noch ablehnend BayObLG München, DStR 1995, 1479 (1480); BGH, Urt. v. 30.03.1967 – II ZR 141/64, juris, S. 11 ff.; OLG Celle, Beschl. v. 31.07.1998 – 9 W 128/97, juris, Rn. 19 ff.

[8] Vgl. nur BGH, DStR 2016, 974 – „*Nestlé*"; BGH, BeckRS 2020, 28435, Rn. 36 – „*Wella*"; OLG Dresden Beschl. v. 16.08.2017 – 8 W 244/17, nv, S. 13 ff. (abrufbar unter https://www.justiz.sachsen.de/esamosplus/pages/index.aspx, zuletzt abgerufen am 16.08.2023); OLG Düsseldorf, BeckRS 2020, 28412, Rn. 27; OLG Frankfurt a. M., BeckRS 2016, 6246, Rn. 29 ff.; OLG Frankfurt a. M., NZG 2020, 339. Hintergrund der Doppelbewertung anhand von Ertragswert und Börsenkurs ist, dass im Regelfall schon der Mehrheitsaktionär in Vorbereitung der die Strukturmaßnahme beschließenden Hauptversammlung ein Ertragswertgutachten in Auftrag gibt. Dieses Gutachten wird dann der richterlichen Kontrolle im Spruchverfahren zugeführt. In jüngerer Zeit finden sich jedoch auch vermehrt Entscheidungen, die trotz Vorliegens eines Ertragswertgutachtens allein auf eine kapitalmarktorientierte Bewertung anhand von Börsenkursen abstellen (vgl. LG Frankfurt a. M., NZG 2019, 989 (991) – „*Stada AG*"; LG Stuttgart, BeckRS 2018, 35320, Rn. 105; LG Stuttgart, Beschl. v. 17.09.2018 – 31 O 1/15 KfH SpruchG, juris, Rn. 145; LG Stuttgart, BeckRS 2019, 23342, Rn. 303; OLG München, BeckRS 2021, 43656, Rn. 70 f.).

[9] Jüngst scheint diese Fragestellung jedoch vermehrt das Interesse der Rechtsprechung und Literatur zu wecken. Vgl. zuletzt u. a. *Brandenstein/Höfling*, NZG 2021, 18; *Bungert/Wettich*, FS Hoffmann-Becking 2013, 157 (174); *Herfs/Goj*, DB 2021, 772 (773 f.); *Karami*, Übertragung der Börsenkursrechtsprechung auf Freiverkehrstitel; *Schmidt*, NZG 2020, 1361; *Wasmann*, AG 2021, 179 (191); *Zwirner/Zimny*, BB 2018, 1387 (1388); LG Stuttgart, BeckRS 2018, 35320; OLG Hamburg, BeckRS 2020, 27988; OLG München, NZG 2014, 1230.

mente[10] gibt jedoch begründeten Anlass intensiver zu hinterfragen, ob die angestellten Überlegungen ohne Weiteres auf den Freiverkehr übertragen werden können, im Lichte der verfassungsrechtlichen Zielvorgaben gar müssen oder nicht vielmehr eine differenzierte Betrachtungsweise angezeigt ist.

Ziel der Arbeit ist es, die Frage, ob und inwieweit Börsen- und insbesondere Freiverkehrskurse zur Bestimmung angemessener Abfindungsleistungen bei Strukturmaßnahmen herangezogen werden können, einer umfassenden rechtsdogmatischen Untersuchung zuzuführen. Zum einen soll durch die Auseinandersetzung mit den zahlreichen Beiträgen aus der Literatur, der Vielzahl gerichtlicher Entscheidungen sowie den gesetzgeberischen Wertungen ein Beitrag zu einem normzweckorientierten – und damit dogmatisch fundierten – Bewertungskonzept bereitgestellt werden. Zum anderen soll der Praxis eine bessere Handhabung der angemessenen Abfindung bei börsenorientierten[11] Gesellschaften ermöglicht werden.

§ 2 Gegenstand und Gang der Untersuchung

Die soeben dargestellte Forschungsfrage beschreibt und begrenzt zugleich den Untersuchungsgegenstand. Die Frage der Vereinbarkeit einer marktpreis- bzw. kursorientierten[12] Bewertung mit den Anforderungen an eine angemessene Abfindung der außenstehenden Aktionäre[13] – kurz: die Normzweckadäquanz[14] – soll konkret für Freiverkehrsemittenten aufgearbeitet werden. Insbesondere der Normzweck als elementarer Ausgangspunkt der Bewertung, aus dem sich Ziel, Gegenstand und Perspektive der Bewertung ableiten lassen, soll daher umfassend untersucht werden.

Die in der Bewertungslehre anerkannten Bewertungsmethoden[15] werden dabei nur am Rande behandelt, da diese keine abweichenden Ergebnisse zwi-

---

[10] Vgl. zum sog. „Zwei-Segmente-Prinzip“: *Harrer* in BeckHdB AG, § 20 Rn. 10 ff.; *Weitnauer*, Teil I. Exit Rn. 109.

[11] Der Begriff der „börsenorientierten Gesellschaft“ soll hier für im regulierten Markt und Freiverkehr notierte Gesellschaften verwendet werden, um eine Überschneidung mit dem gesetzlich festgelegten Begriff der „börsennotierten Gesellschaft“ i. S. d. § 3 Abs. 3 AktG (dazu S. 244) zu vermeiden.

[12] Hier synonym verwendet als Oberbegriff für Börsen- und Freiverkehrskurse sowie an anderen Handelsplätzen festgestellte Preise (Marktpreise).

[13] Der Begriff des außenstehenden Aktionärs wird nicht definiert. In der Regierungsbegründung zur Vorschrift des § 284 AktG 1965 (RegE zum AktG und EGAktG, BT-Drs. IV/171, S. 220) werden hierunter jedoch „alle Aktionäre der Gesellschaft mit Ausnahme des anderen Vertragsteils“ gefasst.

[14] Instruktiv zum Normzweckadäquanzprinzip und der funktionalen Bewertungslehre: *Moxter*, Grundsätze ordnungsmäßiger Unternehmensbewertung. Näher S. 8.

[15] Zu den auch in der Rechtsprechung anerkannten Bewertungsmethoden zählen jedenfalls die nach dem Institut der Wirtschaftsprüfer (IDW) gängigen Verfahren (IDW S 1, Rn. 7),

schen dem regulierten Markt und Freiverkehr versprechen. Dagegen ist die Aussagekraft von Börsenkursen als Marktpreise[16] unmittelbar abhängig vom Markt, in dem sie zustande kommen. Diese Abhängigkeit erfordert eine genaue Analyse des Marktes aus regulatorischer, aber auch tatsächlicher Sicht. Regulierter Markt und Freiverkehr sollen einander daher umfassend gegenübergestellt werden.

Die Untersuchung der Bewertungsfunktion von Freiverkehrskursen konzentriert sich dabei auf die Bestimmung angemessener Barabfindungen,[17] also die Fälle, in denen die außenstehenden Aktionäre vollständig aus der Gesellschaft ausscheiden. Der Untersuchungsgegenstand wird dahingehend begrenzt, da die Fälle, in denen die Aktionäre weiter an der Gesellschaft beteiligt bleiben, eine andere Bewertungssituation darstellen, die teils abweichende Erwägungen rechtfertigt.[18] Auch der Tauglichkeit von Börsen- und Freiverkehrskursen im Hinblick auf die Bewertung ganzer Unternehmen, soll hier nicht weiter nachgegangen werden. Denn eine valide Aussage zur Tauglichkeit eines Bewertungsverfahrens lässt sich nur im Hinblick auf den konkreten Bewertungszweck – hier die Barabfindung der außenstehenden Aktionäre bei Strukturmaßnahmen – treffen. Ob anlässlich anderer Bewertungsanlässe auf (Freiverkehrs-) Kurse zurückgegriffen werden kann, muss eigenständig geprüft werden und ist nicht Gegenstand der nachfolgenden Untersuchung.

---

namentlich das Ertragswertverfahren und das Discounted Cash Flow-Verfahren (DCF-Verfahren).

[16] Marktpreis ist der Preis, der für Güter und Dienstleistungen auf einem Markt zu einem bestimmten Zeitpunkt von Marktteilnehmern aus Angebot und Nachfrage gebildet wird. Der am Aktienmarkt zustande gekommene Börsenkurs ist daher ebenfalls Marktpreis für die einzelne Aktie als verbriefte Mitgliedschaft in der Aktiengesellschaft.

[17] § 305 Abs. 2 Nr. 3 AktG (Beherrschungs- und Gewinnabführungsvertrag); §§ 327a ff. AktG, 62 Abs. 5 UmwG (aktien- und umwandlungsrechtlicher Squeeze-Out); §§ 29 Abs. 1 Sätze 1 und 3 (Verschmelzung durch Aufnahme), 122i Abs. 1 Satz 1 (grenzüberschreitende Verschmelzung), 176 Abs. 2 Satz 3 Hs. 2 (Vollübertragung), 207 f. UmwG (Formwechsel); §§ 7 Abs. 1 Satz 1, 9 Abs. 1 Satz 1 SEAG (Gründung einer SE); § 12 Abs. 1 Satz 1 SEAG (Sitzverlegung einer SE).

[18] In den Fällen einer Verschmelzungswertrelation kommt es für die angemessene Abfindung in erster Linie auf eine Relationsbewertung an, bei der vor allem im Hinblick auf den Bewertungsgegenstand und die Berücksichtigung von Synergien und Verbundvorteilen andere Erwägungen anzustellen sind (vgl. S. 130 f.).

Teil 2

Grundlagen der Bestimmung der angemessenen Abfindung

Um das Verständnis der nachfolgenden Untersuchungen zur Tauglichkeit von Börsen- und Freiverkehrskursen bei der Bestimmung angemessener Barabfindungen zu erleichtern und hierfür eine gewisse Ausgangsbasis zu schaffen, soll den Grundlagen ein eigenständiger Teil gewidmet werden. Dieser dient der Einführung in die Thematik, indem die grundlegenden rechtlichen Anforderungen an eine angemessene Abfindungsleistung zunächst abstrakt und am Normzweck orientiert herausgearbeitet werden.

Denn eine Vielzahl der Meinungsverschiedenheiten bei der Bestimmung angemessener Abfindungsleistungen lässt sich schon auf unterschiedliche Grundannahmen zurückführen. Uneinigkeit besteht daher nicht etwa in den Einzelfragen, sondern bereits in der bewertungsrechtlichen Grundkonzeption. Die Meinungsvielfalt zur Angemessenheit von Abfindungsleistungen ließe sich drastisch reduzieren, würde man schon in den Bewertungsgrundlagen mehr Einigkeit finden. Dies erfordert eine umfassende Auseinandersetzung mit dem Normzweck, die leider oftmals zu kurz kommt. Eine stringente Untersuchung der Normzweckadäquanz eines Bewertungsverfahrens kommt aber nicht umhin, die rechtlichen Anforderungen an die Bewertung zu konkretisieren. Im Gegenteil ist es geradezu zwingend die Bewertungsvorgaben zunächst abstrakt zu definieren, ehe das konkrete Bewertungsverfahren daran gemessen werden kann. Dies ist Gegenstand der nachfolgenden Ausführungen.

Auf eine kurze Darstellung der rechtlichen Dimension der Bewertungsfrage (§ 3), folgt eine eingehende Auseinandersetzung mit dem Bewertungsziel „angemessene Abfindung“ unter Auslegung der relevanten Rechtsgrundlage und unter besonderer Berücksichtigung der verfassungsrechtlichen Implikationen (§ 4). Darauf aufbauend werden sodann Gegenstand und Perspektive der Bewertung bestimmt (§ 5).

§ 3 Bewertung als Rechtsfrage

Bewerten als solches meint etwas „dem [Geld]wert, der Qualität, Wichtigkeit nach [ein]schätzen, beurteilen".[1] Es beschreibt also einen Vorgang, in dem einem Gegenstand (Bewertungsobjekt) vom Bewertenden (Bewertungssubjekt) bestimmte Eigenschaften zugeschrieben werden, was bei komplexeren Gegenständen wie Unternehmen schon begrifflich Schwierigkeiten. So hat die Unternehmensbewertung i. e. S. die Ermittlung des Wertes von Unternehmen zum Gegenstand. Unternehmensbewertung kann aber auch i. w. S. verstanden werden und neben der Ermittlung von Unternehmenswerten auch den Anteilswert erfassen. Die ökonomische Teildisziplin, die sich mit der Unternehmensbewertung befasst, ist die Bewertungslehre. Die rechtliche Natur der Bewertung als originär betriebswirtschaftliche Disziplin erschließt sich somit nicht schon auf den ersten Blick. Es muss daher zunächst der Bogen von der ökonomischen Bewertungslehre hin zur juristischen Relevanz von Bewertungsfragen gespannt werden, ehe auf die einzelnen Komponenten der rechtsgeleiteten[2] Bewertung im Kontext von Barabfindungen eingegangen werden kann.

A. Die Normzweckadäquanz: eine Synthese aus Wirtschaftswissenschaft und Jurisprudenz

Bewertungen sind überwiegend betriebswirtschaftlich veranlasst. So werden in der Bewertungspraxis regelmäßig Unternehmensbewertungen durchgeführt, die auf freiwilligen unternehmerischen Investitionsentscheidungen (bspw. Unternehmenstransaktionen) basieren und Grundlage der zwischen den Parteien privatautonom geführten Verhandlungen sind. Die Parteien begegnen sich hierbei regelmäßig auf Augenhöhe, mit dem Ziel einen Einigungswert zwischen ihren individuellen subjektiven Wertvorstellungen (Grenzpreisen) zu finden.[3] Wo Bewertungen auf freiwilliger Basis erfolgen, sind keine rechtlichen Schutzmechanismen erforderlich, da jede Partei ihre subjektive Wertobergrenze und Wertuntergrenze autonom festlegen und in die Preisverhandlungen einbringen kann. Nur im Rahmen des zwischen den Grenzpreisen der Parteien bestehenden Einigungsbereichs wird es zu einer Transaktion kommen.[4] Findet sich kein

[1] Vgl. Duden online „*bewerten*" (https://www.duden.de/rechtschreibung/bewerten; zuletzt abgerufen am 16.08.2023).

[2] *Adolff*, Unternehmensbewertung, S. 4; *Hüttemann*, FS Hoffmann-Becking 2013, 603 (603); auch „rechtsgeprägte Unternehmensbewertung" (*Karami*, Stand und (Weiter-)Entwicklung der rechtsgeprägten Unternehmensbewertung; *Knoll*, BFuP 2017, 300; *Wagner*, WPg 2016, 1090; *Großfeld/Egger/Tönnes* (Hrsg.), Recht der Unternehmensbewertung, Rn. 169) oder „rechtsgebundene oder normgeprägte Unternehmensbewertung" (*Fleischer*, ZGR 1997, 368 (375); *Fleischer*, AG 2014, 97 (98); *Fleischer*, AG 2016, 185 (189 f.)).

[3] *Moxter*, Grundsätze ordnungsmäßiger Unternehmensbewertung, S. 5.

[4] *Matschke/Brösel*, Unternehmensbewertung, S. 136 ff.; *Stein*, Fundamentalanalyse und Börsenkurs, S. 29; *Tönnes*, M&A Review 2017, 449 (449).

Einigungsbereich zwischen den Wertvorstellungen der Parteien, scheitert die Transaktion.

Darin liegt der entscheidende Unterschied zur Bestimmung der angemessenen Abfindung bei Strukturmaßnahmen. Da die außenstehenden Aktionäre den erforderlichen Mehrheitsbeschluss für die Durchführung einer Strukturmaßnahme nicht einseitig verhindern können, sieht das Gesetz einen (vermögensmäßigen) Schutz durch Gewährung einer angemessenen Abfindung vor.[5] Eine Bewertung erfolgt in diesen Fällen nicht auf freiwilliger Basis, sondern ist von Rechts wegen vorgeschrieben. Sie dient nicht der Bestimmung eines Einigungsbereichs als Grundbedingung erfolgreicher Preisverhandlungen, sondern der Entschädigung für den unabhängig vom Willen der Minderheit eingetretenen Rechtsverlust.[6] Die Bewertung ist nicht Grundlage, sondern Rechtsfolge der Maßnahme.[7]

Aufgrund der Schutzbedürftigkeit der Minderheit erfährt die Bewertungssituation bei Strukturmaßahmen somit eine normative Prägung. Bei der Bestimmung der angemessenen Abfindung kann sich die Bewertungslehre daher nicht allein auf ihre originär betriebswirtschaftliche Natur zurückziehen.[8] Im Gegenteil: Insbesondere bei gesetzlichen Bewertungsanlässen sind vor allem die juristischen Wertungen und Zielvorgaben in den Bewertungsvorgang zu integrieren.[9] Der Normzweck bestimmt hier das Bewertungsziel.[10] Er gibt das juristisch geforderte Ergebnis der Bewertung und zugleich den Bewertungsmaßstab vor. Die Auslegung und Konkretisierung des Normzwecks ist eine genuine Rechtsdisziplin, weshalb die Bewertung[11] in diesen Fällen nicht mehr als rein ökonomische Frage begriffen werden kann, sondern besonders rechtsgeleitet ist.[12] Aufgrund der Normprägung ist die rechtsgeleitete Bewertung in erster Linie Rechtsanwendung und damit Teil der Jurisprudenz.[13]

---

[5] Zu den verfassungsrechtlichen Erwägungen vgl. S. 19 ff.

[6] Näher zu diesen sog. dominierten Konfliktsituationen: S. 82 f.

[7] Vgl. auch *Matschke*, BFuP 2013, 14 (35).

[8] Petersen/Zwirner/*Luttermann*, S. 156.

[9] *Großfeld*, JZ 1981, 641 (642); *Crasselt/Lukas/Mölls*, S. 1.

[10] *Adolff*, Unternehmensbewertung, S. 1 ff.; *Fleischer*, AG 2014, 97 (98); *Fleischer*, AG 2016, 185 (190); Fleischer/Hüttemann/*Hüttemann*, § 1 Rn. 25; *Großfeld*, JZ 1981, 641 (642); *Hüttemann*, FS Hoffmann-Becking 2013, 603 (603 f.); *Matschke/Brösel/Karami*, FS Mandl 2010, 421 (424); *Mattes/Maldeghem*, BKR 2003, 531 (532).

[11] Dass es nicht auf eine Unternehmensbewertung i. e. S. ankommt, zeigt die Untersuchung des Bewertungsgegenstands auf S. 60 ff.

[12] Vgl. zutr. *Adolff*, Unternehmensbewertung, S. 5; *Großfeld*, JZ 1981, 641 (642); Petersen/Zwirner/*Luttermann*, S. 154.

[13] So ausdrücklich OLG Düsseldorf, NZG 2013, 1393 (1394) – „*Ergo Victoria*"; MüKoAktG/*van Rossum*, § 305 Rn. 82; BayObLG, AG 1996, 127 (128); *Adolff*, Unternehmensbewertung, S. 2 ff.; *Schwetzler*, FS Großfeld 2019, 401 (401); vgl. auch Petersen/Zwirner/*Luttermann*, S. 464, 469, 474 der in diesem Zusammenhang sogar von einem eigenen Rechtsgebiet spricht; grundlegend: *Großfeld*, Unternehmensbewertung, S. 8 ff. *Großfeld/Egger/Tönnes* (Hrsg.), Recht der Unternehmensbewertung, Rn. 1.

Die gesetzlich veranlasste Bewertung führt die betriebswirtschaftliche und rechtswissenschaftliche Forschung insoweit zusammen.[14] Aufgabe der Rechtswissenschaft ist es, den Normzweck zu ermitteln, um dem Begriff der Angemessenheit Konturen zu verleihen. Die Bewertungspraxis hat die rechtlichen Vorgaben mittels geeigneter Bewertungsmethoden umzusetzen, die sich wiederum an den juristischen Zielvorgaben orientieren und damit dem Normzweck Geltung verschaffen.[15] Nicht zuletzt in diesem Gebot der „Normzweckadäquanz"[16] besteht, neben den bewertungstechnischen Schwierigkeiten der Wertermittlung,[17] die Komplexität der Bewertung, die daher zutreffend auch als „Königsdisziplin der Betriebswirtschaftslehre" bezeichnet wird.[18]

Gleichsam ist es aber auch ein Ziel rechtswissenschaftlicher Forschung, Erkenntnisse und Techniken anderer Wissenschaften für die Rechtspraxis fruchtbar zu machen.[19] Im vorliegenden Kontext bedeutet dies, dass sich der rechtswissenschaftliche Diskurs bei der Ausfüllung des Rechtsbegriffs „Angemessenheit" den ökonomischen Erkenntnissen nicht völlig verschließen darf.[20] Im Gegenteil ist die Rechtswissenschaft darauf angewiesen, auf die bisherigen Erkenntnisse der Betriebswirtschaftslehre aufzubauen und Vorgaben für eine normzweckadäquate Umsetzung des Bewertungsproblems zu machen. Die Betriebswirtschaftslehre hat hieraus Ansätze zur Verwirklichung des Bewertungsziels zu entwickeln.[21] Auch bei diesem interdisziplinären Ansatz steht für die Beurteilung der Normzweckadäquanz eines Bewertungsverfahrens außer Zweifel, dass der Blick auf die Erkenntnisse der Bewertungslehre stets durch die juristische Brille erfolgen muss. Die ökonomischen Erkenntnisse und Argumente

---

[14] Die rechtsgeleitete Unternehmensbewertung wird daher auch häufig als „Begegnungsfach" bezeichnet (*Fleischer*, AG 2014, 97 (98); *Großfeld* in Großfeld/G. Schwarz/Meik (Hrsg.), Wirtschaftsrecht im internationalen Anpassungsprozess, Festvortrag „Unternehmensverfassung im Umbruch", 21 (31); *Ruthardt*, Normzweckkonforme Unternehmensbewertung, S. 27 ff. *Großfeld/Egger/Tönnes* (Hrsg.), Recht der Unternehmensbewertung, Rn. 2.

[15] Fleischer/Hüttemann/*Hüttemann*, § 1 Rn. 7, 25, 32 f.; *Follert*, Unternehmensbewertung, S. 4; MüKoHGB/*Schmidt*, § 131 Rn. 139.

[16] Begründet von *Moxter*, Grundsätze ordnungsmäßiger Unternehmensbewertung, S. 5 ff.; Fleischer/Hüttemann/*Böcking/Rauschenberg*, § 2 Rn. 2; *Fleischer*, AG 2016, 185 (190); Fleischer/Hüttemann/*Hüttemann*, § 1 Rn. 47; *Matschke/Brösel/Karami*, FS Mandl 2010, 421 (zusf. 445); *Ruthardt*, NZG 2015, 1387 (1387); *Ruthardt/Popp*, AG 2020, 240 (240).

[17] Bezeichnend *Stigler*, JPE, Vol. 91 1983 No. 4, 529 (533): „In economics the most fundamental of these central problems is the theory of value.".

[18] *Ebke*, FS Großfeld 2019, 1 (3); *Follert*, Unternehmensbewertung, S. 1 ff. m. w. N.

[19] So Richard Posner anlässlich des Symposium „Law, Knowledge, and the Academy" an der Harvard Law School 2001 (*Rakoff*, Harvard Law Review, Vol. 115 2002 5, 1278 (1278)).

[20] *Fleischer*, FS Hoffmann-Becking 2013, 331 (332); *Follert*, Unternehmensbewertung, S. 3, 61; *Großfeld/Egger/Tönnes* (Hrsg.), Recht der Unternehmensbewertung, Rn. 5; *Karami*, Stand und (Weiter-)Entwicklung der rechtsgeprägten Unternehmensbewertung, S. 1; *Matschke/Brösel/Karami*, FS Mandl 2010, 421 (423); *Meitner*, FS Großfeld 2019, 257 (257); *Ruthardt*, Normzweckkonforme Unternehmensbewertung, S. 29 f.; *Ruthardt*, NZG 2015, 1387 (1387); *Schwetzler*, FS Großfeld 2019, 401 (401).

[21] FAUB, WPg 2021, 957 (958); *Ruthardt/Popp*, AG 2020, 240 (241).

für und gegen die jeweiligen Bewertungsmodalitäten müssen aus rechtswissenschaftlicher Perspektive validiert werden.[22] Betriebswirtschaftliche Erkenntnisse dürfen keinesfalls blind übernommen werden.[23] Sie dürfen aber auch nicht gänzlich außer Betracht bleiben. Dies wäre einer belastbaren Lösung abträglich.[24] Denn ohne Berücksichtigung der betriebswirtschaftlichen Erkenntnisse kann nicht beurteilt werden, ob die Bewertungsziele auch erreicht wurden.[25]

In rechtsgeleiteten Bewertungssituationen gerät die Bewertung in ein Spannungsfeld zwischen Zweckorientierung und Praktikabilität sowie Rechtssicherheit und Flexibilität.[26] Zu Recht wird daher ein Zusammenwirken der Betriebswirtschaftslehre und Jurisprudenz in Form eines „wissenschaftlichen Diskurs[es] über die Fächergrenzen hinweg" gefordert.[27] Nur so lassen sich belastbare und umsetzbare Ergebnisse auch in den Einzelfragen erzielen. Auch wenn dies durchaus zu befürworten ist, muss oberste Prämisse stets die Normzweckadäquanz sein.

B. Bewertung: Zwischen Tatsachen- und Rechtsfrage

Das Zusammenspiel von Rechtswissenschaft und Betriebswirtschaftslehre erfordert indes eine klare Kompetenzverteilung. So wichtig eine scharfe Trennlinie zwischen den beiden Disziplinen auch ist, so schwer fällt doch eine klare Differenzierung im Einzelnen.[28]

Da den Richtern häufig der erforderliche Sachverstand in bewertungstheoretischen Fragen fehlt, wurde die Bestimmung angemessener Abfindungen lange Zeit weitestgehend externen Sachverständigen überlassen und damit vor allem als Tatsachenfrage verstanden.[29] Im Rahmen normgeprägter Bewertungs-

---

[22] *Fleischer* in Engel/Schön (Hrsg.), Das Proprium der Rechtswissenschaft, Gesellschafts- und Kapitalmarktrecht als wissenschaftliche Disziplin – Das Proprium der Rechtswissenschaft, 50 (76); *Großfeld*, Unternehmens- und Anteilsbewertung 2002, S. 16; Petersen/Zwirner/*Luttermann*, S. 468, 477.

[23] Petersen/Zwirner/*Luttermann*, S. 154–156; *Stein*, Fundamentalanalyse und Börsenkurs, S. 38 f.

[24] Überzeugend: *Adolff*, Unternehmensbewertung, S. 9 f.; *Fleischer*, ZGR 1997, 368 (368, 375); *Moxter*, Grundsätze ordnungsmäßiger Unternehmensbewertung, S. 21.

[25] *Ruthardt*, NZG 2015, 1387 (1387); *Ruthardt/Hachmeister*, WPg 2016, 411 (411); *Ruthardt/Hachmeister*, ZfbF 70 (2018) 47 (50).

[26] *Rapp*, ZfbF 72 (2020) 253 (262 f.); *Schwetzler*, FS Großfeld 2019, 401 (401).

[27] So bereits *Fleischer*, ZGR 1997, 368 (368); Fleischer/Hüttemann/*Hüttemann*, § 1 Rn. 75; *Hüttemann*, CF 2016, 467 (475); *Matschke/Brösel/Karami*, FS Mandl 2010, 421 (430); *Ruthardt/Hachmeister*, WPg 2016, 411 (411); jüngst: FAUB, WPg 2021, 957 (958); *Rapp*, ZfbF 72 (2020) 253 (254).

[28] Eingehend *Kuhner*, WPg 2007, 824 (824 ff.).

[29] BGH, NJW 1978, 1316 (1319) – „*Kali & Salz*"; BGH, NJW 1992, 892 (895); *Großfeld*, JZ 1981, 641 (641); *Großfeld/Egger/Tönnes* (Hrsg.), Recht der Unternehmensbewertung, S. 6; *Hüttemann*, ZGR 2001, 454 (476); *Matschke/Brösel/Karami*, FS Mandl 2010, 421 (424); OLG Hamm, AG 1963, 218 (221). Dies erkannte auch der Gesetzgeber im Rahmen der Neuordnung des Spruchverfahrens (RegE Spruchverfahrensneuordnungsgesetz, BT-Drs. 15/371,

anlässe greift dies indes zu kurz. Nicht zuletzt der Normzweck bestimmt das Bewertungsziel, welches entscheidend für die Auswahl einer tauglichen Bewertungsmethode ist. Der Unternehmens- bzw. Anteilswert ist gerade nicht umfassend objektiv bestimmbar, sondern korreliert stets mit dem konkreten, von Rechts wegen vorgegebenen Bewertungsziel.[30] Dieses ist durch Auslegung zu ermitteln. Die Konkretisierung der Bewertungsvorgaben ist damit eine originäre Rechtsfrage und liegt in der Verantwortung der Rechtsanwender.[31] Sie kann nicht durch Sachverständigengutachten ersetzt werden.[32]

Unter diesem Blickwinkel verwundern die jüngeren Ausführungen des BGH zumindest auf den ersten Blick:

> „Die Frage nach der geeigneten Bewertungsmethode ist keine Rechtsfrage, sondern Teil der Tatsachenfeststellung und beurteilt sich nach der wirtschaftswissenschaftlichen oder betriebswirtschaftlichen Bewertungstheorie und -praxis".[33]

Denn der BGH scheint eine weitgehende Kompetenzverlagerung auf die Betriebswirtschaftslehre zu vollziehen. Bei genauer Lektüre wird jedoch deutlich, dass mit dieser durchaus unglücklichen Formulierung lediglich die Auswahl der Bewertungsmethode und der Bewertungsparameter im konkreten Einzelfall gemeint sein soll. Denn die Frage, ob eine Bewertungsmethode das Bewertungsziel einer angemessenen Abfindung zu erreichen vermag ist, so führt auch der BGH klarstellend aus, rechtlicher Natur.[34]

S. 11).; vgl. auch die Kritik an der Position der Wirtschaftsprüfer bei *Emmerich*, EWeRK 2016, 153 (153 f.).

[30] *Adolff*, Unternehmensbewertung, S. 3 ff., 161 ff.; *Böcking*, FS Drukarczyk 2003, 59 (62, 72); *Brösel/Karami*, WPg 2011, 417 (419); *Busse v. Colbe*, AG 1964, 263 (266); *Drukarczyk*, AG 1973, 357 (357); *Fleischer*, AG 2016, 185 (191) (Grundsatz der Normzweckadäquanz); Fleischer/Hüttemann/*Hüttemann*, § 1 Rn. 6; *Großfeld*, JZ 1981, 641 (644); *Hüttemann*, ZHR 162 (1998) 563 (566); *Kuhner*, WPg 2007, 824 (826); *Lutter*, ZGR 1979, 401 (416); *Matschke/Brösel/Karami*, FS Mandl 2010, 421 (427); *Mattes/Maldeghem*, BKR 2003, 531 (532); *Schildbach*, BFuP 2017, 257 (v. a. 271 f.).

[31] *Fleischer*, AG 2014, 97 (98); Fleischer/Hüttemann/*Hüttemann*, § 1 Rn. 43; *Follert*, Unternehmensbewertung, S. 4.

[32] *Adolff*, Unternehmensbewertung, S. 5; *Fleischer*, ZIP 2012, 1633 (1642); *Fleischer*, AG 2014, 97 (98); *Fleischer*, AG 2016, 185 (189); *Follert*, Unternehmensbewertung, S. 77; KK-AktG/*Gayk*, Anh. § 11 SpruchG Rn. 1; *Hüttemann*, FS Hoffmann-Becking 2013, 603 (603); *Hüttemann*, FS Schilken 2015, 317 (322); *Knoll*, BFuP 2017, 300 (309 f.); *Lauber*, Das Verhältnis des Ausgleichs gemäß § 304 AktG zu den Abfindungen gemäß den §§ 305, 327a AktG, S. 83 ff.

[33] So ausdrücklich: BGH, NZG 2016, 139 (140) – *„Stinnes"*.

[34] BGH, NZG 2016, 139 (140) – *„Stinnes"*; BGH, DStR 2016, 974 (975) – *„Nestlé"*; BGH, BeckRS 2023, 6362, Rn. 17; OLG Stuttgart, BeckRS 2018, 26698, Rn. 60; *Aha*, AG 1997, 26 (27); *Fleischer*, AG 2016, 185 (189 f.); Fleischer/Hüttemann/*Hüttemann*, § 1 Rn. 43, 49; *Follert*, Unternehmensbewertung, S. 77 f.; *Großfeld*, Unternehmens- und Anteilsbewertung 2002, S. 20 f.; *Kuhner*, WPg 2007, 824 (826); *Lutter*, ZGR 1979, 401 (417); *W. Müller*, FS Bezzenberger 2000, 705 (713); *Noack*, Das Spruchverfahren, S. 48 f.; MüKoHGB/*Schmidt*, § 131 Rn. 139; *Stilz*, FS Goette 2011, 529 (535); sehr weitgehend: LG Köln, AG 2009, 835 (Entscheidungsgründe 3 und 18).

C. Gebot der Normzweckadäquanz

I. Primat des Rechts

Im Kontext normgeprägter Bewertungsanlässe ist in erster Linie dem Normzweck Rechnung zu tragen. Dieser gibt das Bewertungsziel vor.[35] Inwieweit Börsen- und Freiverkehrskurse bei rechtsgeleiteten Bewertungsanlässen berücksichtigt werden können, ist daher als Rechtsfrage zu begreifen. Denn es ist zu untersuchen, ob die kursorientierte Bestimmung angemessener Abfindungszahlungen dem gesetzlichen Bewertungsziel gerecht wird. Hierfür sind aber die rechtlichen Anforderungen an die angemessene Abfindung zu bestimmen.

Dies bedeutet gewiss nicht, dass – wie bereits betont – betriebswirtschaftliche Erkenntnisse völlig außer Betracht bleiben müssten. Gerade die Berücksichtigungsfähigkeit von Börsenkursen kann nicht ohne einen Rückgriff auf ökonomische Erkenntnisse erfolgen. Denn aus juristischer Perspektive kann nur beurteilt werden, welchen Zielvorgaben eine marktorientierte Bewertung genügen muss. Es obliegt aber vor allem der (empirischen) ökonomischen Forschung, ob Marktpreise diese Anforderungen erfüllen können. Die Grenzen zwischen Rechts- und Tatsachenfrage sind hier fließend.[36] Eine abschließende und praxisgerechte Beurteilung der Normzweckadäquanz der Heranziehung von Marktpreisen, kann jedenfalls nur im Zusammenspiel von Bewertungslehre und Rechtswissenschaft erfolgen.[37] Die grundlegenden Anforderungen an die angemessene Barabfindung sind aber aus juristischer Perspektive durch Auslegung zu ermitteln. Denn an diesen hat sich die Tauglichkeit eines Bewertungsverfahrens vorrangig zu messen.

II. Funktionales Wertverständnis

Mit dem Prinzip der Normzweckadäquanz in rechtsgeleiteten Bewertungssituationen war ein Konzeptionswechsel in der Bewertungslehre verbunden. Während in den 50er Jahren noch ein objektives Wertverständnis vorherrschte,[38] das von einem intersubjektiv geltenden Wert ausging,[39] wurden in den 60er Jahren die subjektiven Elemente der Bewertung in den Vordergrund gestellt.[40] Dies geht auf die zutreffende Erkenntnis zurück, dass Objekten kein allgemeingültiger Wert beigemessen werden kann. Werte sind vielmehr von den subjektiven

---

[35] BGH, NZG 2016, 139 (140) – „*Stinnes*"; Fleischer/Hüttemann/*Hüttemann*, § 1 Rn. 1.49; KK-AktG/*Gayk*, Anh. § 11 SpruchG Rn. 4; OLG Düsseldorf, BeckRS 2018, 18257, Rn. 32.

[36] So wohl auch *Adolff*, Unternehmensbewertung, S. 183.

[37] So bereits *Fleischer*, ZGR 1997, 368 (375).

[38] Fleischer/Hüttemann/*Böcking/Rauschenberg*, § 2 Rn. 7; Fleischer/Hüttemann/*Hüttemann*, § 1 Rn. 2, 7; Crasselt/*Lukas/Mölls*, S. 2.

[39] Fleischer/Hüttemann/*Böcking/Rauschenberg*, § 2 Rn. 7 ff.; Crasselt/*Lukas/Mölls*, S. 2.

[40] *Großfeld*, JZ 1981, 641; *Meilicke*, Barabfindung, S. 53 ff.; *Münstermann*, Wert und Bewertung der Unternehmung; *Sieben*, AG 1966, 6 (8 ff.).

Wertvorstellungen des Bewertenden abhängig und nicht rein objektiv bestimmbar.[41] Die subjektive Werttheorie ermittelt den Unternehmenswert daher aus Sicht des Bewertungssubjekts und orientiert sich an dessen konkreten Nutzen.[42] Für dasselbe Bewertungsobjekt lassen sich anhand der individuellen Absichten und Vorstellungen des jeweiligen Bewertungssubjekts demnach unterschiedliche Werte ermitteln.[43] Die Bewertungsperspektive spielt für das Bewertungsergebnis und die Normzweckadäquanz einer Bewertungsmethode somit eine gewichtige Rolle.[44]

Ein rein subjektives Verständnis ist jedoch bei der Ermittlung eines Wertes für eine große Zahl von Bewertungssubjekten, wie dies beim Ausscheiden von Aktionären gegen angemessene Abfindung im Zuge von Strukturmaßnahmen regelmäßig der Fall ist, untauglich.[45] Aus den Defiziten der objektiven und subjektiven Bewertungslehre hat sich daher in den 70er Jahren ein funktionaler Ansatz entwickelt, der sich für die Bestimmung der anzuwendenden Bewertungsgrundlagen in erster Linie am konkreten Bewertungszweck orientiert und damit zur Grundlage des Prinzips der Normzweckadäquanz wurde.[46] Nach der funktionalen Bewertungslehre ist das Bewertungsziel die oberste Prämisse. Die Wahl und Anwendung des Bewertungsverfahrens müssen dem Bewertungsziel entsprechen, das in rechtsgeleiteten Bewertungssituationen aus der Rechtsnorm abzuleiten ist.

Dies überzeugt. Die funktionale Bewertungslehre verknüpft die juristische Auslegung des Bewertungs- bzw. Normzwecks unmittelbar mit dem Bewertungsvorgang und schafft damit eine Grundlage für den erforderlichen Dialog zwischen Rechtswissenschaft und Bewertungslehre.[47] Auf ihr soll die weitere Untersuchung daher aufzubauen.

D. Zwischenergebnis

Unter dem Prinzip der Normzweckadäquanz ist somit zunächst das Bewertungsziel anhand des Normzwecks der Abfindungsregelungen zu ermitteln, ehe

[41] Siehe Teil 2, Fn. 30.

[42] *Sieben*, AG 1966, 6 (9) m. w. N.; anschaulich: *Großfeld*, Unternehmens- und Anteilsbewertung 2002, S. 24.

[43] *W. Baums*, Ausgleich nach § 304 AktG, S. 82; *Brösel/Karami*, WPg 2011, 417 (419); Fleischer/Hüttemann/*Böcking/Rauschenberg*, § 2 Rn. 11; *Moxter*, Grundsätze ordnungsmäßiger Unternehmensbewertung, S. 5 ff.; *Tönnes*, M&A Review 2017, 449 (449).

[44] Ausführlich zur Bewertungsperspektive bei der Abfindungsbemessung: S. 60 ff.

[45] Vgl. S. 85 ff.

[46] Geprägt durch *Matschke*, Entscheidungswert; *Matschke*, Funktionale Unternehmensbewertung; *Matschke/Brösel*, Unternehmensbewertung, S. 22 ff.; *Matschke/Brösel*, Funktionale Unternehmensbewertung, S. 44 ff.; *Moxter*, Grundsätze ordnungsmäßiger Unternehmensbewertung, S. 5 ff.; *Sieben*, AG 1966, 6 (8).

[47] Vgl. die historische Entwicklung bei Fleischer/Hüttemann/*Böcking/Rauschenberg*, § 2 Rn. 2.6 ff.

beurteilt werden kann, ob Börsen- und Freiverkehrskursen zur Bestimmung der angemessenen Barabfindung geeignet sind. Dem soll in den folgenden § 4 und § 5 daher umfassend nachgegangen werden.

§ 4 Bestimmung des Bewertungsziels

Eine normzweckadäquate Bewertung erfordert zunächst die Bestimmung des rechtlichen Zielwertes. Erst anschließend kann auf der Umsetzungsebene nach einer zweckdienlichen Methode zur Erreichung des Bewertungsziels gesucht werden.

A. Abfindungspflichtige Maßnahmen

Anzusetzen ist bei den Abfindungsnormen, die für die Durchführung von Strukturmaßnahmen eine „angemessene" Abfindung der außenstehenden Aktionäre fordern.[48] Auch die Art der Abfindung ergibt sich unmittelbar aus der Norm.[49] Teilweise steht den außenstehenden Aktionären dabei ein Wahlrecht zwischen mehreren Abfindungsvarianten zu.[50] Das einfachrechtliche Bewertungsziel ist jedoch stets dasselbe: die Gewährung einer angemessenen Abfindung.[51]

Der Rückzug von der Börse war hingegen lange Zeit von einer besonders intensiven wie auch kontroversen Diskussion in Rechtsprechung und Literatur geprägt. Da das einfache Recht für Marktrückzugsbewegungen[52] keine

---

48 § 305 Abs. 2 Nr. 3 AktG (Beherrschungs- und Gewinnabführungsvertrag); §§ 327a ff. AktG, 62 Abs. 5 UmwG (aktien- und umwandlungsrechtlicher Squeeze-Out); §§ 29 Abs. 1 Sätze 1 und 3 (Verschmelzung durch Aufnahme), 122i Abs. 1 Satz 1 (grenzüberschreitende Verschmelzung), 176 Abs. 2 Satz 3 Hs. 2 (Vollübertragung), 207 f. UmwG (Formwechsel); §§ 7 Abs. 1 Satz 1, 9 Abs. 1 Satz 1 SEAG (Gründung einer SE); § 12 Abs. 1 Satz 1 SEAG (Sitzverlegung einer SE). Daneben ist eine Wertkontrolle in analoger Anwendung des SpruchG für die übertragende Auflösung nach der sog. „Moto-Meter-Methode" anerkannt. (BVerfG, NJW 2001, 279 – „*Moto-Meter*"; *Koch*, AktG, § 179a Rn. 21 f.; MüKoAktG/*U. Stein*, § 179a Rn. 71 ff. Bürgers/*Körber*, AktG, § 179a Rn. 27). Bei der übertragenden Auflösung übernimmt der Mehrheitsaktionär das ganze Gesellschaftsvermögen (durch Gründung einer neuen Gesellschaft an die die AG ihr gesamtes Vermögen verkauft) und fasst mit seiner Stimmenmehrheit in der HV einerseits den Zustimmungsbeschluss nach § 179a AktG und beschließt andererseits die Auflösung der bisherigen Gesellschaft.

49 Vgl. die Abfindungsregelungen der §§ 304, 305 Abs. 3, 320b Abs. 1 Sätze 2–4 AktG, §§ 5 Abs. 1 Nr. 3, 15, 29 f., 62 Abs. 5, 122h, 196, 207 UmwG, § 39 Abs. 2 Nr. 1, Abs. 3 BörsG, § 31 WpÜG, §§ 6 Abs. 2 und 3, 7 Abs. 1, 9 Abs. 1, 11 Abs. 1, 12 Abs. 1 SEAG, § 7 Abs. 2 SCEAG.

50 So können die Minderheitsaktionäre beim Abschluss eines Beherrschungs- und Gewinnabführungsvertrag wählen, ob sie entweder gegen Gewähr einer jährlichen Ausgleichszahlung an der Gesellschaft beteiligt bleiben (§ 304 Abs. 1 AktG) oder gegen Barabfindung aus der Gesellschaft ausscheiden (§ 305 Abs. 1 AktG).

51 So auch *Fleischer*, AG 2016, 185 (190).

52 Als Oberbegriff für Delisting (vollständiger Rückzug vom Markt), Downlisting (Rückzug von einem Teilsegment des regulierten Markts in ein Freiverkehrssegment) und Down-

Abfindungspflicht vorsah, hat der BGH in seiner Macrotron-Rechtsprechung für den Zeitraum von 2002 bis 2013 das Erfordernis eines Hauptversammlungsbeschlusses in Verbindung mit einem Abfindungsangebot in richterlicher Rechtsfortbildung aufgestellt. Denn das Delisting sei für die Minderheitsaktionäre mit gravierenden wirtschaftlichen Nachteilen verbunden.[53] Dem hat das BVerfG im Jahr 2012 jedoch eine klare Absage erteilt.[54] Daraufhin hat auch der BGH seine Macrotron-Grundsätze verworfen.[55] Das Delisting wurde also wieder (wie noch vor 2002) zur nicht abfindungspflichtigen Strukturmaßnahme, sofern die Börsenordnungen keine Abfindungspflicht vorsahen. Dies sorgte in der Literatur[56] teils für heftige Kritik und hat schließlich den Gesetzgeber auf den Plan gerufen. Dieser hat im Jahr 2015 im Rahmen des Gesetzes zur Umsetzung der Transparenzrichtlinie-Änderungsrichtlinie[57] mit den Regelungen der § 39 Abs. 2 bis 6 BörsG und dem darin vorgesehenen Erwerbsangebot, die entstandene Schutzlücke geschlossen.[58] Damit zählt nunmehr auch das Delisting zu den kompensationspflichtigen Strukturmaßnahmen. Das Gesetz sieht jedoch keine Barabfindung, sondern eine Gegenleistung nach dem Vorbild des § 31 WpÜG vor.

In allen vorgenannten Fällen ist eine rechtsgeleitete Bewertung anzustellen, mit dem Ziel, die Minderheitsaktionäre angemessen abzufinden. Auf sämtliche Abfindungsarten und ihre bewertungstheoretischen Besonderheiten einzugehen, würde aber den Rahmen der Arbeit sprengen, weshalb sich die nachfolgende Untersuchung auf Barabfindungen konzentriert.

B. Einfachrechtliche Zielvorgaben

Die Problematik der Abfindungsbemessung liegt aus juristischer Sicht in der Ausfüllung des generalklauselartig formulierten Angemessenheitsgebots. Dass den außenstehenden Aktionären nicht nur eine Abfindung zu gewähren ist,

---

grading (Rückzug von einem Teilsegment innerhalb eines Börsensegments zu einem anderen [bspw. vom Prime Standard in den General Standard]).

53 BGH, NJW 2003, 1032 (1034) – „*Macrotron*".

54 BVerfGE 132, 99 – „*Delisting*".

55 BGH, NJW, 146 – „*Frosta*".

56 Vgl. die Darstellung des Meinungsspektrums zur Frosta-Entscheidung des BGH bei *Frommelt*, Das neue börsengesetzliche Regulierungskonzept, S. 69 ff.

57 Gesetz zur Umsetzung der Transparenzrichtlinie-Änderungsrichtlinie v. 20.11.2015, BGBl. 2015, 2029.

58 Monografisch: *Berg*, Der Marktrückzug des Emittenten; *Frommelt*, Das neue börsengesetzliche Regulierungskonzept; *Krug*, Rückzug von der Börse. Das Erfordernis einer Abfindung lässt sich nicht bereits unmittelbar aus der Verfassung ableiten, sondern bedarf einer einfachrechtlichen Konkretisierung (*Klöhn*, Das System der aktien- und umwandlungsrechtlichen Abfindungsansprüche, S. 105 ff.; *Mülbert*, FS Hopt 2010, 1039 (1066)). Andernfalls verstößt bereits die Norm als Inhalts- und Schrankenbestimmung gegen Art. 14 Abs. 1 GG und ist verfassungswidrig (*Klöhn*, Das System der aktien- und umwandlungsrechtlichen Abfindungsansprüche, S. 105 ff.).

sondern diese auch „angemessen“ sein muss, deutet an, dass auch Billigkeitsgesichtspunkte zu berücksichtigen sind.[59] Die Anforderungen an die Angemessenheit sind daher durch Auslegung zu ermitteln.

I. *Wortlaut der Abfindungsnormen*

§ 305 Abs. 3 Satz 2 AktG[60]

Die *angemessene* Barabfindung muß die *Verhältnisse der Gesellschaft* im *Zeitpunkt der Beschlußfassung ihrer Hauptversammlung* über den Vertrag berücksichtigen. (Hervorhebungen durch Verf.)

Ausgehend von den einfachrechtlichen Abfindungsregelungen muss die Barabfindung der außenstehenden Aktionäre zwei Anforderungen erfüllen: Sie muss (1) angemessen sein und dabei (2) die Verhältnisse der Gesellschaft berücksichtigen.[61] Das Gebot der Angemessenheit ist jedoch derart unbestimmt, dass sich hieraus allein noch keine genaueren Bewertungsvorgaben ableiten lassen. Der Gesetzgeber konkretisiert das Angemessenheitsgebot lediglich dahingehend, dass die Verhältnisse der Gesellschaft berücksichtigt werden müssen. Aus dem Wortlaut folgt damit zwar, dass der Unternehmenswert nicht völlig unbeachtet bleiben darf. Dass die angemessene Abfindung sich allein nach den Verhältnissen der Gesellschaft bemisst, ist dem indes nicht zu entnehmen.[62] Nähere Vorgaben, auf welche Weise die angemessene Abfindung zu bestimmen ist, sieht das Gesetz ebenfalls nicht vor.

II. *Grundlegende gesetzgeberische Zurückhaltung als Ausfluss des Einzelfallbezugs der Bewertung*

Diese Zurückhaltung des Gesetzgebers lässt sich jedoch auch abseits der Barabfindungen beobachten.[63] Lediglich die kapitalmarktrechtlichen Vorschriften der §§ 31 Abs. 1 Satz 2, 39a Abs. 1 Satz 1 WpÜG über die Gegenleistung und

---

[59] So schon OLG Hamm, AG 1963, 218 (219); *Großfeld*, JZ 1981, 641 (641); *Großfeld*, Unternehmensbewertung, S. 5; *Sieben*, AG 1966, 6 (7); a. A. *Hüttemann*, ZHR 162 (1998) 563 (578).

[60] Vgl. für den Wortlaut der übrigen Barabfindungsregelungen Anhang 1: Barabfindungsregelungen.

[61] Vgl. § 305 Abs. 3 Satz 2 AktG (Beherrschungs- und Gewinnabführungsvertrag); § 320b Abs. 1 Sätze 1 und 4 AktG (Eingliederung); §§ 327a Abs. 1 Satz 1, 327b Abs. 1 Satz 1 AktG (aktienrechtlicher Squeeze-Out); § 62 Abs. 5 Satz 8 UmwG (verschmelzungsrechtlicher Squeeze-Out); §§ 29 Abs. 1 Satz 1, 30 Abs. 1 Satz 1 (Verschmelzung durch Aufnahme), 122i Abs. 1 Satz 1 (grenzüberschreitende Verschmelzung), 176 Abs. 2 Satz 3 Hs. 2 (Vollübertragung), 207 f. UmwG (Formwechsel); §§ 7 Abs. 2 Satz 1, 9 Abs. 2 Satz 1, 12 Abs. 2 Satz 1 SEAG (Gründung und Sitzverlegung einer SE).

[62] Näher auf S. 133 f. Dagegen sieht *Großfeld*, Unternehmens- und Anteilsbewertung 2002, S. 16 hierin einen grundsätzlichen Ausschluss des Börsenkurses als alleinigen Bewertungsmaßstab.

[63] Vgl. die Auflistung der Abfindungsregelungen in Teil 2, Fn. 48.

Abfindung bei Übernahmeangeboten sowie des § 39 Abs. 3 Satz 2 BörsG über das Erwerbsangebot bei einem Delisting, enthalten konkretisierende Bewertungsvorgaben.[64]

Das gesetzgeberische Schweigen angesichts gesellschaftsrechtlicher Strukturmaßnahmen lässt sich zum einen maßgeblich auf die Komplexität und Einzelfallbezogenheit der Bewertung zurückführen. Strukturmaßnahmen greifen in die Rechte der außenstehenden Aktionäre durch Beschränkung (bspw. Beherrschungs- und Gewinnabführungsvertrag) oder Ausschluss (bspw. Squeeze-Out) ein. Dieser Eingriff soll durch die Gewährung einer angemessenen Abfindung vermögensmäßig ausgeglichen werden.[65] Der Wert des Rechtsverlusts ist jedoch nicht abstrakt bestimmbar, sondern steht unmittelbar im Zusammenhang mit der Beteiligung an einem individuellen Unternehmen. Zum anderen sind die Vorschriften des Umwandlungsrechts rechtsformneutral ausgestaltet. Eine abstrakte Regelung der Abfindung ist hier schon deshalb erforderlich, um sich den Besonderheiten der betroffenen Rechtsform anpassen zu können.

Die besondere Einzelfallbezogenheit lässt es daher als äußerst zweifelhaft erscheinen, dass es dem Gesetzgeber überhaupt möglich wäre, eine hinreichend konkrete, allgemeingültige Abfindungsklausel zu schaffen, die dennoch die Eigenheiten einer jeden konkreten Bewertungssituation zu berücksichtigen vermag.[66] Die Konkretisierungen des WpÜG und BörsG lassen sich daher auch vor allem dadurch erklären, dass deren Anwendungsbereich auf börsennotierte Gesellschaften beschränkt ist.[67]

Ein Blick auf die betriebswirtschaftliche Bewertung bestätigt diesen Befund. Der Bewertungsvorgang ist hoch komplex und ausdifferenziert. Er orientiert sich an einer Vielzahl von Bewertungsparametern, die je nach Vorliegen bestimmter wertrelevanter Eigenschaften – wie beispielsweise der Zugehörigkeit des Unternehmens zu einem bestimmten Sektor – erheblich variieren können. Konkrete Bewertungsparameter entziehen sich einer gesetzlichen Normierung schon deshalb, weil es sich um einzelfallbezogene Tatsachenfragen handelt, deren Ausfüllung der betriebswirtschaftlichen Forschung im Allgemeinen sowie der Beurteilung im konkreten Einzelfall obliegt. Der Weg über den unbestimmten Rechtsbegriff der Angemessenheit geht daher zwar zu Lasten der Vorhersehbarkeit und Planbarkeit. Er ermöglicht jedoch eine flexible sowie pra-

---

[64] Siehe S. 106 ff.

[65] Insbesondere BVerfGE 100, 289 (305) – *„DAT/Altana"* im Hinblick auf die verfassungsrechtlichen Anforderungen.

[66] Krit.: *Egger/Tönnes*, EWeRK 2016, 362 (362). Jedenfalls ist der Gesetzgeber trotz Bestrebungen der gesetzlichen Konkretisierung (vgl. RegE Gesetz zur Bereinigung des Umwandlungsrechts (UmwBerG), BT-Drs. 12/7265, S. 6) bei dem Begriff der Angemessenheit geblieben (RegE Gesetz zur Regelung von öffentlichen Angeboten zum Erwerb von Wertpapieren und von Unternehmensübernahmen, BT-Drs. 14/7034, S. 55).

[67] Vgl. § 1 Abs. 1 WpÜG. Näher zu den Begriffen und Anwendungsbereichen der kapitalmarktrechtlichen Normen auf S. 233 ff.

xis- und einzelfallorientierte Handhabung des Bewertungsproblems, die auch in der Lage ist, sich an veränderte Umstände anzupassen.

Konkrete Bewertungsvorgaben oder gar eine bestimmte Bewertungsmethode lassen sich den Abfindungsregelungen somit nicht entnehmen. Der Gesetzgeber hält vielmehr an dem Begriff der Angemessenheit als geläufigem Terminus fest und überlässt dessen Ausfüllung Rechtsprechung und Literatur.[68]

III. Gebot der abfindungsrechtlichen Gleichbehandlung

Im Rahmen der einfachrechtlichen Vorgaben ist auch ein kurzer Blick auf den Gleichbehandlungsgrundsatz zu werfen, der in § 53a AktG und § 3 Abs. 1 WpÜG gesetzlich niedergelegt, aber schon seit jeher als allgemeiner Grundsatz im Aktienrecht anerkannt ist.[69] Der Gleichbehandlungsgrundsatz umfasst die gesamte Verbandsmitgliedschaft, bestehend aus vermögensrechtlichen, mitgliedschaftsrechtlichen und informationellen Rechten.[70] Im Grundsatz verleiht damit jede Aktie die gleichen Rechte. Der Rechteumfang des einzelnen Aktionärs bemisst sich daher maßgeblich nach dem Umfang seiner Beteiligungsquote (bspw. § 60 Abs. 2, § 134 Abs. 2 AktG).[71] Eine Ungleichbehandlung bedarf stets der Rechtfertigung durch einen sachlichen Grund.[72]

Die Regelungen, die eine Beeinträchtigung des Anteilseigentums der Minderheit ermöglichen, sind als solche schon keine willkürliche Ungleichbehandlung, sondern Ausdruck der gesetzgeberischen Abwägung der Interessen von Mehrheit und Minderheit in der Aktiengesellschaft.[73] Der Gleichbehandlungs-

[68] *Ganske*, Umwandlungsrecht, S. 84 (Gegenäußerung der Bundesregierung); vgl. auch die Gesetzesbegründung zu § 31 WpÜG (RegE Gesetz zur Regelung von öffentlichen Angeboten zum Erwerb von Wertpapieren und von Unternehmensübernahmen, BT-Drs. 14/7034, S. 55).

[69] Vgl. BGHZ 33, 175 (186). Ob dieser daneben auch unmittelbar aus Art. 3 Abs. 1 GG abgeleitet werden kann (dagegen *Koch*, AktG, § 53a Rn. 3), wirkt sich hier nicht entscheidend auf das Ergebnis aus und kann daher offenbleiben. Da die Grundrechte im Privatrecht allenfalls eine mittelbare Drittwirkung entfalten können, ist eine unmittelbare Geltung des Gleichheitssatzes jedenfalls abzulehnen (hierzu und zur Frage der mittelbaren Drittwirkung des Gleichheitssatzes instruktiv *Verse*, Gleichbehandlungsgrundsatz, S. 83 ff. m. w. N.; siehe auch *Bachmann*, ZHR 170 (2006) 144 (154 f.) m. w. N.). Die Anwendbarkeit des Gleichheitsgrundsatzes kann mit der Rspr. des BVerfG offengelassen werden, da sich aus Art. 3 Abs. 1 GG jedenfalls keine engeren Bindungen als aus Art. 14 Abs. 1 GG ergeben (vgl. BVerfGE 100, 289 (313) – „*DAT/Altana*“).

[70] BeckOGK AktG/*Cahn/Spannenberg*, § 53a Rn. 7, 13 ff.

[71] *Grigoleit/Rachlitz*, AktG, § 53a Rn. 10; *Herz*, NZG 2020, 285 (286). Eine Ausnahme besteht jedoch für Neben- bzw. Hilfsrechte, wie bspw. das Auskunftsrecht, Teilnahmerecht oder Rederecht, bei denen eine Gleichbehandlung nach Köpfen erfolgt. Dies ergibt sich jedoch bereits aus der Natur dieser Rechte, die nicht an eine Beteiligungsquote anknüpfen können (vgl. MüKoAktG/*Götze*, § 53a Rn. 13; *Grigoleit/Rachlitz*, AktG, § 53a Rn. 10; *Koch*, AktG, § 53a Rn. 7).

[72] BGHZ 33, 175 (186); *Herz*, NZG 2020, 285 (288).

[73] So im Ergebnis auch *Klöhn*, Das System der aktien- und umwandlungsrechtlichen Abfindungsansprüche, S. 113, jedoch ohne weitere Begründung.

grundsatz beansprucht außerdem nur Geltung im Verhältnis der Gesellschaft und ihrer Organe zu den Aktionären und gerade nicht im Verhältnis zwischen den Aktionären.[74] Ein Aktionär kann nicht von den anderen Mitaktionären Gleichbehandlung verlangen. Die Minderheitsaktionäre können sich bei der Beeinträchtigung ihrer Aktionärsrechte durch den Mehrheitsaktionär daher nicht auf den Gleichbehandlungsgrundsatz stützen.

Allerdings verpflichtet die gesellschaftsrechtliche Treuepflicht die Aktionäre zur gegenseitigen Rücksichtnahme auf die mitgliedschaftlichen Interessen. Jeder Anteil an der Gesellschaft vermittelt den Aktionären bei gleicher Ausstattung ihrer Aktien denselben vermögensrechtlichen Anspruch.[75] Dieser Grundsatz spiegelt sich daher auch in der angemessenen Abfindung wider, indem den Aktionären bei gleicher Ausstattung ihrer Aktien derselbe Betrag zu gewähren ist (abfindungsrechtliche Gleichbehandlung).[76]

C. *Verfassungsrechtliche Rahmenbedingungen*

Mangels klarer gesetzlicher Vorgaben kann das Bewertungsziel nur mit Blick auf die verfassungsrechtliche Dimension der Abfindungsleistung und dabei insbesondere die Rechtsstellung der außenstehenden Aktionäre bestimmt werden.[77] Das Anteilseigentum[78] ist grundsätzlich von der verfassungsrechtlichen Eigentumsgarantie geschützt.[79] Auch wenn die Intensität von Strukturmaßnah-

[74] BGH, NJW 1988, 1579 (1582) – „*Linotype*“; *Burger*, NZG 2012, 281 (283); BeckOGK AktG/*Cahn/Spannenberg*, § 53a Rn. 5; MüKoAktG/*Götze*, § 53a Rn. 5; *Grigoleit/Rachlitz*, AktG, § 53a Rn. 9; *Hüttemann/André Meyer*, ZIP 2022, 935 (940); *Koch*, AktG, § 53a Rn. 4; OLG Düsseldorf, AG 1992, 200 (202) m. w. N. aus der Lit.; OLG Frankfurt a. M., NZG 2020, 339 (343); *Ruthardt*, NZG 2014, 972 (978); *Verse*, Gleichbehandlungsgrundsatz, S. 177 ff.; a. A. *Großfeld*, Unternehmens- und Anteilsbewertung 2002, S. 30; *Stein*, Fundamentalanalyse und Börsenkurs, S. 61.

[75] BGH, NJW 1988, 1579 (1582) – „*Linotype*“ (für das Verhältnis der Aktionäre untereinander); eingehend *Burger*, NZG 2012, 281 (283 f.); MüKoAktG/*Götze*, § 53a Rn. 5; OLG Düsseldorf, AG 1992, 200 (202 f.) m. w. N. Für die Frage der Berücksichtigung eines Minderheitsabschlags beim Squeeze-Out verweist *Ruthardt*, NZG 2014, 972 (978) m. w. N. auf das „aktienrechtliche Prinzip der quotalen Verteilung der Gesellschaftserfolge“; vgl. zur gesellschaftlichen Treuepflicht näher Teil 2, Fn. 188.

[76] LG Stuttgart, BeckRS 2018, 35320, Rn. 104; OLG Frankfurt a. M., NZG 2014, 464 (465) – „*Höchst AG*“; *Großfeld*, JZ 1981, 641 (647); *Ruiz de Vargas*, NZG 2021, 1001 (Fn. 11); *Ruthardt*, NZG 2014, 972 (973); *Winner* in Kalss/Fleischer/Vogt (Hrsg.), Gesellschafts- und Kapitalmarktrecht in Deutschland, Österreich und der Schweiz 2013, Wertermittlung bei dominierten Transaktionen, 109 (113).

[77] So schon *Großfeld*, JZ 1981, 641 (642).

[78] Die Begriffe des Aktien- und Anteilseigentums werden im Folgenden synonym verwendet.

[79] BVerfGE 100, 289 (301) – „*DAT/Altana*“; BVerfG, NZG 2012, 1035 (1036) – „*DaimlerChrysler*“; BVerfGE 132, 99 (119) – „*Delisting*“. Entgegen der ganz h. M. in Literatur und Rechtsprechung will *Leuschner* den verfassungsrechtlichen Schutz des Aktionärs aus Art. 2 Abs. 1 GG – genauer der Privatautonomie – ableiten (*Leuschner*, NJW 2007, 3248 (3249)). Im Ergebnis spricht er sich aber gerade für die Frage der Abfindung für eine weitgehende Über-

men im Einzelfall variiert, so bedeuten strukturverändernde Maßnahmen für die betroffenen Minderheitsaktionäre stets eine Beeinträchtigung ihres in der Aktie verkörperten Anteilseigentums.[80] Wenn das Anteilseigentum nicht gar vollständig entzogen wird (z. B. Squeeze-Out), wird es jedenfalls inhaltlich modifiziert (z. B. Beherrschungs- und Gewinnabführungsvertrag).[81] Der Begriff der Angemessenheit ist daher im Lichte der verfassungsrechtlichen Eigentumsgarantie auszulegen. Hierzu hat insbesondere das BVerfG in den vergangenen Jahrzehnten einen erheblichen Beitrag geleistet, indem es in mehreren Leitentscheidungen die verfassungsrechtliche Bedeutung des Angemessenheitsgebots immer weiter konturiert hat.[82] Auf Basis dieser Rechtsprechung soll die Rechtsstellung der Aktionäre und deren Bedeutung für die Durchführung von Strukturmaßnahmen sowie die Anforderungen an die Abfindungsleistung nachfolgend skizziert werden.

I. Grundsätzliche Bedeutung des Anteilseigentums im Kontext von Strukturmaßnahmen

1. Verfassungsrechtliche Dimension der Abfindung

Bei der Bestimmung der verfassungsrechtlichen Anforderungen an Strukturmaßnahmen ist zwischen der gesetzlichen Regelung und der Durchführung der Strukturmaßnahme durch den Mehrheitsaktionär strikt zu trennen. Während sich die einfachgesetzliche Regelung der Strukturmaßnahme als legislativer Rechtssetzungsakt unproblematisch an den Grundrechten messen lässt,[83] ist der Mehrheitsaktionär als Abfindungsschuldner bei der Durchführung einer Strukturmaßnahme nicht unmittelbar grundrechtsgebunden. Dennoch spielt die Eigentumsgarantie auch auf Ebene der Abfindung eine entscheidende Rolle. Obwohl Grundrechte originär als Abwehrrechte gegen staatliches Handeln kon-

---

tragung der zu Art. 14 Abs. 1 GG entwickelten Grundsätze aus, weshalb dem an dieser Stelle nicht weiter nachgegangen werden soll.

[80] BVerfGE 100, 289 (301) – „*DAT/Altana*"; BVerfG, NJW 2007, 3265 – „*Jenoptik*"; BVerfG, NJW 2007, 3268 (3269) – „*Edscha*"; BVerfG, NJW 2007, 3266 (3267) – „*Wüstenrot und Württembergische AG*"; BVerfG, NZG 2011, 869 (870) – „*T-Online/Deutsche Telekom*"; *Mülbert*, FS Hopt 2010, 1039 (1055).

[81] Letzteres ist dem Verlust jedoch wirtschaftlich gleichzusetzen (zutr. BVerfGE 100, 289 (303) – „*DAT/Altana*").

[82] BVerfGE 14, 263 – „*Feldmühle*"; BVerfG, NJW 1999, 1699; BVerfGE 100, 289 – „*DAT/Altana*"; BVerfG, NZG 2000, 28 – „*Hartmann & Braun*"; BVerfG, NJW-RR 2000, 841; BVerfG, NJW 2001, 279 – „*Moto-Meter*"; BVerfG, BeckRS 2003, 23833; BVerfG, NJW 2007, 828 – „*Siemens/Nixdorf (SNI)*"; BVerfG, NJW 2007, 3265 – „*Jenoptik*"; BVerfG, NJW 2007, 3268 – „*Edscha*"; BVerfG, NJW 2007, 3266 – „*Wüstenrot und Württembergische AG*"; BVerfG, NZG 2011, 235 – „*Kuka-AG*"; BVerfG, NZG 2011, 869 – „*T-Online/Deutsche Telekom*"; BVerfG, NZG 2012, 907 – „*Deutsche Hypothekenbank*"; BVerfG, NZG 2012, 1035 – „*DaimlerChrysler*"; BVerfGE 132, 99 – „*Delisting*"; BVerfG, BeckRS 2013, 1274.

[83] Exemplarisch BVerfGE 14, 263 – „*Feldmühle*".

zipiert sind,[84] ist heute allgemein anerkannt, dass Grundrechte über ihre abwehrrechtliche Funktion hinaus eine objektive Werteordnung verkörpern, die als verfassungsrechtliche Grundentscheidung für alle Bereiche des Rechts gilt.[85] Der einfachgesetzlich ausgestaltete Schutz des Anteilseigentums und die Gewährung einer angemessenen Abfindung für den von den Minderheitsaktionären hinzunehmenden Verlust, müssen auch auf Rechtsanwendungsebene gewahrt bleiben.[86] Über den unbestimmten Rechtsbegriff der Angemessenheit finden verfassungsrechtliche Wertungen daher Eingang in die Bestimmung der Abfindung.[87]

2. *Mediatisierung des Anteilseigentums*

Der Eigentumsgarantie kommt im Vergleich zu anderen Freiheitsgrundrechten eine „dogmatische Sonderstellung" zu.[88] Denn der Schutzgehalt des verfassungsrechtlich geschützten Eigentums wird nicht unmittelbar verfassungsrechtlich determiniert. Art. 14 Abs. 1 Satz 2 GG enthält vielmehr einen Gestaltungsauftrag an den Gesetzgeber, die konkrete Reichweite des verfassungsrechtlich geschützten Eigentums durch Inhalts- und Schrankenbestimmungen festzulegen.[89] Die Eigentumsgarantie hat insoweit einen „gespaltenen Gewährleistungsgehalt".[90] Während sie den Bürger gegen Eingriffe der vollziehenden Gewalt und Rechtsprechung im Umfang der einfachgesetzlichen Regelungen schützt, ist der Gesetzgeber nicht durch das einfachrechtlich konstituierte Eigentum beschränkt. Vielmehr kann er dessen Schutzgehalt innerhalb der verfassungsrechtlichen Grenzen neu bestimmen, erweitern oder beschränken und so dem verfassungsrechtlich geschützten Eigentum Konturen verleihen.[91]

---

[84] Vgl. bereits BVerfGE 7, 198 (204). Gemäß Art. 1 Abs. 3 GG binden die Grundrechte die Gesetzgebung, vollziehende Gewalt und Rechtsprechung als unmittelbar geltendes Recht; vgl. zur Abwehrfunktion der Grundrechte auch *Dreier*, GG, Vorbemerkungen vor Art. 1 GG Rn. 82 ff.; *Sachs*, GG, Vorbemerkungen zu Abschnitt I Rn. 42 ff. Der Sonderfall, dass der Mehrheitsaktionär eine juristische Person des öffentlichen Rechts ist, soll hier ausgeklammert werden.

[85] BVerfGE 7, 198 (203 ff.) – „*Lüth*"; instruktiv zum Urt. des BVerfG *Henne* (Hrsg.), Das Lüth-Urt. aus (rechts-)historischer Sicht; überblicksartig und mit europarechtlichem Bezug *Ruffert*, JuS 2020, 1.

[86] BVerfGE 100, 289 (304) – „*DAT/Altana*"; BVerfG, NZG 2000, 194 (196) – „*Scheidemandel II*"; BVerfG, NJW 2007, 3265 (3266) – „*Jenoptik*"; BVerfG, NJW 2007, 3266 (33267) – „*Wüstenrot und Württembergische AG*"; BVerfG, NZG 2012, 1035 (1036) – „*DaimlerChrysler*".

[87] Fleischer/Hüttemann/*Hüttemann*, § 1 Rn. 29; *Großfeld*, Unternehmens- und Anteilsbewertung 2002, S. 17.

[88] *Schön*, FS Ulmer 2003, 1359 (1362).

[89] BVerfGE 50, 290 (339) – „*Mitbestimmung*"; Dürig/Herzog/Scholz/*Papier/Shirvani*, GG, Art. 14 Rn. 415 ff.; BeckOK GG/*Axer*, Art. 14 Rn. 7 ff.; *Mülbert*, FS Hopt 2010, 1039 (1047); *Schön*, FS Ulmer 2003, 1359 (1362).

[90] Dürig/Herzog/Scholz/*Papier/Shirvani*, GG, Art. 14 Rn. 423.

[91] BVerfGE 14, 263 (278) – „*Feldmühle*"; BVerfG, NJW 1999, 1699 (1700); BVerfG, BeckRS 2013, 1274; *Depenheuer* in Bauer/Merten/Papier, HGR V, § 111 Rn. 44.

Das Anteilseigentum unterliegt einer besonders intensiven Normprägung.[92] Im Gegensatz zum Sacheigentum ist das Anteilseigentum weder natürlich abgegrenzt noch abgrenzbar. Die besondere Eigentumsform des Anteilseigentums wird vielmehr erst durch Rechtssetzung geschaffen.[93] Mangels natürlicher Anknüpfungspunkte für die Charakterisierung des Anteilseigentums, obliegt dem Gesetzgeber in den verfassungsrechtlichen Grenzen ein weiter Gestaltungsspielraum.[94] So ist letztlich auch die Rechtsstellung und Schutzwürdigkeit der (Minderheits-)Aktionäre weitgehend dem Gesetzgeber überlassen.[95] Das Anteilseigentum bedarf daher einer eigenständigen Bestimmung des Schutzgehalts, bei der nur bedingt auf die überkommenen Eigentumsformen zurückgegriffen werden kann.[96]

Das Anteilseigentum wird in besonderem Maße durch die gesellschaftsrechtlichen Regelungen der Beteiligung an Gesellschaften und zunehmend das Kapitalmarktrecht[97] mediatisiert.[98] Das Anteilseigentum ist insoweit „gesellschaftsrechtlich vermitteltes Eigentum".[99] Dem Anteilseigner werden je nach Ausgestaltung der Gesellschaftsform unterschiedlich weitreichende Vermögens- und Herrschaftsrechte gewährt.[100] Während der Einzelkaufmann als „Unternehmer-Eigentümer" mit seinem Eigentum unmittelbar wirkt und hierfür die volle Verantwortung trägt, zeichnet sich das Anteilseigentum an Kapitalgesellschaften generell durch einen geringen personalen Bezug aus, was bei der Aktiengesellschaft durch die Fungibilität des Anteilsrechts und die Anonymität des Inhabers noch verstärkt wird.[101] Die Aktiengesellschaft ist dadurch auf einen

---

[92] *Mülbert*, FS Hopt 2010, 1039 (1048).

[93] Vgl. zur Kategorisierung als „durch Recht konstituiertes Eigentum": *Depenheuer* in Bauer/Merten/Papier, HGR V, § 111 Rn. 46 ff.; Sachs/*Wendt*, GG, Art. 14 GG Rn. 57.

[94] BVerfGE 14, 263 (277) – *„Feldmühle"*; BVerfG, NJW 1999, 1699 (1700); BVerfG, BeckRS 2013, 1274. Vgl. zum „komplexen Charakter" der Aktie instruktiv *Schön*, FS Ulmer 2003, 1359 (1363).

[95] BVerfGE 14, 263 (285) – *„Feldmühle"*.

[96] Zutr. *Fleischer*, DNotZ 2000, 868 (877) m. w. N.; *Hüffer/Schmidt-Aßmann/Weber*, S. 43.

[97] Insbesondere BörsG, WpHG, WpPG, WpÜG und MAR (Teil 2, Fn. 279). Instruktiv zur „Überlagerung" des Gesellschaftsrecht durch das Kapitalmarktrecht: *Mülbert*, Aktiengesellschaft, Unternehmensgruppe und Kapitalmarkt; vgl. aber auch konkret zum Squeeze-Out *Hanau*, NZG 2002, 1040.

[98] *Fleischer*, DNotZ 2000, 868 (876 f.); *Schmidt-Aßmann*, FS Badura 2004, 1009 (1012); *Schoppe*, Aktieneigentum, S. 352; vgl. instruktiv zur Frage, ob dem Aktienrecht eine Art Institutsgarantie unter Art. 14 GG zugesprochen werden kann und inwieweit ein Anspruch gegen den Gesetzgeber auf die Schaffung von Rechtsformen zur kollektiven Vermögensnutzung besteht: *Schön*, FS Ulmer 2003, 1359 (1364 ff.).

[99] BVerfGE 14, 263 (276) – *„Feldmühle"*; BVerfGE 25, 371 (407) – *„Rheinstahl"*; BVerfGE 50, 290 (342) – *„Mitbestimmung"*; BVerfG, NZG 2000, 194 (195) – *„Scheidemandel II"*.

[100] *Fleischer*, DNotZ 2000, 868 (877); *Mülbert*, FS Hopt 2010, 1039 (1053).

[101] BVerfGE 50, 290 (347 f.) – *„Mitbestimmung"*; BVerfGE 100, 289 (305) – *„DAT/Altana"*; *Immenga*, Aktiengesellschaft, Aktionärsinteressen und institutionelle Anleger, S. 21; *Schoppe*, Aktieneigentum, S. 352.

regen Wechsel im Bestand der Anteilseigner angelegt.[102] Die Bindung an das Aktieneigentum ist vergleichsweise gering, was sich in besonderem Maße auf den Umfang der Gestaltungs- und Eingriffsbefugnisse des Gesetzgebers und die Rechtsstellung der Aktionäre auswirkt.[103] Die gesellschaftsrechtlichen Regelungen dienen vor allem der Sicherung der Funktionsfähigkeit der Gesellschaft durch Ausgleich der widerstreitenden Interessen im Gesellschafterverbund.[104] Diese gesetzgeberischen Wertungen sind bei der Bestimmung des verfassungsrechtlichen Schutzgehalts der Beteiligung an einer Aktiengesellschaft entsprechend zu würdigen.

3. Strukturmaßnahmen als Inhalts- und Schrankenbestimmungen

Im Anwendungsbereich der Eigentumsgarantie sind die Regelungen der Strukturmaßnahmen als Inhalts- und Schrankenbestimmungen i. S. d. Art. 14 Abs. 1 Satz 2 GG zu qualifizieren. Mangels staatlichen Eingriffs liegt von vornherein keine Enteignung i. S. d. Art. 14 Abs. 3 GG vor.[105] Auch der mit dem vollständigen Verlust des Aktieneigentums verbundene Ausschluss des Minderheitsaktionärs (bspw. § 327a AktG) ist deshalb keine Enteignungsbefugnis, sondern lediglich eine „Ermächtigung zur Umgestaltung der privatrechtlichen Beziehungen zwischen den Aktionären".[106] Als Ausfluss der Sozialgebundenheit des Eigentums sind Inhalts- und Schrankenbestimmungen zwar grundsätzlich entschädigungslos hinzunehmen.[107] Dieser Grundsatz wird im Rahmen unternehmerischer Strukturmaßnahmen jedoch umgekehrt. Ein Eingriff in das Anteilseigentum der Minderheit kann nur gegen eine angemessene Abfindung erfolgen („Dulde und liquidiere").[108] Dies widerspricht aber nicht der generell restriktiven Handhabung ausgleichspflichtiger Inhalts- und Schrankenbestimmungen in

---

[102] So ausdrücklich Entwurf eines Gesetzes für kleine Aktiengesellschaften und zur Deregulierung des Aktienrechts, BT-Drs. 12/6721, S. 5.

[103] Dürig/Herzog/Scholz/*Papier/Shirvani*, GG, Art. 14 Rn. 311; Mangoldt/Klein/Starck/*Depenheuer/Froese*, GG, Art. 14 Rn. 144.

[104] BVerfGE 50, 290 (348) – „*Mitbestimmung*"; BVerfG, NZG 2000, 194 (195) – „*Scheidemandel II*"; Dürig/Herzog/Scholz/*Papier/Shirvani*, GG, Art. 14 Rn. 311.

[105] BVerfGE 14, 263 (277, 279) – „*Feldmühle*"; BVerfGE 100, 289 (302 f.) – „*DAT/Altana*"; BVerfG, NJW 2001, 279 (280) – „*Moto-Meter*"; *Hüttemann*, ZGR 2001, 454 (456 f.); *Klöhn*, Das System der aktien- und umwandlungsrechtlichen Abfindungsansprüche, S. 95 f.; *Schmidt-Aßmann*, FS Badura 2004, 1009 (1022 f.).

[106] So ausdrücklich das BVerfG in BVerfGE 14, 263 (277) – „*Feldmühle*"; *Drukarczyk*, AG 1973, 357 (359); hierauf nimmt auch die RegBegr im Zusammenhang mit der Einführung des Squeeze-Out Bezug (RegE Gesetz zur Regelung von öffentlichen Angeboten zum Erwerb von Wertpapieren und von Unternehmensübernahmen, BT-Drs. 14/7034, S. 32).

[107] BeckOK GG/*Axer*, Art. 14 Rn. 72. Vgl. insbesondere auch die Leitentscheidung zur restriktiven Handhabung der Ausgleichspflicht und Abkehr vom sog. „Dulde und liquidiere": BVerfGE 58, 300 – „*Nassauskiesung*".

[108] *Klöhn*, Das System der aktien- und umwandlungsrechtlichen Abfindungsansprüche, S. 112, 158 ff.; krit. *Hanau*, NZG 2002, 1040 (1041 ff.); *Schmidt-Aßmann*, FS Badura 2004, 1009 (1019).

der verfassungsgerichtlichen Rechtsprechung, da der eigentliche Eingriff in die Rechtsposition der Minderheit nicht hoheitlich, sondern auf privatrechtlicher Ebene zwischen den Aktionären erfolgt.[109] Die grundsätzlichen Wertungen und inhaltlichen Anforderungen, dass sich der Ausgleich am Wert des betroffenen Eigentumsobjekts zu orientieren hat,[110] lassen sich jedoch auch auf die Abfindung bei Strukturmaßnahmen übertragen. Der Wert der Beteiligung der Minderheitsaktionäre bestimmt sich somit maßgeblich nach deren Rechtsstellung in der AG.

II. Rechtsstellung von Mehrheit und Minderheit

1. Zweidimensionalität des Anteilseigentums

Charakteristisch für das Anteilseigentum ist seine „doppelte Schutzrichtung".[111] Aktionäre erlangen mit dem Erwerb der Aktie nicht nur unmittelbares Eigentum an der Aktie als selbständig verkehrsfähiges Gut einschließlich des in ihr verkörperten Mitgliedschaftsrechts,[112] sondern beteiligen sich gleichzeitig auch mittelbar an den Vermögensgütern der Gesellschaft.[113]

Die in der Aktie verkörperte Mitgliedschaft ist somit Bindeglied zwischen Aktie und Gesellschaft(svermögen). Aktionäre verfügen insoweit aber nur über vermittelte Zugriffs- und Nutzungsmöglichkeiten.[114] Denn das Gesellschaftsvermögen ist nicht den Aktionären, sondern der Gesellschaft als juristische Person des Privatrechts unmittelbar zugeordnet.[115] Diese Besonderheit der Aktionärsstellung prägt die Rechtsstellung der Aktionäre auch in vermögensrechtlicher Hinsicht und darf bei der angemessenen Abfindung daher nicht unbeachtet bleiben.

---

[109] Fleischer/Hüttemann/*Hüttemann*, § 1 Rn. 29. Klöhn begründet diesen Widerspruch zur grundsätzlich restriktiven Linie des BVerfG damit, dass der Eingriff auch im Interesse Privater erfolge (*Klöhn*, Das System der aktien- und umwandlungsrechtlichen Abfindungsansprüche, S. 96). Nach *Mülbert*, FS Hopt 2010, 1039 (1046) liege bereits formal keine ausgleichspflichtige Inhalts- und Schrankenbestimmung vor, da nicht die gesetzliche Inhalts- und Schrankenbestimmung als solche ausgleichspflichtig sei und auch der Sache nach keine Entschädigung für ein Gemeinwohl-Sonderopfer im Raum stehe. Vielmehr gehe es um „das Entgelt für einen ‚Zwangsverkauf' der Mitgliedschaftsrechte im rechtlich anerkannten Privatinteresse der Mehrheit".

[110] Dürig/Herzog/Scholz/*Papier/Shirvani*, GG, Art. 14 Rn. 488.

[111] Vgl. insbesondere *Adolff*, Unternehmensbewertung, S. 324 f.; *Hüffer*, FS Hadding 2004, 461 (464); *Schiel*, Aktionärsschutz, S. 83 ff.; *Schön*, FS Ulmer 2003, 1359 (1368 ff.).

[112] *Schön*, FS Ulmer 2003, 1359 (1371).

[113] Vgl. zu dieser Dimension des Anteilseigentums: BVerfGE 50, 290 (341) – „*Mitbestimmung*"; *Schön*, FS Ulmer 2003, 1359 (1371) m. w. N.

[114] BVerfGE 14, 263 (271) – „*Feldmühle*"; *Adolff*, Unternehmensbewertung, S. 297, 324 ff.; *Schön*, FS Ulmer 2003, 1359 (1363, 1369 ff.); *Siekmann*, FS Stern 2012, 1527 (1540).

[115] *Schön*, FS Ulmer 2003, 1359 (1369); *Schoppe*, Aktieneigentum, S. 84; vgl. die Ausführungen der Bundesregierung, das Aktieneigentum sei ein „durch die Mitgliedschaft in einer Kapitalgesellschaft vermitteltes Anteilsrecht an einem Unternehmensvermögen" (BVerfGE 14, 263 (271).f.) – „*Feldmühle*").

2. Mitgliedschaftsrechte

Das Anteilseigentum und die darin verkörperte Mitgliedschaft im Gesellschaftsverbund ist nach ständiger Rechtsprechung in ihrer herrschafts- und vermögensrechtlichen Komponente vom Schutzbereich der verfassungsrechtlichen Eigentumsgarantie erfasst.[116]

a) Herrschaftsrechte

Einfachgesetzliche Ausprägungen der Mitgliedschaft sind die Mitverwaltungsrechte, insbesondere Teilhabe- und Stimmrechte in der Hauptversammlung sowie Informations-[117] und Auskunftsrechte[118]. Diese vermitteln jedoch nur einen begrenzten Einfluss auf die Unternehmensführung, die primär bei der Unternehmensleitung liegt.[119]

Selbst innerhalb ihrer ohnehin beschränkten Kompetenzen in der Hauptversammlung,[120] sind die Aktionäre stets dem Mehrheitsprinzip unterworfen.[121] Schon der Gesetzgeber des AktG 1965 hat die Eigenart der Aktiengesellschaft als „Sammelbekken der Kapitalbeiträge Vieler" beschrieben.[122] Der einzelne Aktionär müsse daher „Einschränkungen hinnehmen [...], die im Interesse des gemeinsam verfolgten Zweckes seinen Willen dem der Mehrheit unterordnen".[123] Darin liege die „innere Schwäche" der Aktie, die in ihrem Wesen von vornherein angelegt sei.[124] Die Aktionärsminderheit kann sich nicht einseitig

---

[116] BGH, NJW, 146 (147) – „*Frosta*"; BVerfGE 14, 263 (276 f.) – „*Feldmühle*"; BVerfGE 25, 371 (407) – „*Rheinstahl*"; BVerfGE 50, 290 (341) – „*Mitbestimmung*"; BVerfGE 100, 289 (301) – „*DAT/Altana*"; BVerfG, NJW 2001, 279 (279) – „*Moto-Meter*"; BVerfG, NJW 2007, 3265 (3265) – „*Jenoptik*"; BVerfG, NJW 2007, 3268 (3269) – „*Edscha*"; BVerfG, NZG 2012, 907 (908) – „*Deutsche Hypothekenbank*"; BVerfG, NZG 2012, 1035 (1036) – „*DaimlerChrysler*"; BVerfGE 132, 99 (119) – „*Delisting*"; *Fleischer*, DNotZ 2000, 868 (876); Mangoldt/Klein/Starck/*Depenheuer/Froese*, GG, Art. 14 Rn. 143; *Mülbert*, FS Hopt 2010, 1039 (1052).

[117] Besondere Informationsrechte des Aktionärs bestehen gem. §§ 293g Abs. 3, 295 Abs. 1 Satz 2 AktG bei Abschluss oder Änderung eines Beherrschungs- und/oder Gewinnabführungsvertrags und gem. §§ 319 ff. AktG im Vorfeld eines Eingliederungsbeschlusses.

[118] Insbesondere § 131 AktG (BVerfG, NZG 2000, 194 – „*Scheidemandel II*").

[119] BVerfGE 14, 263 (283) – „*Feldmühle*"; *Fleischer*, DNotZ 2000, 868 (876); *Götz*, DB 1996, 259 (260); vgl. auch *Schön*, FS Ulmer 2003, 1359 (1371 ff.) zur Frage inwiefern die Kompetenzübertragung auf Vorstand und Aufsichtsrat die Aktionäre in ihrem Eigentum verletzt.

[120] Dass die Aktionäre ihre Rechte grundsätzlich nur in der Hauptversammlung wahrnehmen können, wird vor allem aus dem aktienrechtlichen Gleichbehandlungsgrundsatz abgeleitet (*Koch*, AktG, § 53a Rn. 7; *Schön*, FS Ulmer 2003, 1359 (1378)). So sieht bspw. § 131 AktG ein Auskunftsrecht allein in der Hauptversammlung vor. Vgl. zur informationellen Gleichbehandlung jüngst: *Herz*, NZG 2020, 285 (287 f.) m. w. N.

[121] Auch das Mehrheitsprinzip ist eine verfassungsgemäße Inhalts- und Schrankenbestimmung (vgl. *Hofmann*, FS Hopt 2010, 834 (837) unter Verweis auf BVerfGE 14, 263 (278) – „*Feldmühle*"). Instruktiv *Schoppe*, Aktieneigentum, S. 182 ff.

[122] RegE zum AktG und EGAktG, BT-Drs. IV/171, 92 f.

[123] RegE zum AktG und EGAktG, BT-Drs. IV/171, 92 f.

[124] Vgl. BVerfGE 14, 263 (271) – „*Feldmühle*" zu den Ausführungen des Bundesministers der Justiz.

gegen den Willen der Mehrheit durchsetzen.[125] Dies trägt dem Umstand Rechnung, dass der einzelne Aktionär gerade nicht Alleineigentümer des Unternehmens ist, sondern seine Stellung im Kollektiv von vornherein durch die Rechte der Mitaktionäre beschränkt ist.[126] Die Herrschafts- und Mitverwaltungsrechte des Anteilseigentümers sind im Vergleich zum Sacheigentümer aufgrund der kollektiven Bindung nur schwach ausgeprägt.[127] Aktionäre müssen sich daher auch tiefgreifende Wandlungen ihres Eigentumsrechts im Interesse der Mehrheit gefallen lassen.[128]

Eine Aktie vermittelt bei gleicher Ausstattung zwar grundsätzlich dieselben Rechte.[129] Aufgrund der Möglichkeit von Mehrheitsbeteiligungen kann ein einzelner Aktionär die erforderliche Mehrheit jedoch in sich vereinen. Ein solcher qualifizierter Mehrheitsaktionär kann sich bei der Beschlussfassung dann stets gegen die Minderheit durchsetzen. Seine (Mit-)Verwaltungsrechte kann er gegenüber Inhabern von Klein(st)beteiligungen daher in einem ganz anderen Umfang wahrnehmen. Die ohnehin begrenzte herrschaftsrechtliche Komponente des Anteilseigentums ist für Minderheitsaktionäre nochmals deutlich schwächer ausgeprägt.[130]

b) Vermögensrechte

In vermögensrechtlicher Hinsicht vermittelt die Mitgliedschaft in erster Linie einen Anspruch auf Gewinnausschüttung (Dividende).[131] Zugleich besteht ein vermögensrechtlicher Anteil an der Vermögenssubstanz der Gesellschaft, was dem Aktionär im Falle der Auflösung und Liquidation einen Anspruch auf den anteiligen Liquidationserlös verschafft.[132] Auch das Bezugsrecht nach § 186 AktG kann unter die vermögensrechtlichen Ansprüche gefasst werden.[133] Nicht umfasst sind dagegen alle noch nicht konkret abgebildeten Gewinnerwar-

---

125 BVerfGE 14, 263 (271) – „*Feldmühle*"; BVerfGE 50, 290 (348) – „*Mitbestimmung*"; Dreier/*Wieland*, GG, Art. 14 Rn. 60; *Luttermann*, NZG 2007, 611 (616); *Schön*, FS Ulmer 2003, 1359 (1376); *Wiedemann*, ZGR 1980, 147 (155).

126 *Klöhn*, Das System der aktien- und umwandlungsrechtlichen Abfindungsansprüche, S. 33 (geringer Besitztumseffekt); *Mülbert*, Aktiengesellschaft, Unternehmensgruppe und Kapitalmarkt, S. 64.

127 Dürig/Herzog/Scholz/*Papier/Shirvani*, GG, Art. 14 Rn. 311.

128 BVerfGE 14, 263 (271) – „*Feldmühle*".

129 Vgl. bereits S. 19 f.

130 BVerfG, NJW 2001, 279 (280) – „*Moto-Meter*" *Busse v. Colbe*, AG 1964, 263 (265) spricht insoweit von einem qualitativen Unterschied zwischen Mehrheits- und Minderheitsbeteiligungen.

131 Vgl. § 58 Abs. 4 AktG; BGH, BeckRS 2020, 28435, Rn. 19 – „*Wella*"; BVerfGE 14, 263 (276) – „*Feldmühle*"; BVerfGE 50, 290 (342) – „*Mitbestimmung*"; BVerfGE 100, 289 (302) – „*DAT/Altana*".

132 Vgl. § 271 Abs. 1 AktG; BGH, DStR 2016, 974 (977) – „*Nestlé*"; BGH, BeckRS 2020, 28435, Rn. 19 – „*Wella*"; BVerfGE 100, 289 (302) – „*DAT/Altana*".

133 BVerfGE 132, 99 (110) – „*Delisting*".

tungen, Verdienstmöglichkeiten, Chancen und Gegebenheiten, worunter das BVerfG insbesondere auch die Rentabilität der konkreten Aktie fasst.[134] Dies gilt für Mehrheit und Minderheit gleichermaßen.

Für Minderheitsaktionäre, die nur über eingeschränkte Herrschaftsrechte verfügen steht die Vermögenskomponente indes stärker im Vordergrund.[135] So werden Minderheitsaktionäre bei ihrer Investition typischerweise keine unternehmerischen Interessen verfolgen, sondern sich eine möglichst hohe Rendite erhoffen.[136] Denn einem Minderheitsaktionär stehen schon keine relevanten Einflussmöglichkeiten auf die Unternehmensführung zu. Er kann daher schon naturgemäß nur ein auf den Vermögenswert beschränktes Anlageinteresse haben.[137] Die Minderheitsbeteiligung an einer Aktiengesellschaft wird daher zu Recht immer mehr als Kapitalanlage gesehen, deren Fokus auf Gewinnmaximierung und nicht auf einer unternehmerischen Betätigung und langfristigen Teilhabe am Unternehmenserfolg liegt.[138]

c) Beschränkte Nutzungsrechte

Die Anteilseigner in der Aktiengesellschaft können im Gegensatz zum Unternehmer-Eigentümer nur mittelbar auf die Gesellschaft und deren Organe einwirken.[139] Die Besonderheit des Anteilseigentums gegenüber anderen Formen des Eigentums liegt vor allem darin, dass es vom Berechtigten nicht unmittelbar genutzt werden kann. Denn die Nutzungs- und Verfügungsbefugnisse – abgesehen von der Veräußerung und Belastung der Aktie selbst – stehen den Ak-

---

[134] BVerfG, NJW 2001, 279 (280) – „*Moto-Meter*"; BVerfG, NZG 2012, 907 (909) – „*Deutsche Hypothekenbank*"; krit. *Fleischer*, DNotZ 2000, 868.

[135] BVerfGE 4, 7 (26) – „*Investitionshilfe*"; BVerfGE 100, 289 (305) – „*DAT/Altana*"; BVerfG, NJW 2001, 279 (280) – „*Moto-Meter*"; *Bayer*, Gutachten E, 67. DJT, 2008, S. 101; *Lutter/Drygala*, FS Kropff 1997, 191 (211 f.).

[136] Dahingehend bereits die Argumentation des Bundesministers der Justiz in BVerfGE 14, 263 (272) – „*Feldmühle*"; BGH, NJW 2003, 1032 (1034) – „*Macrotron*"; *Berg*, Der Marktrückzug des Emittenten, S. 11; *Mülbert*, Aktiengesellschaft, Unternehmensgruppe und Kapitalmarkt, passim (v. a. S. 66, 84 ff., 136 ff., 143, 149, 154 ff.).

[137] BVerfGE 4, 7 (26) – „*Investitionshilfe*"; BVerfGE 14, 263 (282 f.) – „*Feldmühle*"; BVerfGE 100, 289 (305) – „*DAT/Altana*"; BVerfG, NJW 2001, 279 (280) – „*Moto-Meter*"; BVerfG, NJW 2007, 3268 (3270) – „*Edscha*"; so bereits *Gierke*, Genossenschaftstheorie, S. 240; *Immenga*, Aktiengesellschaft, Aktionärsinteressen und institutionelle Anleger, S. 9; *Mülbert*, Aktiengesellschaft, Unternehmensgruppe und Kapitalmarkt, S. 99; vgl. auch RegE Gesetz zur Regelung von öffentlichen Angeboten zum Erwerb von Wertpapieren und von Unternehmensübernahmen, BT-Drs. 14/7034, S. 32; *Zetzsche*, FS Seibert 2019, 1149 (1157 f.). Näher zur Relevanz des Daueranlagewerts: S. 150 ff.

[138] BVerfGE 14, 263 (282) – „*Feldmühle*"; BVerfGE 50, 290 (348) – „*Mitbestimmung*"; besonders deutlich BVerfG, NJW 2001, 279 (280) – „*Moto-Meter*"; BVerfG, NJW 2007, 3268 (3270) – „*Edscha*"; OLG Hamm, AG 1963, 218 (218); BGH, NJW 2003, 1032 (1034) – „*Macrotron*"; *Mülbert*, Aktiengesellschaft, Unternehmensgruppe und Kapitalmarkt, S. 136 f., 354; krit. *Wiedemann*, FS Schmidt 2009, 1731 (1740 f.).

[139] Mangoldt/Klein/Starck/*Depenheuer/Froese*, GG, Art. 14 Rn. 144.

tionären nur mittelbar über die Gesellschaftsorgane zu.[140] Sie sind insoweit auf den Vermögenswert beschränkt.[141] Dies steht in Einklang mit der gesetzgeberischen Sicht des Aktionärs als „wirtschaftlichem Eigentümer“.[142] Zwar gilt dies für Mehrheit und Minderheit gleichermaßen. Der Mehrheitsaktionär steht dem Unternehmer-Eigentümer jedoch aufgrund der durch seine Beschlussmehrheit vermittelten erhöhten Eingriffsbefugnisse faktisch näher als die einflusslose Minderheit.

3. Die Verkehrsfähigkeit der Aktie als Schutzgut der Eigentumsgarantie

Der besonderen Verkehrsfähigkeit der Aktie kommt spätestens seit dem DAT/Altana-Beschluss des BVerfG eine gesteigerte verfassungsrechtliche Bedeutung zu.[143] Die Verkehrsfähigkeit ist im Vergleich zu anderen Gesellschaftsformen wie insbesondere den Personengesellschaften geradezu charakteristisch für das „gesetzgeberische Leitbild“ der Aktiengesellschaft als Publikumsgesellschaft, die auf einen regen Wechsel im Bestand der Anteilseigner angelegt ist.[144] Die Rechtsform der Aktiengesellschaft ist zugeschnitten auf den anonymen Kapitalmarkt. So bestehen weder persönliche Nähebeziehungen unter den Gesellschaftern noch ergeben sich aus der Anteilsübertragung Nachteile für die Gläubiger oder Arbeitnehmer der Gesellschaft.[145] Die Verkehrsfähigkeit betrifft die Aktie als selbständig verkehrsfähigen Vermögenswert und schafft für den Aktionär „eine Sphäre individueller Freiheit in finanzieller Hinsicht“. Insbesondere bei der börsennotierten Aktiengesellschaft ist die Verkehrsfähigkeit in tatsächlicher Hinsicht nochmals erheblich gesteigert. Denn an der Börse kann der Aktionär seinen Anteil praktisch jederzeit veräußern und den Erlös neu investieren. Es besteht somit unter rechtlichen Gesichtspunkten eine äußerst geringe Bindung an das Eigentum.[146] Im Übrigen ist das Verfügungs- und Nutzungsrecht gegenüber dem Sacheigentum jedoch deutlich verkürzt.

Der verfassungsrechtliche Schutz der Verkehrsfähigkeit der Aktie geht jedoch nicht so weit, dass er auch die tatsächlich gesteigerte Verkehrsfähigkeit

---

[140] BVerfGE 50, 290 (342) – „*Mitbestimmung*“; Dürig/Herzog/Scholz/*Papier/Shirvani*, GG, Art. 14 Rn. 311; Mangoldt/Klein/Starck/*Depenheuer/Froese*, GG, Art. 14 Rn. 144.

[141] BVerfGE 50, 290 (342) – „*Mitbestimmung*“; Dreier/*Wieland*, GG, Art. 14 Rn. 60; *Stein*, Fundamentalanalyse und Börsenkurs, S. 84.

[142] Den Begriff des wirtschaftlichen Eigentums führte der Gesetzgeber in seiner Begründung zum Aktiengesetz 1965 ein (RegE zum AktG und EGAktG, BT-Drs. IV/171, S. 92 f.). Dies hat in der juristischen Literatur teils für erhebliche Kritik gesorgt (vgl. *Mülbert*, Aktiengesellschaft, Unternehmensgruppe und Kapitalmarkt, S. 64, Fn. 35 m. w. N.).

[143] BVerfGE 100, 289 (305 ff.) – „*DAT/Altana*“.

[144] Siehe Teil 2, Fn. 102.

[145] *Schön*, FS Ulmer 2003, 1359 (1381).

[146] Vgl. zu den vorstehenden Ausführungen insbesondere BVerfGE 100, 289 (305) – „*DAT/Altana*“; BVerfG, NJW 2001, 279 (280) – „*Moto-Meter*“; *Schön*, FS Ulmer 2003, 1359 (1381).

börsennotierter Aktien umfasst. Das BVerfG hat in seiner *Delisting*-Entscheidung[147] klargestellt, dass ein Rückzug von der Börse und der damit einhergehende Wegfall der einfachen Handelsmöglichkeiten keinen Eingriff in das Anteilseigentum bedeuten. Dies hatte der BGH in Sachen *Macrotron*[148] noch abweichend gesehen und den Verkehrswert einschließlich der tatsächlichen Verkehrsfähigkeit börsennotierter Aktien unter den Schutz der Eigentumsgarantie gestellt. Das BVerfG entwickelte dagegen ein differenziertes Schutzkonzept: Es unterscheidet im Rahmen des verfassungsrechtlichen Schutzgehalts zwischen der tatsächlichen und der rechtlichen Verkehrsfähigkeit der Aktie und unterstellt nur Letztere dem Schutzbereich der Eigentumsgarantie.[149] Denn die Eigentumsgarantie diene dem Schutz des Erworbenen.[150] Die tatsächliche Verkehrsfähigkeit stelle aber eine bloße Handelschance dar.[151]

Dabei setzt sich das BVerfG nicht in Widerspruch zu seiner bereits angeführten DAT/Altana-Entscheidung, in der es noch die besondere Verkehrsfähigkeit der Beteiligung an einer börsennotierten Aktiengesellschaft hervorhob.[152] Den beiden Entscheidungen liegen unterschiedliche Anknüpfungspunkte zugrunde. Während in Sachen *DAT/Altana* die Berücksichtigung der tatsächlichen Verkehrsfähigkeit als wertbildender Faktor bei der Bestimmung der angemessenen Abfindung in Frage stand (2. Stufe: „Entschädigung für einen Eingriff"),[153] setzt sich das BVerfG in seiner *Delisting*-Entscheidung mit dem verfassungsrechtlichen Schutz der Verkehrsfähigkeit unter Art. 14 Abs. 1 GG auseinander (1. Stufe: „Ob des Eingriffs").[154] Für die Aktionäre bedeutet dies, dass die recht-

---

147 BVerfGE 132, 99 – „*Delisting*".

148 BGH, NJW 2003, 1032 (1034) – „*Macrotron*".

149 BVerfGE 132, 99 (119 ff.) – „*Delisting*".

150 Vgl. auch DAI, Stellungnahme zu Delisting und Spruchverfahren, S. 5.

151 BVerfGE 132, 99 (121) – „*Delisting*". So bereits OLG Celle, Beschl. v. 31.07.1998 – 9 W 128/97, juris, Rn. 21. Ob eine andere Beurteilung angezeigt sei, wenn mit dem Widerruf regelmäßig ein die wirtschaftliche Substanz des Eigentums betreffender Kursverfall einträte, hat das BVerfG ausdrücklich offengelassen. Denn ein solcher Kursverfall sei für den entscheidungsrelevanten Zeitraum nicht zu verzeichnen gewesen (BVerfGE 132, 99 (125) – „*Delisting*"; eingehende Auseinandersetzung mit der Studie des DAI bei *Heldt/Royé*, AG 2012, 660 (667 ff.)). Vgl. zur überzeugenden Kritik die Nachweise in Teil 2, Fn. 355.

152 So ausdrücklich BVerfGE 132, 99 (123) – „*Delisting*". Krit. hingegen *Thomale*, ZGR 2013, 686 (692 ff.), der zwar zutr. anführt, dass der in der DAT/Altana-Entscheidung als verfassungsrechtliche Wertuntergrenze angeführte Börsenkurs an die Börsennotierung anknüpft. Dies bedeutet jedoch nicht, dass diese verfassungsrechtlich schützenswert ist, sondern ergibt sich allein daraus, dass für Unternehmensanteile bislang nur bei kapitalmarktorientierten Gesellschaften Börsenkurse gebildet werden. Dies setzt indes nicht zwingend eine Börsennotierung i. e. S. voraus, sondern lediglich den Handel an einem Markt und die Bildung von Marktpreisen (näher S. 252 ff.).

153 BVerfGE 100, 289 (305) – „*DAT/Altana*": „Die Verkehrsfähigkeit als Eigenschaft des Aktieneigentums darf *bei der Wertbestimmung des Eigentumsobjekts* nicht außer Betracht bleiben." (Hervorhebungen durch Verf.). Vgl. S. 94 ff.

154 *Ekkenga*, ZGR 2003, 878 (883) m. w. N. differenziert insoweit zutr. zwischen „Schutzgut" und „Schutzmaßstab".

liche Verkehrsfähigkeit, verstanden als „rechtliche Befugnis zur jederzeitigen Veräußerung in einem Markt“,[155] in den Schutzbereich der Eigentumsgarantie fällt, während die faktisch gesteigerte Verkehrsfähigkeit an der Börse keinen verfassungsrechtlichen Schutz genießt.[156] Ihr kommt aber für die Bestimmung der angemessenen Abfindung eine gewichtige Rolle zu.[157]

4. *Zwischenergebnis*

Die Rechtsstellung der Aktionäre unter dem Schutzgehalt des Art. 14 Abs. 1 GG ist gegenüber dem Sacheigentümer somit in wesentlichen Punkten modifiziert. Das verfassungsrechtlich geschützte Eigentum ist typischerweise gekennzeichnet durch Herrschafts-, Nutzungs- und Verfügungsrechte.[158] Der Sacheigentümer verfügt über eine vollumfängliche Herrschafts- und Verfügungsmacht und kann die Sache nach seinem Belieben nutzen.[159] Dieser Schutz ist beim Anteilseigentum deutlich abgeschwächt. Der Aktionär wird lediglich „Miteigentümer“ am Unternehmen und kann sein Eigentum allein im Kollektiv nutzen. Seine Verfügungsbefugnis konzentriert sich auf die selbständig verkehrsfähige Aktie.

Der Schutzgehalt des Anteilseigentums, bestehend aus den mitgliedschaftlichen Vermögens- und Herrschaftsrechten und der Verkehrsfähigkeit der Aktie, ist zwar einheitlich zu bestimmen. Jedoch ergeben sich aufgrund der Höhe des Anteilsbesitzes teils erhebliche Unterschiede zwischen Mehrheits- und Minderheitsaktionären, die sich auch entsprechend auf den verfassungsrechtlichen Schutz der Minderheit im Rahmen von Strukturmaßnahmen auswirken. Obwohl Aktionäre über nur eingeschränkte Herrschaftsrechte verfügen, können Mehrheitsaktionäre aufgrund ihrer Beschlussmehrheit in der Hauptversammlung durchaus lenkend auf die Gesellschaft einwirken.[160] Demgegenüber fehlt den Minderheitsaktionären der relevante Einfluss auf die Unternehmensführung. Dies ist der entscheidende Anknüpfungspunkt für eine unterschiedliche rechtliche Behandlung der beiden Aktionärsgruppen im Hinblick auf ihre Rechtsstellung in der AG,[161] die auch auf ihre Vermögensstellung durchschlägt und daher bei der Abfindungsbemessung zu berücksichtigen ist. Dass die Unternehmensbeteiligung für den Mehrheitsaktionär und die Minderheitsaktionäre denselben Wert hat, überzeugt schon aufgrund ihrer unterschiedlichen Einwir-

---

155 BVerfGE 132, 99 (121) – „*Delisting*“.

156 BVerfGE 132, 99 (121) – „*Delisting*“. So bereits DAI, Stellungnahme zu Delisting und Spruchverfahren, S. 4.

157 Siehe S. 41 f.

158 Sachs/*Wendt*, GG, Art. 14 GG Rn. 42.

159 Dürig/Herzog/Scholz/*Papier/Shirvani*, GG, Art. 14 Rn. 146 f.; BeckOK GG/*Axer*, Art. 14 Rn. 10.

160 In diesem Gleichlauf von Beteiligung und Einfluss unterscheidet sich die Aktiengesellschaft teilweise erheblich von anderen Gesellschaftsformen; allen voran den Personengesellschaften (*Koch*, ZGR 2020, 183 (190)).

161 Vgl. *Bayer*, Gutachten E, 67. DJT, 2008, S. 101 f.

kungsbefugnisse auf die Unternehmensentwicklung nicht. Dies wird insbesondere an der Möglichkeit der Realisierung von Synergieeffekten deutlich.[162]

III. Legitimation minderheitsausschließender Strukturmaßnahmen gegen vermögensmäßige Entschädigung

Die unterschiedlich ausgeprägten Rechte und Interessen von Mehrheits- und Minderheitsaktionären bilden damit die Grundlage der verfassungsrechtlichen Legitimation minderheitsausschließender Strukturmaßnahmen und begründen einen rein vermögensrechtlichen Minderheitenschutz.

Grundsätzlich sichert die Eigentumsgarantie als Bestandsgarantie den individuellen Bestand an Eigentumsrechten des Einzelnen.[163] Da minderheitsausschließende Strukturmaßnahmen auch gegen den Willen der Minderheit bei Gewährung einer angemessenen Abfindung durchgeführt werden können, wird der Minderheitsaktionär jedoch allein auf seine Vermögensinteressen verwiesen.[164] Dem Anteilseigentum des Minderheitsaktionärs kommt insoweit nur ein äußerst geringer Bestandsschutz zu.[165] Dieser kann gegen eine vermögensmäßige Entschädigung praktisch jederzeit aus der Gesellschaft gedrängt werden.[166] Dem unternehmerischen Gestaltungsinteresse des Mehrheitsaktionärs wird insoweit Vorrang vor dem Bestandsinteresse des Minderheitsaktionärs eingeräumt, der mangels relevanter Einflussmöglichkeiten auf die Gesellschaft mit seiner Anlage primär Vermögensinteressen verfolgt.[167]

Nachdem die Anforderungen an einen Ausschluss von Aktionären zunächst noch umstritten waren,[168] macht das BVerfG insbesondere in seinem *Moto-*

---

[162] *Hachmeister*, FS Ballwieser 2014, 219 (223) (ohne Begr.); a. A. *Adolff*, Unternehmensbewertung, S. 362. Siehe zu der Berücksichtigung von Synergieeffekten S. 143 ff.

[163] BVerfGE 24, 367 (389, 400 f.); BVerfGE 72, 175 (195); BeckOK GG/*Axer*, Art. 14 Rn. 17; *Schön*, FS Ulmer 2003, 1359 (1364).

[164] *Hanau*, NZG 2002, 1040 (1041 f.); Mangoldt/Klein/Starck/*Depenheuer/Froese*, GG, Art. 14 Rn. 144; *Schön*, FS Ulmer 2003, 1359 (1382).

[165] BVerfGE 14, 263 (278) – „*Feldmühle*"; besonders deutlich in BVerfG, NJW 2001, 279 (279 f.) – „*Moto-Meter*"; *Fleischer*, DNotZ 2000, 868 (878); *Heskamp*, Einfluss des aktienrechtlichen Squeeze-Out, S. 213 ff.; instruktiv *Klöhn*, Das System der aktien- und umwandlungsrechtlichen Abfindungsansprüche, S. 85; *Mülbert*, FS Ulmer 2003, 433 (449 f.); *K. Schmidt*, ZGR 2011, 108 (117); *Tonner*, FS Schmidt 2009, 1581 (1583); *Wiedemann*, FS Goette 2011, 617 (619).

[166] Vgl. bereits *Mülbert*, FS Ulmer 2003, 433 (449): „Schlagwortartig geht die Entwicklung weg vom unbedingten Bestandserhalt der Mitgliedschaft hin zum […] Werterhalt des Investments."; *Klöhn*, Das System der aktien- und umwandlungsrechtlichen Abfindungsansprüche, S. 32 ff., 181: Ermöglichung effizienzsteigernder Rechtetransfers (Hold-out-Problem).

[167] BVerfGE 14, 263 (282 f.) – „*Feldmühle*"; BVerfGE 50, 290 (305) – „*Mitbestimmung*"; BVerfGE 100, 289 (305) – „*DAT/Altana*"; *Berg*, Der Marktrückzug des Emittenten, S. 178; Dürig/Herzog/Scholz/*Papier/Shirvani*, GG, Art. 14 Rn. 311; *Klöhn*, Das System der aktien- und umwandlungsrechtlichen Abfindungsansprüche, S. 364 ff. („Prinzip des überwiegenden Interesses"); *Luttermann*, NZG 2007, 611 (612); *Schön*, FS Ulmer 2003, 1359 (1381 f.).

[168] Insbesondere das Erfordernis einer materiellen Beschlusskontrolle wurde intensiv dis-

Meter-Beschluss deutlich, dass schon die bloße Existenz einer Minderheit und deren Lästigkeit für einen rechtmäßigen Ausschluss genüge.[169] Die Minderheit ist in der Aktiengesellschaft daher von vornherein auf die Vermögenskomponente beschränkt.

Diese wird zutreffend als Perspektivwechsel von einem verbandsrechtlichen[170] hin zu einem stärker kapitalmarktrechtlichen bzw. anlagebezogenen Verständnis des Aktionärs empfunden,[171] der in Einklang mit der zunehmenden kapitalmarktrechtlichen Regulierung und Ausrichtung der Beteiligung an Aktiengesellschaften steht. Die Beteiligung an einer Aktiengesellschaft ist aufgrund der besonderen Fungibilität der Aktie sowie der grundsätzlich gleichen Ausgestaltung der Beteiligung aufgrund der Satzungsstrenge nahezu beliebig austauschbar.[172] Der Minderheitsaktionär kann daher kein besonderes Interesse am Bestand der Beteiligung an exakt der in Frage stehenden individuellen Gesellschaft vorweisen. Die Bestandsinteressen sind insoweit verfassungsrechtlich nicht schützenswert.[173]

Die Legitimation von Strukturmaßnahmen ist ferner Ausdruck eines erheblichen Interesses an der flexiblen Bildung von Konzernen und der Neuordnung unternehmerischer Ressourcen zur Stärkung der Marktwirtschaft.[174] Die bloße Existenz einer Minderheit bedeutet einen erheblichen kosten- und verwaltungstechnischen Aufwand, der rein ökonomisch betrachtet allein mit Nachteilen verbunden ist.[175] Insbesondere werden unternehmerische Maßnahmen und Umstrukturierungen aufgrund der einzuhaltenden Formalitäten, der missbräuchlichen Ausnutzung von Minderheitenrechten, aber auch der schlichten Unkenntnis einzelner Aktionäre von deren Aktienbesitz (insbesondere bei Erbschaft) bzw. deren Unauffindbarkeit erheblich verzögert.[176]

---

kutiert (vgl. BVerfGE 14, 263 (283) – „*Feldmühle*"; BVerfGE 100, 289 (303) – „*DAT/Altana*"; BVerfG, NJW 2001, 279 (280) – „*Moto-Meter*"; *Schön*, FS Ulmer 2003, 1359 (1380)).

169 BVerfG, NJW 2001, 279 (280) – „*Moto-Meter*". Vgl. auch BVerfG, NJW 2007, 3268 (3270) – „*Edscha*".

170 Grundlegend: *Lutter*, AcP, 180 1980, 84; *Habersack*, Die Mitgliedschaft, insbesondere S. 62 ff.

171 *Bayer*, Gutachten E, 67. DJT, 2008, S. 101; *Fleischer*, DNotZ 2000, 868 (876); *Koch*, AktG, § 327a Rn. 1; *Mülbert*, FS Ulmer 2003, 433 (433 ff. (v. a. 449 f.)); *Windbichler*, FS Grunewald 2021, 1355 (1357); vgl. zu den Grundmodellen der Aktionärsstellung die Übersicht bei *Schmidt-Aßmann*, FS Badura 2004, 1009 (1018 ff.); vgl. zum zweidimensionalen Ansatz im Sinne einer „hybriden Aktionärsstellung": *Mülbert*, Aktiengesellschaft, Unternehmensgruppe und Kapitalmarkt, S. 54 ff.

172 BVerfG, NJW 2001, 279 – „*Moto-Meter*"; BVerfG, NJW 2007, 3268 (3270) – „*Edscha*".

173 BVerfG, NJW 2007, 3268 (3270) – „*Edscha*".

174 BVerfGE 14, 263 (280) – „*Feldmühle*"; BVerfGE 100, 289 (303 f.) – „*DAT/Altana*"; *Schön*, FS Ulmer 2003, 1359 (1387 f.) m. w. N.

175 BVerfG, NJW 2001, 279 (280 f.) – „*Moto-Meter*"; *Koch*, AktG, § 327a Rn. 1; *P. Baums*, Ausschluss von Minderheitsaktionären, S. 24 ff.

176 BVerfG, NJW 2001, 279 (280) – „*Moto-Meter*"; RegE Gesetz zur Regelung von öffent-

Das Anteilseigentum der Minderheit kann daher anlässlich unternehmerischer Entscheidungen auf ihren Vermögensbestandteil reduziert werden.[177] Zwar verliert der Aktionär bei einem vollständigen Ausschluss auch seine mit der Mitgliedschaft verbundenen Herrschaftsrechte. Diese sind für die Minderheit jedoch so begrenzt, dass ihnen keine Wertrelevanz zukommt.[178] Es genügt daher, dass der Minderheit durch den vermögensmäßigen Ausgleich die Beteiligung an einer vergleichbaren Gesellschaft und damit die Herstellung eines identischen Zahlungsstroms ermöglicht wird.[179] Das „Spannungsverhältnis“[180] zwischen Mehrheitsherrschaft und Minderheitenschutz ist unter vorstehenden Gesichtspunkten auf vermögensrechtlicher Ebene aufzulösen.

IV. Anforderungen an Strukturmaßnahmen

Aus dem soeben skizzierten Schutzgehalt des Anteilseigentums lassen sich die verfassungsrechtlichen Anforderungen an Strukturmaßnahmen ableiten.[181] Sie bilden die Eckpfeiler des verfassungsrechtlichen Minderheitenschutzes in der (börsennotierten) Aktiengesellschaft und legen zugleich den Mindeststandard der angemessenen Abfindung fest.[182] Leitend war dabei insbesondere die *Feldmühle*-Entscheidung[183], wonach bei Eingriffen in das Anteilseigentum der Minderheit deren berechtigte Interessen zu wahren seien. Dies erfordert nicht nur, dass der Minderheit wirksame Rechtsbehelfe gegen den Missbrauch wirtschaftlicher Macht zur Verfügung stehen, sondern insbesondere auch eine „wirtschaftlich volle Entschädigung“ für die Beeinträchtigung der Eigentumsrechte zu gewähren ist.[184]

---

lichen Angeboten zum Erwerb von Wertpapieren und von Unternehmensübernahmen, BT-Drs. 14/7034, S. 31 f.; krit. *Wiedemann*, FS Schmidt 2009, 1731 (1736).

[177] Ausdrücklich BVerfG, NJW 2001, 279 (280) – „*Moto-Meter*“; *Austmann* in MüHdb GesR IV, § 75 Rn. 5; vgl. auch Mülberts Konzept des „rein vermögensmäßigen Aktionärsschutzes“ (*Mülbert*, Aktiengesellschaft, Unternehmensgruppe und Kapitalmarkt, S. 97 ff.).

[178] BVerfG, NZG 2000, 28 (28 ff.) – „*Hartmann & Braun*“; BVerfG, NJW 2001, 279 (280) – „*Moto-Meter*“; *Diekmann*, FS Großfeld 2019, 97 (99); *Maul*, FS Drukarczyk 2003, 255 (261); *Schön*, FS Ulmer 2003, 1359 (1379); aus ökonomischer Perspektive *Matschke*, BFuP 2013, 14 (35).

[179] Krit. *Fleischer*, DNotZ 2000, 868 (877), wonach dies verkenne, dass eine Aktie die Mitgliedschaft in einer konkreten Kapitalgesellschaft und nicht nur einen bloßen Wertanteil an einem abstrakten Kapitalmarktsegment verkörpere.

[180] *Fleischer*, DNotZ 2000, 868 (876).

[181] Leitend BVerfGE 14, 263 (283) – „*Feldmühle*“; BVerfG, NJW 1999, 1699 (1700); BVerfG, NJW 2001, 279 (280) – „*Moto-Meter*“; BVerfG, BeckRS 2003, 23833; BVerfG, NJW 2007, 3268 (3270) – „*Edscha*“; BVerfG, BeckRS 2013, 1274.

[182] *Hüttemann*, ZGR 2001, 454 (458); *Klöhn*, Das System der aktien- und umwandlungsrechtlichen Abfindungsansprüche, S. 88; *Ruthardt*, NZG 2014, 972 (973).

[183] BVerfGE 14, 263 – „*Feldmühle*“; bestätigt in BVerfG, NJW 2007, 3268 – „*Edscha*“.

[184] BVerfGE 14, 263 (283) – „*Feldmühle*“; BVerfG, NJW 1999, 1699 (1700); BVerfG, NJW 2001, 279 (280) – „*Moto-Meter*“; BVerfG, BeckRS 2003, 23833; BVerfG, NJW 2007,

Da dem Anteilseigentum der Minderheit ein äußerst geringer Bestandsschutz zukommt, sind die Anforderungen an den Hauptversammlungsbeschluss über die Durchführung der Strukturmaßnahme gering. Eine materielle Beschlusskontrolle erfolgt nicht.[185] Denn der Gesetzgeber hat bereits bei der Regelung minderheitsausschließender Strukturmaßnahmen eine hinreichende Abwägung zwischen den Belangen der Mehrheit und Minderheit vorgenommen.[186] Die Prüfung beschränkt sich daher auf eine evidente Missbrauchskontrolle[187] als Ausfluss der gesellschaftlichen Rücksichtspflichten, namentlich der Treuepflicht[188], dem Gleichbehandlungsgrundsatz und § 243 Abs. 2 Satz 1 AktG.[189] Doch auch der Missbrauch wirtschaftlicher Macht wird in diesem Zusammenhang äußerst restriktiv gehandhabt. So wird ein Missbrauch noch nicht einmal in den Fällen angenommen, in denen allein die Lästigkeit, d. h. der Aufwand, potenzielle Schwierigkeiten und Verzögerungen, insbesondere durch Beschlussanfechtungen einer in der Gesellschaft verbleibenden Minderheit, die einzige Motivation des Ausschlusses ist.[190] Dies lässt sich damit begründen, dass eine Strukturmaßnahme für den Mehrheitsaktionär ökonomisch nur dann sinnvoll ist, wenn diese insgesamt einen Mehrwert verspricht, d. h. der künftige Nutzen den Aufwand der Abfindungsleistung übersteigt.[191] Minderheitsausschließende

---

3268 (3270) – „*Edscha*"; BVerfG, BeckRS 2013, 1274; vgl. zu dieser „Zulässigkeitstrias" insbesondere *Mülbert*, FS Hopt 2010, 1039 (1040).

[185] BGHZ 166, 195 (197); BVerfG, NJW 2001, 279 (281) – „*Moto-Meter*"; *Mülbert*, Aktiengesellschaft, Unternehmensgruppe und Kapitalmarkt, S. 310 ff., 338 ff.; *Schön*, FS Ulmer 2003, 1359 (1387 f.); *Zetzsche*, FS Seibert 2019, 1149 (1164 ff.); anders wohl noch *Wiedemann*, ZGR 1980, 147 (156 ff.).

[186] *Austmann* in MüHdb GesR IV, § 75 Rn. 120; *Schiel*, Aktionärsschutz, S. 171 f.; vgl. RegE Gesetz zur Regelung von öffentlichen Angeboten zum Erwerb von Wertpapieren und von Unternehmensübernahmen, BT-Drs. 14/7034, S. 32.

[187] Krit. *Paefgen*, ZHR 174 (2010) 741 (746).

[188] Die gesellschaftliche Treuepflicht ist eine zentrale Säule des Personengesellschaftsrechts, die ihre Grundlage im Gesellschaftsvertrag findet (näher dazu: *Hueck*, FS Hübner 1935, 72 (75); *Hueck*, Der Treuegedanke im modernen Privatrecht, S. 13 ff.). Entgegen dem Wortlaut erschöpft sie sich nicht in einem Verweis auf § 242 BGB, sondern geht deutlich über das allgemeine Gebot von Treu und Glauben hinaus. Die Treuepflicht begründet, neben der allgemeinen Pflicht zur Förderung des Gesellschaftszwecks (vgl. *Lutter*, AcP, 180 1980, 84 (103 ff.)), auch Rücksichtnahme- und Zustimmungspflichten (vgl. MüKoBGB/*C. Schäfer*, § 705 Rn. 229).

[189] *Klöhn*, Das System der aktien- und umwandlungsrechtlichen Abfindungsansprüche, S. 345 ff.

[190] BVerfG, NJW 2001, 279 (280) – „*Moto-Meter*"; *Klöhn*, Das System der aktien- und umwandlungsrechtlichen Abfindungsansprüche, S. 364 ff. begründet dies mit dem Prinzip des überwiegenden Interesses. Dagegen verlangte das BVerfG zunächst noch „gewichtige Gründe des Gemeinwohls", wobei auch hierfür das unternehmerische Interesse an Konzern- und Strukturmaßnahme als ausreichend erachtet wurde (BVerfGE 14, 263 (282) – „*Feldmühle*"; BVerfGE 100, 289 (302) – „*DAT/Altana*").

[191] BVerfGE 100, 289 (306) – „*DAT/Altana*". Erstmals angedeutet in BGH, NJW 1978, 1316 – „*Kali & Salz*". Erstmals ausdrücklich anerkannt in BGH, NJW 1988, 1579 (1982) – „*Linotype*". Bestätigt in BGH, NJW 1995, 1739 – „*Girmes*" für die Minderheitsaktionäre;

Strukturmaßnahmen sind ferner an ein äußerst hohes Quorum (90–95 %) gebunden. Es kann daher berechtigterweise vom Grundsatz ausgegangen werden, dass die Mehrheit bei der Durchführung von Strukturmaßnahmen aus unternehmerischen Interessen handelt und regelmäßig kein Missbrauch vorliegen wird. Die Minderheit wird daher nur in wenigen Einzelfällen erfolgreich gegen den Ausschluss selbst vorgehen können.

Der Minderheitenschutz wird daher nahezu ausschließlich über eine gerichtlich überprüfbare Abfindungsleistung sichergestellt. Die Konzentration auf die Vermögenskomponente der Beteiligung erfordert jedoch umso mehr, dass der Minderheitenschutz in vermögensrechtlicher Hinsicht im vollen Umfang gewahrt wird.

V. Das Gebot der „vollen Entschädigung"

Die Bedeutung der Vermögenskomponente der Minderheitsbeteiligung betont das BVerfG seit jeher, indem es nicht weniger als eine „volle" Entschädigung für den Rechtsverlust verlangt, um die berechtigten Interessen der außenstehenden Aktionäre zu wahren.[192] Es findet insbesondere keine Interessenabwägung i. S. d. Art. 14 Abs. 3 Satz 3 GG statt, wie sie für Enteignungen vorgesehen ist. Denn die Maßnahme erfolgt nicht nur im Verhältnis zwischen Privaten als eine Art „Auseinandersetzung unter den Aktionären",[193] sondern auch im alleinigen Nutzen und Interesse des Mehrheitsaktionärs.[194] Auf Abfindungsebene stehen daher die Interessen der Minderheit im Vordergrund.

Dabei bezieht sich das Gebot der vollen Entschädigung auf sämtliche abfindungspflichtigen Strukturmaßnahmen, also auch solche, bei denen die Aktionäre ihre Mitgliedschaft unter inhaltlicher Umgestaltung behalten würden (§§ 305, 320b AktG, §§ 29, 1221, 207 UmwG, §§ 7, 9, 12 SEAG). Wählen die außen-

---

Fleischer, ZGR 1997, 368 (384 ff.); *Schön*, FS Ulmer 2003, 1359 (1387). Dies entspricht der Situation bei Transaktionsverhandlungen (vgl. *Tönnes*, M&A Review 2017, 449 (449)).

[192] BVerfGE 14, 263 (283) – „*Feldmühle*"; dem folgend BVerfG, NJW 1999, 1699 (1700); BVerfGE 100, 289 (303) – „*DAT/Altana*"; BVerfG, NZG 2000, 28 (29) – „*Hartmann & Braun*"; BVerfG, NJW 2001, 279 (280) – „*Moto-Meter*"; BVerfG, BeckRS 2003, 23833; BVerfG, NJW 2007, 828 (828) – „*Siemens/Nixdorf (SNI)*"; BVerfG, NJW 2007, 3268 (3270) – „*Edscha*"; BVerfG, NJW 2007, 3266 (3267) – „*Wüstenrot und Württembergische AG*"; BVerfG, NZG 2011, 235 (236) – „*Kuka-AG*"; BVerfG, NZG 2011, 869 (870) – „*T-Online/Deutsche Telekom*"; BVerfG, NZG 2012, 907 (908) – „*Deutsche Hypothekenbank*"; BVerfG, NZG 2012, 1035 (1036) – „*DaimlerChrysler*"; BVerfG, BeckRS 2013, 1274; BGH, Urt. v. 30.03.1967 – II ZR 141/64, juris; BGH, NJW-RR 1986, 1066 (1068); BGH, NJW 1992, 892; BGH, NJW 1997, 2242 (2243) – „*Guano*" („vollständig"); BGH, Beschl. v. 12.03.2001 – II ZB 15/00, juris, 2081 – „*DAT/Altana IV*"; BGH, NJW 2003, 1032 (1035) – „*Macrotron*"; vgl. bereits BayObLG München, AG 1999, 43 (44): „nur die volle Abfindung ist auch angemessen".

[193] BVerfGE 14, 263 (278) – „*Feldmühle*". Siehe auch *Hüttemann*, FS Hoffmann-Becking 2013, 603 (608).

[194] BVerfGE 14, 263 (278, 284) – „*Feldmühle*"; BVerfGE 100, 289 (303) – „*DAT/Altana*"; *Hüttemann*, ZGR 2001, 454 (456 f.); *Maul*, FS Drukarczyk 2003, 255 (261); *Naschke*, Der Börsenkurs als Abfindungsgrundlage, S. 123.

stehenden Aktionäre jedoch die Barabfindung, so erfolgt auch in diesen Fällen ein vollständiger Verlust der Mitgliedschaft und der damit verbundenen Rechte, sodass sich die Barabfindung folgerichtig auch hier nur am vollen Anteilswert orientieren kann.[195] Das Gebot der vollen Entschädigung gilt damit unabhängig davon, ob ein Ausschluss oder eine dem Ausschluss bei wirtschaftlicher Betrachtung gleichstehende Beschränkung des Anteilseigentums in Frage steht.[196]

1. Entschädigungsgedanke

Der geringe Bestandsschutz erfordert, dass die Minderheit für die grundrechtlich relevante Einbuße vollständig entschädigt wird. Den außenstehenden Aktionären muss vermögensrechtlich das ausgeglichen werden, was ihnen an Eigentum i. S. v. Art. 14 Abs. 1 GG verloren geht.[197] Dies wird in den verfassungsgerichtlichen Entscheidungen unterschiedlich definiert als Gegenwert der Gesellschaftsbeteiligung,[198] Wertersatz für den Verlust der Aktien,[199] Ausgleich für die Beeinträchtigung ihrer vermögensrechtlichen Stellung,[200] voller wirtschaftlicher Wertausgleich[201] oder Grenzwert bzw. Grenzpreis zu dem der Aktionär, ohne (wirtschaftliche) Nachteile zu erleiden, aus der Gesellschaft ausscheiden kann.[202] All diesen Versuchen, die Einbuße der Minderheit näher zu konkretisieren, liegt dabei ein allgemeiner Entschädigungsgedanke zugrunde.[203] Dies

---

[195] Instruktiv zum Prinzip des ungeteilten Ausgleichs: *Klöhn*, Das System der aktien- und umwandlungsrechtlichen Abfindungsansprüche, S. 103 ff.

[196] BVerfGE 14, 263 (281 f.) – „*Feldmühle*"; BVerfGE 100, 289 (302 f.) – „*DAT/Altana*"; BVerfG, BeckRS 2013, 1274; zu dieser „funktionalen Betrachtungsweise": *Klöhn*, Das System der aktien- und umwandlungsrechtlichen Abfindungsansprüche, S. 98.

[197] BVerfGE 100, 289 (305) – „*DAT/Altana*"; BVerfG, NZG 2000, 28 (29) – „*Hartmann & Braun*"; BVerfG, NJW 2007, 828 (828) – „*Siemens/Nixdorf (SNI)*".

[198] BVerfG, NJW 2007, 828 (828) – „*Siemens/Nixdorf (SNI)*". So auch *Wiedemann*, ZGR 1980, 147 (153): „Gegenwert für seine Beteiligung in einem anderen Aggregatzustand".

[199] BVerfG, NJW 2007, 3268 (3270) – „*Edscha*"; BVerfG, BeckRS 2013, 1274.

[200] BVerfG, NJW 2007, 3266 (3268) – „*Wüstenrot und Württembergische AG*".

[201] BVerfG, NZG 2012, 1035 (1037) – „*DaimlerChrysler*".

[202] Wohl h. M. (vgl. BayObLG München, DStR 1995, 1479 (1480); BayObLG München, NJW-RR 1996, 1125 (1125); BGH, NJW 1998, 1866 (1867); BGH, NJW 2010, 2657 (2659) – „*Stollwerck*"; Henssler/Strohn/*Paschos*, § 305 AktG Rn. 14; OLG Frankfurt a. M., Beschl. v. 30.03.2010 – 5 W 32/09, juris, Rn. 25; OLG Frankfurt a. M., BeckRS 2014, 22980, Rn. 17; OLG Frankfurt a. M., BeckRS 2016, 6246, Rn. 28; OLG Frankfurt a. M., AG 2017, 790 (791); OLG Frankfurt a. M., BeckRS 2021, 31295, Rn. 30; aus der ökonomischen Literatur v. a. *Olbrich/Rapp*, CF biz 2012, 233 (233 f.); *Sieben*, AG 1966, 6 (9)).

[203] BGH, NJW 1998, 1866 (1867); BGH, DStR 2016, 974 (976) – „*Nestlé*"; *Großfeld*, Unternehmens- und Anteilsbewertung 2002, S. 18; *Hüffer/Schmidt-Aßmann/Weber*, S. 53 ff. (Gleichheitsgrundsatz und Verhältnismäßigkeitsgrundsatz); *Klöhn*, Das System der aktien- und umwandlungsrechtlichen Abfindungsansprüche, S. 96 m. w. N.; *Wiedemann*, ZGR 1999, 857 (867) (verfassungsrechtliches Untermaßverbot) m. w. N.; a. A. *Drukarczyk*, AG 1973, 357 (358 ff.), der darauf verweist, dass der Gesetzgeber, hätte er die Abfindungsleistung als Entschädigung verstehen wollen, auch einen Schadensersatz hätte regeln können, der indes keine angemessene Abfindung darstelle, da auch der subjektive Grenzpreis des Mehrheitsaktionärs

ist aus verfassungsrechtlicher Perspektive konsequent, denn ähnlich wie bei der Enteignungsentschädigung[204] geht es bei der angemessenen Abfindung darum, den Verlust der Minderheit wirtschaftlich voll auszugleichen.[205] Hierbei kann eine Parallele zur zivilrechtlichen Differenzhypothese gezogen werden.[206] Eine angemessene Abfindung muss den Verlust der außenstehenden Aktionäre von Verfassungs wegen zwar vollständig ausgleichen, soll diese jedoch nicht überkompensieren. Übersetzt in ökonomische Termini stellt sich der erlittene Verlust der Minderheit somit als deren subjektiver Nutzenentgang dar.[207]

Für die konkrete Bewertung bedeutet dies, dass die Minderheit aus verfassungsrechtlicher Sicht zu ihrem Grenznutzen abzufinden ist.[208] Da das Vermögen als solches nicht unter den Schutz der Eigentumsgarantie fällt, müssen bloße spekulative Gewinnerwartungen unberücksichtigt bleiben. Andernfalls käme es zu einer verfassungsrechtlich nicht angezeigten Überkompensation der Minderheit, was wiederum den Mehrheitsaktionär über die Maßen belasten und Umstrukturierungen von vornherein unterbinden würde.[209] Dies stünde der Sozialbindung des Eigentums und dem erheblichen Interesse an der flexiblen Bildung von Konzernen und der Neuordnung unternehmerischer Ressourcen zur Stärkung der Marktwirtschaft, gerade unter dem Aspekt der gesamtwirtschaftlichen Wohlfahrtssteigerung, entgegen. Eine gesamtwirtschaftliche Wohlfahrtssteigerung ist immer dann gegeben, wenn die Strukturmaßnahme dem Mehrheitsaktionär trotz Abfindungsleistung einen Mehrwert verspricht. Um gesamtökonomisch nachteilige Transaktionen zu verhindern, muss der volle vermögensmäßige Ausgleich des Verlusts der Minderheit sichergestellt werden.[210] Jedoch darf die Abfindung der außenstehenden Aktionäre nicht dazu führen, dass gesamtökonomisch vorteilhafte Transaktionen verhindert werden, weil eine über die Entschädigung für den Rechtsverlust hinausgehende Abfindungs-

---

zu berücksichtigen sei; vgl. auch LG Köln, BeckRS 2019, 16980, Rn. 17. *Hüttemann*, ZHR 162 (1998) 563 (580) m. w. N. verweist auf die fehlende gesetzliche Grundlage des Entschädigungsgedankens. Auch der Feldmühle-Entscheidung sei nicht zu entnehmen, dass der Minderheitsaktionär das erhalten müsse, was seine Beteiligung für ihn wert sei. Dies verkennt jedoch, dass auch bei Heranziehung des Entschädigungsgedankens und damit dem subjektiven Grenzpreis der Minderheit, eine Typisierung anzustellen ist und damit eine Abfindung zum Verkehrswert nicht ausschließt (vgl. dazu S. 85 ff., 143 ff.).

[204] Hierzu bereits *Moxter*, Grundsätze ordnungsmäßiger Unternehmensbewertung, S. 18.

[205] *Naschke*, Der Börsenkurs als Abfindungsgrundlage, S. 43.

[206] In diese Richtung auch BGH, NJW 2010, 2657 (2659) – „*Stollwerck*"; *Henselmann*, BFuP 2006, 144 (150); *Naschke*, Der Börsenkurs als Abfindungsgrundlage, S. 43, 45; a. A. *Drukarczyk*, AG 1973, 357 (358 ff.).

[207] *Sieben*, AG 1966, 6 (9).

[208] Überzeugend *Matschke*, BFuP 2013, 14 (34).

[209] Dahingehend: *Naschke*, Der Börsenkurs als Abfindungsgrundlage, S. 176 f.; *Schmidt-Aßmann*, FS Badura 2004, 1009 (1026); a. A. *Sieben*, AG 1966, 6 (9), der auch Spekulationsabsichten berücksichtigen will.

[210] Vgl. zu den vorstehenden Erwägungen insbesondere *Klöhn*, Das System der aktien- und umwandlungsrechtlichen Abfindungsansprüche, S. 42 ff.

leistung zu zahlen ist.[211] Dies stünde auch mit der unternehmerischen Freiheit des Mehrheitsaktionärs in Konflikt.

2. *Abfindung zum „wahren" Wert*

Das Gebot der vollen Entschädigung wird von der Rechtsprechung durch die nicht weniger abstrakte Formulierung einer Abfindung zum „wahren"[212] Wert der Beteiligung konkretisiert.[213] Die Suche nach dem einen wahren Wert lässt sich zurückführen auf die Lehre vom gerechten Wert („iustum pretium") in der Scholastik.[214] Sie ist indes eine reine Fiktion.[215] Sie suggeriert, es gäbe einen objektiv bestimmbaren, von den konkreten Gegebenheiten und subjektiven Wertvorstellungen unabhängigen Wert, der dem Bewertungsgegenstand wie eine Eigenschaft anhafte. Diese Vorstellung geht nach mittlerweile als gesichert zu bezeichnender ökonomischer Erkenntnis fehl.[216] Bewertungen sind besonders subjekt-, anlass- und stichtagsbezogen. Sie können stets nur aus der Perspektive des Bewertungssubjekts im konkreten Einzelfall erfolgen.[217] Der Wert eines Gutes ist daher eine relative Größe,[218] die abhängig ist von den in-

---

[211] *Ruthardt*, Normzweckkonforme Unternehmensbewertung, S. 50; vgl. für den Rückzug von der Börse: *Morell*, ZBB 2016, 67 (81); derselbe Gedanke liegt auch der Regelung des § 31 Abs. 1 WpÜG zugrunde (hierzu *Ruiz de Vargas*, NZG 2021, 1056 (1057)). Es muss ein „praktikabler Kompromiss" zwischen den Interessen beider Seiten gefunden werden (*Windbichler*, FS Grunewald 2021, 1355 (1366)).

[212] Oder auch „*vollen*" (BGH, BeckRS 2023, 6362, Rn. 19), „wirklichen", „wahren inneren" (BVerfGE 100, 289 (293, 295, 306) – „*DAT/Altana*"), „vollen inneren", „vollen wirklichen" (BGH, NZG 2016, 139 (140) – „*Stinnes*") Wert. Die Gerichte folgen hier keinem einheitlichen Begriffsverständnis (vgl. *Adolff*, Unternehmensbewertung, S. 2 f. m. w. N.).

[213] BGH, Urt. v. 30.03.1967 – II ZR 141/64, juris, Rn. 9 ff.; BVerfGE 100, 289 (304, 306) – „*DAT/Altana*"

[214] Vgl. *Kaulla*, JITE 1904, 579 (581 ff.).

[215] *Busse v. Colbe*, FS Lutter 2000, 1053 (1056); bereits *Drukarczyk*, AG 1973, 357 (362); *Heesen*, Basiswissen Unternehmensbewertung, S. VII; *Hüttemann*, ZGR 2001, 454 (467); *Jonas*, FS Ballwieser 2014, 365 (367); LG Frankfurt a. M., NZG 2019, 989 (990) – „*Stada AG*"; *Luttermann*, ZIP 1999, 45 (47); a. A. noch BGH, Urt. v. 30.03.1967 – II ZR 141/64, juris, Rn. 9 ff.

[216] BVerfG, NZG 2012, 1035 (1037) – „*DaimlerChrysler*" (in Bezug auf das Ertragswertverfahren); OLG Frankfurt a. M., AG 2010, 751 (753) – „*T-Online/Deutsche Telekom*"; *Adolff*, Unternehmensbewertung, S. 1, 160 ff.; MüKoBGB/*Armbrüster*, § 119 Rn. 143 m. w. N.; *Böcking*, FS Drukarczyk 2003, 59 (62, 69); *Busse v. Colbe*, FS Lutter 2000, 1053 (1056); *Hachmeister*, FS Ballwieser 2014, 219 (221 ff.); *Hüttemann*, ZGR 2001, 454 (467); *W. Müller*, FS Röhricht 2005, 1015 (1021); *Obermaier*, FS Großfeld 2019, 325 (339); *Piltz*, ZGR 2001, 185 (192 f.); *Rapp/Follert/Maas*, CF 2020, 46 (46); *Schmidt*, NZG 2020, 1361 (1364); *Stilz*, ZGR 2001, 875 (882); *Stilz*, FS Goette 2011, 529 (536); a. A. noch die bis 1960 vertretene objektive Bewertungslehre (u. a. *Matschke/Brösel*, Funktionale Unternehmensbewertung, S. 5 f.).

[217] *Adolff*, Unternehmensbewertung, S. 1 f.; Fleischer/Hüttemann/*Hüttemann*, § 1 Rn. 1.44; *Großfeld*, JZ 1981, 641 (642); *Großfeld*, Unternehmens- und Anteilsbewertung 2002, S. 21; *Matschke/Brösel/Karami*, FS Mandl 2010, 421 (440); OLG Frankfurt a. M., AG 2010, 751 (753) – „*T-Online/Deutsche Telekom*".

[218] *Luttermann*, ZIP 1999, 45 (51).

dividuellen Wertfaktoren (Prognosen, Einflussmöglichkeiten, Synergien, Risikoneigung etc.), die von Bewertungssubjekt zu Bewertungssubjekt differieren.[219] Dies gilt umso mehr für solche Bewertungsobjekte wie Unternehmen, die fortwährend wirtschaften und deren Wert daher erheblichen Schwankungen unterliegen kann.[220] Die Ermittlung des „wahren" Werts ist daher letztlich eine schlichte Formel, die dem Rechtsanwender keine tauglichen Kriterien zur Bestimmung der angemessenen Abfindung an die Hand gibt; schließlich wird damit noch nicht einmal die Perspektive der Bewertung bestimmt.[221]

Das Gebot der Abfindung zum wahren Wert geht zurück auf die Interpretation der Liquidationshypothese beim Ausscheiden von Gesellschaftern bei Personengesellschaften (§ 738 Abs. 1 Satz 2 BGB a. F.[222]).[223] Es dient in diesem Zusammenhang der Klarstellung, dass die außenstehenden Aktionäre nicht lediglich zum Buchwert abzufinden sind und auch keine Interessenabwägung stattfindet, die zu einer Abfindung unter dem vollen Wert führt.[224] Konkrete methodische Vorgaben für die Bestimmung der angemessenen Abfindungsleistung lassen sich hieraus nicht ableiten. Der Begriff sollte daher gänzlich aufgegeben werden, um sich von der Suche nach einem nicht existenten objektiven Wert auch begrifflich zu distanzieren.[225] Gesucht ist vielmehr der normzweckadäquate Wert.[226]

3. *Kapitalanlegerperspektive*

Die volle Entschädigung für den Rechtsverlust muss sich an der Rechtsstellung der außenstehenden Aktionäre orientieren.[227] Dabei tritt der Kapitalanlagecha-

---

[219] *Adolff*, Unternehmensbewertung, S. 2 f.

[220] Besonderer Zeit- bzw. Stichtagsbezug der Bewertung (*Großfeld*, Unternehmens- und Anteilsbewertung 2002, S. 57 ff.; *Ruthardt/Hachmeister*, WPg 2012, 451).

[221] So ausdrücklich das BVerfG, NZG 2012, 907 (908 f.) – „*Deutsche Hypothekenbank*"; BVerfG, NZG 2012, 1035 (1037) – „*DaimlerChrysler*"; BGH, DStR 2016, 974 (976) – „*Nestlé*"; *Böcking*, FS Drukarczyk 2003, 59 (70 f.); *Tonner*, FS Schmidt 2009, 1581 (1587). Nach Fleischer/Hüttemann/*Hüttemann*, § 1 Rn. 6 sei sie nur geeignet, „von vornherein unbrauchbare Werte unberücksichtigt zu lassen".

[222] Der Zusatz a. F. bezieht sich auf die Fassung vor dem Gesetz zur Modernisierung des Personengesellschaftsrechts (MoPeG) v. 10.08.2021, BGBl. I 2021, 3436, das zum 01.01.2024 in Kraft tritt (näher zur Neuregelung auf S. 69 ff.).

[223] *Großfeld*, Unternehmens- und Anteilsbewertung 1994, S. 2; *Hüttemann*, ZHR 162 (1998) 563 (563); *Ludewig/Ludewig-Husheer*, FS Großfeld 1999, 713 (715 f.). Zur Liquidationshypothese näher S. 64 ff.

[224] *Emmerich*/Habersack, 2019, § 305 AktG Rn. 38; *Risse*, ZIP 2021, 2309 (2310); vgl. zur entsprechenden Abgrenzung von wahrem Wert und Buchwert schon: RG, Warneyers Jahrbuch 1909, 127 (127 f.); zur Untauglichkeit des Buchwerts: *Großfeld*, Unternehmens- und Anteilsbewertung 2002, S. 50 f.; zu Letzterem BGH, Urt. v. 30.03.1967 – II ZR 141/64, juris, Rn. 9.

[225] *Busse v. Colbe*, FS Lutter 2000, 1053 (1055 ff.); *Piltz*, ZGR 2001, 185 (193 ff.); *Stilz*, ZGR 2001, 875 (881 f.).

[226] So schon *Stilz*, ZGR 2001, 875 (882).

[227] Treffend *Wiedemann*, ZGR 1980, 147 (153): „Gegenwert für die Beteiligung in einem anderen Aggregatzustand".

rakter der Beteiligung immer mehr in den Vordergrund. So führt das BVerfG zutreffend aus, die Abfindung habe die „Vermögenskomponente der Anlage, nämlich die Auswahlentscheidung des Aktieneigentümers hinsichtlich seiner Kapitalanlage" abzubilden.[228] Strukturmaßnahmen bedeuten zwar auch eine Beeinträchtigung der mitgliedschaftlichen Herrschaftsrechte der außenstehenden Aktionäre. Diese seien jedoch nur „begrenzt bedeutsam".[229]

Der herrschaftsrechtlichen Komponente der Beteiligung von Minderheitsaktionären wird damit auch die Bedeutung für die Abfindung abgesprochen. Schon auf der Eingriffsebene kommt ihr eine geringe Bedeutung zu. Dies setzt sich bei der Bestimmung des abfindungsrelevanten Rechtsverlusts konsequent fort. Denn den Herrschaftsrechten der Minderheit kommt richtigerweise kein messbarer Wert zu. Die volle Entschädigung muss danach so bemessen sein, dass sie es den Minderheitsaktionären ermöglicht, eine vergleichbare, alternative Kapitalanlage zu finden.[230] Letzteres bemisst sich allein nach dem entgangenen finanziellen Nutzen der Minderheit.[231]

VI. Die verfassungsrechtliche Bedeutung der Desinvestitionsmöglichkeit für die angemessene Abfindung

1. Die verfassungsgerichtliche Rechtsprechung in Sachen DAT/Altana

Eine erste beachtliche methodische Konkretisierung erfuhr die angemessene Barabfindung im Beschluss des BVerfG in Sachen DAT/Altana. Demnach dürfe die von Art. 14 Abs. 1 GG geforderte „volle" Entschädigung nicht unter dem Verkehrswert liegen, der bei börsennotierten Gesellschaften nicht ohne die Heranziehung des Börsenkurses bestimmt werden könne.[232] Denn Verkehrswert und Börsenkurs seien regelmäßig identisch.[233] Auf funktionierenden Kapitalmärkten bestehe eine nur äußerst geringe Eigentumsbindung. Denn der Aktionär könne sein Anteilseigentum praktisch jederzeit veräußern.[234] Dies müsse bei der Bemessung der angemessenen Abfindung aus verfassungsrechtlicher Sicht berücksichtigt werden. Andernfalls werde die Abfindung der Natur des

---

[228] BVerfG, NJW 2001, 279 (280) – *„Moto-Meter"*.

[229] BVerfG, NJW 2001, 279 (280) – *„Moto-Meter"*.

[230] BVerfG, NJW 2001, 279 (280) – *„Moto-Meter"*; BVerfG, NZG 2012, 907 (909) – *„Deutsche Hypothekenbank"*. So schon *Rieger*, JW 1938, 3016 (3018); *Sieben*, AG 1966, 6 (11); krit. hingegen Kindermann, AG 1964, 178 (181).

[231] *Ruiz de Vargas*, NZG 2021, 1001 (1005 ff.); *Sieben*, AG 1966, 6 (11); a. A. *Maul*, FS Drukarczyk 2003, 255 (265); *Ruthardt/Hachmeister*, WPg 2016, 411 (421) (Grenzpreis des Mehrheitsgesellschafters).

[232] BVerfGE 100, 289 (308) – *„DAT/Altana"*.

[233] BVerfGE 100, 289 (305 ff.) – *„DAT/Altana"*; BVerfG, NZG 2012, 907 (909) – *„Deutsche Hypothekenbank"*; OLG Stuttgart, AG 2013, 840 (840).

[234] BVerfGE 100, 289 (305) – *„DAT/Altana"*; ausdrücklich BVerfG, NJW 2001, 279 (280) – *„Moto-Meter"*.

beeinträchtigten Anteilseigentums nicht gerecht.[235] Dem Aktionär müsse daher jedenfalls das gewährt werden, was er bei einer freien Desinvestitionsentscheidung im Zeitpunkt der Maßnahme erlangt hätte.[236]

Die Aktie erfahre an der Börse durch Angebot und Nachfrage eine Wertbestimmung, an der sich insbesondere Kleinaktionäre orientieren, die regelmäßig nicht über alle unternehmensrelevanten Informationen zur Wertbemessung verfügen.[237] Auch der Mehrheitsaktionär könne die Aktien bei rationalem Verhalten der Marktteilnehmer nicht unterhalb des Börsenkurses kaufen.[238] Da der Verkehrswert demnach (jedenfalls) die Untergrenze der „wirtschaftlich vollen Entschädigung“ bilde, dürfe die Abfindung den Börsenkurs nicht unterschreiten.[239] Auch wenn gute Argumente gegen eine Gleichsetzung von Börsenkurs und Unternehmenswert sprächen, dürfe der Börsenkurs bei der Bewertung dennoch nicht gänzlich außer Betracht bleiben.[240] Denn der Börsenkurs bilde den „Wert“ der Aktie ab, den die Aktionäre – jedenfalls auf einem funktionierenden Markt[241] – bei einer freien Desinvestitionsentscheidung im Zeitpunkt der Maßnahme realisieren könnten.[242] Darin unterscheide sich die Beteiligung an einer Aktiengesellschaft von anderen Gesellschaftsbeteiligungen.[243]

Die Aktionäre auf einen geringeren Wert als den am Markt zu realisierenden Preis zu verweisen, würde auch aus ökonomischer Perspektive deren (typisierten) subjektiven Grenzpreis unberücksichtigt lassen. Denn kein rational handelnder Marktteilnehmer, würde seine Beteiligung unter dem Marktpreis veräußern.[244] Sieht man die Minderheit primär in ihrer Eigenschaft als Kapitalanleger, so muss gerade die Veräußerungsmöglichkeit am Markt berücksichtigt werden. Dies muss auch im Fall der Überbewertung des Anteils an der Börse gelten. Denn auch zu diesem objektiv überhöhten Kurs hätte der Aktionär seinen Anteil veräußern können, sofern eine hinreichende Nachfrage bestand.[245]

---

[235] BVerfGE 100, 289 (308) – „*DAT/Altana*“.

[236] BVerfGE 100, 289 (306) – „*DAT/Altana*“; BVerfG, NJW 2007, 3266 (3267) – „*Wüstenrot und Württembergische AG*“; BVerfG, NZG 2011, 869 (870) – „*T-Online/Deutsche Telekom*“. Vgl. die intensive Auseinandersetzung mit der DAT/Altana-Rechtsprechung auf S. 97 ff., 252 ff.

[237] BVerfGE 100, 289 (307 f.) – „*DAT/Altana*“.

[238] So bereits OLG Hamm, AG 1963, 218 (219); *Böcking*, FS Drukarczyk 2003, 59 (73).

[239] BVerfGE 100, 289 (307) – „*DAT/Altana*“.

[240] BVerfGE 100, 289 (308) – „*DAT/Altana*“.

[241] BVerfGE 100, 289 (305) – „*DAT/Altana*“; BGH, BeckRS 2020, 28435, Rn. 36 – „*Wella*“; BGH, BeckRS 2023, 6362, Rn. 51; *Großfeld*, BB 2000, 261 (264 f.).

[242] BVerfGE 100, 289 (306) – „*DAT/Altana*“; BGH, Beschl. v. 12.03.2001 – II ZB 15/00, juris, Rn. 25 – „*DAT/Altana IV*“.

[243] BVerfGE 100, 289 (307 f.) – „*DAT/Altana*“.

[244] *Adolff*, Unternehmensbewertung, S. 333.

[245] *Adolff*, Unternehmensbewertung, S. 333; *Schwetzler*, FS Großfeld 2019, 401 (408). Näher zu den Anforderungen an den Börsenkurs als Untergrenze auf S. 41 ff., 251 ff.

2. *Verkehrswertverständnis des BVerfG – Verkehrswert i. e. S.*

Das BVerfG betont in Sachen DAT/Altana somit in erster Linie die Möglichkeit des Aktionärs, seine Aktie jederzeit veräußern zu können, und misst dem von ihm benannten „Verkehrswert der Aktie“ einen eigenständigen durch Art. 14 Abs. 1 GG geschützten Wert bei.[246] Dabei äußert sich das BVerfG nicht explizit dazu, ob sich der Börsenkurs auch zur Bestimmung der vollen Entschädigung eignet, also tauglicher Wertmesser für den vollen Beteiligungswert ist. Im Gegenteil differenziert der Senat zwischen dem „Verkehrswert“ und dem „wahren Wert“.[247] Dies spricht dafür, dass der Verkehrswert gerade nicht der gesuchte „wahre Wert“ – hier verstanden als „normzweckadäquater Wert“[248] – ist. Richtigerweise ist der „Verkehrswert“, auf den das BVerfG in Sachen DAT/Altana als Wertuntergrenze abstellt, allein auf die Veräußerungsmöglichkeit am Markt bezogen. Terminologisch ist daher genauer vom Desinvestitionswert[249] bzw. Verkehrswert i. e. S. zu sprechen. Denn das eigentliche Verkehrswertverständnis meint den Wert, der zu einem bestimmten Zeitpunkt im gewöhnlichen Geschäftsverkehr für einen Gegenstand zu erzielen ist.[250] Das BVerfG, das sich mit dem Verkehrswert der Aktie explizit auf die Aktie als selbständig verkehrsfähiges Gut, nicht aber die volle Beteiligung bezieht, begreift den Verkehrswert daher enger und meint lediglich die Veräußerungsmöglichkeit. Soweit im Rahmen der nachfolgenden Untersuchungen auf den Verkehrswert nach dem Verständnis des BVerfG Bezug genommen wird, soll daher zum besseren Verständnis auf die Begriffe des Desinvestitionswerts und des Verkehrswerts i. e. S. zurückgegriffen werden.[251]

3. *Situativer Anwendungsbereich der DAT/Altana-Rechtsprechung*

Das BVerfG hat die Zugrundelegung des Börsenkurses als Untergrenze zunächst nur für die Abfindung beim Abschluss von Beherrschungs- und Gewinnabführungsverträgen[252] und die Eingliederung[253] (§ 320b AktG) entschieden. Die allgemeine Formulierung des BVerfG lässt zwar den Schluss zu, dass sich die grundlegende Einstellung zur Berücksichtigung von Börsenkursen geändert

---

[246] BVerfGE 100, 289 (305) – „*DAT/Altana*“.

[247] BVerfGE 100, 289 (309) – „*DAT/Altana*“.

[248] Siehe oben S. 39 f.

[249] So auch *Ruthardt/Hachmeister*, CF 2014, 174 (176).

[250] OLG Frankfurt a. M., AG 2010, 751 (753) – „*T-Online/Deutsche Telekom*“; vgl. auch § 9 Abs. 2 BewG; § 194 BauGB.

[251] Dies dient vor allem der terminologisch sauberen Abgrenzung zum eigentlichen Verkehrswert (i. w. S.), auf den bei der Beurteilung der Geeignetheit von Börsenkursen als Bewertungsmethode noch zurückzukommen sein wird (vgl. S. 146 ff.).

[252] BVerfGE 100, 289 (305 ff. [für die Barabfindung]; 310 [für den variablen Ausgleich gem. § 304 Abs. 2 Satz 2 AktG]) – „*DAT/Altana*“.

[253] BVerfGE 100, 289 (312 f.) – „*DAT/Altana*“; auch BVerfG, NJW 2007, 828 – „*Siemens/Nixdorf (SNI)*“.

hat und das BVerfG in seiner Entscheidung einen allgemeingültigen Grundsatz für die Abfindungsbemessung bei börsennotierten Gesellschaften aufstellen wollte. Diese erkennbare Tendenz genügt jedoch nicht, um die Bewertungsvorgaben der Rechtsprechung auf sämtliche Abfindungstypen im Kontext von Strukturmaßnahmen unmittelbar anzuwenden. Denn eine allgemeingültige Aussage trifft das BVerfG in Sachen DAT/Altana gerade nicht, obwohl dies ohne Weiteres möglich gewesen wäre.

Eine Übertragung auf andere Fälle der angemessenen Abfindung überzeugt allerdings schon deshalb, weil das BVerfG in der benannten Entscheidung nicht an eine bestimmte Art von Strukturmaßnahme bzw. Abfindungsleistung, sondern den Charakter des Anteilseigentums anknüpft. Die Erwägungen sind daher nicht maßnahmenbezogen, sondern beziehen sich in erster Linie auf den verfassungsrechtlichen Schutzgehalt des Anteilseigentums. Dass die besondere Verkehrsfähigkeit bei der börsennotierten Aktiengesellschaft bei der Bestimmung der angemessenen Abfindungsleistung hinreichend berücksichtigt werden muss, ist eine verfassungsrechtliche Wertung bei der Beteiligung an börsennotierten Aktiengesellschaften, die dem Grunde nach verallgemeinerungsfähig ist, wobei lediglich die Besonderheiten der jeweiligen abfindungspflichtigen Strukturmaßnahme näher in den Blick zu nehmen sind.[254] Der Opportunitätsgedanke der freien Desinvestitionsentscheidung kann bei börsennotierten Gesellschaften aber stets fruchtbar gemacht werden.[255] Insbesondere für die Fälle der Barabfindung ergeben sich keine erkennbaren Unterschiede zwischen den jeweiligen Maßnahmen, die eine abweichende Handhabung rechtfertigen oder gar erforderlich machen würden.[256]

Auch eine Übertragung auf die Fälle des Bezugsrechtsausschlusses (§ 255 Abs. 2 AktG) überzeugt aus den oben genannten Gründen.[257] Zwar hat der BGH seine ursprünglich ablehnende Haltung noch nicht explizit aufgegeben,[258] jedoch stammt diese aus einer Zeit vor der verfassungsgerichtlichen Leitentscheidung und der damit verbundenen Hervorhebung der besonderen Verkehrsfähigkeit der börsennotierten Aktie.

Die Anwendbarkeit der Rechtsprechung auf den festen Ausgleich bei § 304 AktG wurde hingegen lange Zeit abgelehnt, da es nach dem ausdrücklichen Gesetzeswortlaut allein auf die Ertragskraft des Unternehmens ankomme.[259] Der

---

[254] In diese Richtung auch *Adolff*, Unternehmensbewertung, S. 265 ff.; *Vetter*, ZIP 2000, 561 (563).

[255] Wie hier: Schmitt/Hörtnagl/*Winter*, UmwG, § 5 UmwG Rn. 53 m. w. N.

[256] So auch *Bungert/Wettich*, FS Hoffmann-Becking 2013, 157 (177 f.) unter detaillierter Auflistung der erfassten Strukturmaßnahmen.

[257] Vgl. zum Meinungsstand *Koch*, AktG, § 255 Rn. 8.

[258] BGH, NJW 1978, 1316 (1318) – *„Kali & Salz"*.

[259] Vgl. § 304 Abs. 2 Satz 1 AktG; Grigoleit/*Servatius*, AktG, § 304 Rn. 16; Henssler/Strohn/*Paschos*, § 304 AktG Rn. 8; *Koch*, AktG, § 304 Rn. 8 m. w. N.; *Riegger/Wasmann*, FS Stilz 2014, 509 (515); Schmidt/Lutter/Bayer/*Stephan*, AktG, § 304 Rn. 77; a. A. jedoch

BGH hat jedoch jüngst betont, dass der Börsenwert der Gesellschaft geeignet sein könne, deren künftige Ertragsaussichten im Einzelfall abzubilden.[260]

Problematischer ist die Beurteilung von Verschmelzungsfällen. Zwar wird hier für die Abfindung in Aktien auf eine (hypothetische) Verschmelzungswertrelation verwiesen,[261] weshalb die bereits angeführten Argumente für die Börsenkursrechtsprechung auch bei Verschmelzungen greifen müssten. Allerdings wurde die Börsenkursrechtsprechung des BVerfG für das Konzernrecht entwickelt, während Verschmelzungen nicht zwingend – wenn auch in der Praxis überwiegend – mit einer Konzernierung einhergehen.[262] Das BVerfG hatte die Anwendbarkeit der DAT/Altana-Grundsätze daher zunächst offengelassen,[263] inzwischen jedoch ausdrücklich auf den Fall der Verschmelzung zur Aufnahme erweitert.[264] Aufgrund des Grundsatzes des Methodengleichheit, wonach Ober- und Untergesellschaft auf Basis derselben Methode bewertet werden müssen, erfolgt eine Berücksichtigung des Börsenkurses jedoch dann nicht, wenn nur eine der Gesellschaften börsennotiert ist[265] oder auch nur ein Teil der Aktien an

---

jüngst das OLG Frankfurt a. M., BeckRS 2021, 10278, Rn. 95, das die Rechtsbeschwerde mit Blick auf die bislang höchstrichterlich nicht geklärte Rechtsfrage, ob die Bestimmung des angemessenen Ausgleichs nach § 304 AktG anhand des Börsenkurses von Gesetzes wegen ausgeschlossen ist, zugelassen hat. Dahingehend auch das OLG München, BeckRS 2021, 43656, Rn. 129 ff., gegen dessen Beschluss die Rechtsbeschwerde beim BGH unter dem Az. BGH II ZB 5/22 eingelegt wurde. Vor allem diejenigen Stimmen, die eine Bestimmung des Unternehmenswertes anhand von Börsenkursen bejahen, stehen auch einer Bemessung des festen Ausgleichs anhand von Börsenkursen positiv gegenüber (vgl. nur LG Frankfurt a. M., NZG 2019, 989 (insoweit abgedruckt in BeckRS 2019, 15231, Rn. 117 ff.) – *„Stada AG“*).

260 BGH, BeckRS 2023, 6362, Rn. 40 ff.; vgl. S. 100 f.

261 §§ 305 Abs. 2 Satz 1, 320b Abs. 1 Satz 4 AktG.

262 *Bungert/Wettich*, FS Hoffmann-Becking 2013, 157 (183); *Vetter*, ZIP 2000, 561 (566).

263 BVerfG, NJW 2007, 3266 (3267) – *„Wüstenrot und Württembergische AG“*; BVerfG, NZG 2011, 235 (237) – *„Kuka-AG“*, wobei jedoch eine Tendenz zur Anwendbarkeit erkennbar war. Das BayObLG hatte die Anwendbarkeit in der Folge im Falle eines „mergers of equals“ noch abgelehnt (BayObLG München, BKR 2003, 206 – *„HypoVereinsbank“*; aus der Literatur: *Adolff*, Unternehmensbewertung, S. 443 ff.; *T. Baums*, GS Schindhelm 2009, 63 (85 ff.); *Krause*, FS Hopt 2010, 1005 (1015 f.); *Piltz*, ZGR 2001, 185 (206 ff.); *Wilm*, NZG 2000, 234 (236); a. A. *Tonner*, FS Schmidt 2009, 1581 (1593 ff.)).

264 BVerfG, NZG 2011, 869 (870) – *„T-Online/Deutsche Telekom“*; auch im Falle eines „mergers of equals“ (BVerfG, NZG 2012, 1035 (1036 f.) – *„DaimlerChrysler“*); vgl. hierzu insbesondere *Bungert/Wettich*, FS Hoffmann-Becking 2013, 157 (182 ff.).

265 *Decher*, ZHR 171 (2007) 126 (144); Lutter/*Drygala*, UmwG, § 5 Rn. 43; *Emmerich*/Habersack, § 305 AktG Rn. 67; Fleischer/Hüttemann/*Bungert*, § 22 Rn. 24; BeckOGK UmwG/*Fromholzer*, § 8 Rn. 67; *Hüttemann*, ZGR 2001, 454 (465); *Krause*, FS Hopt 2010, 1005 (1015); *Piltz*, ZGR 2001, 185 (209); OLG Düsseldorf, AG 2009, 873 (875); OLG Karlsruhe, AG 2006, 463 (464) – *„Rheinmetall/Aditron“*; OLG Stuttgart, AG 2006, 420 (427) – *„Wüstenrot“* m. w. N.; a. A. *Gude*, Strukturänderungen, S. 417 ff.; *Tonner*, FS Schmidt 2009, 1581 (1594); für den Fall, dass nur die Konzerntochter börsennotiert ist, soll der Börsenkurs der Untergesellschaft die Untergrenze bilden (Henssler/Strohn/*Paschos*, § 305 AktG Rn. 25; *Koch*, AktG, § 305 Rn. 47; Schmidt/Lutter/Bayer/*Stephan*, AktG, § 305 Rn. 110); differenzierend Marsch-Barner/Schäfer/*Gehling*, Hdb. börsennotierte AG, Rn. 59.

der Börse notiert ist.[266] Es kann nicht eine Gesellschaft mittels Fundamentalbewertungsverfahren und die andere Gesellschaft auf Basis des Börsenkurses bewertet werden.[267]

Ungeklärt ist weiterhin, wie in den Fällen zu verfahren ist, in denen der Börsenkurs des übertragenden Rechtsträgers höher als der Ertragswert ist, während beim übernehmenden Rechtsträger der Ertragswert höher als der Börsenkurs ist.[268] Zu berücksichtigten ist dabei, dass es für den Verschmelzungswert auf eine Relationsbewertung ankommt, weshalb es nicht so sehr auf das wertmäßige Ergebnis der Bewertung, sondern vielmehr darauf ankommt, dass die Wertrelation gewahrt ist. Die Aktionäre der einen oder anderen Seite dürfen nicht benachteiligt werden.[269]

Die Börsenkursrechtsprechung des BVerfG findet daher in ihrem Kerngehalt auf sämtliche Strukturmaßnahmen börsennotierter Aktiengesellschaften Anwendung, wenn sich auch in den Einzelheiten unterschiedliche Fragestellungen auftun, denen hier nicht im Detail nachgegangen werden kann. Bei übernahmerechtlichen Pflichtangeboten und der Abfindung infolge eines Delistings kann die Anwendung der Rechtsprechung indes offenbleiben, da der Börsenkurs bereits kraft ausdrücklicher gesetzlicher Regelung in § 39 Abs. 3 Satz 2 BörsG, § 31 Abs. 1 Satz 2 WpÜG zu berücksichtigen ist.[270]

4. *Anforderungen und Ausnahmen*

So überzeugend die Berücksichtigung des Börsenkurses aus verfassungsrechtlicher Sicht ist, so wichtig ist es aber auch die Fälle festzulegen, in denen der Börsenkurs als Wertuntergrenze ausscheiden muss. Das BVerfG hat aus verfassungsrechtlicher Perspektive in erster Linie die Veräußerungsoption der Minderheit im Blick, weshalb an die Heranziehung des Börsenkurses als Untergrenze nur geringe Anforderungen zu stellen sind. Denn er muss insoweit gerade nicht den „wahren Wert“, sondern allein den Desinvestitionswert abbilden.[271] Da eine widerlegliche Vermutung dafür streitet, dass Börsenkurs und Desinvestitionswert identisch sind („regelmäßig“),[272] trägt der Abfindungsschuldner die Beweislast dafür, dass der Börsenkurs den Desinvestitionswert der Aktien aus-

266 *Riegger/Wasmann*, FS Stilz 2014, 509 (514).

267 OLG Düsseldorf, NZG 2003, 588 (597) – „*SNI*“; LG Dortmund, NZG 2001, 1145 (1146); *Adolff*, Unternehmensbewertung, S. 463 ff.; Lutter/*Drygala*, UmwG, § 5 Rn. 43; *Emmerich*/Habersack, § 305 AktG Rn. 67; *Krieger* in MüHdb GesR IV, § 71 Rn. 141; *Schmidt*, NZG 2020, 1361 (1365); Schmidt/Lutter/Bayer/*Stephan*, AktG, § 305 Rn. 107.

268 Vgl. zu dieser Diskussion BeckOGK UmwG/*Fromholzer*, § 8 Rn. 68 m. w. N.

269 *Bungert*, BB 2001, 1163 (1163 f.); *Piltz*, ZGR 2001, 185 (210); *Vetter*, AG 1999, 566 (572); OLG Düsseldorf, NZG 2003, 588 (597) – „*SNI*“.

270 Siehe S. 106 ff.

271 BVerfGE 100, 289 (309) – „*DAT/Altana*“.

272 Vgl. OLG Zweibrücken Beschl. v. 14.08.2017 – 9 W 4/14, nv, S. 42 (abrufbar unter https://www.spruchverfahren-direkt.de/wp-content/uploads/2019/08/Gasanstalt-Kaiserslautern-AG-2018-08-14-OLG-Pf%C3%A4lzisches-OLG-Zweibr%C3%BCcken-Squeeze-out.pdf, zuletzt abgerufen am 16.08.2023). „*Regelmäßig*“ bedeutet nicht „*stets*“.

nahmsweise nicht widerspiegelt.[273] Ausnahmen sind daher einzelfallbezogen zu prüfen. Um der verfassungsrechtlichen Bedeutung des Desinvestitionswerts Rechnung zu tragen, ist hierbei eine eher restriktive Handhabung angezeigt.[274] Andernfalls würde man die Hervorhebung des Desinvestitionswerts bei der börsennotierten Aktie durch die Bildung weitreichender Ausnahmen unterlaufen.

a) Kriterium der Desinvestitionsmöglichkeit

Nach der Rechtsprechung des BVerfG in Sachen DAT/Altana sind Börsenkurse dann nicht aussagekräftig im Hinblick auf den Desinvestitionswert der Aktie, wenn über einen längeren Zeitraum praktisch kein Handel mit den Aktien der Gesellschaft stattgefunden hat oder der Aktionär aufgrund einer Marktenge seine Aktien nicht zum Börsenpreis hätte veräußern können.[275] Dies bringt die Intention des BVerfG zum Ausdruck, gerade der besonderen Verkehrsfähigkeit der börsennotierten Aktie abfindungsrechtlich Geltung zu verschaffen und der Minderheit zumindest den Wert zuzugestehen, den sie bei einer freien Desinvestition am Markt ohne die zur Entschädigung verpflichtende Intervention des Mehrheitsaktionärs erlangt hätte.[276] Dies steht jedoch unter dem Vorbehalt des Bestehens einer tatsächlichen Desinvestitionsmöglichkeit. Denn die Minderheit kann den Börsenkurs als Untergrenze nur dann anführen, wenn ihr eine Desinvestition zum Börsenkurs überhaupt möglich gewesen wäre, weil eine hinreichende Nachfrage am Markt bestand und der Börsenkurs diese Nachfrage auch realitätsgerecht abbildet.

Der Börsenkurs muss also in den Fällen ausscheiden, in denen die Minderheit ihre Aktien am Markt faktisch nicht hätte veräußern können, weil eine Marktenge bzw. kein hinreichend liquider Handel bestand.

b) Weitere Anforderungen

aa) Keine Marktmanipulation

Nach der Interpretation des BGH muss der Börsenkurs auch dann ausscheiden, wenn er manipuliert wurde.[277] Der BGH verweist dabei auf die verfassungsgerichtliche Ausgangsentscheidung in Sachen DAT/Altana, ohne dass dieser eine entsprechende Äußerung konkret zu entnehmen wäre. Auch die weitere verfassungsgerichtliche Rechtsprechung geht auf etwaige Kursmanipulationen als Ausnahme vom Börsenkurs als Untergrenze nicht explizit ein.

---

[273] *Henze*, FS Lutter 2000, 1101 (1109).

[274] BGH, Beschl. v. 12.03.2001 – II ZB 15/00, juris, Rn. 20 – „*DAT/Altana IV*“; BVerfGE 100, 289 (309) – „*DAT/Altana*“; Fleischer/Hüttemann/*Adolff/Häller*, § 18 Rn. 82 ff.; Henssler/Strohn/*Paschos*, § 305 AktG Rn. 23.

[275] BVerfGE 100, 289 (309) – „*DAT/Altana*“.

[276] BVerfGE 100, 289 (308) – „*DAT/Altana*“.

[277] BGH, Beschl. v. 12.03.2001 – II ZB 15/00, juris, Rn. 20 – „*DAT/Altana IV*“.

Die Ablehnung manipulierter Börsenkurse als Wertuntergrenze erscheint auf den ersten Blick überzeugend, kann jedoch unter dem Aspekt der verfassungsgerichtlichen Begründung mit der Verkehrsfähigkeit der Aktie durchaus in Frage gestellt werden. Denn unabhängig vom Zustandekommen des Börsenkurses ist dem Aktionär eine Desinvestition zum Börsenkurs immer dann möglich, wenn Börsenkurse festgestellt werden und ein hinreichend liquider Handel besteht. Die Liquidität des Handels ist damit Grundvoraussetzung der Heranziehung von Börsenkursen als Wertuntergrenze. Jedoch lassen sich grundsätzlich auch manipulierte oder durch Insiderhandel beeinflusste Kurse am Markt realisieren.

Gegen eine Berücksichtigung manipulierter Kurse hat sich aber jüngst der Gesetzgeber bei § 39 Abs. 3 Satz 3 Nr. 2 BörsG im Rahmen der Neuregelung der Abfindung beim Delisting ausgesprochen.[278] Grundsätzlich soll hier der Börsenkurs als Regelabfindung herangezogen werden, es sei denn der Emittent oder der Bieter haben im maßgeblichen Zeitpunkt gegen das Verbot der Marktmanipulation nach Art. 15 der Marktmissbrauchsverordnung (MAR)[279] verstoßen. Die Marktmechanismen werden bei manipulativen Einwirkungen auf den Kurs gezielt ausgeschaltet und mindern daher die Aussagekraft des Börsenkurses. Der Kurs kommt nicht mehr nach den Grundsätzen von Angebot und Nachfrage zustande, sondern durch bewusstes Einwirken der Marktteilnehmer auf die Preisbildung. Hierdurch wird nicht nur die Integrität der Finanzmärkte verletzt, sondern auch die Funktionsfähigkeit des Marktes beeinträchtigt. Die Aussagekraft des Börsenkurses im Hinblick auf den Beteiligungswert ist dann gemindert.[280] Diese Wertung kann aber nicht unmittelbar auf die Heranziehung von Börsenkursen als Wertuntergrenze übertragen werden, da nach § 39 Abs. 3 Satz 3 Nr. 2 BörsG der Börsenkurs nicht nur die Untergrenze, sondern die Regelabfindung bildet. Insofern müssen strengere Anforderungen gelten. Jedoch stützt sich auch die erkennbare Tendenz des BVerfG hin zur Bildung von Durchschnittskursen maßgeblich auf die Verhinderung missbräuchlicher Kurseinwirkungen.[281]

Manipulative Einwirkungen schließen die Berücksichtigung von Börsenkursen als Wertuntergrenze aber richtigerweise nur dann aus, wenn sie von den außenstehenden Aktionären ausgehen. Manipulationen hindern zwar als solche nicht die Veräußerungsmöglichkeit der Minderheit am Markt. Die Minderheit kann sich auf eine Veräußerungsmöglichkeit aber nicht berechtigterweise berufen, wenn der Börsenkurs bewusst nach oben manipuliert wurde. Die Berücksichtigung von Kursen, die auf Basis rechtswidriger Handlungen zustande ge-

---

[278] Siehe näher auf S. 115 ff.

[279] Verordnung (EU) Nr. 596/2014 – Marktmissbrauchsverordnung (MAR) v. 16.04.2014, ABl. L173/1 2014.

[280] Siehe näher auf S. 292 ff.

[281] BGH, Beschl. v. 12.03.2001 – II ZB 15/00, juris, Rn. 24 – *„DAT/Altana IV“*; *Hüttemann*, ZGR 2001, 454 (463 f.).

kommen sind, würde dem Zweck der Gewährleistung eines funktionierenden Kapitalmarkts diametral entgegenlaufen. Es wäre nicht nur unbillig, könnten sich Minderheitsaktionäre auf nach oben manipulierte Kurse berufen, sondern würde auch das Kursbeeinflussungspotenzial erheblich steigern. Dies wollte der europäische Gesetzgeber mit der Marktmissbrauchsregulierung aber gerade reduzieren. Der manipulierte Desinvestitionswert der Aktie ist daher keine schützenswerte Rechtsposition der Minderheit, auf die sich diese bei der Bemessung der Abfindung in rechtmäßiger Weise berufen kann.[282]

Dies lässt sich auch aus der gesellschaftsrechtlichen Treuepflicht ableiten. Da der Börsenkurs als Wertuntergrenze aber allein die Veräußerungsmöglichkeit der Minderheit wertmäßig abbildet, sind Manipulationen im Übrigen unbeachtlich. In der Praxis stellt sich jedoch insoweit das Problem der Nachweisbarkeit, ob und von wem manipulativ auf den Kurs eingewirkt wurde. Ausgehend vom Interesse des Mehrheitsaktionärs an einer möglichst geringen Abfindungsleistung, spricht bei manipulativen Einwirkungen aber zumindest eine Vermutung für eine Kursbeeinflussung seitens der abfindungsberechtigten Minderheit.

bb) Abfindungsspekulationen

Kursmanipulationen sind in diesem Zusammenhang strikt von bloßen Spekulationen zu trennen. Dem Börsenkurs wohnen schon von Natur aus spekulative Elemente inne, da sich die Marktteilnehmer ihre subjektiven Wertvorstellungen allein anhand der verfügbaren Informationen bilden können und dabei auch gewisse Erwartungen an die künftigen Zahlungsströme und die Kursentwicklung miteinbeziehen.[283]

Problematischer ist indessen die Berücksichtigung sog. Abfindungsspekulationen, d. h. der Entwicklung höherer Börsenkurse aufgrund der Erwartung der Marktteilnehmer, eine möglichst hohe Abfindung zu erzielen. Es ist jedoch fraglich, inwieweit sich solche Spekulationen auf die Berücksichtigungsfähigkeit des Börsenkurses als Wertuntergrenze auswirken, da ein sich den neuen Umständen anpassender, nicht manipulierter Kurs vielmehr die Funktionsfähigkeit des Kapitalmarkts bestätigt und die Minderheit ihre Aktien zu diesem Kurs auch beim Vorliegen eines hinreichend liquiden Handels veräußern könnte. Während das BVerfG auch dies offenlässt,[284] spricht sich der BGH zunächst für eine Berücksichtigung von Börsenkursen auch bei Abfindungsspekulationen aus, solange keine Marktmanipulationen vorliegen.[285] Dies widerspricht jedoch dem

[282] Ähnlich auch das OLG München, BeckRS 2021, 43656, Rn. 41, das fordert, dass der Börsenkurs frei von Abfindungsspekulationen gebildet wurde und damit tatsächlich noch den Wert widerspiegelt, den der Anteilsinhaber ohne die Strukturmaßnahme erhalten hätte.

[283] LG Hamburg, BeckRS 2020, 6025, Rn. 54.

[284] BVerfGE 100, 289 (309) – „*DAT/Altana*" bezieht dieses Problem (zu Recht) jedoch vor allem auf den maßgeblichen Stichtag und Referenzzeitraum.

[285] BGH, Beschl. v. 12.03.2001 – II ZB 15/00, juris, Rn. 29 – „*DAT/Altana IV*": Danach

verfassungsgerichtlichen Entschädigungsgedanken, wonach die Minderheit für das zu entschädigen ist, was sie ohne die Strukturmaßnahme gehabt hätte.[286] Abfindungsspekulationen basieren evident auf der geplanten Strukturmaßnahme und müssen unter diesem Gesichtspunkt daher ausgeblendet werden. Zwar sind Abfindungsspekulationen nicht zwingend auf Kursmanipulationen zurückzuführen, da sie sich auf am Markt veröffentlichte Informationen beziehen, die zu einer höheren Nachfrage in den Aktien führen, weil eine entsprechend höhere Abfindungsleistung erwartet wird. Diese hat jedoch, wie der BGH in seiner Stollwerck-Entscheidung zutreffend erkennt, „mit dem Verkehrswert der Aktie [Desinvestitionswert], mit dem der Aktionär für den Verlust der Aktionärsstellung so entschädigt werden soll, als ob es nicht zur Strukturmaßnahme gekommen wäre […], nichts zu tun".[287] Es erfolgt in gewisser Weise eine Abkopplung des Börsenkurses von der Markterwartung an die Unternehmensentwicklung und der aus der Aktie zu erzielenden Vermögenswerte hin zu einer Markterwartung an die Abfindungsleistung.[288] Diese Spekulationen dürfen daher bei der Abfindung richtigerweise nicht berücksichtigt werden.[289] Denn der auf Abfindungsspekulationen beruhende Börsenkurs bildet nicht den Desinvestitionswert im Sinne einer „unbeeinflussten Desinvestitionsentscheidung" ab.[290]

Der Berücksichtigung von Abfindungsspekulationen kann jedoch durch die Wahl eines entsprechenden Referenzzeitraums entgegengewirkt werden, indem dieser so gewählt wird, dass die Kursentwicklung nach dem Zeitpunkt der Bekanntgabe der geplanten Strukturmaßnahme außer Betracht bleibt.[291]

cc) Kapitalmarkteffizienz

Darüber hinaus soll der Börsenkurs nach Auffassung des BGH als Untergrenze der Abfindung auch dann ausscheiden, wenn kursrelevante Informationen nicht in die Preisbildung eingeflossen sind, weil der Emittent seinen Transparenzpflichten nicht nachgekommen ist.[292]

„beruhen höhere Börsenpreise auf dem Marktgesetz, dass Angebot und Nachfrage die Preise bestimmen und bringt die Einschätzung des Marktes über zu erwartende Synergieeffekte zum Ausdruck". Vgl. bereits BGH, NJW 1995, 1739 (1746) – *„Girmes"*.

[286] Siehe zum Entschädigungsgedanken eingehend S. 37 f.

[287] BGH, NJW 2010, 2657 (2659) – *„Stollwerck"*.

[288] BGH, NJW 2010, 2657 (2658) – *„Stollwerck"*; *Hüffer/Schmidt-Aßmann/Weber*, S. 165 f.; *Wasmann*, ZGR 2011, 83 (85); *Weimann*, Ertragswert und Börsenwert, S. 13.

[289] So erkennt auch der BGH, NJW 2010, 2657 (2659) – *„Stollwerck"*, dass Abfindungswertspekulationen auch auf der Erwartung der Marktteilnehmer beruhen, dass der Abfindungsschuldner sich die Strukturmaßnahme und ihre Durchführung etwas kosten lässt; so auch OLG Frankfurt a. M., Beschl. v. 28.03.2014 – 21 W 15/11, juris, Rn. 221; OLG München, BeckRS 2021, 43656, Rn. 42; a. A. OLG Karlsruhe, BeckRS 2017, 124895, Rn. 37.

[290] Zutr. *Hasselbach/Ebbinghaus*, DK 2010, 467 (470).

[291] Siehe S. 196 f.

[292] BVerfG, NZG 2011, 869 (871) – *„T-Online/Deutsche Telekom"*.

Geht man wieder von dem Kriterium der Desinvestitionsmöglichkeit aus, so ist zu konstatieren, dass sich auch die Informationseffizienz nicht unmittelbar auf die Veräußerungsmöglichkeit am Markt auswirkt. Das BVerfG hat in Sachen DAT/Altana keinen bestimmten Grad an Informationseffizienz gefordert,[293] wurde jedoch vom BGH dahingehend interpretiert, dass Börsenkurse nur deshalb herangezogen werden, weil die Börse

> „auf der Grundlage der ihr zur Verfügung gestellten Informationen und Informationsmöglichkeiten die Ertragskraft des Gesellschaftsunternehmens um dessen Aktien es geht, zutreffend bewertet, der Erwerber von Aktien sich an dieser Einschätzung durch den Markt orientiert und sich daher Angebot und Nachfrage danach regulieren, so daß sich die Marktbewertung in dem Börsenkurs der Aktien niederschlägt".[294]

Denn der Börsenkurs bilde den „Wert" der Aktie ab, den die Aktionäre – auf einem funktionierenden und effizienten Kapitalmarkt –[295] bei einer freien Desinvestitionsentscheidung im Zeitpunkt der Maßnahme realisieren konnten.[296]

Indessen hat man sich aber zu vergegenwärtigen, dass hier gerade nicht die Aussagekraft des Börsenkurses über den vollen Beteiligungswert in Frage steht, sondern allein dessen Zugrundelegung als Wertuntergrenze (Desinvestitionswert).[297] Unter diesem Aspekt sind die qualitativen Anforderungen an den Börsenkurs niedriger anzusetzen. Denn es kommt gerade nicht auf die Tauglichkeit des Börsenkurses an, den inneren Wert der Aktie abzubilden, sondern vielmehr, ob der Minderheitsaktionär seine Aktien zu diesem Preis hätte veräußern können.[298] Diese Differenzierung scheint der BGH zu verkennen, obwohl sie in der Ausgangsentscheidung des BVerfG bereits angelegt ist:

> „Die Argumente, die gegen die Gleichsetzung des Werts einer Unternehmensbeteiligung mit dem Börsenkurs der Aktie sprechen, zwingen nicht dazu, den Börsenkurs bei der Feststellung von Abfindung oder Ausgleich gänzlich außer Betracht zu lassen."[299]

Das BVerfG setzt sich mit den Argumenten für und gegen die Heranziehung von Börsenkursen zur Unternehmensbewertung in der Entscheidung daher auch

---

[293] Vgl. die zutreffende Interpretation der Entscheidung des BVerfG (BVerfGE 100, 289 – *„DAT/Altana"*) bei *Adolff*, Unternehmensbewertung, S. 314 ff.

[294] BGH, Beschl. v. 12.03.2001 – II ZB 15/00, juris, Rn. 19 – *„DAT/Altana IV"* (Hervorhebungen durch die Verf.).

[295] Vgl. die Interpretation der Entscheidung des BGH, BeckRS 2020, 28435, Rn. 36 – *„Wella"*; *Großfeld*, BB 2000, 261 (264 f.).

[296] BVerfGE 100, 289 (306) – *„DAT/Altana"*; BGH, Beschl. v. 12.03.2001 – II ZB 15/00, juris, Rn. 25 – *„DAT/Altana IV"*.

[297] Wie hier bereits *Adolff*, Unternehmensbewertung, S. 302; dies verkennend *Happ/Bednarz*, FS Stilz 2014, 219 (228); überzeugend nun auch OLG München, BeckRS 2021, 43656, Rn. 41.

[298] Zutr. *Adolff*, Unternehmensbewertung, S. 315 ff., v. a. 324 f.; *Hüttemann*, ZGR 2001, 454 (v. a. 478); LG Hamburg, BeckRS 2020, 6025, Rn. 55; OLG Frankfurt a. M., Beschl. v. 28.03.2014 – 21 W 15/11, juris, Rn. 219; *Ruthardt/Popp*, AG 2020, 240 (244); *Ruthardt/Popp*, AG 2021, 296 (299).

[299] BVerfGE 100, 289 (309) – *„DAT/Altana"*.

nicht inhaltlich auseinander, sondern stellt allein auf die Desinvestitionsmöglichkeit ab.[300]

Dies ist jedoch noch etwas differenzierter zu betrachten. Denn das BVerfG begründet seine DAT/Altana-Entscheidung unter anderem auch mit der Desinvestitionsmöglichkeit auf einem „funktionierenden Kapitalmarkt".[301] Damit könnte das Vorliegen funktionierender Marktmechanismen Grundvoraussetzung für die Anwendung der Rechtsprechung sein, was das BVerfG für den regulierten Markt grundsätzlich bejaht.

„Vor allem trifft das auf Beteiligungen an börsennotierten Aktiengesellschaften zu, die es dem Gesellschafter, *jedenfalls in Zeiten eines funktionierenden Kapitalmarktes*, praktisch jederzeit erlauben, sein Kapital nach freiem Belieben zu investieren oder zu deinvestieren."[302]

Indes ist das Kriterium des funktionierenden Kapitalmarkts hier im Kontext der jederzeitigen Veräußerungsmöglichkeit zu verstehen. Das BVerfG verweist nicht auf einen funktionierenden Kapitalmarkt im Sinne des Funktionenschutzes[303], sondern auf die Fähigkeit des Marktes, einen hinreichend liquiden Handel zu gewährleisten.[304] Es kommt daher richtigerweise nicht auf die Informationseffizienz des Handelssegments an.[305] Ob im Einzelfall wertrelevante Informationen im Kurs nicht berücksichtigt wurden, spielt für die Heranziehung als Wertuntergrenze (Desinvestitionswert) keine Rolle. Auch bei einer Über- bzw. Unterbewertung der Aktie am Markt ist der Börsenkurs taugliche Wertuntergrenze. Denn auch zu diesem objektiv überhöhten Kurs hätte der Aktionär seinen Anteil veräußern können, sofern eine hinreichende Nachfrage bestand.[306] Auf die Kapitalmarkteffizienz kommt es insoweit daher gar nicht an.

---

[300] Zutr. *Simon/Leverkus*, SpruchG, Anh. § 11 SpruchG, Rn. 208; FAUB, WPg 2021, 957 (958).

[301] BVerfGE 100, 289 (305) – „*DAT/Altana*".

[302] BVerfGE 100, 289 (305) – „*DAT/Altana*" (Hervorhebungen durch Verf.).

[303] Verstanden als institutionelle, allokative und operationale Funktionsfähigkeit (dazu sogleich).

[304] Wie hier: *Ruiz de Vargas*, NZG 2021, 1001 (1007) m. w. N. aus der ökonomischen Literatur. *Adolff*, Unternehmensbewertung, S. 315; entsprechend ist der Börsenkurs auch bei § 39 Abs. 3 Satz 3 Nummer 1 BörsG bei einem Verstoß gegen Publizitätspflichten dennoch Wertuntergrenze, da die außenstehenden Aktionäre vom Bieter den Unterschiedsbetrag zwischen der im Angebot genannten Gegenleistung und der Gegenleistung, die dem mittels Unternehmensbewertung ermittelten Wert entspricht, fordern können; a. A. OLG München, NZG 2014, 1230 (1230); *Bungert/Leyendecker-Langner*, BB 2014, 521 (523 f.); Schmidt/Lutter/Bayer/*Schnorbus*, AktG, § 327b Rn. 3a.

[305] Wie hier: *Adolff*, Unternehmensbewertung, S. 333; *Ruiz de Vargas*, NZG 2021, 1001 (1007); *Ruthardt*, Normzweckkonforme Unternehmensbewertung, S. 60; *Ruthardt/Hachmeister*, CF 2014, 174 (174 ff.); *Ruthardt/Hachmeister*, NZG 2014, 41 (44); *Ruthardt/Popp*, AG 2019, 196 (205); *Ruthardt/Popp*, AG 2020, 240 (244); LG Hamburg, BeckRS 2020, 6025, Rn. 55; OLG München, BeckRS 2021, 43656, Rn. 41; OLG Stuttgart, Beschl. v. 14.02.2008 – 20 W 9/06, juris, Rn. 53; a. A. *Land/Hallermayer*, AG 2015, 659 (663); *Schwark*, FS Lutter 2000, 1529 (1548); OLG München, NZG 2014, 1230 (1230).

[306] Zutr. *Adolff*, Unternehmensbewertung, S. 333; Fleischer/Hüttemann/*Adolff/Häller*, § 18

Sofern aber zum Nachteil der Minderheit gezielt gegen Transparenz- und Publizitätspflichten verstoßen wurde, muss der innere Beteiligungswert auf andere Weise ermittelt werden, um dem Gebot der vollen Entschädigung zu genügen. Der ineffiziente Börsenkurs kann dann nur den Desinvestitionswert, nicht aber den Verkehrswert i. w. S. abbilden, der im weiteren Verlauf der Untersuchung noch relevant wird.[307]

c) Zwischenergebnis

Für die Bedeutung des Börsenkurses bei der angemessenen Abfindung kommt es primär darauf an, zu welchem Zweck dieser bei der Bewertung berücksichtigt werden soll. Das BVerfG führt den Börsenkurs in seiner DAT/Altana-Entscheidung als Äquivalent für den Desinvestitionswert ein. Es äußert sich hingegen nicht näher zu einer weitergehenden Berücksichtigung von Börsenkursen als eigenständige Bewertungsmethode. Zu Recht verneint das BVerfG den Börsenkurs als Wertuntergrenze allein in den Fällen, in denen die Desinvestitionsmöglichkeit nicht bestand, da sich die Minderheit dann nicht auf die besondere Verkehrsfähigkeit der börsennotierten Aktie berufen kann. Die Inbezugnahme der Funktionsfähigkeit des Kapitalmarkts ist nicht im Sinne des Funktionenschutzes zu verstehen, sondern bezieht sich allein auf die Desinvestitionsmöglichkeit am Markt.

Dagegen führen Marktmanipulationen und die Nichtberücksichtigung von Informationen im Einzelfall allein zu einer geringeren Aussagekraft des Börsenkurses in Bezug auf den Anteilswert. Auf die Preisbildung kommt es für die Heranziehung des Börsenkurses als Untergrenze jedoch nicht an.[308] Die Aktionäre können ihre Aktien auch dann zum Börsenkurs veräußern, wenn dieser nicht bewertungseffizient[309] ist, sofern keine Marktenge besteht. Eine gewisse Arbitragemöglichkeit gewährleistet erst den Handel. Der Börsenkurs ist auch in weniger effizienten Märkten geeignet, den Desinvestitionswert abzubilden, da es allein auf die Veräußerungsmöglichkeit zu diesem Marktpreis ankommt. Diese erfordert lediglich einen hinreichend liquiden Handel.[310] Mehr ist von Verfassungs wegen nicht geboten. „Wahrer" Wert – verstanden als innerer Beteiligungswert – und Desinvestitionswert sind zwei verschiedene Wert-

---

Rn. 49; Karami, Übertragung der Börsenkursrechtsprechung auf Freiverkehrstitel; *Schwetzler*, FS Großfeld 2019, 401 (408); LG Frankfurt a. M., NZG 2019, 989 (insoweit abgedruckt in BeckRS 2019, 15231, Rn. 63) – „*Stada AG*"; LG Stuttgart, BeckRS 2019, 23342, Rn. 250.

[307] Vgl. zum Verkehrswert i. w. S. die näheren Ausführungen auf S. 146 ff.

[308] OLG Hamburg, BeckRS 2020, 27988, Rn. 37.

[309] Vgl. zur Bewertungseffizienz im Zusammenhang mit dem Freiverkehr S. 312.

[310] Richtigerweise sollte nur bei „schweren und offenkundigen Marktanomalien" von einer Heranziehung des Börsenkurses als Wertuntergrenze abgesehen werden, um dem Desinvestitionswert hinreichend Rechnung zu tragen (vgl. *Decher*, ZHR 171 (2007) 126 (143); *Reichert*, FS Stilz 2014, 479 (488)).

kategorien bzw. Bewertungsziele, die insoweit strikt zu trennen sind.[311] Wenn es lediglich um die Bestimmung des Desinvestitionswerts als Wertuntergrenze geht, kommt es allein auf die Veräußerungsmöglichkeit an, da der Börsenkurs insoweit auch nur in der Lage sein muss, den Desinvestitionswert abzubilden. Damit ist noch keine Aussage darüber getroffen, ob der Börsenkurs auch in der Lage ist, den inneren Anteilswert abzubilden.

5. Bedeutung der Prozessökonomie

Aber auch prozessökonomische Erwägungen sind bei der Bestimmung der angemessenen Abfindung von Verfassungs wegen zu berücksichtigen. Das Gebot effektiven Rechtsschutzes umfasst zugleich das Recht auf eine Entscheidung in angemessener Zeit.[312] Die gerichtliche Kontrolle im Spruchverfahren wird diesen Anforderungen in der Praxis kaum gerecht. Trotz der Reform des Spruchverfahrens im Jahre 2003[313] ist die überlange Verfahrensdauer von Spruchverfahren nach wie vor verfassungsrechtlich bedenklich.[314] Denn die Ermittlung der angemessenen Abfindungsleistung, insbesondere die Erstellung umfassender Bewertungsgutachten, ist besonders zeitintensiv.[315] Das Gebot der vollen Entschädigung und das Gebot effektiven Rechtsschutzes stehen im Hinblick auf die Verfahrensdauer in einem nur schwer aufzulösenden Spannungsverhältnis.[316] Verfahrensbeschleunigende Aspekte dürfen nicht zu Lasten des Gebots der vollen Entschädigung als Ausfluss des vermögensrechtlichen Minderheitenschutzes gehen. Gleichzeitig tangiert aber auch eine überlange Verfahrensdauer das Recht der außenstehenden Aktionäre auf eine gerichtliche Kontrolle der Abfindungsleistung. Prozessökonomische Erwägungen sind daher aus verfassungsrechtlicher Sicht auch bei der Ausfüllung des Angemessenheitserfordernisses und der Bestimmung der normzweckadäquaten Bewertungsmethode anzustellen.[317] Wenn mehrere Methoden grundsätzlich geeignet sind, so ist eine

---

[311] Überzeugend: OLG Düsseldorf, BeckRS 2016, 118241, Rn. 49; OLG München, BeckRS 2020, 34436, Rn. 39; OLG München, BeckRS 2021, 43656, Rn. 39; *Hachmeister/Ruthardt*, DB 2014, 1689 (1690); *Weimann*, Bewertungs-Praktiker 2020, 113 (117).

[312] Das BVerfG leitet diesen Grundsatz aus Art. 2 Abs. 1 GG i. V. m. Art. 20 Abs. 3 GG her (BVerfG, NJW 2001, 214); vgl. aber auch Art. 6 Abs. 1 EMRK und Art. 47 Abs. 2 Satz 1 EuGrCh.

[313] Gesetz zur Neuordnung des gesellschaftsrechtlichen Spruchverfahrens (Spruchverfahrensneuordnungsgesetz) v. 12.06.2003, BGBl. I, 838.

[314] *Decher/Hoffmann-Becking/Löbbe/Wilsing*, Stellungnahme DAV, S. 467 (Rn. 2). Nach den Analysen von *Puszkajler/Sekera-Terplan*, NZG 2015, 1055 (1056) ist zumindest eine deutliche Verkürzung der Verfahrensdauer seit der Reform zu konstatieren. Jedoch liegt die durchschnittliche Verfahrensdauer nach wie vor bei ca. 7 Jahren (DAI, Evaluierung des Spruchverfahrens, S. 2; *Grunewald*, FS Hoffmann-Becking 2013, 413 (413 f.) m. w. N.).

[315] *Bilda*, NZG 2000, 296 (296 f.); *Puszkajler/Sekera-Terplan*, NZG 2015, 1055 (1060).

[316] *Bilda*, NZG 2000, 296 (298); *Noack*, Das Spruchverfahren, S. 73.

[317] Zur Relevanz der Prozessökonomie bei der Heranziehung von Börsenkursen S. 211 f.

ermessensgerechte, methodenkritische[318] Auswahl unter Einbeziehung verfahrensökonomischer Erwägungen zu treffen.[319]

D. Umgang mit der Bewertungsunsicherheit: Vertretbarkeit und Schätzungsermessen

Insbesondere wenn der Bewertung – wie in Spruchverfahren – kein Verkehrsgeschäft zugrunde liegt, bestehen naturgemäß gewisse Bewertungsunsicherheiten.[320] Mangels real feststellbarer Werte kann die angemessene Abfindung daher nur anhand einer tauglichen Tatsachengrundlage geschätzt werden. Im Spruchverfahren wird dieser Unsicherheit durch Gewährung eines richterlichen Schätzungsermessens (§§ 738 Abs. 2 BGB a. F.[321], § 287 Abs. 2 ZPO [analog]) abgeholfen.[322] Die Herabsetzung des erforderlichen Beweismaßes beruht auf der gesetzgeberischen Erkenntnis, dass Vermögenswerte – und damit auch Unternehmens- und Beteiligungswerte – nicht zur „vollen richterlichen Überzeugung" i. S. d. § 286 Abs. 1 ZPO ermittelt werden können.[323] Ihnen ist stets eine gewisse Schätzunsicherheit immanent.[324]

I. Vertretbarkeit

Dem Schätzungsermessen kommt bei der Bewertung daher eine gewichtige Rolle zu.[325] Auf den ersten Blick wirkt sich das reduzierte Beweismaß zum Nachteil des Minderheitsaktionärs aus. Dies übersieht jedoch, dass ohne eine Herabsetzung des Beweismaßes auf eine „überwiegende Wahrscheinlichkeit"[326] eine gerichtliche Entscheidung erst gar nicht möglich wäre.[327] Da es nicht den einen objektiv richtigen Wert geben kann, sondern dieser stets von der konkreten Bewertungssituation – insbesondere Zweck und Perspektive der Bewertung – sowie davon ausgehend der Anwendung und Gewichtung der jeweiligen Bewertungsverfahren und -parameter im konkreten Einzelfall abhängt, kommt es auf die Zweckadäquanz und damit die Vertretbarkeit des Be-

---

318 Keine reine Vertretbarkeitsprüfung (Fleischer/Hüttemann/*Hüttemann*, § 13 Rn. 22). Bestätigt durch OLG München, BeckRS 2021, 43656, Rn. 37 m. w. N.

319 Fleischer/Hüttemann/*Hüttemann*, § 1 Rn. 48, 65; OLG Frankfurt a. M., AG 2017, 790 (791); *Ruiz de Vargas*, NZG 2021, 1001 (1006); *Ruiz de Vargas/Schenk*, AG 2016, 354 (357): Der Richter habe diejenige Methode zu wählen, die dem Bewertungszweck „am ehesten gerecht" werde (Gebot der bestmöglichen Schätzung). So auch OLG Stuttgart, Beschl. v. 19.01.2011 – 20 W 3/09, juris, Rn. 173; OLG Stuttgart, AG 2011, 420 (426).

320 Insbesondere *Stilz*, FS Goette 2011, 529 (540).

321 Siehe Teil 2, Fn. 222.

322 *Hüffer*, FS Hadding 2004, 461 (474); *Katzenstein*, AG 2018, 739 (739).

323 Fleischer/Hüttemann/*Hüttemann*, § 1 Rn. 45.

324 *Noack*, Das Spruchverfahren, S. 80.

325 Sehr weitgehend *Stilz*, FS Goette 2011, 529 (535, 541).

326 § 287 Abs. 1 Satz 1 ZPO.

327 Musielak/Voit/*Foerste*, ZPO, § 287 ZPO Rn. 7; MüKoZPO/*Prütting*, § 287 Rn. 17.

wertungsergebnisses an.[328] Auch die Rechtsprechung erkennt dies an, indem sie der Bewertung zugesteht, dass sie „mit zahlreichen prognostischen Schätzungen und methodischen Prämissen verbunden ist, die (häufig) keinem Richtigkeits-, sondern nur einem Vertretbarkeitsurteil zugänglich sind".[329] Dies ist Ausdruck des Schätzungsermessens mit der Erkenntnis, dass es nicht den einen „wahren" Wert geben kann. Denn der gesuchte Wert kann schon aufgrund der Bewertungsunsicherheiten naturgemäß nur ein Näherungswert sein.[330] Die anzuwendenden Methoden sind daher ebenfalls nur „Näherungsinstrumente".[331]

II. Wertbandbreiten

Näherungswerten ist aber immanent, dass sie keinen Punktwert abbilden, sondern sich das Bewertungsergebnis innerhalb einer Bandbreite vertretbarer Werte bewegt. Der Auffassung, dass „eine Bandbreite keine angemessene Barabfindung darstellen könne, nachdem diese auf einen bestimmten Betrag lauten müsse"[332] verkennt, dass die Bandbreite lediglich die Bewertungsgrundlage und nicht Ergebnis der Bestimmung der angemessenen Abfindung ist.[333] Die Bewertung legt sozusagen die „Bagatellgrenzen" vertretbarer Werte nach oben und unten fest, im Rahmen derer die angemessene Abfindung bestimmt werden kann.[334]

---

[328] *Katzenstein*, AG 2018, 739 (740); *Noack*, Das Spruchverfahren, S. 80; so auch jüngst klarstellend BGH, BeckRS 2023, 6362, Rn. 17.

[329] So ausdrücklich BGH, BeckRS 2023, 6362, Rn. 17;LG Frankfurt a. M., NZG 2019, 989 (990) – „*Stada AG*"; LG Stuttgart, BeckRS 2019, 23342, Rn. 92; OLG Frankfurt a. M., AG 2012, 513 (514); OLG Stuttgart, BeckRS 2011, 11195, Rn. 67; OLG Stuttgart, BeckRS 2011, 23676; OLG Stuttgart, Beschl. v. 17.10.2011 – 20 W 7/11, juris, Rn. 118.

[330] OLG Frankfurt a. M., NZG 2014, 464 (465) – „*Höchst AG*"; OLG München, BeckRS 2018, 12474, Rn. 24 – „*MAN*"; OLG München, AG 2019, 357 (358); OLG München, BeckRS 2021, 43656, Rn. 83; OLG Stuttgart, BeckRS 2018, 26698, Rn. 60 f.; LG Frankfurt a. M., NZG 2019, 989 (990) – „*Stada AG*"; *T. Baums*, GS Schindhelm 2009, 63 (64); BGH, NZG 2016, 139 (142) – „*Stinnes*"; BGH, DStR 2016, 974 (976) – „*Nestlé*"; *Bungert*, BB 2001, 1163 (1166); DVFA, Best-Practice-Empfehlungen, S. 7; Fleischer/Hüttemann/*Arnold/Rothenburg*, § 33 Rn. 45; Fleischer/Hüttemann/*Hüttemann*, § 1 Rn. 46; *Follert*, Unternehmensbewertung, S. 77; *Happ/Bednarz*, FS Stilz 2014, 219 (231); *Katzenstein*, AG 2018, 739 (740); *Luttermann*, ZIP 1999, 45 (51); Schmidt/Lutter/Bayer/*Stephan*, AktG, § 305 Rn. 61; *Stilz*, ZGR 2001, 875 (885 f.); *Stilz*, FS Goette 2011, 529 (540); MüKoAktG/*van Rossum*, § 305 Rn. 82. Vgl. zur Kritik am wahren Wert S. 39.

[331] *T. Baums*, GS Schindhelm 2009, 63 (64); *Happ/Bednarz*, FS Stilz 2014, 219 (231). In diese Richtung auch LG Frankfurt a. M., BeckRS 2016, 6241; OLG München, BeckRS 2021, 43656, Rn. 76.

[332] *Ruthardt/Popp*, AG 2019, 196 (204).

[333] BGH, NZG 2016, 139 (140) – „*Stinnes*"; *Stilz*, FS Goette 2011, 529 (535).

[334] *Stilz*, FS Goette 2011, 529 (535); *Wasmann*, AG 2021, 179 (187).

III. Bewertung als Schätzgrundlage

Eine der wesentlichen Erkenntnisse, auf die im Laufe dieser Arbeit immer wieder zurückzukommen sein wird, ist damit gewonnen: Grundsätzlich dient die Bewertung – sei es in Form einer fundamentalanalytischen Bewertung[335] wie dem Ertragswertverfahren oder einer Heranziehung von Börsenkursen – immer nur als Schätzgrundlage. Das Bewertungsergebnis gibt damit nur die Bandbreite vertretbarer Werte vor.[336] Dass die Bewertungsmethoden nur zu einem Näherungswert führen, schließt deren Berücksichtigungsfähigkeit daher nicht aus, da sie der Schätzunsicherheit bereits von vornherein immanent ist.

Es darf jedoch nicht von der Vertretbarkeit automatisch auf die Angemessenheit geschlossen werden.[337] Dies würde dazu führen, dass sich der Abfindungsschuldner stets an der Untergrenze der Bandbreite vertretbarer Werte orientieren könnte, ohne dass es zu einer Anpassung im Spruchverfahren käme. Damit würde jedoch die verfassungsrechtliche Bedeutung der gerichtlichen Kontrollmöglichkeit verkannt.[338] Die vertretbaren Werte müssen vielmehr einer Gesamtbetrachtung zugeführt werden, die die Interessen von Mehrheit und Minderheit in einen angemessenen Ausgleich bringt, indem sie den Minderheitsaktionär für seinen Verlust entschädigt, aber nicht überkompensiert. Dabei sind vor allem die einzelnen in die Bewertung eingeflossenen Annahmen zu prüfen, um kumulierte einseitige Benachteiligungen festzustellen, die zwar für sich genommen vertretbar sind, in der Gesamtschau jedoch keine angemessene Abfindung darstellen.[339]

---

335 Fundamentalanalytische Bewertungsverfahren bzw. Fundamentalbewertungsverfahren sind diejenigen Methoden zur Bestimmung des Unternehmenswerts auf Basis seiner betriebswirtschaftlichen Daten und unter Berücksichtigung seines wirtschaftlichen Umfelds.

336 *Gärtner/Handke*, NZG 2012, 247 (247); *Hüffer*, ZHR 172 (2008) 572 (576ff.); *Katzenstein*, AG 2018, 739 (741); LG Frankfurt a. M., BeckRS 2012, 210626 – „*Didier Werke AG*"; LG Frankfurt a. M., AG 2019, 574 (575); *Stilz*, FS Goette 2011, 529 (538); jüngst BGH, BeckRS 2023, 6362, Rn. 17.

337 Sehr deutlich *Knoll*, BFuP 2017, 300 (300ff.); *Knoll*, FS Großfeld 2019, 229 (230ff.); vergleichsweise wertungsneutral: *Puszkajler/Sekera-Terplan*, NZG 2015, 1055 (1062); die Tendenz hin zu einer reinen Vertretbarkeitskontrolle aufzeigend Fleischer/Hüttemann/*Lauber*, § 34 Rn. 34 f.; dafür auch *Decher/Hoffmann-Becking/Löbbe/Wilsing*, Stellungnahme DAV S. 470. OLG München, AG 2019, 659 (660); OLG Zweibrücken, BeckRS 2016, 111431, Rn. 2 f.; den weitergehenden Prüfungsmaßstab hat auch jüngst der BGH im Vergleich zu den Kontrollmöglichkeiten betreffend die Auswahlentscheidung der Bundesnetzagentur zum Eigenkapitalzinssatz zur Bestimmung der Erlösobergrenze für die Betreiber von Elektrizitäts- und Gasversorgungsnetzen hervorgehoben (vgl. BGH, BeckRS 2020, 5191, Rn. 19ff.).

338 Siehe S. 34 f.

339 *Puszkajler/Sekera-Terplan*, NZG 2015, 1055 (1061); nicht überzeugend hingegen das OLG Zweibrücken, BeckRS 2016, 111431, Rn. 2, wonach die Abfindung nur dann unangemessen ist, wenn sie die Untergrenze des noch als angemessen zu bezeichnenden Bereiches unterschreitet und das OLG Zweibrücken, BeckRS 2017, 134513, Rn. 16, das selbst „nur unwesentlich unterhalb der noch als angemessen, weil vertretbaren Bandbreite möglicher Werte" liegende Abfindungsleistungen noch für angemessen hält.

E. Fazit

Die vorstehende Analyse des Bewertungsziels macht deutlich, dass den einfachrechtlichen Abfindungsregelungen nur in Zusammenhang mit den verfassungsrechtlichen Implikationen konkretisierende Zielvorgaben zu entnehmen sind. Während das einfache Recht nichts weiter als eine Generalklausel vorsieht, lassen sich aus dem verfassungsrechtlichen Schutz des Anteilseigentums zumindest grundlegende Vorgaben im Hinblick auf die Anforderungen an eine angemessene Abfindungsbemessung ableiten. Die verfassungsgerichtliche Rechtsprechung hat diese in den vergangenen Jahren weiter ausdifferenziert und verlangt auf Rechtsanwendungsebene eine vermögensmäßig volle Entschädigung für den Rechtsverlust der Minderheitsaktionäre und die Möglichkeit ihrer gerichtlichen Durchsetzung. Der Schutz des Anteilseigentums ist damit das Fundament des vermögensmäßigen Minderheitenschutzes. Die Gewährleistung eines hohen Vermögensschutzes bildet dementsprechend den verfassungsrechtlichen Gegenpol zum geringen Bestandsschutz.

Inhaltlich bleiben die verfassungsrechtlichen Vorgaben der vollen Entschädigung zum wahren Wert jedoch äußerst abstrakt und phrasenhaft. Das Gebot der Abfindung zum „wahren" Wert ist vielmehr als Synonym der Normzweckadäquanz zu verstehen. Ausgangspunkt der Umsetzung des verfassungsrechtlichen Gebots der vollen Entschädigung zum wahren Wert muss der konkrete Bewertungszweck sein.[340] Dies bewirkt eine Rückkopplung an die einfachrechtlichen Vorgaben. Von Verfassungs wegen ist zwar nicht eine konkrete Bewertungsmethode vorgegeben. Damit wird die Bestimmung der angemessenen Abfindung in erster Linie dem Rechtsanwender überantwortet. Die Bewertung muss sich jedoch insgesamt und in ihren Einzelheiten am verfassungsrechtlichen Schutz des Anteilseigentums messen lassen und den Verlust der Minderheit voll entschädigen. Die angemessene Abfindung darf von Verfassungs wegen jedenfalls nicht unter dem Desinvestitionswert der Aktie liegen.[341]

Letztlich wird dem Gebot der Abfindung zum vollen, wahren Wert entsprochen, wenn ein für den jeweiligen Anlass „auf vertretbarer theoretischer Grundlage und nach einer konsistent angewendeten Methode ermittelte[s] Ergebnis" erzielt wird.[342] In Abkehr von dem nicht existenten „richtigen" Wert ist nun-

[340] *Moxter*, Grundsätze ordnungsmäßiger Unternehmensbewertung, S. 6: „der richtige Unternehmenswert [ist] jeweils der zweckadäquate". Dahingehend auch BVerfG, NZG 2012, 1035 (1037) – *„DaimlerChrysler"*; Fleischer/Hüttemann/*Böcking/Rauschenberg*, § 2 Rn. 2; *Großfeld*, Unternehmens- und Anteilsbewertung 1994, S. 8 f.; LG Stuttgart, BeckRS 2018, 35320, Rn. 51; *Stilz*, ZGR 2001, 875 (882); *Stilz*, FS Goette 2011, 529 (535).

[341] Da das BVerfG für die Wertuntergrenze allein auf die Desinvestitionsmöglichkeit der Aktie abstellt, ist es unerheblich, ob der Börsenkurs den (wahren) Wert der Beteiligung wiedergeben kann (OLG München, BeckRS 2020, 34436, Rn. 39; *Weimann*, Bewertungs-Praktiker 2020, 113 (117)). Dies ist nur dann entscheidend, wenn die angemessene Abfindungsleistung allein anhand von Börsenkursen bestimmt werden soll. Siehe dazu Teil 3.

[342] *Stilz*, FS Goette 2011, 529 (536).

mehr weitgehend anerkannt, dass eine Bandbreite von Werten mit dem Normzweck korrespondieren kann.[343] Andernfalls würde das verfassungsrechtliche Gebot einer Abfindung zum „wahren" Wert etwas Unmögliches verlangen.[344] Auch das verfassungsrechtlich anerkannte, von unzähligen Variablen und Prognosen abhängige Ertragswertverfahren müsste bereits naturgemäß als Bewertungsgrundlage ausscheiden.[345] Denn je nach Gewichtung kann die Bewertung hier zu erheblich abweichenden Ergebnissen führen.

Die Suche nach dem „wahren" Wert ist letztlich eine nach dem normzweckadäquaten und damit vertretbaren Näherungswert. In der Gesamtschau mit dem Gebot effektiven Rechtsschutzes müssen dabei auch verfahrensökonomische Aspekte mitberücksichtigt werden.[346] Eine Bewertungsmethode wird dem Gebot der angemessenen Abfindung zum vollen Wert somit immer dann gerecht, wenn die in tatsächlicher und rechtlicher Hinsicht besonders komplexen Bewertungsfragen einer vertretbaren Lösung in angemessener Frist zugeführt werden.[347]

§ 5 Gegenstand und Perspektive der Bewertung

Nachdem das Bewertungsziel der angemessenen Abfindung (volle Entschädigung) festgelegt und konkretisiert wurde, ist zu fragen, welche rechtlichen Anforderungen sich daraus für die konkrete Bewertungssituation, insbesondere die Bestimmung von Gegenstand und Perspektive der Bewertung, ableiten lassen. Wie das Bewertungsziel sind auch Gegenstand (Bewertungsobjekt) und Perspektive (Bewertungssubjekt) der Bewertung stets anlassbezogen durch Auslegung zu ermitteln. Ziel, Gegenstand und Perspektive der Bewertung bilden

---

[343] BayObLG München, NZG 2006, 156 (157); BGH, BeckRS 2020, 28435, Rn. 20 – „*Wella*"; BVerfG, NZG 2012, 1035 (1037) – „*DaimlerChrysler*"; LG Frankfurt a. M., NZG 2019, 989 (990) – „*Stada AG*"; OLG München, AG 2019, 659 (660); DVFA, Best-Practice-Empfehlungen, S. 6; Fleischer/Hüttemann/*Böcking/Rauschenberg*, § 2 Rn. 2; *Follert*, Unternehmensbewertung, S. 92; KK-AktG/*Gayk*, Anh. § 11 SpruchG Rn. 3; *Höfling*, NZG 2020, 136 (137); *Hüttemann*, FS Hoffmann-Becking 2013, 603 (614); *Karami*, Unternehmensbewertung, S. 18 ff.; *Moxter*, Grundsätze ordnungsmäßiger Unternehmensbewertung, passim; *Stilz*, ZGR 2001, 875 (886); *Wasmann*, AG 2021, 179 (187); a. A. LG München I, BeckRS 2018, 55864, Rn. 57: „weil eine Bandbreite keine angemessene Barabfindung darstellen kann, nachdem diese auf einen bestimmten Betrag lauten muss". Dabei wird jedoch verkannt, dass die Bandbreite lediglich die Schätzgrundlage bildet auf deren Basis die angemessene Abfindung bestimmt werden muss.

[344] LG Frankfurt a. M., NZG 2019, 989 (990) – „*Stada AG*"; OLG Frankfurt a. M., AG 2012, 513 (514).

[345] Vgl. zum Ertragswertverfahren S. 214 ff.

[346] Grundlegend: *Stilz*, FS Goette 2011, 529 (540); vgl. auch BGH, NZG 2016, 139 (144) – „*Stinnes*".

[347] In diese Richtung auch BVerfG, NZG 2012, 1035 (1037) – „*DaimlerChrysler*"; DAI, Evaluierung des Spruchverfahrens, S. 7.

gemeinsam die Grundlage einer jeden Bewertung, die in einer „Subjekt-Objekt-Beziehung“[348] stattfindet und durch den Bewertungszweck normativ determiniert wird.[349] Erst wenn alle drei Grundparameter anhand des Normzwecks festgelegt wurden, kann die Auswahl der adäquaten Bewertungsmethode erfolgen.

A. Bewertungsobjekt

Die Bestimmung des Bewertungsobjekts ist im Kontext von Strukturmaßnahmen bei (börsennotierten) Aktiengesellschaften nicht zuletzt aufgrund der Komplexität des Anteilseigentums von grundlegender Bedeutung.[350] Denn als Bewertungsgegenstand kommt neben dem (quotalen) Unternehmenswert (indirekte Anteilsbewertung) auch die Aktie als eigenständiges Bewertungsobjekt (direkte Anteilsbewertung) in Betracht.[351]

Lange Zeit wurde zur Bemessung der angemessenen Abfindung – wie auch beim Ausscheiden von Gesellschaftern aus einer Personengesellschaft oder einer GmbH – ausschließlich auf das Unternehmen abgestellt.[352] Dies erklärt sich vor allem unter Rückgriff auf die Liquidationshypothese des § 738 Abs. 1 Satz 2 BGB a. F.[353] Das Ertragswertverfahren[354] als wohl prominenteste fundamentalanalytische Bewertungsmethode folgt bei der Bestimmung der angemessenen Abfindung beim Ausscheiden von Gesellschaftern einem Zweischritt. So wird der Anteil (die Aktie) nicht direkt bewertet, sondern indirekt über die Bewertung des Gesamtunternehmens aus einer Prognose dessen zukünftiger Erträge. Der Anteilswert entspricht dann dem prozentualen Anteil an dem ermittelten Unternehmenswert (sog. quotaler Unternehmenswert). Aber ist dies zwingend?

I. Bewertungsrechtliche Relevanz der Bestimmung des Bewertungsobjekts

Dass auch die selbständig verkehrsfähige Aktie bei der Bewertung nicht gänzlich unberücksichtigt bleiben darf, hat bereits das BVerfG in seiner DAT/Altana-Entscheidung deutlich gemacht, indem es den Börsenkurs als Äquivalent für

---

[348] Aus der subjektiven Bewertungslehre: *Sieben*, AG 1966, 6 (9).

[349] *Adolff*, Unternehmensbewertung, S. 1; *Hüttemann/André Meyer*, ZIP 2022, 935 (939); *W. Müller*, FS Röhricht 2005, 1015 (1021).

[350] Vgl. zur Zweidimensionalität des Anteilseigentums bereits S. 25 f.

[351] *Drukarczyk*, AG 1973, 357 (357); Fleischer/Hüttemann/*Böcking/Rauschenberg*, § 2 Rn. 4; Fleischer/Hüttemann/*Fleischer*, § 20 Rn. 20.1; *Hüffer*, FS Hadding 2004, 461; *Hüttemann*, ZHR 162 (1998) 563 (563); eingehend *W. Müller*, FS Röhricht 2005, 1015.

[352] Vgl. nur die Darstellung bei *Drukarczyk*, AG 1973, 357 (357); *Hüttemann*, ZHR 162 (1998) 563 (563); wohl immer noch *Koch*, AktG, § 327b Rn. 5; BayObLG München, DStR 1995, 1479 (1480); BayObLG München, NJW-RR 1996, 1125 (1125).

[353] Siehe Teil 2, Fn. 222.

[354] Näher auf S. 214 ff.

den Desinvestitionswert der Aktie und damit jedenfalls als Untergrenze der angemessenen Abfindung festlegt. Bezugspunkt des Börsenkurses und der Überlegungen des BVerfG ist nicht das Unternehmen, sondern die einzelne Aktie. Bevor die Tauglichkeit des Börsenkurses als eigenständige Bewertungsmethode untersucht werden kann, muss daher als Vorfrage geklärt werden, ob allein das Unternehmen taugliches Bewertungsobjekt für die Bestimmung der vollen Entschädigung ist.

Dies wirkt sich nicht nur auf die Perspektive der Bewertung, sondern auch auf das Ergebnis der Bewertung aus. Beispielhaft zeigt sich dies am Fall des Rückzugs vom Markt (Delistings). Bei einem Delisting würde ohne ein entsprechendes Erwerbsangebot, wie es § 39 Abs. 2 Satz 3 Nr. 1, Abs. 3 BörsG vorsieht, regelmäßig ein Kursverfall eintreten.[355] Aus der Perspektive der Minderheit ist ein Marktrückzug mit einer verringerten Liquidität der Aktie verbunden.[356] Der Veräußerungsmöglichkeit wird am Markt deshalb ein Wert beigemessen, weil sie den Marktteilnehmern ermöglicht, ihre Anlageentscheidungen jederzeit durch Kauf oder Verkauf anzupassen. Verringert sich jedoch die Liquidität, so ist die jederzeitige Veräußerungsmöglichkeit eingeschränkt. Es erhöhen sich die Transaktionskosten; die Nachfrage sinkt und die Kurse fallen.[357] Der Unternehmenswert wird sich durch ein Delisting hingegen nicht gleichermaßen verändern. Im Gegenteil liegt in einem Rückzug von der Börse sogar ein Einsparungspotenzial für den Emittenten, da die hohen Notierungskosten entfallen.[358]

Die Reaktion des Kurses auf eine Delisting-Ankündigung zeigt, dass der Aktie Werte anhaften, die nicht automatisch mit dem Unternehmenswert korrelieren und umgekehrt. Die Börsennotierung ist kein wertrelevanter Faktor des Unternehmens, sondern haftet in erster Linie der Aktie an. Damit ist eine entscheidende Erkenntnis gewonnen: Der Unternehmenswert und die Summe der Anteilswerte sind allenfalls zufällig identisch.[359] Für ein normzweckadäquates

---

[355] *Aders/Muxfeld/Lill*, CF 2015, 389 (395); *Bajaj/Denis/Ferris/Sarin*, JCL 2001, 89 (107); *Bayer*, NZG 2015, 1169 (1172); *Bayer*, ZfPW 2015, 163 (204 f.); *Bayer/Hoffmann*, AG 2013, R371-R374 (R373 f.); *Bayer/Hoffmann*, AG 2015, R55-R59 (R56 ff.); *Berninger/Schiereck/Vathorst*, ZBB 2019, 329 (333); *Doumet/Limbach/Theissen*, ZfbF 68 (2016) 253 (253 ff.); *Habersack*, ZHR 176 (2012) 463 (464); *Karami/Schuster*, Empirische Analyse des Kurs- und Liquiditätseffekts; *Pilsl/Knoll*, DB 2016, 181 (185); *Schlote/J. Schmitt*, HV Magazin 2015, 26 (27); *Thomale/Walter*, ZGR 2016, 679 (699, 714) (nur wenige erhebliche negative Kurseffekte); *Weimann*, Bewertungs-Praktiker 2020, 113 (117). Das Ausmaß des Kursverfalls wird indes nicht einheitlich bewertet und soll hier auch offenbleiben. Entscheidend ist, dass die Kurse auf Marktrückzugsbewegungen grundsätzlich (negativ) reagieren. Anders hingegen noch die der Entscheidung des BVerfGE 132, 99 – „*Delisting*“ zugrundeliegende Studie des DAI (DAI, Stellungnahme zu Delisting und Spruchverfahren, S. 15) unter Inbezugnahme der Studie von *F. Eisele/Walter*, ZfbF 58 (2006) 337. Dem folgend *Thomale*, ZGR 2013, 686 (710).

[356] *Doumet/Limbach/Theissen*, ZfbF 68 (2016) 253 (253); *Klöhn*, Kapitalmarkt, Spekulation und Behavioral Finance, S. 68 f.; *Morell*, ZBB 2016, 67 (72).

[357] *Bajaj/Denis/Ferris/Sarin*, JCL 2001, 89 (107).

[358] *Morell*, ZBB 2016, 67 (73).

[359] *Böcking*, FS Drukarczyk 2003, 59 (85); *Karami*, Unternehmensbewertung, S. 97,

Bewertungsergebnis ist die Bestimmung des Bewertungsobjekts somit elementar.[360] Denn die Frage, ob der Börsenkurs geeignet ist, den Beteiligungswert abzubilden, unterscheidet sich evident von der Frage, ob ein gesamtes Unternehmen anhand seines Börsenwerts[361] bewertet werden kann.[362]

II. Gesetzliche Vorgaben

Da sich das Bewertungsobjekt primär durch Auslegung der Abfindungsnorm in Zusammenschau mit dem Bewertungszweck ergibt, soll zunächst ein Blick auf die gesetzlichen Vorgaben geworfen werden.

1. Historischer Wortlaut

Zieht man allein den Wortlaut heran, so normieren die Abfindungsregelungen des AktG und UmwG, dass bei der Bestimmung der angemessenen Abfindung die „Verhältnisse der Gesellschaft" zu berücksichtigen sind. Das UmwG ist jedoch rechtsformneutral ausgestaltet. Die Formulierung könnte daher auch bewusst offengehalten sein, um eine flexible Handhabung im konkreten Einzelfall unter Berücksichtigung der jeweiligen Gesellschaftsform zu gewährleisten. Dagegen spricht jedoch, dass auch das AktG ausdrücklich auf die Verhältnisse der Gesellschaft abstellt. Demnach steht das Unternehmen im Zentrum der Bewertung. Gefordert wird aber lediglich, dass die Verhältnisse der Gesellschaft „berücksichtigt" werden. Eine eindeutige Festlegung des Unternehmens als Bewertungsgegenstand und damit einhergehend das zwingende Erfordernis einer indirekten Anteilsbewertung ist den Abfindungsregelungen jedenfalls nicht zu entnehmen.[363] Allein der Wortlaut hilft daher nur bedingt weiter.

Betrachtet man die historische Entwicklung der Abfindungsregelungen, so fällt auf, dass im Gesetz über die Umwandlung von Kapitalgesellschaften (1934) für die außenstehenden Aktionäre noch ein „Anspruch auf angemessene Abfindung unter Berücksichtigung des Wertes ihrer Aktien"[364] geregelt

---

133 ff.; *W. Müller*, FS Bezzenberger 2000, 705 (705 ff., 715, 719); *Piltz*, ZGR 2001, 185 (194); in diese Richtung auch OLG Düsseldorf, NZG 2003, 588 (591) – „*SNI*"; a. A. *Gude*, Strukturänderungen, S. 424; OLG Frankfurt a. M., Beschl. v. 30.03.2010 – 5 W 32/09, juris, Rn. 54.

[360] *Hüffer*, FS Hadding 2004, 461 (463); *Stilz*, FS Goette 2011, 529 (535).

[361] Börsenwert meint in diesem Zusammenhang die Marktkapitalisierung.

[362] *Wilm*, NZG 2000, 234 (237); zu Letzterem ausführlich OLG Frankfurt a. M., AG 2010, 751 – „*T-Online/Deutsche Telekom*"; bejahend OLG Frankfurt a. M., BeckRS 2021, 10278, Rn. 31; Fleischer/Hüttemann/*Adolff/Häller*, § 21 Rn. 90.

[363] Wie hier: *Götz*, DB 1996, 259 (262); *Großfeld*, Unternehmens- und Anteilsbewertung 2002, S. 34; *W. Müller*, FS Bezzenberger 2000, 705 (715); *Schwark*, FS Lutter 2000, 1529 (1542); LG Stuttgart, BeckRS 2018, 35320, Rn. 60; dies jüngst hervorhebend: BGH, BeckRS 2023, 6362, Rn. 20.

[364] § 6 Dritte Durchführungs-VO zum Gesetz über die Umwandlung von Kapitalgesellschaften v. 2. Dezember 1936, RGBl. 1936, 1003, abgedruckt in *Heun*, Deutsches Handelsrecht, S. 652 (Hervorhebungen durch Verf.).

war. Daher stand auch zunächst das betriebswissenschaftliche Schrifttum einer Bestimmung des Aktienwerts anhand von Börsenkursen nicht generell ablehnend gegenüber.[365] Dass nunmehr die Verhältnisse der Gesellschaft Berücksichtigung finden müssen, spricht für einen gesetzgeberischen Übergang zum Unternehmen als Bewertungsobjekt. Bereits in § 12 UmwG 1956[366] wurde die Berücksichtigung des Aktienwertes nicht übernommen. Die Norm regelte allein einen Anspruch der ausscheidenden Aktionäre auf angemessene Abfindung, ohne nähere Vorgaben zu deren Bestimmung zu machen. Die Streichung des Zusatzes der „Berücksichtigung des Wertes ihrer Aktien" wurde daher unter anderem auch als Abkehr vom Börsenkurs als Bewertungsmaßstab interpretiert.[367] Diese Sichtweise wurde mit Erlass des § 305 AktG 1965[368] bestätigt, wonach die angemessene Barabfindung „die Vermögens- und Ertragslage der Gesellschaft im Zeitpunkt der Beschlussfassung ihrer Hauptversammlung über den Vertrag berücksichtigen" sollte.[369] Die Formulierung stellt die Gesellschaft zwar noch weiter in den Fokus der Bewertung, die gesetzgeberische Intention erschöpfte sich nach dem gesetzgeberischen Willen jedoch darin klarzustellen, dass es „nicht allein auf den Kurswert der Aktien ankommt"[370]. Das Erfordernis der Berücksichtigung der „Vermögens- und Ertragslage der Gesellschaft" wurde gestrichen, um keine konkrete Bewertungsmethode vorzuschreiben und sich den künftigen Entwicklungen der Bewertungslehre nicht zu verschließen.[371]

Dem Wortlaut lässt sich somit allenfalls eine Tendenz entnehmen. Die Abfindungsregelungen legen jedoch kein Bewertungsobjekt zwingend fest. Vielmehr ist die Formulierung offengehalten und lässt sowohl eine Unternehmensbewertung als auch eine Anteilsbewertung zu, wobei der Anteil nicht völlig abstrakt betrachtet werden kann. Da die Aktie stets eine konkrete Unternehmensbeteiligung verkörpert, kann sie nicht völlig losgelöst vom Unternehmen bewertet werden.

2. Systematische Auslegung

Das Ausscheiden von Gesellschaftern gegen Abfindungsleistung ist indes kein Phänomen des Rechts der Aktiengesellschaft, sondern wird auch bei den Personengesellschaften und der GmbH relevant. Um die Komplexität der Bewer-

---

365 Rieger, JW 1938, 3016 (3017).

366 Gesetz über die Umwandlung von Kapitalgesellschaften und bergrechtlichen Gewerkschaften (UmwG 1956) v. 12.11.1956, BGBl. I, 844 (845).

367 Kindermann, AG 1964, 178 (179); *Kropff*, DB 1962, 155 (155).

368 Aktiengesetz (AktG 1965) v. 06.09.1965, BGBl. I 1965, 1089.

369 BGBl. I 1965, 1089, S. 1160.

370 Schriftlicher Bericht des Abgeordneten Dr. Wilhelmi, BT-Drs. zu IV/3296, S. 48.

371 RegE Gesetz zur Bereinigung des Umwandlungsrechts (UmwBerG), BR-Drs. 75/94, S. 94 (zu § 30 UmwG).

tungsfragen nicht über die Maßen zu erhöhen, bietet es sich grundsätzlich an, die Bewertungsproblematik nach einheitlichen Vorgaben rechtsformübergreifend zu lösen.[372] Dies kann aber nur so weit gelten, wie die Besonderheiten der jeweiligen Rechtsform nicht eine abweichende Behandlung erfordern oder zweckmäßiger erscheinen lassen.

a) Ausgangspunkt: § 738 Abs. 1 Satz 2 BGB a. F.[373]

Grundlegende Vorgaben für die Abfindung ausscheidender Gesellschafter enthält die Vorschrift des § 738 BGB a. F., die seit jeher als bewertungsrechtlicher Ausgangspunkt dient. Dem Wortlaut nach ist dem Ausscheidenden gem. § 738 Abs. 1 Satz 2 BGB a. F. dasjenige zu zahlen, was er bei der Auseinandersetzung erhalten würde, wenn die Gesellschaft zur Zeit seines Ausscheidens aufgelöst worden wäre (sog. Liquidationshypothese). Den Gesellschaftern lediglich den Liquidationserlös zu gewähren, greift jedoch in den Fällen zu kurz, in denen die Gesellschaft trotz des Ausscheidens des Gesellschafters fortgesetzt wird. Der Auseinandersetzungsanspruch wird daher dergestalt modifiziert, dass das Unternehmen aus der Perspektive eines fiktiven markttypischen Erwerbers nach dem „wirklichen Wert des lebenden Unternehmens einschließlich der stillen Reserven und des good will des Unternehmens" zu bewerten ist.[374] Der Bewertungsmaßstab wird damit begründet, dass es sich bei dem Ausscheiden eines Gesellschafters nur um eine abgekürzte Variante einer interessengerechten Auseinandersetzung handle.[375] Die tatsächliche Liquidation wird durch das Ausscheiden des Gesellschafters vermieden, während die Vermögensinteressen des Ausscheidenden durch die Abfindung gewahrt werden;[376] allerdings nur dann, wenn die bestmögliche Verwertung angestrengt wird.[377]

---

372 *Decher/Hoffmann-Becking/Löbbe/Wilsing*, Stellungnahme DAV S. 470; *Hüffer*, FS Hadding 2004, 461 (467 ff.); *Hüffer/Schmidt-Aßmann/Weber*, S. 19 ff.

373 Zur 2024 in Kraft tretenden Neuregelung durch das MoPeG (Teil 2, Fn. 222) sogleich S. 69 ff.

374 BGHZ 17, 130 (136) (Personengesellschaft); BGH, NJW 1992, 892 (895) (GmbH); *Adolff*, Unternehmensbewertung, S. 366; DVFA, Best-Practice-Empfehlungen, S. 10 f.; Fleischer/Hüttemann/*Hüttemann*, § 1 Rn. 26; *Ruthardt/Hachmeister*, NZG 2014, 885 (886 f.) (mit umfassenden Ausführungen zur Typisierung, S. 887 ff.); daran anschließend *Ruthardt/Hachmeister*, WPg 2016, 411 (412 ff.); *Schwetzler*, FS Großfeld 2019, 401 (403).

375 Fleischer/Hüttemann/*Hüttemann*, § 1 Rn. 26; *Hüttemann*, FS Hoffmann-Becking 2013, 603 (608 f.).

376 Fleischer/Hüttemann/*Hüttemann*, § 1 Rn. 26.

377 BGH, Urt. v. 30.03.1967 – II ZR 141/64, juris, Rn. 9; Fleischer/Hüttemann/*Hüttemann*, § 1 Rn. 26 ff.; *Hüttemann*, ZHR 162 (1998) 563 (577); vgl. auch *Hüttemann*, FS Hoffmann-Becking 2013, 603 (604 ff.) im Zusammenhang mit der Frage der Berücksichtigung von Verbundvorteilen. Diese können auch über die Liquidationshypothese unter der Prämisse der „bestmöglichen Verwertung" berücksichtigt werden, da das Unternehmen auch bei einer fiktiven Liquidation vorzugswürdig Erwerbern anzubieten sei, die Verbundvorteile realisieren könnten; vgl. zum „Grundsatz der bestmöglichen Verwertung" instruktiv *Knoll*, FS Meilicke 2010, 321 (321 ff.); ferner *Adolff*, Unternehmensbewertung, S. 36 ff.; *Hüttemann*, CF 2016, 467 (468).

Aus der Abfindung in Form eines fiktiven Liquidationsanteils folgt außerdem das zwingende Erfordernis einer Unternehmensbewertung, aus der erst in einem zweiten Schritt der Anteilswert abgeleitet werden kann (indirekte Anteilsbewertung).[378] Die Bemessung des Auseinandersetzungsanspruchs nach dem Unternehmenswert ist bei Personengesellschaften nur konsequent. Eine direkte Anteilsbewertung scheidet hier schon deshalb aus, weil der Gesellschafter über seinen Anteil nicht frei verfügen kann (§ 719 Abs. 1 BGB a. F.).[379] Aufgrund der eingeschränkten Fungibilität der Beteiligung an Personengesellschaften, wird dieser kein eigenständiger, leicht feststellbarer Marktwert beigemessen.[380] Auch nach dem Sinn und Zweck des § 738 Abs. 1 Satz 2 BGB a. F. soll gerade nicht der (Verkehrs-)Wert des Anteils bestimmt werden, sondern der „Anteil an dem (Verkehrs-)Wert des fortgeführten Unternehmens der Gesellschaft, den die Beteiligten bei dessen Veräußerung zum Stichtag des Ausscheidens erzielen könnten".[381] § 738 Abs. 1 Satz 2 BGB a. F. legt damit das Unternehmen als Bewertungsobjekt fest.

b) Anwendungsbereich des Liquidationshypothese

Während die Liquidationshypothese nach ständiger Rechtsprechung auch auf Gesellschafter einer GmbH entsprechend anzuwenden ist,[382] herrscht Uneinigkeit darüber, ob sich die Bewertung auch in aktienrechtlichen Abfindungsfragen an den Vorgaben des § 738 Abs. 1 Satz 2 BGB a. F. zu orientieren hat. Dafür müsste § 738 BGB a. F. ein allgemeiner Rechtsgedanke für das Ausscheiden von Gesellschaftern zu entnehmen sein.[383] Bei einer unmittelbaren oder

---

[378] Fleischer/Hüttemann/*Hüttemann*, § 1 Rn. 27; *Koch*, AktG, § 327b Rn. 5; *Stilz*, FS Goette 2011, 529 (537). Vgl. auch *Adolff*, Unternehmensbewertung, S. 360 ff. (unter Verweis auf das von ihm entwickelte Prinzip der Erfolgsaufteilung nach dem Verhältnis der geleisteten Einlage); *Burger*, NZG 2012, 281 (284); bereits *Großfeld*, JZ 1981, 641 (646 f.); jüngst *Hüttemann/André Meyer*, ZIP 2022, 935 (936); OLG Düsseldorf, AG 1992, 200 (202) (Wert des Unternehmens).

[379] Wie hier: *Hüffer*, FS Hadding 2004, 461 (464 f.); *Hüffer/Schmidt-Aßmann/Weber*, S. 23; OLG Frankfurt a. M., AG 2010, 751 (753) – *„T-Online/Deutsche Telekom"*; *Großfeld/Egger/Tönnes* (Hrsg.), Recht der Unternehmensbewertung, Rn. 55. Insoweit ist zu berücksichtigen, dass die Vorschrift des § 719 BGB a. F. mit dem MoPeG ersatzlos gestrichen wird.

[380] *Großfeld/Merkelbach*, NZG 2008, 241 (241); *Hüffer*, FS Hadding 2004, 461 (465); OLG Frankfurt a. M., AG 2010, 751 (753) – *„T-Online/Deutsche Telekom"*; MüKoBGB/*C. Schäfer*, § 738 Rn. 33.

[381] BGH, NJW 1992, 892 (895); MüKoBGB/*C. Schäfer*, § 738 Rn. 33.

[382] BGH, NJW 1992, 892 (895); Fleischer/Hüttemann/*Fleischer*, § 24 Rn. 10. In der Praxis finden sich im Gesellschaftsvertrag regelmäßig vom Gesetz abweichende individuelle Abfindungsklauseln. Dennoch wird die gesetzliche Regelung insbesondere bei der Inhaltskontrolle relevant. Aufgrund der grundsätzlichen Veräußerlichkeit von GmbH-Geschäftsanteilen (§ 15 Abs. 1 GmbHG) können jedoch zusätzlich Vergleichspreise herangezogen werden (*Großfeld/Merkelbach*, NZG 2008, 241 (242)).

[383] Dafür *Adolff*, Unternehmensbewertung, S. 307 ff., 357 ff.; *Böcking*, FS Drukarczyk 2003, 59 (69); Böttcher/*H. Meilicke*, §§ 12 und 13 UmwG Rn. 25; DVFA, Best-Practice-Emp-

analogen Anwendung der Liquidationshypothese müsste eine direkte Anteilsbewertung dann von vornherein ausscheiden.[384]

Für eine Heranziehung der Liquidationshypothese auch bei der Abfindung außenstehender Aktionäre spricht das bereits angeführte Interesse an einer einheitlichen, rechtsformübergreifenden Lösung des Bewertungsproblems beim Ausscheiden von Gesellschaftern. Auch die (verfassungsgerichtliche) Rechtsprechung, wonach die außenstehenden Aktionäre das erhalten müssen, was ihre gesellschaftliche Beteiligung an dem arbeitenden Unternehmen wert sei, lässt sich pro Anwendung der Liquidationshypothese interpretieren. Hierfür sei der Grenzpreis zu ermitteln, zu dem das Unternehmen am Stichtag an einen Dritten verkauft werden könnte.[385] *Hüttemann* führt für eine Anwendung der Liquidationshypothese an, dass der Mehrheitsgesellschafter mit seiner qualifizierten Mehrheit auch jederzeit die Auflösung der Gesellschaft beschließen könnte, im Rahmen derer den Minderheitsaktionären ebenfalls (nur) der anteilige Liquidationserlös zustünde.[386]

Führt man sich den Charakter der Beteiligung an einer Aktiengesellschaft und ihren verfassungsrechtlichen Schutzgehalt vor Augen, vermag die Anwendung der Liquidationshypothese auf die Abfindung von Minderheitsaktionären indes nicht zu überzeugen. Denn im Gegensatz zu den Personengesellschaften und der GmbH (vgl. § 15 GmbHG) ist eine direkte Anteilsbewertung bei der Aktiengesellschaft aufgrund der besonderen Verkehrsfähigkeit der Aktie leicht

---

fehlungen, S. 10; *Großfeld*, Unternehmensbewertung, S. 4; *Großfeld*, Unternehmens- und Anteilsbewertung 2002, S. 7; *Henze*, FS Lutter 2000, 1101 (1104 ff.); *Hüffer*, FS Hadding 2004, 461 (464 ff., v. a. 469); *Hüffer/Schmidt-Aßmann/Weber*, S. 17 f.; *Hüffer*, AktG 2002, § 305 Rn. 24c; *Hüttemann*, ZHR 162 (1998) 563 (578 f.); *Hüttemann*, FS Hoffmann-Becking 2013, 603 (603 ff.); *Hüttemann*, CF 2016, 467 (468 f.); *Hüttemann/André Meyer*, ZIP 2022, 935 (939 ff.); *Karami*, Stand und (Weiter-)Entwicklung der rechtsgeprägten Unternehmensbewertung, S. 4; KG Berlin, AG 1964, 217 (220); Kindermann, AG 1964, 178 (179); *Kropff*, DB 1962, 155 (155 f.); *Kuhner*, WPg 2007, 824 (829); *Schwetzler*, CF 2020, 48 (48); *Tönnes*, M&A Review 2017, 449 (449 f.); *Meilicke*, Barabfindung, S. 46; aus der Rspr.: BGH, Urt. v. 30.03.1967 – II ZR 141/64, juris, Rn. 9; BGH, NJW 1992, 892 (895); BGH, NJW 1995, 1739 (1747) – „*Girmes*"; LG Stuttgart, BeckRS 2018, 35320, 61 (obwohl sich das Gericht für eine stärkere Fokussierung auf die Aktie ausspricht, Rn. 60); OLG Frankfurt a. M., AG 2012, 513 (514); OLG Frankfurt a. M., Beschl. v. 28.03.2014 – 21 W 15/11, juris, Rn. 24; dagegen zutr. *Busse v. Colbe*, AG 1964, 263 (264); *Busse v. Colbe*, FS Lutter 2000, 1053 (1064 f.); *W. Müller*, FS Bezzenberger 2000, 705 (714 ff.); *Stilz*, ZGR 2001, 875 (892); BayObLG München, AG 1999, 43 (45); OLG Frankfurt a. M., Beschl. v. 30.03.2010 – 5 W 32/09, juris, Rn. 62.

384 *Adolff*, Unternehmensbewertung, S. 367; *Schwetzler/Aders/Adolff*, CF biz 2012, 237 (237).

385 BVerfGE 14, 263 (284) – „*Feldmühle*"; dem folgend BVerfGE 100, 289 (303) – „*DAT/Altana*"; BVerfG, NJW 2001, 279 (280) – „*Moto-Meter*"; BGH, NJW 1992, 892 (895); BGH, NJW 1995, 1739 (1747) – „*Girmes*"; BGH, NZG 2016, 139 (140, 144) – „*Stinnes*"; BGH, DStR 2016, 974 (976) – „*Nestlé*" (wobei sich die beiden letzteren Entscheidungen grundsätzlich offen gegenüber einer Bestimmung nach dem Anteilswert zeigen); OLG Düsseldorf, AG 1964, 246 (246); dagegen auf die zu bewertende Aktie abstellend das BayObLG München, AG 1999, 43 (45).

386 *Hüttemann*, FS Hoffmann-Becking 2013, 603 (608).

möglich.[387] Die hohe Fungibilität börsennotierter Aktien führt zur Bildung von „Marktpreisen" auf Basis der subjektiven Wertvorstellungen der Marktteilnehmer in Bezug auf die in der Aktie verkörperte Beteiligung selbst. Wo eine direkte Anteilsbewertung möglich ist, überzeugt es nicht, die Liquidationshypothese als allgemeinen Rechtsgedanken anzuwenden und eine Unternehmensbewertung aus der Perspektive eines fiktiven markttypischen Erwerbers als zwingend zu erachten.[388] Der Normzweck der angemessenen Abfindung erfordert den Ausgleich für den Eingriff in das Anteilseigentum der außenstehenden Aktionäre. Das Anteilseigentum ist bei der Aktiengesellschaft aber gerade in der Aktie verkörpert und durch deren besondere Verkehrsfähigkeit geprägt. Nicht das Unternehmen, sondern die Beteiligung daran ist Gegenstand des Rechtsverlusts der Minderheit und damit normzweckadäquates Bewertungsobjekt.[389]

Dies bedeutet zwar nicht, dass eine indirekte Anteilsbewertung den rechtlichen Zielvorgaben widerspricht. Denn auch hier wird letztlich der Anteilswert der einzelnen Aktie auf Basis des quotalen Unternehmenswerts bestimmt. Jedoch ist insbesondere bei der börsennotierten Aktiengesellschaft der Umweg über den Unternehmenswert nicht notwendig, wenn der Anteilswert auf Grundlage dessen Marktwertes auch unmittelbar ermittelt werden kann. Schon aus Sicht des Bewertungsgegenstands vermag eine zwingende Heranziehung der Liquidationshypothese somit nicht zu überzeugen.[390]

c) *Sonderrecht für börsennotierte Gesellschaften*

Streng genommen etabliert man bei Ablehnung der Liquidationshypothese und Heranziehung der Aktie als Bewertungsgegenstand einen Sonderweg für börsennotierte Aktiengesellschaften, obwohl bei Strukturmaßnahmen und auch im AktG nicht grundlegend zwischen börsennotierten und nicht-börsennotierten Gesellschaften unterschieden wird.[391] Auch innerhalb der Kapitalgesellschaften führt dies zu einer abweichenden Behandlung der Aktiengesellschaft gegenüber

---

[387] *Wasmann*, FS Beuthien 2009, 267 (271); LG Stuttgart, BeckRS 2018, 35320, Rn. 85.

[388] *Busse v. Colbe*, AG 1964, 263 (264); *Ruiz de Vargas*, NZG 2021, 1001 (1005); dies sogar für rechtfertigungsbedürftig erachtend: OLG Frankfurt a. M., AG 2010, 751 (753) – „*T-Online/Deutsche Telekom*"; a. A. wohl BVerfGE 14, 263 (278) – „*Feldmühle*" („Art Auseinandersetzung unter den Aktionären"); BGH, NZG 2016, 139 (144) – „*Stinnes*". Siehe näher auf S. 82 ff.

[389] Vgl. BGH, NZG 2016, 139 (140) – „*Stinnes*"; BGH, DStR 2016, 974 (976) – „*Nestlé*"; BGH, BeckRS 2020, 28435, Rn. 20 – „*Wella*"; BGH, BeckRS 2023, 6362, Rn. 19; LG Stuttgart, BeckRS 2018, 35320, Rn. 60; OLG Frankfurt a. M., NZG 2020, 339 (341). Insoweit seiner Zeit voraus das BayObLG München, AG 1999, 43 (45).

[390] Vgl. zur Kritik an der Bewertungsperspektive S. 87 f.

[391] Krit. *Hüffer/Schmidt-Aßmann/Weber*, S. 17 ff. Hinzu kommt, dass in Deutschland nur sehr wenige Aktiengesellschaften börsennotiert sind. So waren in Deutschland 2020 gerade einmal 438 Gesellschaften börsennotiert (vgl. https://de.statista.com/statistik/daten/studie/1203613/umfrage/anzahl-der-boersennotierten-unternehmen-in-deutschland/#:~:text=Anzahl%20der%20b%C3%B6rsennotierten%20Unternehmen%20in%20Deutschland%20bis%202020-

der GmbH, obwohl auch bei der GmbH die Anteile grundsätzlich selbständig veräußerlich sind.[392] Ein solcher Ansatz wird nicht nur als ergebnisorientierter Austausch des Bewertungsgegenstandes, sondern gar als „rechtssystematischer Bruch" kritisiert.[393] Die unterschiedliche Behandlung von börsennotierten und nicht-börsennotierten Gesellschaften bedarf daher einer Rechtfertigung. Dabei ist zu berücksichtigen, dass dem Gesellschaftsanteil als selbständigem verkehrsfähigen Gut auch bei nicht-börsennotierten Gesellschaften ein eigenständiger Wert beigemessen werden kann. Mangels Marktwerts ist dieser bei der nicht-börsennotierten Gesellschaft jedoch nicht objektiv feststellbar. Insoweit ist eine indirekte Anteilsbewertung daher schon aus Praktikabilitätsgründen, aber auch im Interesse der Rechtssicherheit, vorzugswürdig.

Die im Personengesellschaftsrecht verwurzelte Liquidationshypothese ist auf die BGB-Gesellschaft zugeschnitten, die von einer weitreichenden Privatautonomie, dem Einstimmigkeitsprinzip[394] und einer engen persönlichen Verbundenheit der Gesellschafter geprägt ist,[395] wohingegen die Aktiengesellschaft als auf den anonymen Kapitalmarkt zugeschnittene Gesellschaftsform von einer weitreichenden Satzungsstrenge, dem Mehrheitsprinzip und einer besonderen Verkehrsfähigkeit des Anteils geprägt und daher auf einen regen Wechsel im Gesellschafterbestand angelegt ist.[396] Insbesondere die erhöhte Verkehrsfähigkeit der börsennotierten Aktie rechtfertigt eine abweichende Handhabung bei der Abfindungsbemessung, was auch das BVerfG bereits durch Heranziehung des Börsenkurses als Untergrenze der Abfindung anerkennt.[397] Wenn bei der börsennotierten Aktiengesellschaft ein realer und aussagekräftiger Anteilswert festgestellt werden kann, so leuchtet nicht ein, warum dieser dann nicht auch herangezogen werden soll. Die Bewertungssituation ist gerade darauf zugeschnitten, dass die Minderheitsaktionäre für ihren Rechtsverlust zu entschädigen sind. Diese verlieren aber nach den vorstehenden Erkenntnissen gerade nicht das (quotale) Unternehmen, sondern ihren Anteil. Hinzukommt die unterschiedliche Rechtsstellung von Mehrheit und Minderheit in der Aktiengesellschaft, wohingegen die Stellung der Gesellschafter in der Personengesellschaft grundsätzlich auf einen kleineren, gleichberechtigten Gesellschafterkreis zugeschnitten ist.[398]

&text=Im%20Jahr%202020%20waren%20438,b%C3%B6rsennotierte%20Unternehmen%20weniger%20gez%C3%A4hlt%20werden, zuletzt abgerufen am 16.08.2023).

392 § 15 Abs. 1 GmbHG. Daher spricht sich *Hüttemann*, FS Hoffmann-Becking 2013, 603 (610) für eine Grenzziehung zwischen kapitalistischen und personalistischen Beteiligungen aus.

393 *Hüffer*, FS Hadding 2004, 461 (469); *Hüffer*, AktG 2002, § 305 Rn. 24c.

394 § 709 Abs. 1 Hs. 2 BGB a. F., das auch nach dem MoPeG grundsätzlich bestehen bleibt (vgl. § 714 BGB).

395 MüKoBGB/*C. Schäfer*, § 708 Rn. 5.

396 Vgl. bereits S. 22 ff.

397 Eingehend S. 29 ff., 41 ff.

398 *Busse v. Colbe*, AG 1964, 263 (265).

Ein Sonderweg für börsennotierte Gesellschaften ist somit auf Basis der unterschiedlichen Ausprägungen der Gesellschafterstellung und der besonderen Verkehrsfähigkeit börsennotierter Aktien gerechtfertigt.

d) Neuere Tendenzen nach der Reform des Personengesellschaftsrechts

Die Anwendbarkeit der Liquidationshypothese auf die Aktiengesellschaft muss jedoch vor allem auch im Lichte aktueller Entwicklungen, insbesondere der Reform zur Modernisierung des Personengesellschaftsrechts (Personengesell schaftsrechtsmodernisierungsgesetz – MoPeG) entschieden entgegengetreten werden. Das MoPeG sieht erhebliche gesetzliche Änderungen des Personengesellschaftsrechts im Hinblick auf das Ausscheiden von Gesellschaftern vor, die 2024 in Kraft treten. Während § 738 Abs. 1 Satz 2 BGB a. F. noch an die Auflösung der Gesellschaft im Falle des Ausscheidens eines Gesellschafters anknüpft, wandelt die Neuregelung die bisherigen Auflösungsgründe im Interesse der Verbandskontinuität und der Verhinderung wirtschaftlich unerwünschter Zerschlagungen von Unternehmen in Ausscheidensgründe um (vgl. § 723 Abs. 1 und § 729 Abs. 1 BGB n. F.).[399]

Eine weitreichende Änderung erfahren dabei auch die Ansprüche ausscheidender Gesellschafter, die fortan in § 728 BGB n. F.[400] wie folgt geregelt werden:

§ 728 BGB n. F. – Ansprüche des ausgeschiedenen Gesellschafters

(1) Sofern[401] im Gesellschaftsvertrag nichts anderes vereinbart ist, ist die Gesellschaft verpflichtet, den ausgeschiedenen Gesellschafter von der Haftung für die Verbindlichkeiten der Gesellschaft zu befreien und ihm *eine dem Wert seines Anteils angemessene Abfindung zu zahlen.* Sind Verbindlichkeiten der Gesellschaft noch nicht fällig, kann die Gesellschaft dem Ausgeschiedenen Sicherheit leisten, statt ihn von der Haftung nach § 721 zu befreien.

(2) Der *Wert des Gesellschaftsanteils* ist, soweit erforderlich, im Wege der Schätzung zu ermitteln.

Während die Stellung der ausscheidenden Gesellschafter bislang derjenigen bei einer Auflösung der Gesellschaft angeglichen und daher nach einem (fiktiven)

---

[399] RegE Personengesellschaftsrechtsmodernisierungsgesetz – MoPeG, BT-Drs. 19/27635, S. 107.

[400] Vgl. Bundesministerium der Justiz und für Verbraucherschutz, Mauracher Entwurf für ein Gesetz zur Modernisierung des Personengesellschaftsrechts (abrufbar unter hhttps://www.bmj.de/SharedDocs/Gesetzgebungsverfahren/DE/2020_Personengesellschaftsrecht.html, zuletzt abgerufen am 16.08.2023); RefE Personengesellschaftsrechtsmodernisierungsgesetz – MoPeG (abrufbar unter https://www.bmj.de/SharedDocs/Gesetzgebungsverfahren/DE/2020_Personengesellschaftsrecht.html, zuletzt abgerufen am 16.08.2023); RegE MoPeG.

[401] Dies ist die einzige Änderung im Vergleich zum ursprünglichen Mauracher Entwurf, S. 16, in dem es noch „*soweit*" hieß.

Auseinandersetzungsanspruch berechnet wurde,[402] ist die Neuregelung deutlich methodenoffener gestaltet und fordert in Anlehnung an die gesellschaftsrechtlichen Abfindungsregelungen des AktG und UmwG die Gewährung einer angemessenen Abfindung. Diese wesentliche Änderung der gesetzlichen Vorgaben begründet die Bundesregierung mit der „Umkehrung des Grundsatzes ‚Auflösung der Gesellschaft vor Ausscheiden des Gesellschafters'".[403]

aa) § 728 Abs. 1 BGB n. F.

§ 728 Abs. 1 Satz 1 BGB n. F. regelt den Abfindungsanspruch des ausgeschiedenen Gesellschafters. Im Einklang mit der verfassungsgerichtlichen Rechtsprechung soll die angemessene Abfindung ein vollwertiges Äquivalent für den Verlust der Mitgliedschaft darstellen, weshalb der „wahre Wert" des Gesellschaftsanteils zu ermitteln sei.[404] Dabei fällt schon im Wortlaut der Neuregelung auf, dass es für die angemessene Abfindungsleistung maßgeblich auf den Wert des Gesellschaftsanteils ankommen soll. Dies ist der wesentliche Unterschied zur bisherigen Regelung des § 738 Abs. 1 Satz 2 BGB, die auf den Unternehmenswert abstellt. Zwar sei der Wert des Gesellschaftsanteils nach dem Willen des Gesetzgebers dennoch regelmäßig indirekt aus dem Unternehmenswert abzuleiten. Jedoch sieht die Neuregelung angesichts der Vielfalt geeigneter Bewertungsmethoden ausdrücklich von der Vorgabe einer bestimmten Bewertungsmethode ab und verweist insoweit auf das vom BVerfG angeführte „Prinzip der Methodenoffenheit".[405] Damit verschließt sich der Gesetzgeber einer indirekten Anteilsbewertung nicht, sondern erweitert lediglich die Bewertungsmöglichkeiten.[406]

bb) § 728 Abs. 2 BGB n. F.

§ 728 Abs. 2 BGB n. F. übernimmt zwar im Wesentlichen den bisherigen § 738 Abs. 2 BGB a. F., wonach der Wert, soweit erforderlich, im Wege der Schätzung zu ermitteln ist, soll aber nach dem klaren gesetzgeberischen Willen dessen Bedeutung neu akzentuieren.[407] Insbesondere ist nach der Neuregelung nicht mehr wie bisher der „Wert des Gesellschaftsvermögens", sondern der „Wert des Gesellschaftsanteils" gegebenenfalls zu schätzen. Der Gesetzgeber wechselt

[402] RefE MoPeG, S. 201; RegE MoPeG, S. 175.
[403] RefE MoPeG, S. 201; RegE MoPeG, S. 169.
[404] Mauracher Entwurf, S. 125; wortlautidentisch übernommen im RefE MoPeG, S. 202 und RegE MoPeG, S. 176.
[405] Mauracher Entwurf, S. 125; wortlautidentisch übernommen im RefE MoPeG, S. 202. Dagegen führen *Hüttemann/André Meyer*, ZIP 2022, 935 (940) krit. an, dass nur der quotale Unternehmenswert die vom Gesetzgeber geforderte Äquidistanz zwischen Ausscheiden und Auflösung schaffe.
[406] Mauracher Entwurf, S. 125; RefE MoPeG, S. 202 f.; RegE MoPeG, S. 176.
[407] Mauracher Entwurf, S. 125; RegE MoPeG, S. 176.

damit bewusst die Perspektive vom Unternehmenswert hin zu einer anteilsorientierten Bewertung.[408] Dieser Perspektivwechsel, der auch für die oHG und KG unmittelbare Geltung beansprucht,[409] kann erst recht auf die Kapitalgesellschaften übertragen werden. Der Gesetzgeber erkennt, dass ein Abstellen auf den Wert des Gesellschaftsanteils insbesondere dann vorzugswürdig ist, wenn dieser auch direkt ermittelt werden kann.[410] Die gesetzgeberischen Änderungen erfolgen schließlich nicht nur vor dem Hintergrund der Diskussion um die Abfindung beim Ausscheiden von Gesellschaftern, sondern auch der Berücksichtigungsfähigkeit von Börsenkursen.

Der Gesetzgeber lässt ausdrücklich offen, „ob und inwieweit rein anteilsbezogene Faktoren bei der Ermittlung der angemessenen Abfindung zu berücksichtigen sind, etwa eine disquotale Ergebnis- oder Stimmverteilung, Entnahme-, Ausschüttungs- und Kündigungsbeschränkungen, Minderheitenabschläge sowie die rechtliche und faktische Unveräußerlichkeit der Beteiligung" und überlässt deren Klärung der Rechtsprechung.[411]

cc) *Zwischenergebnis*

Damit dürfte für Personengesellschaften eine indirekte Anteilsbewertung nach wie vor zwar der Regelfall sein,[412] allerdings nicht auf Basis zwingender gesetzlicher Vorgaben, sondern vielmehr mangels alternativer Bewertungsmöglichkeiten, jedenfalls solange dem Anteil an Personengesellschaften kein Marktwert beigemessen werden kann.[413] Der Gesetzgeber öffnet sich mit dem MoPeG jedoch ausdrücklich gegenüber anderen Bewertungsmethoden und einer direkten Anteilsbewertung auch bei der Personengesellschaft. Dies muss erst recht für die Kapitalgesellschaften gelten, zumal die Liquidationshypothese mit der Neuregelung jedenfalls als zwingende gesetzliche Vorgabe aufgegeben wird.[414]

3. *Fazit*

Die rechtlichen Vorgaben schließen eine direkte Anteilsbewertung somit nicht explizit aus. Zwar lässt sich der Wortlaut der geltenden Abfindungsregelungen im Hinblick auf eine erforderliche indirekte Anteilsbewertung interpretieren, er

---

408 Mauracher Entwurf, S. 125; RefE MoPeG, S. 202 f.; RegE MoPeG, S. 176; insoweit seiner Zeit voraus: *W. Müller*, FS Bezzenberger 2000, 705 (718).; krit. zur Neuregelung *Hüttemann/André Meyer*, ZIP 2022, 935 (937 ff.).

409 Vgl. §§ 105 Abs. 3, 161 Abs. 2 HGB.

410 Mauracher Entwurf, S. 125; RefE MoPeG, S. 203; RegE MoPeG, S. 176; krit. *Hüttemann/André Meyer*, ZIP 2022, 935 (940).

411 RefE MoPeG, S. 203; RegE MoPeG, S. 176.

412 Mauracher Entwurf, S. 125; RefE MoPeG, S. 203; RegE MoPeG, S. 176.

413 Insoweit zutr. *Hüttemann/André Meyer*, ZIP 2022, 935 (942).

414 Dagegen *Hüttemann/André Meyer*, ZIP 2022, 935 (940 f.).

lässt jedoch auch eine direkte Anteilsbewertung zu, vorausgesetzt die Verhältnisse der Gesellschaft werden dabei berücksichtigt.

Insbesondere im Lichte der neueren gesetzgeberischen Initiativen und der damit einhergehenden Aufgabe der Liquidationshypothese, kann diese künftig nicht mehr als Argument gegen eine direkte Anteilsbewertung angeführt werden; zumal ihre Anwendung auf die börsennotierte Aktiengesellschaft schon nach bislang geltendem Recht nicht überzeugen konnte. Im Zuge des MoPeG erkennt der Gesetzgeber den Gesellschaftsanteil ausdrücklich als generell taugliches Bewertungsobjekt bei der Personengesellschaft an. Dies überzeugt umso mehr für die Aktiengesellschaft als Kapitalgesellschaft, bei der der Fokus der Gesellschafter noch klarer auf dem einzelnen Gesellschaftsanteil liegt.[415] Dies trifft jedenfalls auf die börsennotierte Aktiengesellschaft zu. Eine direkte Anteilsbewertung kann fortan daher nicht mehr mit dem Argument abgelehnt werden, es fehle hierfür an einer gesetzlichen Grundlage.[416] Vielmehr ist die Aufgabe der Liquidationshypothese dahingehend zu interpretieren, dass der Gesetzgeber erkannt hat, dass den ausscheidenden Gesellschaftern ihr Gesellschaftsanteil und nicht das quotale Unternehmen verloren geht.

III. Verfassungsrechtliche Vorgaben

Jedoch muss die direkte Anteilsbewertung auch mit den verfassungsrechtlichen Vorgaben vereinbar sein. Wie gesehen scheint auch das BVerfG zunächst auf das Unternehmen als Bewertungsgegenstand abzustellen,[417] dies allerdings zu einer Zeit, in der Börsenkurse als taugliche Bewertungsgrundlage noch abgelehnt wurden und damit die Möglichkeit einer direkten Anteilsbewertung von vornherein ausschied.

1. Gebot der Meistbegünstigung

Die Bestimmung des Bewertungsgegenstandes wird auf verfassungsrechtlicher Ebene vor allem durch den komplexen Charakter des Anteilseigentums als einerseits quotale Unternehmensbeteiligung und andererseits selbständig verkehrsfähige Aktie erschwert.[418] Insbesondere seit der Gleichstellung von Desinvestitionswert und Börsenkurs der Aktie durch das BVerfG in Sachen DAT/Altana ist der besonderen Verkehrsfähigkeit eine eigenständige Bedeutung bei der Bestimmung der angemessenen Abfindung beizumessen. Die Vorgaben des BVerfG können dahingehend interpretiert werden, dass der Börsenkurs ledig-

[415] *W. Müller*, FS Röhricht 2005, 1015 (1024); OLG Frankfurt a. M., NZG 2020, 339 (341).

[416] So noch *Hüttemann*, FS Hoffmann-Becking 2013, 603 (610).

[417] BVerfGE 14, 263 (284) – „*Feldmühle*“; dem folgend BVerfGE 100, 289 (303) – „*DAT/Altana*“; BVerfG, NJW 2001, 279 (280) – „*Moto-Meter*“.

[418] Siehe bereits S. 25.

lich die Wertuntergrenze bildet und bei einem höheren Ertragswert[419] (Schätzwert) der höhere Wert herangezogen werden muss.[420]

„Da Art. 14 Abs. 1 GG *keine Entschädigung zum Börsenkurs, sondern zum ‚wahren' Wert, mindestens aber zum Verkehrswert verlangt,* kommt eine Unterschreitung dann in Betracht, wenn der Börsenkurs ausnahmsweise nicht den Verkehrswert der Aktie widerspiegelt."[421]

Dieser Interpretation folgt zunächst auch der BGH[422] und etabliert damit nach überwiegendem Verständnis ein (methodenbezogenes[423]) „Meistbegünstigungsprinzip".[424] Als Begründung wird häufig die Alternativität der Bewertungsobjekte angeführt.[425] Der Börsenkurs könne allein den Desinvestitionswert der Aktie abbilden, nicht jedoch den quotalen Unternehmenswert (Schätzwert).[426] Da der wahre Wert höher sein könne als der Desinvestitionswert, sei zusätzlich eine indirekte Anteilsbewertung zur Bestimmung des inneren Unternehmenswertes erforderlich.[427] Folgt man dem, so müssten stets Unternehmen und Anteil kumulativ bewertet werden.

---

[419] Vgl. LG Stuttgart, BeckRS 2019, 23342, Rn. 220.

[420] *Drukarczyk*, AG 1973, 357 (363 f.); *Henze*, FS Lutter 2000, 1101 (1109); *Matschke/Brösel/Karami*, FS Mandl 2010, 421 (425); OLG Düsseldorf, AG 2009, 907 (909); *Ruthardt/Hachmeister*, WPg 2016, 411 (412); *Vetter*, AG 1999, 566 (572); krit. *Wilm*, NZG 2000, 234 (235).

[421] BVerfGE 100, 289 (309) – „*DAT/Altana*".

[422] BGH, Beschl. v. 12.03.2001 – II ZB 15/00, juris, Rn. 21 – „*DAT/Altana IV*": „Da nach dem Beschluß des Bundesverfassungsgerichts im Rahmen der Abfindung dem an der Börse gebildeten Verkehrswert aufgrund der Verkehrsfähigkeit der Aktie und der daran zu messenden Entschädigung des Aktionärs der Vorrang gebührt, ist der Minderheitsaktionär unter Berücksichtigung des *Verkehrswertes der Aktie* abzufinden, wenn dieser Wert höher ist als der *Schätzwert.* Ist jedoch der Schätzwert höher als der Börsenwert, steht dem Aktionär der höhere Betrag des quotal auf die Aktie bezogenen Schätzwertes zu." (Hervorhebungen durch Verf.). Zu Recht krit. bereits *Luttermann*, ZIP 2001, 869 (871).

[423] *Mülbert*, Verhandlungen des 67. DJT, 2008, N51 (N63); *Mülbert*, FS Hopt 2010, 1039 (1067).

[424] *Adolff*, Unternehmensbewertung, S. 313 ff.; Petersen/Zwirner/*Gruber/Hörtnagl*, S. 53, 81; *Hüffer*, AktG 2002, § 305 Rn. 20d; *Knoll*, ZIP 2003, 2329 (2331); *Mülbert*, FS Hopt 2010, 1039 (1067); OLG Düsseldorf, AG 2009, 907 (909); OLG Karlsruhe, BeckRS 2015, 12205, Rn. 33; OLG Karlsruhe, BeckRS 2017, 124895, Rn. 22; Schmidt/Lutter/Bayer/*Stephan*, AktG, § 305 Rn. 99 m. w. N.; *Schön*, FS Ulmer 2003, 1359 (1371); *Wilm*, NZG 2000, 234 (235). So lässt sich insbesondere auch die Entscheidung des BVerfG, NJW 2007, 3265 (3265) – „*Jenoptik*" verstehen: „Der korrekt bemessene Abfindungsanspruch kompensiert für den außenstehenden Aktionär die Einbuße an Verkehrsfähigkeit *und* die Wertminderung, die aus dem Abschluss des Unternehmensvertrags für sein Aktieneigentum resultieren." (Hervorhebungen durch Verf.).

[425] *Stilz*, ZGR 2001, 875 (892); zutr. Kritik bei *Mülbert*, FS Hopt 2010, 1039 (1067).

[426] *Adolff*, Unternehmensbewertung, S. 297 ff., 324 ff.; Fleischer/Hüttemann/*Hüttemann*, § 1 Rn. 44; *Follert*, Unternehmensbewertung, S. 83 f.; *Hüffer*, FS Hadding 2004, 461 (464 ff.); *Hüffer/Schmidt-Aßmann/Weber*, S. 39; LG Köln, BeckRS 2019, 16980, Rn. 11; *Ruthardt*, NZG 2015, 1387 (1388 f.); *Ruthardt/Hachmeister*, NZG 2014, 41 (48); *Schön*, FS Ulmer 2003, 1359 (1370 f.); *Zwirner/Zimny*, BB 2018, 1387 (1388); a. A. *Hüttemann*, ZGR 2001, 454 (465 ff.); *Bayer*, Gutachten E, 67. DJT, 2008, S. 106.

[427] Vgl. *Egger/Tönnes*, EWeRK 2016, 362 (363).

Fraglich ist, ob diese Interpretation der DAT/Altana-Entscheidung zwingend ist. In den Umtauschfällen[428] scheidet das Meistbegünstigungsprinzip bereits von vornherein aus. Denn es kann denklogisch nicht zugleich zu Gunsten der Aktionäre beider Gesellschaften wirken.[429] In Sachen DAT/Altana hält das BVerfG lediglich fest, dass eine Überschreitung des Börsenkurses und eine Berücksichtigung des höheren Ertragswerts verfassungsrechtlich unbedenklich sei.[430] Dies bedeutet jedoch nicht, dass dies verfassungsrechtlich geboten ist, ganz im Gegenteil.[431] Art. 14 Abs. 1 GG stellt insoweit nur die Mindestanforderungen an die angemessene Abfindung. Eine Abweichung nach oben ist daher durchaus möglich. Eine Überkompensation der außenstehenden Aktionäre ist verfassungsrechtlich aber nur so lange unbedenklich, wie sie nicht das Anteilseigentum des Mehrheitsaktionärs verletzt.

Ob der DAT/Altana-Entscheidung ein verfassungsrechtliches Meistbegünstigungsgebot zu entnehmen ist, kann jedoch im Lichte der jüngeren verfassungsgerichtlichen Rechtsprechung offenbleiben. Denn in den Entscheidungen aus den Jahren 2011[432] und 2012[433] hat das BVerfG dem Meistbegünstigungsprinzip aus verfassungsrechtlicher Perspektive zu Recht eine klare Absage erteilt. Nach Auffassung des Senats bestehe kein verfassungsrechtlicher Anspruch der Minderheit, dass stets jede denkbare Bewertungsmethode heranzuziehen und die Abfindung nach dem höchsten Bewertungsergebnis zu bemessen wäre.[434] Verfassungsrechtlich geboten sei nur die Auswahl einer im gegebenen Fall geeigneten, aussagekräftigen Methode und die gerichtliche Überprüfbarkeit ihrer Anwendung.[435] Eine Methode müsse nur dann ausscheiden, wenn sie im konkreten Einzelfall nicht geeignet sei, den wahren Wert abzubilden.[436] Bewertungsmethoden stehen also grundsätzlich gleichwertig nebeneinander.[437] Zwischen den einzelnen Methoden muss lediglich eine „ermessensgerechte Methodenauswahl" getroffen werden.[438] Eine Doppelbewertung von Aktie und quotalem Unternehmenswert ist demnach nicht erforderlich. Die Minderheitsaktionäre

[428] Darunter fallen Verschmelzungen, Spaltungen und Abfindungen in Aktien.

[429] *Adolff*, Unternehmensbewertung, S. 454, 468 f., 474 ff.; *Gärtner/Handke*, NZG 2012, 247 (249); *Schmidt*, NZG 2020, 1361 (1365).

[430] Zutr. *Wasmann*, AG 2021, 179 (188).

[431] *Decher*, ZHR 171 (2007) 126 (141 f.).

[432] BVerfG, NZG 2011, 869 – „*T-Online/Deutsche Telekom*".

[433] BVerfG, NZG 2012, 907 – „*Deutsche Hypothekenbank*".

[434] BVerfG, NZG 2011, 869 (870) – „*T-Online/Deutsche Telekom*"; OLG Düsseldorf, DStR 2016, 2809 (2812).

[435] BVerfG, NZG 2011, 869 (869) – „*T-Online/Deutsche Telekom*"; BVerfG, NZG 2012, 907 (909) – „*Deutsche Hypothekenbank*".

[436] BGH, BeckRS 2020, 28435, Rn. 20 – „*Wella*"

[437] *Herfs/Goj*, DB 2021, 772 (777); *Schmidt*, NZG 2020, 1361 (1367); BGH, NZG 2016, 139 (142) – „*Stinnes*"; LG Leipzig Beschl. v. 9.12.2016 – 01 HK O 2401/15, nv, S. 9 (abrufbar unter http://www.spruchverfahren-direkt.de/wp-content/uploads/2019/08/Dresdner-Factoring-AG-2016-12-09-LG-Leipzig-Squeeze-out.pdf, zuletzt abgerufen am 16.08.2023).

[438] Fleischer/Hüttemann/*Hüttemann*, § 1 Rn. 58, 65.

haben auch keinen Anspruch auf eine Abfindung zum höchsten Wert.[439] Würde man bei jeder rechnerischen Zwischengröße die für den Minderheitsaktionär günstigste Alternative wählen, so würde letztlich nicht mehr der wahre Wert abgebildet.[440] Wenn man aber den Börsenkurs immer nur dann heranzieht, wenn er über dem Ertragswert liegt, bekommt die Minderheit immer den höchsten der beiden Werte, was verfassungsrechtlich nicht geboten ist.[441]

Dies erkennt auch die Gerichtspraxis weitestgehend an.[442] Bedauerlicherweise wird mangels hinreichender Rechtssicherheit, ob auch eine Bewertung anhand von Börsenkursen (direkte Anteilsbewertung) möglich ist,[443] in der Rechtsprechung in der Mehrzahl der Fälle nach wie vor eine Doppelbewertung durchgeführt.[444] Die Literatur positioniert sich dagegen nicht ganz so ein-

---

[439] BGH, NZG 2016, 139 (143) – „*Stinnes*"; BVerfG, NZG 2011, 869 (870) – „*T-Online/Deutsche Telekom*"; BVerfG, NZG 2012, 907 (909) – „*Deutsche Hypothekenbank*"; LG Frankfurt a. M. Beschl. v. 27.01.2012 – 3–5 0 102/05 – „*Höchst-AG*", nv, S. 16 – (abrufbar unter https://www.spruchverfahren-direkt.de/wp-content/uploads/2019/08/H%C3%B6chst-AG-2012-01-27-LG-Frankfurt-aM-Squeeze-out.pdf, zuletzt abgerufen am 16.08.2023); LG Frankfurt a. M., BeckRS 2012, 210626 – „*Didier Werke AG*"; LG Frankfurt a. M., AG 2019, 574 (575); LG Frankfurt a. M., NZG 2019, 989 (991) – „*Stada AG*"; LG Stuttgart, BeckRS 2018, 35320, Rn. 91; LG Stuttgart, BeckRS 2019, 23342, Rn. 265; OLG Frankfurt a. M., BeckRS 2017, 102412, Rn. 28; OLG Frankfurt a. M., AG 2017, 790 (791); OLG Frankfurt a. M., BeckRS 2020, 33629, Rn. 17; OLG Frankfurt a. M., BeckRS 2021, 10278, Rn. 32; OLG Frankfurt a. M., BeckRS 2021, 31295, Rn. 31; OLG München, AG 2019, 659 (660); OLG München, BeckRS 2020, 3428, Rn. 47; OLG München, BeckRS 2020, 9359, Rn. 34; OLG Stuttgart, Beschl. v. 17.10.2011 – 20 W 7/11, juris, Rn. 312; *Grunewald*, NZG 2009, 332 (334); a. A. *Fleischer*, AG 2016, 185 (196) (jedoch vor allem in Bezug auf die Anwendung verbesserter Bewertungsstandards; insoweit ist es durchaus geboten, die bessere und aktuellen Erkenntnissen entsprechende Bewertungsmethode zu wählen); *Knoll*, FS Meilicke 2010, 321 (323); *J. Meilicke*, ZIP 2014, 605 (611); *Ruiz de Vargas/Schenk*, AG 2016, 354 (357); *Tönnes*, M&A Review 2017, 449 (455).

[440] BVerfG, NZG 2011, 869 (870) – „*T-Online/Deutsche Telekom*"; OLG München, AG 2019, 659 (660); OLG München, BeckRS 2020, 9359, Rn. 34; OLG München, BeckRS 2020, 34436, Rn. 44; OLG Stuttgart, Beschl. v. 17.10.2011 – 20 W 7/11, juris, Rn. 187.

[441] BVerfG, NZG 2011, 869 (870) – „*T-Online/Deutsche Telekom*"; OLG Stuttgart, Beschl. v. 17.10.2011 – 20 W 7/11, juris, Rn. 187; LG Frankfurt a. M., NZG 2019, 989 (insoweit abgedruckt in BeckRS 2019, 15231 Rn. 63) – „*Stada AG*"; LG Stuttgart, BeckRS 2018, 35320, Rn. 91; LG Stuttgart, BeckRS 2019, 23342, Rn. 250: „unbillige ‚Rosinentheorie'"; *Bungert/Wettich*, FS Hoffmann-Becking 2013, 157 (176 f.); *Fleischer*, AG 2014, 97 (100 f.).

[442] OLG Frankfurt a. M., AG 2010, 751 – „*T-Online/Deutsche Telekom*"; OLG Frankfurt a. M., AG 2012, 513 (insoweit abgedruckt bei juris Rn. 42); OLG Frankfurt a. M., NZG 2014, 464 – „*Höchst AG*"; OLG Frankfurt a. M., BeckRS 2021, 10278, Rn. 32; OLG München, BeckRS 2020, 34436, Rn. 44; OLG Stuttgart, Beschl. v. 17.10.2011 – 20 W 7/11, juris, Rn. 187; OLG Stuttgart, NZG 2013, 897 (898 f.); OLG Stuttgart, AG 2013, 840 (843); LG Stuttgart, BeckRS 2018, 35320, 105; a. A. LG Hamburg, BeckRS 2020, 6025, S. 31; LG München I, AG 2017, 501 (507) – „*Clariant*"

[443] Solange der Börsenkurs und seine Voraussetzungen in der höchstrichterlichen Rechtsprechung nicht hinreichend anerkannt sind, gibt es keine andere Möglichkeit die Angemessenheit der Abfindung nachzuweisen als über ein Bewertungsgutachten (*Stilz*, FS Goette 2011, 529 (536)). Zur den Möglichkeiten zur Lösung dieses Problems S. 223 ff.

[444] Siehe Teil 1, Fn. 8.

heitlich. Vielfach wird noch pauschal auf das Meistbegünstigungsprinzip verwiesen.[445] Allerdings findet insgesamt auch eine immer weitere Rezeption der Rechtsprechung statt.[446] Dies ist nach der eindeutigen Positionierung des BVerfG vor allem im Interesse der Verfahrensbeschleunigung zu begrüßen.[447]

2. *Verfassungsrechtliches Bewertungsobjekt*

Eine Meistbegünstigung ist von Verfassungs wegen somit nicht erforderlich. Jedoch darf der Unternehmenswert auch aus verfassungsrechtlicher Perspektive nicht unberücksichtigt bleiben, jedenfalls soweit dieser der Minderheit eigentumsrechtlich zusteht. Dies folgt bereits aus der Natur des Anteilseigentums. Denn schon eine vollständige Aufspaltung der Beteiligung in Aktie und Unternehmensbeteiligung ist nicht möglich. Die Aktie verkörpert zugleich die Mitgliedschaft im Verband und zieht ihren Wert aus dem wirtschaftenden Unternehmen. Die Aktie als solche wäre ohne die mit ihr verbundene Unternehmensbeteiligung und die durch die Mitgliedschaft in der Gesellschaft vermittelten Herrschaft- und Vermögensrechte eine leere Hülle ohne eigenständigen Wert. Eine Aktie ohne Mitgliedschaft existiert aber nicht.[448] Zwar ist es zutreffend, dass die Eigenschaft der besonderen Verkehrsfähigkeit und der damit verbundene Desinvestitionswert nur der Aktie spezifisch zuzuordnen ist.[449] Jedoch wäre der Verkehrsfähigkeit allein kein eigenständiger Wert beizumessen, würde die Aktie keine Vermögensrechte aus der Unternehmensbeteiligung vermitteln. Der Aktie wird am Markt nur deshalb ein Wert beigemessen, weil sie jederzeit veräußert werden kann und den Erwerber in die Stellung des veräußernden Aktionärs und damit auch die Vermögensrechte eintreten lässt.[450] Desinvestitionswert der Aktie und Unternehmensbeteiligung sind daher untrennbar miteinander verknüpft. Die Anerkennung zweier Schutzdimensionen darf daher nicht zu

---

[445] *Diekmann*, FS Großfeld 2019, 97 (99); Marsch-Barner/Schäfer/*Gehling*, Hdb. börsennotierte AG, Rn. 51 f.; Grigoleit/*Rieder*, AktG, § 327b Rn. 8; Grigoleit/*Servatius*, AktG, § 305 Rn. 15; KK-WpÜG/*Kremer/Kulenkamp*, § 31 Rn. 2; *Krengel/Küllmer/Kern*, AG 2021, 661 (662); *Noack*, ZGR 2020, 90 (103); *Ruthardt*, NZG 2015, 1387 (1388); *Ruthardt/Hachmeister*, CF 2014, 174 (174 f.); *Ruthardt/Hachmeister*, NZG 2014, 455 (456) (bezüglich des Anlagehorizonts – kurzfristig vs. langfristig); Schmitt/Hörtnagl/*Winter*, UmwG, § 5 Rn. 57; Schwark/Zimmer/*Noack/Zetzsche*, § 31 WpÜG Rn. 6; *Schwetzler*, FS Großfeld 2019, 401 (406 ff.); *Schwetzler*, AG 2020, R297-R299 (R297); *Schwetzler*, CF 2020, 48 (48); *Zwirner/Zimny*, BB 2018, 1387 (1388).

[446] Vgl. nur aus der Kommentarliteratur Emmerich/*Habersack*, § 327b AktG Rn. 9a; Henssler/Strohn/*Heidinger*, § 5 UmwG Rn. 14a; *Höfling*, NZG 2020, 136 (137); *Koch*, AktG, § 305 Rn. 39; MüKoAktG/*van Rossum*, § 305 Rn. 96 f.

[447] Zur Verfahrensökonomie S. 41, 208 ff.

[448] Den Charakter der quotalen Unternehmensbeteiligung hervorhebend: *Hüffer/Schmidt-Aßmann/Weber*, S. 47 ff.; vgl. auch *Wiedemann*, FS Schmidt 2009, 1731 (1742).

[449] BVerfGE 100, 289 (305) – „*DAT/Altana*"; *Schön*, FS Ulmer 2003, 1359 (1381).

[450] Die Mitgliedschaft geht mit dem Eigentumserwerb der Aktienurkunden auf den Erwerber über. Das Recht aus dem Papier folgt insoweit dem Recht am Papier (vgl. § 952 BGB).

einer vollständigen Aufspaltung des verfassungsrechtlichen Schutzgehalts im Sinne zweier zu kompensierender Bewertungsobjekte führen.[451]

Zwar kann der Minderheitsaktionär nur mittelbaren Einfluss auf das Unternehmen ausüben und ist bei der Ausübung seiner Herrschaftsrechte durch das Mehrheitsprinzip beschränkt. Ein direkter Zugriff auf die Vermögensgegenstände des Unternehmens besteht nicht. Da er seinen Anteilswert in der Regel allein am Markt realisieren kann, wird zum Teil angenommen, der Minderheitsaktionär habe keinen unmittelbaren Anteil am Unternehmenswert,[452] sondern stets nur vermittelten Zugriff auf das Unternehmensvermögen, weshalb allein die Aktie als Bewertungsgegenstand in Frage käme.[453] Es erscheint jedoch zu weitgehend, die außenstehenden Aktionäre allein auf die Aktie zu verweisen und die in ihr verkörperte Unternehmensbeteiligung völlig auszublenden. Dies stünde auch mit dem geltenden Aktienrecht in Konflikt. Denn rechtlich sind Mehrheit und Minderheit gleichermaßen „quotale Träger des Unternehmens".[454] So werden die Minderheitsaktionäre auch im Falle der Liquidation der Gesellschaft nicht vom Liquidationserlös ausgeschlossen. Sie sind gleichermaßen am Unternehmen beteiligt. Im Unterschied zum Mehrheitsaktionär haben sie jedoch keinen unternehmerischen Einfluss. Die Herrschaftsrechte gehen aufgrund des kumulierten Aktienbesitzes der Mehrheit auseinander und führen damit faktisch zu einer eingeschränkten Rechtsposition, die primär auf das Mehrheitsprinzip zurückzuführen ist und zu einer Reduktion der Minderheitenrechte auf die Vermögenskomponente führt.[455] Eine strikte Aufspaltung der Beteiligung an einer AG in die Aktie und die quotale Unternehmensbeteiligung im Sinne zweier abweichend zu bewertender Gegenstände ist hierdurch jedoch bei Barabfindungen nicht veranlasst.

Vielmehr fallen quotale Unternehmensbeteiligung und Aktie zusammen und sollten gerade in dieser Eigenheit als einheitliches Bewertungsobjekt „Gesellschaftsanteil"[456] bewertet werden. Beiden Dimensionen muss bei der Bestimmung des durch die Strukturmaßnahme erlittenen Verlusts Rechnung getragen werden. Eine Bewertungsmethode muss daher in der Lage sein, den Wert des Gesellschaftsanteils hinreichend abzubilden, indem sie die Aktie als selbständig verkehrsfähiges Gut aber gleichzeitig auch als Beteiligung an dem wirtschaf-

---

[451] Dagegen *Hüffer*, FS Hadding 2004, 461 (466 f.); *W. Müller*, FS Röhricht 2005, 1015 (1020 ff.); *Schön*, FS Ulmer 2003, 1359 (1368 ff.).

[452] So *Busse v. Colbe*, FS Lutter 2000, 1053 (1064 f.); krit. *Hüffer*, FS Hadding 2004, 461 (466).

[453] *Busse v. Colbe*, AG 1964, 263 (265).

[454] *Hüffer*, FS Hadding 2004, 461 (466); a.A. *Busse v. Colbe*, FS Lutter 2000, 1053 (1064 f.).

[455] Vgl. zu den vorstehenden Ausführungen die eingehenden Untersuchungen auf S. 26 ff.

[456] Vgl. zu dieser auch vom Gesetzgeber neuerdings aufgegriffenen Sichtweise die vorstehenden S. 69 ff.

tenden Unternehmen bewertet. Dies lässt sich jedoch sowohl mittels indirekter als auch direkter Bewertungsverfahren erreichen. Es kommt dann maßgeblich darauf an, ob die konkrete Methode dem Bewertungsvorgaben Rechnung trägt.

3. Zwischenergebnis

Auf verfassungsrechtlicher Ebene ist somit festzustellen, dass die Doppelnatur der Aktie nicht zwangsläufig dazu führt, dass eine Unternehmensbewertung und eine Anteilsbewertung kumulativ (Meistbegünstigungsprinzip) durchgeführt werden müssen.[457] Die Art der Bewertung muss aus verfassungsrechtlicher Sicht lediglich geeignet sein, den Aktionär für seinen Verlust vollständig zu entschädigen.[458] Sowohl eine direkte Anteilsbewertung als auch eine indirekte Anteilsbewertung über den quotalen Unternehmenswert kann dies – abhängig von der angewendeten Methode – grundsätzlich gewährleisten und ist daher verfassungsrechtlich zulässig.[459]

IV. Bewertungslehre

Die Bewertungslehre positionierte sich vor allem in der Vergangenheit überwiegend gegen die Möglichkeit einer direkten Anteilsbewertung, jedenfalls sofern dabei auf Börsenkurse abgestellt werden soll.[460] Insbesondere für Wirtschaftsprüfer liegt in der Erstellung umfassender Bewertungsgutachten aber eine erhebliche Einnahmequelle, weshalb ein gewisses finanzielles Interesse an einer indirekten Anteilsbewertung nicht verkannt werden kann.[461] Nach den Grundsätzen des Instituts der Wirtschaftsprüfer zur Durchführung von Unternehmensbewertungen (IdW S 1) „entspricht der objektivierte Wert eines Unternehmensanteils dem jeweiligen (quotalen) Anteil am objektivierten Gesamtwert des Unternehmens".[462] Jedoch hebt auch das IdW inzwischen die Bedeutung des Anteils als Bewertungsgegenstand hervor, indem es anerkennt, dass im Rahmen der Bewertung „dem Anteil anhaftende Gegebenheiten zu berücksichtigen" seien.[463]

---

[457] In diese Richtung insbesondere *Tonner*, FS Schmidt 2009, 1581 (1587 f.); a. A. *Adolff*, Unternehmensbewertung, S. 301 ff., 324 ff.; *Ruthardt*, NZG 2015, 1387 (1388).

[458] BVerfGE 100, 289 (305) – *„DAT/Altana"*; BVerfG, NZG 2000, 28 (29) – *„Hartmann & Braun"*; BVerfG, NJW 2007, 828 (828) – *„Siemens/Nixdorf (SNI)"*.

[459] In diese Richtung auch BGH, DStR 2016, 974 (976) – *„Nestlé"*.

[460] Vgl. insbesondere *Burger*, NZG 2012, 281; *W. Müller*, FS Röhricht 2005, 1015; *Olbrich*, BFuP 2000, 454 (460); *Olbrich/Rapp*, AG 2021, R53-R55; *Schulte/Köller/Luksch*, WPg 2012, 380; *Weimann*, AG 2020, R156-R158 (R156 ff.); empirisch: *Weimann*, Bewertungs-Praktiker 2020, 113 (116); *Zwirner/Zimny*, BB 2018, 1387; a. A. *Drukarczyk*, AG 1973, 357 (357 ff.); *Matschke*, BFuP 2013, 14 (39); eingehend zur Kritik der Bewertungslehre S. 158 ff.

[461] Vgl. *Follert*, Unternehmensbewertung, S. 177 f.

[462] IDW S 1, Rn. 55.

[463] IDW S 1, Rn. 56.

Überzeugend für eine Anteilsbewertung spricht sich hingegen *Matschke*[464] aus. Eine Unternehmensbewertung sei für die Bemessung der Abfindung der außenstehenden Aktionäre nicht erforderlich. Denn das Unternehmen in seiner Gesamtheit stehe gar nicht zur Disposition.[465] Dies entspricht der gefundenen Bewertungssituation und bestätigt zugleich die Ablehnung der Liquidationshypothese. Denn die Minderheit kann weder das Unternehmen in seiner Gesamtheit kaufen noch dessen Verkauf herbeiführen.[466] Hierauf kann es dann aber auch im Rahmen der Abfindung nicht ankommen.

Aus bewertungstheoretischer Sicht kann man zudem die Subjektbezogenheit der Bewertung als klares Argument für den Gesellschaftsanteil als Bewertungsobjekt anführen. Denn für den typischen Minderheitsaktionär ist das Unternehmen mangels direkter Zugriffsrechte auf die Vermögenssubstanz nur mittelbar relevant. Im Fokus steht daher auch aus bewertungstheoretischer Sicht der Gesellschaftsanteil.[467]

V. Stellungnahme

Die Bewertung muss aus verfassungsrechtlicher Sicht eine volle Entschädigung für den Verlust der außenstehenden Aktionäre gewährleisten. Der Weg dorthin ist von Verfassungs wegen nicht vorgegeben. Die Bewertung muss dem Anteilseigentum als quotale Unternehmensbeteiligung einerseits und selbständig verkehrsfähige Aktie andererseits jedoch hinreichend gerecht werden. Da eine strikte Aufspaltung des Anteilseigentums in quotale Unternehmensbeteiligung und Aktie nicht sinnvoll erfolgen kann, muss bei der Bewertung die Doppelnatur zwar berücksichtigt werden, darf jedoch nicht missverstanden werden als Erfordernis einer Doppelbewertung zweier Bewertungsobjekte.[468] Die Unternehmensbewertung ist insoweit ein mittelbarer Ansatz, um den Wert des Anteils zu bestimmen.[469] Der Wert des Gesellschaftsanteils kann jedoch – insoweit nun übereinstimmend mit der Regelung des § 728 Abs. 2 BGB n. F. – auch unmittel-

---

[464] *Matschke*, BFuP 2013, 14 (39 ff.).

[465] *Matschke*, BFuP 2013, 14 (40).

[466] *Matschke*, BFuP 2013, 14 (40).

[467] Vgl. konkret zur Subjektbezogenheit des Börsenkurses S. 161 f.

[468] Instruktiv *Mülbert*, FS Hopt 2010, 1039 (1067 ff.); *Hüffer*, FS Hadding 2004, 461 (464 ff.). So nun auch der BGH: „Bei der Bestimmung der Abfindung durch Ermittlung des Unternehmenswerts oder durch Berücksichtigung des Börsenwerts der Aktien handelt es *sich nicht um die Wahl zwischen verschiedenen Bewertungsobjekten. Maßgeblich ist immer der ‚wahre' Wert der Beteiligung des Minderheitsaktionärs*, den die Entschädigung für den Verlust des Aktieneigentums aus verfassungsrechtlichen Gründen widerspiegeln muss." (BGH, DStR 2016, 974 (976) – *„Nestlé"* – Hervorhebungen durch Verf.).

[469] BGH, NZG 2016, 139 (140) – *„Stinnes"*: „Wenn die Abfindung nicht nach dem Anteilswert, der in der Regel dem Börsenwert der gehaltenen Aktien zu entnehmen ist, bestimmt wird, ist der Anteil des Minderheitsaktionärs am Unternehmenswert zu Grunde zu legen".

bar bestimmt werden.[470] Dies wird inzwischen auch seitens der höchstrichterlichen Rechtsprechung erkannt:

„Bei der Bestimmung der Abfindung durch Ermittlung des Unternehmenswerts oder durch Berücksichtigung des Börsenwerts der Aktien *handelt es sich nicht um die Wahl zwischen verschiedenen Bewertungsobjekten. Maßgeblich ist immer der ‚wahre' Wert der Beteiligung des Minderheitsaktionärs*, den die Entschädigung für den Verlust des Aktieneigentums aus verfassungsrechtlichen Gründen widerspiegeln muss."[471]

„Bewertungsobjekt ist die Unternehmensbeteiligung des Aktionärs und nicht das Unternehmen."[472]

Es überzeugt daher allgemein in den Fällen, in denen nicht das Unternehmen als solches im Fokus der Bewertung steht,[473] sondern es um den Ausgleich des Verlusts der Beteiligung geht, den Gesellschaftsanteil in den Mittelpunkt zu stellen, um beide Wertdimensionen hinreichend zu berücksichtigen.[474] Eine direkte Bewertung bietet sich ohnehin nur in den Fällen an, in denen der Aktie am Markt ein eigenständiger Wert beigemessen wird. Dass damit ein gewisses Sonderrecht für börsennotierte Aktiengesellschaften etabliert wird, kann kaum geleugnet werden.[475] Denn nur bei der börsennotierten Aktiengesellschaft kommt der Aktie aufgrund ihrer hohen Fungibilität eine eigenständige bewertungsrechtliche Bedeutung zu. Bei allen anderen Formen der Unternehmensbeteiligung existiert diese Möglichkeit zumindest bislang nicht.[476] Zu Recht wird daher

470 BGH, NZG 2016, 139 (140) – „*Stinnes*"; OLG Frankfurt a. M., BeckRS 2017, 102412, Rn. 29.

471 BGH, DStR 2016, 974 (976) – „*Nestlé*". Dies jedoch gerade als Abstellen auf den anteiligen Unternehmenswert interpretierend: OLG Frankfurt a. M., NZG 2020, 339 (341).

472 BGH, BeckRS 2023, 6362, Rn. 19.

473 Eindeutig bei Unternehmenstransaktionen. Problematisch hingegen bei der Verschmelzung. So führt das OLG Frankfurt a. M., AG 2010, 751 (751) – „*T-Online/Deutsche Telekom*" aus: „Als Wert der Anteile ist bei der Verschmelzung insoweit aber *nicht der Verkehrswert des Anteils als eigenständiges Wirtschaftsgut, sondern der auf das Mitgliedschaftsrecht nach der jeweiligen Beteiligungsquote entfallende Anteil am Wert des Unternehmens als Ganzes zu verstehen* (vgl. OLG Stuttgart v. 08.03.2006 – 20 W 5/05, AG 2006, 420). Denn die den Anteilseignern des übertragenden Rechtsträgers zu gewährenden Anteile am übernehmenden Rechtsträger sind nach der Konzeption des UmwG *keine Abfindung für einen entzogenen oder entwerteten Anteil, sondern die Gegenleistung dafür, dass der übertragende Rechtsträger sein Vermögen als Ganzes im Wege der Gesamtrechtsnachfolge auf den übernehmenden Rechtsträger überträgt* (§§ 2, 5 Abs. 1 Nr. 2 UmwG)." (Hervorhebungen durch Verf.). Hier kann durchaus das Unternehmen als Bewertungsgegenstand begriffen werden (vgl. *W. Müller*, FS Röhricht 2005, 1015 (1029 f.); Schmitt/Hörtnagl/*Winter*, UmwG, § 30 Rn. 10; *Schwark*, FS Lutter 2000, 1529 (1545); OLG Düsseldorf, NZG 2003, 588 (589) – „*SNI*"; OLG Stuttgart, AG 2006, 420 (421) – „*Wüstenrot*"; OLG Stuttgart, AG 2007, 705 (706).).

474 Ausdrücklich die Unternehmensbeteiligung als Bewertungsobjekt hervorhebend nun auch der BGH, BeckRS 2023, 6362, Rn. 19.

475 Vgl. auch hierzu die Diskussion des 67. DJT zur Frage, ob sich besondere Regelungen für börsennotierte und für geschlossene Gesellschaften empfehlen (*Bayer*, Gutachten E, 67. DJT, 2008).

476 Vgl. zur Bewertung der nicht-börsennotierten Aktiengesellschaft: *Ebke*, FS Schmidt 2009, 289 (289 ff.).

kritisiert, dass die Fragen der rechtsgeleiteten[477] (Unternehmens-)Bewertung – gerade auch im Interesse der Komplexitätsreduktion und Vorhersehbarkeit der Bewertung – grundsätzlich rechtsformübergreifend einer einheitlichen Lösung zugeführt werden sollten.[478] Jedoch muss von diesem Grundsatz in den Fällen eine Ausnahme gemacht werden, in denen die Bewertungssituation solche charakteristischen Eigenheiten aufweist, dass diese nur über eine entsprechende Anpassung bzw. Korrektur der allgemeinen Grundsätze im Bewertungsvorgang entsprechend gewürdigt werden können.[479] Die Bedeutung der Aktie als selbständig verkehrsfähiger Vermögensgegenstand ist nicht von der Hand zu weisen.

Beide Dimensionen des Gesellschaftsanteils – Aktie als selbständige verkehrsfähiges Gut und quotale Unternehmensbeteiligung – sind somit grundsätzlich normzweckadäquate Bewertungsobjekte, sofern sich aus ihnen der Wert des Gesellschaftsanteils (bzw. Beteiligungswert) ableiten lässt.[480] Im Lichte aktueller Entwicklungen und einem kapitalanlegerorientierten Verständnis spricht jedoch vieles dafür, bei der Bestimmung der angemessenen Abfindung einer direkten Anteilsbewertung den Vorrang einzuräumen. Insbesondere ist der Minderheit der Zugriff auf das Unternehmen verwehrt, weshalb sich ihre Anlage vor allem auf die in der Aktie verkörperte Unternehmensbeteiligung konzentriert.[481] Die direkte Anteilsbewertung ist damit näher an der konkreten Rechtsposition der Minderheit, deren Fokus auf der Aktie liegt. Unter dem Aspekt der Normzweckadäquanz können aber sowohl das Unternehmen als auch die Aktie selbst Gegenstand der Bewertung sein.

B. Bewertungssubjekt

Da es keine allgemeingültigen objektiven Werte gibt, müssen Bewertungen stets subjektbezogen erfolgen.[482] Die Bestimmung des Bewertungssubjekts wirkt sich unmittelbar auf die Bewertungsparameter und das Bewertungsergebnis aus.[483] Die Tauglichkeit einer Wertermittlungsmethode kann daher nicht

---

[477] Vgl. S. 7ff.

[478] So ausdrücklich *Hüffer*, FS Hadding 2004, 461 (467ff.); *Hüffer/Schmidt-Aßmann/Weber*, S. 19ff.

[479] *Martens*, FS Bezzenberger 2000, 267 (277) konkret in Bezug auf die Regelung des § 255 Abs. 2 AktG.

[480] Zutr. *Schmidt*, NZG 2020, 1361 (1364).

[481] Vgl. zur Aktie als „Ware“: *Hintner*, Wertpapierbörsen, S. 126.

[482] *Drukarczyk*, AG 1973, 357 (357); Fleischer/Hüttemann/*Böcking/Rauschenberg*, § 2 Rn. 4; *Karami*, Stand und (Weiter-)Entwicklung der rechtsgeprägten Unternehmensbewertung, S. 4; *Matschke/Brösel/Karami*, FS Mandl 2010, 421 (427); *W. Müller*, FS Röhricht 2005, 1015 (1021).

[483] Fleischer/Hüttemann/*Böcking/Rauschenberg*, § 2 Rn. 2. Vgl. auch IDW S 1, Rn. 17: „In Abhängigkeit vom zu ermittelnden Unternehmenswert (objektivierter Unternehmenswert, subjektiver Entscheidungswert, Einigungswert) ergeben sich i. d. R. unterschiedliche Annah-

ohne Festlegung der Perspektive der Bewertung beurteilt werden. Auch die Perspektive der Bewertung orientiert sich im Rahmen der rechtsgeleiteten Bewertung primär am Normzweck.[484] Dieser sieht eine angemessene Abfindung für die außenstehenden Aktionäre im Sinne einer vollen Entschädigung für ihren Rechtsverlust vor. Dabei ist jedoch unklar, ob die Bewertung aus Sicht der ausscheidenden Minderheit (Grenzpreis der Minderheitsaktionäre) oder aus Sicht der verbleibenden Mehrheit (Grenzpreis des Mehrheitsaktionärs) vorzunehmen ist oder ob nicht gar beide Perspektiven im Sinne einer Einigungslösung einander gegenübergestellt werden müssen (Einigungswert).[485]

I. Dominierte Verhandlungs- und Konfliktsituation

Die funktionale Bewertungslehre kommt dem juristischen Erfordernis der Normzweckorientierung am nächsten.[486] Insbesondere erfordert die Bestimmung der konkreten Bewertungsfunktion stets eine umfassende Analyse der zugrundeliegenden Bewertungs- bzw. Konfliktsituation.[487]

Strukturverändernde Maßnahmen werden im bewertungstheoretischen Kontext als dominierte Konfliktsituationen bezeichnet.[488] Insoweit ist die Vermittlungsfunktion der Bewertung besonders bedeutend,[489] zumal Verhandlungen zwischen den Parteien auf Augenhöhe wegen des bestehenden Machtgefälles von vornherein ausscheiden.[490] Während in nicht dominierten Verhandlungs-

---

men über die Prognose und Diskontierung der künftigen finanziellen Überschüsse, Art und Umfang einzubeziehender Synergien sowie zu persönlichen Verhältnissen der Anteilseigner bzw. deren anlassbezogener Typisierung. Daher setzt eine sachgerechte Unternehmensbewertung voraus, dass im Rahmen der Auftragserteilung festgelegt wird, in welcher Funktion der Wirtschaftsprüfer tätig wird, um daraus die *dem jeweiligen Bewertungszweck entsprechenden Annahmen und Typisierungen* herleiten zu können." (Hervorhebungen durch Verf.).

484 Fleischer/Hüttemann/*Hüttemann*, § 1 Rn. 7.

485 *Böcking*, FS Drukarczyk 2003, 59 (79); *Drukarczyk*, AG 1973, 357 (360 f.); *Hüttemann*, ZHR 162 (1998) 563 (573 ff.); *Matschke/Brösel/Karami*, FS Mandl 2010, 421 (425, 427 ff.).

486 Vgl. S. 13 f.

487 *Follert*, Unternehmensbewertung, S. 92.

488 *Böcking*, FS Drukarczyk 2003, 59 (62); *Brösel/Karami*, WPg 2011, 417 (418); *Drukarczyk/Schüler*, Unternehmensbewertung, S. 3 ff.; DVFA, Best-Practice-Empfehlungen, S. 5; *Matschke*, BFuP 2013, 14 (33); *Matschke*, FS Nadvornik 2016, 101 (102 f.); *Matschke/Brösel*, Unternehmensbewertung, S. 93 ff.; *Matschke/Brösel/Karami*, FS Mandl 2010, 421 (428); *Ruthardt*, NZG 2015, 1387 (1388); *Schwetzler*, FS Großfeld 2019, 401 (411).

489 *Petersen/Zwirner*, S. 481 ff.; *Follert*, Unternehmensbewertung, S. 144; *Großfeld*, Unternehmens- und Anteilsbewertung 2002, S. 26; *Hachmeister*, FS Ballwieser 2014, 219 (222 ff.) (Schiedswert); *Matschke/Brösel/Karami*, FS Mandl 2010, 421 (428); *Mattes/Maldeghem*, BKR 2003, 531 (532 f.); *Stein*, Fundamentalanalyse und Börsenkurs, S. 29 f.; vgl. zu den verschiedenen Bewertungsfunktionen IDW S 1, Rn. 12.

490 *Busse v. Colbe*, AG 1964, 263 (265); *Follert*, Unternehmensbewertung, S. 144; *Mattes/Maldeghem*, BKR 2003, 531 (532 f.); *Moxter*, Grundsätze ordnungsmäßiger Unternehmensbewertung, S. 18; *Ruthardt*, NZG 2015, 1387 (1388); vgl. auch BVerfG, NJW 2001, 279 (280) – „*Moto-Meter*". Zwar wird versucht Machtasymmetrien durch Transparenz- und Pu-

situationen die Parteien einer Strukturänderung nur dann zustimmen, wenn sie zumindest ihren Grenzpreis erhalten,[491] erfolgt in dominierten Konfliktsituationen die Maßnahme auch gegen den Willen der Minderheit; also auch in Fällen, in denen kein Einigungsbereich zwischen den Parteien besteht.[492] Die außenstehenden Aktionäre können die Maßnahme nicht einseitig verhindern und sind insofern besonders schutzwürdig.[493] Zwischen Mehrheit und Minderheit besteht aber auch in Bezug auf die Abfindungsleistung ein Interessenkonflikt, da der Mehrheitsaktionär ein ökonomisch rationales Interesse an einer möglichst niedrigen Abfindung hat, um seinen Grenznutzen aus der Maßnahme zu maximieren, während die Minderheitsaktionäre ein Interesse an einer möglichst hohen Abfindungsleistung haben.[494]

Der Ansatz eines Verhandlungsmodells, das auf einen fiktiven Einigungswert zwischen Mehrheit und Minderheit abstellt,[495] geht hier von vornherein fehl, da sich die Bewertungssituation anlässlich von Strukturmaßnahmen von derjenigen bei gleichberechtigten Verhandlungen evident unterscheidet. Es kann auch nicht argumentiert werden, dass sich die Mehrheit die Zustimmung zur Konzernierung mit der Abfindung quasi „erkaufe".[496] Denn eine Zustimmung der Minderheit ist schon aufgrund der Beschlussmehrheit von vornherein nicht erforderlich. Die Minderheit wird an den „Verhandlungen" nicht beteiligt.[497] Die

blizitätspflichten sowie Marktmanipulationsverboten entgegenzuwirken, die Durchsetzungsmacht in der Hauptversammlung kann hierdurch indes nicht beseitigt werden.

[491] *Brösel/Karami*, WPg 2011, 417 (417 f.); *Follert*, Unternehmensbewertung, S. 225.

[492] *Böcking*, FS Drukarczyk 2003, 59 (62); *Follert*, Unternehmensbewertung, S. 25 ff., 226.

[493] DVFA Expert Group „Corporate Transactions and Valuation", CF biz 2012, 43 (44); *Gude*, Strukturänderungen, S. 44, 66; *Hachmeister/Ruthardt*, DB 2014, 1689 (1689); *Matschke*, BFuP 2013, 14 (33); *Olbrich/Rapp*, CF biz 2012, 233 (234).

[494] *Burger*, NZG 2012, 281 (287); *Busse v. Colbe*, AG 1964, 263 (265); BVerfG, NJW 2001, 279 (280) – *„Moto-Meter"*; *Matschke*, BFuP 2013, 14 (35); *Matschke/Brösel/Karami*, FS Mandl 2010, 421 (427); *Maul*, FS Drukarczyk 2003, 255 (264 f.) versucht diesen bei der Abfindung auszublenden und eine Interessenidentität in Analogie zu einem „merger of equals" zu fingieren.

[495] *Komp*, Zweifelsfragen des aktienrechtlichen Abfindungsanspruchs, S. 388; *Fleischer*, ZGR 1997, 368 (391, 393); *Großfeld*, Unternehmens- und Anteilsbewertung 2002, S. 26 ff.; *Hachmeister/Ruthardt*, DB 2014, 1689 (1689); *Matschke*, FS Nadvornik 2016, 101 (118); *Matschke/Brösel/Karami*, FS Mandl 2010, 421 (427 ff.); *Ruthardt*, NZG 2015, 1387 (1388); *Ruthardt/Hachmeister*, WPg 2016, 411 (419); in diese Richtung auch *Adolff*, Unternehmensbewertung, S. 400 ff. zur Frage der Berücksichtigung von Verbundvorteilen (vgl. die näheren Ausführungen auf S. 136 f.). *Moxter*, Grundsätze ordnungsmäßiger Unternehmensbewertung, S. 18 erkennt zwar für die Enteignungsentschädigung an, dass Verhandlungen hier von vornherein ausscheiden müssten, tendiert für Abfindungen im Ergebnis aber doch zu einer Verhandlungslösung (S. 21).

[496] *Adolff*, Unternehmensbewertung, S. 309 f.; *Fleischer*, ZGR 1997, 368 (392); *Maul*, FS Drukarczyk 2003, 255 (264); *Ruthardt/Hachmeister*, NZG 2014, 885 (890); BGH, NJW 1998, 1866 (1867); zu Recht krit. *Decher*, FS Hommelhoff 2012, 115 (124 f.).

[497] Vgl. für die Verschmelzungswertrelation auch die zutreffenden Erkenntnisse des BVerfG, NZG 2012, 1035 (1037) – *„DaimlerChrysler"*.

Suche eines Einigungspreises ist daher eine reine Fiktion. Die Durchführung der Maßnahme steht außer Frage. Die Abfindung ist nicht als Gegenleistung im Sinne von Verhandlungen zwischen den Parteien zu verstehen, sondern als Entschädigung für den Rechtsverlust der einen Seite zu Gunsten der anderen, weshalb die Interessen der Minderheit in besonderem Maße zu berücksichtigen sind (Entschädigungsgedanke).[498] Die Vermittlungsfunktion kommt daher zwar zum Tragen, muss aber mangels Einigungsbereichs zwischen den Parteien die Interessen der dominierten Partei besonders berücksichtigen.[499] Dies ist nur gewährleistet, wenn die Höhe der Entschädigungsleistung aus der Perspektive der dominierten Minderheit bestimmt wird und deren Beteiligungswert abbildet.[500] Nur so kann dem verfassungsrechtlichen Erfordernis der vollen Entschädigung entsprochen werden.[501] Die Simulation einer Verhandlung unter Gleichberechtigten ist daher nicht mit dem Bewertungszweck – Entschädigung für den Rechtsverlust – vereinbar. Auch eine Bewertung aus der Perspektive des Mehrheitsaktionärs stünde in Widerspruch zur konkreten Bewertungssituation, wonach die Barabfindung gerade aus der Perspektive der außenstehenden Aktionäre zu bestimmen ist.[502] Diese Erkenntnis wirkt sich nicht nur auf die Geeignetheit einer Bewertungsmethode aus, sondern auch auf einzelne Bewertungsfragen wie u. a. die Berücksichtigung von Verbundvorteilen und Synergieeffekten.[503]

---

[498] Vgl. bereits BGH, NJW 1998, 1866 (1867): „Sind demnach Ausgleich und Abfindung *nicht die Gegenleistung* des herrschenden Unternehmens für den durch den Beherrschungsvertrag erlangten Zuwachs an Rechts- und Entscheidungsmacht über die beherrschte Gesellschaft, *sondern Entschädigung für Beeinträchtigung und Verlust mitgliedschaftlicher Rechte der außenstehenden Aktionäre.*" (Hervorhebungen durch Verf.); vgl. zu diesem Ansatz bereits *Sieben*, AG 1966, 6 (11).

[499] *Follert*, BFuP 2021, 48 (52); *Hachmeister*, FS Ballwieser 2014, 219 (224); so schon *Sieben/Schildbach*, DStR 1979, 455 (457).

[500] *Diekmann*, FS Großfeld 2019, 97 (98): „Zu ermitteln ist der sog. Grenzpreis, zu dem der Aktionär in einer freiwilligen Desinvestitionsentscheidung aus der Gesellschaft ausscheiden kann."; vgl. auch *Follert*, BFuP 2021, 48 (52); *Hachmeister*, FS Ballwieser 2014, 219 (224); *Olbrich/Rapp*, CF biz 2012, 233 (233); a. A. *Hüttemann*, CF 2016, 467 (469) unter Heranziehung der Liquidationshypothese. Die Bindung an den gemeinsamen Zweck schließe es aus, die Bewertung einseitig aus der Perspektive eines bestimmten Gesellschafters vorzunehmen. Auch *Quill/Follert*, AG 2021, 696 (700) plädieren für die Heranziehung der Entscheidungswerte von Mehrheit und Minderheit.

[501] *Adolff*, Unternehmensbewertung, S. 174; *Ruthardt*, NZG 2015, 1387 (1388); *Schwetzler*, FS Großfeld 2019, 401 (413); *Winner* in Kalss/Fleischer/Vogt (Hrsg.), Gesellschafts- und Kapitalmarktrecht in Deutschland, Österreich und der Schweiz 2013, Wertermittlung bei dominierten Transaktionen, 109 (112 f.).

[502] Dagegen sehen *Ruthardt/Hachmeister*, WPg 2016, 411 (421) im Grenzpreis des Mehrheitsaktionärs eine taugliche Annäherung an den Marktpreis. Auch *Windbichler*, FS Grunewald 2021, 1355 (1370) hält eine Bewertung aus der Sicht der Minderheit nicht für zwingend.

[503] Näher S. 143 ff.

II. Erfordernis eines objektivierten Werts[504]

Bei der Ermittlung subjektiver Entscheidungswerte wird der Wert anhand eines Fortführungskonzepts bemessen und damit auch in die Zukunft prognostiziert.[505] Dies dient insbesondere der Wertermittlung für ein Bewertungssubjekt wie bspw. den Käufer beim Unternehmenskauf, der sich durch eine Neuausrichtung des Unternehmens die Realisierung von Synergien verspricht.[506] Dieser bewertungstheoretische Ansatz vor dem Hintergrund unternehmerischer Initiativen kann bei der Bemessung der Abfindung jedoch nicht unmittelbar übernommen werden. Denn die subjektiven Wertvorstellungen der einzelnen Aktionäre können erheblich voneinander abweichen. Sie richten sich nach deren individuellen Zielen, Präferenzen und Handlungsmöglichkeiten.[507] Es ist jedoch schon methodisch nahezu unmöglich, die individuellen Wertvorstellungen sämtlicher Aktionäre zu ermitteln (Ermittlungsproblem) und intersubjektiv nachzuprüfen (Beweisproblem).[508] Hinzu kommt, dass aus Gründen der Gleichbehandlung sämtlichen außenstehenden Aktionären dieselbe Abfindung zu gewähren ist, was mit einer rein subjektiven Betrachtung aus der Perspektive jedes einzelnen Minderheitsaktionärs von vornherein kollidiert.[509]

1. Objektivierung als Ausfluss des abfindungsrechtlichen Gleichbehandlungsgebots

Das Erfordernis der Gewährung derselben Abfindung an alle außenstehenden Aktionäre bei gleicher Ausstattung ihrer Anteile als Ausfluss der Treuepflicht macht eine entsprechende Typisierung des Bewertungssubjekts erforderlich.[510] Denn selbst wenn im Einzelfall für jeden Minderheitsaktionär ein individueller „Grenzpreis“ ermittelt werden könnte, kann doch nur mittels einer typisierenden Betrachtung gewährleistet werden, dass allen Aktionären die gleiche Abfindung gewährt wird.[511] Der Gleichbehandlungsgrundsatz schwächt den Subjektbezug der Bewertung somit ab, indem auf eine typisierte Minderheit ab-

---

[504] Nicht gleichzusetzen mit dem objektivierten Unternehmenswert nach IDW S1.

[505] Monografisch: *Matschke*, Entscheidungswert.

[506] *Oehlrich*, NJOZ 2020, 1 (1 f.).

[507] *Adolff*, Unternehmensbewertung, S. 177; *Rapp*, ZfbF 72 (2020) 253 (256).

[508] *Großfeld*, Unternehmens- und Anteilsbewertung 2002, S. 28; *Matschke*, BFuP 2013, 14 (35).

[509] Vgl. zum abfindungsrechtlichen Gleichbehandlungsgebot S. 19 f.

[510] So auch *Adolff*, Unternehmensbewertung, S. 2 f., 291; Fleischer/Hüttemann/*Hüttemann*, § 1 Rn. 7; *Großfeld/Merkelbach*, NZG 2008, 241 (242); *Ruthardt/Hachmeister*, ZfbF 70 (2018) 47 (54); vgl. für das Steuerrecht BVerfG, ZEV 2015, 426.

[511] *Adolff*, Unternehmensbewertung, S. 177, 328; *Drukarczyk*, AG 1973, 357 (363); Fleischer/Hüttemann/*Hüttemann*, § 1 Rn. 7; *Hachmeister/Ruthardt*, DB 2014, 1689 (1690); *Moxter*, Grundsätze ordnungsmäßiger Unternehmensbewertung, S. 5 (Objektivierungsbedürfnis abhängig vom Bewertungszweck); *Ruthardt*, NZG 2014, 972 (973); *Ruthardt/Hachmeister*, ZfbF 70 (2018) 47 (60); OLG Stuttgart, Beschl. v. 14.02.2008 – 20 W 9/06, juris, Rn. 29.

gestellt wird. Aber auch im Interesse der Verfahrensökonomie und Praktikabilität wäre eine Ermittlung sämtlicher subjektiver Wertvorstellungen in der Praxis kaum umsetzbar.[512] Gleichzeitig darf eine Typisierung jedoch nicht zu dem Schluss verleiten, dass ein objektiver, allgemein gültiger Wert ermittelt werden soll.[513] Denn rein objektive Werte für Unternehmen und Anteile existieren gerade nicht. Der „objektivierte" Wert darf daher nicht missverstanden werden als ein objektiver Wert. Die Objektivierung bringt lediglich zum Ausdruck, dass anstelle der individuellen Wertvorstellungen jedes einzelnen Aktionärs eine typisierende Betrachtung tritt, um allen außenstehenden Aktionären dieselbe angemessene Abfindung zu gewähren.[514] Dies bedeutet, dass die subjektiven Elemente nicht aus der Sicht jedes einzelnen Aktionärs, sondern aus Sicht eines typisierten Minderheitsaktionärs zu bestimmen sind (Objektivierung).[515] Objektivierung und Typisierung bedingen sich somit gegenseitig.[516]

Aus diesem Grunde ist es verfehlt, die volle Entschädigung anhand des höchsten individuellen Anteilswerts bestimmen zu wollen,[517] auch wenn einzelne Aktionäre so potenziell unter ihrem subjektiven Grenzpreis abgefunden werden.[518] Denn die Ermittlung des höchsten Werts setzt die Ermittlung sämt-

---

[512] Zutr. *Adolff*, Unternehmensbewertung, S. 177; *Brösel/Karami*, WPg 2011, 417 (419); *Busse v. Colbe*, AG 1964, 263 (267); *Drukarczyk*, AG 1973, 357 (363); *Großfeld*, JZ 1981, 641 (646); *Großfeld*, Unternehmens- und Anteilsbewertung 2002, S. 28; *Hachmeister*, FS Ballwieser 2014, 219 (223 f.) (Objektivierung zur Komplexitätsreduktion); *Hachmeister/Ruthardt*, DB 2014, 1689 (1689); *Matschke*, BFuP 2013, 14 (35); *Rapp*, ZfbF 72 (2020) 253 (258); *Ruthardt*, Normzweckkonforme Unternehmensbewertung, S. 120; *Ruthardt*, NZG 2015, 1387 (1388); *Ruthardt/Hachmeister*, ZfbF 70 (2018) 47 (50); *Sieben*, AG 1966, 6 (11); LG Stuttgart, BeckRS 2018, 35320, Rn. 104; OLG Stuttgart, Beschl. v. 14.02.2008 – 20 W 9/06, juris, Rn. 29; jüngst wollen hieraus *Quill/Follert*, AG 2021, 696 (700 f.) eine negative angemessene Abfindung für Berufskläger konstruieren.

[513] *Adolff*, Unternehmensbewertung, S. 179; *Fleischer*, ZGR 1997, 368 (372); dagegen noch eine stark objektive Sicht vertretend *Hüttemann*, ZHR 162 (1998) 563 (582) („Verkehrswert"); *Stilz*, FS Goette 2011, 529 (538) („Verkehrswert"); *Schnorbus/Rauch/*Grimm Manon, AG 2021, 391 (400) („relevanten objektiven Unternehmenswert"); OLG Düsseldorf, BeckRS 2018, 18257, Rn. 94; ausdrücklich dagegen positioniert sich neuerdings das LG Köln, BeckRS 2019, 16980, Rn. 11 ff., das den Einigungsbereich der subjektiven Entscheidungswerte des Verkäufers und potenzieller Investoren für maßgeblich hält. Dies widerspricht jedoch dem Normzweck.

[514] *Henselmann*, BFuP 2006, 144 (148); *Komp*, Zweifelsfragen des aktienrechtlichen Abfindungsanspruchs, S. 47 m. w. N.; OLG Düsseldorf, BeckRS 2018, 18257, Rn. 37.

[515] So schon *Großfeld*, JZ 1981, 641 (644).

[516] Dagegen *Hachmeister*, FS Ballwieser 2014, 219 (222).

[517] So aber *Follert*, BFuP 2021, 48 (52 f.); *Matschke/Brösel/Karami*, FS Mandl 2010, 421 (432); *Olbrich/Rapp*, DStR 2011, 2005 (2007); *Quill/Follert*, AG 2021, 696 (701); *Rapp*, ZfbF 72 (2020) 253 (256) m. w. N.; a. A. *Ruthardt*, Normzweckkonforme Unternehmensbewertung, S. 119 f.; LG Frankfurt a. M., NZG 2019, 989 (insoweit abgedruckt in BeckRS 2019, 15231, Rn. 76) – *„Stada AG"*; LG Stuttgart, BeckRS 2018, 35320, Rn. 104; OLG Zweibrücken, BeckRS 2017, 134513, Rn. 18.

[518] *Adolff*, Unternehmensbewertung, S. 330; OLG Frankfurt a. M., BeckRS 2021, 10278, Rn. 37; *Ruthardt/Hachmeister*, ZfbF 70 (2018) 47 (60); *Winner* in Kalss/Fleischer/Vogt (Hrsg.), Gesellschafts- und Kapitalmarktrecht in Deutschland, Österreich und der Schweiz

licher individueller Wertvorstellungen voraus (Ermittlungs- und Beweisproblem).[519] Aus verfassungsrechtlicher Perspektive bedeutet die volle Entschädigung lediglich den Ausgleich des Vermögensverlusts. Die Entschädigung muss daher die (maximale) Preisuntergrenze der typisierten Gesamtgruppe „Minderheitsaktionär" abbilden, während bloße Zukunftserwartungen, die der Minderheit aufgrund der jederzeitigen Ausschlussmöglichkeit vermögensrechtlich nicht zustehen,[520] nicht zu berücksichtigen sind. Die Abfindung kann daher sehr wohl unter den subjektiven Entscheidungswerten des Einzelnen liegen, jedoch nicht unterhalb des objektivierten Verkäufergrenzpreises des Durchschnitts-Minderheitsaktionärs.[521]

Insoweit ist daher den Vorgaben des IDW S1 zu folgen, wonach ein „objektivierter" Wert, der von den subjektiven Wertvorstellungen des Einzelnen abstrahiert und sich am Wert bezogen auf eine Alternativinvestition am Kapitalmarkt orientiert, gesucht ist.[522] Bei der Bestimmung einer angemessenen Abfindung ist dieser objektivierte Wert aus der Sicht eines typisierten Anteilseigners der Betrag, den „der Aktionär erhalten muss, um bei einer adäquaten Alternativanlage in Unternehmensanteile so zu stehen, als sei er an dem bisherigen Unternehmen in unveränderter Form beteiligt geblieben".[523] Zukünftige Gewinnchancen, die zum Zeitpunkt der Strukturmaßnahme noch nicht in der Beteiligung angelegt sind, müssen dabei unberücksichtigt bleiben.

2. *Subjekt-Objekt-Bezug*

Der objektivierte Wert wird häufig als Verkehrswert (i. w. S.[524]) des Unternehmens[525] missverstanden.[526] Es sei auf den Preis abzustellen, „der bei einem

---

2013, Wertermittlung bei dominierten Transaktionen, 109 (113). Vgl. zu dieser Wertung auch die Untersuchung zu § 39a WpÜG (S. 112 ff.).

[519] Siehe Teil 2, Fn. 508.

[520] Vgl. die Rechtsstellung der Minderheitsaktionäre und den fehlenden verfassungsrechtlichen Schutz von bloßen Gewinnerwartungen bereits S. 27 ff.

[521] *Brösel/Karami*, WPg 2011, 417 (417 ff.); *Matschke*, BFuP 2013, 14 (35); *Olbrich/Rapp*, CF biz 2012, 233 (234); *Rapp/Follert/Maas*, CF 2020, 46 (46); *Schwetzler*, FS Großfeld 2019, 401 (406); LG Stuttgart, BeckRS 2019, 23342, Rn. 265; *Rapp*, DK 2012, 8 (10) will daher auf den Grenzpreis des wichtigsten/größten Minderheitsaktionärs abstellen.

[522] OLG Düsseldorf, BeckRS 2018, 18257, Rn. 32; *Großfeld*, Unternehmens- und Anteilsbewertung 2002, S. 24 ff.; krit. *Karami*, Stand und (Weiter-)Entwicklung der rechtsgeprägten Unternehmensbewertung, S. 2 ff. Zu beachten ist jedoch, dass hier im Gegensatz zum IDW S 1 nicht auf den Unternehmenswert, sondern die Unternehmensbeteiligung abgestellt wird (S. 60 ff.).

[523] BVerfG, NZG 2012, 907 (909) – „*Deutsche Hypothekenbank*".

[524] Vgl. zum Begriff S. 146 ff.

[525] Dahingehend argumentieren *Hüttemann*, ZHR, 162 1998, 563 (579 ff.); *Hüttemann*, CF 2016, 467 (468); *Schwetzler*, FS Großfeld 2019, 401 (403); *Stilz*, ZGR 2001, 875 (885); *Stilz*, FS Goette 2011, 529 (538); *Wollny*, Der objektivierte Unternehmenswert, S. 57. Vgl. auch LG Köln, BeckRS 2019, 16980, Rn. 1 mit umfassenden Nachweisen aus der Rechtsprechung. Da es bereits keinen Markt für Unternehmen gibt, ist der Verkehrswert des Unternehmens

Verkauf des[526] Unternehmens als Einheit erzielt würde".[527] Dies lässt jedoch den Subjektbezug der Bewertung außer Acht.[528] Denn die (typisierten) Wertvorstellungen außenstehender Aktionäre im Hinblick auf den Wert ihres Gesellschaftsanteils sind nicht mit den Grenzpreisen der Erwerber von Gesamtunternehmen vergleichbar.[529] Man stellt bei dieser Betrachtung nicht nur auf einen objektiven, am Unternehmen unbeteiligten Dritten ab, sondern geht auch von einer völlig abweichenden Bewertungsperspektive (Unternehmenserwerber) und einem abweichenden Bewertungsobjekt (Gesamtunternehmen) aus.[530]

Die Bewertung hat sich aber an den Interessen der Durchschnitts-Minderheit zu orientieren und ist aus deren Perspektive zu bestimmen.[531] Deren Verlust kann nicht aus der Perspektive eines fiktiven unbeteiligten Dritten bestimmt werden; richtigerweise auch nicht aus der Perspektive der Mehrheit.[532] Die Perspektiven eines fiktiven dritten Erwerbers und des Mehrheitsaktionärs decken sich insoweit, als der Letztere im Gegensatz zur Minderheit auch außerhalb

---

aber praktisch nur schwer feststellbar (*Hachmeister*, FS Ballwieser 2014, 219 (234); *Hüffer/Schmidt-Aßmann/Weber*, S. 18; *Ruthardt/Hachmeister*, NZG 2014, 885 (886) m. w. N.). Hinzu kommt, dass Verkehrswert des Unternehmens und Verkehrswert des Gesellschaftsanteils häufig vermischt werden (dies aufgreifend *Ruthardt/Hachmeister*, WPg 2016, 411). Richtigerweise kommt es allein auf den Gesellschaftsanteil an (vgl. die vorangegangenen Ausführungen zum Bewertungsobjekt).

[526] Insoweit überzeugend auf den „Verkehrswert der Unternehmensbeteiligung" abstellend: OLG Frankfurt a. M., BeckRS 2017, 102412, Rn. 27.

[527] So bereits BGH, NJW 1985, 192 (193).

[528] Zutr. *Hachmeister*, FS Ballwieser 2014, 219 (231); *Olbrich/Rapp*, CF biz 2012, 233 (234); *Ruthardt/Hachmeister*, NZG 2014, 885 (890); a. A. bei Anwendung der Liquidationshypothese (vgl. BGHZ 17, 130 (136) (für die Personengesellschaft); BGH, NJW 1992, 892 (895) (für die GmbH); aber auch BGH, NJW 1995, 1739 (1746) – „*Girmes*"; *Adolff*, Unternehmensbewertung, S. 350 ff.; DVFA, Best-Practice-Empfehlungen, S. 8; *Franken/Schulte/Luksch*, Bewertungs-Praktiker 2012, 28 (29); *J. Meilicke*, ZIP 2014, 605 (611); Schmitt/Hörtnagl/*Winter*, UmwG, § 30 Rn. 10.

[529] *Matschke*, BFuP 2013, 14 (49); *Olbrich/Rapp*, CF biz 2012, 233 (234). In diese Richtung auch OLG Frankfurt a. M., AG 2010, 751 (insoweit abgedruckt in juris, Rn. 70 ff.) – „*T-Online/Deutsche Telekom*"; *Hüttemann/André Meyer*, ZIP 2022, 935 (941). *Adolff*, Unternehmensbewertung, S. 350 ff. leitet daraus jedoch die Perspektive eines Daueranlegers ab (dazu S. 150 ff.); dies verkennend LG Köln, BeckRS 2019, 16980, Rn. 20.

[530] Vgl. die Ausführungen bei *Adolff*, Unternehmensbewertung, S. 367; zu Recht krit.: *Matschke*, BFuP 2013, 14 (45, 48 f.); *Matschke*, FS Nadvornik 2016, 101 (128); *Olbrich/Rapp*, CF biz 2012, 233 (235); *Ruthardt/Hachmeister*, NZG 2014, 885 (887); *Ruthardt/Hachmeister*, WPg 2016, 411 (419); *Ruthardt/Hachmeister*, ZfbF 70 (2018) 47 (58). Siehe zur Kritik an der Liquidationshypothese bereits S. 65 ff.

[531] *Stein*, Fundamentalanalyse und Börsenkurs, S. 38; *Winner* in Kalss/Fleischer/Vogt (Hrsg.), Gesellschafts- und Kapitalmarktrecht in Deutschland, Österreich und der Schweiz 2013, Wertermittlung bei dominierten Transaktionen, 109 (113); in diese Richtung auch *Adolff*, Unternehmensbewertung, S. 177; *Ruiz de Vargas*, NZG 2021, 1001 (1005); OLG Düsseldorf, BeckRS 2018, 18257, Rn. 37; OLG Frankfurt a. M., NZG 2020, 339 (341).

[532] *Matschke*, FS Nadvornik 2016, 101 (122); *Olbrich/Rapp*, CF biz 2012, 233 (234); OLG Düsseldorf, AG 1964, 246 (247); OLG Frankfurt a. M., Beschl. v. 30.03.2010 – 5 W 32/09, juris, Rn. 62; *Piltz*, ZGR 2001, 185 (193).

der Börse Paketkäufe und -verkäufe tätigt, was der Perspektive beim Unternehmenskauf nahekommt. Nicht zuletzt aufgrund der Beteiligungshöhe ist die Perspektive des Mehrheitsaktionärs mit der eines fiktiven Erwerbers des Gesamtunternehmens vergleichbar. Denn für diese ist auch die Unternehmenssubstanz relevant.[533] Was die Minderheit verliert, muss jedoch nicht mit dem Nutzenzuwachs der Mehrheit übereinstimmen.[534] Der Minderheit geht nicht das quotale Unternehmen verloren, da sie an der Unternehmenssubstanz nur mittelbar beteiligt ist.[535] Vielmehr bezieht sich die Minderheitsbeteiligung auf den Gesellschaftsanteil.[536] Gegenstand und Perspektive der Bewertung korrelieren insoweit.

III. Zwischenergebnis

Die angemessene Abfindung ist Entschädigung für den Rechtsverlust der Minderheit und hat sich daher an deren subjektiven Wertvorstellungen zu orientieren. Dem werden weder ein Verhandlungsmodell noch die Perspektive eines fiktiven Unternehmenserwerbers gerecht. Die Liquidationshypothese ist daher auch aus bewertungsperspektivischer Sicht abzulehnen.[537] Der Subjektbezug der Bewertung ist in abfindungsrechtlichen Bewertungssituationen jedoch einzuschränken, damit allen Aktionären dieselbe Abfindung gewährt werden kann (abfindungsrechtliches Gleichbehandlungsgebot). Erforderlich sind Objektivierungen und Typisierungen der Minderheit, die in erster Linie aus deren Rechtsstellung abzuleiten sind. Eine Bewertungsmethode entspricht daher nur dann dem normzweckadäquaten Bewertungssubjekt, wenn sie den Gesellschaftsanteil aus Sicht eines Durchschnitts-Minderheitsaktionärs bewertet.

---

533 So bereits *Götz*, DB 1996, 259 (262). So führt auch *Sieben*, AG 1966, 83 (85) überzeugend aus, „daß der Kaufpreis einer ganzen Unternehmung meist erheblich über der Summe der Börsenkurse ihrer Anteile liegt". *Matschke*, FS Nadvornik 2016, 101 (121) hebt zutr. hervor, dass der quotale Unternehmenswert Minderheits- und Mehrheitsaktionären denselben Anteilswert zuschreibt, was aber schon angesichts des unterschiedlichen Einflusses auf die Unternehmensführung zu hinterfragen ist. A. A. *Adolff*, Unternehmensbewertung, S. 347 f.

534 Zutr. *Ruiz de Vargas*, NZG 2021, 1001 (1005). Im Gegenteil wird der Nutzenzuwachs der rational handelnden Mehrheit stets über dem Verlust der Minderheit liegen, da die Maßnahme ansonsten gesamtökonomisch nachteilig wäre (*Böcking*, FS Drukarczyk 2003, 59 (72); *Matschke*, BFuP 2013, 14 (41); OLG Düsseldorf, AG 1964, 246 (247)).

535 Dagegen *Adolff*, Unternehmensbewertung, S. 356; *Gude*, Strukturänderungen, S. 424.

536 Überzeugend OLG Frankfurt a. M., BeckRS 2014, 22980, Rn. 27. *Moxter*, Grundsätze ordnungsmäßiger Unternehmensbewertung, S. 21 spricht für die Abfindung von Minderheitsaktionären daher zutr. von einer „Transaktion von Anteilen". Auch *Matschke*, BFuP 2013, 14 (39 ff.) stellt explizit die Bewertung der Anteile in den Fokus der Bewertung.

537 *Böcking*, FS Drukarczyk 2003, 59 (69); a. A. *Hüttemann*, FS Hoffmann-Becking 2013, 603 (605).

Teil 3

Die Bestimmung der angemessenen Barabfindung mittels Börsenkursen

Anhand dieser grundlegenden bewertungsrechtlichen Vorgaben soll in Teil 3 nun die Tauglichkeit von Börsenkursen als Bewertungsmethode untersucht werden. Die verfassungsrechtliche Bedeutung des Börsenkurses als Äquivalent für den Desinvestitionswert der Aktie als Untergrenze der angemessenen Abfindung wurde bereits herausgestellt. Von besonderem Interesse und höchstrichterlich noch nicht hinreichend geklärt ist jedoch die Frage, ob auf eine fundamentalanalytische Bewertung[1] zugunsten einer marktpreisorientierten Bewertung nicht sogar gänzlich verzichtet werden kann, wenn taugliche Börsenkurse zur Verfügung stehen.

Nachdem sich das BVerfG in Sachen DAT/Altana gegenüber einer marktorientierten Bewertung erstmalig öffnete, wurde der aufkommende Hoffnungsschimmer einer Komplexitätsreduktion in Bewertungsfragen durch Heranziehung leicht feststellbarer Marktpreise sofort im Keim erstickt. Denn nach der Interpretation des BGH bilde der aus dem Börsenkurs abgeleitete Wert nur die Wertuntergrenze einer angemessenen Abfindung. Sei der „Schätzwert" (wohl quotaler fundamentaler Unternehmenswert) höher als der „Börsenwert" (wohl Marktkapitalisierung), habe die Minderheit weiterhin einen Anspruch auf Abfindung zum höheren Schätzwert. Im Hinblick auf Verfahrensdauer, Kosten und Rechtssicherheit wurde damit im Ergebnis nichts gewonnen. Die Bewertung ist sogar komplexer geworden, da zur Bestimmung des Ertragswerts die Bestimmung des maßgeblichen Börsenkurses hinzutritt.[2] Erfreulicherweise hat das BVerfG diesem methodenbezogenen Meistbegünstigungsprinzip jedoch aus verfassungsrechtlicher Perspektive inzwischen eine klare Absage erteilt.[3] Damit ist die Frage einer rein marktpreisorientierten Bewertung auch in Fällen potenziell höherer Ertragswerte wieder offen.

Um sich der Problematik zu nähern, soll zunächst der allgemeine Meinungswandel zur Tauglichkeit von Börsenkursen in Spruchverfahren anhand

---

[1] Siehe Teil 2, Fn. 335.

[2] *Decher*, ZHR 171 (2007) 126 (141); *Hüffer*, FS Hadding 2004, 461 (474); *Hüffer/Schmidt-Aßmann/Weber*, S. 64; *Noack*, Das Spruchverfahren, S. 164; *Piltz*, ZGR 2001, 185 (197); *Ruiz de Vargas*, NZG 2021, 1001 (1001); *Stilz*, ZGR 2001, 875 (893); *Stilz*, FS Goette 2011, 529 (530).

[3] Siehe S. 72 ff.

der Rechtsprechung und einschlägigen Literatur nachgezeichnet werden (§ 6), ehe ein Blick auf die gesetzgeberischen Wertungen geworfen wird, die gerade in jüngerer Zeit mit den Regelungen der § 31 Abs. 1 WpÜG i. V. m. § 5 WpÜG-AngebV, § 39a Abs. 3 Satz 3 WpÜG und § 39 Abs. 3 BörsG vermehrt auf Börsenkurse zurückgreifen (§ 7). Daran anknüpfend wird die grundsätzliche Vereinbarkeit der Heranziehung von Börsenkursen mit den in Teil 2 herausgearbeiteten rechtlichen Bewertungsgrundlagen (§ 8) und den bewertungstheoretischen Grundsätzen (§ 9) untersucht sowie die allgemeinen Anforderungen an die Bestimmung des relevanten Börsenkurses herausgearbeitet (§ 10). Aufbauend auf der Normzweckadäquanz, die für sich genommen nur die Heranziehung von Börsenkursen als geeignete Bewertungsmethode, nicht jedoch die Alleinmaßgeblichkeit von Börsenkursen als vorrangige Bewertungsmethode zu begründen vermag, widmet sich § 11 den entscheidenden Argumenten für den Börsenkurs als vorrangige Schätzgrundlage bei Barabfindungen.

§ 6 Allgemeine Entwicklung in Rechtsprechung und Literatur

A. Anfängliche Skepsis

Eine grundlegende Skepsis gegenüber Börsenkursen lässt sich bereits dem Gesetzgebungsverfahren zum Aktiengesetz 1965[4] entnehmen. Denn bei der Regelung der Abfindung bei Unternehmensverträgen stellte der Gesetzgeber in § 305 Abs. 3 Satz 2 AktG klar, dass die angemessene Barabfindung die „Verhältnisse der Gesellschaft [...] berücksichtigen" müsse, um eine alleinige Bewertung anhand von Börsenkursen zu verhindern.[5]

Auch Literatur[6] und Rechtsprechung[7] positionierten sich lange Zeit ablehnend gegenüber einer Berücksichtigung von Börsenkursen. Dies wurde vor allem damit begründet, dass die Kursbildung am Kapitalmarkt „unberechenbaren Schwankungen und Entwicklungen" unterliege und „von der Größe oder Enge des Marktes, von zufallsbedingten Umsätzen, von spekulativen Einflüssen und sonstigen nicht wertbezogenen Faktoren wie politischen Ereignissen, Gerüchten, Informationen, psychologischen Momenten oder einer allgemeinen Tendenz" abhänge.[8] Der Börsenkurs könne sich mit dem wahren Wert decken,

4 Siehe Teil 2, Fn. 368.

5 Schriftlicher Bericht des Abgeordneten Dr. Wilhelmi, BT-Drs. zu IV/3296, S. 48.

6 Böttcher/*H. Meilicke*, §§ 12 und 13 UmwG Rn. 24 f.; vgl. zum Meinungsstand *Drukarczyk*, AG 1973, 357 (Fn. 27); *Riegger*, DB 1999, 1889 (1890); *Steinhauer*, AG 1999, 299 (Fn. 8) m. w. N.

7 BayObLG München, DStR 1995, 1479 (1480); BGH, Urt. v. 30.03.1967 – II ZR 141/64, juris, Rn. 11; BGH, NJW 1978, 1316 – „*Kali & Salz*"; OLG Celle, Beschl. v. 31.07.1998 – 9 W 128/97, juris, Rn. 19 ff.; OLG Düsseldorf, NJW-RR 1988, 1499 (1499); OLG Düsseldorf, AG 1992, 200 (203); OLG Düsseldorf, DB 1994, 1770 (1770).

8 BGH, Urt. v. 30.03.1967 – II ZR 141/64, juris, Rn. 11; BayObLG München, DStR

er könne aber auch höher oder niedriger sein. Er sei daher nicht geeignet, den Wert des Unternehmens zuverlässig widerzuspiegeln.[9] Der „wahre Wert" der Beteiligung könne daher nicht anhand von Börsenkursen ermittelt werden.[10]

Auch von Seiten der Bewertungslehre ist die Berücksichtigung von Börsenkursen seit jeher erheblichem Gegenwind ausgesetzt. Zwar finden sich auch in der ökomischen Bewertungstheorie seit den 80er Jahren Bestrebungen, den Unternehmenswert durch Anwendung kapitalmarktorientierter Bewertungsansätze (insbesondere das CAPM[11]) vermehrt aus der Perspektive des Kapitalmarkts zu bestimmen.[12] Die Heranziehung von Börsenkursen bei der Bewertung wurde und wird jedoch auch heute noch teils kategorisch abgelehnt.[13] Denn (Markt-)Preise seien als Wertindikatoren ungeeignet.[14]

B. Umbruchphase

Erstmalig berücksichtigt wurde der Börsenkurs bereits in einer Entscheidung des OLG Hamm im Jahre 1963.[15] Nach Auffassung des Senats komme der Wert von Aktien in den für diese gezahlten Preisen zum Ausdruck. Da Aktien mindestens zu ihrem Kurs gehandelt werden, müsse dieser dem Verkehrswert der Aktie regelmäßig zugrunde gelegt werden.[16] Das Gericht lässt sich gar zu der progressiven Aussage hinreißen, Marktpreise würden den Verkehrswert eines Gegenstandes besser widerspiegeln als die Ermittlung dessen Ertrags- oder Substanzwerts.[17] Spekulative Einflüsse könnten durch die Zugrundelegung eines Referenzkurses über einen längeren Zeitraum reduziert werden.[18] Dabei erkennt das Gericht zutreffend, dass sich der Wert der Beteiligung zum einen

---

1995, 1479 (1480); BayObLG München, NJW-RR 1996, 1125 (1126); OLG Celle, Beschl. v. 31.07.1998 – 9 W 128/97, juris, Rn. 20; OLG Düsseldorf, NJW-RR 1988, 1499 (1499); OLG Düsseldorf, DB 1994, 1770 (1770); *Emmerich*/Habersack, § 305 AktG Rn. 51; *Großfeld*, Unternehmensbewertung, S. 51 f.; *Riegger*, DB 1999, 1889 (1890); a. A. *Busse v. Colbe*, AG 1964, 263 (265); *W. Müller*, FS Bezzenberger 2000, 705 (716); *Rieger*, JW 1938, 3016 (3016); *Steinhauer*, AG 1999, 299 (302).

[9] BGH, Urt. v. 30.03.1967 – II ZR 141/64, juris, Rn. 11; BayObLG München, DStR 1995, 1479 (1480); *Kropff*, DB 1962, 155 (156) unter Verweis auf die Liquidationshypothese.

[10] BGH, NJW 1978, 1316 (1318) – „*Kali & Salz*".

[11] Capital Asset Pricing Model (näher *Großfeld*, Unternehmens- und Anteilsbewertung 2002, S. 134 ff.).

[12] *Böcking*, FS Drukarczyk 2003, 59 (61); Fleischer/Hüttemann/*Hüttemann*, § 1 Rn. 2.

[13] Vgl. die Nachweise in Teil 2, Fn. 460.

[14] *W. Müller*, FS Röhricht 2005, 1015 (1021); *Olbrich/Rapp*, AG 2021, R53-R55 (R54). So bereits BayObLG München, AG 1999, 43 (45); a. A. *Fischel*, Cornell Law Review, Vol. 74 1989 No. 5, 907 (914): „Value efficiency means that prices are typically the best indicators of underlying values (at least absent inside information)".

[15] OLG Hamm, AG 1963, 218.

[16] OLG Hamm, AG 1963, 218 (219).

[17] OLG Hamm, AG 1963, 218 (220).

[18] OLG Hamm, AG 1963, 218 (219).

aus wertbildenden Faktoren der Aktie selbst (Desinvestitionswert[19]) und zum anderen aus der Unternehmensbeteiligung bildet.[20]

Auf den Börsenkurs rekurrierte sodann auch das BayObLG in einer Entscheidung vom 29. September 1998. Das Gericht begründete die Heranziehung des Börsenkurses damit, dass der Aktionär bei dem Erwerb der Aktie die spekulativen Elemente des Börsenkurses und die Abhängigkeit von einer Vielzahl von Faktoren bewusst in Kauf nehme. Darüber hinaus würden gerade Spekulationen die Markterwartung im Sinne des bewertungstheoretisch anerkannten nachhaltigen Zukunftsertrages widerspiegeln.[21] Der Entscheidung lag zwar die besondere Konstellation zugrunde, dass es im konkreten Fall nicht mehr möglich war, ein weiteres Bewertungsgutachten einzuholen.[22] Die Ausführungen des Gerichts sind jedoch von solch allgemeiner Natur, dass nicht von einer einzelfallbezogenen Entscheidung gesprochen werden kann.

Abgesehen von diesen Einzelfällen wurde dem Börsenkurs in der instanzgerichtlichen Rechtsprechung für die Bemessung der angemessenen Abfindung keine Bedeutung beigemessen.

C. Paradigmenwechsel durch BVerfG DAT/Altana

Erst mit der richtungsweisenden DAT/Altana-Entscheidung des BVerfG im Jahre 1999 setzte ein allgemeines Umdenken ein.[23] Seither sind Börsenkurse bei der Bestimmung der angemessenen Abfindung nicht mehr wegzudenken, da sie im Anwendungsbereich der Rechtsprechung regelmäßig die Mindestabfindung bestimmen.[24]

Der Entscheidung lassen sich aber auch bereits erste, wenn auch noch zurückhaltende Öffnungen hin zu einer Heranziehung von Börsenkursen als Bewertungsmethode entnehmen.[25] Denn aus der Festsetzung des Börsenkurses als Wertuntergrenze folgt, dass dieser zumindest dann als (alleinige) Schätzgrundlage und damit Bewertungsmethode heranzuziehen ist, wenn er über dem Ertragswert liegt.[26] Indes geht es zu weit der Entscheidung entnehmen zu wollen, das BVerfG halte den Börsenkurs regelmäßig für allein maßgeblich.[27] Dies ist

---

[19] Siehe insbesondere S. 41 ff.

[20] OLG Hamm, AG 1963, 218 (218).

[21] BayObLG München, AG 1999, 43 (45); so auch OLG Hamm, AG 1963, 218 (219).

[22] BayObLG München, AG 1999, 43 (44 f.).

[23] Vgl. bereits ausführlich S. 41 ff.

[24] *Adolff*, Unternehmensbewertung, S. 302; *Bilda*, NZG 2000, 296 (298); *Wilm*, NZG 2000, 234 (235).

[25] BeckOGK AktG/*Veil/Preisser*, § 305 Rn. 54; a. A. *Bilda*, NZG 2000, 296 (298); *Wilm*, NZG 2000, 234 (235).

[26] Zutr. *Bungert/Wettich*, FS Hoffmann-Becking 2013, 157 (164) m. w. N. aus lit. und Rspr.

[27] Wie hier: OLG Frankfurt a. M., AG 2010, 751 (insoweit abgedruckt in juris Rn. 46) – „*T-Online/Deutsche Telekom*"; Schmitt/Hörtnagl/*Winter*, UmwG, § 5 Rn. 57; *Sinewe*, NZG 2002, 314 (317); *Stilz*, ZGR 2001, 875 (880) zu § 255 Abs. 2 AktG; a. A. jedoch *Bilda*, NZG

schon historisch betrachtet mit der bis dato ablehnenden Haltung der Rechtsprechung gegenüber Börsenkursen unvereinbar. Das BVerfG äußert sich nicht dazu, ob der Börsenkurs nur Wertuntergrenze oder auch Schätzmethode sein kann.[28] Die Entscheidung ist lediglich offen formuliert und schließt eine Bewertung anhand von Börsenkursen nicht explizit aus.

D. Jüngere Entwicklungen

Die Heranziehung von Börsenkursen als Wertuntergrenze kann nach der DAT/Altana-Entscheidung nicht mehr ernsthaft in Frage gestellt werden. Die Diskussion widmet sich nun vielmehr der Frage, inwieweit Börsenkurse bei der Bestimmung der angemessenen Abfindung herangezogen werden können oder gar müssen und ob und unter welchen Voraussetzungen sie sich auch als eigenständige Bewertungsmethode eignen.

I. Verfassungsgerichtliche Rechtsprechung

Bereits der verfassungsgerichtlichen Rechtsprechung lassen sich erste Tendenzen hin zu einer Berücksichtigungsfähigkeit von Börsenkursen entnehmen. Das BVerfG stellt zwar seit jeher klar, dass von Verfassungs wegen keine konkrete Bewertungsmethode vorgegeben ist. Jedoch äußert es sich in zwei neueren Entscheidungen[29] näher zur Bedeutung von Börsenkursen, die über die Ausführungen in der DAT/Altana-Entscheidung in entscheidenden Punkten hinausgehen.

1. T-Online/Deutsche Telekom

Der ersten Entscheidung aus dem Jahr 2011 lag der Fall einer konzerninternen Verschmelzung der T-Online International AG auf die Deutsche Telekom AG zugrunde. Das BVerfG bejahte hier eine Bewertung beider Rechtsträger anhand von Börsenkursen, wenn und soweit sich das Fachgericht hierfür „mit sorgfältiger und ausführlicher, den Streit zur ‚richtigen' Bewertungsmethode reflektierender Begründung" entscheidet.[30] Die Anwendung der Ertragswertmethode sei verfassungsrechtlich nicht zwingend geboten.[31] Das BVerfG erkennt den

2000, 296 (298); *Tonner*, FS Schmidt 2009, 1581 (1587); wohl auch OLG Düsseldorf, AG 2009, 907 (909).

[28] Wie hier: OLG Frankfurt a. M., AG 2010, 751 (insoweit abgedruckt in juris Rn. 46) – „*T-Online/Deutsche Telekom*"; *Sinewe*, NZG 2002, 314 (317) zu § 255 Abs. 2 AktG; a. A. *Bilda*, NZG 2000, 296 (298); wohl auch OLG Düsseldorf, AG 2009, 907 (909).

[29] BVerfG, NZG 2011, 869 – „*T-Online/Deutsche Telekom*"; BVerfG, NZG 2012, 907 – „*Deutsche Hypothekenbank*".

[30] BVerfG, NZG 2011, 869 (870) – „*T-Online/Deutsche Telekom*" (Hervorhebungen durch Verf.).

[31] BVerfG, NZG 2011, 869 (870) – „*T-Online/Deutsche Telekom*".

Börsenkurs in Übereinstimmung mit der Vorinstanz[32] als grundsätzlich taugliche Bewertungsmethode an, hebt im selben Atemzug jedoch das Erfordernis einer konkreten Prüfung und Würdigung im Einzelfall hervor.[33] Auch wenn die Aktien im zugrundeliegenden Fall besonders liquide und in einen bedeutenden Aktienindex aufgenommen waren,[34] so beschränken sich die allgemeinen Ausführungen zur Geeignetheit von Börsenkursen als Schätzmethode nicht auf den konkreten Sachverhalt, zumal sich bereits die Vorinstanz mit der Anwendung marktorientierter Bewertungsverfahren bei der Anteilsbewertung sowie bei der Unternehmensbewertung im Detail auseinandergesetzt hat.[35] Zwar liegt der benannten Entscheidung die Besonderheit der Ermittlung einer Verschmelzungswertrelation zugrunde, die sich von der Barabfindung dahingehend unterscheidet, dass die Aktionäre ihre Beteiligung nicht verlieren, sondern an einem anderen Unternehmen – dem übernehmenden Rechtsträger – fortsetzen. Die Ausführungen sind jedoch von solch allgemeiner Natur, dass sie für die Bestimmung der angemessenen Abfindung insgesamt und damit auch für Barabfindungen fruchtbar gemacht werden können.[36]

2. *Deutsche Hypothekenbank*

Die zweite Entscheidung, die mehrere Verfassungsbeschwerden gegen den Ausschluss von Aktionären nach den Vorschriften des WpÜG betrifft, setzt diese Rechtsprechungslinie fort. In Frage stand hier die Verfassungsmäßigkeit des übernahmerechtlichen Squeeze-Outs. Dieser ermöglicht es einem Bieter im Anschluss an ein Übernahmeangebot, das zu einem Aktienbesitz des Bieters in Höhe von mindestens 95% der stimmberechtigten Aktien geführt hat, die Übertragung der übrigen stimmberechtigten Aktien gegen Gewährung einer angemessenen Abfindung zu verlangen (§ 39a Abs. 1 Satz 1 WpÜG). Dabei gilt die im Rahmen des Übernahmeangebots gewährte Gegenleistung (§ 31 WpÜG) als angemessene Abfindung, wenn der Bieter damit Aktien in Höhe von mindestens 90% des vom Angebot betroffenen Grundkapitals erworben hat (sog. Markttest, § 39a Abs. 3 Satz 2 WpÜG). Der Gegenleistung ist dabei der durchschnittliche Börsenkurs der Aktien zugrunde zu legen (§ 31 Abs. 1 Satz 2 WpÜG).

Das BVerfG bejaht die Verfassungsmäßigkeit der Regelung, da sie einerseits eine hohe Akzeptanz durch den Markt voraussetze, andererseits mindestens den Börsenkurs garantiere und eine Unternehmensbewertung für den Fall

[32] OLG Frankfurt a. M., AG 2010, 751 (Ls. 2) – „*T-Online/Deutsche Telekom*".

[33] BVerfG, NZG 2011, 869 (871) – „*T-Online/Deutsche Telekom*" („begegnet der Anwendung der vom OLG gewählten Methode auf den konkreten Fall keinen verfassungsrechtlichen Bedenken").

[34] BVerfG, NZG 2011, 869 (869) – „*T-Online/Deutsche Telekom*".

[35] OLG Frankfurt a. M., AG 2010, 751 – „*T-Online/Deutsche Telekom*".

[36] So auch *Bungert/Wettich*, FS Hoffmann-Becking 2013, 157 (171); OLG Frankfurt a. M., BeckRS 2021, 10278, Rn. 32.

nicht funktionierender Marktmechanismen normiere. Dies sichere dem Aktionär eine angemessene Abfindung, die dem „Verkehrswert der Aktie" entspreche.[37] Dabei äußert sich das BVerfG auch erstmalig kritisch gegenüber der in der Abfindungspraxis dominierenden Ertragswertmethode. Diese müsse mit unsicheren Prognosen arbeiten und zeitige daher „keine ‚richtigeren' Ergebnisse als der ‚Markttest'". Sie sei von Verfassungs wegen nicht zur Ermittlung des „wahren Wertes" der Aktie vorgeschrieben.[38]

3. Zwischenergebnis

Das BVerfG hebt in beiden Entscheidungen die Relevanz der freien Desinvestitionsentscheidung für die Bewertung und den Verkehrswert der Aktie hervor. Implizit entfernt sich das BVerfG damit von einer quotalen Unternehmensbewertung hin zu einer Anteilsbewertung, mit stärkerem Fokus auf eine börsenkursorientierte Bewertung. Das BVerfG stellt dabei eindeutig klar, dass Art. 14 Abs. 1 GG einer Abfindungsbemessung anhand von Börsenkursen nicht entgegensteht und zählt den Börsenkurs als gleichgestellte Bewertungsmethode auf. Ein Vorrang der börsenkursorientierten Bewertung ist dem indes nicht zu entnehmen.[39]

II. Parallele Entwicklung der Rechtsprechung des BGH

Parallel zur verfassungsgerichtlichen Rechtsprechung hat sich auch der BGH in mehreren Entscheidungen intensiv mit einer marktorientierten Bewertung auseinandergesetzt.

1. DAT/Altana, 2001

Bereits im Anschluss an die DAT/Altana-Entscheidung des BVerfG führt der BGH aus, dass

> „die Börse auf der Grundlage der ihr zur Verfügung gestellten Informationen und Informationsmöglichkeiten die Ertragskraft des Gesellschaftsunternehmens, um dessen Aktien es geht, zutreffend bewertet, der Erwerber von Aktien sich an dieser Einschätzung durch den Markt orientiert und sich daher Angebot und Nachfrage danach regulieren, so daß sich die Marktbewertung in dem Börsenkurs der Aktien niederschlägt".[40]

---

[37] BVerfG, NZG 2012, 907 (909) – *„Deutsche Hypothekenbank"*.

[38] BVerfG, NZG 2012, 907 (909) – *„Deutsche Hypothekenbank"*.

[39] *Ruiz de Vargas*, NZG 2021, 1056 (1056) verweist insoweit auf die Heranziehung der Ertragswertmethode in der anschließenden Daimler/Chrysler-Entscheidung, weil die Börsenwertrelation geringer ausgefallen wäre (BVerfG, NZG 2012, 1035 (1037) – *„DaimlerChrysler"*). Das Meistbegünstigungsprinzip wird damit noch nicht vollständig aufgegeben. Jedoch stand in der benannten Entscheidung auch lediglich die Berücksichtigung des Börsenkurses als Untergrenze in Frage.

[40] BGH, Beschl. v. 12.03.2001 – II ZB 15/00, juris, Rn. 19 – *„DAT/Altana IV"*.

Damit geht der Senat über die Feststellungen des BVerfG hinaus, indem er die Geeignetheit des Börsenkurses, die Ertragskraft des Unternehmens – aus Sicht der Marktteilnehmer – wiederzugeben, klar hervorhebt. Dabei kommt er zu der treffenden Erkenntnis, dass Börsenwert und Schätzwert (Ertragswert) zwar übereinstimmen, aufgrund der unterschiedlichen Bewertungsansätze jedoch auch auseinanderfallen können.[41] Leider unterbleibt eine genauere Analyse der Hintergründe.

Dabei folgen unterschiedliche Ergebnisse der beiden Methoden schon daraus, dass der Börsenkurs die Aktie als verkörperte Unternehmensbeteiligung bewertet,[42] während das Ertragswertverfahren auf den Unternehmenswert bezogen ist.[43] Auch die Perspektiven sind nicht identisch. So erfolgt eine Unternehmensbewertung aus der Perspektive eines hypothetischen Erwerbers,[44] während der Börsenkurs die Anlegerperspektive wiedergibt.[45] Dass Börsenkurs und Ertragswert zu unterschiedlichen Ergebnissen führen können, verwundert daher keinesfalls.[46] Der BGH scheint dies jedoch zu verkennen und in dem Auseinanderfallen von Börsen- und Ertragswert vielmehr die Grundlage für ein methodenbezogenes Meistbegünstigungsprinzip zu sehen.[47] Der Senat hält den Börsenkurs somit nicht für allein maßgeblich, auch wenn sich den Ausführungen durchaus Argumente für eine Alleinmaßgeblichkeit des Börsenkurses entnehmen lassen.

2. *Stollwerck, 2010*

In der Stollwerck-Entscheidung bringt der BGH sodann zum Ausdruck, dass der Börsenkurs den Preis abbilde, den der Aktionär „ohne die zur Entschädigung verpflichtende Intervention des Hauptaktionärs oder die Strukturmaßnahme bei einem Verkauf des Papiers erlöst hätte[n]".[48] Dabei erkennt der BGH an, dass sich Börsenkurse aus „Angebot und Nachfrage unter dem Gesichtspunkt des vom Markt erwarteten Unternehmenswertes" bilden.[49]

Damit deutet der BGH an, dass es sich beim Börsenkurs gerade nicht nur um den Verkehrswert der Aktie (Desinvestitionswert) handelt, sondern dieser auch die Marktbewertung im Hinblick auf den Unternehmenswert – jedenfalls aus der Perspektive der Anleger – wiedergibt. Insgesamt hält sich der Senat mit

---

41 BGH, Beschl. v. 12.03.2001 – II ZB 15/00, juris, Rn. 21 – *„DAT/Altana IV"*.

42 LG Frankfurt a. M., Beschl. v. 13.03.2009 – 3–5 O 57/06, juris, Rn. 19.

43 Näher auf S. 126 ff.

44 Auch wenn der IDW S 1, Rn. 29 insoweit auf die Perspektive der Anteilseigner rekurriert, wird hier dennoch das Unternehmen bewertet.

45 Näher S. 126 ff., 161 ff.

46 *Brösel/Karami*, WPg 2011, 417 (421); *Grunewald*, NZG 2009, 332 (334); *Matschke*, FS Nadvornik 2016, 101 (130).

47 Siehe bereits S. 72 ff.

48 BGH, NJW 2010, 2657 (2659) – *„Stollwerck"*.

49 BGH, NJW 2010, 2657 (2659) – *„Stollwerck"*.

Ausführungen zur Geeignetheit von Börsenkursen als Bewertungsmethode jedoch weiterhin zurück.

3. *Stinnes, 2015*

Erste Ansätze hin zu einer Präferenz des Börsenkurses als Schätzgrundlage lassen sich erst der Stinnes-Entscheidung aus dem Jahre 2015 entnehmen:

> „Wenn die Abfindung nicht nach dem *Anteilswert, der in der Regel dem Börsenwert der gehaltenen Aktien zu entnehmen ist*, bestimmt wird, ist der Anteil des Minderheitsaktionärs am Unternehmenswert zu Grunde zu legen“[50]

Nimmt man den BGH beim Wort, so soll eine direkte Anteilsbewertung nach dem Börsenwert sogar vorrangig sein. Denn nur wenn eine Ermittlung des Anteilswerts nicht möglich ist, soll auf den Unternehmenswert abgestellt werden.[51] Dies deckt sich mit den hier bereits getroffenen Feststellungen, wonach es in erster Linie auf den Beteiligungswert (direkte Anteilsbewertung) ankommt und der Weg über den Unternehmenswert (indirekte Anteilsbewertung) nur eine Hilfskrücke in den Fällen ist, in denen keine direkte Bewertung des Anteils möglich ist.

> „Das schließt es aber nicht aus, nach den konkreten Umständen des einzelnen Falls eine andere Methode *zur Schätzung des Unternehmenswertes* anzuwenden, beispielsweise ihn durch eine marktorientierte Methode nach dem *Börsenwert des Unternehmens* zu bestimmen.“[52]

Der BGH lässt dabei die sich aufdrängende Frage offen, warum in den Fällen, in denen eine direkte Bewertung anhand des Börsenwerts der Aktien ausscheidet, eine indirekte Bewertung anhand des Börsenwertes des Unternehmens möglich sein sollte.

4. *Nestlé, 2016*

An den grundlegenden Wertungen des Stinnes-Beschlusses hält der BGH auch in seiner Nestlé-Entscheidung fest.[53] Zwar hebt der BGH zunächst die Bedeutung des Börsenkurses als Wertuntergrenze hervor,[54] verwirft im selben Zuge

---

[50] BGH, NZG 2016, 139 (140) – „*Stinnes*“ (Hervorhebungen durch Verf.).

[51] LG Frankfurt a. M., NZG 2019, 989 (991) – „*Stada AG*“; LG Stuttgart, BeckRS 2018, 35320, Rn. 101; LG Stuttgart, BeckRS 2019, 23342, Rn. 229 sehen hierin zu Recht eine Abkehr vom Börsenkurs als reine Wertuntergrenze: „Der BGH hat in der Entscheidung formuliert, dass ‚in der Regel‘ davon ausgegangen werden könne, dass der Anteilswert ‚dem Börsenwert der gehaltenen Aktien zu entnehmen ist‘, diesem also entspricht. Wörtlich verstanden, liegt darin eine *Abkehr von der früheren Rechtsprechung, wonach der Börsenkurs nur die ‚Untergrenze‘ der angemessenen Abfindung bilde.*“ (Hervorhebungen durch Verf.).

[52] BGH, NZG 2016, 139 (142) – „*Stinnes*“ unter Verweis auf BVerfG, NZG 2011, 869 (870) – „*T-Online/Deutsche Telekom*“ (Hervorhebungen durch Verf.).

[53] BGH, DStR 2016, 974 (975) – „*Nestlé*“.

[54] BGH, DStR 2016, 974 (976) – „*Nestlé*“.

jedoch das in seiner DAT/Altana-Entscheidung entwickelte Meistbegünstigungsprinzip.[55] Der Senat führt aus, dass es bei der Wahl zwischen Unternehmenswert und Börsenwert „nicht um die Wahl zwischen verschiedenen Bewertungsobjekten“ gehe, sondern um eine Methodenwahl zwischen mittelbarer und unmittelbarer Bewertung.[56] Erforderlich für eine zutreffende Marktbewertung und eine Tauglichkeit des Börsenkurses sei eine „effektive Informationsbewertung“.[57] Der BGH geht dabei von einem grundsätzlichen Gleichlauf zwischen dem Wert des (einzelnen) Anteils und dem anteiligen Unternehmenswert aus.[58] Dies ist missverständlich, da anteiliger Unternehmenswert und Anteilswert nicht zwingend identisch sind. Der Entscheidung lässt sich jedoch entnehmen, dass sich der BGH nun endlich gegenüber dem Gesellschaftsanteil als normzweckadäquates Bewertungsobjekt öffnet.[59]

5. Wella, 2020

Die Rechtsprechungslinie wurde im Jahr 2020 bestätigt. In seiner Wella-Entscheidung betont der BGH zwar erneut den Gleichlauf zwischen dem Wert der (einzelnen) Aktie und dem anteiligen Unternehmenswert,[60] stellt dabei jedoch noch deutlicher auf den Gesellschaftsanteil als Bewertungsobjekt ab.[61] Der Beteiligungswert könne sowohl unmittelbar (Börsenwert der Anteile), als auch mittelbar (quotaler Unternehmenswert) bestimmt werden.[62]

6. Beschluss vom 21.2.2023 – II ZB 12/21

Mit Urteil vom 21.02.2023 hat der BGH jüngst entschieden, dass die Abfindung von Aktionären nach § 305 Abs. 3 Satz 1 AktG und der feste Ausgleich nach § 304 Abs. 2 Satz 1 AktG allein anhand des „Börsenwertes der Gesellschaft“ bestimmt werden könne.[63] Im Falle des § 305 Abs. 3 Satz 1 AktG stützt sich der BGH auf die Wertrelation zwischen den beteiligten Gesellschaften anhand ihrer Börsenwerte.[64] Der BGH hebt ausdrücklich hervor, dass die Heranziehung der marktorientierten Bewertungsmethode grundsätzlich zulässig ist und nur auf-

---

[55] Dagegen *Hölken*, jurisPR-InsR 2016 (D.).

[56] BGH, DStR 2016, 974 (976) – „*Nestlé*“.

[57] BGH, DStR 2016, 974 (977) – „*Nestlé*“; näher auf S. 163 ff.

[58] BGH, DStR 2016, 974 (977) – „*Nestlé*“.

[59] Wie hier: OLG Frankfurt a. M., NZG 2020, 339 (341); a. A. noch OLG Frankfurt a. M., BeckRS 2017, 102412, Rn. 40: „der Bundesgerichtshof hat entschieden, dass die angemessene Abfindung im Falle des Ausschlusses von Minderheitsaktionären bei Vorliegen eines (Beherrschungs- und) Gewinnabführungsvertrags der auf den Anteil des Minderheitsaktionärs entfallende Anteil des Unternehmenswerts maßgeblich ist“.

[60] BGH, BeckRS 2020, 28435, Rn. 19 – „*Wella*“.

[61] BGH, BeckRS 2020, 28435, Rn. 20 – „*Wella*“.

[62] BGH, BeckRS 2020, 28435, Rn. 20 – „*Wella*“.

[63] BGH, BeckRS 2023, 6362, Leitsätze.

[64] BGH, BeckRS 2023, 6362, Rn. 15.

grund der Umstände des Einzelfalls ungeeignet sein kann.[65] Anknüpfend an die bisherige Rechtsprechungslinie fordert der BGH eine effektive Informationsbewertung und konkretisiert diese als Fehlen von Informationsdefiziten, auffälligen Kurssprüngen und Kursmanipulationen, gepaart mit einer hohen Liquidität der Aktien.[66]

7. Zwischenergebnis

Der BGH zeigt sich somit inzwischen grundsätzlich offen gegenüber einer Heranziehung von Börsenkursen als eigenständige Schätzgrundlage, und legt dabei in seiner jüngsten Entscheidung auch nähere Anforderungen an deren Aussagekraft fest. Bereits in seiner Nestlé-Entscheidung geht der BGH erstmals auf das Erfordernis einer „effektiven Informationsbewertung" ein. Was hierunter im Einzelnen zu verstehen ist, lässt der BGH indes offen.[67] Erst in der Entscheidung aus dem Jahre 2023 werden dahingehend Konkretisierungen vorgenommen. Insgesamt lässt sich der Rechtsprechung aber inzwischen klar entnehmen, dass die Heranziehung von Börsenkursen als Schätzgrundlage nicht allein auf der besonderen Verkehrsfähigkeit der Aktie basiert, sondern den inneren Beteiligungswert abbilden soll. Die direkte Anteilsbewertung rückt dabei immer stärker in den Fokus, wenngleich auch der quotale Unternehmenswert noch nicht aufgegeben wird, insbesondere da sich die jüngste Entscheidung auch auf die Wertrelation zwischen zwei Gesellschaften bezieht.[68] Die Rechtsprechung bewegt sich zumindest in eine anteilsorientierte Richtung.

III. Instanzgerichte

Der Entwicklung der höchstrichterlichen Rechtsprechung sind auch die Instanzgerichte weitestgehend gefolgt.[69] Insbesondere das OLG Frankfurt hat die erneute Diskussion um die Bedeutung von Börsenkursen in Abfindungssituationen ins Rollen gebracht.[70] Dabei konzentriert es sich zwar in erster Linie auf

---

[65] BGH, BeckRS 2023, 6362, Rn. 31.

[66] BGH, BeckRS 2023, 6362, Rn. 32.

[67] Eingehend daher S. 183 ff.

[68] Vgl. zum Bewertungsobjekt insoweit S. 130 f.

[69] Exemplarisch LG Frankfurt a. M., NZG 2019, 989 (991) – „*Stada AG*"; eingehend LG Stuttgart, BeckRS 2018, 35320; LG Stuttgart, BeckRS 2019, 23342, Ls. 2; OLG Frankfurt a. M., AG 2010, 751 (juris, Rn. 35 ff., 52 ff.) – „*T-Online/Deutsche Telekom*"; OLG Frankfurt a. M., NZG 2014, 464 (juris, Rn. 24) – „*Höchst AG*"; OLG Frankfurt a. M., Beschl. v. 20.12.2013 – 21 W 40/11, juris, Rn. 43; OLG Frankfurt a. M., BeckRS 2016, 6246; OLG Frankfurt a. M., BeckRS 2016, 9636; OLG Frankfurt a. M., BeckRS 2017, 102412; OLG Frankfurt a. M., BeckRS 2020, 33629; OLG Frankfurt a. M., BeckRS 2021, 10278; OLG München, AG 2012, 749 (753) – „*Singulus*"; OLG Stuttgart, BeckRS 2011, 11195; OLG Stuttgart, NZG 2013, 897 (Ls. 2); offengelassen vom OLG Dresden Beschl. v. 16.08.2017 – 8 W 244/17, nv (Teil 1, Fn. 8), S. 12; OLG München, BeckRS 2019, 18251, Rn. 33; OLG München, BeckRS 2019, 22733, Rn. 153; OLG Stuttgart, AG 2007, 705; OLG Stuttgart, AG 2013, 840 (844 f.).

[70] OLG Frankfurt a. M., Beschl. v. 30.03.2010 – 5 W 32/09, juris; OLG Frankfurt a. M.,

die Heranziehung von Börsenkursen zur Unternehmensbewertung bei der Bestimmung der Verschmelzungswertrelation,[71] äußert sich aber auch zu den Barabfindungsfällen.[72] Eine grundsätzliche Öffnung gegenüber Börsenkursen als Schätzgrundlage hat dadurch auch bei Barabfindungen Eingang in die instanzgerichtliche Rechtsprechung gefunden. Umso bedauerlicher, dass die Gerichtspraxis nach wie vor überwiegend eine Doppelbewertung anhand von Börsenkurs und Ertragswert anstrengt.[73]

In der instanzgerichtlichen Rechtsprechung wurde vor allem die Heranziehung von Börsenkursen bei einem bestehenden Beherrschungs- und Gewinnabführungsvertrag kontrovers diskutiert. In Anlehnung an die Rechtsprechung des BGH in Sachen Nestlé[74] hielt das OLG Frankfurt den Börsenkurs als Wertmesser für ungeeignet, da er sich an den Ausgleichszahlungen orientiere und nicht den auf den Anteil des Minderheitsaktionärs entfallenden quotalen Unternehmenswert wiedergebe.[75] Dem lag die Annahme zugrunde, der BGH lege den anteiligen Unternehmenswert als Bewertungsgegenstand fest.[76] Dies lässt sich aber schon der Entscheidung nicht zwingend entnehmen. Dass sich der Börsenkurs am Barwert der Ausgleichszahlungen orientiert, macht ihn außerdem gerade zu einer geeigneten Bewertungsmethode. Denn der Barwert der Ausgleichszahlungen ist ein Anspruch, der den außenstehenden Aktionären vermögensmäßig zuzuordnen und daher auch bei der Abfindungsleistung entsprechend zu berücksichtigen ist.[77]

E. Stellungnahme

In der Rechtsprechung hat sich in den letzten ca. 20 Jahren insgesamt ein klarer Trend abgezeichnet. Von der anfänglichen Ablehnung, über die Zugrundelegung als Wertuntergrenze, ging es in den vergangenen Jahren vor allem um die Anerkennung des Börsenkurses als Grundlage der richterlichen Schätzung

AG 2010, 751 (755) – „*T-Online/Deutsche Telekom*"; OLG Frankfurt a. M., NZG 2014, 464 – „*Höchst AG*"; a. A. OLG Düsseldorf, AG 2009, 907.

[71] Leitend OLG Frankfurt a. M., AG 2010, 751 (755; insbesondere Rn. 88 [insoweit abgedruckt in juris]) – „*T-Online/Deutsche Telekom*".

[72] OLG Frankfurt a. M., NZG 2014, 464 (466) – „*Höchst AG*".

[73] Siehe bereits Teil 2, Fn. 444; ausdrücklich den Börsenkurs allein als Wertuntergrenze erachtend das LG München I, AG 2017, 501 (507) – „*Clariant*"; dagegen allein auf den Börsenkurs abstellend das LG Leipzig Beschl. v. 9.12.2016 – 01 HK O 2401/15, nv (Teil 2, Fn. 437), S. 8; bestätigt durch OLG Dresden Beschl. v. 16.08.2017 – 8 W 244/17, nv (Teil 1, Fn. 8), S. 13 ff. (Letzteres jedoch unter Heranziehung der Ertragswertmethode); LG Stuttgart, BeckRS 2018, 35320, Rn. 185.

[74] BGH, DStR 2016, 974 – „*Nestlé*".

[75] OLG Frankfurt a. M., BeckRS 2017, 102412, Rn. 40.

[76] OLG Frankfurt a. M., BeckRS 2017, 102412, Rn. 40.

[77] Vgl. nun auch die Klarstellung in BGH, BeckRS 2020, 28435 – „*Wella*"; bereits LG Mannheim, Beschl. v. 29.01.2007 – 24 AktE 15/04, juris, Rn. 59; OLG Frankfurt a. M., BeckRS 2014, 22980, Rn. 32.

im Spruchverfahren und damit als eigenständige Bewertungsmethode.[78] Hintergrund dieser Entwicklung ist einerseits die zunehmende Bedeutung der Kapitalmärkte, aber auch die vermehrte Regulierung der Kapitalmärkte, vor allem durch den europäischen Gesetzgeber, die für mehr Transparenz und Vertrauen sorgt.[79] Zwar ist die Rechtsprechung der Instanzgerichte im Ergebnis noch zurückhaltend, steht der Heranziehung von Börsenkursen jedoch grundsätzlich offen gegenüber. Mangels Rechtssicherheit im Hinblick auf die Reichweite der Heranziehung von Börsenkursen sind umfassende Bewertungsgutachten aber nach wie vor die Regel. Dies wird sich auch so lange nicht ändern, wie keine konkreten Vorgaben für eine alleinige Heranziehung von Börsenkursen festgelegt werden. Denn bis dahin haben die Abfindungsschuldner stets damit zu rechnen, dass im Spruchverfahren die nachträgliche Einholung eines Bewertungsgutachtens gefordert wird. Ihre Forderung werden die Antragsteller schon allein darauf stützen, dass der Ertragswert in den Entscheidungen der letzten rund 20 Jahre in knapp der Hälfte der Fälle über dem Börsenkurs lag.[80]

In den Begründungen der Entscheidungen zeichnet sich ab, dass dem Börsenkurs als Wertuntergrenze und eigenständige Bewertungsmethode unterschiedliche Anknüpfungspunkte zugrunde liegen. Der Börsenkurs als Wertuntergrenze in Sachen DAT/Altana bezieht sich allein auf die besondere Verkehrsfähigkeit der Aktie und deckt die Veräußerungsmöglichkeit der außenstehenden Aktionäre vermögensmäßig ab. Es kommt hierfür nicht auf die Aussagekraft des Börsenkurses im Hinblick auf den Beteiligungswert, sondern allein auf die tatsächliche Veräußerungsmöglichkeit an. Davon zu unterscheiden ist die Frage, ob der Börsenkurs auch taugliche Schätzgrundlage, also allein maßgeblich sein kann. Hierfür muss dieser in der Lage sein, den inneren Beteiligungswert der Minderheitsaktionäre abzubilden,[81] d. h. der Börsenkurs muss aussagekräftig sein.[82]

---

78 Vgl. zu diesen drei Phasen der Rechtsprechungsentwicklung *Bungert/Wettich*, FS Hoffmann-Becking 2013, 157 (175); *Hüttemann*, FS Hoffmann-Becking 2013, 603 (611 ff.).

79 *Aha*, AG 1997, 26 (26 ff.); BGH, BeckRS 2020, 28435, Rn. 35 – „*Wella*"; *Großfeld*, BB 2000, 261 (264); *Piltz*, ZGR 2001, 185 (190); *Steinhauer*, AG 1999, 299 (302 f.).

80 Vgl. die Erhebungen bei *Ruiz de Vargas*, NZG 2021, 1001 (1002).

81 Häufig nach wie vor verstanden als anteiliger Unternehmenswert (so OLG Frankfurt a. M., AG 2010, 751 (insoweit abgedruckt in juris, Rn. 46) – „*T-Online/Deutsche Telekom*" (hier jedoch auch in Bezug auf die Verschmelzungswertrelation, bei deren Ermittlung durchaus auf die Unternehmen als normzweckadäquate Bewertungsobjekte abgestellt werden kann (vgl. bspw. OLG Düsseldorf, AG 2009, 873 (875)); dies soll hier jedoch nicht abschließend beurteilt werden).

82 Zutr. OLG Frankfurt a. M., Beschl. v. 28.03.2014 – 21 W 15/11, juris, Rn. 219.

§ 7 Gesetzgeberische Wertungen

Schon eingangs wurde darauf verwiesen, dass der Gesetzgeber in anderen Bewertungskontexten konkretisierende Bewertungsvorgaben macht, während er sich bei Barabfindungen zurückhält. Wann der Gesetzgeber auf Börsenkurse zurückgreift und inwieweit sich diese Wertungen auf Barabfindungsfälle übertragen lassen, ist Gegenstand der nachstehenden Untersuchung.

A. Erste Öffnungen hin zu einer Orientierung an Börsenkursen; § 186 Abs. 3 Satz 4 AktG (1994)

Eine erste Anknüpfung an den Börsenkurs wurde für den erleichterten Bezugsrechtsausschluss in § 186 Abs. 3 Satz 2 AktG[83] geregelt.

„Ein Ausschluß des Bezugsrechts ist insbesondere dann zulässig, wenn die Kapitalerhöhung gegen Bareinlagen *zehn vom Hundert des Grundkapitals nicht übersteigt* und der Ausgabebetrag den *Börsenpreis nicht wesentlich unterschreitet.*" (Hervorhebungen durch Verf.)

Hintergrund ist die Möglichkeit der vom Bezugsrecht ausgeschlossenen Aktionäre, bei annähernder Übereinstimmung von Emissions- und Börsenkurs ihre Beteiligungsquote durch Zukauf weiterer Aktien am Markt zu halten.[84] Sie stehen dann bei wirtschaftlicher Betrachtung so, als wäre ihnen ein Bezugsrecht eingeräumt worden. Das Bezugsrecht soll gerade vor der Gefahr einer Verwässerung der Beteiligung bei Ausgabe neuer Aktien schützen.[85] Diese besteht jedoch nicht, wenn die jungen Aktien (mindestens) zum Börsenpreis ausgegeben werden, da die vom Bezugsrecht ausgeschlossenen Aktionäre ihre Stellung dann durch Zukäufe zum Börsenkurs wahren können.[86]

Auch außerhalb des § 186 Abs. 3 Satz 4 AktG wird die generelle Bedeutung des Börsenkurses für die Bestimmung des angemessenen Ausgabebetrags diskutiert.[87] Die Anwendung des Börsenkurses kommt zu tragfähigen Ergebnissen, da bei einer Ausgabe junger Aktien zum Börsenkurs eine Verwässerung

[83] Eingeführt mit dem Gesetz für kleine Aktiengesellschaften und zur Deregulierung des Aktienrechts (Gesetz für kleine AGs) v. 02.08.1994, BGBl. I 1994, 1961.

[84] Entwurf eines Gesetzes für kleine Aktiengesellschaften und zur Deregulierung des Aktienrechts, BT-Drs. 12/6721, S. 10; *Henze*, ZHR 167 (2003) 1 (5); *Koch*, AktG, § 186 Rn. 39a; *Riegger*, DB 1999, 1889 (1890); *Schiel*, Aktionärsschutz, S. 250 f.

[85] BGH, NJW 1978, 1316 (1318) – *„Kali & Salz"*.

[86] Entwurf eines Gesetzes für kleine Aktiengesellschaften und zur Deregulierung des Aktienrechts, BT-Drs. 12/6721, S. 10; *Henze*, ZHR 167 (2003) 1 (5); MüKoAktG/*Schürnbrand/Verse*, § 186 Rn. 136; *Sinewe*, NZG 2002, 314 (316).

[87] Für eine Berücksichtigung: *Koch*, AktG, § 255 Rn. 12; *Krieger*, Verhandlungen des 67. DJT, 2008, N25 (N30); *Martens*, FS Bezzenberger 2000, 267 (279 ff.); *Sinewe*, NZG 2002, 314 (317); a. A. noch BGH, NJW 1978, 1316 (1318) – *„Kali & Salz"*; *Mülbert*, Aktiengesellschaft, Unternehmensgruppe und Kapitalmarkt, S. 262 ff.

der Altaktien abzulehnen und so schon kein Eingriff in das Anteilseigentum der Minderheit vorliegt.[88]

Die Situation ist mit der Abfindung bei Strukturmaßnahmen nicht vergleichbar.[89] Auch wenn man eine Ermittlung des „vollen" Wertes verlangt,[90] geht es hier nicht um eine volle Entschädigung für einen Rechtsverlust in einer dominierten Konfliktsituation, sondern um die Möglichkeit der Wahrung einer Rechtsposition. Ein Eingriff in das Anteilseigentum in Form der Verwässerung der Vermögens- und Stimmrechte soll durch die Anknüpfung an den Börsenkurs gerade abgewendet werden.[91] Es lässt sich der Regelung nicht entnehmen, dass weitere Anforderungen an den Börsenkurs zu stellen sind oder dieser gar den „wahren" Wert der Beteiligung abbilden muss.[92] Richtigerweise kommt es – vergleichbar mit der DAT/Altana-Entscheidung zum Börsenkurs als Wertuntergrenze – nicht darauf an, dass der Börsenkurs den Beteiligungswert abbildet, sondern dass eine tatsächliche Erwerbsmöglichkeit und damit eine hinreichende Streuung der jungen Aktien besteht.[93]

Für die Möglichkeit der Heranziehung von Börsenkursen bei Strukturmaßnahmen lassen sich aus der Regelung daher keine weiterführenden Erkenntnisse ziehen.

B. Hervorhebung des Börsenkurses im KonTraG (1998)

Mit Erlass des KonTraG, durch das in § 3 Abs. 2 AktG die Legaldefinition der börsennotierten Aktiengesellschaft eingeführt wurde, hebt der Gesetzgeber gleich an mehreren Stellen die Bedeutung des Börsenkurses für den Unternehmenswert hervor. Auf einem funktionierenden Kapitalmarkt liefere der Markt die richtige Unternehmensbewertung.[94] Denn der Kurs spiegele dann „die Summe der Einschätzungen des Marktes über den Wert und die Zukunftschancen des Unternehmens wider".[95]

Wenn der Gesetzgeber davon ausgeht, der Börsenkurs eigne sich auf funktionierenden Kapitalmärkten sogar zur Bewertung ganzer Unternehmungen, dann erschließt sich auf den ersten Blick nicht, warum dies nicht auch für die

[88] *Martens*, FS Bezzenberger 2000, 267 (273); *Sinewe*, NZG 2002, 314 (317).
[89] *Martens*, FS Bezzenberger 2000, 267 (283).
[90] *Koch*, AktG, § 255 Rn. 10 ff.; *Sinewe*, NZG 2002, 314 (315 ff.).
[91] *Sinewe*, NZG 2002, 314 (316 f.).
[92] *Henze*, ZHR 167 (2003) 1 (5); *Koch*, AktG, § 255 Rn. 12; *Krieger*, Verhandlungen des 67. DJT, 2008, N25 (N30); *Martens*, FS Bezzenberger 2000, 267 (279 ff.); *Sinewe*, NZG 2002, 314 (317); a. A. noch BGH, NJW 1978, 1316 (1318) – *„Kali & Salz"*; *Mülbert*, Aktiengesellschaft, Unternehmensgruppe und Kapitalmarkt, S. 262 ff.; *Riegger*, DB 1999, 1889 (1890); *Ruthardt/Popp*, AG 2020, 240 (248); *Schiel*, Aktionärsschutz, S. 253; *Sinewe*, NZG 2002, 314 (316 f.).
[93] *Schiel*, Aktionärsschutz, S. 253 m. w. N.; *Sinewe*, NZG 2002, 314 (317).
[94] RegE KonTraG, BT-Drs. 13/9712, S. 13.
[95] RegE KonTraG, BT-Drs. 13/9712, S. 23.

Bewertung des Gesellschaftsanteils gelten soll, auf den sich der Börsenkurs gerade bezieht. Erst recht nicht, wenn in den Fällen der Barabfindung bei Strukturmaßnahmen schon das Gesetz eine Berücksichtigung der „Verhältnisse der Gesellschaft“ fordert.[96] Die Funktionsfähigkeit des Kapitalmarkts lässt sich nach den gesetzgeberischen Wertungen damit als ein Anknüpfungspunkt für die Tauglichkeit von Börsenkursen als Wertindikator identifizieren.[97]

C. Wertungen des Übernahmerechts

I. § 31 Abs. 1 WpÜG i. V. m. § 5 WpÜG-AngebV

1. Börsenkurs als Regelkompensation

Bereits kurze Zeit nach der Entscheidung des BVerfG in Sachen DAT/Altana hat der Gesetzgeber mit dem Erlass des § 31 Abs. 1 WpÜG i. V. m. § 5 WpÜG-AngebV[98] eine Regelung geschaffen, die den gewichteten durchschnittlichen Börsenkurs der letzten drei Monate vor der Veröffentlichung der Entscheidung zur Abgabe des Angebots als mindestens zu gewährende angemessene Gegenleistung bei Übernahmeangeboten bestimmt.

„Der Bieter hat den Aktionären der Zielgesellschaft eine *angemessene* Gegenleistung anzubieten. Bei der Bestimmung der angemessenen Gegenleistung sind grundsätzlich der *durchschnittliche Börsenkurs* der Aktien der Zielgesellschaft und Erwerbe von Aktien der Zielgesellschaft durch den Bieter, mit ihm gemeinsam handelnder Personen oder deren Tochterunternehmen zu berücksichtigen.“ (§ 31 Abs. 1 WpÜG)

„Sind die Aktien der Zielgesellschaft zum Handel an einer inländischen Börse zugelassen, muss die Gegenleistung *mindestens* dem gewichteten durchschnittlichen inländischen Börsenkurs dieser Aktien während der letzten drei Monate vor der Veröffentlichung nach § 10 Abs. 1 Satz 1 oder § 35 Abs. 1 Satz 1 des Wertpapiererwerbs- und Übernahmegesetzes entsprechen.“ (§ 5 Abs. 1 WpÜG-AngebV)

„Sind für die Aktien der Zielgesellschaft während der letzten drei Monate vor der Veröffentlichung nach § 10 Abs. 1 Satz 1 oder § 35 Abs. 1 Satz 1 des Wertpapiererwerbs- und Übernahmegesetzes an weniger als einem Drittel der Börsentage Börsenkurse festgestellt worden *und* weichen mehrere nacheinander festgestellte Börsenkurse um mehr als 5 Prozent voneinander ab, so hat die *Höhe der Gegenleistung dem anhand einer Bewertung der Zielgesellschaft ermittelten Wert des Unternehmens zu entsprechen.*“ (§ 5 Abs. 4 WpÜG-AngebV)

Die Gegenleistung bei einem Übernahmeangebot bestimmt sich danach regelmäßig nach dem durchschnittlichen Börsenkurs und wird nur ausnahmsweise mangels aussagekräftiger Kurse auf Basis einer Unternehmensbewertung er-

---

[96] Siehe S. 62.

[97] *Ruiz de Vargas*, NZG 2021, 1056 (1057).

[98] Verordnung über den Inhalt der Angebotsunterlage, die Gegenleistung bei Übernahmeangeboten und Pflichtangeboten und die Befreiung von der Verpflichtung zur Veröffentlichung und zur Abgabe eines Angebots (WpÜGAngebV) v. 27.12.2001, BGBl. I 2001, 4263.

mittelt.[99] Im Anwendungsbereich der Norm sind Börsenkurse bzw. Vorerwerbspreise somit die angemessene Gegenleistung, auch wenn diese ausweislich des Wortlauts nur die Untergrenze bilden. Der Börsenkurs als Mindestpreis[100] bezieht sich im Anwendungsbereich des WpÜG auf den vollen Beteiligungswert, da die Minderheitsaktionäre mit Annahme der Gegenleistung ihre Rechtsposition vollständig aufgeben. Damit geht der Gesetzgeber klar über die Vorgaben der *DAT/Altana*-Rechtsprechung hinaus, in der lediglich eine Berücksichtigung des Desinvestitionswertes als Wertuntergrenze gefordert wird.

Die Vorschrift dient dem Schutz der austrittswilligen Aktionäre im Hinblick auf einen bevorstehenden oder bereits erfolgten Kontrollerwerb, § 30 WpÜG.[101] Sie soll den Minderheitsaktionären ermöglichen, bei einer Änderung ihrer Investitionsgrundlage ihre Beteiligung in einem fairen Verfahren veräußern zu können, während der Bieter die Aktie nicht unterhalb des Preises erwerben können soll, den er bei einem hypothetischen Beteiligungsaufbau über die Börse hätte leisten müssen.[102] Die Eckpunkte der Bewertung werden dabei bewusst nicht unmittelbar im WpÜG geregelt, sondern auf die nach § 31 Abs. 7 WpÜG durch das Bundesministerium der Finanzen zu erlassende Rechtsverordnung ausgelagert, um eine flexible und kurzfristige Anpassung zu ermöglichen.[103] Die konkretisierenden Vorgaben dienen dem Interesse an Rechtssicherheit und der Vermeidung von Rechtsstreitigkeiten in Übernahmeverfahren.[104] Eine Unternehmensbewertung ist demnach de lege lata nur dann erforderlich, wenn der Handel in den Aktien nicht hinreichend liquide oder volatil war (§ 5 Abs. 4 WpÜG-AngebV).

---

[99] Vgl. insbesondere § 5 WpÜG letzter Absatz.

[100] So die h. M.: Angerer/Geibel/*Süßmann*, WpÜG, § 31 Rn. 5, 78; Assmann/Pötzsch/Schneider/*Krause*, WpÜG, § 31 Rn. 34 ff.; Marsch-Barner/Schäfer/*Drinkuth*, Hdb. börsennotierte AG, Rn. 60.251 f.; KK-WpÜG/*Kremer/Kulenkamp*, § 31 Rn. 4; *Matschke*, FS Nadvornik 2016, 101 (109); Steinmeyer/*Santelmann/Nestler*, WpÜG, § 31 Rn. 1, 8 f.; MüKoAktG/*Wackerbarth*, § 31 WpÜG Rn. 21.

[101] RegE Gesetz zur Regelung von öffentlichen Angeboten zum Erwerb von Wertpapieren und von Unternehmensübernahmen, BT-Drs. 14/7034, S. 28; MüKoAktG/*Bayer*, WpHG § 34 Rn. 2. Der BGH hat jüngst klargestellt, dass der Anspruch auf eine angemessene Gegenleistung nach § 31 Abs. 1 Satz 1 WpÜG nur solchen Aktionären zusteht, die das Übernahmeangebot annehmen (BGH, Urt. v. 23.11.2021 – II ZR 312/19, juris, Rn. 18).

[102] *Ruiz de Vargas*, NZG 2021, 1056 (1057) unter Verweis auf Marsch-Barner/Schäfer/*Drinkuth*, Hdb. börsennotierte AG, Rn. 60.251: „Gewährung einer marktkonformen Desinvestition"; Schwark/Zimmer/*Noack/Zetzsche*, § 35 WpÜG Rn. 3 f. (früher Konzerneingangsschutz).

[103] RegE Gesetz zur Regelung von öffentlichen Angeboten zum Erwerb von Wertpapieren und von Unternehmensübernahmen, BT-Drs. 14/7034, S. 27, 55.

[104] RegE Gesetz zur Regelung von öffentlichen Angeboten zum Erwerb von Wertpapieren und von Unternehmensübernahmen, BT-Drs. 14/7034, S. 55.

2. *Übertragbarkeit auf Strukturmaßnahmen*

Zunächst ist zu fragen, ob sich diese Wertungen auf die Barabfindung bei sämtlichen Strukturmaßnahmen übertragen lassen. Die Vorschrift § 5 Abs. 4 WpÜG wird für die Bestimmung des aussagekräftigen Börsenkurses als Untergrenze von der h. M. auch außerhalb des Anwendungsbereichs des WpÜG herangezogen.[105] Dies könnte auch für die grundsätzliche Wertung des WpÜG gelten, dass Börsenkurse als Regelabfindung herangezogen werden („Ausstrahlungswirkung des einfachen Rechts").[106]

a) *Keine dominierte Konfliktsituation*

Ein wesentlicher Unterschied liegt jedoch schon auf den ersten Blick im Anknüpfungspunkt der Regelung. Im Unterschied zu den Barabfindungsfällen, in denen die Minderheitsaktionäre durch einen Mehrheitsbeschluss gegen ihren Willen aus der Gesellschaft gedrängt werden, steht es den Minderheitsaktionären anlässlich eines Übernahmeangebots frei, dieses abzulehnen und in der Gesellschaft zu verbleiben.[107] Die Minderheitsaktionäre werden jedenfalls nicht ohne ihren Willen aus der Gesellschaft gedrängt. Die Aufgabe ihrer Beteiligung erfolgt auf freiwilliger Basis.[108] Dies setzt für den Bieter zugleich einen Anreiz, eine angemessene Gegenleistung zu bestimmen, die sich am inneren Beteiligungswert orientiert, um eine möglichst hohe Annahmequote zu erzielen.[109] Regelmäßig wird sogar ein Aufgeld (premium) auf den Mindestpreis geboten, um das Angebot attraktiver zu machen.[110] Dass ein etwaiger höherer Ertragswert von Gesetzes wegen nicht zu berücksichtigen ist, lässt sich daher auf die geringere Eingriffsintensität gegenüber anderen Strukturmaßnahmen zurückführen, die jedenfalls nicht unmittelbar den Schutz der Eigentumsgarantie berührt.[111]

---

[105] Siehe S. 196 ff.

[106] *Bungert/Wettich*, FS Hoffmann-Becking 2013, 157 (165).

[107] *Matschke/Brösel/Karami*, FS Mandl 2010, 421 (436) sehen hierin bei Pflichtangeboten sogar eine dominierende Position der Minderheit, da der Mehrheitsaktionär nach § 35 WpÜG zur Abgabe eines Übernahmeangebots verpflichtet wird. Dies verkennt jedoch, dass zwischen dem Bieter und den Aktionären der Zielgesellschaft regelmäßig erhebliche Informationsasymmetrien bestehen und daher ein entsprechendes Machtgefälle vorliegt.

[108] *Böcking*, FS Drukarczyk 2003, 59 (67); *Brösel/Karami*, WPg 2011, 417 (427); *Bungert/Wettich*, FS Hoffmann-Becking 2013, 157 (166); *Naschke*, Der Börsenkurs als Abfindungsgrundlage, S. 131 f.; *Ruiz de Vargas*, NZG 2021, 1056 (1058); *Ruthardt/Popp*, AG 2020, 240 (248).

[109] Angerer/Geibel/*Süßmann*, WpÜG, § 31 Rn. 4; *Matschke*, FS Nadvornik 2016, 101 (111 ff.); *Ruiz de Vargas*, NZG 2021, 1056 (1058); MüKoAktG/*Wackerbarth*, § 31 WpÜG Rn. 6 ff.; OLG Stuttgart, Beschl. v. 05.05.2009 – 20 W 13/08, juris, Rn. 228.

[110] Marsch-Barner/Schäfer/*Drinkuth*, Hdb. börsennotierte AG, Rn. 60.7.

[111] So Marsch-Barner/Schäfer/*Drinkuth*, Hdb. börsennotierte AG, Rn. 60.251; KK-WpÜG/*Kremer/Kulenkamp*, § 5 AngebVO Rn. 2.

Dass den Minderheitsaktionären bei Übernahmeangeboten ein entsprechender Entscheidungsspielraum zusteht, darf jedoch nicht über die Tatsache hinwegtäuschen, dass die „Freiwilligkeit" des Ausscheidens durch andere Faktoren durchaus beschränkt wird. So ändert sich die Beteiligung an der Gesellschaft im Anschluss an eine erfolgreiche Übernahme strukturell. Waren die Minderheitsaktionäre zuvor an einer unbeherrschten Gesellschaft beteiligt, so übt die übernehmende Gesellschaft nach einer erfolgreichen Übernahme eine beherrschende Stellung aus, mit allen daraus folgenden Nachteilen für die abhängige Gesellschaft. Dabei werden die verbleibenden Aktionäre aber zumindest über die konzernrechtlichen Vorschriften der §§ 311 ff. AktG geschützt.[112] Nicht selten werden auf eine Übernahme weitere Strukturmaßnahmen wie bspw. der Abschluss eines Beherrschungs- und Gewinnabführungsvertrags folgen. Indes gelten für diese aber die allgemeinen Grundsätze für Abfindungen, sodass die außenstehenden Aktionäre sich bei nachfolgenden Strukturmaßnahmen erneut auf das Gebot der vollen Entschädigung berufen können.[113] Die Situation ist daher im Ergebnis nicht mit dem vollständigen Ausschluss gegen den Willen der Minderheit vergleichbar. Völlig konfliktfrei ist die Bewertungssituation aber auch hier nicht, sodass der Regelung durchaus auch eine allgemeine Aufwertung des Börsenkurses hinsichtlich der Anteilsbewertung bei Strukturmaßnahmen zu entnehmen ist.[114] Die Wertungen können indes nicht unmittelbar auf Barabfindungen übertragen werden.

b) Reiner Vermögensausgleich

Hinzu tritt die Annahme, die Regelung des § 31 Abs. 1 WpÜG bezwecke allein den Schutz der Vermögensinteressen der Minderheit und gerade nicht auch den Schutz der herrschaftsrechtlichen Komponente. Dies folge bereits aus der Möglichkeit der Gegenleistung in Form der Geldzahlung in Euro und liquiden Aktien mit Börsenzulassung.[115] Es handle sich bei der Gegenleistung nicht um eine Abfindung zum vollen wirtschaftlichen Wert der Anteile.[116] Dabei ist jedoch zu beachten, dass die Rechtsstellung der Minderheit in Bezug auf die Herrschaftsrechte grundsätzlich derart gering ausgeprägt ist, dass dieser auch bei gesellschaftsrechtlichen Strukturmaßnahmen regelmäßig kein relevanter Vermögenswert beigemessen werden kann.[117]

---

[112] *Ruthardt/Popp*, AG 2020, 240 (248).

[113] Es stellt sich dann die Frage, ob bei einer gewissen zeitlichen Nähe der Strukturmaßnahme zum Übernahmeangebot die angemessene Gegenleistung nicht als Wertuntergrenze heranzuziehen ist; so das LG Stuttgart, Beschl. v. 17.09.2018 – 31 O 1/15 KfH SpruchG, juris, Rn. 154 ff.

[114] *Tonner*, FS Schmidt 2009, 1581 (1597).

[115] Schwark/Zimmer/*Noack/Zetzsche*, § 31 WpÜG Rn. 2 m. w. N.

[116] BeckOGK AktG/*Hoffmann*, § 119 Rn. 67; *Naschke*, Der Börsenkurs als Abfindungsgrundlage, S. 131.

[117] Siehe bereits S. 26 ff.

c) Kapitalmarktrechtliche Perspektive

Des Weiteren wird angeführt, die rein kapitalmarktrechtliche Perspektive der Regelung bedeute, dass die Beteiligten (Aktionäre und Bieter) allein auf öffentlich verfügbare Informationen abstellen.[118] Die Regelung ziele daher nicht darauf ab, die „Verhältnisse der Gesellschaft“, zu berücksichtigen, da dies auch die Einbeziehung unternehmensinterner Informationen erfordere.[119] Bewertungsziel sei es lediglich, die „Verhältnisse am Kapitalmarkt“ abzubilden.[120] Dagegen ist jedoch einzuwenden, dass Bieter und Zielgesellschaft regelmäßig zusammenwirken und so im Rahmen einer Due-Diligence-Prüfung auch Einblicke in die unternehmensinternen Informationen gewährt werden können.[121] Feindliche Übernahmen sind hingegen äußerst selten.[122] Insoweit besteht auch in Übernahmesituationen das bei Strukturmaßnahmen übliche Informationsgefälle zwischen Mehrheit und Minderheit.

d) Zusätzliche Schutzmechanismen des WpÜG

Das WpÜG regelt außerdem zusätzliche Schutzmechanismen zu Gunsten der Minderheit. Zum einen hat sich die nach § 27 WpÜG erforderliche Stellungnahme von Vorstand und Aufsichtsrat auch auf die Art und Höhe der Gegenleistung zu beziehen.[123] Insoweit ist eine entsprechende Bewertung erforderlich, um zu beurteilen, ob die Gegenleistung dem Angemessenheitsgebot Rechnung trägt.[124] Zum anderen sind bei der angemessenen Gegenleistung ausdrücklich Vor-, Parallel- und Nacherwerbspreise zu berücksichtigen. Dies erfolgt im Interesse der Gleichbehandlung der Aktionäre der Zielgesellschaft,[125] da der Bieter außerhalb der Börse gezahlte höhere Preise gegen sich gelten lassen muss (§ 31 Abs. 1 Satz 2, Abs. 5 WpÜG, § 4 WpÜG-AngebV).[126] Ferner dient die Vorschrift im Hinblick auf Pflichtangebote (§ 35 WpÜG) der Umsetzung des Art. 5 Abs. 4 Satz 1 ÜbRL.[127] Nach der bisherigen Rechtsprechung zu Barabfindungen sind Vorerwerbspreise und etwaige Paketzuschläge bei der Abfindung hin-

---

118 *Ruiz de Vargas*, NZG 2021, 1056 (1057 f.).

119 Zum Erfordernis der Einbeziehung unternehmensinterner Informationen näher auf S. 134 ff.

120 *Ruiz de Vargas*, NZG 2021, 1056 (1057 f.).

121 Marsch-Barner/Schäfer/*Drinkuth*, Hdb. börsennotierte AG, Rn. 60.15a f., 60.44; *Matschke*, FS Nadvornik 2016, 101 (110).

122 Marsch-Barner/Schäfer/*Drinkuth*, Hdb. börsennotierte AG, Rn. 60.14.

123 *Ruiz de Vargas*, NZG 2021, 1056 (1058).

124 *Ruiz de Vargas*, NZG 2021, 1056 (1058) verlangt insoweit eine „fundamentalanalytische Unternehmensbewertung, idR ohne Berücksichtigung künftiger Verbundvorteile“.

125 Vgl. § 3 Abs. 1 WpÜG.

126 *Ruiz de Vargas*, NZG 2021, 1056 (1058).

127 Richtlinie 2004/25/EG (Übernahmerichtlinie), v. 21.04.2004, ABl. L 142/12, S. 17.

gegen nicht zu berücksichtigen.[128] Die Minderheitsaktionäre werden im WpÜG insoweit bessergestellt als in den Barabfindungsfällen.[129]

Der weitergehende Schutz des WpÜG könnte dafür sprechen, den Börsenkurs als Regelfall nur dann zu berücksichtigen, wenn weitere Schutzmechanismen greifen.[130] Andererseits könnte auch die abweichende Konfliktsituation bei Übernahmeangeboten die Berücksichtigung von Vorerwerbspreisen und Teilhabe an Paketzuschlägen rechtfertigen. Letzteres überzeugt. Gegen eine Berücksichtigung von Vorerwerbspreisen und Paketzuschlägen spricht grundsätzlich, dass die Minderheit einen Wert über dem Verkehrswert ihrer Beteiligung nur erlangen kann, wenn sie diese an den Mehrheitsaktionär bzw. Bieter veräußert. Hierauf hat die Minderheit aber auf Grundlage der Vertragsabschlussfreiheit des Mehrheitsaktionärs bzw. Bieters keinen Anspruch.[131] Der Zuschlag wird seitens des Mehrheitsaktionärs gerade für die Erlangung beherrschenden Einflusses gezahlt (sog. Governance-Zuschlag[132]) und bringt daher dessen Grenznutzen zum Ausdruck. Unter dem Aspekt der Subjektbezogenheit der Bewertung sind Vorerwerbspreise und Paketzuschläge daher richtigerweise auszuklammern. In Übernahmesituationen ist die Bewertungssituation jedoch schon aufgrund ihrer Nähe zu einer tatsächlichen Verkaufssituation eine andere. Darüber hinaus fordert § 3 Abs. 1 WpÜG die Gleichbehandlung der Aktionäre der Zielgesellschaft, weshalb einzelnen Aktionären in der Vorbereitung zu einem Übernahmeangebot kein höherer Erwerbspreis gezahlt werden darf, ohne dass dieser im Übernahmeverfahren die angemessene Gegenleistung bestimmt. Damit sind die besonderen Schutzmechanismen gerade auf Unternehmensübernahmen zugeschnitten und nicht als allgemeine Kriterien für die Heranziehung von Börsenkursen zu interpretieren.

e) Zwischenergebnis

§ 31 Abs. 1 WpÜG i. V. m. § 5 WpÜG-AngebV ist bereits aufgrund der abweichenden Bewertungssituation nicht unmittelbar auf die Barabfindung bei Strukturmaßnahmen übertragbar. Dennoch lässt sich der Vorschrift entnehmen, dass der Gesetzgeber dem Börsenkurs inzwischen offener gegenübersteht.[133] Die

[128] Vgl. die umfassenden Nachweise in Teil 3, Fn. 804.

[129] *Ruiz de Vargas*, NZG 2021, 1056 (1058); daher krit. *Emmerich*/Habersack, § 305 AktG Rn. 68; *Hüttemann*, FS Hoffmann-Becking 2013, 603 (615); *Krause*, FS Hopt 2010, 1005 (1009); LG Köln, AG 2009, 835 (839). Diese stellen jedoch explizit auf den Verkehrswert des Unternehmens ab.

[130] *Ruiz de Vargas*, NZG 2021, 1056 (1058).

[131] So schon BVerfGE 100, 289 (307) – „*DAT/Altana*"; *Behnke*, NZG 1999, 931 (932); *Naschke*, Der Börsenkurs als Abfindungsgrundlage, S. 64; Schwark/Zimmer/*Noack/Zetzsche*, § 31 WpÜG Rn. 19; *Wilm*, NZG 2000, 234 (240); hingegen für eine Berücksichtigung auch außerbörslich gezahlter Preise: *W. Müller*, FS Bezzenberger 2000, 705 (717).

[132] Siehe die weiteren Ausführungen auf S. 142 f., 221 f.

[133] *Bungert/Wettich*, FS Hoffmann-Becking 2013, 157 (166).

Vorschrift wird daher zu Recht als erhebliche Aufwertung des Börsenkurses in Bewertungsfragen angesehen.[134] Die grundsätzlichen Vorgaben zur Bestimmung des relevanten Börsenkurses, wie bspw. die Bestimmung des Referenzzeitraums, können daher unproblematisch auch auf aktien- und umwandlungsrechtliche Strukturmaßnahmen übertragen werden.[135] Dies darf jedoch nicht darüber hinwegtäuschen, dass es im Rahmen des § 31 WpÜG nicht unmittelbar um die Entschädigung für einen Rechtsverlust geht. Die Regelung kann daher nicht ohne Weiteres auf andere Strukturmaßnahmen übertragen werden. Die Tauglichkeit der Heranziehung von Börsenkursen als Bewertungsmethode muss vielmehr stets anhand des konkreten Bewertungsanlasses und Normzwecks geprüft werden.[136] Ein pauschaler Verweis auf die Anerkennung des Bewertungsfunktion des Börsenkurses im WpÜG genügt für die Heranziehung von Börsenkursen bei Barabfindungen daher keinesfalls.

II. § 39a Abs. 3 Satz 3 WpÜG

1. Angemessenheitsvermutung durch „Markttest"

Aufbauend auf den Regelungen zu den Übernahmeangeboten bestimmt § 39a Abs. 3 Satz 3 WpÜG in Umsetzung des Art. 15 der ÜbRL[137] die angemessene Abfindung der außenstehenden Aktionäre bei deren Ausschluss im Wege des übernahmerechtlichen Squeeze-Outs auf Basis des sog. „Markttests". Der Markttest soll nach der Gesetzesbegründung einen möglichst attraktiven, zügigen und kostengünstigen Ausschluss ermöglichen und dadurch langjährige gerichtliche Auseinandersetzungen vermeiden.[138] Die Annahmequote von 90 % gewährleiste, dass der Angebotspreis dem Verkehrswert der Aktie entspreche.[139]

Die Vorschrift regelt nach h. M. eine unwiderlegliche Vermutung für die Angemessenheit der Abfindung,[140] die allenfalls ausnahmsweise über die Grund-

---

[134] Ausdrücklich OLG Frankfurt a. M., AG 2010, 751 (753) – *„T-Online/Deutsche Telekom"*; *Tonner*, FS Schmidt 2009, 1581 (1590); *Weiler/I. Meyer*, NZG 2003, 669 (670).

[135] Siehe zur Bestimmung des relevanten Börsenkurses S. 194 ff.

[136] *Rapp*, DK 2012, 8 (8); *Ruiz de Vargas*, NZG 2021, 1056 (1058) hält daher eine ausdrückliche gesetzliche Regelung für erforderlich.

[137] Übernahmerichtlinie (Teil 3, Fn. 127), S. 21.

[138] RegE Übernahmerichtlinie-Umsetzungsgesetz, BT-Drs. 16/1003, S. 14.

[139] Stellungnahme des Bundesrates und Gegenäußerung der Bundesregierung, BT-Drs. 16/1342, S. 6; OLG Stuttgart, Beschl. v. 05.05.2009 – 20 W 13/08, juris, Rn. 227 f.

[140] RegE Übernahmerichtlinie-Umsetzungsgesetz, S. 22; Angerer/Geibel/*Süßmann*, WpÜG, § 39a Rn. 18; *Bungert/T. Meyer*, EWiR 2012, 539 (540); Marsch-Barner/Schäfer/*Drinkuth*, Hdb. börsennotierte AG, Rn. 60.344; *Grunewald*, NZG 2009, 332 (332 ff.); KK-WpÜG/*Hasselbach*, § 39a Rn. 80 ff.; *W. Müller*, FS Roth 2011, 517 (522); OLG Stuttgart, Beschl. v. 05.05.2009 – 20 W 13/08, juris, Rn. 139 ff.; *Ott*, WM 2008, 384 (390); *Ruiz de Vargas*, NZG 2021, 1056; Steinmeyer/*Santelmann/Nestler*, WpÜG, § 31 Rn. 9; Schwark/Zimmer/*Noack/Zetzsche*, § 39a WpÜG Rn. 3. Dies entspricht auch Art. 15 Abs. 5 der Übernahmerichtlinie (Teil 3, Fn. 127); a. A. LG Frankfurt a. M., NZG 2008, 665 (666); offengelassen OLG Frankfurt a. M., NZG 2009, 74 (76).

sätze von Treu und Glauben (§ 242 BGB) erschüttert werden könne.[141] Im Umkehrschluss zur jüngeren Regelung des § 39 Abs. 3 Satz 3 BörsG[142], die explizit Ausnahmen von der Börsenkursbewertung vorsieht, ist der Börsenkurs de lege lata im Anwendungsbereich des § 39a WpÜG daher auch bei einem Verstoß gegen die Vorschriften der Marktmissbrauchsverordnung als Mindestpreis heranzuziehen.

Überzeugender ist die Annahme einer widerleglichen Vermutung, insbesondere für den Fall nachweislicher Marktmanipulationen, da in diesen Fällen der Börsenkurs offensichtlich nicht den Verkehrswert der Beteiligung abbildet.[143] Eine alleinige Heranziehung von Börsenkursen überzeugt daher nur, wenn die Ausnahmeregelungen des § 39 Abs. 3 Satz 3 BörsG analog auch auf Übernahmeangebote angewendet werden.[144]

2. *Verfassungsmäßigkeit des „Markttests"*

In der bereits angesprochenen Entscheidung des BVerfG aus dem Jahre 2012 wurde die Verfassungsmäßigkeit der Regelung bestätigt.[145] Diese sichere auf Basis des hohen Akzeptanzquorums eine Abfindung zum Verkehrswert der Beteiligung.[146] Der Markttest ermögliche eine einfache Handhabung des übernahmerechtlichen Squeeze-Outs.[147] Dass die Abfindung keiner Überprüfung im Spruchverfahren unterliege, sei unerheblich, da die Angemessenheit der Abfindung in dem Ausschließungsverfahren gem. § 39b WpÜG gerichtlich überprüfbar sei.[148]

In diesem Zusammenhang äußert sich das BVerfG durchaus kritisch gegenüber der Ertragswertmethode, deren Komplexität zu überlangen Verfahrenslaufzeiten in Spruchverfahren führe, „die dem Gebot effektiven Rechtsschutzes

[141] Assmann/Pötzsch/Schneider/*Seiler*, WpÜG, § 39a Rn. 86 f. m. w. N.; Beurskens/Ehricke/Ekkenga/*Ekkenga/Schirrmacher*, WpÜG, § 39a Rn. 35 ff.; *Oppenhoff* in BeckHdB AG, § 23 Rn. 188. Nach OLG Frankfurt a. M., NZG 2009, 74 (78) nur, wenn das Angebotsverfahren in wesentlichen Punkten nicht korrekt abgelaufen und der Markttest verfälscht sein könnte.

[142] Dazu sogleich S. 115 ff.

[143] BVerfG, NZG 2012, 907 (910 f.) – „*Deutsche Hypothekenbank*"; OLG Frankfurt a. M., NZG 2014, 543 (545); OLG Frankfurt a. M., BeckRS 2021, 10278, Rn. 50, wenn auch im Ergebnis offengelassen; Assmann/Pötzsch/Schneider/*Seiler*, WpÜG, § 39a Rn. 105; a. A. Beurskens/Ehricke/Ekkenga/*Ekkenga/Schirrmacher*, WpÜG, § 39a Rn. 36; KK-WpÜG/*Hasselbach*, § 39a Rn. 88.

[144] Dafür *Krause*, FS Hopt 2020, 599 (610 f., 626). Dagegen verweist KK-WpÜG/*Hasselbach*, § 39a Rn. 88 die Minderheitsaktionäre auf ihre kapitalmarktrechtlichen Schadensersatzansprüche. Letzteres überzeugt nur dann, wenn man den Börsenkurs hier entsprechend der *DAT/Altana*-Rechtsprechung lediglich als Wertuntergrenze begreift.

[145] Siehe bereits S. 96 f.

[146] BVerfG, NZG 2012, 907 (909) – „*Deutsche Hypothekenbank*".

[147] BVerfG, NZG 2012, 907 (910) – „*Deutsche Hypothekenbank*".

[148] BVerfG, NZG 2012, 907 (911) – „*Deutsche Hypothekenbank*"; MüKoAktG/*Grunewald*, § 39b WpÜG Rn. 9; OLG Stuttgart, Beschl. v. 05.05.2009 – 20 W 13/08, juris, Rn. 244 ff.

kaum noch zu genügen vermögen".[149] Damit finden erstmalig auch verfahrensökonomische Aspekte Eingang in die verfassungsgerichtliche Beurteilung der Heranziehung von Börsenkursen bei Abfindungsleistungen.

3. *Übertragbarkeit auf Strukturmaßnahmen*

Doch auch die Vorschrift des § 39a WpÜG gilt nicht unmittelbar für sämtliche Bewertungssituationen. Denn sie ist zugeschnitten auf den Ausschluss der Aktionäre im Anschluss an ein Übernahme- oder Pflichtangebot.

Im Gegensatz zur Rechtslage nach § 31 WpÜG beruht der Ausschluss hier jedoch nicht auf einer freiwilligen Entscheidung der außenstehenden Aktionäre, sondern entspricht einer dominierten Konfliktsituation, in der der Rechtsverlust ohne den Willen des Betroffenen erfolgt. Ein Unterschied zu den übrigen Abfindungsfällen besteht jedoch darin, dass die beiden Maßnahmen derart kombiniert werden, dass von der freiwilligen Annahme des Angebots durch mindestens 90% der Minderheitsaktionäre auf die Angemessenheit der Gegenleistung auch als Abfindung im Rahmen des Squeeze-Outs geschlossen wird. Der Gesetzgeber sieht die Gegenleistung im Übernahmeverfahren beim anschließenden übernahmerechtlichen Squeeze-Out damit als angemessen an, obwohl die verbliebene Minderheit diese beim vorangegangenen Übernahmeangebot abgelehnt hat; ein Indiz für deren höheren subjektiven Grenzpreis.[150] Dies bestätigt erneut die These, dass es bei der Barabfindung auf den typisierten Grenzpreis des durchschnittlichen Minderheitsaktionärs ankommt, der sich im Gleichgewichtspreis – wie ihn der Börsenkurs abbildet – findet, und nicht auf die individuellen Wertvorstellungen des Einzelnen.[151] Denn durch den Markttest wird von der hohen Annahmeschwelle auf den typisierten Grenzpreis der Minderheit geschlossen.

Richtigerweise bemerkt das OLG Frankfurt jedoch, dass der Markttest nicht als Grund für die Heranziehung des Börsenkurses missverstanden werden darf, sondern lediglich als Anknüpfungspunkt für die gesetzliche Angemessenheitsvermutung dient.[152] Er hilft daher zwar über die grundlegende Skepsis gegenüber der Angemessenheit von Marktpreisen hinweg.[153] Es muss aber auch bei den übrigen Strukturmaßnahmen geprüft werden, ob ein entsprechender Anknüpfungspunkt besteht. Dies ist zumindest nach den bisherigen gesetzlichen Regelungen nicht der Fall, sodass jedenfalls eine unwiderlegliche Angemessen-

---

[149] BVerfG, NZG 2012, 907 (910) – „*Deutsche Hypothekenbank*".

[150] Vgl. die zutreffenden Feststellungen bei *Matschke*, FS Nadvornik 2016, 101 (114f.).

[151] Siehe bereits S. 85ff.; vgl. zum Argument mangelnder Desinvestition für einen höheren subjektiven Grenzpreis S. 188ff.

[152] OLG Frankfurt a. M., BeckRS 2021, 10278, Rn. 50.

[153] Vgl. *Grunewald*, FS Hoffmann-Becking 2013, 413 (417): „gesteigerte Richtigkeitsgewähr".

heitsvermutung des Börsenkurses de lege lata nicht auf andere Bewertungskontexte übertragen werden kann.

III. Zwischenergebnis

Die Regelungen des WpÜG lassen sich zwar als eine grundlegende Öffnung des Gesetzgebers gegenüber Börsenkursen interpretieren. Sie beziehen sich aber zum einen sehr konkret auf die übernahmerechtlichen Kompensationsfälle, die gegenüber der Bewertungssituation bei Barabfindungen einige Besonderheiten aufweisen. Zum anderen handelt sich um kapitalmarktrechtliche Regelungen, die dem Grunde nach auf einer – zumindest bedingt – freiwilligen Entscheidung der Minderheitsaktionäre aufbauen und sich dahingehend entscheidend von den hier untersuchten dominierten Konfliktsituationen unterscheiden. Letztlich geht es aber auch im Übernahmerecht um die Bewertung der Beteiligung aus der Perspektive der Minderheit. Losgelöst von der zugrundeliegenden Konfliktsituation ist die Bewertungssituation und der gesuchte Wert aus ökonomischer Sicht damit derselbe.[154]

D. Neuregelung des Delistings, § 39 Abs. 3 BörsG

I. Börsenkurs als Regelkompensation

Mit der Neuregelung zum Delisting hat der Gesetzgeber den Börsenkurs in Anlehnung an die Vorschriften des § 31 WpÜG i. V. m. §§ 3 ff. WpÜG-AngebV jüngst erneut als taugliche Bewertungsmethode anerkannt. Nach § 39 Abs. 3 Satz 2 BörsG finden auf das erforderliche Erwerbsangebot die Vorgaben des § 31 WpÜG für die Gegenleistung bei Übernahme- und Pflichtangeboten entsprechend Anwendung. Dabei ist in Abweichung von § 5 Abs. 1 WpÜG ein längerer Referenzzeitraum von sechs Monaten zugrunde zu legen.[155] Im Gegensatz zu § 31 Abs. 2 WpÜG ist allein eine Gegenleistung in Geld möglich. Im Übrigen gilt das bereits zu § 31 WpÜG Gesagte.

Ein besonderes Augenmerk ist indes auf die Ausnahmeregelungen in § 39 Abs. 3 Sätze 3 und 4 BörsG zu legen. Während § 39 Abs. 3 Satz 4 BörsG dem § 5 Abs. 4 WpÜG-AngebV entspricht,[156] erfasst § 39 Abs. 3 Satz 3 BörsG zusätzlich die Fälle einer unterlassenen oder unwahren Veröffentlichung von Insiderinformationen (Nr. 1) und Marktmanipulationen des Emittenten oder Bieters (Nr. 2). Nach Auffassung des Gesetzgebers bestehen in diesen Fällen „regel-

---

[154] Zutreffende Erkenntnis von *Böcking*, FS Drukarczyk 2003, 59 (68).

[155] Dies sichere ein abgewogeneres Ergebnis (Beschlussempfehlung und Bericht des Finanzausschusses zu dem Entwurf eines Gesetzes zur Umsetzung der Transparenzrichtline-Änderungsrichtlinie, BT-Drs. 18/6220, S. 78, 84 f.).

[156] Krit. *Bayer*, NZG 2015, 1169 (1175).

mäßig Zweifel an der Aussagekraft des durchschnittlichen Börsenkurses".[157] Die Ausnahmen greifen ausweislich der Gesetzesbegründung des Finanzausschusses jedoch nur, wenn ein Verstoß des Emittenten oder des Bieters vorliegt, der durch die zuständige Behörde rechts- und bestandskräftig festgestellt wurde.[158] Es wird daher berechtigt gefordert diese Einschränkung aufzugeben, da manipulative Einwirkungen auf den Kurs oder ein Verstoß gegen Publizitätspflichten stets zu einer Negativabweichung des Börsenkurses vom „wahren" Verkehrswert führen, unabhängig davon wer den Verstoß begangen hat.[159] Zwar stehen den Aktionären bei Manipulationen Dritter regelmäßig Schadensersatzansprüche nach § 826 BGB zu und bei einer Ausweitung der Ausnahmeregelung auf sämtliche manipulativen Einwirkungen wäre die Gesellschaft einem kaum beherrschbaren Risiko ausgesetzt. Dies rechtfertigt eine Einschränkung auf Manipulationen des Emittenten oder Bieters aber nur auf den ersten Blick.[160] Denn de lege lata bürdet man den Aktionären nicht nur die Beweislast, sondern auch das Insolvenzrisiko des Dritten auf, da sie sich im Falle einer negativen Beeinflussung des Kurses durch den Dritten nur durch dessen Inanspruchnahme schadlos halten können. Dies ist unter Beachtung der nur bedingten Freiwilligkeit der Aufgabe der Mitgliedschaft durchaus fragwürdig. Die Ausnahmeregelung sollte daher de lege ferenda auf sämtliche manipulativen Einwirkungen erstreckt werden.

Dennoch gehen bereits de lege lata die Anforderungen an die Geeignetheit des Börsenkurses zur Abfindung beim Delisting über die Anforderungen an den Desinvestitionswert nach dem BVerfG deutlich hinaus. Denn der Börsenkurs ist nur ausnahmsweise in den Fällen einer Marktenge oder bei Marktmanipulationen der Minderheit ungeeignet, den Desinvestitionswert der Aktie abzubilden.[161] Der Gesetzgeber knüpft in § 39 Abs. 3 Satz 3 Nr. 1 BörsG indes zusätzlich an die Informationseffizienz und damit Aussagekraft des Börsenkurses an. Dabei wird in § 39 Abs. 3 Satz 3 Hs. 2 BörsG eine Rückausnahme für den Fall unwesentlicher Auswirkungen auf den Kurs geregelt. Eine Unternehmens-

---

[157] Beschlussempfehlung und Bericht des Finanzausschusses zu dem Entwurf eines Gesetzes zur Umsetzung der Transparenzrichtline-Änderungsrichtlinie, BT-Drs. 18/6220, S. 85; krit. und für eine teleologische Reduktion im Falle der unterlassenen Veröffentlichung negativer Informationen: *Kocher/Seiz*, DB 2016, 153 (155); *Verse*, FS Baums 2017, 1317 (1328).

[158] Beschlussempfehlung und Bericht des Finanzausschusses zu dem Entwurf eines Gesetzes zur Umsetzung der Transparenzrichtline-Änderungsrichtlinie, BT-Drs. 18/6220, S. 85; *Goslar/Klingen* in BeckHdB AG, § 26 Rn. 19; a. A. *Drygala* in Gesellschaftsrechtliche Vereinigung (Hrsg.), Gesellschaftsrecht in der Diskussion 2015, Die Neuregelung des Delistings, 1 (5), der die Aussage des Rechtsausschusses insoweit für nicht bindend und bei der Gesetzesauslegung für nicht zu berücksichtigen hält.

[159] Vgl. *Frommelt*, Das neue börsengesetzliche Regulierungskonzept, S. 193; *Harnos*, ZHR 179 (2015) 750 (767 f.); *Krug*, Rückzug von der Börse, S. 231 ff.; *Schmidt*, NZG 2020, 1361 (1366); *Wackerbarth*, WM 2016, 385 (387).

[160] *Verse*, FS Baums 2017, 1317 (1330).

[161] Vgl. S. 46 ff.

bewertung ist also allein in den Fällen erforderlich, in denen ein Verstoß gegen Art. 17 Abs. 1, 15 MAR[162] vorliegt, der sich nicht unwesentlich auf den Kurs auswirkt. Welche Anforderungen an die Unwesentlichkeit zu stellen sind, lässt der Gesetzgeber dabei offen. Es überzeugt aber, sich auch hier an § 5 Abs. 4 WpÜG zu orientieren.[163]

II. Übertragbarkeit auf Strukturmaßnahmen

1. Dominierte Konfliktsituation

Das Delisting entspricht der typischen Bewertungssituation bei Strukturmaßnahmen, da der Eingriff in die Rechtsposition ohne den Willen der Aktionäre erfolgt. Diese können den Rückzug von der Börse nicht verhindern, weshalb ihnen ein entsprechendes Erwerbsangebot zu unterbreiten ist. Das Delisting führt ähnlich wie der Abschluss eines Beherrschungs- und Gewinnabführungsvertrags nicht unmittelbar zum Ausschluss der Aktionäre aus der Gesellschaft. Diese können sich hierzu jedoch durch Wahl einer Abfindung gegen Ausschluss (§ 305 Abs. 1 AktG) oder Annahme des Erwerbsangebots (§ 39 Abs. 2 Satz 2 Nr. 1 BörsG) entschließen, da sich durch die Maßnahme ihre Eigentumsposition verändert. So findet sich der Aktionär nach dem Abschluss eines Beherrschungs- und Gewinnabführungsvertrags in einer beherrschten Gesellschaft, während er nach dem Delisting in seiner Veräußerungsmöglichkeit eingeschränkt ist. Insoweit unterscheidet sich die Regelung bereits evident von der übernahmerechtlichen Bewertungssituation, bei der das Freiwilligkeitselement noch mehr im Fokus steht. Sie entspricht vielmehr der bei Strukturmaßnahmen regelmäßig vorliegenden dominierten Konfliktsituation und zeigt, dass auch hier Börsenkurse grundsätzlich als taugliche Wertmesser herangezogen werden können.

2. Bewertungsziel

Im Gegensatz zur Situation beim Abschluss eines Beherrschungs- und Gewinnabführungsvertrags ist mit dem Delisting jedoch kein unmittelbarer Eingriff in die Mitgliedschaftsrechte der Aktionäre oder die Organisationsstruktur der Gesellschaft verbunden. Das Delisting betrifft nach der zutreffenden Rechtsprechung des BVerfG in erster Linie die erleichterte Handelbarkeit (tatsächliche Verkehrsfähigkeit) am Markt und tangiert die Beteiligung im Übrigen nicht.[164]

---

[162] Siehe Teil 2, Fn. 279.

[163] Krit. zu diesem unbestimmten Rechtsbegriff: Wackerbarth, WM 2016, 385 (388); wie hier: Hopt/*Kumpan*, HGB, § 39 BörsG Rn. 9; krit. *Harnos*, ZHR 179 (2015) 750 (769): „starre prozentuale Grenzen sind jedenfalls nicht einzuführen".

[164] BVerfGE 132, 99 (120) – „*Delisting*"; *Habersack*, ZHR 176 (2012) 463 (467 ff.); abzugrenzen vom sog. kalten Delisting, bei dem die Aktionäre auch ihre Rechtsstellung verlieren (vgl. *Bayer*, ZfPW 2015, 163 (212)); Beschlussempfehlung und Bericht des Finanzausschusses zu dem Entwurf eines Gesetzes zur Umsetzung der Transparenzrichtline-Änderungsrichtlinie,

Die Aktionäre verlieren durch den Rückzug vom Markt nicht ihren Anteil und erfahren auch keine anderweitige Beeinträchtigung ihrer Mitgliedschaftsrechte. Das geringere Regulierungsniveau und die geringere Transparenz mangels Anwendbarkeit der Regelungen für börsennotierte Gesellschaften seien ein bloßer Reflex für die vermögens- und mitgliedschaftsrechtlichen Interessen der Aktionäre.[165] Nach dem Gesetzgeber sei eine Unternehmensbewertung daher im Gegensatz zur Situation bei den gesellschaftsrechtlichen Strukturmaßnahmen nach dem AktG und UmwG „im Grundsatz weder geboten noch systemgerecht".[166]

Die Neuregelung des Delistings wird daher zum Teil als Entscheidung gegen eine Abfindung zum wahren Wert beim Delisting interpretiert.[167] Folgt man dem, so lassen sich der Regelung keine Wertungen für die Heranziehung von Börsenkursen zur Bestimmung des normzweckadäquaten Werts entnehmen. In der Tat orientiert sich der Verweis auf die Beeinträchtigung der tatsächlichen Verkehrsfähigkeit der Aktie stark an der Rechtsprechung des BVerfG in Sachen DAT/Altana, wonach der Börsenkurs zur Bemessung des Verkehrswerts der Aktie zu berücksichtigen sei, jedoch gerade nicht ausdrücklich auch für die Bestimmung des „wahren Werts".[168] Nach der Rechtsprechung des BVerfG sind Börsenkurs und Verkehrswert (Desinvestitionswert) regelmäßig identisch.[169] Ist beim Delisting nur die erleichterte Veräußerungsmöglichkeit betroffen, so ließe sich der gesetzgeberische Verweis auf den Börsenkurs schon mit der DAT/Altana-Rechtsprechung begründen. Insbesondere geht der Gesetzgeber für die gesellschaftsrechtlichen Strukturmaßnahmen augenscheinlich vom Erfordernis einer Unternehmensbewertung aus.[170] Dies lässt sich nur so verstehen, dass der

---

BT-Drs. 18/6220, S. 84; *Habersack*, Stellungnahme Aktienrechtsnovelle 2014, S. 6; *Verse*, FS Baums 2017, 1317 (1325); *Happ/Bednarz*, FS Stilz 2014, 219 (232); Hopt/*Kumpan*, HGB, § 39 BörsG Rn. 9. Dagegen führen *Harnos*, ZHR 179 (2015) 750 (759), *Koch/Harnos*, NZG 2015, 729 (732) an, dass eine alleinige Kompensation der Handelbarkeit über eine Ausgleichszahlung nach dem Vorbild des § 304 AktG erfolgen müsse und gerade nicht mittels einer Abfindung gegen Ausschluss. Die Abfindungsleistung beziehe sich demnach nicht allein auf die Beeinträchtigung der Handelbarkeit. Auch *Bayer*, ZfPW 2015, 163 (221 f.), *Bayer*, NZG 2015, 1169 (1173), *Koch/Harnos*, NZG 2015, 729 (733) führen an, dass ein Delisting für die Minderheitsaktionäre in der Praxis einen faktischen Veräußerungszwang bedeute, die Eingriffsintensität daher über die Beeinträchtigung der Handelbarkeit hinausgehe. Vgl. bereits S. 29 ff.

[165] BVerfGE 132, 99 (124 f.) – „*Delisting*"; so bereits: DAI, Stellungnahme zu Delisting und Spruchverfahren, S. 4; a. A. *Bayer*, ZfPW 2015, 163 (200).

[166] Beschlussempfehlung und Bericht des Finanzausschusses zu dem Entwurf eines Gesetzes zur Umsetzung der Transparenzrichtline-Änderungsrichtlinie, BT-Drs. 18/6220, S. 84.

[167] *Berg*, Der Marktrückzug des Emittenten, S. 429; *Bungert/Leyendecker-Langner*, DB 2015, 2251 (2254); *Ruiz de Vargas*, NZG 2021, 1056 (1058); a. A. *Bayer*, NZG 2015, 1169 (1173).

[168] So auch *Habersack*, ZHR 176 (2012) 463 (467).

[169] BVerfGE 100, 289 (308) – „*DAT/Altana*".

[170] Dies lässt sich dem Grunde nach für sämtliche Abfindungskonstellationen verallgemeinern, da der Gesetzgeber explizit auf die Vorschriften des AktG und UmwG verweist. Trotz des recht eindeutigen Wortlauts will das OLG Frankfurt hierin dennoch keinen Ausschluss der Bewertung anhand von Börsenkursen sehen (OLG Frankfurt a. M., BeckRS 2021, 10278, Rn. 32).

Gesetzgeber einer Unternehmensbewertung einen weitreichenderen Schutz beimisst.[171]

Dass das Erwerbsangebot nach dem Börsenkurs allein den Verlust der erleichterten Handelbarkeit ausgleichen soll, verkennt jedoch, dass die Aktionäre bei Annahme des Erwerbsangebots ihre Beteiligung vollständig verlieren. Der zu Recht befürchtete Kursverfall führt insoweit zu einem Veräußerungszwang. Auch wenn die Eingriffsintensität des Delistings hinter gesellschaftsrechtlichen Strukturmaßnahmen zurücktritt, so soll der Börsenkurs bei § 39 Abs. 3 BörsG nicht allein den Desinvestitionswert, sondern den Rechtsverlust der Aktionäre und damit den normzweckadäquaten Wert der Beteiligung an einer börsennotierten Aktiengesellschaft abbilden.

3. *Kapitalmarktrechtliche Perspektive*

Wie auch die Vorschriften des WpÜG, ist die Regelung kapitalmarktrechtlicher Natur. Dies lässt sich als Ausdruck eines kapitalmarktrechtlichen Verständnisses interpretieren, das nicht unmittelbar auf die gesellschaftsrechtlichen Strukturmaßnahmen übertragen werden kann. Jedoch wurde im Gesetzgebungsverfahren auch eine gesellschaftsrechtliche Lösung diskutiert,[172] sodass die kapitalmarktrechtliche Zuordnung einer Übertragung auf gesellschaftsrechtliche Strukturmaßnahmen nicht zwingend entgegensteht. Die Verortung im Börsengesetz ist nicht dogmatisch, sondern praktisch zu verstehen.[173] Das Delisting ist ein „kapitalmarktrechtlicher Vorgang“[174] bei dem den Aktionären der Markt genommen wird, auf dem sie ihre Beteiligung an dem Emittenten bislang erwerben oder veräußern konnten.

III. Zwischenergebnis

Die Neuregelung des § 39 BörsG ist damit ein weiterer Schritt in Richtung Heranziehung von Börsenkursen in Abfindungskonstellationen.[175] Wenn auch zum Teil davon ausgegangen wird, die Kriterien des § 39 Abs. 3 BörsG seien allein auf das Delisting zugeschnitten,[176] so sind den Anforderungen an den Börsen-

---

Dies könnte indes auch allein darauf zurückzuführen sein, dass der Senat von einer Unternehmensbewertung anhand von Börsenkursen und nicht von einer Anteilsbewertung ausgeht.

[171] So auch die Interpretation des OLG Frankfurt a. M., BeckRS 2021, 10278, Rn. 32.

[172] *Bayer*, ZfPW 2015, 163 (220 f.); vgl. bereits *Thomale*, ZGR 2013, 686 (711 ff.).

[173] So *Bayer*, NZG 2015, 1169 (1173).

[174] *Frommelt*, Das neue börsengesetzliche Regulierungskonzept, S. 273.

[175] So auch *Koch*, AktG, § 305 Rn. 39. Diese Wertungen auch für die §§ 304 ff. AktG begrüßend: *Habersack*, AG 2016, 691 (693). In der Praxis wird die Regelung indes teils sehr kritisch beäugt (SdK, SdK hält geplante Regelungen zum Delisting für unzureichend, Meldung vom 08.09.2015 (abrufbar unter https://www.sdk.org/veroeffentlichungen/pressemitteilungen/sdk-haelt-geplante-regelungen-zum-delisting-fuer-unzureichend/, zuletzt abgerufen am 16.08.2023).

[176] Lutter/*Drygala*, UmwG, § 5 Rn. 35.

kurs doch allgemeingültige Wertungen zu entnehmen. Jedenfalls gibt der Gesetzgeber hier erste tragfähige Grundlagen für eine Heranziehung von Börsenkursen als Schätzgrundlage vor, indem er diesen als Regelabfindung festlegt, dabei zugleich aber auch Ausnahmen von der Tauglichkeit festschreibt und dadurch die Bedeutung der Kapitalmarkteffizienz hervorhebt.

E. Grundlage der Heranziehung von Börsenkursen in anderen Kontexten

I. Regelungsgegenstände

Auch abseits der vorstehenden Kompensationsfälle greift der Gesetzgeber in unterschiedlichen Situationen auf Börsenkurse zurück. So werden bei den Vorschriften über den freihändigen Verkauf bei der Hinterlegung und Verpfändung von Gütern (§§ 1221, 1235 Abs. 2, 1295 Satz 1, 385 BGB, § 373 Abs. 2 Satz 3 HGB) Börsenkurse herangezogen, um die Rechtsdurchsetzung zu vereinfachen.[177]

Auch die steuerrechtliche Regelung des § 11 Abs. 1 BewG, die für alle öffentlich-rechtlichen Abgaben gilt (§ 1 Abs. 1 BewG), stellt für Wertpapiere und Schuldbuchforderungen, die am Markt gehandelt werden, auf den Börsenkurs ab. Gegenstand der Bewertung sind die Wertpapiere.[178] Wertpapiere werden danach mit dem niedrigsten am Stichtag notierten Kurs angesetzt. Der Börsenkurs wird verstanden als Unterkategorie des „gemeinen Wertes“, gleichzusetzen mit dem Verkehrswert i. w. S.[179] Die Anforderungen an die Liquidität sind dabei gering.[180] In der Zusammenschau mit § 11 Abs. 2 BewG wird deutlich, dass der Gesetzgeber den Börsenkurs in diesem Kontext als vorrangige Bewertungsmethode erachtet.[181] Dabei werden nicht nur Kassakurse, sondern auch Geld-, Brief- und Taxkurse herangezogen.[182] Auch dies dient in erster Linie der Vereinfachung steuerlicher Masseverfahren.[183]

Bei den Pflichtteils- und Zugewinnausgleichsansprüchen wird ebenfalls auf den Verkehrswert i. w. S. am Stichtag abgestellt, der sich bei börsennotierten Aktien nach dem Börsenkurs bemisst.[184] Der Anteilswert ist aus der Perspek-

---

177 MüKoBGB/*Fetzer*, § 385 Rn. 1; *Riegger*, DB 1999, 1889 (1890).

178 *Hauschild*, Bewertung börsennotierter Aktien, S. 28.

179 BVerfGE 23, 242 (251); Rössler/Troll/*Eisele*, BewG, § 11 Rn. 11; Rössler/Troll/*Halaczinsky*, BewG, § 9 Rn. 8; vgl. auch *Ruthardt/Hachmeister*, NZG 2014, 885 (886). Siehe zum Verkehrswert i. w. S. die näheren Ausführungen auf S. 146 ff.

180 *Hachmeister/Ruthardt*, DB 2014, 1689 (1693).

181 *Krengel/Küllmer/Kern*, AG 2021, 661 (Fn. 11).

182 *Viskorf*/Schuck/Wälzholz, § 11 BewG Rn. 11.

183 Rössler/Troll/*Eisele*, BewG, § 11 Rn. 11.

184 *Aha*, AG 1997, 26 (27); BeckOGK ZivilR/*Blum/Heusel*, § 2311 Rn. 217; *Hauschild*, Bewertung börsennotierter Aktien, S. 28; HK-BGB/*Hören*, § 2311 Rn. 11; MüKoBGB/*Lange*, § 2311 Rn. 53; BeckOK BGB/*Müller-Engels*, § 2311 Rn. 17, 48 m. w. N.; BeckOGK ZivilR/*Preisner*, § 1376 BGB Rn. 42.

tive des Ehegatten, der Inhaber der Beteiligung ist, zu bestimmen.[185] Der relevante Börsenkurs ist abhängig davon, ob der Ehegatte die Beteiligung behalten will (dann Wiederbeschaffungswert [Ankaufskurs]) oder veräußern muss (dann Verkaufswert [Verkaufskurs]).[186] Die Anforderungen an die Liquidität der Aktien sind gering, da die Bewertung lediglich die Aktien des Ehegatten betrifft und nicht auch die Rechtsstellung der übrigen Aktionäre.[187] Wie bei den soeben aufgeführten Vorschriften, dient der Rückgriff auf den Börsenkurs vor allem der Vereinfachung, Kosteneffizienz und Praktikabilität der Bewertung, da die Erstellung eines Ertragswertgutachtens für sämtliche Nachlass- und Scheidungsverfahren einen nicht zu rechtfertigenden Kosten- und Zeitaufwand bedeuten würde.[188] Gewiss spielen bei der Bewertung auch familien- bzw. erbrechtliche Erwägungen und personenbezogene Faktoren eine gewisse Rolle.[189]

Auch die Regelung des § 168 Abs. 2 KAGB i. V. m. § 27 Kapitalanlage-Rechnungslegungs- und -Bewertungsverordnung (KARBV) stellt zur Bewertung von Vermögensgegenständen, die zum Handel an einer Börse oder an einem anderen organisierten Markt zugelassen oder einbezogen sind, vorrangig auf den Börsenkurs (Kurswert) als Verkehrswert ab und regelt allein für nicht-börsennotierte Gesellschaften eine Fundamentalbewertung, § 168 Abs. 3 KAGB. Der Gesetzgeber sieht den Börsenkurs damit als tauglichere Bewertungsmethode zur Bestimmung des Verkehrswerts an und etabliert insoweit ein Sonderrecht für die börsennotierte Aktiengesellschaft.[190] Dabei wird auf den letzten verfügbaren Kurswert (§ 27 Abs. 1 KARBV) und nicht den Durchschnittskurs abgestellt.

Die Norm des § 376 Abs. 2 und 3 HGB stellt für die abstrakte Bestimmung des Schadensersatzes wegen Nichterfüllung beim Fixhandelskauf auf den Börsen- oder Marktpreis ab. Die Vorschrift regelt dabei abweichend von § 252 Satz 2 BGB den Mindestschaden, den der Schadensersatzgläubiger festsetzen kann.[191]

Auch nach IFRS 13 wird der beizulegende Zeitwert auf Basis einer Fair-Value-Hierarchie vorrangig nach dem Marktpreis ermittelt.[192] Bewertungsziel ist der Preis, „zu dem unter aktuellen Marktbedingungen am Bemessungsstichtag ein geordneter Geschäftsvorfall zwischen Marktteilnehmern stattfinden würde,

---

[185] BeckOGK ZivilR/*Preisner*, § 1376 BGB Rn. 11.

[186] BeckOGK ZivilR/*Preisner*, § 1376 BGB Rn. 19.

[187] BeckOK BGB/*Müller-Engels*, § 2311 Rn. 48; *Naschke*, Der Börsenkurs als Abfindungsgrundlage, S. 130.

[188] *Riegger*, DB 1999, 1889 (1890); *Ruthardt/Popp*, AG 2020, 240 (248).

[189] Vgl. auch *Knoll*, FS Meilicke 2010, 321 (328) zu den Besonderheiten im Hinblick auf den Liquidationswert.

[190] *Ruiz de Vargas*, NZG 2021, 1056 (1059) misst der Regelung jedoch keine Aussagekraft im Hinblick auf die Bestimmung des wahren Anteilswerts bei.

[191] Ebenroth/Boujong/Joost/*Achiles*, HGB, § 376 HGB Rn. 37; Hopt/*Leyens*, HGB, § 376 Rn. 13 f.; Oetker/*Koch*, HGB, § 376 Rn. 45 m. w. N.

[192] Vgl. hierzu *Hachmeister/Ruthardt*, DB 2014, 1689 (1691 f.).

im Zuge dessen der Vermögenswert verkauft oder die Schuld übertragen würde (aus der Perspektive des als Besitzer des Vermögenswerts bzw. Schuldner der Verbindlichkeit auftretenden Marktteilnehmers geht es also um den Abgangspreis zum Bemessungsstichtag)".[193]

Die Objektivität der Marktbewertung kommt auch in § 33a Abs. 1 Nr. 1 AktG zum Tragen. Danach bedarf es keiner externen Gründungsprüfung für Wertpapiere, die bei der Sachgründung mit dem gewichteten Durchschnittspreis bewertet werden, zu dem sie während der letzten drei Monate vor dem Tag ihrer Einbringung auf einem oder mehreren organisierten Märkten i. S. d. § 2 Abs. 11 WpHG gehandelt worden sind. § 33a Abs. 2 AktG regelt eine Ausnahme für den Fall, dass der relevante Börsenkurs durch außergewöhnliche Umstände erheblich beeinflusst worden ist. Wann vom Vorliegen außergewöhnlicher Umstände auszugehen ist, lässt der Gesetzgeber offen. In der Begründung wird auf solche Fälle verwiesen, in denen der Handel mit den betreffenden Papieren über einen längeren Zeitraum völlig zum Erliegen gekommen ist oder ausgesetzt war oder wenn der Markt durch Missbrauch oder verbotene Kursmanipulation künstlich angeheizt wurde und dadurch eine erhebliche Änderung des Börsenwerts bewirkt worden ist.[194]

II. Übertragbarkeit auf Strukturmaßnahmen

Die vorstehenden Vorschriften haben gemein, dass ihnen kein mit dem Mehrheits-Minderheitskonflikt bei Strukturmaßnahmen vergleichbarer Interessenkonflikt zugrunde liegt, der den Schutz der Eigentumsgarantie aktiviert.[195] Mithin kommt es hier nicht auf eine volle Entschädigung für einen Rechtsverlust der Aktionäre an. Es geht vielmehr in erster Linie um Kosteneffizienz, Objektivierung und Praktikabilität bei der abstrakten Bewertung der Beteiligung, nicht aber um die Suche nach dem inneren Beteiligungswert, der die Minderheitsaktionäre für einen erlittenen Rechtsverlust voll entschädigt.[196] Die Bewertungssituation im Rahmen von Strukturmaßnahmen ist daher mit den gesetzlichen Fällen der Heranziehung von Börsenkursen nicht vergleichbar.[197] Der Gesetzgeber bringt hier lediglich zum Ausdruck, dass Börsenkurse in gewissen

[193] Verordnung (EU) Nr. 1255/2012 der Kommission v. 11. Dezember 2012 zur Änderung der Verordnung (EG) Nr. 1126/2008 zur Übernahme bestimmter internationaler Rechnungslegungsstandards gemäß der Verordnung (EG) Nr. 1606/2002 des Europäischen Parlaments und des Rates im Hinblick auf International Accounting Standard 12 und International Financial Reporting Standards 1 und 13 sowie Interpretation 20 des International Financial Reporting Interpretations Committee v. 11.12.2012, ABl. L 360/78 (87).

[194] RegE Gesetz zur Umsetzung der Aktionärsrechterichtlinie (ARUG), BR-Drs. 847/08, S. 31.

[195] *Hauschild*, Bewertung börsennotierter Aktien, S. 71.

[196] BGH, Urt. v. 30.03.1967 – II ZR 141/64, juris, Rn. 12; *Hachmeister/Ruthardt*, DB 2014, 1689 (1689); *Naschke*, Der Börsenkurs als Abfindungsgrundlage, S. 35, 127 ff.

[197] *Hüttemann*, FS Hoffmann-Becking 2013, 603 (616).

Konstellationen als Wertmesser geeignet sein können. Ob dies auch auf Barabfindungen im Zuge von Strukturmaßnahmen zutrifft, ist damit noch nicht gesagt.

F. Unionsrechtliche Wertungen

Indessen zeigt auch ein kurzer Blick auf die Änderung der 2017 in Kraft getretenen GesRRL[198] durch die MobilRL[199] in Bezug auf grenzüberschreitende Umwandlungen, Verschmelzungen und Spaltungen, dass nicht nur der deutsche Gesetzgeber zu einer vermehrten Heranziehung von Marktpreisen bei der Bewertung tendiert.[200]

Die MobilRL hat u. a. zum Ziel, ein unionsweit einheitliches Mindestschutzniveau der Minderheitsgesellschafter bei grenzüberschreitenden Umwandlungen, Verschmelzungen und Spaltungen zu gewährleisten.[201] Der europäische Gesetzgeber führt daher ein Austrittsrecht gegen Barabfindung (Art. 126a Abs. 1 bis 5, 160i Abs. 1 bis 5, 86i GesRRL) sowie einen Anspruch auf Nachbesserung des Umtauschverhältnisses (Art. 126a Abs. 6 und 7, 160i Abs. 6 und 7 GesRRL) ein. Nach Art. 86f Abs. 2, 125 Abs. 3 Satz 2, 160f Abs. 2 Satz 2 GesRRL hat ein unabhängiger Sachverständiger die Angemessenheit der Barabfindung zu prüfen. Dabei ist ein etwaiger Marktpreis der Anteile vor Ankündigung der geplanten Maßnahme zu berücksichtigen oder der Unternehmenswert unter Ausklammerung der geplanten Maßnahme zugrunde zu legen.[202]

Unternehmens- und Anteilsbewertung stehen hier als gleichberechtigte Methoden nebeneinander.[203] Dies geht ausweislich des Gesetzgebungsverfahrens auf eine bewusste gesetzgeberische Entscheidung zurück, war im Kommissionsentwurf noch eine Doppelbewertung aus Marktpreis „und“ Unternehmens-

[198] Richtlinie (EU) 2017/1132 über bestimmte Aspekte des Gesellschaftsrechts (GesRRL) v. 14.06.2017, ABl. L 169/46.

[199] Richtlinie (EU) 2019/2121 zur Änderung der Richtlinie (EU) 2017/1132 in Bezug auf grenzüberschreitende Umwandlungen, Verschmelzungen und Spaltungen (Mobilitätsrichtlinie) (MobilRL) v. 27.11.2019, ABl. L 321/1 (S. 10ff.), umzusetzen bis zum 31.01.2023 (Art. 3 Abs. 1 MobilRL).

[200] Vgl. zum angepassten Schutz der Minderheitsgesellschafter nach dem Company Law Package: *Schmidt*, FS Krieger 2020, 841; *Stelmaszczyk*, ZIP 2019, 2437.

[201] MobilRL, ErwGr. 17.

[202] Ausweislich des Wortlauts findet ein etwaiger Marktpreis nur in der Variante der Barabfindung, nicht jedoch bei Umtauschverhältnissen Berücksichtigung. Dagegen führt *Schmidt*, NZG 2020, 1361 (1367) an, die Regelung allein bei der Barabfindung sei ein bloßes redaktionelles Versehen. Dem kann jedoch entgegengehalten werden, dass es in den Fällen der Barabfindung auf den Beteiligungswert ankommt, während bei den Umtauschverhältnissen die Relationsbewertung der Unternehmen im Vordergrund steht. Aufgrund der weiteren Beteiligung der Minderheitsaktionäre an der aufnehmenden Gesellschaft müssen auch Synergieeffekte etc. berücksichtigt werden (siehe S. 143f.). Dies scheint durch eine Unternehmensbewertung besser gewährleistet zu sein.

[203] *Schmidt*, NZG 2020, 1361 (1367); *Stelmaszczyk*, ZIP 2019, 2437 (2440).

wert vorgesehen.[204] Dass nun eine Alternativität der Bewertungsmethoden geregelt wird, spricht klar gegen das Erfordernis einer Doppelbewertung.[205] Der europäische Gesetzgeber bewegt sich damit auf einer Linie mit der Ablehnung eines Meistbegünstigungsprinzips durch die verfassungsgerichtliche Rechtsprechung.[206] Der Börsenkurs als Marktpreis kann nach den Vorgaben des europäischen Gesetzgebers folglich alleine zur Bestimmung der Barabfindung genutzt werden. Auf ihn ist jedoch nicht zwingend vorrangig abzustellen. Nähere Anforderungen an die Geeignetheit von Marktpreisen als Bewertungsmethode regelt die Richtlinie nicht.[207]

G. Fazit

Insgesamt ist den gesetzlichen Regelungen daher vor allem in den vergangenen Jahren eine starke Aufwertung der Bedeutung von Börsenkursen zu entnehmen. Das Vertrauen in die Funktionsfähigkeit des Kapitalmarkts nimmt durch erhöhte Transparenz- und Publizitätsanforderungen weiter zu.[208] Mit der Neuregelung des § 39 Abs. 2 und 3 BörsG und der umfassenden Verweisung auf § 31 WpÜG wurde die Bedeutung des Börsenkurses jüngst bestätigt. Darüber hinaus werden Ausnahmen von der Geeignetheit des Börsenkurses geregelt, die wichtige Anhaltspunkte für die Anforderungen an Börsenkurse als Schätzgrundlage bieten. Insgesamt ist der Gesetzgeber zu seiner anfänglichen Linie zurückgekehrt, für die Bestimmung der angemessenen Abfindung auf den Beteiligungswert abzustellen.[209] Dies wurde schon seinerzeit als Abstellen auf den Börsenkurs interpretiert.[210] Auch auf europäischer Ebene kommt in der GesRRL/MobilRL die Bedeutung von Marktpreisen bei Strukturmaßnahmen klar zum Ausdruck.

Dennoch ist festzuhalten, dass bei Barabfindungen derzeit keine generelle Pflicht zur Anwendung kursorientierter Bewertungsverfahren besteht.[211] Der

---

[204] Europäische Kommission, Vorschlag zur Änderung der Richtlinie (EU) 2017/1132 in Bezug auf grenzüberschreitende Umwandlungen, Verschmelzungen und Spaltungen, COM (2018) 241 final.

[205] *Schmidt*, NZG 2020, 1361 (1367); *Stelmaszczyk*, ZIP 2019, 2437 (2440); a. A. *Noack*, AG 2018, 780 (783) (wohl noch zum Kommissionsentwurf); *Noack*, ZGR 2020, 90 (103).

[206] Vgl. bereits S. 72 ff.

[207] *Schmidt*, NZG 2020, 1361 (1367) orientiert sich insoweit an Art. 50 Abs. 1 UAbs. 2 GesRRL, wonach bei der Einbringung von Aktien als Sacheinlage zum Börsenkurs eine Neubewertung erforderlich ist, wenn der Preis durch außergewöhnliche Umstände beeinflusst wurde, die eine erhebliche Änderung des Wertes zum Zeitpunkt der Einbringung bewirken würden sowie bei Illiquidität.

[208] *Bungert/Wettich*, FS Hoffmann-Becking 2013, 157 (166); *Decher*, ZHR 171 (2007) 126 (143).

[209] § 6 Dritte Durchführungs-VO zum Gesetz über die Umwandlung von Kapitalgesellschaften v. 2. Dezember 1936, RGBl. 1936, 1003, abgedruckt in *Heun*, Deutsches Handelsrecht, S. 652.

[210] *Rieger*, JW 1938, 3016 (3017).

[211] *Hüttemann*, FS Hoffmann-Becking 2013, 603 (616); OLG München, BeckRS 2021,

Börsenkurs kann rechtssicher nur in den gesetzlich geregelten Fällen herangezogen werden. Im Übrigen ist er auf Basis der Rechtsprechung bislang nur zwingende Wertuntergrenze. Aber auch wenn sich die Regelungen des §§ 31 Abs. 1 WpÜG i. V. m. § 5 WpÜG-AngebV, §§ 39a Abs. 3 Satz 3 WpÜG, 39 Abs. 3 BörsG mangels identischer Bewertungssituation nicht unmittelbar auf andere Bewertungsanlässe übertragen lassen, sind sie doch richtungsweisend. Es handelt sich zwar um kapitalmarktrechtliche Regelungen, die allein für börsennotierte Gesellschaften Geltung beanspruchen. Dies lässt den Schluss zu, dass nach der Auffassung des Gesetzgebers lediglich im Rahmen kapitalmarktbezogener Maßnahmen auf den Börsenkurs abgestellt werden soll. Hierfür spricht auch die im Übrigen eher zurückhaltende Position des Gesetzgebers trotz intensiver Diskussion in der Rechtswissenschaft.

Eine vollständige Ablehnung des Börsenkurses als Wertparameter widerspricht indes der evidenten Aufwertung und Anerkennung von Börsenkursen durch den Gesetzgeber. Dass die gesellschaftsrechtlichen Regelungen zur Abfindung bei Strukturmaßnahmen nicht auf den Börsenkurs abstellen, darf nicht als gesetzgeberische Ablehnung des Börsenkurses in diesem Kontext missverstanden werden. Insbesondere das UmwG gilt rechtsformübergreifend und muss daher ein für alle Gesellschaftsformen taugliches Abfindungsregime regeln. Je umfassender der Anwendungsbereich ist, desto abstrakter sind die Bewertungsvorgaben zu halten. Die Möglichkeit der Bewertung anhand von Börsenkursen bietet sich hingegen allein bei der kapitalmarktorientierten Aktiengesellschaft.

Der Gesetzgeber hält sich grundsätzlich mit konkretisierenden Bewertungsvorgaben zurück. Im Kapitalmarktrecht werden lediglich die besonderen Bedürfnisse bei börsennotierten Gesellschaften und die Besonderheiten der konkreten Abfindungssituation aufgegriffen und in einem konkretisierten Bewertungsregime umgesetzt.

43656, Rn. 91; a. A. LG Frankfurt a. M., NZG 2019, 989 (insoweit abgedruckt in juris, Rn. 67) – *„Stada AG"*; *Wasmann*, AG 2021, 179 (189), die die neueren Entscheidungen (BGH, NZG 2016, 139 – *„Stinnes"*; BGH, DStR 2016, 974 – *„Nestlé"*) als Vorrang marktorientierter Bewertungsverfahren verstehen. Richtigerweise stellen die Entscheidungen jedoch lediglich den Vorrang einer direkten Bewertung fest. Zwingend ist die Heranziehung des Börsenkurses demnach noch nicht. Dagegen ist in Frankreich der Börsenkurs als Wertparameter ausdrücklich geregelt, indes nicht als alleiniger Bewertungsmaßstab (Methodenpluralismus (vgl. *Fleischer*, AG 2014, 97 (107); *Fleischer*, AG 2016, 185 (199); *Kircher*, Kompensationsleistungen für erzwungene Rechtsverluste, S. 88 ff., 150 ff.).

§ 8 Normzweckadäquanz – Vereinbarkeit mit den grundlegenden rechtlichen Bewertungsvorgaben

Mangels konkreter gesetzlicher Bewertungsvorgaben muss eingehend untersucht werden, ob eine kursorientierte Bewertung im Hinblick auf Ziel, Gegenstand und Perspektive der Bewertung normzweckadäquat ist und den außenstehenden Aktionären eine volle Entschädigung gewährt. Von Verfassungs wegen ist zwar keine bestimmte Methode zur Ermittlung der angemessenen Abfindung vorgegeben.[212] Eine normzweckadäquate Bewertung setzt jedoch voraus, dass die verfassungsrechtlichen Anforderungen an die angemessene Abfindung gewahrt werden, indem die Minderheit für ihren Verlust voll entschädigt wird.[213] Dem wird der Börsenkurs als Bewertungsmethode nur dann gerecht, wenn er in der Lage ist, den Beteiligungswert aus der Perspektive eines Durchschnitts-Minderheitsaktionärs voll abzubilden. Der Börsenkurs soll nachfolgend daher anhand der in Teil 2 gefundenen – primär verfassungsrechtlich determinierten – Anforderungen an die angemessene Abfindung untersucht werden.

A. Bezugspunkt des Börsenkurses – Gegenstand und Perspektive der Bewertung

Vor allem im Hinblick auf Gegenstand und Perspektive der Bewertung sind zunächst Aussagegehalt und Bezugspunkt von Börsenkursen genauer zu betrachten.

I. Gleichgewichtspreis

Die Börse ist ein Handelsplatz, an dem Angebot und Nachfrage – insbesondere nach Aktien, verzinslichen Wertpapieren und anderen Finanzprodukten – zusammentreffen, um Handel zwischen den Marktteilnehmern zu ermöglichen. Als Börsenpreis werden dabei diejenigen Handelsaktivitäten festgestellt, die zu einem Handel in den Finanzprodukten führen.[214] Die subjektiven Wertvorstellungen sämtlicher Marktteilnehmer finden durch Verkaufs- und Kauforder Eingang in den Kurs. Dabei werden Kauf- und Verkaufsentscheidungen auch auf Basis einer großen Anzahl von Analysten durch Analysten und Kaufinteres-

---

[212] Zuletzt BVerfG, NZG 2011, 869 (870) – „*T-Online/Deutsche Telekom*“; BVerfG, NZG 2012, 1035 (1037) – „*DaimlerChrysler*“; BGH, NZG 2016, 139 (142 f.) – „*Stinnes*“; BGH, DStR 2016, 974 (976 f.) – „*Nestlé*“. Dies erkennt auch der Gesetzgeber ausdrücklich an (vgl. RefE MoPeG (Teil 2, Fn. 400), S. 123; RegE MoPeG (Teil 2, Fn. 399), S. 107).

[213] Teilweise wird vorgebracht, der Börsenkurs könne grundsätzlich nur eine Untergrenze der Abfindung sein, weil ein alleiniges Abstellen auf Börsenkurse gegen Art. 14 Abs. 1 GG verstoße. So unter anderem der Vorwurf von *Ruthardt/Hachmeister*, CF 2014, 174 (174).

[214] *Steinhauer*, AG 1999, 299 (303).

senten getroffen.[215] Der Börsenkurs spiegelt somit den Wert, den der Kapitalmarkt der Beteiligung an der Gesellschaft zuschreibt[216] und damit die durchschnittlichen Erwartungen der Marktteilnehmer in einem Gleichgewichtspreis wider.[217] Auch wenn der Börsenkurs damit nicht die individuellen Wertvorstellungen jedes einzelnen Aktionärs abbildet, da diese über und unter dem Kurs liegen können, bildet er doch gerade den Konsens sämtlicher Wertvorstellungen ab. Dies tritt mit der rechtlichen Bewertungsperspektive nicht in Konflikt – ganz im Gegenteil. Die Sicht des Durchschnitts-Minderheitsaktionärs verlangt gewisse Typisierungen.[218] Der Gleichgewichtspreis abstrahiert insoweit die individuellen Wertvorstellungen des einzelnen Aktionärs und objektiviert diese in einem Einigungspreis. Er ist daher der Wert, den die Anleger der Beteiligung am Markt beimessen. Er berücksichtigt gerade die wertrelevanten Bewertungsparameter der Kleinanleger, zu denen die außenstehenden Aktionäre bei Strukturmaßnahmen naturgemäß zählen.[219]

Dies widerspricht auch nicht den Feststellungen in Teil 2, wonach es für die angemessene Barabfindung nicht auf einen (fiktiven) Einigungspreis ankommt.[220] Denn der Börsenkurs bildet nicht einen (fiktiven) Einigungspreis zwischen Mehrheit und Minderheit ab. Zwar kann auch der Mehrheitsaktionär am Markt auftreten, wodurch auch dessen subjektiven Wertvorstellungen in den Börsenkurs eingepreist werden. Regelmäßig sind diese Einflüsse bereits aufgrund des erforderlichen Quorums für die Durchführung der Strukturmaßnahme jedoch gering und wirken sich gar positiv auf den Kurs aus (z. B. steigende Nachfrage bei Kontrollerwerb).[221] Eine Unterkompensation der Minderheit ist daher nicht zu befürchten. Gerade in dominierten Konfliktsituationen, in denen aufgrund der bestehenden Interessendivergenzen zwischen den Parteien ein Einigungspreis kaum erzielt werden kann, ermöglicht der im Börsenkurs zum Ausdruck kommende Gleichgewichtspreis eine interessengerechte und vor allem objektive Ermittlung des typisierten Grenzpreises (Verkehrswerts) der außenstehenden Aktionäre.[222]

---

215 Dies erkennen auch *Burger*, NZG 2012, 281 (281); *Ruthardt/Hachmeister*, NZG 2014, 41 (46); *Tonner*, FS Schmidt 2009, 1581 (1589).

216 OLG Frankfurt a. M., BeckRS 2021, 10278, Rn. 37.

217 OLG Frankfurt a. M., BeckRS 2021, 10278, Rn. 37; LG Frankfurt a. M., NZG 2019, 989 – „*Stada AG*" (insoweit abgedruckt in BeckRS 2019, 15231 Rn. 69 ff.); LG Stuttgart, BeckRS 2019, 23342, Rn. 262; *Ruiz de Vargas*, NZG 2021, 1001 (1009); *Weber*, ZGR 2004, 280 (282).

218 Siehe S. 85 ff.

219 *W. Müller*, FS Bezzenberger 2000, 705 (715 f.).

220 Dies verkennen *Emmerich*/Habersack, § 305 AktG Rn. 50; Hölters/Weber/*Deilmann* AktG, § 305 Rn. 34; *Koch*, AktG, § 255 Rn. 14, die Börsenkurs und Schiedspreis gleichstellen.

221 *Mülbert*, FS Hopt 2010, 1039 (1073). Zu den Beeinflussungsmöglichkeiten des Mehrheitsaktionärs siehe S. 184 ff.

222 Zur Bedeutung des Verkehrswerts S. 146 ff.

II. Direkte Anteilsbewertung

Während mittels Ertragswertverfahren der Unternehmenswert ermittelt wird (indirekte Anteilsbewertung), bilden sich Börsenkurse auf Basis von Aktienkäufen und -verkäufen am Markt und beziehen sich damit in erster Linie auf die selbständig verkehrsfähige Aktie und die in ihr verkörperte Unternehmensbeteiligung (direkte Anteilsbewertung). Deren Wert ist maßgeblich aus den Renditeerwartungen, namentlich der Dividendenerwartung, des Kurs-Gewinn-Verhältnisses, Umsatz, Buchwert, Gesamtkapitalrendite, Eigenkapitalquote sowie dem Vergleich zu Wertpapieren anderer Emittenten abzuleiten.[223] Gegenstand der Bewertung ist allenfalls mittelbar das Unternehmen. Denn an der Börse werden Unternehmensbeteiligungen und keine ganzen Unternehmen gehandelt.

1. Börsenkurs und Unternehmenswert

Zu Recht wird der Börsenkurs daher im Hinblick auf die Geeignetheit zur Bewertung eines Gesamtunternehmens – vor allem wenn es um dessen Erwerb geht – kritisiert.[224] Der Bewertungsanlass und daraus abgeleitet Gegenstand und insbesondere Perspektive der Bewertung unterscheiden sich evident von der Abfindung außenstehender Aktionäre bei Strukturmaßnahmen. Will man den Börsenkurs zur Bewertung eines Gesamtunternehmens heranziehen, so muss er den Verkehrswert des Unternehmens – gewiss dann auch aus der konkret zu bestimmenden Bewertungsperspektive – abbilden.[225] Eine direkte Aus-

[223] LG Frankfurt a. M., NZG 2019, 989 (insoweit abgedruckt in BeckRS 2019, 15231, Rn. 64) – „*Stada AG*“; LG Stuttgart, BeckRS 2018, 35320, Rn. 93; LG Stuttgart, BeckRS 2019, 23342, Rn. 252; *Gude*, Strukturänderungen, S. 28.

[224] So *Adolff*, Unternehmensbewertung, S. 72 ff., 368: „Will der Gutachter auf marktorientierte Typisierungsmodelle zurückgreifen, so muß er folglich zeigen, daß gerade die Modellierung der Preisbildung am Kapitalmarkt Bedeutung für die Entscheidungen haben kann, die ein seinen finanziellen Nutzen maximierendes, individuelles Wirtschaftssubjekt über den Erwerb des Gesellschaftsunternehmens trifft.“; *Happ/Bednarz*, FS Stilz 2014, 219 (232); *Hüffer*, ZHR 172 (2008) 572 (577); LG Köln, AG 2009, 835 (insoweit abgedruckt in BeckRS 2009, 69439); LG Köln, BeckRS 2019, 16980, Rn. 11; LG Köln, Beschl. v. 12.07.2019 – 82 O 135/07, juris, Rn. 311; *Olbrich*, BFuP 2000, 454 (459 ff.); *Schulte/Köller/Luksch*, WPg 2012, 380 (384 ff.); *Sekera-Terplan*, GWR 2017, 117 (117); a. A. OLG Frankfurt a. M., AG 2010, 751 (insoweit abgedruckt in juris Rn. 88) – „*T-Online/Deutsche Telekom*“; dem folgend LG Frankfurt a. M. Beschl. v. 27.01.2012 – 3–5 0 102/05 – „*Höchst-AG*“ (Teil 2, Fn. 439); LG Frankfurt a. M., BeckRS 2012, 210626 – „*Didier Werke AG*“ (beide in Bezug auf einen Squeeze-out); *Hüttemann*, FS Hoffmann-Becking 2013, 603 (611 f.); *Stilz*, FS Goette 2011, 529 (537 f.); so auch weitestgehend anerkannt in der US-amerikanischen Rechtsprechung (vgl. U. S. Supreme Court of Delaware 01.08.2017 – No. 518, 2016, S. 44 ff. – „*DFC Global*“); differenzierend *Krause*, FS Hopt 2010, 1005 (1009): nur wenn der Marktpreis den Kontrollerwerb widerspiegele.

[225] Dafür *Aha*, AG 1997, 26 (28); *Hachmeister*, FS Ballwieser 2014, 219 (234 ff.); dagegen *Hüffer*, ZHR 172 (2008) 572 (577), der zutr. anführt, dass der Markt die Aktie als selbständig verkehrsfähiges Gut „in der Hand des Kleinaktionärs“ bewertet. Nur hierzu ist der Börsenkurs als Bewertungsmethode geeignet.

sage über den Fundamentalwert bzw. inneren Wert des Unternehmens wird auf Basis des Börsenwerts aber nicht getroffen, da sich dieser aus den subjektiven Wertvorstellungen der Anleger in Bezug auf den Beteiligungswert, nicht aber in Bezug auf das Gesamtunternehmen und erst recht nicht aus der Perspektive eines Unternehmenserwerbers bildet.[226] Anlageentscheidungen beziehen sich nicht auf den Erwerb des Gesamtunternehmens, sondern auf die in der Aktie verkörperte Beteiligung.

Deshalb entspricht der Börsenkurs gerade Gegenstand und Perspektive der Minderheitsbeteiligung. Denn die außenstehenden Aktionäre haben keinen relevanten Einfluss auf die Unternehmensentwicklung. Dass der Börsenkurs dies nicht berücksichtigt, macht ihn damit nicht ungeeignet, sondern vielmehr zweckadäquat.[227] Perspektive und wertbildende Faktoren unterscheiden sich bei der Bewertung von Beteiligungen gegenüber ganzen Unternehmen damit grundlegend und können zu erheblich abweichenden Bewertungsergebnissen führen.[228]

2. Börsenkurs und Beteiligungswert

Bei der Bemessung von Barabfindungen muss sich der Börsenkurs nicht zur Bewertung von Unternehmen, sondern zur Bestimmung des Beteiligungswerts eignen. Denn Gegenstand der Bewertung ist die Minderheitsbeteiligung und nicht das Gesamtunternehmen. Der Unternehmenswert wird daher nur insoweit mittelbar (mit)berücksichtigt wie er für die Beteiligung wertrelevant ist.[229] Ein Anleger wird sich bei seiner Anlageentscheidung nicht allein an den Vorgaben des IDW S 1 für die Unternehmensbewertung orientieren, da für den Wert einer Minderheitsbeteiligung auch andere Faktoren wertrelevant sind.[230] Diese grundlegende Weichenstellung wird insgesamt zu wenig berücksichtigt.

Mit den grundlegenden Bewertungsvorgaben stimmt der Börsenkurs indes überein, da er sich zum einen auf die in der Aktie verkörperte Unternehmensbeteiligung bezieht (normzweckadäquater Bewertungsgegenstand) und zum an-

---

[226] LG Köln, AG 2009, 835 (insoweit abgedruckt in BeckRS 2009, 69439); Fleischer/Hüttemann/*Böcking/Rauschenberg*, § 2 Rn. 2.60.

[227] *Böcking*, FS Drukarczyk 2003, 59 (73); in diese Richtung auch *Olbrich/Rapp*, CF biz 2012, 233 (235). Insoweit verkennt *Tönnes*, M&A Review 2017, 449 (454), dass die Trennlinie zwischen Kleinaktionär und Unternehmenseigner bei Strukturmaßnahmen einfach zu ziehen ist, da diese einen derart hohen Mehrheitsbesitz verlangt, dass die Minderheitsaktionäre hier nie relevanten unternehmerischen Einfluss haben können.

[228] Insoweit zutr. das LG Köln, AG 2009, 835 (838; vollständig abgedruckt in BeckRS 2009, 69439); LG Köln, BeckRS 2019, 16980 a. E.; bereits OLG Düsseldorf, AG 1964, 246 (246) anerkennend, dass auch die Aktie eigene Wertbildungsfaktoren in sich trägt; *Krieger*, Verhandlungen des 67. DJT, 2008, N25 (N31); *Lauber*, Das Verhältnis des Ausgleichs gemäß § 304 AktG zu den Abfindungen gemäß den §§ 305, 327a AktG, S. 358 ff.

[229] Vgl. bereits eingehend S. 59 ff.

[230] *Fleischer*, AG 2016, 185 (195); *Karami*, Unternehmensbewertung, S. 252; *Olbrich/Rapp*, CF biz 2012, 233 (235); LG Stuttgart, BeckRS 2018, 35320, Rn. 93.

deren die Bewertungsperspektive der außenstehenden Aktionäre als typischerweise Kleinanleger (normzweckadäquates Bewertungssubjekt) wiedergibt. Bezugspunkt des Börsenkurses ist die einzelne Aktie als verkörperte Unternehmensbeteiligung aus der Perspektive der Minderheit, die typischerweise als Anleger am Markt auftritt.[231]

Entscheidend für die Tauglichkeit von Börsenkursen als Bewertungsmethode ist daher allein, ob diese den Beteiligungswert auch korrekt abbilden und damit eine Frage der Aussagekraft von Börsenkursen. Denn es genügt nicht, dass eine kursorientierte Bewertung die Bewertungsvorgaben im Hinblick auf Gegenstand und Perspektive der Bewertung erfüllt, wenn dennoch der Beteiligungswert nicht richtig abgebildet wird.

3. Exkurs: Verschmelzungswertrelation

Zu einem anderen Ergebnis kann man in den Fällen kommen, in denen die Beteiligung an einem anderen Unternehmen fortgesetzt wird und die Bestimmung eines angemessenen Umtauschverhältnisses in Frage steht (bspw. bei der Verschmelzung, §§ 4 ff. UmwG). Da die Umtauschverhältnisse nicht Gegenstand der vorliegenden Untersuchung sind, sollen dem nur ein paar kurze Gedanken gewidmet werden.

In Umtauschfällen ist es im Hinblick auf den Bewertungsgegenstand durchaus plausibel, auf das Unternehmen abzustellen,[232] zumal auch Verbundvorteile mangels vollständigen Ausschlusses der Minderheit richtigerweise einzubeziehen sind.[233] Entscheidend ist in diesen Fällen aber vor allem, dass auf beiden Seiten (übernehmender und übertragender Rechtsträger) dieselben Bewertungsparameter angewendet werden. Denn es kommt letztlich auf eine Relationsbewertung der beiden Rechtsträger an,[234] die sowohl anhand des Verhältnisses der Unternehmenswerte zueinander als auch anhand der Anteilswerte zueinander erfolgen kann. Der Börsenkurs kann daher von vornherein nur herangezogen werden, wenn beide Gesellschaften börsennotiert sind.[235] Stellt man in den Umtauschfällen auf eine Unternehmensbewertung anhand des Börsenkurses ab,[236] darf dies jedoch keineswegs dahingehend missverstanden werden, dass der Börsenkurs den Unternehmenswert aus der Perspektive eines Unter-

---

[231] *Berg*, Der Marktrückzug des Emittenten, S. 39 („*shareholder value*"); LG Stuttgart, BeckRS 2019, 23342, Rn. 238.

[232] Siehe bereits S. 79, Teil 2, Fn. 473.

[233] Siehe S. 143 ff.

[234] *Adolff*, Unternehmensbewertung, S. 468 ff.; *Hüffer/Schmidt-Aßmann/Weber*, S. 83 ff.; *Krause*, FS Hopt 2010, 1005 (1017).

[235] Grundsatz der Methodengleichheit, S. 234.

[236] So insbesondere BGH, NJW 1978, 1316 (19) – „*Kali & Salz*"; BVerfG, NZG 2011, 869 (870 f.) – „*T-Online/Deutsche Telekom*"; LG Frankfurt a. M., Beschl. v. 13.03.2009 – 3–5 O 57/06, juris, Rn. 19; jüngst ausdrücklich bestätigt durch den BGH, BeckRS 2023, 6362 Ls. 1, Rn. 14 ff.; a. A. OLG Stuttgart, AG 2007, 705 (706).

nehmenserwerbers abbilde. Dies würde die Subjektbezogenheit der Bewertung außer Acht lassen.[237] Vielmehr bildet der Börsenkurs auch dann den Beteiligungswert der Aktionäre an den beiden Unternehmensträgern ab. Es ginge jedoch fehl, hieraus zu folgern, dass die Marktkapitalisierung stets den Unternehmenswert abbildet.[238] Denn eine Bewertungsmethode kann immer nur den Gegenstand bewerten, auf den sie sich bezieht.

III. Spekulation vs. nachhaltiger Zukunftsertrag

Auch wenn dem Börsenhandel ein spekulatives Element nicht abgesprochen werden kann, wird vielfach verkannt, dass der Börsenkurs gerade deshalb die allgemeine Markterwartung über die für den Beteiligungswert relevante Entwicklung des Unternehmens wiedergibt. In der Gutachterpraxis wird dies unter den Begriff des „nachhaltigen Zukunftsertrags" gefasst.[239] In den aktuellen Börsenkurs fließen einerseits die individuellen Wertvorstellungen in Bezug auf den Gegenwartswert, andererseits aber auch die zukünftigen Erwartungen an die Unternehmensentwicklung ein. Börsenkurse bilden daher die Erwartungen der Marktteilnehmer an die Dividende und den künftigen Veräußerungserlös ab.[240] Dies entspricht im Ergebnis dem abdiskontierten Barwert aus den erwarteten zukünftigen Ertragsüberschüssen, der auch bei den Ertragswertverfahren ermittelt wird.[241]

Der Unterschied besteht erneut im Bezugspunkt. Während beim Ertragswertverfahren von den erwarteten zukünftigen Erträgen auf den Unternehmenswert geschlossen wird, bezieht sich der Börsenkurs auf den Wert der Beteiligung in Gestalt der zukünftigen Dividendenerwartungen zuzüglich des erwarteten Veräußerungspreises. Die Dividendenerwartungen orientieren sich dabei an den

[237] Siehe S. 85 ff.

[238] Dies wird insgesamt nicht hinreichend deutlich gemacht. Vgl. die krit. Auseinandersetzung des LG Köln, AG 2009, 835 (insoweit abgedruckt in BeckRS 2009, 69439); auch *Böcking*, FS Drukarczyk 2003, 59 (85), jedoch ohne nähere Begründung.

[239] BayObLG München, AG 1999, 43 (45); so auch OLG Hamm, AG 1963, 218 (219); *Gude*, Strukturänderungen, S. 28.

[240] *Biermann*, Prospekthaftung und Allokationseffizienz, S. 66; OLG Hamm, AG 1963, 218 (220); *Steinhauer*, AG 1999, 299 (303); *Stilz*, FS Goette 2011, 529 (538); *Weber*, *ZGR* 2004, 280 (281); OLG Frankfurt a. M., AG 2010, 751 (insoweit abgedruckt in juris, Rn. 71) – „*T-Online/Deutsche Telekom*"; OLG Frankfurt a. M., NZG 2014, 464 (465) – „*Höchst AG*"; OLG Hamm, AG 1963, 218 (220); OLG Stuttgart, Beschl. v. 05.05.2009 – 20 W 13/08, juris, Rn. 218.

[241] *Biermann*, Prospekthaftung und Allokationseffizienz, S. 66 ff.; *Gude*, Strukturänderungen, S. 28; *Hüttemann*, ZGR 2001, 454 (468); *Steinhauer*, AG 1999, 299 (303); *Stilz*, FS Goette 2011, 529 (538); LG Frankfurt a. M., Beschl. v. 13.03.2009 – 3–5 O 57/06, juris, Rn. 19; LG Frankfurt a. M. Beschl. v. 27.01.2012 – 3–5 0 102/05 – „*Höchst-AG*", nv (Teil 2, Fn. 439), S. 26; OLG Stuttgart, Beschl. v. 05.05.2009 – 20 W 13/08, juris, Rn. 218; krit. *W. Müller*, FS Bezzenberger 2000, 705 (715 f.), da nicht nur rein finanzielle Faktoren Einfluss auf die Preisbildung haben (dazu S. 163 ff.).

prognostizierten zukünftigen Erträgen des Unternehmens.[242] Insoweit entsprechen sich Ertragswertverfahren und börsenkursorientierte Bewertungsverfahren methodisch, auch wenn sich das eine auf das Unternehmen und das andere auf die Beteiligung bezieht.

IV. Rein transaktionsbasierte Bewertung

Der Börsenkurs unterscheidet sich von Fundamentalbewertungsverfahren jedoch darin, dass er sich auf Basis realer Kaufs- und Verkaufshandlungen der Marktteilnehmer an der Börse bildet. Dem Börsenkurs kann daher auf den ersten Blick vorgeworfen werden, er spiegele naturgemäß allein die Wertvorstellungen eines geringen Anteils der Aktionäre wider. Denn nur durch Handelsaktivitäten am Markt kommen Kurse zustande, was voraussetzt, dass Aktionäre ihre Aktien aktiv kaufen und verkaufen. Kurse können daher nur die Wertvorstellungen der am Markt auftretenden Aktionäre einpreisen, berücksichtigen jedoch nicht die Einschätzungen der haltenden Aktionäre. Der Börsenkurs repräsentiert darüber hinaus allein den Wert, zu dem die meisten Umsätze generiert wurden. Dass abseits vollzogener Transaktionen Kauf- und Verkaufsinteressenten abweichende Wertvorstellungen haben und daher keinen Handelspartner finden, wird im Börsenkurs nicht berücksichtigt.[243]

Zutreffend verweist das OLG Frankfurt in diesem Zusammenhang aber auf die bereits mehrfach hervorgehobene Irrelevanz sämtlicher individueller Wertvorstellungen.[244] Im Rahmen der angemessenen Abfindung kommt es darauf an, einen dem Bewertungszweck entsprechenden „objektivierten Wert" zu bestimmen.[245] Nur so kann sämtlichen Minderheitsaktionären dieselbe Abfindung gewährt werden. Dies beinhaltet zwangsläufig, dass einzelne Aktionäre – ihre behaupteten subjektiven Wertvorstellungen zugrunde gelegt – überkompensiert und andere unterkompensiert werden.[246] Es kommt schließlich auf die Ermittlung des typisierten Beteiligungswerts an.

Die Preise, zu denen es zu einem tatsächlichen Handel gekommen ist, entsprechen jedenfalls den subjektiven Wertvorstellungen der handelnden Parteien, da diese die Aktie nicht über Wert kaufen bzw. unter Wert verkaufen würden.[247] Ein steigendes Angebot bedeutet aber zugleich, dass es Aktionäre am Markt gibt, die bereits zu einem geringeren Preis desinvestiert hätten. Eine steigende Nachfragekurve reflektiert die Bereitschaft auch zu einem höheren Preis

---

[242] *Hüttemann*, ZGR 2001, 454 (468); *Steinhauer*, AG 1999, 299 (302 ff.); *Stilz*, FS Goette 2011, 529 (538); *Tonner*, FS Schmidt 2009, 1581 (1590).

[243] So die Kritik der Ökonomen *Matschke/Brösel*, Unternehmensbewertung, S. 595 f.; *Ruthardt/Hachmeister*, NZG 2014, 41 (46); *Zwirner/Zimny*, BB 2018, 1387 (1389).

[244] OLG Frankfurt a. M., BeckRS 2021, 10278, Rn. 37.

[245] Vgl. bereits S. 85 ff.

[246] OLG Frankfurt a. M., BeckRS 2021, 10278, Rn. 37.

[247] *Steinhauer*, AG 1999, 299 (303).

zu investieren. Der Börsenkurs führt die individuellen Wertvorstellungen insoweit einer Realitätsbewertung zu, sodass deutlich überhöhte Verkaufspreise und deutlich zu niedrige Käuferpreise zu keiner Transaktion führen und damit auch nicht Eingang in den Kurs finden. Kauf- oder Verkaufsorder, die zu keinem Handel geführt haben, beruhen auf subjektiven Über- bzw. Unterbewertungen. Diese sind verfassungsrechtlich nicht schützenswert, da sie auf bloßen Gewinnerwartungen, nicht aber dem gegenwärtigen Beteiligungswert basieren. Der Perspektive der außenstehenden Aktionäre wird der Börsenkurs daher auch ohne Handelsaktivitäten sämtlicher Aktionäre hinreichend gerecht.

V. Berücksichtigung der Verhältnisse der Gesellschaft

Gemäß den gesetzlichen Vorgaben muss die angemessene Abfindung die Verhältnisse der Gesellschaft berücksichtigen. Nach den vorstehenden Ausführungen bezieht sich der Börsenkurs auch auf die prognostizierten zukünftigen Erträge des Unternehmens (Dividendenerwartung), womit die Verhältnisse der Gesellschaft jedenfalls mitberücksichtigt werden. Es ist jedoch fraglich, ob dies den gesetzlichen Anforderungen genügt.

Der Wortlaut enthält insoweit keine konkreten Vorgaben. Da das Aktienrecht nicht per se zwischen börsennotierten und nicht-börsennotierten Aktiengesellschaften unterscheidet, ist diese abstrakte Formulierung nur konsequent, da sie eine einzelfallorientierte Bestimmung der angemessenen Barabfindung ermöglicht. Die Regelung ist indes nicht so zu verstehen, dass stets eine Unternehmensbewertung vorzunehmen ist. Sie schließt eine direkte Anteilsbewertung, wo diese möglich ist, keineswegs aus.[248]

Der Börsenkurs darf sich aber, um die Verhältnisse der Gesellschaft hinreichend zu berücksichtigen, nicht vollständig vom Unternehmenswert abkoppeln. Er darf also nicht allein die Aktie als selbständig verkehrsfähiges Gut bewerten, sondern muss auch die damit verbundene Beteiligung an einem wirtschaftenden Unternehmen wertmäßig einbeziehen. Ansonsten würde der Börsenkurs nur den Desinvestitionswert der Aktie abbilden und eine Barabfindung zum Börsenkurs keine volle Entschädigung für den Beteiligungswert gewähren.

An der Börse werden Aktien aber immer in ihrer Eigenschaft als verkörperte Unternehmensbeteiligung bewertet, da es keine Aktie ohne Unternehmensbeteiligung gibt. Börsenkurse bilden sich nicht vollkommen losgelöst vom Unternehmenswert, sondern orientieren sich gerade an den zukünftigen Erträgen der Gesellschaft, aus denen sich die Dividendenerwartung abgeleitet wird. Auch wenn sich Börsenkurse in erster Linie auf die gehandelten Aktien beziehen, so werden sie dennoch wesentlich von den Verhältnissen der Gesellschaft ge-

---

[248] Marsch-Barner/Schäfer/*Gehling*, Hdb. börsennotierte AG, Rn. 48; OLG Frankfurt a. M., NZG 2014, 464 (465) – „*Höchst AG*“. Vgl. bereits die näheren Ausführungen zum Bewertungsobjekt auf S. 81 ff.

prägt.[249] Auch der BGH erkennt schon früh, dass „die Marktteilnehmer auf der Grundlage der ihnen zur Verfügung gestellten Informationen und Informationsmöglichkeiten die Ertragskraft des Unternehmens, um dessen Aktien es geht, zutreffend bewerten und sich die Marktbewertung im Börsenkurs der Aktien niederschlägt".[250] Insoweit wird also der Unternehmenswert – aus der Perspektive des Marktes –[251] mitberücksichtigt. Mehr ist nach der vagen Formulierung des Gesetzes nicht zu verlangen. Dies gilt insbesondere vor dem Hintergrund, dass die angemessene Abfindung sich nach dem Wert des Gesellschaftsanteils und gerade nicht des Unternehmens bestimmt.

VI. Keine Berücksichtigung unternehmensinterner Informationen

Vielfach wird der Börsenkurs aber gerade deshalb als untauglich erachtet, weil er sich allein aufgrund der am Markt veröffentlichten Informationen bilde und unternehmensinterne Informationen wie die Unternehmensplanungen nicht entsprechend berücksichtige.[252] Denn der Börsenkurs ist ausgehend von der mittelstrengen Kapitalmarkteffizienzhypothese[253] nur in der Lage, alle öffentlich verfügbaren Informationen zu verarbeiten. Der vermeintliche Vorteil der Fundamentalbewertungsverfahren ist daher die Einbeziehung sämtlicher – auch nicht zu veröffentlichender unternehmensinterner – Informationen.[254]

1. Konflikt mit dem Gebot der vollen Entschädigung

Es ist daher zu hinterfragen, ob die Barabfindung unter dem Gebot der vollen Entschädigung eine Berücksichtigung unternehmensinterner Informationen erfordert. Auch hierfür ist die genaue Bestimmung der Bewertungsgrundlagen,

---

[249] BGH, NJW 2010, 2657 (2659) – „*Stollwerck*"; LG Frankfurt a. M., BeckRS 2012, 210626 – „*Didier Werke AG*"; OLG Frankfurt a. M., NZG 2014, 464 (465) – „*Höchst AG*"; *W. Müller*, FS Roth 2011, 517 (525); so bereits *Götz*, DB 1996, 259 (263).

[250] BGH, Beschl. v. 12.03.2001 – II ZB 15/00, juris, Rn. 19 – „*DAT/Altana IV*"; BGH, DStR 2016, 974 (976) – „*Nestlé*"; jüngst BGH, BeckRS 2023, 6362, Rn. 20.

[251] *Steinhauer*, AG 1999, 299 (300).

[252] So insbesondere *Adolff*, Unternehmensbewertung, S. 347 f., 364; *T. Baums*, GS Schindhelm 2009, 63 (76); *Egger/Tönnes*, EWeRK 2016, 362 (365) (es bedürfe einer Innensicht); *Großfeld*, BB 2000, 261 (265); *Hüffer*, FS Hadding 2004, 461 (473); *Hüffer/Schmidt-Aßmann/Weber*, S. 63 f.; IDW S 1, Rn. 14; *Ruthardt*, NZG 2015, 1387 (1389); *Ruthardt/Hachmeister*, CF 2014, 174 (175); *Ruthardt/Hachmeister*, NZG 2014, 455 (456); *Schwark*, FS Lutter 2000, 1529 (1543); *Weimann*, Ertragswert und Börsenwert, passim; BGH, NJW 1978, 1316 (1318) – „*Kali & Salz*" („Einschluß stiller Reserven und des inneren Geschäftswerts").

[253] Dazu näher auf S. 168 ff.

[254] *Adolff*, Unternehmensbewertung, S. 385; *Franken/Schulte/Luksch*, Bewertungs-Praktiker 2012, 28 (32); *Großfeld* 2000, 205 (265); *Hachmeister/Ruthardt*, DB 2014, 1689 (1690); LG Stuttgart, BeckRS 2018, 35320, Rn. 249; OLG Frankfurt a. M., AG 2010, 751 (insoweit abgedruckt in juris Rn. 79) – „*T-Online/Deutsche Telekom*"; *Ruthardt*, NZG 2015, 1387 (1389); *Ruthardt/Hachmeister*, NZG 2014, 455 (457); *Ruthardt/Hachmeister*, WPg 2016, 411 (413); *Schulte/Köller/Luksch*, WPg 2012, 380 (390); *Weimann*, Ertragswert und Börsenwert, passim.

allen voran Gegenstand und Perspektive der Bewertung, entscheidend. Dass der Börsenkurs nicht in der Lage ist, unternehmensinterne Informationen einzupreisen, ist eine durchaus gewichtige Kritik, beurteilt man die Tauglichkeit von Börsenkursen zur Bewertung eines Gesamtunternehmens. Aus der Perspektive eines (fiktiven) Erwerbers sind unternehmensinterne Informationen wichtige Bewertungsfaktoren. Die Bedeutung unternehmensinterner Informationen zeigt sich in der Praxis vor allem darin, dass im Vorfeld eines Unternehmenserwerbs regelmäßig Due-Diligence-Prüfungen durchgeführt werden, um dem Unternehmenserwerber Einblicke in die Unternehmensinterna zu verschaffen.[255] Bei Anwendung der Liquidationshypothese und Bewertung der Gesellschaft aus der Perspektive eines fiktiven Unternehmenserwerbers käme unternehmensinternen Informationen daher in der Tat eine gewichtige Rolle zu. Die Liquidationshypothese ist bei Barabfindungen jedoch vor allem aufgrund der abweichenden Bewertungsperspektive abzulehnen, weshalb sich die Frage stellt, ob die volle Entschädigung der Minderheitsaktionäre eine Berücksichtigung unternehmensinterner Informationen verlangt.

a) *Minderheitenschutz*

Jedenfalls können hierfür nicht schon Gründe des Minderheitenschutzes angeführt werden. Denn unternehmensinterne Informationen können sich sowohl positiv als auch negativ auf den Börsenkurs auswirken.[256] Dass der Börsenkurs nicht in der Lage ist, unternehmensinterne Informationen einzupreisen, führt daher nicht zwingend zu einer Unterkompensation der außenstehenden Aktionäre. Der Börsenkurs kann sowohl höher als auch niedriger sein als der Ertragswert. Es kommt für eine volle Entschädigung aber nicht darauf an, die Minderheit zum höchsten ermittelbaren Wert abzufinden.[257] Die Abfindung zum „wahren" Wert ist vielmehr zu interpretieren als realer Beteiligungswert. Nur wertsteigernde unternehmensinterne Informationen zu berücksichtigen, ginge daher fehl. Denn würde man die Minderheit stets zum höchsten Wert abfinden, so würden die berechtigten Interessen des Mehrheitsaktionärs verletzt und die Gesamtwohlfahrt steigernde Strukturmaßnahmen verhindert.

b) *Aspekt der Informationsangleichung*

Teilweise wird angeführt, die Beschränkung auf öffentlich verfügbare Informationen verletze das Gebot der vollen Entschädigung, da nur eine Fundamentalbewertung, die auch unternehmensinterne Informationen berücksichtige, die

---

[255] *Harrer*, DStR 1993, 1673; insoweit sind auch die nachfolgenden Ausführungen von *Adolff* konsequent, zumal dieser seinen Untersuchungen die Liquidationshypothese zugrunde legt.

[256] Vgl. LG Stuttgart, BeckRS 2018, 35320, Rn. 91.

[257] Siehe Teil 2, Fn. 439.

Informationsasymmetrien zwischen Mehrheit und Minderheit ausgleichen könne.[258] Nur mit einer „Innenansicht" werde man § 53a AktG gerecht.[259]

Die Nähe zur Unternehmensleitung mag in der Praxis häufig dazu führen, dass Mehrheitsaktionäre über unternehmensinterne kurs- und bewertungsrelevante Informationen verfügen und insoweit einen Informationsvorsprung gegenüber der Aktionärsminderheit haben.[260] Entsprechende Informations- bzw. Auskunftsrechte der Aktionäre in Bezug auf unternehmensinterne Informationen wie insbesondere die Unternehmensplanung bestehen jedoch nur in Ausnahmefällen.[261] In der Praxis stellt sich daneben das Problem, inwieweit freiwilligen Auskünften der Geschäftsleitung an den Mehrheitsaktionär Grenzen gesetzt sind. Zu beachten sind hier insbesondere die Vorschriften der §§ 53a, 93 Abs. 1 Satz 3, 131 Abs. 4, 311 ff. AktG.[262] Eine Verletzung des Gleichbehandlungsgrundsatzes ist aufgrund der weiten Auslegung, wann ein sachlicher, die Ungleichbehandlung rechtfertigender Grund vorliegt, und eines dahingehenden Einschätzungsspielraums der Geschäftsleitung selten gegeben.[263] Selbst wenn man § 53a AktG im konkreten Fall für einschlägig erachtet, so bleibt der Verstoß jedenfalls sanktionslos.[264] In Bezug auf eigene Absichten und Planungen hat der Mehrheitsaktionär jedoch einen klaren Informationsvorsprung. Dieser Informationsnachteil der Minderheit kann eine Unterbewertung am Markt zu ihren Lasten bedeuten.[265]

Nach *Adolff* müsse daher der Informationsstand unterstellt werden, der auf Grundlage einer Due-Diligence-Prüfung erzielbar gewesen wäre.[266] Es trifft zu, dass Unternehmenserwerber auf eine Due-Diligence-Prüfung ohne Weiteres verzichten könnten, würde der Börsenkurs den Unternehmenswert bereits vollständig abbilden. Dass eine Due-Diligence-Prüfung, die insbesondere auch

---

[258] *Adolff*, Unternehmensbewertung, S. 347 f.; *Götz*, DB 1996, 259 (263); *Puszkajler/Sekera-Terplan*, NZG 2015, 1055 (1062); *Ruthardt*, NZG 2015, 1387 (1389); *Ruthardt/Hachmeister*, CF 2014, 174 (175); *Ruthardt/Hachmeister*, NZG 2014, 455 (456); *Ruthardt/Hachmeister*, NZG 2014, 41 (45); *Ruthardt/Hachmeister*, WPg 2016, 411 (412).

[259] *Diekmann*, FS Großfeld 2019, 97 (105).

[260] *Helmis*, ZBB 2003, 161 (162); *Kircher*, Kompensationsleistungen, S. 80; *Koch*, ZGR 2020, 183 (191 f., 204 f.); *Ruthardt/Hachmeister*, CF 2014, 174 (175); *Schwetzler*, FS Großfeld 2019, 401 (408 f.).

[261] Diese sind äußerst vertraulich zu behandeln und unterliegen daher auch der Verschwiegenheitspflicht, § 93 Abs. 1 Satz 3 AktG (vgl. BeckOGK AktG/*Fleischer*, § 93 Rn. 206; *Hölters*/Weber, AktG, § 93 Rn. 118).

[262] *Koch*, ZGR 2020, 183 (189).

[263] *Koch*, ZGR 2020, 183 (208 ff.) verweist in diesem Zusammenhang auf die Tendenz im Schrifttum (exemplarisch MüKoAktG/*Götze*, § 53a Rn. 14), bereits den Unterschied zwischen Minderheits- und Mehrheitsaktionären als solchen als Rechtfertigungsgrund anzusehen.

[264] *Koch*, ZGR 2020, 183 (212).

[265] Siehe zum Kriterium der Kapitalmarkteffizienz die nachfolgenden S. 163 ff. Genauso gut kann mangels Einpreisung negativer unternehmensinterner Informationen auch eine Überbewertung vorliegen.

[266] *Adolff*, Unternehmensbewertung, S. 371 f.; *Tönnes*, M&A Review 2017, 449 (454).

Zugriff auf unternehmensinterne Informationen gewährt, zu besseren Ergebnissen für den Unternehmenserwerber kommt, beruht jedoch auf einer völlig anderen Bewertungssituation, die mit der Abfindung von Minderheitsaktionären bei Strukturmaßnahmen nicht vergleichbar ist.[267] Bei der Bestimmung der angemessenen Barabfindung bei Strukturmaßnahmen steht der Beteiligungswert in Frage. Die Minderheit ist bei der angemessenen Abfindung zum vollen Wert der Beteiligung so zu stellen, wie sie ohne den Rechtsverlust stünde. Zwar beeinflussen auch unternehmensinterne Informationen die Erwartungsbildung an der Börse.[268] Jedoch hat die Minderheit ohne die Strukturmaßnahme praktisch keine Möglichkeit, auf unternehmensinterne Informationen, Daten und Planungen zuzugreifen. Schon bei der Anlageentscheidung müssen sich die Anleger auf die öffentlich verfügbaren Informationen stützen.[269] Eine Due-Diligence-Prüfung erfolgt hier nicht, da der Erwerb von Aktien nicht mit dem Erwerb eines Gesamtunternehmens vergleichbar ist. Inhaber von Kleinbeteiligungen verfügen weder bei der Investition noch während der Beteiligung an der Gesellschaft noch bei deren Desinvestition über unternehmensinterne Informationen. Sie sind daher von vornherein auf die öffentlich verfügbaren Informationen beschränkt. Würde man eine Berücksichtigung unternehmensinterner Informationen für eine volle Entschädigung fordern, so stünde die Minderheit letztlich besser als ohne die Strukturmaßnahme.[270] Die Abfindungsleistung soll die Minderheit aber nicht besserstellen, sondern ihr den Gegenwert ihrer Beteiligung „in einem anderen Aggregatszustand" gewähren.[271] Aus verfassungsrechtlicher Perspektive ist eine Berücksichtigung unternehmensinterner Informationen unter dem Gebot der vollen Entschädigung daher nicht geboten.

Eine Informationsangleichung an die Perspektive des Vorstands oder Mehrheitsaktionärs lässt schon die Subjektbezogenheit der Bewertung außer Acht und verkennt, dass es allein auf die Perspektive des durchschnittlichen Minderheitsaktionärs ankommt.[272] Außerdem wird dabei erneut auf den Wert des Gesamtunternehmens abgestellt.

---

[267] Hinzu kommt, dass auch beim Unternehmenserwerb nie gewährleistet ist, dass keine Informationsasymmetrien zwischen Käufer und Verkäufer bestehen. Dennoch wird der Kaufpreis als Verkehrswert behandelt (zutr. LG Stuttgart, BeckRS 2018, 35320, Rn. 248).

[268] OLG Frankfurt a. M., AG 2010, 751 (insoweit abgedruckt in juris, Rn. 79) – „*T-Online/Deutsche Telekom*".

[269] *Ruiz de Vargas*, NZG 2021, 1001 (1009); *Ruiz de Vargas*, NZG 2021, 1056 (1061).

[270] Wie hier: LG Frankfurt a. M., NZG 2019, 989 (insoweit abgedruckt in BeckRS 2019, 15231 Rn. 68) – „*Stada AG*"; LG Stuttgart, BeckRS 2019, 23342, Rn. 259. In diese Richtung auch *W. Müller*, FS Röhricht 2005, 1015 (1025 f.). Jedenfalls aus Kapitalanlegersicht: *Ruiz de Vargas*, NZG 2021, 1001 (1010).

[271] Der Beteiligungswert setzt sich in der Barabfindung in Form einer Geldleistung fort (Vermögensschutz). Plakativ: *Wiedemann*, ZGR 1980, 147 (153). Dass dieser insoweit die Personengesellschaften und die Liquidationshypothese im Blick hat, ist unerheblich. Vielmehr lässt sich hieraus ein allgemeiner Grundsatz für Abfindungsleistungen ableiten, wonach es in erster Linie auf die Bestimmung des konkreten Rechtsverlusts ankommt.

[272] Siehe S. 85 ff., 161 f.

c) Prognoseproblem

Der vermeintliche Vorteil des Ertragswertverfahrens, durch Einbeziehung unternehmensinterner Informationen zu zutreffenderen Ergebnissen zu gelangen, wird ferner dadurch gemindert, dass vor allem die als unternehmensinterne Information zu qualifizierende Unternehmensplanung unsicheren Prognosen und Planannahmen unterliegt.[273] Unternehmensinterne Informationen werden daher auch bei den Ertragswertverfahren nur einer bedingt objektiven Bewertung zugeführt. Die Marktbewertung kann insoweit sogar zu realistischeren Ergebnissen führen, zumal sie sich gerade aus der Perspektive der von der Maßnahme betroffenen Minderheitsaktionäre bildet.[274]

2. Hohe Transparenz- und Publizität

Hinzu kommt, dass an den Börsen ein besonders hohes Regulierungsniveau im Hinblick auf Transparenz und Publizität besteht. Der Einfluss unternehmensinterner Informationen auf den Kurs nimmt umso mehr ab, je mehr Informationen veröffentlicht werden müssen. In Märkten mit hohen Transparenzpflichten existieren kaum unternehmensinterne Informationen.[275] Deren Bedeutung für die Aussagekraft von Börsenkursen ist entsprechend gering. Für eine besonders hohe Transparenz sorgen im regulierten Markt zahlreiche Transparenz- und Publizitätsvorschriften, insbesondere die umfassende Ad-hoc-Publizitätspflicht nach Art. 17 MAR[276], die Prospektpflicht nach der Prospekt-VO[277], die Vor- und Nachhandelstransparenz nach der MiFIR[278] und MiFID II[279], die Vorschriften über die Beteiligungstransparenz nach §§ 33 ff. WpHG sowie zahlreiche Berichtspflichten nach §§ 114 ff. WpHG.

3. Unternehmensspezifische vs. unternehmensbezogene Informationen

Die Kritik am Börsenkurs bezieht sich indes in erster Linie auf die unternehmensspezifischen Informationen, d. h. diejenigen Informationen, die dem Unternehmen unmittelbar individuell anhaften.[280] Hier ist der Begutachtung durch

---

[273] *Aha*, AG 1997, 26 (27); *Rodloff*, DB 1999, 1149 (1151); *Stilz*, FS Goette 2011, 529 (539).

[274] *T. Baums*, GS Schindhelm 2009, 63 (76); in diese Richtung auch LG Stuttgart, BeckRS 2018, 35320, Rn. 100.

[275] *Veil*, FS Schneider 2011, 1313 (1313).

[276] Siehe Teil 2, Fn. 279.

[277] Verordnung (EU) 2017/1129 – Prospektverordnung (Prospekt-VO) v. 14.06.2017, ABl. L 168/12 2017.

[278] Verordnung (EU) Nr. 600/2014 – Finanzmarktverordnung (MiFIR) v. 15.05.2014, ABl. L 173/85 2014.

[279] Richtlinie 2014/65/EU – Finanzmarktrichtlinie (MiFID II) v. 25.05.2014, ABl. L 173/349.

[280] Unternehmensplanung, Kostenstrukturen, Absatzplanungen, künftige Unternehmens-

einen Sachverständigen in der Tat ein gewisser Mehrwert in Bezug auf die Bewertung des Gesamtunternehmens einzuräumen. Denn für den Unternehmenswert werden – abhängig vom konkreten Bewertungssubjekt – regelmäßig auch unternehmensinterne Informationen bedeutsam sein. Dies gilt indes nicht gleichermaßen für den hier zu bewertenden Gesellschaftsanteil.

Der Wert eines Gesellschaftsanteils in der Hand der Minderheit bestimmt sich von vornherein nach anderen wertrelevante Faktoren und ist in besonderem Maße auch von unternehmensbezogenen[281] Informationen geprägt, die das Unternehmensumfeld wie die Verfassung des Gesamtmarkts bzw. der Branche betreffen, ohne vom Unternehmen selbst unmittelbar beeinflussbar zu sein, und die über den Preismechanismus Eingang in den Börsenkurs finden.[282] Der Preismechanismus stellt sicher, dass alle verfügbaren Informationen über eine erhöhte Nachfrage oder ein gesteigertes Angebot Eingang in die Preisfindung finden, ohne dass der einzelne Marktteilnehmer über die Gesamtheit der Informationen verfügen müsste.[283] Hierzu leisten u. a. auch Analysten einen erheblichen Beitrag, die über unternehmensbezogene Umstände sogar besser informiert sein können als ein Bewertungsgutachter.[284] Eine Verarbeitung sämtlicher unternehmensbezogener Informationen durch einen einzelnen Bewertungsgutachter ist schon aufgrund der Informationsfülle praktisch kaum möglich. Darin liegt der entscheidende Vorteil der marktorientierten Bewertung, die in der Lage ist, Informationen fortlaufend über den Preismechanismus im Kurs zu verarbeiten und sich damit auf eine umfassende Informationsgrundlage stützt.[285] Dies gleicht den fehlenden Zugriff auf unternehmensspezifische Informationen zumindest methodisch aus.

---

strategien (vgl. OLG Frankfurt a. M., AG 2010, 751 (insoweit abgedruckt in juris, Rn. 78, 80) – „*T-Online/Deutsche Telekom*“).

281 Absatzpreise, Konkurrenzprodukte, Lohnentwicklungen etc. (vgl. OLG Frankfurt a. M., AG 2010, 751 (insoweit abgedruckt in juris, Rn. 78, 81) – „*T-Online/Deutsche Telekom*“).

282 BaFin, Emittentenleitfaden Modul C, S. 12; OLG Frankfurt a. M., AG 2010, 751 (754) – „*T-Online/Deutsche Telekom*“; OLG Frankfurt a. M., NZG 2014, 464 (insoweit abgedruckt in BeckRS 2014, 01047) – „*Höchst AG*“; OLG Frankfurt a. M., BeckRS 2021, 10278, Rn. 33; *Tonner*, FS Schmidt 2009, 1581 (1589).

283 OLG Frankfurt a. M., AG 2010, 751 (754) – „*T-Online/Deutsche Telekom*“.

284 *T. Baums*, GS Schindhelm 2009, 63 (76); OLG Frankfurt a. M., AG 2010, 751 (insoweit abgedruckt in juris Rn. 78 ff.) – „*T-Online/Deutsche Telekom*“; OLG Frankfurt a. M., NZG 2014, 464 (466) – „*Höchst AG*“.

285 LG Frankfurt a. M., Beschl. v. 13.03.2009 – 3–5 O 57/06, juris, Rn. 32; OLG Frankfurt a. M., AG 2010, 751 (754) – „*T-Online/Deutsche Telekom*“; OLG Frankfurt a. M., NZG 2014, 464 (insoweit abgedruckt in BeckRS 2014, 01047) – „*Höchst AG*“; OLG Frankfurt a. M., BeckRS 2021, 10278, Rn. 33. Dass die Informationsgrundlage bei Ertragswert und Börsenkurs nicht völlig identisch ist (vgl. die Kritik von *Weimann*, Ertragswert und Börsenwert, S. 7 ff.; *Weimann*, Bewertungs-Praktiker 2020, 113 (115 f.); *Weimann*, WPg 2021, 530 (530, 534)), ist unerheblich, da die unternehmensinternen Informationen der Minderheit gerade nicht zuzuordnen sind.

VII. Zwischenergebnis

Eine Fundamentalbewertung anhand des Unternehmenswerts ist nicht generell aufgrund der Kenntnis des Bewertungsgutachters von unternehmensinternen Informationen vorzugswürdig. Denn das Gebot der vollen Entschädigung verlangt gerade nicht, der Minderheit mehr zu gewähren, als ihr ohne die Strukturmaßnahme zustünde. Mindestens genauso bedeutend wie das Informationsniveau ist die Frage, inwieweit die zur Verfügung stehenden Informationen bei der Bewertung verarbeitet werden. Die Bewertung stützt sich bei Börsenkursen aufgrund der Vielzahl der Marktteilnehmer gegenüber der gutachterlichen Bewertung auf eine breitere Grundlage. Zwar werden die unternehmensinternen Verhältnisse der Gesellschaft im Börsenkurs nicht berücksichtigt. Minderheitsaktionäre haben aber ohnehin – auch schon im Zeitpunkt ihrer Anlageentscheidung – keinen Zugriff auf unternehmensinterne Informationen. Da das Gebot der vollen Entschädigung keine Besserstellung der außenstehenden Aktionäre verlangt, genügt es, dass der Börsenkurs alle veröffentlichten wertrelevanten Informationen verarbeitet, womit er die Verhältnisse der Gesellschaft hinreichend berücksichtigt.[286]

B. Keine systematische Unterkompensation

Der Börsenkurs müsste als Bewertungsmethode unter dem Gebot der vollen Entschädigung von vornherein ausscheiden, wenn er zu einer systematischen Unterkompensation der außenstehenden Aktionäre führen würde.[287]

I. Empirische Befunde

Vor allem *Weimann* hat sich eingehend mit den Abfindungen bei Squeeze-Out und Delisting befasst und in diesem Zusammenhang die Wertdifferenzen zwischen Ertragswertverfahren und Börsenkursbewertung empirisch untersucht.[288] Die Studie zum Squeeze-Out zeigt, dass den außenstehenden Aktionären im Zeitraum vom 1. Januar 2020 bis zum 31. März 2020 insgesamt rund 808 Mio. Euro, wenn man auf gerichtliche Verfahren abstellt, sogar 1,6 Mrd. Euro weniger Abfindung geleistet worden wäre, hätte man allein den Börsenkurs herangezogen.[289] Ähnliche Ergebnisse zeigt die Studie zum Delisting.[290] Der Ertragswert gewährt demnach insgesamt eine höhere Abfindung als der Bör-

---

[286] Näher bei der effektiven Informationsbewertung auf S. 183 f.

[287] So *Hüffer*, FS Hadding 2004, 461 (469); *Kircher*, Kompensationsleistungen, S. 156; *Weimann*, AG 2020, R156-R158 (R156 ff.).

[288] *Weimann*, Spruchverfahren nach Squeeze-Out (vgl. zur Fortschreibung zum 31. März 2020: http://www.vzfk.de/fortschreibung-31-maerz-2020/, zuletzt abgerufen am 16.08.2023); *Weimann*, Ertragswert und Börsenwert, passim.

[289] *Weimann*, Bewertungs-Praktiker 2020, 113 (115).

[290] *Weimann*, Ertragswert und Börsenwert, S. 7 ff.

senkurs.[291] Der Börsenkurs könnte damit in Widerspruch zum Gebot der vollen Entschädigung stehen.

Für die Angemessenheit der Abfindung kommt es jedoch nicht darauf an, die Methode zu wählen, welche die höchste Abfindung gewährt.[292] Der Minderheit ist zwar eine volle Entschädigung für ihren Verlust zu gewähren. Dass die Bewertung mittels Ertragswertverfahren zu abweichenden Ergebnissen führt, bedeutet jedoch nicht automatisch, dass der Börsenkurs den Beteiligungswert nicht voll abbildet. Der Ertragswert kann insoweit sogar eine Überkompensation bedeuten, weil er wertrelevante Faktoren enthält, die der Minderheitsbeteiligung wertmäßig nicht zuzuordnen sind.[293] Umgekehrt kann der Ertragswert auch hinter dem Börsenkurs zurückbleiben, wenn der Markt der Unternehmensbeteiligung einen höheren Wert beimisst. Vor der Entscheidung des BVerfG i. S. DAT/Altana war dies regelmäßig der Fall.[294] Dass Börsenkurs und Ertragswert zu abweichenden Ergebnissen kommen, schließt die eine oder andere Methode daher nicht generell aus. Warum sollte nicht gerade der Börsenkurs die treffenderen Ergebnisse im Hinblick auf den Beteiligungswert liefern? Gegenstand, Perspektive und Informationsgrundlage der Bewertung bei Börsenkurs und Ertragswert unterscheiden sich evident.[295] Aufgrund der Subjektbezogenheit der Bewertung ist ein abweichendes Bewertungsergebnis beim Ansatz unterschiedlicher Bewertungsverfahren mit abweichenden Bewertungsparametern keinesfalls verwunderlich. Welches Ergebnis dem Bewertungszweck am ehesten entspricht, hat sich nicht nach der Höhe der Werte, sondern dem Normzweck zu richten.

Eine Abfindung zum höheren Ertragswert kann dazu führen, dass die Minderheit mehr erhält als bei einer freien Desinvestition am Markt zum Verkehrswert.[296] Zwar ist auch zu berücksichtigen, dass die Aktie nicht nur ein Äquivalent für Geld ist, sondern zugleich auch die Mitgliedschaft in der Gesellschaft verkörpert.[297] Die verfassungsrechtliche Untersuchung des Anteilseigentums hat je-

---

291 *Brösel/Karami*, WPg 2011, 417 (420); *Ruiz de Vargas*, NZG 2021, 1001 (1002); *Weimann*, Spruchverfahren nach Squeeze-Out, S. 130 ff.; *Weimann*, AG 2020, R156-R158 (R156 ff.).

292 OLG Frankfurt a. M., BeckRS 2017, 102412, Rn. 28; OLG Frankfurt a. M., AG 2017, 790 (791); OLG Frankfurt a. M., BeckRS 2020, 33629, Rn. 17; OLG Frankfurt a. M., BeckRS 2021, 10278, Rn. 30; OLG Frankfurt a. M., BeckRS 2021, 31295, Rn. 31; a. A. *Ruiz de Vargas/Schenk*, AG 2016, 354 (357); *Tönnes*, M&A Review 2017, 449 (455).

293 In diese Richtung LG Stuttgart, BeckRS 2019, 23342, Rn. 259. Vgl. die nachfolgenden Erwägungen.

294 *Busse v. Colbe*, FS Lutter 2000, 1053 (1064); *Rodloff*, DB 1999, 1149 (1149); vgl. auch *Matschke/Brösel/Karami*, FS Mandl 2010, 421 (433).

295 *W. Müller*, FS Röhricht 2005, 1015 (1025 f.); *Stilz*, ZGR 2001, 875 (892); *Weimann*, AG 2020, R156-R158 (R156 f.); *Weimann*, Bewertungs-Praktiker 2020, 113 (115 f.); *Weimann*, WPg 2021, 530 (530, 534).

296 Ausdrücklich *W. Müller*, FS Röhricht 2005, 1015 (1016); *Piltz*, ZGR 2001, 185 (196); *Stilz*, ZGR 2001, 875 (892); LG Stuttgart, BeckRS 2018, 35320, Rn. 92.

297 *Hüffer/Schmidt-Aßmann/Weber*, S. 48; dagegen *Piltz*, ZGR 2001, 185 (190).

doch gezeigt, dass den mitgliedschaftlichen Herrschaftsrechten der Minderheit sowohl im Hinblick auf den Schutzbereich als auch die Abfindungsbemessung eine untergeordnete Bedeutung zukommt. Für die Minderheitsaktionäre stehen ihre Vermögensinteressen als Kapitalanleger im Vordergrund, weshalb die Desinvestitionsmöglichkeit am Markt einen der maßgeblichen Faktoren ihrer (Des-) Investitionsentscheidung ist. Eine Abfindung zum Börsenkurs führt daher nicht allein deshalb zu einer systematischen Unterkompensation, weil Ertragswerte über dem Börsenkurs liegen können. Es ist vielmehr am Normzweck zu messen, welches Verfahren dem Bewertungsziel am ehesten gerecht wird.

II. Minderheitsabschlag

Eine häufig anzutreffende Kritik betrifft die Tatsache, dass der Börsenkurs lediglich den Wert einer „einflusslosen Minderheit" wiedergebe und daher konzeptionell einen sog. „Minderheitsabschlag" enthalte.[298] Am Markt werden einzelne Anteile gehandelt, größere Aktienpakete werden hingegen regelmäßig außerhalb der Börse veräußert.[299] Die Vertreter dieser Ansicht gehen davon aus, dass ein Minderheitsabschlag im Interesse der Gleichbehandlung nicht zum Nachteil der außenstehenden Aktionäre berücksichtigt werden dürfe.[300] *Ruthardt* stellt insofern zutreffend fest, dass der Minderheitsabschlag das Gegenstück zur Kontrollprämie ist. Er ist der Differenzbetrag zwischen dem „ökonomischen Kontrollwert" und dem „Minderheitswert liquider Anteile".[301]

Unter Heranziehung der vorstehenden Ausführungen soll die angemessene Abfindung aber gerade den Wert der Beteiligung der Minderheit ersetzen. Mehrheitsbeteiligungen unterscheiden sich grundlegend von Minderheitsbeteiligungen, da sich Letztere in erster Linie auf die Vermögenskomponente der Beteiligung konzentrieren und keine unternehmerischen Einwirkungsbefugnisse vermitteln. Dies schlägt entsprechend auf den subjektiven Beteiligungswert durch. Empirische Studien machen deutlich, dass die Preise für den Erwerb einzelner Anteile divergieren; je nachdem, ob es sich um Minderheitsanteile oder

---

[298] *Burger*, NZG 2012, 281 (288); *Busse v. Colbe*, AG 1964, 263 (265); *Kuhner*, WPg 2007, 824 (829) m. w. N.; insbesondere auch *Hachmeister/Ruthardt*, DB 2014, 1689 (1690); *Ruthardt*, Normzweckkonforme Unternehmensbewertung, S. 89 ff.; *Ruthardt*, NZG 2015, 1387 (1390); *Ruthardt/Hachmeister*, CF 2014, 174 (175); *Ruthardt/Hachmeister*, NZG 2014, 455 (456); *Ruthardt/Hachmeister*, WPg 2016, 411 (412); *Ruthardt/Popp*, AG 2020, 240 (247), die diesen als „Governance-Abschlag" bezeichnen; *Großfeld/Egger/Tönnes* (Hrsg.), Recht der Unternehmensbewertung, Rn. 852.

[299] Zum außerbörslichen Verkauf von Aktienpaketen: *Kirchner/Iversen*, NZG 2008, 921.

[300] *Burger*, NZG 2012, 281 (285); *Emmerich*/Habersack, § 305 AktG Rn. 119; Fleischer/Hüttemann/*Fleischer*, § 20 Rn. 20.16; *Großfeld*, Unternehmens- und Anteilsbewertung 2002, S. 230; *Koch*, AktG, § 305 Rn. 32; *Komp*, Zweifelsfragen des aktienrechtlichen Abfindungsanspruchs, S. 395 ff.; *Ruthardt*, NZG 2014, 972 (979); *Ruthardt*, NZG 2015, 1387 (1390); *Winner* in Kalss/Fleischer/Vogt (Hrsg.), Gesellschafts- und Kapitalmarktrecht in Deutschland, Österreich und der Schweiz 2013, Wertermittlung bei dominierten Transaktionen, 109 (113).

[301] *Ruthardt*, NZG 2014, 972 (973); *Ruthardt*, NZG 2015, 1387 (1390).

zur Kontrolle über die Gesellschaft führende Anteile handelt. Für Letztere werden teils erhebliche Prämien gezahlt.[302] Den Kontrollwert können Minderheitsaktionäre indes nur realisieren, wenn sie ihre Aktien an den Mehrheitsaktionär veräußern. Hierauf haben sie aber keinen Anspruch.[303] Der Kontrollprämie kommt insoweit kein unter Art. 14 Abs. 1 GG entschädigungsrelevanter Wert zu.[304] Die Tatsache, dass der Börsenkurs einen Minderheitsabschlag enthält, spricht damit vielmehr für dessen Berücksichtigung bei der Bewertung.

III. Synergie- bzw. Verbundeffekte

Daran schließt sich unmittelbar die Frage an, ob und inwieweit Synergie- und Verbundeffekte[305] zu berücksichtigen sind, zumal Börsenkurse durch solche Effekte – regelmäßig positiv – beeinflusst werden.[306] Ausgehend von einer mittelstrengen Kapitalmarkteffizienz bringt der Börsenkurs mit Bekanntwerden der Maßnahme die Einschätzung des Marktes über ihre Synergiepotenziale zum Ausdruck,[307] sofern der Markt diesen einen „wirtschaftlichen Wert" beimisst.[308]

Dabei ist zu differenzieren zwischen Effekten, die sich nur mit der konkreten Strukturmaßnahme erzielen lassen (echte Synergien), und solchen, die unabhängig von der konkreten Maßnahme und mit einem beliebigen Unternehmen erzielt werden können (unechte Synergien).[309]

1. Echte Synergieeffekte

Bis zur Bekanntgabe der geplanten Maßnahme werden echte Synergieeffekte im Börsenkurs noch nicht abgebildet. Insoweit hat der Mehrheitsaktionär einen

---

[302] *Emmerich*/Habersack, § 305 AktG Rn. 68; *Kropff*, DB 1962, 155 (156); *Ruthardt*, NZG 2014, 972 (973); *Ruthardt*, NZG 2015, 1387 (1389).

[303] Siehe Teil 3, Fn. 131.

[304] Dies erkennt bereits *Kropff*, DB 1962, 155 (156), auch wenn dieser noch – insoweit inkonsequent – auf die Liquidationshypothese verweist. Auch der Gleichbehandlungsgrundsatz führt nicht zu einer Berücksichtigung von Kontrollprämien, da es auf Entschädigungsebene allein auf den Wert der Beteiligung in den Händen der Minderheit ankommt (vgl. bereits S. 70); a. A. *Emmerich*/Habersack, § 305 AktG Rn. 119; *Koch*, AktG, § 305 Rn. 32; *Ruthardt/Hachmeister*, ZfbF 70 (2018) 47 (53); MüKoAktG/*van Rossum*, § 305 Rn. 177.

[305] Vgl. die umfassende Darstellung potenzieller Effekte bei *Decher*, FS Hommelhoff 2012, 115 (116 ff.).

[306] Vgl. die umfassende Untersuchung bei *Adolff*, Unternehmensbewertung, S. 386 ff.; vgl. auch *Drukarczyk*, AG 1973, 357 (364); *Röhricht* in Dauner-Lieb (Hrsg.), Gesellschaftsrecht in der Diskussion 2001, Rechtsprechungsbericht: Die aktuelle höchstrichterliche Rechtsprechung zum Gesellschaftsrecht, 3 (26); *Weber*, *ZGR* 2004, 280 (286).

[307] BGH, Beschl. v. 12.03.2001 – II ZB 15/00, juris, Rn. 29 – *„DAT/Altana IV"*; *Weber*, *ZGR* 2004, 280 (286).

[308] *Hüttemann*, FS Hoffmann-Becking 2013, 603 (610).

[309] Vgl. zur Abgrenzung echter und unechter Synergieeffekte: *Decher*, FS Hommelhoff 2012, 115 (129 ff.); *Maul*, FS Drukarczyk 2003, 255 (267); MüKoAktG/*van Rossum*, § 305 Rn. 170.

Informationsvorsprung, der nach teilweise vertretener Auffassung im Rahmen der angemessenen Abfindung ausgeglichen werden müsse.[310]

Dem kann jedoch entschieden entgegengetreten werden. Denn nach dem abfindungsrechtlichen Entschädigungsgedankens muss die Minderheit so gestellt werden, wie sie ohne die Maßnahme stünde.[311] Auf der Maßnahme beruhende Vorteile müssen daher ausgeblendet werden.[312] Auch bei der im Ertragswertverfahren angestellten „stand-alone-Betrachtung" unter Heranziehung der Wurzeltheorie[313] werden echte Synergieeffekte konsequent ausgeblendet.[314] Der Nutzenzuwachs des Mehrheitsaktionärs steht der Minderheit bei einem Ausscheiden aus der Gesellschaft gerade nicht zu.[315] Schließlich haben die außenstehenden Aktionäre bei einem Ausscheiden aus der Gesellschaft auch die unternehmerischen Risiken der Maßnahme nicht zu tragen.[316]

Anders ist dies bei der Abfindung in Aktien und der Ermittlung der Verschmelzungswertrelation zu beurteilen. Denn hier wird die Beteiligung an dem aufnehmenden Rechtsträger fortgesetzt. Die Minderheit bleibt daher auch an

---

310 *Götz*, DB 1996, 259 (263). Für eine Aufteilung der Verbundvorteile auch *Adolff*, Unternehmensbewertung, S. 400 ff.; *Böcking*, FS Drukarczyk 2003, 59 (70); *Fleischer*, ZGR 1997, 368 (368 ff.); *Großfeld*, Unternehmens- und Anteilsbewertung 2002, S. 67 f.; *Komp*, Zweifelsfragen des aktienrechtlichen Abfindungsanspruchs, S. 320; *Matschke/Brösel/Karami*, FS Mandl 2010, 421 (445). Vgl. zum Aspekt der Informationsangleichung bereits S. 135 ff.

311 Vgl. bereits S. 37 ff.

312 *Decher*, FS Hommelhoff 2012, 115 (124 ff.) m. w. N.; *Koch*, AktG, § 305 Rn. 33; *Martens*, FS Bezzenberger 2000, 267 (287) (zu § 255 Abs. 2 AktG); OLG Dresden Beschl. v. 16.08.2017 – 8 W 244/17, nv (Teil 1, Fn. 8), S. 18; Schmidt/Lutter/Bayer/*Stephan*, AktG, § 305 Rn. 68; *Stein*, Fundamentalanalyse und Börsenkurs, S. 47 ff.; MüKoAktG/*van Rossum*, § 305 Rn. 173; KG Berlin, NZG 2007, 71 (71); a. A. *Adolff*, Unternehmensbewertung, S. 410; *Burger*, NZG 2012, 281 (288); *Emmerich*/Habersack, § 305 AktG Rn. 110; *Fleischer*, ZGR 1997, 368 (391 ff.); *Fleischer*, ZGR 2001, 1 (27); *Großfeld*, Unternehmens- und Anteilsbewertung 2002, S. 67 f.; *Krieger* in MüHdb GesR IV, § 71 Rn. 135; *Maul*, FS Drukarczyk 2003, 255 (264, 267) m. w. N. Dabei wird jedoch auf ein Verhandlungsmodell abgestellt, dass in dominierten Konfliktsituationen abzulehnen ist (vgl. S. 51). Fleischer/Hüttemann/*Hüttemann*, § 1 Rn. 28; *Hüttemann*, ZHR 162 (1998) 563 (588 ff.); *Hüttemann*, FS Hoffmann-Becking 2013, 603 (604 ff., 609) wollen Verbundvorteile über die Liquidationshypothese unter der Prämisse der „bestmöglichen Verwertung" berücksichtigen, da das Unternehmen auch bei einer fiktiven Liquidation vorzugswürdig Erwerbern anzubieten sei, die Verbundvorteile realisieren könnten; vgl. zum „Grundsatz der bestmöglichen Verwertung" instruktiv *Knoll*, FS Meilicke 2010, 321; ferner *Adolff*, Unternehmensbewertung, S. 36 ff.; *Hüttemann*, CF 2016, 467 (468). Dies ist indes abzulehnen (wie hier auch *Ruiz de Vargas*, NZG 2021, 1001 (1005)).

313 Vgl. Teil 3, Fn. 641 und Fn. 748 f.

314 *Risse*, ZIP 2021, 2309 (2315).

315 OLG Dresden Beschl. v. 16.08.2017 – 8 W 244/17, nv (Teil 1, Fn. 8), S. 18; OLG Düsseldorf, AG 1964, 246 (247); *Ruiz de Vargas*, NZG 2021, 1001 (1005).

316 Wie hier: *Koch*, AktG, § 305 Rn. 33; LG Stuttgart, BeckRS 2018, 35320, Rn. 250; LG Stuttgart, BeckRS 2019, 23342, Rn. 96; *Naschke*, Der Börsenkurs als Abfindungsgrundlage, S. 63 (andernfalls Durchbrechung des Gleichbehandlungsgrundsatzes (ebd., Fn. 288)); *Paefgen*, ZHR 172 (2008) 358 (362); *Stein*, Fundamentalanalyse und Börsenkurs, S. 45; MüKoAktG/*van Rossum*, § 305 Rn. 170; *Vetter*, DB 2001, 1347 (1349) m. w. N.

den unternehmerischen Risiken beteiligt.[317] Dann müssen aber auch die Synergie- und Verbundvorteile entsprechend aufgeteilt werden.

2. *Unechte Synergieeffekte*

Abweichend davon sind unechte Synergieeffekte bei der Barabfindung zu berücksichtigen. Denn die abstrakten Synergiepotenziale beeinflussen den Wert der Beteiligung bereits unabhängig von deren Realisierung durch eine konkrete Maßnahme.[318] Dies steht auch nicht mit dem Entschädigungsgedanken in Konflikt, da die Synergiepotenziale keinen Bezug zur konkreten Maßnahme aufweisen. Bei einem freiwilligen Verkauf an der Börse würden die Minderheitsaktionäre die unechten Synergieeffekte bei der Bestimmung ihres subjektiven Grenzpreises werterhöhend berücksichtigen.[319] Sie dürfen den außenstehenden Aktionären daher auch nicht bei der Barabfindung vorenthalten werden.

3. *Praktische Handhabung*

Die Behandlung der Synergiepotenziale wirkt sich unmittelbar auf die Geeignetheit von Börsenkursen aus. Denn Börsenkurse bilden Synergieeffekte immer dann ab, wenn sie dem Markt bekannt sind.[320] Sollen aber echte Synergieeffekte ausgeblendet werden, so ist fraglich, ob sich der Börsenkurs als Bewertungsmethode eignet. Ein Herausrechnen echter Synergiepotenziale aus dem Kurs gestaltet sich schon deshalb schwierig, weil die Börse nicht messbar zwischen echten und unechten Synergien unterscheidet.[321] Um die konkreten Transaktionsvorteile auszumachen, sei nach *Ruthardt* daher ebenfalls der Grenzpreis des Mehrheitsgesellschafters zu ermitteln, um sicherzustellen, dass dieser keinen Eingang in die Abfindungsbemessung der Minderheit finde.[322]

Dabei wird jedoch verkannt, dass solche Effekte bereits durch die Wahl eines entsprechenden Stichtags vor Bekanntwerden der echten Synergieeffekte, d. h. vor Bekanntwerden der konkreten Strukturmaßnahme, minimiert werden können.[323] Ein vollständiges Herausrechnen von Verbundeffekten ist zwar kaum möglich. Denn es ist unklar, inwieweit Antizipationseffekte bereits Eingang

---

[317] *Großfeld*, Unternehmens- und Anteilsbewertung 2002, S. 64 m. w. N.; *W. Müller*, FS Roth 2011, 517 (530). *Adolff*, Unternehmensbewertung, S. 408 f., 463 ff. fordert auf Grundlage dessen einen gleichwertigen Schutz auch bei der Barabfindung.

[318] *Hüttemann*, FS Hoffmann-Becking 2013, 603 (609); *Matschke*, BFuP 2013, 14 (41).

[319] *Matschke/Brösel/Karami*, FS Mandl 2010, 421 (445), allerdings wohl auch für echte Synergieeffekte.

[320] *Böcking*, FS Drukarczyk 2003, 59 (83): „Die Marktteilnehmer erwarten grundsätzlich, dass Synergiepotenziale tatsächlich existieren, können diese aber wohl nicht vollumfänglich erkennen."; *Stilz*, ZGR 2001, 875 (889 ff.).

[321] *Vetter*, DB 2001, 1347 (1348 f.).

[322] *Ruthardt*, NZG 2015, 1387 (1392).

[323] Vgl. zum Referenzzeitraum S. 201 f.

in den Kurs gefunden haben.[324] Es kann nur schwer nachvollzogen werden, welche Informationen für eine Kursreaktion inwieweit verantwortlich sind.[325] Auch (erwartete) Zukäufe durch den Mehrheitsaktionär wirken sich auf den Kurs aus.[326] In aller Regel wird es sich bei den Antizipationseffekten jedoch um unechte Synergieeffekte handeln, da sich die aus der konkreten Maßnahme folgenden Synergien vom Markt kaum abschätzen lassen. Dass Antizipationseffekte nur schwer aus dem Kurs herauszurechnen sind, beeinträchtigt die Aussagekraft von Börsenkursen für den Beteiligungswert aus der Perspektive der Minderheit somit nur unerheblich, da insbesondere unechte Synergien wertmäßig zu berücksichtigen sind.[327]

C. Verkehrswert als Beteiligungswert

Vielfach wird die Tauglichkeit von Börsenkursen als Bewertungsmethode von vornherein mit dem Argument verneint, der Börsenkurs bilde lediglich den „Verkehrswert der Aktie“, nicht jedoch den „wahren“ Fundamentalwert der Beteiligung ab.[328] Dabei ist zu fragen, was unter dem Verkehrswert zu verstehen ist, ob dieser tatsächlich in Widerspruch zum Gebot einer Abfindung zum „wahren“ Wert steht und ob der Börsenkurs den Verkehrswert der Beteiligung abbilden kann.

I. Verkehrswertverständnis i. w. S.

Der Begriff des Verkehrswerts wird derart uneinheitlich verwendet, dass ein bloßer Verweis auf die Abfindung zum Verkehrswert noch nicht das zugrundeliegende Wertverständnis offenbart.[329] Der Verkehrswert der Beteiligung lässt sich in zweierlei Hinsicht interpretieren, wobei nur eine Interpretation dem Gebot der vollen Entschädigung gerecht wird.

Wenn das BVerfG in Sachen DAT/Altana den Verkehrswert anführt, so geht es von einem engen Verkehrswertverständnis aus und versteht darunter lediglich den Wert der Veräußerungsmöglichkeit am Markt, der bei börsennotierten

---

324 *Hüffer/Schmidt-Aßmann/Weber*, S. 67 f., 162; *Röhricht* in Dauner-Lieb (Hrsg.), Gesellschaftsrecht in der Diskussion 2001, Rechtsprechungsbericht: Die aktuelle höchstrichterliche Rechtsprechung zum Gesellschaftsrecht, 3 (23, 26); *Weber*, *ZGR* 2004, 280 (287).

325 *Hüffer/Schmidt-Aßmann/Weber*, S. 158.

326 *Busse v. Colbe*, AG 1964, 263 (267).

327 *Stein*, Fundamentalanalyse und Börsenkurs, S. 43.

328 *Adolff*, Unternehmensbewertung, S. 324 f.; Fleischer/Hüttemann/*Hüttemann*, § 1 Rn. 44; *Hüffer/Schmidt-Aßmann/Weber*, S. 39; LG Köln, BeckRS 2019, 16980, Rn. 2 ff.; *Ruthardt*, NZG 2015, 1387 (1388); *Ruthardt/Hachmeister*, NZG 2014, 41 (41 ff.); *Sieben*, AG 1966, 83 (94); *Zwirner/Zimny*, BB 2018, 1387 (1388).

329 Vgl. nur die Diskussionen rund um den Verkehrswert bei *Ruthardt/Hachmeister*, NZG 2014, 885; *Ruthardt/Hachmeister*, WPg 2016, 411.

Aktien regelmäßig im Börsenkurs ausgedrückt wird. Terminologisch sauberer ist daher vom Begriff des Desinvestitionswert der Aktie zu sprechen.[330]

Davon zu unterscheiden ist jedoch das, was gewöhnlich unter dem Verkehrswert verstanden wird, nämlich der Wert, der zu einem bestimmten Zeitpunkt im gewöhnlichen Geschäftsverkehr für einen Gegenstand zu erzielen ist (Verkehrswert i. w. S.).[331] Bezogen auf den Wert des Gesellschaftsanteils der Minderheit meint dies nicht allein die Veräußerungsoption der Aktie, sondern die durchschnittliche Wertzumessung von Käufern und Verkäufern am Markt in Bezug auf die Unternehmensbeteiligung und damit den Beteiligungswert. Hieran sind erhöhte Anforderungen zu stellen, da er sich nicht allein auf die Aktie als selbständig verkehrsfähiges Gut, sondern auf die gesamte Unternehmensbeteiligung bezieht. Dem Verkehrswert als reinem „Desinvestitionswert" und dem Verkehrswert als „objektivem Marktwert" darf daher nicht dasselbe Verkehrswertverständnis zugrunde gelegt werden. Würde man Verkehrswert und Desinvestitionswert gleichsetzen, so würde eine „Abfindung zum Verkehrswert" in der Tat keine oder nur zufällig eine volle Entschädigung gewähren;[332] nämlich nur in den Fällen, in denen der Verkehrswert der Aktie und der Beteiligungswert identisch sind. Für den Desinvestitionswert genügt es, dass eine tatsächliche Veräußerungsmöglichkeit bestand. Der Börsenkurs kann jedoch zugleich den objektiven Marktwert abbilden, sofern er über die reine Veräußerungsmöglichkeit hinaus auch den Beteiligungswert aussagekräftig abbildet.

II. Verkehrswert des Gesellschaftsanteils als gesuchte Größe

Es ist dem Recht nicht fremd, in Bewertungsfragen auf den Verkehrswert abzustellen.[333] Auch auf die Barabfindung von Minderheitsaktionären lässt sich dies übertragen und entspricht gerade dem Charakter der Minderheitsbeteiligung an einer Aktiengesellschaft. Im Rahmen von Strukturmaßnahmen ist es das benannte Ziel der Bewertung, den Wert der Beteiligung in den Händen der typisierten Minderheit zu bestimmen.[334] Die Minderheitsbeteiligung ist gekennzeichnet durch äußerst geringe Herrschafts- und Mitverwaltungsrechte. Die Verfügungsbefugnis besteht allein in Bezug auf die in der Aktie verkörperte Unternehmensbeteiligung selbst. Die Minderheit kann den Wert ihrer Beteiligung allein durch Veräußerung am Markt realisieren.[335] Die Möglichkeit einer

---

[330] Vgl. ausführlich S. 41 ff.

[331] Vgl. Teil 2, Fn. 250.

[332] So auch *Ruiz de Vargas*, NZG 2021, 1001 (1005, 1009); *Ruthardt/Hachmeister*, NZG 2014, 41 (41), die insoweit von einem engen Verkehrswertverständnis ausgehen.

[333] Vgl. *Hüttemann*, ZHR, 162 1998, 563 (575 ff.). So auch bei der Enteignungsentschädigung: (*Naschke*, Der Börsenkurs als Abfindungsgrundlage, S. 43; *Rodloff*, DB 1999, 1149 (1152); *Stilz*, ZGR 2001, 875 (885 f.); OLG Frankfurt a. M., NZG 2014, 464 (465) – *„Höchst AG"*).

[334] Siehe S. 81 ff.

[335] So schon *Martens*, FS Bezzenberger 2000, 267 (286). Dies erkennt inzwischen teil-

ordentlichen Kündigung der Beteiligung besteht nicht.[336] Minderheitsaktionären fehlt außerdem der direkte Zugriff auf das Gesellschaftsvermögen und die erforderliche Mehrheit zur Fassung eines Liquidationsbeschlusses. Damit kann auch der anteilige Liquidationswert nicht ohne Mehrheitsbeschluss realisiert werden.[337]

Minderheitsaktionäre als Kapitalanleger sind daher von vornherein auf den Verkaufs- und damit Verkehrswert der Aktie beschränkt. Dies ist für die Bestimmung der angemessenen Abfindung entscheidend.[338] Der Verkehrswert der Beteiligung bildet den Vermögenswert in der Hand der Minderheit bestmöglich ab. Andere Werte wie etwa der Liquidationswert, aber auch der Ertragswert können nur auf Grundlage eines Mehrheitsbeschlusses durchgesetzt werden und stehen der Minderheit daher nicht unmittelbar zu. Der Verkehrswert steht der Minderheit hingegen schon deswegen zu, weil sie ihn autonom realisieren kann.[339]

Um dem Gebot der vollen Entschädigung gerecht zu werden, muss jedoch ein aussagekräftiger Verkehrswert ermittelt werden. Die Veräußerungsmöglichkeit allein genügt nicht. Es kommt insoweit auf den „normativen Verkehrswert" an, um zu verhindern, dass die Minderheit unterkompensiert wird. Dass der „Verkehrswert" nach der DAT/Altana-Rechtsprechung lediglich die Untergrenze bilden soll, lässt sich mit dem abweichenden Verkehrswertverständnis des BVerfG erklären.[340] Das BVerfG hat hier allein die Veräußerungsmöglichkeit im Blick. Daraus folgt jedoch nicht, dass der Verkehrswert i. w. S. nicht die gesuchte Abfindung sein kann. Vielmehr kann der Börsenkurs sowohl den Desinvestitionswert (Verkehrswert i. e. S.) als auch den Verkehrswert i. w. S. abbilden. Für Letzteres muss er jedoch zusätzlich aussagekräftig im Hinblick auf den Beteiligungswert sein. Dann liefert der Verkehrswert die volle Entschädigung für die typisierte Minderheit.[341]

---

weise auch die Rechtsprechung (OLG Hamburg, BeckRS 2021, 4636, Rn. 81; LG Frankfurt a. M., NZG 2019, 989 (insoweit abgedruckt in BeckRS 2019, 15231, Rn. 64) – *„Stada AG"*).

[336] *Ludewig/Ludewig-Husheer*, FS Großfeld 1999, 713 (725).

[337] Aus diesem Grund ist dieser auch nicht als Wertuntergrenze heranzuziehen (so OLG Frankfurt a. M., BeckRS 2021, 31295, Rn. 149 m. w. N.; a. A. *Hüttemann*, ZHR 162 (1998) 563 (588 f.); IDW S 1, Rn. 150 f.; *Komp*, Zweifelsfragen des aktienrechtlichen Abfindungsanspruchs, S. 139; *Ruthardt*, Normzweckkonforme Unternehmensbewertung, S. 103; *Ruthardt/Hachmeister*, NZG 2014, 885 (888); *Wagner*, WPg 2016, 1090 (1090 ff.)).

[338] Siehe zum Verkehrswert bereits S. 41 ff.

[339] LG Stuttgart, BeckRS 2018, 35320, Rn. 60; *Ludewig/Ludewig-Husheer*, FS Großfeld 1999, 713 (725), allerdings in Bezug auf ein freiwilliges Ausscheiden.

[340] In diese Richtung: *Ruthardt/Hachmeister*, NZG 2014, 885 (886), der jedoch für den Verkehrswert i. w. S. eine Ermittlung des quotalen Unternehmenswerts fordert, was abzulehnen ist; a. A. wohl *Ruiz de Vargas*, NZG 2021, 1001 (1007).

[341] Schmitt/*Hörtnagl/Ollech*, UmwG, § 62 Rn. 23; *Stilz*, ZGR 2001, 875 (882); *Stilz*, FS Goette 2011, 529 (538) („Verkehrswert des Anteilseigentums"; sogar im Falle der indirekten Anteilsbewertung); *Wasmann*, ZGR 2011, 83 (84), der die Feldmühle-Entscheidung insoweit jedoch überinterpretiert. Vgl. zur OLG-Rechtsprechung: OLG Düsseldorf, AG 2020, 254 (256); OLG Frankfurt a. M., NZG 2014, 464 (465) – *„Höchst AG"*; OLG Karlsruhe, BeckRS

III. Börsenkurs als realer Verkehrswert

Stellt man auf den Verkehrswert der Beteiligung als den Wert ab, den die Minderheit im gewöhnlichen Geschäftsverkehr für ihre Beteiligung erzielen kann, so ist der Börsenkurs tauglicher Wertmesser. Denn am Markt kann die Minderheit immer nur zum Börsenkurs veräußern.[342] Der Börsenkurs bildet damit gerade die Ergebnisse der ausgeführten Transaktionen ab und damit letztlich den Wert, den die Minderheitsaktionäre realisieren können und der ihnen im Geschäftsverkehr aus Anlegerperspektive zusteht.

Sofern angeführt wird, der Börsenkurs könne nicht den Verkehrswert des Unternehmens abbilden, wird verkannt, dass es für die Barabfindung der Minderheit nicht auf den Verkehrswert des Unternehmens, sondern auf den der Beteiligung ankommt.[343] Schon aufgrund der Individualität jedes Unternehmens ist fraglich, ob ein Verkehrswert von Unternehmen überhaupt existiert. Die Geeignetheit des Börsenkurses kann hier schon im Ansatz in Frage gestellt werden, da Unternehmen nicht allein auf Basis von Börsenkursen veräußert werden.[344] Anders ist dies bei Minderheitsbeteiligungen, die nahezu ausschließlich über die Börse veräußert werden, wobei sich die Marktteilnehmer, die regelmäßig nicht über alle wertrelevanten Informationen verfügen, zur Bewertung ihrer Beteiligung an den gezahlten Preisen (Börsenkursen) orientieren.[345] Minderheitsaktionären steht keine andere Möglichkeit zu den Wert ihrer Beteiligung zu realisieren als über einen Verkauf an der Börse zum geltenden Börsenkurs. Andere subjektive Wertzumessungen, wozu auch ein potenziell höherer Ertrags-

2015, 12205, Rn. 26 ff.; OLG München, BeckRS 2019, 22733, Rn. 145; OLG Stuttgart, Beschl. v. 17.10.2011 – 20 W 7/11, juris, Rn. 146; OLG Stuttgart, BeckRS 2018, 26698, Ls. 1; OLG Stuttgart, Beschl. v. 26.06.2019 – 20 W 27/18, juris, Rn. 32 f.; häufig jedoch dennoch allein als Untergrenze (so OLG Karlsruhe, BeckRS 2020, 10571, Rn. 95); insoweit seiner Zeit voraus: OLG Hamm, AG 1963, 218 (220). Regelmäßig wird jedoch auf den Verkehrswert des Unternehmens abgestellt, womit bei der Barabfindung jedoch das Bewertungsobjekt (Minderheitsbeteiligung) verkannt wird (vgl. *Hüttemann*, CF 2016, 467 (468); OLG Stuttgart, Beschl. v. 19.01.2011 – 20 W 3/09, juris, Rn. 256; *Ruthardt/Hachmeister*, NZG 2014, 885 (885 ff.); *Ruthardt/Hachmeister*, WPg 2016, 411 (411 ff.); *Schwetzler*, CF 2020, 48 (48)).

[342] LG Frankfurt a. M., Beschl. v. 13.03.2009 – 3–5 O 57/06, juris, Rn. 19; LG Stuttgart, BeckRS 2018, 35320, Rn. 96; LG Stuttgart, BeckRS 2019, 23342, Rn. 250 f.; *Luttermann*, ZIP 1999, 45 (49); *Luttermann*, NZG 2007, 611 (618); *Martens*, FS Bezzenberger 2000, 267 (286) (zu § 255 Abs. 2 AktG); *Piltz*, ZGR 2001, 185 (196).

[343] OLG Frankfurt a. M., BeckRS 2014, 22980, Rn. 27; OLG Frankfurt a. M., AG 2017, 790 (791); Dies verkennen *Egger/Tönnes*, EWeRK 2016, 362 (364); *Ruthardt/Hachmeister*, NZG 2014, 885 (insbesondere 889 ff.); Schmitt/Hörtnagl/*Winter*, UmwG, § 5 Rn. 57; *Schwetzler*, CF 2020, 48 (48).

[344] *Egger/Tönnes*, EWeRK 2016, 362 (364). Das OLG Frankfurt a. M., NZG 2014, 464 (465) – „*Höchst AG*" ist dagegen der Auffassung, mit der Ertragswertmethode werde der Verkehrswert des Unternehmens ermittelt.

[345] So schon BVerfGE 100, 289 (308) – „*DAT/Altana*"; siehe auch *Bayer*, Gutachten E, 67. DJT, 2008, S. 106.

wert zählt,[346] kann die Minderheit am Markt indes nicht realisieren; in diesen subjektiven Gewinnerwartungen sind die Aktionäre nicht schutzwürdig.

Der Börsenkurs ist tauglicher Anknüpfungspunkt zur Bestimmung des Verkehrswerts, da er gerade auf realen Transaktionen der in der Aktie verkörperten Beteiligung basiert. Ob er auch den Verkehrswert des Unternehmens abbilden kann, ist für die vorliegende Fragestellung nicht entscheidend. Gem. § 24 Abs. 2 BörsG müssen Börsenpreise ordnungsgemäß zustande kommen und „der wirklichen Marktlage des Börsenhandels entsprechen". Schon deshalb ist der Börsenkurs als realer Verkehrswert anzusehen.[347] Dagegen ist der Ertragswert allenfalls ein „fiktiver Verkehrswert",[348] denn er beruht nicht auf einem realen Handelsgeschehen. In Abwesenheit realer Verkehrswerte kann er jedoch durchaus als Näherungswert herangezogen werden. Dessen bedarf es aber nicht, wenn bereits objektive und aussagekräftige Marktpreise existieren.[349] Eine Berücksichtigung des Börsenkurses steht demnach gerade auch in Anbetracht der Rationalität der Bewertung unter der Prämisse seiner Aussagekraft.[350] Der Börsenkurs kann den gesuchten Verkehrswert der Beteiligung daher nur dann abbilden, wenn er auf einem funktionierenden, insbesondere effizienten Kapitalmarkt zustande kommt.[351]

D. Berücksichtigung des Daueranlagewerts

Bei der Frage der Geeignetheit einer Bewertungsmethode wurde bereits die konkrete Bewertungssituation als maßgeblich herausgestellt. Im Zuge von Barabfindungen ist daher der Charakter der Minderheitsbeteiligung entscheidend. Anleger können sowohl lang- als auch kurzfristige Anlageziele verfolgen. Es steht ihnen grundsätzlich frei, ihre Aktien – auch über einen längeren Zeitraum – zu halten oder diese (kurzfristig) zu desinvestieren. Teilweise wird daher angeführt, der Börsenkurs sei nur in der Lage, die Desinvestitionsmöglichkeit (kurzfristiger Anlagehorizont) abzubilden. Da er regelmäßig vom in-

---

[346] *Bungert/Wettich*, FS Hoffmann-Becking 2013, 157 (165); LG Stuttgart, BeckRS 2018, 35320, Rn. 60, 91; *Noack*, Das Spruchverfahren, S. 165.

[347] LG Stuttgart, BeckRS 2019, 23342, Rn. 238; *Ruiz de Vargas/Schenk*, AG 2016, 354 (357).

[348] Der Ertragswert, so führt das LG Stuttgart zutr. aus, habe „mit dem Wert, den der Aktionär im Falle einer börsennotierten Gesellschaft bei einer freien Deinvestitionsentscheidung durch Veräußerung seiner Aktien an dem ihm zur Verfügung stehenden Markt – der Börse – erzielen könnte […] allenfalls zufällig etwas zu tun" (LG Stuttgart, BeckRS 2018, 35320, Rn. 90; LG Stuttgart, BeckRS 2019, 23342, Rn. 241)); LG Köln, AG 2009, 835 (837): „theoretische[r] Laborwert".

[349] LG Köln, AG 2009, 835 (837); *Aha*, AG 1997, 26 (28); BayObLG München, AG 1999, 43 (45); *Götz*, DB 1996, 259 (265); *Stilz*, ZGR 2001, 875 (883).

[350] BayObLG München, AG 1999, 43 (44); BVerfGE 100, 289 (306) – *„DAT/Altana"*; Lutter/*Drygala*, UmwG, § 5 Rn. 35; *Hüttemann*, ZGR 2001, 454 (470 ff.).

[351] Zur Kapitalmarkteffizienz ausführlich bei der Rationalität der Bewertung S. 163 ff.

neren Wert abweiche, sei zusätzlich eine Fundamentalbewertung vorzunehmen, um die Minderheit auch für die Option des Haltens – den sog. Daueranlagewert – zu entschädigen.[352] Die Wahlmöglichkeit der außenstehenden Aktionäre zwischen Veräußern oder Halten sei am Ende das, was ihnen als Kapitalanleger durch die Strukturmaßnahme verloren gehe.[353]

Eine Abfindung zum Verkehrswert steht demnach mit dem Gebot der vollen Entschädigung in Konflikt, wenn es einen schützenswerten Daueranlagewert gibt und der Börsenkurs nicht in der Lage ist, diesen abzubilden.[354]

I. Bedeutung des Anlagehorizonts

Der Daueranlagewert soll nach seinen Vertretern den Anlagehorizont eines langfristigen Anlegers abbilden. Dieser sei am Fortgang des Unternehmens und daher primär dem Unternehmenswert interessiert, der sich insoweit nur mittels einer Fundamentalbewertung bemessen lasse, die auch die unternehmensinternen Informationen einbeziehe. Die Veräußerungsmöglichkeit sei für Daueranleger nachrangig.[355]

1. Relevanz der Einflussrechte

Dabei wird jedoch außer Acht gelassen, dass die angemessene Abfindung aus der Perspektive der außenstehenden Aktionäre zu bestimmen ist. Bereits die verfassungsrechtliche Untersuchung hat gezeigt, dass unterschiedliche Aktionärsinteressen ein unterschiedliches Schutzniveau bedingen, welches auf Ebene der Abfindungsleistung berücksichtigt werden muss. Ein typischer Minderheitsaktionär wird primär in seiner Eigenschaft als Kapitalanleger gesehen, während Mehrheitsaktionäre langfristig lenkend auf das Unternehmen einwirken wollen.

---

[352] *Adolff*, Unternehmensbewertung, S. 343 ff.; *Böcking*, FS Drukarczyk 2003, 59 (76); *Gleißner*, WPg 2015, 71 (71 ff.); *Hachmeister/Ruthardt*, DB 2014, 1689 (1690); *Krog*, Marktorientierung, S. 239; *Matschke*, BFuP 2013, 14 (45); *Olbrich*, BFuP 2000, 454 (460); *Ruthardt*, Normzweckkonforme Unternehmensbewertung, S. 60 f.; *Ruthardt*, NZG 2015, 1387 (1388 f.); *Ruthardt/Hachmeister*, CF 2014, 174 (175); *Ruthardt/Hachmeister*, NZG 2014, 455 (456); *Ruthardt/Hachmeister*, NZG 2014, 41 (44); *Ruthardt/Hachmeister*, WPg 2016, 411 (413 f.); *Ruthardt/Popp*, AG 2020, 240 (247); *Sieben*, AG 1966, 83 (84); *Sieben*, AG 1966, 6 (9); *Tönnes*, M&A Review 2017, 449 (454); dagegen überzeugend *Henze*, ZHR 167 (2003) 1 (5), wonach der Börsenkurs unter normalen wirtschaftlichen Voraussetzungen dem inneren Wert entspreche.

[353] BVerfGE 14, 263 (283) – *„Feldmühle"*; ausdrücklich BVerfG, NJW 2001, 279 (280) – *„Moto-Meter"*; aus der Lit.: *Adolff*, Unternehmensbewertung, S. 328 ff.; *Hachmeister/Ruthardt*, DB 2014, 1689 (1690); *Matschke*, BFuP 2013, 14 (45); *Olbrich*, BFuP 2000, 454 (460); *Ruthardt/Hachmeister*, NZG 2014, 455 (456); *Sieben*, AG 1966, 6 (9); a. A. *Schwetzler*, FS Großfeld 2019, 401 (409), jedoch ohne weitere Begründung.

[354] *Adolff*, Unternehmensbewertung, S. 343 ff.; *Ruthardt/Hachmeister*, CF 2014, 174 (175).

[355] Instruktiv *Adolff*, Unternehmensbewertung, S. 330 ff.; *Ruthardt*, Normzweckkonforme Unternehmensbewertung, S. 60 f.

Zwar können auch innerhalb der Gruppe der außenstehenden Aktionäre langfristige Anlageziele verfolgt werden. Der Überblick über die Unternehmensplanung der Konzernleitung ist ihnen jedoch auch in diesem Falle regelmäßig verschlossen. Sie können auf den Fortgang des Unternehmens keinen relevanten Einfluss nehmen. Ein direkter Zugriff auf die Vermögensgegenstände der Gesellschaft ist ihnen verwehrt.[356] Auch bei einem langfristen Anlagehorizont sind Minderheitsaktionäre damit in erster Linie Anleger ohne relevante Einflussrechte.[357]

Dass dies zwingend mit einem kurzfristigen Anlagehorizont verbunden sein soll, vermag indes nicht zu überzeugen. Auch wenn man die Stellung der Minderheit in der Aktiengesellschaft als Kapitalanleger gegenüber der Verbandsmitgliedschaft im Vordergrund sieht,[358] können dennoch auch renditeorientierte Anlageinteressen auf kurz- wie auch langfristige Investition gerichtet sein. Der Anlagehorizont kann sich außerdem im Zeitverlauf ändern. Charakteristisch für eine Minderheitsbeteiligung in der AG ist vielmehr, dass die Minderheit nicht in der Lage ist, auf die Entwicklung der Gesellschaft lenkend einzuwirken.[359]

Die Frage, ob der Börsenkurs geeignet ist, den Beteiligungswert aus der Perspektive des Hauptaktionärs zu bestimmen, ist davon strikt zu trennen. Denn zwischen Minderheitsaktionären und dem Mehrheitsaktionär dominieren durchaus unterschiedliche wertrelevante Faktoren, die sich maßgeblich an deren Einflussrechten orientieren. Die Wertzumessung hängt stets von dem individuellen Nutzen ab, der sich bei Mehrheitsaktionären in erster Linie auf den Unternehmenswert bezieht. Mehrheitsaktionäre wirken lenkend auf die Gesellschaft ein und profitieren überproportional von Synergie- und Verbundvorteilen, die der Börsenkurs solange nicht abbildet, wie diese nicht veröffentlicht werden. Den Kontrollwert bildet der Markt nicht ab. Der Börsenkurs gibt damit lediglich den Wert einer einflusslosen Beteiligung wieder.[360] Aus der Perspektive der Mehrheit ist die Heranziehung eines Ertragswertverfahrens somit überzeugender. Denn dieses ist methodisch auf die Bewertung des Gesamtunternehmens angelegt, was eher dem Anlagehorizont und der Perspektive eines unternehmerisch denkenden Investors als einem Anleger ohne ernstzunehmende und schützenswerte unternehmerische Interessen entspricht.[361] Für die Bewertung bedeutet

---

[356] Vgl. S. 28 ff.

[357] So auch das BVerfGE 14, 263 (283) – „*Feldmühle*"; BVerfG, NJW 2007, 3268 (3270) – „*Edscha*": „Relevanten Einfluss auf die Unternehmenspolitik können Minderheitsaktionäre in der Regel nicht ausüben. Für sie stellt die Aktie typischerweise eher eine Kapitalanlage als eine unternehmerische Beteiligung dar".

[358] So v. a. *Mülbert*, Aktiengesellschaft, Unternehmensgruppe und Kapitalmarkt, passim (v. a. S. 66, 84 ff., 136 ff., 143, 149, 154 ff.).

[359] Es ist entgegen *Schiel*, Aktionärsschutz, S. 135 ff. nicht überzeugend, nicht auf die Möglichkeit der Einflussnahme, sondern das Interesse der Aktionäre daran abzustellen.

[360] Vgl. zu den vorstehenden Erwägungen bereits S. 142 ff.

[361] *W. Müller*, FS Röhricht 2005, 1015 (1026).

diese Erkenntnis, dass der Verkehrswert für einflusslose Anleger entscheidend, der innere Unternehmenswert hingegen für den unternehmerisch denkenden Mehrheitsaktionär maßgeblich ist.[362]

2. *Variable Anlegerperspektive*

Kurz- und langfristige Anlagehorizonte können außerdem nicht strikt getrennt werden. Vielmehr existieren Mischformen. Der Anlagehorizont eines rationalen Anlegers passt sich flexibel an die sich verändernden Marktumstände an. Ein Daueranleger würde sich nicht rational verhalten, wenn er keine kurzfristige Desinvestition vornehmen würde, sobald der Börsenkurs seinen Daueranlagewert übersteigt.[363] Sowohl lang- als auch kurzfristige Anleger sind daher gleichermaßen an Fundamental- und Desinvestitionswert interessiert.[364] Den Wert ihrer Beteiligung können die außenstehenden Aktionäre jedoch allein durch Veräußerung am Markt zum geltenden Marktpreis realisieren.[365] Würde man zusätzlich eine Ermittlung des inneren Unternehmenswerts fordern, würde dies erneut auf ein verfassungsrechtlich nicht gebotenes Meistbegünstigungsprinzip hinauslaufen.[366]

II. Bloße Gewinnerwartung

Darüber hinaus lässt sich auch anzweifeln, dass dem Halten der Beteiligung ein verfassungsrechtlicher Schutzgehalt zukommt, der eine eigenständige Bewertung anhand des Fundamentalwerts erfordert. Minderheitsbeteiligungen kommt von vornherein kein Bestandsschutz zu.[367] Die Aktionäre sind nicht nur aufgrund der Ausschlusstatbestände anlässlich einer Strukturmaßnahme wie dem Squeeze-Out, sondern bereits aufgrund der Möglichkeit der Liquidation von vornherein einer jederzeitigen Beendigung ihrer Mitgliedschaft ausgesetzt. Auch bei einer Liquidation steht den außenstehenden Aktionären aber nur der Liquidationswert zu. Sie haben also auch in diesem Fall keinen Anspruch auf

---

[362] *Egger/Tönnes*, EWeRK 2016, 362 (363); *Ruthardt/Hachmeister*, CF 2014, 174 (175); *Ruthardt/Hachmeister*, WPg 2016, 411 (413 f.); krit. *Schwetzler*, FS Großfeld 2019, 401 (407).

[363] *Krog*, Marktorientierung, S. 320; *Ruiz de Vargas*, NZG 2021, 1001 (1009 f.).

[364] *Schwetzler*, FS Großfeld 2019, 401 (407 f.), der aber dennoch eine Fundamentalbewertung fordert, um Fehlbewertungen an der Börse zu identifizieren. Nach hiesigem Verständnis ist dies jedoch nicht zwingend. Wenn man die einzelnen Einflussfaktoren auf den Börsenkurs untersucht, kann man ebenso feststellen, ob der Börsenkurs aussagekräftig ist. Eine Fundamentalbewertung zur Plausibilisierung ist hierfür nicht erforderlich und schon aus verfahrensökonomischer Perspektive zu vermeiden (vgl. zum Argument der Verfahrensökonomie näher S. 208 ff.). Jüngst auch OLG München, BeckRS 2021, 43656, Rn. 89.

[365] Überzeugend bereits *Stilz*, ZGR 2001, 875 (882).

[366] *Schwetzler*, FS Großfeld 2019, 401 (406); OLG Stuttgart, Beschl. v. 05.05.2009 – 20 W 13/08, juris, Rn. 232. Siehe bereits S. 72 ff.

[367] Siehe bereits S. 32 ff.

den Fortführungswert im Sinne des Ertragswerts. Dies wird von den Vertretern des Daueranlagewerts verkannt.

Die Option des Haltens der Beteiligung ist damit eine bloße verfassungsrechtlich nicht schützenswerte Gewinnerwartung.[368] Denn der Wert, den ein langfristig orientierter Anleger dem Gesellschaftsanteil beimisst, ist diesem vermögensmäßig noch nicht immanent. Es soll aber gerade der Wert der Beteiligung im Zeitpunkt der Maßnahme bestimmt werden. Dabei müssen zukunftsorientierte prognostizierte Wertbeimessungen einzelner Aktionäre aus verfassungsrechtlicher Sicht außer Acht bleiben, da diese noch nicht vom Schutzgehalt des Anteilseigentums umfasst sind.[369] Andernfalls würde die Minderheit insgesamt überkompensiert. Zukunftserwartungen sind nur so weit zu berücksichtigen, wie sie am Stichtag bereits in der Beteiligung angelegt sind (sog. Wurzeltheorie[370]). Dann sind diese aber auf effizienten Kapitalmärkten auch im Kurs eingepreist, sodass eine Unternehmensbewertung keine besseren Erkenntnisse verspricht.

III. Stellungnahme

Dem vermeintlichen Konflikt zwischen Börsenkurs und Daueranlagewert kann somit unter den vorstehenden Erwägungen entschieden entgegengetreten werden. Der Kritik lässt sich zum einen entgegenhalten, dass der Börsenkurs nicht nur gegenwartsbezogen ist, sondern gerade zukunftsorientiert die Ertragskraft des Unternehmens abgezinst auf den jeweiligen Stichtag und bezogen auf den Gesellschaftsanteil einpreist.[371] Dies fasst das OLG Frankfurt überzeugend zusammen:

„Ferner verstößt eine Orientierung am Börsenwert nicht gegen die Vorstellung des Gesetzgebers, der zu entschädigende Minderheitsaktionär halte die Aktie in der Regel über einen langen Zeitraum. Unabhängig davon, dass bereits zweifelhaft ist, ob der Gesetzgeber dieses Leitbild eines Minderheitsaktionärs hatte, ist ohnehin der behauptete Widerspruch nicht existent. Rationale Erwartungsbildung der informierten Marktteilnehmer unterstellt, *ergibt sich der Börsenkurs aus dem Barwert der dem Aktionär in Zukunft zufließenden Dividenden zuzüglich eines erwarteten Veräußerungsgewinns, der wiederum von dem dann erwarteten Dividendenstrom abhängig ist.* Dieser Barwert aller zukünftigen Zahlungszuflüsse wird von dem konkreten Veräußerungszeitpunkt nicht beeinflusst.“[372]

---

[368] BVerfG, NZG 2012, 907 (909) – „*Deutsche Hypothekenbank*“; LG Stuttgart, BeckRS 2019, 23342, Rn. 273; *Schnorbus/Rauch/*Grimm Manon, AG 2021, 391 (400).

[369] BVerfG, NZG 2012, 907 (909) – „*Deutsche Hypothekenbank*“; *Schnorbus/Rauch/* Grimm Manon, AG 2021, 391 (400).

[370] Siehe Teil 3, Fn. 748 f.

[371] BGH, Beschl. v. 12.03.2001 – II ZB 15/00, juris, Rn. 19 – „*DAT/Altana IV*“; BGH, DStR 2016, 974 (976) – „*Nestlé*“. Siehe näher S. 160 f.

[372] OLG Frankfurt a. M., NZG 2014, 464 (465) – „*Höchst AG*“ (Hervorhebungen durch

Dies macht deutlich, dass sowohl lang- als auch kurzfristig wertrelevante Faktoren, insbesondere die zukünftigen Dividendenerwartungen und die Unternehmensentwicklung, die zum jeweiligen Zeitpunkt erwartbar sind, sowie der erwartete Veräußerungserlös, der sich ebenfalls aus den zukünftigen Dividenden abgezinst auf den jeweiligen Stichtag ableiten lässt, Eingang in die Preisbildung am Markt finden.[373] Dass der Börsenkurs die Interessen langfristiger Anleger nicht berücksichtigt, kann somit jedenfalls nicht in der vorgetragenen Pauschalität behauptet werden. Unternehmerische Einflussrechte sind jedenfalls vom Anlagehorizont unabhängig.

Es lässt sich somit festhalten, dass Minderheitsaktionäre zwar kurz- und langfristige Anlageinteressen verfolgen können, sich hieraus jedoch keine abweichenden Bewertungsvorgaben ergeben. Auf einem hinreichend effizienten Kapitalmarkt gibt der Börsenkurs die Ertragserwartungen der Anleger wieder, wobei es keinen Grund für eine Unterscheidung zwischen lang- und kurzfristigen Anlagehorizonten gibt, da die Minderheitsaktionäre sich nicht effektiv gegen eine Beendigung der Mitgliedschaft gegen ihren Willen wehren können. Es kommt nicht auf die Unterscheidung zwischen langfristiger und kurzfristiger Anlage an, sondern darauf, was die Beteiligung für einen durchschnittlichen Minderheitsaktionär im Zeitpunkt der Maßnahme wert war.

E. Sonderrecht für börsennotierte Gesellschaften

Als weiteres Argument gegen die Berücksichtigung von Börsenkursen wird angeführt, dass die Bewertungskonzeption grundsätzlich rechtsformunabhängig sei und die Heranziehung von Börsenkursen daher zu einem Sonderrecht für börsennotierte Gesellschaften führe. Dies sei schon deshalb nicht gerechtfertigt, weil der Aktiengesellschaft gesamtökonomisch eine nur vergleichsweise geringe Rolle zukomme.[374] Darüber hinaus sei nur ein einstelliger Prozentbetrag der Aktiengesellschaften in Deutschland überhaupt börsennotiert, was die Bedeutung des Börsenkurses noch weiter relativiere.[375] Dem ist jedoch entgegenzuhalten, dass der Aktiengesellschaft gerade im Hinblick auf minderheitsaus-

---

Verf.); *Busse v. Colbe*, FS Lutter 2000, 1053 (1064 f.); a. A. *Adolff*, Unternehmensbewertung, S. 343 ff.; *Ruthardt/Hachmeister*, NZG 2014, 455 (456).

[373] So schon *T. Baums*, GS Schindhelm 2009, 63 (79); *Götz*, DB 1996, 259 (262); *Rieger*, JW 1938, 3016 (3018); *Steinhauer*, AG 1999, 299 (303); *Stilz*, FS Goette 2011, 529 (538); LG Frankfurt a. M., NZG 2019, 989 (insoweit abgedruckt in BeckRS 2019, 15231, Rn. 77) – *„Stada AG"*; LG Stuttgart, BeckRS 2019, 23342, Rn. 272; OLG Frankfurt a. M., AG 2010, 751 (753) – *„T-Online/Deutsche Telekom"*; OLG Frankfurt a. M., NZG 2014, 464 (465) – *„Höchst AG"*.

[374] Vgl. bereits die Ausführungen im Rahmen der Liquidationshypothese (S. 64 ff.); in Bezug auf den Börsenkurs ausdrücklich *Hüffer*, FS Hadding 2004, 461 (467 ff.); *Hüffer/Schmidt-Aßmann/Weber*, S. 19 f.

[375] *Bayer*, Gutachten E, 67. DJT, 2008, S. 20; *Bayer/Hoffmann*, AG 2008, R379-R382 (R379); *Hüffer/Schmidt-Aßmann/Weber*, S. 20.

schließende Strukturmaßnahmen und Bewertungsfragen vor dem Hintergrund der Komplexität der Aktie im Gegensatz zu anderen Formen der Gesellschaftsbeteiligung eine gesteigerte rechtliche Bedeutung zukommt. Auch gesamtökonomisch ist die börsennotierte Aktiengesellschaft nicht unbedeutend. Die Marktkapitalisierung börsennotierter Unternehmen macht ca. 50% des Bruttoinlandsprodukts aus.[376]

Argumentiert man gegen ein Sonderrecht für börsennotierte Gesellschaften, müsste man auch die verfassungsgerichtliche Anerkennung des Börsenkurses als Wertuntergrenze ablehnen, da es für die nicht-börsennotierte Aktiengesellschaft kein äquivalentes Bewertungskonzept gibt.[377] Die Aktiengesellschaft ist jedoch gerade für den anonymen Kapitalmarkt und die Teilnahme am Börsenhandel konzipiert.[378] Durch den Börsenhandel erfährt die Aktie eine fortlaufende Marktbewertung, die sich im jeweiligen Kurs der Aktie widerspiegelt. Diese Form der Anteilsbewertung ist eine Besonderheit der Aktiengesellschaft, die bei der rechtsgeleiteten Bewertung nicht außer Betracht bleiben darf.[379] Die hohe Fungibilität der Aktie und ihre Bedeutung für die Aktionäre rechtfertigt es, den Börsenkurs als Wertuntergrenze heranzuziehen.[380] Dass ein Börsenkurs bei anderen Gesellschaftsformen nicht existiert, ist kein Argument diesen nicht dort zu berücksichtigen, wo er als Erkenntnisquelle zur Verfügung steht.[381] Er ist insoweit nicht nur eine zusätzliche Möglichkeit die angemessene Barabfindung zu bestimmen,[382] sondern bildet Gegenstand und Perspektive der Bewertung u. U. sogar zutreffender ab.[383]

Auch der Gesetzgeber erkennt u. a. in § 31 Abs. 1 Satz 2 WpÜG und § 11 Abs. 1 BewG ein gewisses Sonderrecht für börsennotierte Gesellschaften an, indem er sich ausdrücklich für die Heranziehung von Börsenkursen bei börsennotierten Gesellschaften ausspricht. Auch abseits der Strukturmaßnahmen finden sich im Aktiengesetz und den kapitalmarktrechtlichen Vorschriften des WpHG und WpÜG zahlreiche Sonderregelungen für börsennotierte Aktien-

---

376 Oxera Consulting LLP, Wie können Börsengänge für Startups in Deutschland erleichtert werden? Internationaler Vergleich und Handlungsempfehlungen v. 27.09.2021 (abrufbar unter https://www.bmwk.de/Redaktion/DE/Publikationen/Studien/studie-wie-koennen-boersengaenge-fuer-startups-in-deutschland-erleichtert-werden.pdf?__blob=publicationFile&v=6, zuletzt abgerufen am 16.08.2023); vgl. zur wirtschaftlichen Bedeutung der Aktiengesellschaft auch MüKoAktG/*Habersack*, Einleitung Rn. 5 ff.

377 *Schmidt*, NZG 2020, 1361 (1365); *Tonner*, FS Schmidt 2009, 1581 (1586 f.).

378 *Luttermann*, ZIP 1999, 45 (47) bezeichnet diese treffend als „marktwirtschaftliche Börsenveranstaltung".

379 *Luttermann*, ZIP 1999, 45 (47).

380 OLG Frankfurt a. M., BeckRS 2021, 10278, Rn. 34; *Hüffer*, FS Hadding 2004, 461 (470 f.) unter Verweis auf die aktienrechtlich dogmatischen Schwierigkeiten; *W. Müller*, FS Röhricht 2005, 1015 (1024); *W. Müller*, FS Roth 2011, 517 (517, 521, 531); *Noack*, Das Spruchverfahren, S. 170.

381 Zutr. *Koch*, AktG, § 305 Rn. 39; OLG Frankfurt a. M., BeckRS 2021, 10278, Rn. 34.

382 OLG Frankfurt a. M., BeckRS 2021, 10278, Rn. 35.

383 Siehe bereits S. 59 ff., 134 ff.

gesellschaften.[384] Ein gewisses Sonderrecht für börsennotierte Gesellschaften hat sich daher bereits etabliert. Die zunehmende Überlagerung des Gesellschafts- durch das Kapitalmarktrecht wird diesen Trend tendenziell noch weiter verstärken.[385]

Ein Sonderrecht für börsennotierte Aktiengesellschaften steht auch nicht im Widerspruch zu § 53a AktG, da dieser nicht zwischen Aktionären und erst recht nicht zwischen Aktionären unterschiedlicher Gesellschaften anwendbar ist. Abgesehen davon liegt in einer Bewertung anhand von Börsenkursen schon keine Ungleichbehandlung im Sinne einer Benachteiligung der Aktionäre börsennotierter Gesellschaften. Im Gegenteil führt gerade die Festlegung des Börsenkurses als Mindestgrenze der Abfindung zu einer Besserstellung der Aktionäre börsennotierter Gesellschaften.[386] Selbst wenn man hierin eine Ungleichbehandlung sehen würde, so bestünde jedenfalls ein sachlicher Grund in der besonderen Verkehrsfähigkeit der börsennotierten Aktie.[387] Zwar kommt der tatsächlichen Verkehrsfähigkeit an der Börse nach Einschätzung des BVerfG kein verfassungsrechtlicher Schutzgehalt zu. Die Marktbewertung von Aktien darf bei der Bestimmung der angemessenen Abfindung indes nicht außer Acht bleiben.[388]

F. Zwischenergebnis

Nach alledem stellt der Börsenkurs eine normzweckadäquate Bewertungsmethode zur Bestimmung der angemessenen Barabfindung dar. Der vermeintliche Konflikt mit den rechtlichen Bewertungsgrundlagen lässt sich leicht auflösen, wenn man sich von der Annahme verabschiedet, das Gebot der vollen Entschädigung bedürfe einer Ermittlung des quotalen Unternehmenswertes aus der Perspektive eines fiktiven Unternehmenserwerbers. Vielmehr ist eine direkte Anteilsbewertung vor dem Hintergrund des Bewertungsziels „Wert der Minderheitsbeteiligung" sogar besser geeignet, wenn das konkrete Bewertungsverfahren auch „die Verhältnisse der Gesellschaft" zu berücksichtigen vermag. Dass der Börsenkurs sich gerade an den Erwartungen der Marktteilnehmer auf die zukünftigen Erträge und die Rendite des Unternehmens ausrichtet und sich damit stark am Unternehmen orientiert, kann nicht ernsthaft angezweifelt werden. Der Börsenkurs bildet die Verhältnisse der Gesellschaft aus der Sicht der Minderheitsaktionäre bezogen auf die jeweilige in der Aktie verkörperte Beteiligung ab.[389] Dies wird den gesetzlichen Anforderungen gerecht.

---

384 Siehe S. 244 f.

385 *Bayer*, Gutachten E, 67. DJT, 2008, S. 56 ff.; *Bayer*, FS Hopt 2010, 373 (373 ff.); *Decher*, ZHR 171 (2007) 126 (144); *Fleischer*, ZHR 165 (2001) 513 (514); *Merkt*, AG 2003, 126 (128); *Tonner*, FS Schmidt 2009, 1581 (1601).

386 OLG Frankfurt a. M., BeckRS 2021, 10278, Rn. 35.

387 Siehe bereits S. 67 f.

388 BVerfGE 100, 289 (305) – „*DAT/Altana*"; vgl. die näheren Ausführungen auf S. 41 ff.

389 Überzeugend *Steinhauer*, AG 1999, 299 (300).

Auch die Eigenschaft des Börsenkurses als Verkehrswert i. w. S. tritt mit dem Bewertungsziel nicht in Konflikt. Im Gegenteil ist der Verkehrswert gerade das, was Inhabern von Kleinstbeteiligungen zusteht, da sie ihren Beteiligungswert allein durch Veräußerung realisieren können. Es ist daher der Wert zu ermitteln, den die Minderheit im Zeitpunkt der Maßnahme im gewöhnlichen Geschäftsverkehr erlangen konnte (Verkehrswert des Gesellschaftsanteils). Der Börsenkurs als Marktpreis vermag dieses Bewertungsziel im Hinblick auf Gegenstand und Perspektive der Bewertung am besten zu erreichen.[390] Der Börsenkurs bezieht sich gerade auf die in der einzelnen Aktie verkörperte Unternehmensbeteiligung und bildet deren Verkehrswert ab. Ob auch an den Verkehrswert des Unternehmens angeknüpft werden kann, ist für Barabfindungen indes nicht zu entscheiden.

§ 9 Kein Verstoß gegen bewertungstheoretische Grundsätze

Über die grundlegende Vereinbarkeit mit dem Normzweck hinaus wird der Börsenkurs jedoch auch methodisch kritisiert. Einer Bewertung anhand von Börsenkursen wird insbesondere vorgeworfen, gegen bewertungstheoretische Grundsätze zu verstoßen. Der Börsenkurs soll daher in diesem Abschnitt an den wesentlichen Bewertungsgrundsätzen gemessen werden, wobei der Fokus auf der Rationalität der Bewertung liegt. Denn auch wenn die Bewertung besonders rechtsgeleitet ist, dürfen die betriebswirtschaftlichen Erkenntnisse für ein in sich konsequentes Bewertungsergebnis nicht unberücksichtigt bleiben.

A. Differenzierung von Wert und Preis

Insbesondere wird angeführt, der Börsenkurs sei nicht mehr als ein Marktpreis und aus bewertungstheoretischer Perspektive als Wertindikator daher völlig ungeeignet.[391] Die im allgemeinen Sprachgebrauch synonym verwendeten Begriffe von Wert und Preis seien aus betriebswirtschaftlicher Sicht strikt zu trennen.[392] Es sei schon „logisch nicht möglich, von einem realisierten Preis eindeutig auf dahinterstehende Wertzumessungen der Marktteilnehmer zu schließen".[393] Denn „Preise" unterscheiden sich nach der ökonomischen Bewertungslehre qualitativ von „Werten".[394] Der Wert ergebe sich für den potenziellen Erwerber

---

390 So bereits OLG Düsseldorf, AG 1964, 246 (247).

391 Siehe Teil 3, Fn. 14.

392 „Price is what you pay. Value is what you get." (Brief an die Aktionäre der Berkshire Hathaway im Februar 2008, S. 5, abrufbar unter https://www.berkshirehathaway.com/letters/2008ltr.pdf, zuletzt abgerufen am 16.08.2023).

393 *Ballwieser*, FS Großfeld 2019, 21 (22).

394 *W. Müller*, FS Röhricht 2005, 1015 (1021); *Olbrich/Rapp*, CF biz 2012, 233 (233); *Olbrich/Rapp*, AG 2021, R53-R55 (R54); *Schildbach*, BFuP 2017, 257 (257).

aus dessen subjektiven Nutzen, d. h. dessen erwarteten zukünftigen Erträgen,[395] während der Preis das Ergebnis von Transaktionsverhandlungen und damit objektiv geprägt sei.[396] Käufer seien stets bestrebt, einen Preis zu bezahlen, der unter ihrem Entscheidungswert liege, während Verkäufer nicht bereit seien, zu einem niedrigeren Preis als ihrem Entscheidungswert zu veräußern. Wert und Preis seien daher regelmäßig nicht identisch.[397] Nur in einem vollkommenen Kapitalmarkt können Wert und Preis übereinstimmen.[398] Die unterschiedliche Bewertung der Aktie durch die verschiedenen Marktakteure ermögliche jedoch erst einen Börsenhandel. Denn wären Wert und Preis identisch, würde der Börsenhandel stagnieren; es bestünden weder Kauf- noch Verkaufsanreize am Markt.[399] Aus Sicht der Bewertungslehre sei der Börsenwert daher „eine Größe ohne jede Aussagekraft".[400] Denn seine Bezugsgröße – der Aktienkurs – sei ein Preis, der zwischen den Entscheidungswerten der Akteure angesiedelt sei, jedoch nicht deren individuellen Grenzpreise widerspiegele.[401] Die Ausführungen des BVerfG, dass Aktien an der Börse durch Angebot und Nachfrage eine „Wertbestimmung" erfahren, gehen aus ökonomischer Perspektive daher fehl.[402] Von am Markt realisierten Preisen könne nicht eindeutig auf die dahinter stehenden Wertzumessungen der Marktteilnehmer geschlossen werden.[403]

---

[395] Fleischer/Hüttemann/*Böcking/Rauschenberg*, § 2 Rn. 2.1; *Follert*, Unternehmensbewertung, S. 11; *Rapp/Follert/Maas*, CF 2020, 46 (46).

[396] Fleischer/Hüttemann/*Böcking/Rauschenberg*, § 2 Rn. 2.4; *Rapp/Follert/Maas*, CF 2020, 46 (46); so auch das LG Köln, BeckRS 2019, 16980, Rn. 10; Petersen/Zwirner/*Matschke*, Rn. 1 f.

[397] *Ballwieser*, CF 2018, 61 (61); *W. Müller*, FS Bezzenberger 2000, 705 (715); *Olbrich*, BFuP 2000, 454 (459); *Großfeld/Egger/Tönnes* (Hrsg.), Recht der Unternehmensbewertung, Rn. 1282; vgl. die empirische Analyse von *Weimann*, Bewertungs-Praktiker 2020, 113 (116).

[398] *Gleißner*, WPg 2015, 71 (72, 77). Vgl. zum Modell des vollkommenen Marktes S. 163 ff.

[399] *Adolff*, Unternehmensbewertung, S. 13; *Follert*, Unternehmensbewertung, S. 86; *Olbrich*, BFuP 2000, 454 (460); *Olbrich/Rapp*, CF biz 2012, 233 (233); *Steinhauer*, AG 1999, 299 (305).

[400] *Olbrich*, BFuP 2000, 454 (460) hält auch für die Anteilsbewertung eine indirekte Unternehmensbewertung für erforderlich; dem folgend *Böcking*, FS Drukarczyk 2003, 59 (85); *Brösel/Karami*, WPg 2011, 417 (420); *Matschke/Brösel*, Unternehmensbewertung, S. 596; *Matschke/Brösel/Karami*, FS Mandl 2010, 421 (439); *Rapp/Follert/Maas*, CF 2020, 46 (46).

[401] *Böcking*, FS Drukarczyk 2003, 59 (85); *Brösel/Karami*, WPg 2011, 417 (420); *Follert*, Unternehmensbewertung, S. 86; *Olbrich*, BFuP 2000, 454 (460). Vgl. auch IDW S 1, Rn. 13: „Der Preis für Unternehmen und Unternehmensanteile bildet sich auf freien Kapitalmärkten aus Angebot und Nachfrage. Er wird *wesentlich von der Nutzenschätzung (Grenznutzen) der jeweiligen Käufer und Verkäufer bestimmt* und kann je nach dem mengenmäßigen Verhältnis zwischen Angebot und Nachfrage sowie den Einflussmöglichkeiten der Unternehmenseigner auf die Unternehmenspolitik (Alleineigentum, qualifizierte oder einfache Mehrheit, Sperrminorität oder Streubesitz) *mehr oder weniger stark von dem Wert des gesamten Unternehmens oder dem quotalen Anteil am Unternehmensgesamtwert abweichen.*" (Hervorhebungen durch Verf.). Petersen/Zwirner/*Matschke*, Rn. 2 erkennt zumindest an, dass sich auch im Preis der Wert des Bewertungsobjekts widerspiegelt.

[402] Ausdrücklich *Follert*, Unternehmensbewertung, S. 85 f.

[403] So *Ballwieser*, FS Großfeld 2019, 21 (22).

Zwar ist dem insofern zuzustimmen, dass die subjektiven Wertvorstellungen der Marktteilnehmer nicht offengelegt werden und daher schwer nachprüfbar ist, welche bewertungsrelevanten Faktoren Eingang in den Kurs gefunden haben. Aus dem Börsenkurs als Marktpreis kann daher in der Tat nicht auf die individuellen Wertvorstellungen jedes einzelnen Aktionärs geschlossen werden. Jedoch kommt es im Rahmen der Barabfindung auch nicht auf die subjektiven Wertvorstellungen des Einzelnen an, sondern auf die der Gruppe der außenstehenden Aktionäre. Minderheitsaktionäre erwerben und veräußern ihre Aktien regelmäßig am Markt und bringen darin ihre individuellen Wertvorstellungen zum Ausdruck. Der Marktpreis bildet daher den Konsens der subjektiven Wertvorstellungen der Kleinaktionäre ab. Der Börsenkurs als Marktpreis lässt sich insoweit als „gesellschaftlich zuerkannte[r] Wert" begreifen.[404] Er ist gerade Ausdruck der Bewertung der in der Aktie verkörperten Unternehmensbeteiligung und bildet deren Marktwert (Verkehrswert i. w.S) ab.[405] Auch die US-amerikanische Literatur und Rechtsprechung erkennt die Bewertungsfunktion von Marktpreisen zur Bestimmung dahinterstehender Werte an.[406]

Dass Wert und Preis eines Objekts nicht zwingend identisch sind und der Börsenkurs schon deshalb ausscheiden müsse, lässt sich ferner mit dem Argument relativieren, dass es nicht den einen wahren Wert gibt, sondern es sich bei der Wertzumessung immer nur um einen Näherungswert handeln kann.[407]

B. *Zukunftsbezogenheit*

Ferner verkenne man bei der Heranziehung vergangener Kurse den *Grundsatz der Zukunftsbezogenheit*.[408] Börsenkurse seien bloße Momentaufnahmen, bei denen die Erwartungen an die Unternehmensentwicklung nicht berücksichtigt würden.

Zwar ist es durchaus zutreffend, dass aus vergangenen Kursen nicht auf zukünftige Kurse geschlossen werden kann und dem Börsenkurs zum Stichtag damit keine Aussage in Bezug auf die weitere Börsenkursentwicklung entnom-

---

[404] So schon *Rieger*, JW 1938, 3016 (3017).

[405] *Decher*, ZHR 171 (2007) 126 (142); *Luttermann*, ZIP 1999, 45 (45, 49); *Luttermann*, NZG 2007, 611 (616).

[406] *Fischel*, Cornell Law Review, Vol. 74 1989 No. 5, 907 (914): „Value efficiency means that prices are typically the best indicators of underlying values (at least absent inside information). No evidence demonstrates that a better model exists for ascertaining the value of a publicly-traded firm's assets than looking at the prices of its securities."; U. S. Supreme Court of Delaware 01.08.2017 – No. 518, 2016, 44 – „*DFC Global*": „A well-informed, liquid trading market will provide a measure of fair value superior to any estimate the court could impose.". Dabei wird jedoch kein vergleichbarer Subjektbezug vertreten (vgl. die Kritik bei *Olbrich*, BFuP 2000, 454 (458)).

[407] Vgl. bereits die Nachweise in Teil 2, Fn. 330.

[408] *Follert*, Unternehmensbewertung, S. 86f.; *Hachmeister*, FS Ballwieser 2014, 219 (222); *Naschke*, Der Börsenkurs als Abfindungsgrundlage, S. 124ff.; *Rapp*, DK 2012, 8 (9).

men werden kann.[409] Spricht man dem Börsenkurs zum Stichtag deshalb die Zukunftsbezogenheit ab, verkennt man aber, dass Börsenkurse sich gerade auf Basis der zukunftsgerichteten Erwartungen und Wertvorstellungen der Marktteilnehmer abgezinst auf den konkreten Bewertungsstichtag bilden. Kurse sind damit nicht rein vergangenheits- oder gegenwartsorientiert, sondern beziehen auch zukünftige Entwicklungen ein, sofern sie am Stichtag bereits angelegt sind, und entsprechen insoweit dem nachhaltigen Zukunftsertrag bei den Ertragswertverfahren.[410] Auch im Ertragswertverfahren werden vergangenheitsbezogene Daten herangezogen, ohne dass ein Verstoß gegen den Grundsatz der Zukunftsbezogenheit in Betracht gezogen wird.[411] Insbesondere bei Zugrundelegung eines Durchschnittskurses über einen gewissen Zeitraums stellt der Börsenkurs keinesfalls eine bloße Momentaufnahme dar.[412]

C. *Subjektbezogenheit*

Auch dem Vorwurf bei der Heranziehung von Börsenkursen als Verkehrswert werde der *Grundsatz der Subjektbezogenheit*[413] verletzt, da „Zielfunktion und Entscheidungsfeld des Minderheitsaktionärs missachtet werden",[414] kann gleich aus mehreren Gründen entschieden entgegengetreten werden.

Der Verkehrswert soll im Kontext der Barabfindungen schon nicht für die Bewertung ganzer Unternehmungen herangezogen werden, sondern bezieht sich richtigerweise allein auf die in der Aktie verkörperte Unternehmensbeteiligung.[415] Ein Markt und damit ein Verkehrswert für ganze Unternehmen existiert schließlich nicht.[416] Die bewertungstheoretischen Grundsätze zur Unternehmensbewertung können daher nur bedingt übertragen werden.

Die Subjektbezogenheit der rechtsgeleiteten Bewertung ist aufgrund der abfindungsrechtlichen Gleichbehandlung der Aktionäre und dem daraus abgeleiteten Typisierungserfordernis ohnehin abgeschwächt.[417] Objektivierungen stehen schon naturgemäß mit der Subjektivität der Bewertung in Konflikt. Eine

---

409 Siehe zur sog. Random-Walk-Theorie S. 167 f.

410 *Aha*, AG 1997, 26 (28); *Götz*, DB 1996, 259 (264); *Steinhauer*, AG 1999, 299 (302); LG Frankfurt a. M. Beschl. v. 27.01.2012 – 3–5 0 102/05 – *„Höchst-AG"*, nv (Teil 2, Fn. 439), S. 26 f.; LG Frankfurt a. M., BeckRS 2012, 210626 – *„Didier Werke AG"*; OLG Hamm, AG 1963, 218 (219).

411 *Hasselbach/Ebbinghaus*, DK 2010, 467 (470).

412 *Schmidt*, NZG 2020, 1361 (1364); vgl. näher zum Durchschnittskurs S. 196 ff.

413 Vgl. bereits die näheren Ausführungen zum Bewertungssubjekt auf S. 81 ff.

414 *Follert*, Unternehmensbewertung, S. 86 f.; *Olbrich/Rapp*, DStR 2011, 2005 (2006); *Rapp*, DK 2012, 8 (9); *Rapp/Follert/Maas*, CF 2020, 46 (46); *Ruthardt*, Normzweckkonforme Unternehmensbewertung, S. 228 ff.; *Ruthardt/Hachmeister*, WPg 2016, 411 (420); *Ruthardt/Hachmeister*, ZfbF 70 (2018) 47 (52 ff.); dagegen zutr. *Krog*, Marktorientierung, S. 237 ff.

415 Vgl. die ausführlichen Analysen auf S. 60 ff., 146 ff.

416 *Hüffer/Schmidt-Aßmann/Weber*, S. 18; *Steinhauer*, AG 1999, 299 (300).

417 Siehe bereits S. 85 ff.

normzweckadäquate Bewertung kommt jedoch nicht ohne gewisse Objektivierungen und Typisierungen aus. Im Gegensatz zu Unternehmensbewertungen in nicht dominierten Verhandlungssituationen, die in der Regel aus der Perspektive der konkret Beteiligten erfolgen, ist bei der Abfindung der außenstehenden Aktionäre einer Aktiengesellschaft eine normzweckadäquate Typisierung erforderlich, um eine einheitliche Abfindung sämtlicher außenstehender Aktionäre zu gewährleisten. Auch bei den Ertragswertverfahren wird mit Typisierungen und Objektivierungen gearbeitet, ohne dass dabei ein Verstoß gegen den Grundsatz der Subjektivität angenommen wird.[418]

Da die Minderheitsaktionäre in der Regel keinen Einfluss auf die Geschäftspolitik nehmen können, ist auch das Argument, der Minderheitsaktionär sei an einem „einzigartigen" Unternehmen beteiligt, was eine subjektbezogene Bewertung für jeden Einzelnen erfordere, zu verwerfen.[419] Gleichzeitig wird durch das Abstellen auf den Marktpreis als Verkehrswert die subjektive Komponente der Bewertung nicht etwa aufgegeben.[420] Denn auch Marktpreise basieren auf einer Vielzahl subjektiver Wertvorstellungen der Marktteilnehmer und realen Verkehrsgeschäften. Der Börsenkurs spiegelt den Gleichgewichtspreis sämtlicher subjektiver Bewertungen, die zu einer Transaktion geführt haben wider. Der Börsenkurs als Verkehrswert ist damit kein rein objektiver Wert. Er wird aber dem rechtlichen Objektivierungs- und Typisierungserfordernis gerecht.

Der Subjektbezug der Bewertung wird vielmehr verkannt, wenn für die Bemessung der Barabfindung der Minderheit auf die Perspektive eines fiktiven Unternehmenserwerbers abgestellt wird.[421] So muss es ernstlich verwundern, dass dieser offensichtliche Verstoß gegen den Grundsatz des Subjektbezogenheit der Bewertung bislang nicht beanstandet wird.[422]

D. Gesamtbewertung

Wenn eine Verletzung des *Grundsatzes der Gesamtbewertung* angeführt wird, da vom Preis einzelner Anteile auf den Wert des gesamten Bewertungsobjekts geschlossen werde,[423] so geht dies schon im Ansatz fehl. Bei der Abfindung kommt es in erster Linie auf den Beteiligungswert an. Der Unternehmenswert wird bei nicht-börsennotierten Gesellschaften gerade deshalb ermittelt, weil es keinen anderweitig messbaren Anteilswert gibt und nicht etwa, weil der Unternehmenswert zwingend zu ermitteln wäre.[424] Ein Verstoß gegen den Grundsatz

[418] *Ruthardt/Hachmeister*, ZfbF 70 (2018) 47 (47 ff.); OLG München, BeckRS 2021, 43656, Rn. 88.
[419] *Schwetzler*, FS Großfeld 2019, 401 (410).
[420] *Ruthardt/Hachmeister*, ZfbF 70 (2018) 47 (61).
[421] Siehe bereits zur Liquidationshypothese S. 64 ff.
[422] Dies zumindest andeutend *Ruthardt/Hachmeister*, WPg 2016, 411 (418 f.).
[423] *Follert*, Unternehmensbewertung, S. 86 f.; *Olbrich*, BFuP 2000, 454 (459).
[424] Siehe S. 60 ff.

der Gesamtbewertung kann allenfalls im Hinblick auf die Bewertung von Gesamtunternehmen diskutiert werden, ist für die Bewertung des Gesellschaftsanteils jedoch zu verwerfen und kann für Barabfindungen daher offenbleiben.

E. Rationalität

Einer der wesentlichen Kritikpunkte, der gegen die Tauglichkeit von Börsenkursen als Schätzgrundlage angeführt werden kann, ist dessen Unberechenbarkeit. Im Rahmen einer marktorientierten Bewertung geht man generell von einem „homo oeconomicus" aus, der seine Anlageentscheidung genau kalkuliert und die daher dessen rationale Wertzumessung ausdrückt.[425] Dies sei eine reine Fiktion, da Kleinaktionäre typischerweise nicht über die entsprechenden Informationen verfügen, die für eine rationale Entscheidungsfindung erforderlich seien oder sie sich aus anderen Gründen irrational verhalten.[426] Die Verhaltensforschung zeige, dass sich Marktteilnehmer bei ihrer Anlageentscheidung nicht allein auf finanzielle Faktoren stützen.[427] Die Bewertung anhand von Börsenkursen trete daher mit dem *Grundsatz der Rationalität* der Bewertung in Konflikt.[428]

I. Kapitalmarkteffizienz und Kriterium der effektiven Informationsbewertung

Grundvoraussetzung rationalen Anlegerverhaltens ist der Zugriff auf wertrelevante Informationen. Die Kapitalmarkteffizienz ist als Teilaspekt der Preisbildung daher von entscheidender Bedeutung für die Frage der Berücksichtigungsfähigkeit von Börsenkursen.[429] Eine wertrelevante Information[430] findet nur dann Eingang in den Kurs, wenn die Marktteilnehmer diese bei ihrer Anlageentscheidung berücksichtigen können, d. h. die Information öffentlich zugänglich und bekannt ist und vom Marktteilnehmer in sein Anlagekalkül einbezogen wird.[431]

---

[425] *Reichert*, FS Stilz 2014, 479 (486); a. A. wohl *Malkiel*, JEP, Volume 17 Winter 2003 No. 1, 59 (60), wonach auch solche Märkte effizient sein können, auf denen viele Marktteilnehmer irrational handeln.

[426] LG Stuttgart, BeckRS 2019, 23342, Rn. 268; *Naschke*, Der Börsenkurs als Abfindungsgrundlage, S. 83; OLG Frankfurt a. M., AG 2010, 751 (753) – „*T-Online/Deutsche Telekom*"; *Ruiz de Vargas*, NZG 2021, 1001 (1007).

[427] *Franken/Schulte/Luksch*, Bewertungs-Praktiker 2012, 28 (30); *W. Müller*, FS Bezzenberger 2000, 705 (716).

[428] So *Matschke/Brösel/Karami*, FS Mandl 2010, 421 (437).

[429] *Steinhauer*, AG 1999, 299 (306); *Weimann*, Ertragswert und Börsenwert, S. 8.

[430] Darunter fallen nach hiesigem Verständnis alle Informationen, die ein rational handelnder Anleger bei seiner Investitionsentscheidung berücksichtigt, weil sie für die Bestimmung des fundamentalen Anteilswerts relevant sind.

[431] *Ruiz de Vargas*, NZG 2021, 1001 (1008); OLG Frankfurt a. M., AG 2010, 751 (754) – „*T-Online/Deutsche Telekom*".

Wenn das BVerfG die Kapitalmarkteffizienz auch nicht ausdrücklich als Voraussetzung der Berücksichtigung von Börsenkursen statuiert, weil es insoweit allein den Desinvestitionswert im Blick hat,[432] so legt es die Effizienz des Marktes seiner Entscheidung jedoch zugrunde:

„Die Gleichstellung von Börsen- und Verkehrswert beruht auf der Annahme, dass die Börse *auf der Grundlage der ihr zur Verfügung gestellten Informationen und Informationsmöglichkeiten* die Ertragskraft des Gesellschaftsunternehmens, um dessen Aktien es geht, zutreffend bewertet, der Erwerber von Aktien sich an dieser Einschätzung durch den Markt orientiert und sich daher Angebot und Nachfrage danach regulieren, so dass sich die Marktbewertung in dem Börsenkurs der Aktien niederschlägt."[433]

Der Grad der Kapitalmarkteffizienz ist damit mit dem Aussagegehalt des Börsenkurses eng verbunden.[434] Je geringer die Kapitalmarkteffizienz, desto weniger Informationen und Fundamentaldaten bildet der Kurs ab. Kurse auf Märkten mit geringen Informationspflichten sind allein deshalb deutlich spekulationsgetriebener, da die Anleger ihre Investitionsentscheidungen auf unsicherer Informationsgrundlage treffen müssen. Die Erwartungen der Marktteilnehmer stimmen dann nicht mit der Realität überein und enthalten regelmäßig entsprechende Sicherheitsabschläge.[435] Die Marktbewertung entfernt sich dadurch vom Beteiligungswert. Damit der Börsenkurs zur Bestimmung der angemessenen Barabfindung herangezogen werden kann, ist jedoch eine effektive Informationsbewertung erforderlich, da nur dann davon ausgegangen werden kann, dass der Börsenkurs auch den inneren Beteiligungswert abbildet.[436]

In der gebotenen Kürze sollen daher zunächst die Grundaussagen der Kapitalmarkteffizienzhypothese dargestellt werden, ehe die Effizienz des deutschen Kapitalmarkts und die Anforderungen an eine effektive Informationsbewertung näher in den Blick genommen werden.

1. Grundlagen der Kapitalmarkteffizienzhypothese

Die insbesondere von *Fama* entwickelte Kapitalmarkteffizienzhypothese (efficient market hypothesis – EMH) ist nicht nur in ihren Einzelheiten, sondern

[432] Dass es auf die Kapitalmarkteffizienz bei der Heranziehung als Untergrenze aber nicht ankommen kann, zeigen die näheren Ausführungen auf S. 50 f.

[433] BGH, Beschl. v. 12.03.2001 – II ZB 15/00, juris, Rn. 19 – „*DAT/Altana IV*"; BGH, DStR 2016, 974 (977) – „*Nestlé*".

[434] *Steinhauer*, AG 1999, 299 (304).

[435] *Tönnes*, M&A Review 2017, 449 (454).

[436] BGH, DStR 2016, 974 (977) – „*Nestlé*"; OLG Düsseldorf, BeckRS 2016, 118241, Rn. 49; OLG Düsseldorf, BeckRS 2022, 38808, Rn. 43; OLG Frankfurt a. M., BeckRS 2021, 10278, Rn. 39; OLG München, BeckRS 2020, 9359, Rn. 30; OLG München, BeckRS 2020, 34436, Rn. 41; LG Frankfurt a. M., NZG 2019, 989 (insoweit abgedruckt in BeckRS 2019, 15231, Rn. 52) – „*Stada AG*"; LG Stuttgart, BeckRS 2018, 35320, Rn. 80, 88, 112; LG Stuttgart, BeckRS 2019, 23342, S. 230, 247, 288; MüKoAktG/*van Rossum*, § 305 Rn. 97 m. w. N. aus der Rspr.

auch dem Grunde nach seit jeher umstritten, konnte bislang jedoch nicht widerlegt werden.[437] Sie soll hier daher als Modell nicht weiter in Frage gestellt werden und nachfolgend als Anknüpfungspunkt für einen Effizienzvergleich zwischen reguliertem Markt und Freiverkehr dienen.

Nach *Fama* ist ein Markt vereinfacht gesprochen immer dann effizient, wenn die Preise die verfügbaren Informationen jederzeit und ohne nennenswerte Verzögerungen vollständig widerspiegeln.[438] Auf dem Kapitalmarkt ist dies der Fall, wenn (1) keine Transaktionskosten beim Handel mit Wertpapieren anfallen, (2) alle verfügbaren Informationen allen Marktteilnehmern kostenfrei zur Verfügung stehen (*Informationseffizienz*) und (3) sich alle über die Auswirkungen aktueller Informationen auf den aktuellen Preis und die Verteilungen zukünftiger Preise jedes Wertpapiers einig sind (*Allokationseffizienz*). Auf einem solchen Markt bildet der aktuelle Preis eines Wertpapiers alle verfügbaren Informationen vollständig ab.[439] In einem effizienten Markt führt der Wettbewerb zwischen den vielen intelligenten Teilnehmern zu einer Situation, in der zu jedem Zeitpunkt die tatsächlichen Preise einzelner Wertpapiere bereits die Auswirkungen von Informationen widerspiegeln, die sowohl auf bereits eingetretenen Ereignissen als auch auf Ereignissen beruhen, von denen der Markt ab jetzt erwartet, dass sie in der Zukunft eintreten werden.[440] In einem Markt, in dem man stets zu Preisen kaufen und verkaufen kann, die sämtliche Informationen reflektieren, kann man davon ausgehen, dass man nie zu teuer kauft und nie zu billig verkauft. Mit anderen Worten: „Auf einem effizienten Markt ist der tatsächliche Preis eines Wertpapiers zu jedem Zeitpunkt eine gute Schätzung seines inneren Wertes“.[441]

Vor dem Hintergrund der Abfindungsbemessung anhand von Börsenkursen hängt die Bewertungsfunktion von Börsenkursen daher maßgeblich davon ab, wie effizient der Markt ist, auf dem sie gebildet werden.

a) *Informationseffizienz*

Auf einem informationseffizienten Markt werden wertrelevante Informationen ohne nennenswerte Verzögerung in den Kurs eingepreist. Je höher die Informa-

---

437 Vgl. die umfassende Analyse bei *Adolff*, Unternehmensbewertung, S. 11 ff. m. w. N.; *Ball*, Managerial Finance 1994, 3; *Fama*, JoF 1970, 383 (388 ff.); *Fama*, JFE, 49 1998, 283 (283 ff.).

438 *Burger*, NZG 2012, 281 (285); *Fama*, JoF 1970, 383 (383).

439 *Fama*, FAJ, Vol. 21 1965 No. 5, 55 (56); *Fama*, JoF 1970, 383 (387).

440 *Fama*, FAJ, Vol. 21 1965 No. 5, 55 (56).

441 *Fama*, FAJ, Vol. 21 1965 No. 5, 55 (56); FAUB, WPg 2021, 957 (959); *Fischel*, Cornell Law Review, Vol. 74 1989 No. 5, 907 (913); *Hüttemann*, ZGR 2001, 454 (468); *Ruiz de Vargas*, NZG 2021, 1001 (1009); *Ruthardt/Popp*, AG 2020, 240 (244) (jedoch in Bezug auf den Unternehmenswert als Bewertungsgegenstand); *Schwetzler*, FS Großfeld 2019, 401 (407); *Steinhauer*, AG 1999, 299 (304); OLG Frankfurt a. M., AG 2010, 751 (754) – „*T-Online/Deutsche Telekom*“.

tionseffizienz eines Marktes, desto eher ist davon auszugehen, dass der Börsenkurs den inneren Wert widerspiegelt, da sämtliche wertrelevante Informationen eingepreist werden können.[442] Die Informationseffizienz ist daher Grundvoraussetzung der Bewertungseffizienz von Börsenkursen.[443]

Fama definiert einen effizienten Markt als Markt, auf dem wichtige aktuelle Informationen für alle Teilnehmer nahezu frei verfügbar sind. Im Rahmen seiner Operationalisierung hat *Fama* eine Einteilung in die schwache, mittelstrenge und strenge Form der Kapitalmarkteffizienzhypothese vorgenommen, um empirisch zu untersuchen bei welchem Informationsgrad die Hypothese effizienter Märkte zusammenbricht.[444]

Die schwache Form der EMH nimmt an, dass alle historischen Informationen eingepreist sind. Aus den Kursverläufen der Vergangenheit kann daher nicht auf Kurse in Gegenwart und Zukunft geschlossen werden (sog. „Random Walk Market“[445]).[446] Die mittelstrenge Form der EMH liegt vor, wenn zusätzlich alle öffentlichen Informationen wie Geschäftsberichte, Jahresabschlüsse, Konjunkturindikatoren und Wertpapieranalysen von Finanzanalysten eingepreist sind. Informationen sind immer dann öffentlich verfügbar, wenn alle Anleger kostenlos auf sie zugreifen können.[447] Fundamentalanalysen sind dann sinnlos, weil alle öffentlich verfügbaren Informationen sich bereits im Kurs widerspiegeln.[448] Die strenge Form der EMH setzt zusätzlich voraus, dass alle marktrelevanten Informationen, also auch unternehmensinterne Informationen, eingepreist sind. In einem streng informationseffizienten Markt ist Insiderhandel folglich unmöglich, da kein Insiderwissen in dem Sinne besteht, weil alle Informationen bekannt sind.[449]

b) Allokationseffizienz

An die Informationseffizienz knüpft die Fähigkeit des Marktes an, auf Informationen zutreffend zu reagieren (Allokationseffizienz).[450] Ein allokationseffizienter Markt liegt vor, wenn Anlagekapital über die Marktpreise zu seinen besten Einsatzmöglichkeiten gelenkt wird.[451] Der Markt ist daher allokationseffizient,

---

[442] *Ruiz de Vargas*, NZG 2021, 1001 (1007); *Zwirner/Zimny*, BB 2018, 1387 (1389).

[443] *Flick*, GWR 2014, 370; Ebenroth/Boujong/Joost/*Poelzig* HGB, § 1 WpHG Rn. 42. *Steinhauer*, AG 1999, 299 (304): „Über je mehr Informationen die Anleger verfügen, desto besser können sie die Gewinnchancen und Verlustrisiken eines Unternehmens einschätzen, desto besser den Wert einer Aktie beurteilen“.

[444] *Fama*, JoF 1970, 383 (383, 388).

[445] Dazu sogleich auf S. 167 f.

[446] *Malkiel*, JEP, Volume 17 Winter 2003 No. 1, 59 (59). *Fama*, FAJ, Vol. 21 1965 No. 5, 55 (55 ff.); *Fama*, JoF 1970, 383 (383).

[447] *Ball*, Managerial Finance 1994, 3 (7); *Fama*, JoF 1970, 383 (383).

[448] *Malkiel*, JEP, Volume 17 Winter 2003 No. 1, 59 (59 f.).

[449] *Fama*, JoF 1970, 383 (383 ff.).

[450] *Adolff*, Unternehmensbewertung, S. 18 m. w. N.

[451] FAUB, WPg 2021, 957 (958).

wenn Kurse eine zutreffende Bewertung der zukünftigen Zahlungsströme reflektieren.[452] Dies erfordert eine korrekte und unmittelbare Verarbeitung der Informationen im Kurs.[453] Nicht allokationseffizient sind dagegen Märkte, auf denen andere irrationale Parameter in die Bewertung einfließen.[454]

c) Random-Walk-Theorie

Auch die „Random-Walk-Theorie“, nach der vergangene Kurse keine Relevanz für die zukünftige Kursentwicklung haben, baut auf der EMH auf. Die Theorie geht davon aus, dass Aktienkurse auf effizienten Kapitalmärkten einen Zufallspfad (Random Walk) beschreiben. Auf effizienten Märkten werden sämtliche bewertungsrelevanten Tatsachen augenblicklich allen Marktteilnehmern bekannt und in den Kurs der Aktie eingepreist. Auf neue Informationen folgende Preisanpassungen sind daher unabhängig voneinander.[455] Deshalb ist der zukünftige Kursverlauf nur vom Zufall, nämlich vom Auftreten neuer bewertungsrelevanter Tatsachen abhängig und lässt sich nicht durch die Analyse vergangener Marktdaten vorhersagen.[456] Da das Eintreten neuer Tatsachen vom Zufall abhängt, können keine eindeutigen Prognosen über die Kursentwicklung getroffen werden. Dies bedeutet, in einem Random-Walk-Markt wird ein von einem mittelmäßigen Analysten ausgewähltes Wertpapier im Durchschnitt eine Rendite erzielen, die nicht besser ist als die eines zufällig ausgewählten Wertpapiers mit dem gleichen allgemeinen Risiko.[457]

Die Random-Walk-Theorie ist jedoch auch für die Bewertung anhand von Börsenkursen bedeutend. Sofern die Theorie zutrifft und jedenfalls eine mittelstrenge Kapitalmarkteffizienz gegeben ist, stellen Börsenkurse jederzeit gute Schätzungen der inneren oder fundamentalen Werte dar.[458] Eine (zusätzliche) Fundamentalbewertung ist nur dann wertvoll, wenn der Bewerter (Analyst) über neue Informationen verfügt, die bei der Bildung der aktuellen Marktpreise nicht vollständig berücksichtigt wurden oder wenn er neue Erkenntnisse über die Auswirkungen allgemein verfügbarer Informationen hat, die nicht bereits in den aktuellen Preisen implizit enthalten sind; also nur bei nicht zu veröffentlichenden, unternehmensinternen Informationen oder Insiderinformationen.[459]

---

452 *Adolff*, Unternehmensbewertung, S. 17; FAUB, WPg 2021, 957 (958 f.).
453 *Burger*, NZG 2012, 281 (285); FAUB, WPg 2021, 957 (958).
454 Instruktiv *Adolff*, Unternehmensbewertung, S. 16 ff.
455 *Fama*, JoF 1970, 383 (386).
456 *Fama*, FAJ, Vol. 21 1965 No. 5, 55 (56); *Fama*, JoF 1970, 383 (399).
457 *Fama*, FAJ, Vol. 21 1965 No. 5, 55 (58).
458 *Fama*, FAJ, Vol. 21 1965 No. 5, 55 (59).
459 Darunter fällt auch die aufgeschobene Veröffentlichung von Insiderinformationen, die rechtmäßig nur unter den Voraussetzungen des Art. 17 Abs. 4 MAR erfolgen kann.

2. *Effizienz realer Kapitalmärkte*

Dass die Effizienz realer Märkte nicht dem Idealbild entspricht, zeigt sich schon an der Erkenntnis, dass unternehmensinterne Informationen bei der Anlageentscheidung nicht berücksichtigt werden können.[460] Jedoch müssen die von *Fama* aufgestellten Kriterien nicht vollumfänglich vorliegen, um von einem effizienten Markt zu sprechen.[461] Es ist insbesondere nicht erforderlich, dass alle Anleger über sämtliche Informationen verfügen, solange davon ausgegangen werden kann, dass die Informationen insgesamt im Börsenkurs verarbeitet werden.[462] Negative Informationen setzen regelmäßig Verkaufsanreize mit der Folge sinkender Kurse, positive Informationen erhöhen die Nachfrage und führen zu steigenden Kursen. Dieser Preismechanismus ermöglicht es, dass auch schlechter informierte Anleger alle veröffentlichten kursrelevanten Informationen implizit wahrnehmen, da sich deren Verarbeitung unmittelbar im Börsenkurs niederschlägt.[463]

Wie hoch das Informationsniveau des Marktes ist, bestimmt sich in erster Linie nach dem Umfang der zu veröffentlichenden Informationen. Für die Aussagekraft des Börsenkurses kommt es daher entscheidend darauf an, welche Informationen öffentlich verfügbar sind. Einen wesentlichen Einfluss hierauf haben die den Emittenten auferlegten Transparenz- und Informationspflichten. Auch Transaktionskosten und Uneinigkeiten über die Bewertung von Informationen sind weitere Indizien für Ineffizienzen.[464] Dem soll in Anbetracht der Bedeutung der Aussagekraft von Börsenkursen für die angemessene Abfindung näher nachgegangen werden.

a) *Mittelstrenge Informationseffizienz des regulierten Marktes*

Die empirische Forschung ist sich zwar uneinig über den Grad der Effizienz realer Kapitalmärkte. Jedoch lässt sich die schwache und mittelstrenge Form der EMH überwiegend bestätigen.[465] Die vollständige Informationseffizienz ist indes ein Idealzustand, der in der Praxis schon deshalb nicht erreicht werden kann, weil die Einpreisung von Informationen immer eine (rationale) Reaktion voraussetzt. Kurse passen sich daher auch in hocheffizienten Märkten nur zeitverzögert an. In der kurzen Zeitspanne zwischen Bekanntwerden der Informati-

---

[460] Siehe S. 134 ff.

[461] *Fama*, JoF 1970, 383 (383).

[462] *Fama*, JoF 1970, 383 (388); *Hüffer/Schmidt-Aßmann/Weber*, S. 154; *Oechsler* in Bayer/Habersack, S. 163; *Weber*, *ZGR* 2004, 280 (282); insbesondere Privatanleger vermögen regelmäßig nur einen Bruchteil der Informationen wahrzunehmen und zu verarbeiten (*Naschke*, Der Börsenkurs als Abfindungsgrundlage, S. 101 f.); der überwiegende Anteil der Umsätze wird indessen durch professionelle Anleger generiert.

[463] *Klöhn*, ZHR 177 (2013) 349 (358); OLG Frankfurt a. M., BeckRS 2021, 10278, Rn. 33.

[464] *W. Baums*, Ausgleich nach § 304 AktG, S. 116; *Fama*, JoF 1970, 383 (387).

[465] Vgl. die Zusammenfassung der empirischen Erkenntnisse bei *Fama*, JoF 1970, 383 (388 ff.).

on und Reaktion wird es immer Kapitalanleger geben, die von der Information profitieren.[466] Indes tragen insbesondere algorithmische Handelstechniken wie der Hochfrequenzhandel (High-Frequency-Trading) dazu bei, dass sich diese Zeitspannen immer weiter verkürzen.

Dies vermag aber nicht über die Tatsache hinwegzuhelfen, dass Unternehmen regelmäßig über kursrelevante unternehmensinterne (Insider-)Informationen verfügen, die nicht im Börsenkurs verarbeitet werden können.[467] Kapitalmärkte sind damit allenfalls semi-effizient.[468]

aa) Hohe Transparenzpflichten

Abgesehen davon ist insbesondere auf organisierten Märkten wie dem regulierten Markt an den deutschen Börsen jedoch eine hohe Informationseffizienz zu beobachten.[469] Es gelten hier strenge Transparenzpflichten, die das Informationsniveau des Marktes erheblich erhöhen und die Zahl unternehmensinterner Informationen drastisch reduzieren.[470] Die im Einzelfall wertbestimmenden Größen lassen sich dem Börsenkurs indes nicht entnehmen. Der Einfluss einzelner Faktoren auf den Kurs ist daher nicht messbar.[471] Der Fundamentalwert der Beteiligung ist den Marktteilnehmern auf realen Märkten unbekannt, da diese allein die veröffentlichten Informationen in ihrem Anlagekalkül berücksichtigen können.[472] Ob und inwieweit der Börsenkurs vom Fundamentalwert abweicht, ist daher auch bei hohen Transparenz- und Publizitätspflichten nur schwer ermittelbar.[473] Jedoch sind hohe Transparenz- und Publizitätspflichten ein starkes Indiz für die Aussagekraft des Börsenkurses.

bb) Informationsintermediäre

Auch Informationsintermediäre wie Finanzanalysten, Ratingagenturen, Abschlussprüfer und Wertpapierdienstleistungsunternehmen fördern die Informationseffizienz der Märkte.[474] Sie werten die Informationen unverzüglich aus

---

[466] Langenbucher/*Klöhn*, § 6 Rn. 6.

[467] *Fama*, JoF 1970, 383 (409 ff.); *Ruiz de Vargas*, NZG 2021, 1001 (1008) (Informationsasymmetrie zwischen Markt- und Insiderwissen).

[468] *Adolff*, Unternehmensbewertung, S. 96 ff.; *Fischel*, Cornell Law Review, Vol. 74 1989 No. 5, 907 (911); *Ruiz de Vargas*, NZG 2021, 1001 (1008); *Ruthardt/Popp*, AG 2020, 240 (245).

[469] *Adolff*, Unternehmensbewertung, S. 20; BeckOGK AktG/*Veil/Preisser*, § 305 Rn. 58.

[470] Vgl. bereits S. 138 f. und für den Freiverkehr S. 312 ff.

[471] *Franken/Schulte/Luksch*, Bewertungs-Praktiker 2012, 28 (31 f.); *Henze*, FS Lutter 2000, 1101 (1111); *Rieger*, JW 1938, 3016 (3017); *Röhricht* in Dauner-Lieb (Hrsg.), Gesellschaftsrecht in der Diskussion 2001, Rechtsprechungsbericht: Die aktuelle höchstrichterliche Rechtsprechung zum Gesellschaftsrecht, 3 (26); *Weber*, *ZGR* 2004, 280 (291 f.); *Zwirner/Zimny*, BB 2018, 1387 (1389).

[472] Siehe bereits S. 134 ff.

[473] *Burger*, NZG 2012, 281 (285 f.).

[474] BeckOGK AktG/*Veil/Preisser*, § 305 Rn. 58; monografisch *Leyens*, Informationsintermediäre.

und fördern dadurch nicht nur den Preismechanismus am Markt, sondern beflügeln zugleich den Handel.[475] Die Verlässlichkeit der Informationen wird durch eine entsprechende Regulierung der Dienstleistungen (vgl. nur §§ 63 ff. WpHG, § 85 WpHG, §§ 316 ff. HGB) gewährleistet.

b) Behavioral Finance und Bewertungseffizienz

Auch die halbstrenge Form der EMH wird jedoch unter dem Stichwort der Behavioral Finance in Frage gestellt,[476] da sich insbesondere Börsencrashs und Blasenbildungen auf Basis der EMH nicht erklären lassen.[477] Auf einige dieser Phänomene soll daher nachfolgend unter dem Aspekt der Bewertungseffizienz von Börsenkursen eingegangen werden.[478]

aa) Kursbeeinflussung durch Anlegerverhalten

(1) Spekulationen

Dem Börsenkurs wird seit jeher vorgeworfen, dass er zu sehr von Spekulationen geprägt sei. Denn die Mehrheit der Marktteilnehmer verfüge nicht über die erforderlichen Informationen, um eine rationale Investitionsentscheidung zu treffen.[479] Dabei wird gleich zweierlei ignoriert. Zum einen sind auch Ertragswertverfahren nicht frei von Spekulationen, namentlich subjektiven Prognosen und Einschätzungen im Hinblick auf zukünftige Erträge (sog. nachhaltiger Zukunftsertrag).[480] Zum anderen tragen Spekulationen zur Liquidität der Kapitalmärkte bei.[481]

Spekulationen bilden zugleich die unsichere Informationsgrundlage der Marktteilnehmer ab, die der Minderheitsbeteiligung an einer Aktiengesellschaft von vornherein innewohnt. Auch wenn Anleger nicht über sämtliche wertrelevanten – insbesondere nicht die unternehmensinternen – Informationen verfügen, so bewegen sich ihre Schätzungen unter Annahme eines rationalen Anlageverhaltens dennoch in der Nähe des fundamentalen Wertes der Betei-

---

[475] *Leyens*, Informationsintermediäre, S. 3; BeckOGK AktG/*Veil/Preisser*, § 305 Rn. 58.

[476] *Klöhn*, Kapitalmarkt, Spekulation und Behavioral Finance, S. 80 ff. m. w. N.

[477] *Malkiel*, JEP, Volume 17 Winter 2003 No. 1, 59 (76); *Shiller*, JEP, Vol. 17 2003 No. 1, 83 (91).

[478] Weitergehend: *Daxhammer/Facsar*, Behavioral Finance; *Klöhn*, Kapitalmarkt, Spekulation und Behavioral Finance; *Krog*, Marktorientierung, S. 221 ff.

[479] *Riegger*, DB 1999, 1889 (1890).

[480] *Aha*, AG 1997, 26 (28); *Götz*, DB 1996, 259 (264); LG Frankfurt a. M. Beschl. v. 27.01.2012 – 3-5 0 102/05 – „*Höchst-AG*", nv (Teil 2, Fn. 439), S. 26 f.; LG Frankfurt a. M., BeckRS 2012, 210626 – „*Didier Werke AG*"; OLG Hamburg, BeckRS 2020, 27988, Rn. 39; OLG Hamm, AG 1963, 218 (219); *Steinhauer*, AG 1999, 299 (302).

[481] *T. Baums*, GS Schindhelm 2009, 63 (76); *Black*, JoF, Vol. 41 1986 No. 3, 529 (530); *Theissen*, Organisationsformen des Wertpapierhandels, S. 55; *Klöhn*, Kapitalmarkt, Spekulation und Behavioral Finance, S. 78 ff.

ligung.[482] Denn diese bestimmt sich aus Sicht der Anleger maßgeblich nach deren Verkehrswert.

Es müssen jedoch im Interesse der Aussagekraft von Börsenkursen solche spekulativen Elemente ausgeblendet werden, die sich nicht auf den Beteiligungswert beziehen. Hierzu zählen vor allem Spekulationen, die die konkrete Maßnahme und sich daraus ergebende echte Synergieeffekte oder Abfindungsspekulationen betreffen.[483] So werden Kurse zum Beispiel bei vorrangegangenen öffentlichen Angeboten[484] oder noch laufenden Spruchverfahren verzerrt, da sich die Kurse an der erwarteten Entschädigungsleistung orientieren.[485] Nach Abschluss eines Beherrschungs- und Gewinnabführungsvertrags wird sich der Börsenkurs bis zur Beendigung des Spruchverfahrens an der Abfindungserwartung bzw. der Garantiedividende orientieren.[486]

Entsprechende Spekulationseffekte lassen sich jedoch im Rahmen einer Kursanalyse identifizieren und durch Wahl eines geeigneten Referenzzeitraums weitestgehend ausblenden. Denn eine Abkopplung des Kurses vom Beteiligungswert ist nur bei entsprechenden Kursausschlägen zu befürchten.[487]

(2) Noise-Trading

Am Markt ist häufig das Phänomen zu beobachten, dass Marktteilnehmer nicht informationsbasiert, sondern auf Basis von Gerüchten agieren.[488] Zwar wirkt sich dies auf die Informationseffizienz und Aussagekraft von Börsenkursen teilweise sogar positiv aus, da rationale Marktteilnehmer Nachforschungen betreiben und die Gerüchte so einer Realitätsbewertung zuführen. Viele Marktteilnehmer nehmen jedoch auch „falsche" Gerüchte als Information hin und legen diese ihrer Anlageentscheidung zugrunde, was sich negativ auf die Informationseffizienz und damit Aussagekraft des Börsenkurses auswirkt (noise-trader-Risiko).[489] Gerüchte können daher dazu führen, dass sich die Kurse vom tatsächlichen Anteilswert entfernen.[490]

---

[482] So auch *Klöhn*, Kapitalmarkt, Spekulation und Behavioral Finance, S. 61 ff. m. w. N. aus der ökonomischen Verhaltensforschung.

[483] Siehe bereits S. 143 ff.

[484] OLG Frankfurt a. M., NZG 2014, 464 (465) – „*Höchst AG*"; OLG Frankfurt a. M., BeckRS 2016, 9636, Rn. 76; OLG Frankfurt a. M., BeckRS 2021, 10278, Rn. 45 ff.; OLG München, AG 2012, 749 (752) – „*Singulus*"; OLG München, NJW-RR 2014, 473 (476); OLG München, BeckRS 2021, 9687, Rn. 41; a. A. OLG Frankfurt a. M., Beschl. v. 28.03.2014 – 21 W 15/11, juris, Rn. 221.

[485] *Riegger/Wasmann*, FS Stilz 2014, 509 (513); *Ruthardt/Popp*, AG 2020, 240 (244).

[486] *Herfs/Goj*, DB 2021, 772 (774); *Krause*, FS Hopt 2010, 1005 (1012).

[487] Bspw. nicht im Verfahren des OLG Frankfurt a. M., BeckRS 2021, 10278, Rn. 45.

[488] Instruktiv *Klöhn*, Kapitalmarkt, Spekulation und Behavioral Finance, S. 237 ff.

[489] *Black*, JoF, Vol. 41 1986 No. 3, 529 (530 ff.); *Fischel*, Cornell Law Review, Vol. 74 1989 No. 5, 907 (914); *Hüffer/Schmidt-Aßmann/Weber*, S. 159; *Klöhn*, Kapitalmarkt, Spekulation und Behavioral Finance, S. 240; *Ruthardt/Hachmeister*, NZG 2014, 41 (44).

[490] *Klöhn*, Kapitalmarkt, Spekulation und Behavioral Finance, S. 239 f.

Die Ad-hoc-Publizitätspflicht wirkt dem zumindest teilweise entgegen. Zwar kann die Veröffentlichung von Insiderinformationen aufgeschoben werden. Art. 17 Abs. 4 Satz 1 MAR handhabt dies jedoch äußerst restriktiv. Insbesondere darf die Aufschiebung der Offenlegung nicht geeignet sein, die Öffentlichkeit irrezuführen (lit. b) und der Emittent oder Teilnehmer am Markt für Emissionszertifikate muss die Geheimhaltung dieser Informationen sicherstellen können (lit. c). Wenn aber bereits Gerüchte gestreut werden, so ist fraglich, ob die Information noch als geheim gelten kann oder dies nicht eine Veröffentlichungspflicht auslöst (Art. 17 Abs. 7 MAR). Richtigerweise kann Letzteres nur bei hinreichend präzisen Gerüchten bejaht werden.[491] Die Verbreitung von irreführenden Informationen wird indes von Art. 12 Abs. 1 lit. c) MAR aufgefangen.[492] Ein negativer Einfluss von Gerüchten auf die Informationseffizienz wird daher durch die effektiven Instrumentarien des Kapitalmarktrechts erheblich eingeschränkt; er ist jedoch nicht ausgeschlossen. Auch insofern wirkt sich die Bestimmung des relevanten Börsenkurses, insbesondere des Referenzzeitraums, entscheidend aus.

(3) Antizipationseffekte bei Strukturmaßnahmen

Ferner ist zu beobachten, dass Marktteilnehmer im Vorfeld einer Strukturmaßnahme auf Basis vager Vermutungen am Markt auftreten und sich die Kurse hierdurch frühzeitig, d. h. noch vor Bekanntmachung und Durchführung der Maßnahme, an die neue Information anpassen (sog. „Antizipationseffekt").[493] Publizitätspflichten am Markt können dem nur insoweit entgegenwirken als die Veröffentlichung der bevorstehenden Maßnahme zeitnah erfolgen muss.[494] Bis über die Durchführung einer Maßnahme intern entschieden ist, verbleibt jedoch noch ausreichend Raum für Gerüchte und Spekulationen,[495] welche die Handelsaktivitäten anheizen.[496] Kurse bilden im Zeitpunkt der Bekanntgabe daher nicht mehr eindeutig den Wert der Beteiligung ohne die Strukturmaßnahme ab, sondern preisen u. U. auch bereits die Erwartungen an die Abfindungsleistung ein. Inwieweit die bevorstehende Strukturmaßnahme bereits vor ihrer Ver-

---

491 Nur bei ausreichend präzisen Gerüchten: BaFin, Emittentenleitfaden Modul C, S. 40 („Hingegen ist die Verbreitung von Spekulationen oder von Gerüchten ohne Substanz sowie ein willkürliches Streuen diffuser Informationen, die einem Verbreiten von falschen oder irreführenden Informationen gleichkommen ggf. in der Absicht, dem Emittenten richtig stellende Informationen zu entlocken, nicht als ausreichend präzise anzusehen."); Schwark/Zimmer/*Kumpan/Grütze*, Art. 17 MAR Rn. 260, 318.

492 BaFin, Emittentenleitfaden Modul C, S. 40.

493 *Daske/Bassemir/Fischer*, ZfbF 62 (2010) 254 (282); empirische Analyse von *Helmis*, ZBB 2003, 161 (164 ff.).

494 BGH, NJW 2010, 2657 (2659) – „*Stollwerck*".

495 Insbesondere Veröffentlichung von Listen von potenziellen Squeeze-Out-Kandidaten (vgl. *Daske/Bassemir/Fischer*, ZfbF 62 (2010) 254 (282)).

496 *Burger*, NZG 2012, 281 (288).

öffentlichung Eingang in den Kurs gefunden hat, ist indes nur schwer messbar, da zum einen unklar ist, ab wann Gerüchte Eingang in den Kurs gefunden haben und zum anderen wie groß deren Auswirkungen sind.[497]

(4) Irrational exuberance

Ein weiteres Phänomen bei der Preisbildung am Markt sind übertriebene Reaktionen der Marktteilnehmer auf das Bekanntwerden neuer Informationen („irrational exuberance“).[498] Dieses Verhalten entspricht nicht dem Modellbild eines rationalen Anlegers. Denn es fußt nicht allein auf der veröffentlichten Information, sondern auch oder sogar primär auf emotionalen Einflussfaktoren. Die Unsicherheit des Einflusses neuer Informationen auf den Beteiligungswert führt daher regelmäßig zu kurzfristigen Über- oder Unterbewertungen.[499] Diese mindern ebenfalls die Allokationseffizienz des Kurses.[500] So führen Panikverkäufe beim Bekanntwerden von Liquiditätsengpässen des Unternehmens innerhalb kürzester Zeit zu starken Kursverlusten, die sich nicht rein rational begründen lassen, da der Fundamentalwert der Beteiligung nicht gleichermaßen sinkt.[501] Umgekehrt existiert jedoch auch das Phänomen, dass Anleger auf neue Informationen nicht oder nicht schnell genug reagieren (Unterreaktion). Über- und Untertreibungen der Marktteilnehmer bewirken regelmäßig eine hohe Volatilität der Kurse.[502] Ihre Kurseffekte können nur bedingt durch eine Durchschnittskursbildung aufgefangen werden, insbesondere wenn sie einem allgemeinen Trend über einen längeren Zeitraum folgen.[503] Beispiele jüngerer Zeit sind der Kursverfall zu Beginn der Corona-Pandemie[504] sowie die schlechte Kapitalmarktverfassung angesichts des Ukraine-Kriegs und der Rohstoffkrise.

Dabei darf jedoch nicht völlig ausgeblendet werden, dass in Zeiten allgemeiner Unsicherheiten auch das Ertragswertverfahren an seine Grenzen stößt. Denn auch hier müssen die Unsicherheiten bei der Ermittlung der künftigen Erträge entsprechend berücksichtigt werden. Dass sich die Kurse auf

---

497 *Burger*, NZG 2012, 281 (286); *Hüffer/Schmidt-Aßmann/Weber*, S. 161 f.

498 Monografisch *Shiller*, Irrational exuberance.

499 *Adolff*, Unternehmensbewertung, S. 20 f.; *Fama*, FAJ, Vol. 21 1965 No. 5, 55 (56); *Franken/Schulte/Luksch*, Bewertungs-Praktiker 2012, 28 (29 f.).

500 *Fischel*, Cornell Law Review, Vol. 74 1989 No. 5, 907 (914); *Lo* in Vernengo/Caldentey/Rosser Jr (Hrsg.), The New Palgrave Dictionary of Economics, Efficient Markets Hypothesis, 1 (5); *Shiller*, Irrational exuberance, S. 15.

501 *Adolff*, Unternehmensbewertung, S. 21; *Gleißner*, CF 2020, 134 (134); *Ruiz de Vargas*, NZG 2021, 1001 (1003).

502 *Gleißner*, WPg 2015, 71 (73); *Happ/Bednarz*, FS Stilz 2014, 219 (231 f.); *Schulte/Köller/Luksch*, WPg 2012, 380 (385); vgl. zu diesem Problemfeld die Analysen von *Shiller*, Irrational exuberance.

503 *Hüffer/Schmidt-Aßmann/Weber*, S. 163 f.; *Ruthardt/Popp*, AG 2020, 240 (245); a. A. BayObLG München, AG 1999, 43 (45).

504 *Gleißner*, CF 2020, 134 (134).

das Bekanntwerden einer Pandemie extrem nach unten bewegen, ist Ausdruck der Erwartungen an die künftige Unternehmensentwicklung auf Basis der aktuellen Informationslage. Der Kurs bildet die allgemeine Ungewissheit zukünftiger Entwicklungen als Gegenwartswert ab. Unternehmenswert und Beteiligungswert müssen sich insoweit nicht zwingend identisch entwickeln, da ihnen abweichende Bezugspunkte zugrunde liegen. Allerdings würde auch ein Ertragswertgutachten zu diesem Zeitpunkt auf einer besonders unsicheren Tatsachengrundlage erfolgen und müsste diese Umstände auch im Bewertungsvorgang berücksichtigen. Ein Kursverfall geht daher regelmäßig nicht allein auf Irrationalitäten zurück, sondern preist – zumindest auch – die allgemeine Unsicherheit über die Entwicklung der Wirtschaft ein. Die empirische Datenlage zu diesen Effekten ist bislang jedoch noch sehr dünn.[505]

(5) Herdenverhalten und Dispositionseffekt

Anleger neigen ferner dazu, ihre Desinvestitionsentscheidung davon abhängig zu machen, zu welchem Preis sie die Aktie erworben haben (sog. „Dispositionseffekt").[506] Bei fallenden Kursen werden die Aktien in der Erwartung wieder ansteigender Kurse nicht oder mit zeitlicher Verzögerung verkauft. Umgekehrt werden Desinvestitionsentscheidungen bei steigenden Kursen häufig zu früh getätigt.

In der Verhaltensökonomie wurde ferner festgestellt, dass sich Anleger aufgrund von Unsicherheiten häufig am Verhalten anderer Marktteilnehmer orientieren, mit der Folge, dass sich Kursausschläge nach oben oder unten verfestigen (sog. Herdenverhalten).[507] Es genügen bereits leicht steigende oder fallende Kurse, um ein entsprechendes Verhalten der Marktteilnehmer anzustoßen. Diese werden bei steigenden Kursen durch eine Art „Mitläufereffekt" in den Markt gezogen und bei fallenden Kursen aus dem Markt gedrängt.[508] Diese Verhaltensanomalien sind nicht informationsbezogen und stören daher die Allokationseffizienz der Märkte; zumindest aber steigt hierdurch die Liquidität.[509]

---

505 *Fischel*, Cornell Law Review, Vol. 74 1989 No. 5, 907 (914); *Malkiel*, JEP, Volume 17 Winter 2003 No. 1, 59 (61 f.).

506 *Adolff*, Unternehmensbewertung, S. 144; *T. Baums*, GS Schindhelm 2009, 63 (76 f.); *Klöhn*, Kapitalmarkt, Spekulation und Behavioral Finance, S. 100 ff. m. w. N. aus der ökonomischen Verhaltensforschung; OLG Frankfurt a. M., AG 2010, 751 (insoweit abgedruckt in juris, Rn. 73) – „*T-Online/Deutsche Telekom*".

507 *Adolff*, Unternehmensbewertung, S. 20 f.; *T. Baums*, GS Schindhelm 2009, 63 (76 f.); *Klöhn*, Kapitalmarkt, Spekulation und Behavioral Finance, S. 123 ff. m. w. N. aus der ökonomischen Verhaltensforschung; *Oechsler* in Bayer/Habersack, S. 165 ff.; *Ruthardt/Hachmeister*, NZG 2014, 41 (44); *Shiller*, Irrational exuberance, S. 148.

508 *Malkiel*, JEP, Volume 17 Winter 2003 No. 1, 59 (61).

509 Siehe bereits Teil 3, Fn. 481.

Noch ist unklar, inwiefern Internetforen und Chatrooms, in denen Kauf- bzw. Verkaufsempfehlungen ausgesprochen werden, diese Effekte noch verstärken.[510]

(6) Aggregations- und Arbitrageargument

Auf den ersten Blick scheinen Kurse durch irrationale Einflüsse daher erheblich verzerrt, was ihre Tauglichkeit in Bezug auf die Abbildung des „wahren" Beteiligungswerts in Frage stellt. Relativiert wird dies einerseits durch die Feststellung, dass sich voneinander unabhängige Irrationalitäten teilweise gegenseitig aufheben (Aggregationsargument).[511] *Fama* stellt fest, dass eine offensichtliche Unterreaktion auf Informationen ebenso häufig vorkommt wie eine Überreaktion, und dass die Fortsetzung abnormaler Renditen[512] nach einem Ereignis ebenso häufig ist wie die Umkehrung von Renditen nach einem Ereignis.[513]

Viel entscheidender für den Aussagegehalt des Börsenkurses ist aber, dass gut informierte (rationale) Marktteilnehmer Abweichungen des Kurses vom wahren Wert erkennen und die Unterbewertung bzw. Überbewertung am Markt gezielt zu ihren Gunsten ausnutzen (Arbitrageargument).[514] Hierdurch relativieren sich irrationale Einflüsse auf den Kurs, da dieser sich schon nach kurzer Zeit wieder dem Wert anpasst, den rationale Anleger der Beteiligung beimessen und der daher dem inneren Beteiligungswert entspricht.[515] Irrationale

---

[510] Vgl. zu den jüngeren Ereignissen in Bezug auf die GameStop-Aktie S. 179 f.

[511] *Adolff*, Unternehmensbewertung, S. 132 ff. m. w. N.; *Fama*, JFE, 49 1998, 283 (284); *Klöhn*, Kapitalmarkt, Spekulation und Behavioral Finance, S. 63; OLG Frankfurt a. M., AG 2010, 751 (insoweit abgedruckt in juris, Rn. 74) – *„T-Online/Deutsche Telekom"*; krit. *Shiller*, JEP, Vol. 17 2003 No. 1, 83 (101 f.).

[512] Die abnormale Rendite ist die Differenz aus tatsächlicher und erwarteter Aktienrendite (auch *„Überrendite"*). Die erwartete Rendite ist die hypothetische Rendite, die sich ohne das Auftreten der neuen Information unter Berücksichtigung der allgemeinen Marktentwicklung ergeben hätte (*Karami/Schuster*, CF 2016, 106 (109)).

[513] *Fama*, JFE, 49 1998, 283. Demnach gleichen sich Irrationalitäten teilweise wieder aus.

[514] *Adolff*, Unternehmensbewertung, S. 137 f.; *T. Baums*, GS Schindhelm 2009, 63 (77); *Burger*, NZG 2012, 281 (286); *Fischel*, Cornell Law Review, Vol. 74 1989 No. 5, 907 (915); *Hüffer/Schmidt-Aßmann/Weber*, S. 154, 160 f.; *Klöhn*, Kapitalmarkt, Spekulation und Behavioral Finance, S. 63; *Weber*, *ZGR* 2004, 280 (282, 290, 296); OLG Frankfurt a. M., AG 2010, 751 (insoweit abgedruckt in juris, Rn. 67) – *„T-Online/Deutsche Telekom"*; LG Frankfurt a. M., NZG 2019, 989 (insoweit abgedruckt in BeckRS 2019, 15231)) – *„Stada AG"*; LG Stuttgart, BeckRS 2018, 35320, Rn. 87; LG Stuttgart, BeckRS 2019, 23342, Rn. 246; krit. *Oechsler* in Bayer/Habersack, S. 165 m. w. N., da im Kontext von Spekulationsblasen der Preisbildungsprozess derart gestört ist, dass auch keine Arbitragegeschäfte mehr stattfinden. Es besteht dann eine Übermacht uninformierter Anleger. Diese Diskussion wird parallel beim verständigen Anleger im Rahmen des Insiderrechts geführt, wo umstritten ist, ob ein durchschnittlicher börsenkundiger Anleger auch irrationales Anlegerverhalten anderer Marktteilnehmer berücksichtigt. Dies schließt die BaFin jedenfalls nicht generell aus (BaFin, Emittentenleitfaden Modul C, S. 12; jedoch str. (vgl. *Merkner/Sustmann/Retsch*, AG 2019, 621 (623 ff.)).

[515] *Black*, JoF, Vol. 41 1986 No. 3, 529 (532); *Lo* in Vernengo/Caldentey/Rosser Jr (Hrsg.), The New Palgrave Dictionary of Economics, Efficient Markets Hypothesis, 1 (5); *Malkiel*,

Effekte stellen daher die Markteffizienz und damit die Rationalität des Börsenkurses nicht grundsätzlich in Frage.[516] Auch im Ertragswertverfahren kommt es nicht selten zu Fehleinschätzungen des Bewerters.[517] Die abstrakte Möglichkeit der Fehlbewertung kann einer Bewertungsmethode ihre Tauglichkeit nicht per se absprechen. Die Möglichkeit von Kursverzerrungen macht aber deutlich, dass Stichtagskurse nicht unbedarft herangezogen werden können, da sich verzerrende Einflüsse nur im Zeitverlauf ausgleichen. Zu welchem Zeitpunkt ein unverzerrter Kurs vorliegt, lässt sich methodisch zwar nur schwer feststellen.[518] Dass Informationen bereits unmittelbar mit Bekanntgabe im Kurs richtig verarbeitet wurden, ist jedenfalls zu verneinen. Es muss daher auch ein gewisser Zeitraum nach der Veröffentlichung von Informationen berücksichtigt werden, um eine bewertungseffiziente Einpreisung der Information zu gewährleisten.[519]

(7) Stellungnahme

Die Verhaltensökonomie zeigt somit zwar auf, dass sich Anleger am Kapitalmarkt nur begrenzt rational verhalten. Sie stellt damit die Bewertungseffizienz von Börsenkursen in Frage.[520] Anlageentscheidungen sind mangels strenger Informationseffizienz stets von Unsicherheiten geprägt.[521] In diesem Bereich können daher psychologische Faktoren wie Emotionen die Anlageentscheidung und damit den Kursverlauf u. U. erheblich beeinflussen.[522] Massenpsychologische Effekte, bei denen systematisch keine effektive Informationsbewertung durch die Marktteilnehmer stattfindet, können daher durchaus zu temporären Fehlbewertungen, Spekulationsblasen und Krisen führen.[523] Der Börsenkurs

---

JEP, Volume 17 Winter 2003 No. 1, 59 (80); OLG Frankfurt a. M., AG 2010, 751 (insoweit abgedruckt in juris, Rn. 67) – „*T-Online/Deutsche Telekom*“; LG Stuttgart, BeckRS 2018, 35320, Rn. 92; LG Stuttgart, BeckRS 2019, 23342, Rn. 246; a. A. *Gude*, Strukturänderungen, S. 358; *Ruthardt*, Normzweckkonforme Unternehmensbewertung, S. 67; *Ruthardt/Hachmeister*, NZG 2014, 41 (45), wonach nur langfristig eine Rückkehr auf den fundamentalen Wert zu erwarten sei; krit. *Shiller*, JEP, Vol. 17 2003 No. 1, 83 (96 ff., 101 f.) m. w. N.

[516] *Fama*, JFE, 49 1998, 283 (284 ff.).

[517] *Kropff*, DB 1962, 155 (156); *Stilz*, FS Goette 2011, 529 (537).

[518] *Matschke/Brösel/Karami*, FS Mandl 2010, 421 (426) halten das Konstrukt eines „unverfälschten Verkehrswertes“ daher zu Recht für eine Fiktion.

[519] *Burger*, NZG 2012, 281 (287).

[520] FAUB, WPg 2021, 957 (959); *Kitzmann*, Massenpsychologie und Börse, S. 13; *Klöhn*, Kapitalmarkt, Spekulation und Behavioral Finance, S. 133 f.; *Ruthardt/Hachmeister*, NZG 2014, 41 (45 f.).

[521] *Kitzmann*, Massenpsychologie und Börse, S. 9.

[522] *Fischel*, Cornell Law Review, Vol. 74 1989 No. 5, 907 (913); *Kitzmann*, Massenpsychologie und Börse, S. 9; *Malkiel*, JEP, Volume 17 Winter 2003 No. 1, 59 (61); *Naschke*, Der Börsenkurs als Abfindungsgrundlage, S. 91 ff.; *Shiller*, JEP, Vol. 17 2003 No. 1, 83 (91 ff.).

[523] *Fischel*, Cornell Law Review, Vol. 74 1989 No. 5, 907 (913 f.); *Kitzmann*, Massenpsychologie und Börse, S. 11; *Malkiel*, JEP, Volume 17 Winter 2003 No. 1, 59 (61); *Naschke*, Der Börsenkurs als Abfindungsgrundlage, S. 83 ff.; daher ein zusätzliche Fundamentalbewertung

koppelt sich dann vom Fundamentalwert ab und scheint als Wertmesser für den vollen Beteiligungswert ungeeignet.[524]

Auf funktionierenden Märkten kann jedoch grundsätzlich davon ausgegangen werden, dass sich entsprechende Effekte ausgleichen, weil rational agierende Marktteilnehmer auf Basis umfassender Wertpapieranalysen nach Ineffizienzen suchen und diese zu ihrem Vorteil nutzen.[525] Solange rationale Anleger die Abweichungen des Kurses vom Beteiligungswert erkennen und durch eigene Handelsaktivitäten ausgleichen, werden sich Börsenkurse nie vollständig vom Beteiligungswert abkoppeln.[526] Dies gilt jedenfalls solange eine überhöhte, allein auf Irrationalitäten beruhende Kursschwankung gegenüber dem Fundamentalwert mittels empirischer Analysen noch nicht hinreichend nachgewiesen werden kann.[527] Es ist daher davon auszugehen, dass sich die Kurse stets um den inneren Wert der Beteiligung bewegen und sich temporäre Fehlbewertungen im Zeitverlauf austarieren. Dabei gilt: Je effizienter der Markt, desto kleiner ist der beschriebene Regelkreis, in dem der Kurs um den inneren Wert wandert: Je höher die Ineffizienzen desto größer ist die Wahrscheinlichkeit temporärer Fehlbewertungen. Inwieweit der deutsche Kapitalmarkt allokationseffizient ist, konnte zwar empirisch noch nicht hinreichend geklärt werden.[528] Jedoch ist aufgrund der entgegenwirkenden Effekte insgesamt davon auszugehen, dass der Preismechanismus auf Basis der öffentlich verfügbaren Informationen zu einem aussagekräftigen Gleichgewichtspreis führt.

Die Bedeutung der „Behavioral Finance“ muss dabei auch im Lichte des technischen Fortschritts gesehen werden. Da Anlageentscheidungen immer mehr computergestützt getroffen werden, haben irrationale Faktoren ein immer geringeres Gewicht und Kursbeeinflussungspotenzial. Irrationalitäten sind dem Markt außerdem von vornherein immanent und werden von Anlegern bei ihrer Anlageentscheidung bewusst in Kauf genommen und in ihr Bewertungskalkül eingestellt.[529]

---

fordernd: FAUB, WPg 2021, 957 (960); *Ruthardt/Hachmeister*, NZG 2014, 455 (457); *Ruthardt/Popp*, AG 2020, 240 (246); *Schwetzler*, FS Großfeld 2019, 401 (407).

[524] *Oechsler* in Bayer/Habersack, S. 164 ff.; OLG Düsseldorf, BeckRS 2016, 118241, Rn. 46 f.

[525] *Fischel*, Cornell Law Review, Vol. 74 1989 No. 5, 907 (915); *Steinhauer*, AG 1999, 299 (305) m. w. N.

[526] *Burger*, NZG 2012, 281; *Fama*, FAJ, Vol. 21 1965 No. 5, 55 (56); FAUB, WPg 2021, 957 (959); *Ruthardt*, NZG 2014, 972 (977); *Ruthardt/Hachmeister*, NZG 2014, 41 (45 f.); *Weber*, *ZGR* 2004, 280 (290); OLG Frankfurt a. M., AG 2010, 751 (insoweit abgedruckt in juris, Rn. 67, 72) – „*T-Online/Deutsche Telekom*“. *Adolff*, Unternehmensbewertung, S. 20 f., 154 ff. 104 ff. 137 f. beschreibt dies anschaulich als „labilen Regelkreis“.

[527] *Malkiel*, JEP, Volume 17 Winter 2003 No. 1, 59 (62); *Ruiz de Vargas*, NZG 2021, 1056 (1060) unter Verweis auf *Shiller*, JEP, Vol. 17 2003 No. 1, 83 (85).

[528] Vgl. die Aufarbeitung des Forschungsstands bei *Adolff*, Unternehmensbewertung, S. 132 ff.

[529] Siehe S. 222.

Mit einer entsprechenden Durchschnittskursbildung können kurzfristige Effekte jedenfalls geglättet werden.[530] Börsenkurse dürfen daher nicht allein am Stichtag betrachtet werden, sondern müssen über einen längeren Zeitraum analysiert werden. Nur dann kann davon ausgegangen werden, dass sie den durchschnittlichen Beteiligungswert der Aktie im Zeitraum vor der Maßnahme abbilden und nicht erheblich verzerrt sind.[531] Gewiss können Verzerrungen nicht vollständig ausgeschlossen werden. Sie bilden aber zugleich die subjektiven Wertvorstellungen der Marktteilnehmer ab und sprechen daher nicht per se gegen die Heranziehung von Börsenkursen als Schätzgrundlage, sofern sie sich nicht evident vom Beteiligungswert abkoppeln und die Verhältnisse der Gesellschaft nicht mehr berücksichtigen. Dies lässt sich jedoch mittels Kursanalysen anhand der historischen Kursverläufe, etwaiger Kurssprünge und Vergleichen zur Peer Group ermitteln.[532] Hinzu kommt, dass der Verkehrswert eines Guts sich nach Angebot und Nachfrage bestimmt und derjenige, der sich auf den Markt begibt, mit Verzerrungen in einem gewissen Umfang rechnen muss, da die Marktteilnehmer bekanntermaßen nicht vollständig rational handeln.[533]

Insgesamt schließen potenziell irrationale Effekte den Börsenkurs daher nicht prinzipiell als taugliche Bewertungsmethode aus.

bb) Index-Effekt

Ein weiterer erkennbarer Effekt ist, dass die Kurse von Aktien nach deren Aufnahme in einen Aktienindex vorübergehend ansteigen, da insbesondere Indexfonds die Aktien erhöht nachfragen.[534] Es wird daher angeführt, dass diese im Rahmen der Barabfindung aus dem Kurs gerechnet werden müssen, zumal die Aufnahme in einen Aktienindex keine unter Art. 14 Abs. 1 GG schützenswerte Rechtsposition sei.[535]

Das Ausmaß von Index-Effekten lässt sich indes nur schwer ermitteln. Die Vertreter dieser Ansicht verkennen außerdem die entscheidende Differenzierung zwischen dem Schutzgehalt des Anteilseigentums unter Art. 14 Abs. 1 GG

---

530 So bereits OLG Hamm, AG 1963, 218 (219); vgl. auch OLG Frankfurt a. M., NZG 2014, 464 (466) – *„Höchst AG“*; OLG Frankfurt a. M., BeckRS 2021, 10278, Rn. 34; LG Stuttgart, BeckRS 2019, 23342, Rn. 270; vgl. bereits *T. Baums*, GS Schindhelm 2009, 63 (77); *Spindler/Klöhn*, DK 2003, 511 (517).

531 So schon *Graham*, The Intelligent Investor, S. 179: „In the short run, the market is a voting machine but in the long run, it is a weighing machine“.

532 OLG Frankfurt a. M., NZG 2014, 464 (466) – *„Höchst AG“*; a. A. FAUB, WPg 2021, 957 (960).

533 Dies andeutend, im Ergebnis aber offenlassend: LG Stuttgart, BeckRS 2018, 35320, Rn. 106.

534 OLG Frankfurt a. M., AG 2010, 751 (insoweit abgedruckt in juris, Rn. 75) – *„T-Online/Deutsche Telekom“*; *Naschke*, Der Börsenkurs als Abfindungsgrundlage, S. 114 m. w. N.

535 Erst-Recht-Schluss aus BVerfGE 132, 99 – *„Delisting“*; vgl. auch *Naschke*, Der Börsenkurs als Abfindungsgrundlage, S. 116 f.

und der Berücksichtigungsfähigkeit vermögenswerter Faktoren im Rahmen der Abfindung. Wie auch die faktisch erhöhte Verkehrsfähigkeit der börsennotierten Aktie nicht in den Schutzbereich der Eigentumsgarantie fällt, aber dennoch im Rahmen der Bemessung der Abfindungshöhe berücksichtigt werden muss, so müssen dies auch werterhöhende Effekte wie die Aufnahme in einen Aktienindex. Denn die Minderheitsaktionäre hätten diese bei einer freiwilligen Desinvestition am Markt realisieren können. Sie sind daher für den Verkehrswert der Minderheitsbeteiligung durchaus mitbestimmend.

cc) Kursbeeinflussende Handelsstrategien

Auch nicht informationsbasierte Handelsstrategien können die Kurse erheblich beeinflussen.[536] Ein insbesondere jüngst aufsehenerregendes Beispiel ist das sog. „Scalping", wobei jedoch zwischen legalen Scalping-Strategien und illegalen Marktmanipulationen zu unterscheiden ist. Bei der legalen Form des Scalpings nutzt der Marktteilnehmer den Bid-Ask-Spread zu seinen Gunsten aus, indem er bei minimalen Kursschwankungen zum richtigen Zeitpunkt kauft und verkauft. Der Spread zwischen Angebots- und Verkaufspreis ist die regelmäßig sehr geringe Gewinnspanne des Anlegers. Da sich der Handel binnen weniger Minuten oder gar Sekunden abspielt, ist der Einfluss solcher Strategien auf den Kurs über diese kurze Zeitspanne hinaus gering. Anders hingegen Strategien, bei denen sich Marktteilnehmer zu den Aktien eines Emittenten öffentlich äußern, dabei jedoch nicht offenlegen, dass sie selbst eine Beteiligung halten und daher einem Interessenkonflikt unterliegen.[537] Je nachdem von wem diese Äußerungen ausgehen, können sie einen relevanten Einfluss auf den Aktienkurs haben. Der Markt wird vor derartigen Kursbeeinflussungen inzwischen jedoch weitestgehend über den Tatbestand des Art. 12 Abs. 2 lit. d) MAR geschützt.

Problematischer ist hingegen das gezielte Hochtreiben von Kursen durch Chatrooms und Foren,[538] das sich nur schwer unter die MAR fassen lässt, sofern die Anleger ihre eigene Beteiligung offenlegen und keine falschen oder irreführenden Informationen gestreut werden.[539] Ein Beispiel jüngerer Zeit liefert das Forum „Reddit", konkret das Subreddit „r/wallstreetbets", auf dem sich Anleger allgemein zum Aktien- und Optionshandel sowie Trends austauschen. Anfang 2021 sorgte das Forum für Aufsehen, da sich zahlreiche Kleinanleger

---

[536] *Riegger*, DB 1999, 1889 (1890); *Weber*, *ZGR* 2004, 280 (290 f.).

[537] *Bayram*, Manipulative Handelspraktiken, S. 113 f.; *Langenbucher/Sharaf*, ZHR 185 (2021) 414 (434); *Veil/Templer*, ZIP 2021, 981 (987); *Wegner*, BKR 2021, 181 (183).

[538] *Großfeld*, BB 2000, 261 (264).

[539] Zum Fall GameStop: Wissenschaftliche Dienste des Deutschen Bundestags, Sanktionierbarkeit von Verhalten im Rahmen der GameStop-Vorgänge, Einzelfragen zu möglichen Straftaten und Ordnungswidrigkeiten von Aktienkäufern und Leerverkäufern, WD 4 – 3000 – 019/21, 2021; *Veil/Templer*, ZIP 2021, 981 (986 f.) m. w. N.; *Wegner*, BKR 2021, 181.

zu gezielten Zukäufen von Aktien der GameStop Corp.[540] verabredeten, um die Kurse in die Höhe zu treiben und einen Short-Squeeze zu verursachen.[541] Der Kurs stieg innerhalb kürzester Zeit von knapp 20 USD auf rund 480 USD und führte zu erheblichen Verlusten der Hedgefonds, die ihre Positionen schließen mussten.[542]

In solchen Konstellationen ist es äußerst zweifelhaft, ob und inwieweit dem Börsenkurs seine Tauglichkeit als Verkehrswert i. w. S. nicht mangels Funktionsfähigkeit des Marktes abgesprochen werden muss. Zwar demonstrieren die steigenden Kurse aufgrund steigender Nachfrage einerseits die Funktionsfähigkeit des Marktes. Es lässt sich jedoch andererseits durchaus anzweifeln, dass diese Entwicklungen auf wertrelevanten Informationen basieren. Der Handel orientiert sich hier nicht mehr an den Verhältnissen der Gesellschaft, sondern ist offensichtlich in hohem Maße spekulationsgetrieben.[543] Die rechtliche Einordnung unter der MAR ist nicht eindeutig, weshalb diskutiert werden muss, ob nicht auch andere Fälle als Marktmanipulationen ausnahmsweise zu einer Ablehnung der Aussagekraft von Börsenkursen im Hinblick auf den Beteiligungswert führen müssen.[544] Da es sich hierbei jedoch um besondere Ausnahmekonstellationen handelt, sprechen auch sie dem Börsenkurs nicht generell seine Tauglichkeit zur Wertermittlung ab. In solchen Fällen ist jedoch ggf. eine Korrektur erforderlich. Auch Fundamentalbewertungsverfahren sind nicht frei von Beeinflussungen und müssen daher u. U. im Einzelfall korrigiert werden.[545]

c) *Kursschwankungen*

Dass Börsenkurse teils erheblich schwanken, spricht nicht ohne Weiteres gegen deren Tauglichkeit als Schätzgrundlage. Denn Kursschwankungen beruhen nicht zwingend auf irrationalen Faktoren, sondern sind „Folge der Situations-

---

540 In abgeschwächter Form war dies auch bei BlackBerry, Nokia und AMC zu beobachten (manager magazin (28.01.2021) (abrufbar unter https://www.manager-magazin.de/finanzen/boerse/gamestop-amc-blackberry-nokia-robinhood-stoppt-wallstreetbets-flashmob-aktien-stuerzen-ab-a-3f4fae5e-def7-4899-a8c9-90ab5ded25ec, zuletzt abgerufen am 16.08.2023).

541 Zeitweise bestanden für über 138% der Aktien Short-Positionen (*Cohan*, Forbes (15.01.2021) [abrufbar unter https://www.forbes.com/sites/petercohan/2021/01/15/with-138-short-interest-board-change-sends-gamestop-stock-soaring/, zuletzt abgerufen am 16.08.2023]); näher zum Short-Squeeze und der Bedeutung der Liquidität für den Erfolg von Squeeze-Strategien: *Bayram*, Manipulative Handelspraktiken, S. 145 f.

542 Melvin Capital erlitt Verluste in Milliardenhöhe und war zeitweise auf die Unterstützung der Hedgefonds Point72 und Citadel in Milliardenhöhe angewiesen (FESE, Blueprint 2019; Frankfurter Allgemeine Zeitung, FAZ (31.01.2021) (abrufbar unter https://www.faz.net/aktuell/finanzen/finanzmarkt/gamestop-investor-melvin-capital-macht-milliarden-verluste-17175027.html, zuletzt abgerufen am 16.08.2023)).

543 *Klöhn*, Kapitalmarkt, Spekulation und Behavioral Finance, S. 55 f.

544 Vgl. die zutreffenden Ausführungen von *Koch*, AG 2021, 249 (250 ff.) in Bezug auf den Kursverfall anlässlich der Corona-Pandemie.

545 Siehe näher S. 215 ff.

bezogenheit jeder Wertzumessung".[546] Börsenkurse passen sich ständig an die sich verändernden Marktumstände an. Eine Vorhersage wie sich Börsenkurse zukünftig entwickeln werden, kann daher nicht getroffen werden.[547] *Stilz* weist insoweit zutreffend darauf hin, dass der nachfolgende Wert nicht unbedingt richtiger ist als der vorhergehende, sondern lediglich die aktuelle Marktlage abbildet, was sich von vornherein einer „Bewertung als richtig oder falsch" entzieht.[548] Auch bei den Ertragswertverfahrens entwickeln sich die prognostizierten Werte in der Realität regelmäßig nicht wie geplant. Insbesondere je weiter man in die Zukunft blickt, desto ungewisser werden die Prognosen. Auch Ertragswerte sind daher besonders situationsbezogen.[549] Dass sich der Wert nach dem Stichtag in eine andere Richtung entwickelt, ist schon aufgrund des Stichtagsprinzips[550] für die Bemessung der Abfindung unbeachtlich.

d) Zwischenergebnis

aa) Informationsdefizit im Hinblick auf unternehmensinterne Informationen unbeachtlich

Die EMH trifft wichtige Aussagen über die Preisbildung am Markt, aus der sich einige Schlussfolgerungen für die Bewertung ziehen lassen. Grundsätzlich lässt sich festhalten, dass Börsenkurse umso geeigneter zur Bestimmung des Verkehrswertes der Beteiligung sind, je effizienter der Markt ist, auf dem sie gebildet werden. Der Börsenkurs muss daher immer dann als Bewertungsgrundlage hinterfragt werden, wenn dem Markt wesentliche Informationen vorenthalten geblieben sind.[551] Entscheidend ist die Erkenntnis, dass innerer Wert und Börsenkurs insoweit auseinanderfallen, als Insiderinformationen nicht eingepreist werden. Dahingehend besteht ein Informationsdefizit des Kapitalmarkts.[552] Es ist jedoch eine mittelstrenge Informationseffizienz zu beobachten, wonach jedenfalls alle öffentlich verfügbaren und daher seitens der Aktionäre bei der Investitionsentscheidung auch einzig berücksichtigungsfähigen Informationen Eingang in die Marktbewertung finden.[553] Mehr ist für eine effektive Informa-

---

[546] OLG Frankfurt a. M., AG 2010, 751 (insoweit abgedruckt in juris, Rn. 77) – „*T-Online/Deutsche Telekom*"; OLG Frankfurt a. M., BeckRS 2021, 10278, Rn. 34; *Komp*, Zweifelsfragen des aktienrechtlichen Abfindungsanspruchs, S. 370 f.

[547] Siehe Random-Walk-Theorie S. 167 f.

[548] *Stilz*, FS Goette 2011, 529 (537).

[549] *Naschke*, Der Börsenkurs als Abfindungsgrundlage, S. 112; OLG Frankfurt a. M., AG 2010, 751 (insoweit abgedruckt in juris, Rn. 77) – „*T-Online/Deutsche Telekom*"; *Komp*, Zweifelsfragen des aktienrechtlichen Abfindungsanspruchs, S. 370 f.

[550] Vgl. näher auf S. 196 ff.

[551] *Götz*, DB 1996, 259 (264); *Hüttemann*, ZGR 2001, 454 (477); OLG Frankfurt a. M., AG 2010, 751 (insoweit abgedruckt in juris, Rn. 85) – „*T-Online/Deutsche Telekom*".

[552] *Happ/Bednarz*, FS Stilz 2014, 219 (232); *Helmis*, ZBB 2003, 161 (162).

[553] *Fischel*, Cornell Law Review, Vol. 74 1989 No. 5, 907 (913).

tionsbewertung der Beteiligung aus der Perspektive der betroffenen Minderheit nicht zu fordern.

bb) Börsenkurs als Näherungswert

Realen Kapitalmärkten wird zu Recht eine nur eingeschränkte Allokationseffizienz zugestanden, da nicht allein informationsbasierte Fundamentaldaten, sondern auch sog. „marktendogene" Faktoren Eingang in die Preisbildung am Markt finden.[554] Der Börsenkurs ist aufgrund des nicht messbaren, aber unstreitig vorhandenen Einflusses irrationaler bzw. nicht fundamentaldatenbasierter Faktoren nicht in jedem Zeitpunkt in der Lage ist, den Beteiligungswert widerzuspiegeln.[555] Solange jedoch rationale Anleger Fehlbewertungen am Markt zu ihren Gunsten ausnutzen, werden sich die Kurse nie vollständig vom inneren Beteiligungswert abkoppeln und sich diesem innerhalb kurzer Zeit wieder annähern. Dass es sich bei der Bewertung anhand von Börsenkursen allenfalls um einen Näherungswert handeln kann,[556] ist aber schon aufgrund der allgemeinen Bewertungsunsicherheiten hinzunehmen und der Bestimmung angemessener Abfindungsleistungen immanent. Dieser Unsicherheit unterliegen die Minderheitsaktionäre bereits bei ihrer Investitionsentscheidung, die der Börsenkurs daher zum Ausdruck bringt. Schätzfehler können zwar nicht ausgeschlossen, durch die Bestimmung von Mindestanforderungen an den Börsenkurs jedoch begrenzt werden.[557] Auch die Ertragswertverfahren sind grundsätzlich fehleranfällig,[558] was nicht zuletzt an der Masse erfolgreicher Spruchverfahren deutlich wird. Auch bei der Fundamentalbewertung kommt es aufgrund der anzustellenden Prognosen zu gewissen Unsicherheiten und darauf bezogenen Verzerrungen. Der Ertragswert bildet somit ebenfalls nur einen Näherungswert ab.

cc) Korrektur in Zeiten allgemeiner Unsicherheiten

Besondere Situationen, wie Finanzkrisen, Pandemien etc. können als Ausnahme von der Berücksichtigung von Börsenkursen gesehen werden, stehen einer börsenkursorientierten Bewertung jedoch nicht von vornherein entgegen, zumal auch die im Ertragswertverfahren anzustellenden Prognosen in diesen Marktlagen besonders unsicher sind.[559] So hebt auch *Matschke* hervor, dass die Finanzkrise sich nicht zuletzt auch auf die falsche Bewertung von Vermö-

---

[554] *Adolff*, Unternehmensbewertung, S. 21; *Burger*, NZG 2012, 281 (285); *Ruthardt/Hachmeister*, NZG 2014, 455 (456); *Ruthardt/Hachmeister*, NZG 2014, 41 (45).

[555] Krit. *Hüffer/Schmidt-Aßmann/Weber*, S. 153 ff.

[556] Siehe bereits Teil 2, Fn. 330.

[557] *Ruiz de Vargas*, NZG 2021, 1056 (1062).

[558] *Schildbach*, BFuP 2017, 257 (258).

[559] Wie hier: *Bungert/Wettich*, FS Hoffmann-Becking 2013, 157 (177); vgl. auch die Untersuchung von *Jonas*, FS Ballwieser 2014, 365.

gensgegenständen zurückführen lässt.[560] Es handelt sich bei den entsprechenden Phänomenen um besondere Ausnahmesituationen, die allein noch nicht geeignet sind, dem Börsenkurs seine grundsätzliche Aussagekraft abzusprechen, jedoch darauf hinwirken, dass die Anforderungen an die Geeignetheit von Börsenkursen klar definiert werden müssen.[561] Dass der Börsenkurs schon von vornherein aufgrund nicht hinreichend funktionierender Marktmechanismen ausscheiden muss, ist jedoch in effizienten Märkten klar abzulehnen.[562]

3. Anforderungen an eine effektive Informationsbewertung

Uneinigkeit besteht jedoch dahingehend, wann von einer effektiven Informationsbewertung ausgegangen werden kann. Verlangt man eine strenge Kapitalmarkteffizienz,[563] so wäre eine effektive Informationsbewertung auf realen Kapitalmärkten stets zu verneinen. Denn Kurse sind grundsätzlich nicht in der Lage unternehmensinterne Informationen widerzuspiegeln.[564]

Die höchstrichterliche Rechtsprechung legt zwar nicht ausdrücklich fest, wann eine effektive Informationsbewertung gegeben ist. Jedoch geht der BGH davon aus, dass „die Marktteilnehmer auf der Grundlage der ihnen *zur Verfügung gestellten* Informationen und Informationsmöglichkeiten die Ertragskraft des Unternehmens [...] zutreffend bewerten".[565] Dies lässt sich als Verweis auf eine mittelstrenge Kapitalmarkteffizienz interpretieren.[566] Eine effektive Informationsbewertung verlangt demnach, dass sich sämtliche öffentlich bekannten Informationen im Kurs niederschlagen.[567] Die Nichtberücksichtigung unternehmensinterner Informationen steht auch mit dem Normzweck in Einklang, wonach die Minderheit für den Verlust ihrer Rechtsposition voll zu entschädigen ist. Minderheitsaktionäre können den Wert ihrer Beteiligung regelmäßig nur am Markt durch Veräußerung zum geltenden Börsenkurs realisieren. Auch dabei können sie sich allein an den öffentlich verfügbaren Informationen orientieren.[568] Zwar stimmen Unternehmenswert nach dem Ertragswertverfahren und Börsenkurs dann nie oder nur zufällig überein, da sie auf unterschiedlichen

---

560 *Matschke*, BFuP 2013, 14 (48).

561 OLG Frankfurt a. M., AG 2010, 751 (insoweit abgedruckt in juris, Rn. 76) – *„T-Online/Deutsche Telekom"*.

562 *Ruthardt/Popp*, AG 2020, 240 (248).

563 *T. Baums*, GS Schindhelm 2009, 63 (75 ff.); *Schwark*, FS Lutter 2000, 1529 (1541, 1543).

564 *Ruthardt*, NZG 2015, 1387 (1389); siehe S. 134 ff.

565 BGH, DStR 2016, 974 (977) – *„Nestlé"* (Hervorhebungen durch Verf.); BGH, BeckRS 2023, 6362, Rn. 20. So schon BGH, Beschl. v. 12.03.2001 – II ZB 15/00, juris, Rn. 19 – *„DAT/Altana IV"*.

566 Wie hier: LG Stuttgart, BeckRS 2018, 35320, Rn. 112; OLG München, BeckRS 2021, 43656, Rn. 85; ausdrücklich jüngst: BGH, BeckRS 2023, 6362, Rn. 20, 34.

567 BGH, DStR 2016, 974 (977) – *„Nestlé"*; LG Stuttgart, BeckRS 2018, 35320, Rn. 112; *Steinhauer*, AG 1999, 299 (305).

568 *Schnorbus/Rauch*/Grimm Manon, AG 2021, 391 (399).

Informationsgrundlagen basieren.[569] Der Börsenkurs ist aber in Abfindungskonstellationen gerade deshalb als Bewertungsgrundlage vorzugswürdig, da das Bewertungsergebnis nicht den Unternehmenswert, sondern vielmehr den Beteiligungswert abbilden soll.[570]

Folgt man dem, so streitet auf mittelstreng effizienten Kapitalmärkten mit hohen Transparenz- und Publizitätspflichten eine widerlegliche Vermutung für das Vorliegen einer effektiven Informationsbewertung.[571] Die Aussagekraft ist daher nur ausnahmsweise zu verneinen, wenn Anhaltspunkte für eine ineffiziente Informationsbewertung vorliegen, insbesondere wenn der Emittent gegen Transparenz- oder Veröffentlichungspflichten verstoßen hat oder Marktmanipulationen vorliegen.[572] Insoweit kann man sich an § 39 Abs. 3 Satz 3 BörsG orientieren.

II. Beeinflussungsmöglichkeiten

Insbesondere bei Strukturmaßnahmen liegt die Befürchtung nahe, dass die Parteien versuchen den Kurs zu ihren Gunsten zu beeinflussen und damit eine rationale Wertbildung verhindern. Gezielte Beeinflussungen des Kurses führen naturgemäß zu Verzerrungen im Hinblick auf den Beteiligungswert. Um dies auszuschließen, wird teilweise eine Fundamentalbewertung als Kontrollinstanz gefordert.[573]

1. Beeinflussung durch den Mehrheitsaktionär

a) Gezielte Informationspolitik

Zum einen ist eine den Kurs negativ beeinflussende gezielte Informationspolitik seitens des Mehrheitsaktionärs denkbar, indem positive Informationen zurückgehalten und negative Informationen in den Vordergrund gestellt werden.[574] Diese Befürchtung wird durch die Studie von *Daske/Bassemir/Fischer*

---

[569] Vgl. hierzu insbes. *Weimann*, AG 2020, R156-R158 (R156 f.); *Weimann*, Ertragswert und Börsenwert.

[570] Geht es hingegen um die Bestimmung des inneren Unternehmenswertes, so müssen abhängig von der konkreten Bewertungsperspektive auch unternehmensinterne Informationen berücksichtigt werden (vgl. auch Beschlussempfehlung und Bericht des Finanzausschusses zu dem Entwurf eines Gesetzes zur Umsetzung der Transparenzrichtline-Änderungsrichtlinie, BT-Drs. 18/6220, S. 84; *Hüttemann*, ZGR 2001, 454 (472)).

[571] In diese Richtung auch BGH, DStR 2016, 974 (977) – „*Nestlé*"; vgl. die zutreffende Interpretation des LG Stuttgart, BeckRS 2019, 23342, Rn. 247; jüngst bestätigt durch BGH, BeckRS 2023, 6362, Rn. 20; *Steinhauer*, AG 1999, 299 (307).

[572] LG Stuttgart, BeckRS 2019, 23342, Rn. 247; *Schmidt*, NZG 2020, 1361 (1366); Schmidt/Lutter/Bayer/*Schnorbus*, AktG, § 327b Rn. 3a.

[573] FAUB, WPg 2021, 957 (959); *Ruthardt/Hachmeister*, NZG 2014, 455 (457); *Schwetzler*, FS Großfeld 2019, 401 (407, 409); *Schwetzler*, AG 2020, R297-R299 (R297); *Schwetzler*, CF 2020, 48 (48).

[574] *Bayer*, NZG 2015, 1169 (1175); *Brösel/Karami*, WPg 2011, 417 (427); *Burger*, NZG

für die Fälle des Squeeze-Outs im Wesentlichen bestätigt.[575] Einer Kursbeeinflussung durch gezielte Informationspolitik werden zwar durch das Marktmissbrauchsregime, insbesondere Art. 12 Abs. 1 lit. c) MAR, erhebliche Grenzen gesetzt. Im Rahmen der legalen Möglichkeiten ist eine informationsgesteuerte Kursbeeinflussung indes nicht auszuschließen.[576] Dies gilt insbesondere vor dem Hintergrund, dass Kursbeeinflussungen in der Praxis nur schwer nachweisbar sind.

b) Wahl eines günstigen Zeitpunkts schlechter Marktverfassung

Zum anderen verfügt der Mehrheitsaktionär im Hinblick auf die geplante Strukturmaßnahme über einen Informationsvorsprung gegenüber den Minderheitsaktionären, den er bewusst zur Wahl eines für ihn günstigen Zeitpunkts (Unterbewertung am Markt) ausnutzen kann (siehe den Fall Rocket Internet[577]).[578] Einer komplett freien Wahl des Zeitpunkts der Bekanntgabe und einer damit einhergehenden Beeinflussung des relevanten Börsenkurses steht zumindest die sanktionsbewährte Ad-hoc-Publizitätspflicht entgegen.[579] Um eine Veröffentlichungspflicht auszulösen, muss die Maßnahme jedoch hinreichend konkret entschieden sein.[580] Die Grenzen sind hier fließend und begründen daher nur einen bedingten Schutz, zumal dies dem Mehrheitsaktionär die Möglichkeit eröffnet, bis zur Veröffentlichung der geplanten Maßnahme gezielte Informati-

---

2012, 281 (287); *Busse v. Colbe*, AG 1964, 263 (267); *Drukarczyk*, FS Scherrer 2004, 626 (635); FAUB, WPg 2021, 957 (960); *Matschke/Brösel/Karami*, FS Mandl 2010, 421 (437); OLG Düsseldorf, AG 2009, 907 (909); *Ruthardt/Hachmeister*, NZG 2014, 41 (45); *Schwetzler*, FS Großfeld 2019, 401 (408); a. A. *Kocher/Seiz*, DB 2016, 153 (154), jedoch ohne nähere Begründung.

[575] *Daske/Bassemir/Fischer*, ZfbF 62 (2010) 254 (260 ff.).

[576] *Brösel/Karami*, WPg 2011, 417 (427); *Daske/Bassemir/Fischer*, ZfbF 62 (2010) 254 (283).

[577] Vgl. zum Vorwurf einer gezielten Wahl des Zeitpunkts allgemeiner Unterbewertung am Markt für das Delisting der Rocket Internet SE: *Bachmann*, NZG 2021, 609 (609 f.); *Koch*, AG 2021, 249 (249 ff.).

[578] *Brösel/Karami*, WPg 2011, 417 (424); *Doumet/Limbach/Theissen*, ZfbF 68 (2016) 253 (276); *Drukarczyk*, AG 1973, 357 (362); *Gude*, Strukturänderungen, S. 358 f.; *Helmis*, ZBB 2003, 161 (163); *Matschke/Brösel/Karami*, FS Mandl 2010, 421 (437); *Mülbert*, Verhandlungen des 67. DJT, 2008, N51 (N66); *Ruthardt/Hachmeister*, CF 2014, 174 (176); *Ruthardt/Hachmeister*, NZG 2014, 41 (45); *Schwetzler*, FS Großfeld 2019, 401 (408) *Großfeld/Egger/Tönnes* (Hrsg.), Recht der Unternehmensbewertung, Rn. 867; jüngst auch FAUB, WPg 2021, 957 (960); OLG Düsseldorf, BeckRS 2016, 118241, Rn. 47 (besondere Bedeutung der „effektiven Informationsbewertung"); so auch schon das KG Berlin, AG 1964, 217 (220). *Schwetzler*, FS Großfeld 2019, 401 (408) verweist aber zu Recht auf die ebenso bestehenden Beeinflussungsmöglichkeiten bei der Fundamentalbewertung; vgl. auch die Parallele zu freiwilligen Übernahmeangeboten (Beurskens/Ehricke/Ekkenga/*Beurskens*, WpÜG, § 31 Rn. 22).

[579] BGH, NJW 2010, 2657 (2660) – „*Stollwerck*"; *Böcking*, FS Drukarczyk 2003, 59 (78); *Burger*, NZG 2012, 281 (287).

[580] *Brösel/Karami*, WPg 2011, 417 (427); *Drukarczyk*, FS Scherrer 2004, 626 (635); *Matschke/Brösel/Karami*, FS Mandl 2010, 421 (437).

onspolitik zu betreiben.[581] Erachtet man den Börsenkurs für allein maßgeblich, besteht die Gefahr eines gesamtwirtschaftlich nachteiligen „Lemons Effect“, da der Mehrheitsgesellschafter private Informationen zulasten der außenstehenden Aktionäre nutzen kann.[582] Die Maßnahme würde immer nur dann durchgeführt werden, wenn der Börsenkurs unter dem nach der Auffassung des Mehrheitsaktionärs angemessenen Wert, mithin dessen Entscheidungswert, läge.[583]

Der Gefahr, dass die Mehrheit eine allgemein schlechte Marktverfassung zum Zeitpunkt der Maßnahme zu ihren Gunsten ausnutzt, kann nur bedingt durch Zugrundelegung eines längeren Zeitraums entgegengewirkt werden.[584] Der Referenzzeitraum darf nicht zu lang sein. Denn ein längerer Referenzzeitraum als sechs Monate, wie ihn auch § 39Abs. 3 Satz 2 BörsG vorsieht, lässt sich kaum mit dem Stichtagsprinzip vereinbaren.[585] Gleichwohl ist zu konstatieren, dass die Wahl eines günstigen Zeitpunktes auch im Hinblick auf das Ertragswertverfahren Geltung beansprucht. Denn auch hier kann die Maßnahme auf einen Zeitpunkt schlechter künftiger Ertragsaussichten verlagert werden.[586]

Schließlich darf nicht unberücksichtigt bleiben, dass in Krisenzeiten auch für den Mehrheitsaktionär der Grenznutzen einer Maßnahme niedriger sein kann, da diese ein höheres Risiko birgt und er von geringeren positiven Effekten der Maßnahme profitiert. Dass sich eine schlechte Marktverfassung daher allein zum Nachteil der Minderheitsaktionäre auswirkt, kann so pauschal nicht behauptet werden. Mehrheitsaktionäre können bei der Entscheidung über die Durchführung einer Strukturmaßnahme die Marktumstände aber in ihre Beurteilung einstellen. Übersteigt der Nutzen dennoch die erforderliche Abfindungsleistung, so wird sich der Mehrheitsaktionär für die Durchführung der Maßnahme entscheiden. Dies ist insoweit interessengerecht, als die Mehrheitsaktionäre ihre Beteiligung auch sonst nur über die Börse aufstocken könnten und hier ebenfalls den aktuellen Börsenkurs zahlen müssten, die Minderheitsaktionäre

---

581 *Drukarczyk*, FS Scherrer 2004, 626 (635); *Matschke/Brösel/Karami*, FS Mandl 2010, 421 (437).

582 *Ruthardt*, Normzweckkonforme Unternehmensbewertung, S. 65; *Ruthardt/Hachmeister*, CF 2014, 174 (176); *Ruthardt/Hachmeister*, NZG 2014, 455 (457) m. w. N.; *Schwetzler*, FS Großfeld 2019, 401 (408 f.); vgl. zu diesem Phänomen bei asymmetrischen Informationen im Allgemeinen grundlegend: *Akerlof*, Q J Econ, Vol. 84 1970 No. 3, 488; zu den Fällen des Freeze-Outs: *Bebchuk/Kahan*, SSRN Journal 1999, 247.

583 *Bebchuk/Kahan*, SSRN Journal 1999, 247 (251); *Ruthardt/Hachmeister*, NZG 2014, 455 (457). *Matschke/Brösel/Karami*, FS Mandl 2010, 421 (437).

584 *Piltz*, ZGR 2001, 185 (203): kursbeeinflussendes Verhalten des Mehrheitsaktionärs müsse „herausgeschätzt“ werden; *W. Müller*, FS Bezzenberger 2000, 705 (716).

585 *Ruiz de Vargas*, NZG 2021, 1056 (1059) tendiert dazu, den sechsmonatigen Durchschnittskurs für eine zweite zusätzliche Schätzung heranzuziehen, wenn der Börsenkurs eine negative Tendenz aufweise; näher zum Stichtagsprinzip auf S. 196 ff.

586 OLG Frankfurt a. M., NZG 2014, 464 (465) – *„Höchst AG“*; *Schwetzler*, FS Großfeld 2019, 401 (408 f.).

den Vermögenswert ihrer Beteiligung ebenfalls nur zum Börsenkurs realisieren könnten.

c) Gezielte Senkung des Kurses durch Verkäufe

Ferner steht ein aktives Einwirken auf den Kurs durch gezielte Markttransaktionen im Raum. Dies trifft jedoch auf Mehrheit und Minderheit gleichermaßen zu, wobei die Mehrheit aufgrund ihres hohen Aktienbesitzes und der daraus folgenden Machtasymmetrie potenziell stärker auf den Kurs einwirken kann.[587] Allerdings können nur Verkäufe die Kurse nach unten bewegen. Der Mehrheitsaktionär ist in seinen Veräußerungsmöglichkeiten jedoch aufgrund des erforderlichen Quorums erheblich eingeschränkt.[588] Für die Durchführung eines aktienrechtlichen Squeeze-Outs ist eine Beteiligungsquote von 95 % erforderlich. Diese Quote muss sich der Mehrheitsaktionär erhalten, um die Maßnahme durchführen zu können. Sein Kursbeeinflussungspotenzial ist daher erheblich geringer als es auf den ersten Blick scheint.[589] Zudem wird in vielen Fällen ein strafbewehrtes manipulatives Verhalten angenommen werden können,[590] was das Risiko von Kursbeeinflussungen insgesamt auf ein Minimum senkt.

2. Beeinflussungsmöglichkeiten der Minderheit

Aufgrund des geringen Streubesitzes ist es der Minderheit schon mit einem relativ niedrigen Handelsvolumen möglich, erheblichen Einfluss auf den Kurs zu nehmen.[591] Das Interesse der außenstehenden Aktionäre an einer möglichst hohen Abfindung begründet die Gefahr gezielter Kursbeeinflussungen nach oben.[592] Die bereits angeführten strafbewehrten Vorschriften der Art. 8, 12, 15 MAR betreffend Marktmanipulationen und Insiderhandel wirken Kursbeeinflussungen zwar auch hier effektiv entgegen. Jedoch ist in der gesteigerten Nachfrage der Aktien in Aussicht auf eine hohe Abfindung allein keine Marktmanipulation zu sehen. Der Börsenkurs verliert aber an Aussagekraft im Hinblick auf den Beteiligungswert ohne die Strukturmaßnahme, da er sich an der erwarteten Abfindungsleistung orientiert. Auch dem kann jedoch mit der Wahl

---

587 *Burger*, NZG 2012, 281 (286).

588 *Böcking*, FS Drukarczyk 2003, 59 (77 f.); *Burger*, NZG 2012, 281 (287); *Busse v. Colbe*, AG 1964, 263 (267).

589 So führt *Müller-Michaels*, BB 2017, 2034 (2034) die Möglichkeit des Mehrheitsaktionärs an, seine Beteiligung zunächst langsam bis auf eine Beteiligungsquote von 98 % aufzubauen und mit den für die Beschlussfassung nicht erforderlichen 3 % durch einen zügigen Abverkauf Druck auf den Kurs auszuüben.

590 *Burger*, NZG 2012, 281 (Fn. 94) (Wash Sales, Matched Orders und andere Marktmanipulationen).

591 *Burger*, NZG 2012, 281 (288). Insbesondere, wenn der Mehrheitsaktionär die gestiegene Nachfrage nicht durch Verkäufe ausgleichen kann (vgl. *Hüffer/Schmidt-Aßmann/Weber*, S. 164).

592 *Burger*, NZG 2012, 281 (288); *Hüffer/Schmidt-Aßmann/Weber*, S. 164.

eines entsprechenden Referenzzeitraums entgegengewirkt werden. Denn die außenstehenden Aktionäre erfahren von der geplanten Maßnahme regelmäßig erst im Zeitpunkt ihres Bekanntwerdens.[593] Einflüsse aufgrund von Gerüchten und Spekulationen müssen jedoch mittels Kursanalyse identifiziert werden.

3. Zwischenergebnis

Es ist festzuhalten, dass eine Beeinflussung des Kurses von beiden Seiten nicht gänzlich ausgeschlossen werden kann. Deshalb muss der Börsenkurs als taugliche Bewertungsmethode jedoch nicht ausscheiden. Der Möglichkeit entsprechender Kursbeeinflussungen werden insbesondere durch das sanktionsbewehrte Marktmissbrauchsregime erhebliche Grenzen gesetzt. Auch Ertragswertgutachten sind nicht frei von Beeinflussungen und Manipulationen,[594] sind aber dennoch als geeignete Schätzgrundlage anerkannt. Dies macht erneut deutlich, dass die abstrakte Möglichkeit beeinflussenden Verhaltens beider Seiten eine Bewertungsmethode noch nicht untauglich macht. Ob eine Beeinflussung vorliegt, ist vielmehr eine Frage der Aussagekraft des Börsenkurses im konkreten Einzelfall und kann daher in Ausnahmefällen zu einer Ablehnung des Börsenkurses als geeignete Schätzgrundlage führen.[595]

III. Mangelnde Desinvestition als Implikation eines höheren subjektiven Grenzpreises

Als Argument gegen eine Heranziehung des Börsenkurses wird aus investitionstheoretischer Sicht häufig die Tatsache angeführt, dass der Minderheitsaktionär seine Aktie zum Börsenkurs gerade nicht veräußert habe. Er könne daher nicht auf den Verkehrswert der Aktie verwiesen werden, sondern müsse vielmehr zu seinem offensichtlich höheren subjektiven Grenzpreis abgefunden werden.[596] Eine Abfindung unterhalb des individuellen Grenzpreises ver-

---

593 Informationsvorsprünge sind aufgrund der hohen Transparenz und dem Insiderhandelsverbot nahezu ausgeschlossen (*Böcking*, FS Drukarczyk 2003, 59 (78 f.)); vgl. jedoch zu möglichen Antizipationseffekten S. 172 f.

594 *Luttermann*, ZIP 1999, 45 (47); OLG Stuttgart, Beschl. v. 05.05.2009 – 20 W 13/08, juris, Rn. 238.

595 Wie hier: LG Stuttgart, BeckRS 2019, 23342, Rn. 266; OLG Stuttgart, Beschl. v. 26.06.2019 – 20 W 27/18, juris, Rn. 51.

596 Vgl. zur Diskussion insbesondere *Brösel/Karami*, WPg 2011, 417 (419 f., 429); *Follert*, Unternehmensbewertung, S. 87; Petersen/Zwirner/*Karami*, Rn. 23; *Karami*, Unternehmensbewertung, S. 131 f.; *Knoll*, ZIP 2003, 2329 (2330); *Krog*, Marktorientierung, S. 307; *Matschke/Brösel/Karami*, FS Mandl 2010, 421 (433); *Olbrich/Rapp*, AG 2021, R53-R55 (R55); *Rapp*, DK 2012, 8 (9); *Rapp*, ZfbF 72 (2020) 253 (257); *Rapp/Follert/Maas*, CF 2020, 46 (46 f.); *Ruthardt/Hachmeister*, NZG 2014, 41 (46); *Ruthardt/Hachmeister*, WPg 2016, 411 (413 f.); *Stilz*, FS Goette 2011, 529 (538). *Maul*, FS Drukarczyk 2003, 255 (264) will daher die bevorstehende Strukturmaßnahme bei der Abfindung berücksichtigen. Dies widerspricht jedoch dem Entschädigungsgedanken.

stoße evident gegen den Grundsatz der Rationalität des Handelns und damit das Gebot der vollen Entschädigung.[597] Dem Gebot der vollen Entschädigung könne daher nur durch eine Unternehmensbewertung entsprochen werden. Denn eine Abfindung zum Börsenkurs würde dem Minderheitsaktionär nicht den vollen Wert ersetzen.

1. Zukaufsargument

Dem hält *Schwetzler* entgegen, ein höherer subjektiver Grenzpreis müsse die Aktionäre zu weiteren Zukäufen animieren, da nach ihren subjektiven Wertvorstellungen die Aktie am Markt unterbewertet sei. Treten diese nicht als Käufer am Markt auf, müsse nach derselben Logik auf einen niedrigeren subjektiven Grenzpreis geschlossen werden. Die Abwesenheit der Minderheitsaktionäre am Markt liefere daher keine taugliche Aussage über deren subjektive Grenzpreise.[598] Dies verkennt jedoch, dass für den Kauf und Verkauf von Aktien unterschiedliche Grenzpreise existieren. Verkäufergrenzpreise sind tendenziell höher als Käufergrenzpreise, da Käufe häufig fremdfinanziert werden und sich die Anleger außerdem einen Gewinn im Falle des späteren Verkaufs erhoffen.[599] Der Kaufpreis muss hierfür unter dem späteren Verkaufspreis liegen. Aus der bloßen Abwesenheit am Käufermarkt können daher keine Schlüsse auf den subjektiven Verkaufsgrenzpreis gezogen werden.[600] Die Motive für den Erwerb oder die Veräußerung von Gesellschaftsanteilen sind durchaus komplexer.

2. Kein Schutz bloßer Gewinnerwartungen

Der Argumentation höherer subjektiver Grenzpreise kann aber aus anderen Gründen entschieden entgegengetreten werden. Insbesondere kann es für eine den verfassungsrechtlichen Anforderungen genügende Abfindung nicht auf den Wert ankommen, auf den der Minderheitsaktionär mit seiner Anlage spekuliert. Denn auf effizienten Kapitalmärkten kann sich ein Anleger nicht darauf berufen, dass seine subjektiven Wertvorstellungen dem Beteiligungswert näherkommen als das Markturteil. Minderheitsaktionäre haben keinen Zugriff auf unternehmensinterne Informationen. Der geltend gemachte höhere Wert ist eine reine Spekulation.[601] Der in der Zukunft potenziell realisierbare Wert ist somit allenfalls eine bloße – verfassungsrechtlich nicht geschützte – Gewinnerwartung.[602]

---

[597] *Follert*, Unternehmensbewertung, S. 88; *Karami*, Unternehmensbewertung, S. 131 f.; *Matschke/Brösel/Karami*, FS Mandl 2010, 421 (433 ff.).

[598] *Schwetzler*, AG 2020, R297-R299 (R298).

[599] Zu Ersterem *Rapp/Follert/Maas*, CF 2020, 46 (47).

[600] *Follert*, Unternehmensbewertung, S. 87; *Rapp/Follert/Maas*, CF 2020, 46 (47).

[601] *Ruiz de Vargas*, NZG 2021, 1001 (1009 f.).

[602] Siehe bereits S. 27, 37 f.; BVerfG, NZG 2012, 907 (909) – *„Deutsche Hypothekenbank"* in diese Richtung auch *Piltz*, ZGR 2001, 185 (196); *Reichert*, FS Stilz 2014, 479 (488);

Der Minderheitsaktionär ist aus verfassungsrechtlicher Perspektive für den Wert zu entschädigen, der ihm durch die strukturverändernde Maßnahme verloren geht. Es ist daher unerheblich, ob der Minderheitsaktionär zu diesem Wert desinvestiert hätte. Entscheidend ist vielmehr, dass er durch die Mehrheitsentscheidung auch ohne seinen Willen zur Desinvestition gezwungen werden kann, wenn ihm der dem Anteil in diesem Moment innewohnende Wert ersetzt wird. Nicht weniger, aber gewiss auch nicht mehr ist im Hinblick auf die Eigentumsgarantie zu fordern; zumal nicht ignoriert werden darf, dass auch Börsenkurse insoweit zukunftsorientiert sind, als sie die Erwartungen an die künftigen Erträge der Aktionäre widerspiegeln. Denn der Börsenkurs gibt nach überzeugender Ansicht den „Barwert der dem Aktionär künftig zufließenden Dividenden zuzüglich eines erwarteten Veräußerungsgewinns, der wiederum von dem erwarteten Dividendenstrom abhängt“ wieder.[603] Er ist daher nicht vom konkreten Veräußerungszeitpunkt abhängig.[604] Die Berücksichtigung dem Wert der Beteiligung (derzeit) nicht innewohnender subjektiver (Rentabilitäts)-Erwartungen würde daher zu einer Überkompensation führen.[605]

Auch wenn man davon ausginge, die unterlassene tatsächliche Desinvestition des Minderheitsaktionärs spreche für einen höheren subjektiven Grenzpreis, so könnte die Minderheit diesen vermeintlich über dem Börsenkurs liegenden inneren Wert der Beteiligung jedenfalls nicht am Markt realisieren.[606] Denn es würde sich – rationales Verhalten der Anleger vorausgesetzt – kein Käufer zu diesem über dem Marktpreis liegenden Wert finden. Es ist daher fraglich, ob die Minderheit sich dann im Rahmen der Abfindungsleistung auf einen Wert berufen können soll, der über dem durch sie realisierbaren Wert liegt. Richtigerweise muss dies verneint werden. Fiktive Gewinnerwartungen sind keine reale Vermögensposition.[607]

Ruiz de Vargas, NZG 2021, 1001 (1002, 1009); vgl. auch die parallele Argumentation zur Frage der Unterscheidung zwischen Daueranlegern und kurzfristigen Anlegern bei der Berücksichtigungsfähigkeit von Börsenkursen auf S. 150 ff.

603 Siehe Teil 3, Fn. 240, 373.

604 OLG Frankfurt a. M., NZG 2014, 464 (465) – „*Höchst AG*“.

605 Dies andeutend: BVerfG, NZG 2012, 907 (909) – „*Deutsche Hypothekenbank*“; *Ruiz de Vargas*, NZG 2021, 1001 (1009); jüngst auch OLG München, BeckRS 2021, 43656, Rn. 88; vgl. bereits S. 37 f, 153 f.

606 LG Frankfurt a. M. Beschl. v. 27.01.2012 – 3–5 0 102/05 – „*Höchst-AG*“, nv (Teil 2, Fn. 439), S. 26; LG Frankfurt a. M., NZG 2019, 989 (insoweit abgedruckt in juris, Rn. 63) – „*Stada AG*“; LG Stuttgart, BeckRS 2018, 35320, Rn. 91; LG Stuttgart, BeckRS 2019, 23342, Rn. 250; OLG Hamburg, BeckRS 2021, 4636, Rn. 81; OLG Stuttgart, Beschl. v. 05.05.2009 – 20 W 13/08, juris, Rn. 217; dies andeutend *Bungert/Wettich*, FS Hoffmann-Becking 2013, 157 (165); *Noack*, Das Spruchverfahren, S. 165; so schon *Piltz*, ZGR 2001, 185 (196), wonach derjenige, dem eine Aktie mit Börsenkurs 100, aber wahrem Wert (= Ertragswert) 60 abhandenkommt, 100 verliert. Der Eigentümer einer Aktie mit Börsenkurs 60, aber wahrem Wert 100 verliert 60 und nicht 100, da er den wahren Wert von 100 nicht hätte realisieren können.

607 *Ruiz de Vargas*, NZG 2021, 1001 (1009).

3. *Typisierungsgebot*

Ferner ist eine objektivierte, von den individuellen Wertzumessungen losgelöste Sicht gerade auch im Hinblick auf Bestimmung einer einheitlichen Abfindung für alle außenstehenden Aktionäre erforderlich (abfindungsrechtliche Gleichbehandlung der außenstehenden Aktionäre).[608] Eine subjektive Bewertung ist von vornherein untauglich, wenn es wie hier um die Bestimmung eines einheitlichen normzweckadäquaten Beteiligungswertes für eine Vielzahl von Bewertungssubjekten geht. Die Berücksichtigung sämtlicher subjektiver Wertvorstellungen ist nicht nur praktisch unmöglich, sondern entzieht sich auch jeder Validierung.[609] Subjektive Wertvorstellungen einzelner Aktionäre sind auch deshalb auszublenden, da diese keine Möglichkeit haben ihre unternehmerischen Interessen und Planungen gegen die Mehrheit durchzusetzen und Einfluss auf die Geschäftspolitik zu nehmen. Die Beteiligung an einem „einzigartigen" Unternehmen ist für den Minderheitsaktionär daher von untergeordneter Relevanz.[610]

Es verwundert außerdem, dass die Verfechter dieser Ansicht die höheren subjektiven Grenzpreise der nicht desinvestierenden Minderheit anführen, gleichzeitig aber auf das Ertragswertverfahren verweisen, das ebenfalls nicht die subjektiven Wertvorstellungen der einzelnen Aktionäre zu berücksichtigen vermag. Auch dieses dient als Hilfsverfahren auf der Suche nach einem objektivierten Wert.[611] Das Argument fehlender Desinvestition passt zwar nur auf die Bewertung anhand von Börsenkursen. Denkt man die Argumentation höherer subjektiver Grenzpreise jedoch zu Ende, so müsste diese auch bei Ertragswertverfahren angeführt werden. Denn die subjektiven Grenzpreise der Minderheit können auch über dem Ertragswert liegen. Die Frage ist aber vielmehr, ob sich die Minderheit – vor allem im Hinblick auf die verfassungsrechtlichen Implikationen – auf angeblich höhere subjektive Grenzpreise stützen kann. Dies ist nach dem vorgenannten Argument der bloßen Gewinnerwartung bzw. Ertragschance eindeutig zu verneinen. Die Bestimmung eines objektivierten Wertes mit dem Ziel sämtlichen außenstehenden Aktionären dieselbe volle Entschädigung zu gewähren, verschließt sich von vornherein einer Berücksichtigung sämtlicher subjektiver Wertvorstellungen.

4. *Keine freiwillige Desinvestitionsentscheidung*

Bei genauerer Betrachtung müssten die Verfechter dieser Ansicht bereits den Börsenkurs als Untergrenze ablehnen. Denn auch hier hat der Minderheits-

608 Siehe S. 19 f.

609 *Sieben*, AG 1966, 6 (11).

610 *Schwetzler*, CF 2020, 48 (50); bereits angedeutet bei *Immenga*, Aktiengesellschaft, Aktionärsinteressen und institutionelle Anleger, S. 21.

611 LG Köln, AG 2009, 835 (837); *W. Müller*, FS Bezzenberger 2000, 705 (719).

aktionär seine Desinvestitionsmöglichkeit gerade nicht wahrgenommen.[612] Dies stünde dann jedoch in direktem Konflikt mit den verfassungsrechtlichen Vorgaben, denen im Rahmen der rechtsgeleiteten Bewertung der Vorrang gebührt.[613] Dass es auf die fehlende Desinvestition der außenstehenden Aktionäre jedoch nicht ankommen kann, zeigt bereits, dass der Minderheit ihre Entscheidungsfreiheit über Investition und Desinvestition durch die Strukturmaßnahme gerade genommen wird. Das BVerfG stützt sich in seiner DAT/Altana-Entscheidung nicht darauf, ob die Minderheit ihre Aktien zu dem aktuellen Börsenkurs veräußert hätte. Es legt den Börsenkurs als Wertuntergrenze vielmehr deshalb fest, weil der Beteiligung am Markt ein Wert beigemessen wird, den die Minderheit ohne die Strukturmaßnahme hypothetisch hätte realisieren können. Der Börsenkurs ist daher nur dann abzulehnen, wenn die Möglichkeit der Desinvestition tatsächlich nicht bestand.[614] Dies gilt auch für den Börsenkurs als Verkehrswert i. w. S., für den es auf eine Desinvestition nicht ankommt, sondern den Marktwert der Beteiligung.

5. Zwischenergebnis

Aus der mangelnden Desinvestition der Minderheitsaktionäre lässt sich im Ergebnis somit nicht schlussfolgern, dass diese stets über dem Börsenkurs abzufinden wären. Denn die Desinvestitionsmöglichkeit wird der Minderheit durch die Strukturmaßnahme gerade genommen.

IV. Zwischenergebnis

Eine Bewertung anhand von Börsenkursen widerspricht demnach nicht dem Grundsatz der Rationalität der Bewertung. Im Gegenteil ist dem OLG Frankfurt zuzustimmen:

> „[J]e näher die Kapitalmärkte der Vorstellung einer starken Informationseffizienz kommen, desto eher ist der Börsenpreis ein Abbild des Aktienwertes, der ihm ein gedachter, bestinformierter *rationaler* Marktteilnehmer beimessen würde […] und desto vorbehaltsloser kann er zur Bestimmung des (Verkehrs-)Wertes einer Aktie herangezogen werden.“[615]

Auf semi-effizienten Märkten streitet eine Vermutung für ein rationales Anlegerverhalten. Nur wenn sich im konkreten Fall Verzerrungen offenbaren, ist die Rationalität des Börsenkurses zu hinterfragen und – sofern möglich – der Kurs entsprechend zu bereinigen. Ist dies nicht möglich, so muss der Börsenkurs im

---

612 *Mülbert*, FS Hopt 2010, 1039 (1073); *Stilz*, FS Goette 2011, 529 (538).

613 *Ruiz de Vargas*, NZG 2021, 1001 (1002).

614 Vgl. die näheren Ausführungen auf S. 46 ff.

615 OLG Frankfurt a. M., AG 2010, 751 (754) – „*T-Online/Deutsche Telekom*“ (Hervorhebungen durch Verf.); so schon *Steinhauer*, AG 1999, 299 (305); *Stilz*, ZGR 2001, 875 (881).

Hinblick auf seine Aussagekraft durchaus in Zweifel gezogen und mittels anderer Bewertungsverfahren plausibilisiert werden.

F. Abschließende Beurteilung

Die Berücksichtigung von Börsenkursen stellt damit nur auf den ersten Blick einen Bruch mit der Bewertungstheorie dar. Der vermeintliche Dissens zwischen Rechtswissenschaft und Bewertungslehre lässt sich auflösen, wenn man dessen Ursache offenlegt.

I. Keine zwingende Unternehmensbewertung

Die bewertungstheoretischen Grundsätze zur Unternehmensbewertung können schon nur bedingt übertragen werden, da es bei der Bemessung angemessener Abfindungsleistungen auf den Wert der Minderheitsbeteiligung ankommt, der nicht zwingend mit dem Unternehmenswert übereinstimmen muss. Jedenfalls dann nicht, wenn dieser aus der Perspektive eines fiktiven Unternehmenserwerbers bestimmt werden soll. Denn der Börsenkurs bestimmt sich aus der Perspektive der Kapitalanleger, die auf Basis der untersuchten Rechtstellung der Minderheitsaktionäre der Perspektive der typisierten Minderheit entspricht. Es kann durchaus angezweifelt werden, dass der Börsenkurs den Wert eines Gesamtunternehmens als Bewertungsobjekt aus der Perspektive eines markttypischen Erwerbers abbilden kann. Geht man aber von der Perspektive der Minderheit und dem Bewertungsobjekt Gesellschaftsanteil aus, so stellen sich eine Vielzahl der bewertungstheoretischen Kritikpunkte am Börsenkurs nicht. Die Komplexität der Aktie kann damit als Ursache des Dissens zwischen der Betriebswirtschaftslehre und Jurisprudenz identifiziert werden. Erkennt man, dass in erster Linie die Bestimmung des finanziellen Ausgleichs für die Beeinträchtigung des Anteilseigentums angestrebt wird, so wird dem durchaus zutreffenden Argument, der Börsenkurs und der quotale Unternehmenswert seien nicht identisch, für Fragen der Bemessung der angemessenen Abfindung außenstehender Aktionäre die Grundlage entzogen.

II. Primat des Rechts

Die Differenzierung von Werten und Preisen ist zwar richtig. Es darf dabei aber nicht ausgeblendet werden, dass von Preisen durchaus auf dahinterstehende Wertvorstellungen geschlossen werden kann. Insbesondere, wenn es um den Verkehrswert geht, der sich gerade am Marktwert orientiert. Die bewertungstheoretische Kritik darf schon deshalb nicht überbewertet werden, weil es in rechtsgeleiteten Bewertungssituationen allen voran der Rechtswissenschaft obliegt, das Bewertungsziel festzulegen. Die Aufgabe der Bewertungslehre beschränkt sich darauf, den rechtlichen Vorgaben durch geeignete Bewertungsverfahren Geltung zu verschaffen. Ergeben sich aus den rechtlichen Vorgaben jedoch Spannungen zwischen Rechtswissenschaft und Bewertungslehre, sind diese anhand des Normzwecks aufzulösen und ggf. fortzuentwickeln. Nur weil der Börsenkurs keine Bewertung eines Bewertungsgutachters erfordert und er daher ein Preis ist, kann ihm jedoch nicht seine Aussagekraft in Bezug auf den dahinterstehenden Wert abgesprochen werden. Vor allem dann nicht, wenn es wie bei der Barabfindung um die Ermittlung des Verkehrswerts der Beteiligung aus der Perspektive des Durchschnitts-Minderheitsaktionärs geht.

III. Interessenkonflikt

Die ablehnende Haltung der Bewertungslehre – allen voran der Wirtschaftsprüfer – ist auch aus interessenstheoretischer Sicht aufgrund der finanziellen Anreize von Bewertungsgutachten erklärbar. Stellt man auf Börsenkurse ab, werden umfangreiche gutachterliche Stellungnahmen obsolet. Wirtschaftsprüfer haben daher ein erhebliches finanzielles Interesse daran, Abfindungen anlässlich von Strukturmaßnahmen nicht allein anhand von Börsenkursen zu bestimmen und eine Fundamentalbewertung zumindest zur Plausibilisierung des Börsenkurses zu fordern.[616] Letzteres würde jedoch erneut auf eine – zwar noch mehrheitlich praktizierte, jedoch verfassungsrechtlich nicht erforderliche und auch verfahrens- und kostentechnisch wenig wünschenswerte – Doppelbewertung hinauslaufen.[617]

§ 10 Bestimmung des relevanten Börsenkurses

Nachdem die generelle Tauglichkeit von Börsenkursen als Bewertungsgrundlage festgestellt wurde, ist nun zu fragen, wie der relevante Kurs zu bestimmen ist. Auch wenn regelmäßig angeführt wird, dass der Börsenkurs einfach zu ermitteln sei und daher von dem befassten Richter besser nachvollzogen werden könne, so ist zuzugeben, dass die Ermittlung des relevanten Börsenkurses nicht so einfach ist, wie sie auf den ersten Blick scheint.[618]

Es ist u. a. unklar, welche Kurse überhaupt berücksichtigt werden sollen, ob auf einen Stichtags- oder Durchschnittskurs abzustellen ist und ob dabei

---

[616] FAUB, WPg 2021, 957 (959); *Lauber*, Das Verhältnis des Ausgleichs gemäß § 304 AktG zu den Abfindungen gemäß den §§ 305, 327a AktG, S. 364; *Ruthardt/Hachmeister*, NZG 2014, 455 (457); *Ruthardt/Popp*, AG 2020, 240 (246); *Schwetzler*, FS Großfeld 2019, 401 (407); vgl. allgemein zum Einfluss von Interessen auf die Unternehmensbewertung die Analysen bei *Follert*, Unternehmensbewertung, S. 193 ff., 216 ff.

[617] Daher ablehnend LG Stuttgart, BeckRS 2019, 23342, Rn. 255.

[618] *Röhricht* in Dauner-Lieb (Hrsg.), Gesellschaftsrecht in der Diskussion 2001, Rechtsprechungsbericht: Die aktuelle höchstrichterliche Rechtsprechung zum Gesellschaftsrecht, 3 (3, 22); a. A. OLG Frankfurt a. M., AG 2010, 751 (753) – „*T-Online/Deutsche Telekom*"; *Tonner*, FS Schmidt 2009, 1581 (1592).

ein einfacher oder ein gewichteter Durchschnittskurs zu bilden ist. Diese Weichenstellungen wirken sich aber elementar auf das Bewertungsergebnis aus.[619] Nicht zuletzt im Interesse der Rechtssicherheit und Nachvollziehbarkeit sind hier daher klare Vorgaben zu machen.

A. Relevante Kursarten

Zunächst muss genauer untersucht werden, welche Kurse sich für die Abfindungsbemessung eignen.

Gegen eine Berücksichtigung von Geldkursen, zu denen Aktien nachgefragt werden (bid price), und Briefkursen, zu denen Aktien angeboten werden (ask price), spricht, dass diese nicht zu einem Handel in den Aktien geführt haben.[620] Es ist jedoch genauer zwischen Geld- und Briefkursen zu differenzieren. Denn Letztere spiegeln gerade die Nachfrage nach den Aktien wider. Ausgehend von § 24 BörsG sind Geld-, Brief- und Taxkurse ohne Börsenumsatz zwar keine Börsenpreise.[621] Für eine Heranziehung von Geldkursen spricht aber, dass diese den Nachfragepreis abbilden, den die Aktionäre am Markt daher auch hätten realisieren können.[622] Dies vermag jedoch nur im Hinblick auf die Bestimmung des Desinvestitionswerts zu überzeugen. Im Hinblick auf den inneren Beteiligungswert kommt gerade in dem Zusammenspiel von Angebot und Nachfrage eine Realitätsbewertung zum Tragen, die den Börsenkurs zu einem objektiven Marktpreis macht. Der Preismechanismus aus Angebot und Nachfrage bildet den relevanten Gleichgewichtspreis als Verkehrswert i. w. S. und kann daher nicht allein durch Geldkurse abgebildet werden.

Teilweise wird sich auch für eine Berücksichtigung des Börsenkurses des Handelsplatzes mit dem höchsten Umsatz ausgesprochen.[623] Dies überzeugt jedoch schon für den Börsenkurs als Wertuntergrenze nicht, da sämtliche Desinvestitionsmöglichkeiten Berücksichtigung finden müssen, um den realen Desinvestitionswert zu ermitteln. Es wird jedoch eine gewisse Gewichtung nach Umsätzen zwischen den Handelsplätzen erforderlich. Inwieweit Kursbereinigungen erfolgen müssen, ist bislang ebenfalls nicht hinreichend geklärt.[624] Gegen Kursbereinigungen spricht jedenfalls, dass dies die realen Gegebenhei-

---

619 Vgl. nur die Darstellung bei *Brösel/Karami*, WPg 2011, 417 (422).

620 *Ruthardt/Popp*, AG 2020, 240 (244).

621 Hopt/*Kumpan*, HGB, § 24 BörsG Rn. 1.

622 Für eine Heranziehung von Geldkursen: OLG München, AG 2006, 246 (247); OLG München, NZG 2014, 1230 (1231); OLG Stuttgart, AG 2007, 705 (715); OLG Stuttgart, Beschl. v. 14.02.2008 – 20 W 9/06, juris, Rn. 53; OLG Zweibrücken Beschl. v. 14.08.2017 – 9 W 4/14, nv (Teil 2, Fn. 272), S. 44; *Gude*, Strukturänderungen, S. 410; *Karami/Schuster*, CF 2016, 106 (118) (bei hinreichendem Handelsvolumen); a. A. *Happ/Bednarz*, FS Stilz 2014, 219 (236); *Land/Hallermayer*, AG 2015, 659 (659 ff.); *Riegger/Wasmann*, FS Stilz 2014, 509 (513).

623 *Weber*, *ZGR* 2004, 280 (296 f.).

624 Dafür: BGH, Beschl. v. 12.03.2001 – II ZB 15/00, juris, Rn. 24 – „*DAT/Altana IV*“;

ten verfälschen würde. Auch außergewöhnlichen Tagesausschlägen liegen subjektive Wertvorstellungen zugrunde. Es kann nicht nachvollzogen werden, ob diese informationsbasiert sind oder nicht. Nur für den Fall, dass sie auf manipulative Einwirkungen oder offensichtliche Ineffizienzen zurückgehen, müssen Kursausschläge ausgeblendet werden.

Überzeugend ist es ferner, auf gemittelte Tageskurse abzustellen, da diese den Durchschnittspreis des jeweiligen Börsentages abbilden.[625] Um dem Gleichgewichtspreis Rechnung zu tragen, sind nicht bloße Tageshöchst- bzw. -tiefstkurse heranzuziehen.[626] Taxkurse müssen schon deshalb unberücksichtigt bleiben, weil sie reine Schätzkurse sind, denen kein reales Kaufangebot zugrunde liegt.[627]

Hier sollte vor allem von Seiten der Bewertungslehre angesetzt werden, um die relevante Kursart noch näher zu bestimmen.

B. Stichtags- vs. Durchschnittskurs

Fraglich ist, ob eine reine Stichtagsbetrachtung (Stichtagskurs) tragfähig ist. Von Verfassungs wegen ist weder vorgegeben, ob ein Tages- oder Durchschnittskurs anzusetzen ist, noch wie der hierfür maßgebliche Stichtag festzusetzen ist.[628]

Bei einem engen Verständnis des Stichtagsprinzips müssten stets Tageskurse herangezogen werden.[629]

Das BVerfG und der BGH sprechen sich jedoch bereits i. S. DAT/Altana aus Gründen der Rechtssicherheit für die Bildung eines Durchschnittskurses aus, um einer potenziellen Beeinflussung des Kurses beider Seiten entgegenzuwirken.[630] Zu den im Berücksichtigungszeitpunkt maßgeblichen Verhältnissen gehöre nicht nur der Tageskurs, sondern auch ein auf diesen Tag bezogener

---

Veil/Preisser in Spindler/Stilz AktG 2019, § 305 Rn. 62; dagegen: OLG Frankfurt a. M., BeckRS 2016, 9636, Rn. 68.

[625] Dagegen *Weber*, *ZGR* 2004, 280 (297 f.), der sich für eine Heranziehung bspw. des Schlusskurses ausspricht. Auch bei der Bestimmung der angemessenen Gegenleistung nach § 31 WpÜG werden hinsichtlich ausländischer Börsenkurse gemäß § 6 WpÜG-AngebV Schlusskurse präferiert (vgl. Steinmeyer/*Santelmann/Nestler*, WpÜG, § 31 Rn. 40).

[626] OLG Hamm, AG 1963, 218 (219); Steinmeyer/*Santelmann/Nestler*, WpÜG, § 31 Rn. 41.

[627] *Riegger/Wasmann*, FS Stilz 2014, 509 (513); *Vetter*, AG 1999, 566 (571); wohl auch *Helmis*, ZBB 2003, 161 (170); LG Stuttgart, BeckRS 2018, 35320, Rn. 110; LG Stuttgart, BeckRS 2019, 23342, Rn. 283.

[628] BVerfGE 100, 289 (309 f.) – *„DAT/Altana“*; BVerfG, NJW 2007, 828 (829) – *„Siemens/Nixdorf (SNI)“*.

[629] Vgl. die Tendenz des OLG Düsseldorf, NZG 2000, 1074 (1074 f.); *Naschke*, Der Börsenkurs als Abfindungsgrundlage, S. 161. Dem folgt auch der Gesetzgeber in einigen Fällen. Wenn Aktien zum Nachlass gehören, so ist deren mittlerer Tageskurs im Zeitpunkt des Erbfalls anzusetzen (§ 2311 BGB). Dasselbe gilt für den Zugewinnausgleich (§ 1376 BGB), die Verwertung von Aktien in der Zwangsvollstreckung oder beim freihändigen Verkauf sowie im Bewertungsgesetz (§ 11 BewG) (vgl. *Bilda*, NZG 2000, 296 (299)).

[630] BGH, Beschl. v. 12.03.2001 – II ZB 15/00, juris, Rn. 24 – *„DAT/Altana IV“*; BVerfGE 100, 289 (310) – *„DAT/Altana“*; *Hüttemann*, ZGR 2001, 454 (463 f.).

Durchschnittswert. Kritisiert wird dies vor allem unter dem Aspekt, dass ein Durchschnittskurs nicht dem Verkehrswert entspreche. Denn ein Durchschnittskurs sei kein Marktpreis, zu dem der Anteil tatsächlich veräußert werden könne, sondern ein rein „synthetischer Wert".[631] Der Börsenpreises entfalte nur Stichtagsgültigkeit.[632] Dies wird damit untermauert, dass das BVerfG dem Minderheitsaktionär das zugestehe, was er bei einer freien Desinvestitionsentscheidung erlangt hätte. Dies könne sich aber nur auf Tageskurse beziehen, da an der Börse nicht zu Durchschnittskursen gehandelt werde.[633]

Dem ist unter dem Aspekt der besonderen Verkehrsfähigkeit der börsennotierten Aktie durchaus etwas abzugewinnen, zumal das BVerfG explizit auf den Desinvestitionswert zum Stichtag abstellt. Gleichwohl bietet ein solches Vorgehen eine erhebliche Angriffsfläche mit Rücksicht auf die Aussagekraft des Börsenkurses als Verkehrswert. So lassen sich empirisch Kurssteigerungen – unabhängig von neuen unternehmenswertrelevanten Informationen – häufig bereits im Vorfeld der Ankündigung der Maßnahme beobachten.[634] Dies lässt vermuten, dass sich die Marktbewertung schon vor dem Stichtag teilweise vom Anteilswert entfernt, da Abfindungserwartungen in die Kursbildung einfließen. Dies ist nicht zuletzt auch Folge der hohen Publizität börsennotierter Gesellschaften.[635] Die Transparenz am Kapitalmarkt erleichtert es insbesondere professionellen Anlegern bevorstehende Strukturmaßnahmen zu antizipieren und zur Grundlage ihrer Investitionsentscheidung zu machen. Andererseits werden Kurssteigerungen im Vorfeld der Maßnahme häufig auch deshalb zu verzeichnen sein, weil der Mehrheitsaktionär Zukäufe tätigen wird, um das erforderliche Quorum zu erreichen.[636] Das Abstellen auf einen Durchschnittswert kann ein wirksames Mittel sein, dem Einfluss solcher Effekte entgegenzuwirken.[637] Gewiss können diese nicht gänzlich ausgeschlossen werden, da Abfindungsspekulationen und Zukäufe bereits weit im Vorfeld liegen können.[638] Der abstrakten

[631] *Brösel/Karami*, WPg 2011, 417 (424); *Matschke*, BFuP 2013, 14 (38); *W. Müller*, FS Röhricht 2005, 1015 (1031).

[632] *Böcking*, FS Drukarczyk 2003, 59 (81); *W. Müller*, FS Röhricht 2005, 1015 (1031); *Piltz*, ZGR 2001, 185 (201); *Weber*, *ZGR* 2004, 280 (284, 286, 290 ff.).

[633] *Böcking*, FS Drukarczyk 2003, 59 (81); Fleischer/Hüttemann/*Hüttemann*, § 1 Rn. 35; *Hüttemann*, ZGR 2001, 454 (462); *Ruthardt/Hachmeister*, CF 2014, 174 (177); *Burger*, Börsenkurse, S. 255.

[634] Vgl. die empirische Studie von *Daske/Bassemir/Fischer*, ZfbF 62 (2010) 254 (283).

[635] So führen bspw. auch einige Zeitschriften auf Basis der veröffentlichten Informationen Listen potenzieller Squeeze-Out Kandidaten (vgl. *Daske/Bassemir/Fischer*, ZfbF 62 (2010) 254 (282)).

[636] So bereits *Riegger*, DB 1999, 1889 (1889); *Ruthardt/Popp*, AG 2020, 240 (245).

[637] *Behnke*, NZG 1999, 931 (934); *Hüttemann*, ZGR 2001, 454 (463); *Koch*, AktG, § 305 Rn. 42.

[638] *Daske/Bassemir/Fischer*, ZfbF 62 (2010) 254 (282) weisen darauf hin, dass bestimmte professionelle Investoren sich gezielt auf potenzielle Squeeze-Out-Kandidaten als Investitionsobjekte spezialisieren. Dies kann sich bereits deutlich im Voraus der Ankündigung auf den Kurs auswirken.

Möglichkeit der Realisierung von Verbundvorteilen (unechten Synergieeffekten) kommt jedoch auch am Markt ein Wert zu, sodass etwaige weiter im Vorfeld liegende Spekulationen auf eine Abfindung noch kein Abkopplung vom Beteiligungswert bedeuten. Durch eine Durchschnittskursbildung wird jedoch auch das Problem der Nachweisbarkeit manipulativer Einwirkungen auf den Kurs entschärft, da die Zugrundelegung eines längeren Referenzzeitraums den Umfang manipulativer Einflüsse auf den Kurs jedenfalls relativiert.[639] Diese Erwägungen lagen auch dem Gesetzgeber beim Erlass der §§ 31 Abs. 1 Satz 2 WpÜG, 5 Abs. 1 WpÜG-AngebV, § 39 Abs. 3 Satz 1 BörsG zugrunde,[640] wonach ebenfalls auf einen Durchschnittskurs abzustellen ist, und lassen sich insoweit auf andere Abfindungsfälle übertragen.

Darin ist zwar ein gewisser Widerspruch zur Kapitalmarkttheorie zu sehen. Denn auf einem vollkommenen Kapitalmarkt spiegelt der Börsenkurs jederzeit den „wahren" inneren Wert der Aktie wider, da sämtliche Informationen Eingang in den Kurs finden. Auf einem vollkommenen Markt muss daher stets der Stichtagskurs als „wahrer" Wert herangezogen werden. Eine Durchschnittsbildung würde sogar zu einer Abweichung vom wahren Wert nach oben oder unten führen.[641] Da das Idealbild des vollkommenen Marktes in der Realität jedoch nicht erreicht wird und gewisse Einflussmöglichkeiten auf den Kurs nicht auszuschließen sind, wird eine Durchschnittsbildung auf semi-effizienten Märkten die überzeugenderen Ergebnisse liefern.

I. Maßgeblicher Bewertungsstichtag

Auch die Bestimmung des Bewertungszeitpunkts hat entscheidenden Einfluss auf das Bewertungsergebnis. Denn es soll gerade nicht irgendein Wert ermittelt werden, sondern der Wert, den die Beteiligung im Zeitpunkt des Eingriffs durch

---

639 *Luttermann*, ZIP 2001, 869 (872); *Weber*, *ZGR* 2004, 280 (291). Diese Erwägungen liegen auch § 5 Abs. 1 WpÜG-AngebV zugrunde: „Durch Abstellen auf einen Durchschnittswert wird vermieden, dass Kursausschläge unverhältnismäßig stark Berücksichtigung finden." (RegE Gesetz zur Regelung von öffentlichen Angeboten zum Erwerb von Wertpapieren und von Unternehmensübernahmen, BT-Drs. 14/7034, S. 80). Dagegen führt *W. Müller*, FS Röhricht 2005, 1015 (1032) an, ein entsprechender Effekt könne auch durch eine Korrektur des Kurses auf den Stichtag erzielt werden, jedenfalls in Fällen in denen entsprechende Marktanomalien/Marktbewegungen erkennbar seien. *Piltz*, ZGR 2001, 185 (200) hält eine Offenlegung der Käufe des Mehrheitsaktionärs für erforderlich, um den Kurs auf manipulative Einwirkungen zu untersuchen.

640 RegE Gesetz zur Regelung von öffentlichen Angeboten zum Erwerb von Wertpapieren und von Unternehmensübernahmen, BT-Drs. 14/7034, S. 80.

641 So *Burger*, NZG 2012, 281 (285 f.); *Hüffer/Schmidt-Aßmann/Weber*, S. 155; *Piltz*, ZGR 2001, 185 (200 f.); *Weber*, *ZGR* 2004, 280 (290). Dagegen geht *Hüttemann*, ZGR 2001, 454 (477) davon aus, dass auf informationseffizienten Märkten zwischen Stichtags- und Durchschnittskurs nur geringe Unterschiede bestehen. Auf streng effizienten Märkten ist dem zuzustimmen. Jedoch können nur durch eine Durchschnittskursbildung potenzielle irrationale Kurseffekte minimiert werden.

die strukturändernde Maßnahme hat. Da einem Unternehmen als wirtschaftende Einheit naturgemäß kein dauerhaft feststehender Wert beigemessen werden kann, sind Unternehmensbewertungen stets stichtagsbezogen.[642] Die Stichtagsbestimmung ist dabei für die Bewertung nicht weniger elementar als die Festlegung der einzelnen Bewertungsparameter.[643]

Die Bestimmung des relevanten Bewertungsstichtags ist eine Rechtsfrage, denn er ergibt sich grundsätzlich durch Auslegung der entsprechenden Abfindungsnorm und orientiert sich am Bewertungszweck.[644] Dabei gibt die Verfassung nicht vor, wie dieser Stichtag zu bestimmen ist.[645] Für die Abfindung muss daher der Wert der Beteiligung im Zeitpunkt des mit der Strukturmaßnahme einhergehenden Eingriffs in das Anteilseigentum bestimmt werden.

Von einer strikten Anwendung des Stichtagsprinzips wird bereits aus Gründen der Rechtssicherheit durch das Abstellen auf einen Durchschnittskurs abgesehen. Da hierbei auf vergangene Kurse abgestellt wird, muss darauf geachtet werden, dass sich der zugrunde gelegte Durchschnittskurs nicht zu weit vom Bewertungsstichtag entfernt.[646]

Während die Vorschriften des AktG und UmwG auf die „Verhältnisse der Gesellschaft im Zeitpunkt der Beschlussfassung ihrer Hauptversammlung" abstellen,[647] knüpft das Kapitalmarktrecht an den Publizitätsakt der „Veröffentlichung" an.[648] Auch für den Börsenkurs hat der BGH für die gesellschaftsrechtlichen Strukturmaßnahmen die Beschlussfassung in der Hauptversammlung zunächst als Bewertungsstichtag übernommen.[649] Diese zu Recht kritisierte[650] Rechtsprechung wurde in der Folge jedoch glücklicherweise korrigiert.[651] Denn

642 IDW S 1, Rn. 22 f.; Petersen/Zwirner/*Luttermann*, S. 157; *Riegger/Wasmann*, FS Goette 2011, 433 (434). Nach der sog. „Wurzeltheorie" werden im Rahmen der Fundamentalbewertung daher nur solche Entwicklungen nach dem Stichtag berücksichtigt, die bereits zum Stichtag angelegt waren (vgl. BGH, NJW 1998, 1866 (1867); OLG München, BeckRS 2020, 3428, Rn. 50; grundlegend *Ruthardt/Hachmeister*, WPg 2012, 451).

643 Fleischer/Hüttemann/*Hüttemann*, § 1 Rn. 33; vgl. auch die näheren Ausführungen zu Bedeutung und Einzelfragen des Stichtagsprinzips bei *Riegger/Wasmann*, FS Goette 2011, 433 (434 ff.); *Ruthardt/Hachmeister*, WPg 2012, 451.

644 Fleischer/Hüttemann/*Hüttemann*, § 1 Rn. 33 f.; *Riegger/Wasmann*, FS Goette 2011, 433 (434).

645 BVerfGE 100, 289 (310) – „*DAT/Altana*".

646 So ausdrücklich das LG Dortmund, NZG 2001, 1145 (1146).

647 §§ 305 Abs. 3 Satz 2, 327b Abs. 1 Satz 1 AktG, § 30 Abs. 1 Satz 1 UmwG, § 7 Abs. 2 Satz 1 SEAG.

648 § 39 Abs. 3 Satz 2 BörsG; § 5 Abs. 1 i. V. m. § 10 Abs. 1 Satz 1 WpÜG-AngebV.

649 BGH, Beschl. v. 12.03.2001 – II ZB 15/00, juris, Rn. 23 f. – „*DAT/Altana IV*".

650 Vgl. u. a. *Adolff*, Unternehmensbewertung, S. 320 f.; *Behnke*, NZG 1999, 931 (933); *Bungert*, BB 2001, 1163 (1165); *Hüffer/Schmidt-Aßmann/Weber*, S. 166; *Matschke/Brösel/Karami*, FS Mandl 2010, 421 (434 f.); *Stilz*, ZGR 2001, 875 (888 f.); *Wasmann*, ZGR 2011, 83 (85 ff.); *Weber*, *ZGR* 2004, 280 (286); *Wilm*, NZG 2000, 234 (239); *Zeeck/Reichard*, AG 2010, 699 (700 ff.); KG Berlin, NZG 2007, 71 (71).

651 BGH, NJW 2010, 2657 (2658 f.) – „*Stollwerck*"; dies ist auch verfassungsrechtlich zulässig (vgl. ausdrücklich BVerfG, NJW 2007, 828 (830) – „*Siemens/Nixdorf (SNI)*").

ein Abstellen auf den Zeitpunkt der Beschlussfassung verkennt, dass bereits mit Ankündigung der Strukturmaßnahme der Börsenkurs nicht mehr die Markterwartung an die Entwicklung des Unternehmens(werts) abbildet. Vielmehr wird der Kurs primär durch Abfindungsspekulationen sowie ggf. weitere Zukäufe des Mehrheitsaktionärs in die Höhe getrieben und koppelt sich vom Unternehmenswert bzw. Verkehrswert der Aktie ab.[652]

Im Interesse der Aussagekraft des Börsenkurses muss es daher stets auf den Zeitpunkt des Bekanntwerdens der Strukturmaßnahme ankommen.[653] Diese Erkenntnis ist auf sämtliche Strukturmaßnahmen übertragbar, bei denen der Börsenkurs herangezogen wird.[654] Es kommt nicht darauf an, wann die Bekanntgabe hätte erfolgen müssen,[655] sondern wann die Information in den Markt gelangt ist. Denn erst mit Bekanntwerden der Maßnahme ändert sich die Markterwartung dahingehend, dass sie sich von der Erwartung an die Unternehmensentwicklung löst und fortan die erwartete Abfindungshöhe widerspiegelt.[656] Problematisch erweist sich das Abstellen auf den Zeitpunkt der Bekanntgabe jedoch deshalb, weil allgemeine, von der konkreten Strukturmaßnahme unabhängige Marktentwicklungen nach Bekanntgabe unberücksichtigt bleiben.[657]

---

652 BGH, NJW 2010, 2657 (2659) – *„Stollwerck“*; so auch bereits das BVerfG, NJW 2007, 828 (829) – *„Siemens/Nixdorf (SNI)“*; OLG Stuttgart, BeckRS 2010, 9848; vgl. auch das OLG München, BeckRS 2021, 43656, Rn. 44, das in seiner Entscheidung zwischen mehreren in Betracht kommenden Stichtagen überzeugend differenziert und letztlich auf das Kursbeeinflussungspotenzial abstellt, das bereits im Zeitpunkt der Veröffentlichung des freiwilligen Übernahmeangebots mit sich ggf. anschließenden weiteren Strukturmaßnahmen auch für Letztere gegeben sei; vgl. zum Argument der Zirkularität bereits *Drukarczyk*, AG 1973, 357 (363); *Burger*, NZG 2012, 281 (286).

653 BGH, NJW 2010, 2657 (2658 f.) – *„Stollwerck“*; OLG Düsseldorf, BeckRS 2022, 38808, Rn. 46; so schon das LG Dortmund, NZG 2001, 1145 (1146); außerdem: BVerfG, NJW 2007, 828 (830) – *„Siemens/Nixdorf (SNI)“*; KG Berlin, NZG 2007, 71 (71); *Wasmann*, FS Beuthien 2009, 267 (275); *Wasmann*, ZGR 2011, 83 (89); *Weber*, *ZGR* 2004, 280 (284).

654 Zutr. *Bungert/Wettich*, ZIP 2012, 449 (453).

655 Dagegen OLG Stuttgart, AG 2013, 840 (840); Schwark/Zimmer/*Noack/Zetzsche*, § 31 WpÜG Rn. 13.

656 Siehe näher zur Beurteilung bei Freiverkehrskursen S. 263 f.

657 Daher grundsätzlich einen Stichtagskurs befürwortend: *Hüttemann*, ZGR 2001, 454 (463 f.); *Piltz*, ZGR 2001, 185 (201 f.), jedoch sollen Spekulationskurse nach Bekanntwerden der Maßnahme nicht mehr berücksichtigt werden. *Brösel/Karami*, WPg 2011, 417 (428); *Matschke/Brösel/Karami*, FS Mandl 2010, 421 (438) wollen hingegen auf den Zeitpunkt abstellen, in dem der Mehrheitsaktionär das erforderliche Quorum erreicht, da sich die Minderheit dann nicht mehr in einem freien Marktumfeld befinde. Jedoch werden an das Erreichen des Quorums von 90 % bzw. 95 % keine Mitteilungspflichten geknüpft, sodass dem Markt unbekannt ist, ob und wann der Mehrheitsaktionär das erforderliche Quorum erreicht (wie hier: *Decher*, ZIP 2010, 1673 (1675)). Der Markt wird sich daher erst mit Bekanntwerden der Maßnahme vom inneren Wert abkoppeln und nicht bereits mit Erreichen des Quorums. Eine Vorverlagerung verspricht daher keine besseren Ergebnisse. Ob ein Abstellen auf den Zeitpunkt des Schwellenwertes Manipulationsanfälligkeiten verringern kann, ist außerdem äußerst fraglich. Es erschließt sich nicht, warum der Börsenkurs erst ab Erreichen des Schwellenwerts einer Einflussnahme durch den Mehrheitsaktionär unterliegen sollte. Diese kann vielmehr schon deutlich früher ansetzen. Würde man außerdem auf diesen Zeitpunkt abstellen, so be-

Zweifelhaft ist jedoch bereits, ob sich die Kurse mit Bekanntgabe nicht bereits derart vom allgemeinen Markt hin zur Abfindungserwartung entfernt haben, dass auch solche Entwicklungen nicht mehr in die Kurse einfließen. Mangels empirisch belastbarer Daten lässt sich dies bislang nicht abschließend beurteilen.

II. Referenzzeitraum

Der maßgebliche Zeitraum für den Durchschnittskurs darf sich somit vom relevanten Stichtag nicht allzu weit entfernen, muss gleichzeitig aber so bemessen sein, dass dem Ziel der Durchschnittsbildung – namentlich die Relativierung nicht auf Informationen basierender Einflüsse – entsprochen wird.[658] Je länger der Referenzzeitraum ist, umso eher werden zufällige Schwankungen ausgeglichen,[659] aber umso weniger wird man einer trendmäßigen Entwicklung des Börsenkurses und dem Stichtagsprinzip gerecht.[660]

Die Rechtsprechung geht in ständiger Rechtsprechung von einer dreimonatigen Referenzperiode aus.[661] Auch § 5 Abs. 1 WpÜG-AngebV enthält für Übernahme- bzw. Pflichtangebote die gesetzgeberische Entscheidung, dass der Bieter den Aktionären der an einer inländischen Börse zugelassenen Zielgesellschaft eine Gegenleistung anbieten muss, die mindestens dem gewichteten durchschnittlichen inländischen Börsenkurs dieser Aktien während der letzten drei Monate vor der Veröffentlichung seiner Entscheidung zur Abgabe eines Angebots (§ 10 Abs. 1 WpÜG) bzw. seiner Kontrollerlangung (§ 35 Abs. 1 Satz 1 WpÜG) entsprechen muss. Dies ist aber keineswegs zwingend,[662] wie auch die Neuregelung des § 39 Abs. 3 Satz 2 BörsG zeigt, die auf einen sechsmonatigen Referenzzeitraum abstellt. Die Literatur spricht sich daher teils für deutlich kürzere, teils für deutlich längere Referenzzeiträume aus.[663] Es gibt

---

stünde erneut ein Anreiz für den Mehrheitsaktionär, bereits im Vorfeld auf den Kurs einzuwirken. Die Lösung hilft somit auch nicht über das Problem potenzieller Beeinflussungen hinweg.

[658] BGH, Beschl. v. 12.03.2001 – II ZB 15/00, juris, Rn. 24 – *„DAT/Altana IV"*.

[659] *Henze*, FS Lutter 2000, 1101 (1111); *Ruthardt/Hachmeister*, CF 2014, 174 (177).

[660] *Burger*, NZG 2012, 281 (286); *Hüffer/Schmidt-Aßmann/Weber*, S. 160; *Weber*, *ZGR* 2004, 280 (292 f.).

[661] Der BGH betont, dass der Zeitraum von drei Monaten „grundsätzlich" bzw. „im Regelfall" der relevante Referenzzeitraum sei (BGH, Beschl. v. 12.03.2001 – II ZB 15/00, juris, Rn. 24 – *„DAT/Altana IV"*; BGH, NJW 2010, 2657 (2658) – *„Stollwerck"*).

[662] *Ruiz de Vargas*, NZG 2021, 1056 (1060 f.); krit. *Olbrich/Rapp*, DStR 2011, 2005 (2005 f.); *Weber*, *ZGR* 2004, 280 (291).

[663] Vgl. die eingehende Diskussion bei *Naschke*, Der Börsenkurs als Abfindungsgrundlage, S. 148 ff.; für einen dreimonatigen Referenzzeitraum: Henssler/Strohn/*Paschos*, § 305 AktG Rn. 24; *Koch*, AktG, § 305 Rn. 45 (jdf. grundsätzlich; Abweichen bei Vorliegen besonderer Umstände); Schmidt/Lutter/Bayer/*Stephan*, AktG, § 305 Rn. 103; für einen deutlich kürzeren Referenzzeitraum: *Busse v. Colbe*, FS Lutter 2000, 1053 (1063) (5–10 Tage); *Weber*, *ZGR* 2004, 280 (290) (5–20 Tage); auch *Hüttemann*, ZGR 2001, 454 (464) für grds. möglichst kurzen Zeitraum (präferiert dabei jedoch Stichtagskurs); für einen sechsmonatigen Referenzzeitraum: *Hüffer*, AktG 2002, § 305 Rn. 24 f.; für einen deutlich längeren Referenzzeitraum:

bislang noch keine betriebswirtschaftlich hinreichend gesicherten Erkenntnisse, wonach kurze Betrachtungszeiträume zwingend wären.[664] Die Wahl eines möglichst kurzen Zeitraums lässt sich allein mit der erforderlichen Nähe zum Stichtag begründen.[665] Jedoch stellt auch ein dreimonatiger Referenzzeitraum noch einen ausreichenden Bezug zur gegenwärtigen Bewertung her.[666] Die Zugrundelegung eines „geeigneten Durchschnittskurses“[667] abhängig vom konkreten Einzelfall ist aus Gründen der Rechtssicherheit und Vorhersehbarkeit indes abzulehnen.[668] Aus ökonomischer Sicht sollte sich außerdem dem Problem angenommen werden, wie positive oder negative Entwicklungen des Kurses innerhalb des Referenzzeitraums wertmäßig sinnvoll berücksichtigt werden können. Dies wird bei einer bloßen Mittelung der Kurse noch zu stark vernachlässigt.[669]

Welcher Zeitraum angemessen ist, ist letztlich Tatfrage,[670] der sich die ökonomische Bewertungslehre auch aus empirischer Sicht weiter annehmen sollte.[671] Bis dahin ist für die Festsetzung des maßgeblichen Stichtags bzw. Referenzzeitraums die Regelung des § 5 Abs. 1 WpÜG-AngebV tauglicher Ausgangspunkt,[672] da eine dreimonatige Referenzperiode noch eine hinreichende Nähe zum Bewertungsstichtag aufweist. Zugleich wird eine unverhältnismäßig starke Berücksichtigung von Kursausschlägen vermieden.[673]

III. Einfacher oder gewichteter Durchschnittskurs

Es ist ferner zu untersuchen, ob ein gewichteter Durchschnittskurs, entsprechend der Regelung des § 5 Abs. 3 WpÜG-AngebV, dem einfachen Durch-

---

Ruthardt/Popp, AG 2020, 240 (245) unter Verweis auf *Gude*, Strukturänderungen, S. 358, da nach temporären Fehlbewertungen erst langfristig eine Rückkehr des Börsenkurses zum Fundamentalwert zu erwarten sei; *Stilz*, FS Goette 2011, 529 (539) (reale Börsenkursentwicklung im Jahr vor der Maßnahme); BeckOGK AktG/*Veil/Preisser*, § 305 Rn. 66 (sechs Monate); *Luttermann*, ZIP 2001, 869 (872) (über ein Jahr); *Luttermann*, ZIP 1999, 45 (51); *Vetter*, AG 1999, 566 (571 f.); *Wilm*, NZG 2000, 234 (239) (über ein Jahr; in Ausnahmefällen kürzer, jedoch nicht unter 6 Monaten); Luttermann, RIW 2009, 10 (2–3 Jahre).

[664] *Stilz*, FS Goette 2011, 529 (541).

[665] BGH, Beschl. v. 12.03.2001 – II ZB 15/00, juris, Rn. 24 – *„DAT/Altana IV“*; *Böcking*, FS Drukarczyk 2003, 59 (82).

[666] So ausdrücklich im RegE Gesetz zur Regelung von öffentlichen Angeboten zum Erwerb von Wertpapieren und von Unternehmensübernahmen, BT-Drs. 14/7034, S. 80.

[667] So IDW S 1, Rn. 16 a. E.

[668] So auch *Stilz*, FS Goette 2011, 529 (541).

[669] Vgl. hierzu anschaulich *Hüffer/Schmidt-Aßmann/Weber*, S. 160 f.

[670] *Hüttemann*, ZGR 2001, 454 (473).

[671] So auch das LG Stuttgart, BeckRS 2019, 23342, Rn. 280.

[672] OLG Karlsruhe, BeckRS 2017, 124895, Rn. 124; vgl. auch BGH, BeckRS 2023, 6362, Rn. 16.

[673] RegE Gesetz zur Regelung von öffentlichen Angeboten zum Erwerb von Wertpapieren und von Unternehmensübernahmen, BT-Drs. 14/7034, S. 80; BayObLG München, AG 1999, 43 (45).

schnittskurs vorzuziehen ist.[674] Bei einem gewichteten Durchschnittskurs wird jedes Geschäft nach seinem Umsatz gewichtet, d. h. die gehandelten Stücke werden multipliziert mit dem Preis in Bezug auf den Gesamtumsatz des Handels in den Aktien des Emittenten.[675] Dies hat den Vorteil, dass unverhältnismäßig starke Kursschwankungen und Kursdifferenzen zwischen den verschiedenen Handelsplätzen im Referenzzeitraum geglättet werden.[676] Dem kann zwar zu Recht entgegengehalten werden, dass an der Börse keine Desinvestition zu umsatzgewichteten Kursen möglich ist.[677] Da aber bereits aufgrund der Heranziehung eines Durchschnittskurses insoweit nur ein fiktiver Verkehrswert herangezogen wird, ist auch diese dogmatische Ungenauigkeit im Interesse der Aussagekraft des Durchschnittskurses und zur Vermeidung von Verzerrungen hinzunehmen.[678] Ein Nachteil besteht jedoch darin, dass die BaFin die Ermittlung umsatzgewichteter Durchschnittskurse nicht offenlegt und sich diese daher einer Überprüfung entziehen.[679] Insoweit muss die Kursermittlung noch transparenter ausgestaltet werden.

C. Korrektur des Börsenkurses

Ausnahmsweise kann nach der Rechtsprechung eine Korrektur des stichtagsbezogenen Durchschnittskurses erforderlich sein, wenn zwischen Ankündigung und dem Beschluss der Hauptversammlung über die Maßnahme ein längerer Zeitraum verstrichen ist und die Entwicklung der Börsenkurse am Markt eine Anpassung geboten erscheinen lässt.[680] Dabei ist auf das allgemeine Marktgeschehen abzustellen, da sich der Kurs der Gesellschaft mit Bekanntgabe der Maßnahme vom Wert der Beteiligung abkoppelt und nur noch die Abfindungserwartung widerspiegelt. Dadurch werden die Minderheitsaktionäre aber auch von einer positiven Börsenkursentwicklung ausgeschlossen, was dem Mehr-

---

[674] So die zutreffende h. M.: *Busse v. Colbe*, FS Lutter 2000, 1053 (1063); *Diekmann*, FS Großfeld 2019, 97 (106 f.); *Koch*, AktG, § 305 Rn. 42; *Krieger* in MüHdb GesR IV, § 71 Rn. 140; Schmidt/Lutter/Bayer/*Stephan*, AktG, § 305 Rn. 103; *Wasmann*, ZGR 2011, 83 (92) m. w. N.; BGH, NJW 2010, 2657 (2658 f.) – „*Stollwerck*"; LG Köln, AG 2009, 835 (840); OLG Dresden Beschl. v. 16.08.2017 – 8 W 244/17, nv (Teil 1, Fn. 8), S. 13; OLG Frankfurt a. M., AG 2010, 751 (insoweit abgedruckt in juris, Rn. 142) – „*T-Online/Deutsche Telekom*"; OLG Frankfurt a. M., Beschl. v. 28.03.2014 – 21 W 15/11, juris, Rn. 27; OLG Stuttgart, NZG 2007, 302 (305 f.); a. A. OLG Düsseldorf, NZG 2003, 588 (591) – „*SNI*".

[675] Steinmeyer/*Santelmann/Nestler*, WpÜG, § 31 Rn. 27; Schwark/Zimmer/*Noack/Zetzsche*, § 31 WpÜG Rn. 16; *Wasmann*, ZGR 2011, 83 (92).

[676] *Behnke*, Spruchverfahren, S. 29; *Busse v. Colbe*, FS Lutter 2000, 1053 (1063); Hölters/Weber/*Deilmann*, AktG, § 305 Rn. 43; Steinmeyer/*Santelmann/Nestler*, WpÜG, § 31 Rn. 27; *Vetter*, DB 2001, 1347 (1351); *Weber*, *ZGR* 2004, 280 (297).

[677] OLG Düsseldorf, NZG 2003, 588 (591) – „*SNI*".

[678] Zutr. *Wasmann*, FS Beuthien 2009, 267 (277); OLG München, AG 2006, 246 (247 f.).

[679] *Ruthardt/Popp*, AG 2020, 240 (244).

[680] BGH, NJW 2010, 2657 (2660) – „*Stollwerck*"; a. A. *Weber*, *ZGR* 2004, 280 (287).

heitsaktionär die Möglichkeit eröffnet für die Bekanntgabe einen besonders günstigen Kurs zulasten der Minderheit abzuwarten.[681]

I. Längerer Zeitraum

Eine Korrektur sollte unter Berücksichtigung des Stichtagsprinzips und im Interesse der Rechtssicherheit jedoch nur in Ausnahmefällen erfolgen. Die Rechtsprechung ist daher recht großzügig, was die Bestimmung eines „längeren Zeitraums" angeht, da im Regelfall schon zwischen vier und sechs Monate zwischen Bekanntgabe und Beschlussfassung vergehen.[682] Ein längerer Zeitraum wird seitens der h. M. daher zurecht erst bei über sieben Monaten angenommen.[683] Zwar ist dies eine taugliche Richtschnur, die für mehr Rechtssicherheit sorgt. Grundsätzlich wird man sich zur Beurteilung, ob ein längerer Zeitraum vorliegt, jedoch an der konkreten Bewertungssituation orientieren müssen.[684]

II. Gebotenheit der Anpassung

Das Verstreichen eines längeren Zeitraumes allein macht jedoch noch keine Korrektur erforderlich. Die Anpassung muss auch geboten sein. Dies wird zu Recht – mit Blick auf das Stichtagsprinzip – äußerst restriktiv gehandhabt.[685]

Generell ist das Erfordernis einer Anpassung danach zu bestimmen, ob sie der Missbrauchsverhinderung (Verzögerung ohne sachlichen Grund) dient, d. h. ob der Minderheitsaktionär ansonsten von einer positiven Kursentwicklung ausgeschlossen wäre.[686] Dies ist dann nicht der Fall, wenn mit einer Veränderung

---

[681] BGH, NJW 2010, 2657 (2660) – *„Stollwerck"*; OLG Frankfurt a. M., BeckRS 2020, 23646, Rn. 29.

[682] LG München I, BeckRS 2013, 18343; OLG Düsseldorf, BeckRS 2020, 28412, Rn. 27 (m. w. N. aus Rspr. und Lit.); OLG Frankfurt a. M., AG 2011, 832 (833); OLG Frankfurt a. M., BeckRS 2020, 23646, Rn. 23; OLG Stuttgart, AG 2011, 420 (422); *Decher*, ZIP 2010, 1673 (1675).

[683] BGH, NJW 2010, 2657 (2660) – *„Stollwerck"*; OLG Frankfurt a. M., BeckRS 2016, 9636, Rn. 83 (11 Monate); OLG Frankfurt a. M., BeckRS 2020, 23646, Rn. 22 f.; OLG München, BeckRS 2021, 43656, Rn. 57; *Bücker*, NZG 2010, 967 (970) (mindestens 7,5 Monate, wobei dieser den Börsenkurs jedoch lediglich bis zum Tag des Abschlusses der Bewertungsarbeiten hochrechnen will); *Bungert/Wettich*, BB 2010, 2227 (2229) (mindestens 7 Monate); *Decher*, ZIP 2010, 1673 (1676) (mindestens 7,5 Monate); *Hasselbach/Ebbinghaus*, DK 2010, 467 (473) (6–7 Monate); *Wasmann*, ZGR 2011, 83 (94 ff.) (mehr als 7,5 Monate); a. A. *Zeeck/Reichard*, AG 2010, 699 (705), wonach schon bei Überschreiten eines Zeitraums von 4 Monaten ein längerer Zeitraum vorliege.

[684] Vgl. auch *Bungert/Wettich*, BB 2010, 2227 (2229).

[685] *Bungert/Wettich*, BB 2010, 2227 (2229); *Bungert/Wettich*, ZIP 2012, 449 (452 f.); *Koch*, AktG, § 305 Rn. 44 (im Interesse der Rechtssicherheit); für eine generelle Hochrechnung aus ökonomischer Perspektive: *Ruthardt/Hachmeister*, CF 2014, 174 (183); *Weber*, *ZGR* 2004, 280 (287) m. w. N.; aus der Rspr.: OLG Frankfurt a. M., AG 2011, 832 (833); OLG Frankfurt a. M., BeckRS 2020, 23646, Rn. 23; OLG Stuttgart, AG 2011, 420 (422); OLG Stuttgart, Beschl. v. 17.10.2011 – 20 W 7/11, juris, Rn. 467.

[686] *Bungert/Wettich*, BB 2010, 2227 (2229); LG Frankfurt a. M., AG 2019, 574 (576);

des Börsenkurses bei unterbliebener Bekanntmachung nicht zu rechnen gewesen wäre.[687] Ein Indiz hierfür ist, dass sich der Kurs bereits in der Vergangenheit von den Kursen der Vergleichsunternehmen abgekoppelt hat.[688] Denn in diesen Fällen ist nicht zu erwarten, dass sich der Kurs der allgemeinen Marktentwicklung angepasst hätte.[689] Regelmäßig wird dazu ein Vergleich zu einem Index gezogen, wobei nur ausnahmsweise auf breite Marktindizes, sondern vorzugswürdig auf Branchenindizes oder eine Peer Group abzustellen ist. Diese sind spezifischer als der Marktindex und sind dadurch geeigneter eine Abkopplung von der allgemeinen Marktentwicklung der Peer Group aufzuzeigen.[690] Erforderlich ist eine gewisse Erheblichkeit der Kursänderung.[691] Umstritten ist hingegen, ob auch eine Anpassung zu Lasten der Minderheit erfolgen kann.[692] Im Hinblick auf das Stichtagsprinzip wäre dies nur konsequent, würde zugleich aber neue Problemfelder, wie u. a. die Herausrechnung von Abfindungsspekulationen zwischen Bekanntwerden und Durchführung der Maßnahme, eröffnen.[693]

III. Zwischenergebnis

Eine Korrektur des Börsenkurses kann damit nur in besonderen Ausnahmefällen erfolgen, wenn kumulativ ein längerer Zeitraum zwischen Bekanntwerden der Strukturmaßnahme und dem Hauptversammlungsbeschluss liegt sowie eine Anpassung geboten ist, weil die Minderheit ansonsten von einer positiven Kursentwicklung ausgeschlossen wäre.

LG Frankfurt a. M., NZG 2019, 989 (insoweit abgedruckt in BeckRS 2019, 15231, Rn. 81) – „*Stada AG*"; OLG Frankfurt a. M., BeckRS 2020, 23646, Rn. 29; OLG Karlsruhe, BeckRS 2015, 12205, Rn. 33; OLG Stuttgart, Beschl. v. 17.10.2011 – 20 W 7/11, juris, Rn. 467.

[687] OLG Frankfurt a. M., BeckRS 2020, 23646, Rn. 29; OLG München, BeckRS 2021, 43656, Rn. 56; *Hasselbach/Ebbinghaus*, DK 2010, 467 (474).

[688] OLG Frankfurt a. M., BeckRS 2020, 23646, Rn. 21, 35; *Hasselbach/Ebbinghaus*, DK 2010, 467 (474).

[689] OLG Frankfurt a. M., BeckRS 2020, 23646, Rn. 31.

[690] OLG Frankfurt a. M., BeckRS 2020, 23646, Rn. 31; OLG Karlsruhe, BeckRS 2015, 12205, Rn. 32; *Bungert/Wettich*, BB 2010, 2227 (2230); *Decher*, ZIP 2010, 1673 (1676); *Emmerich*/Habersack, § 305 AktG Rn. 62; *Hasselbach/Ebbinghaus*, DK 2010, 467 (474 f.); BeckOGK AktG/*Singhof*, § 327b Rn. 10 m. w. N. aus Rspr. und Lit.; eingehend *Wasmann*, ZGR 2011, 83 (98 ff.); *Weber*, *ZGR* 2004, 280 (287); krit. im Hinblick auf die Subjektbezogenheit der Bewertung *Olbrich/Rapp*, DStR 2011, 2005 (2007); vgl. auch OLG München, BeckRS 2021, 43656, Rn. 60 ff.

[691] *Hasselbach/Ebbinghaus*, DK 2010, 467 (474) m. w. N. für eine Erheblichkeit bei Geeignetheit zur Kursänderung von mindestens 5 % in Anlehnung an die Bestimmung einer Insiderinformation.

[692] Für eine Anpassung in beide Richtungen: *Austmann* in MüHdb GesR IV, § 75 Rn. 101; *Bücker*, NZG 2010, 967 (970); *Hasselbach/Ebbinghaus*, DK 2010, 467 (474); OLG Frankfurt a. M., BeckRS 2016, 9636, Rn. 83 f.; OLG Karlsruhe, BeckRS 2015, 12205, Rn. 33; *Weber*, *ZGR* 2004, 280 (287); a. A. *Wardenbach*, GWR 2011, 332 (332); offengelassen von *Bungert/Wettich*, BB 2010, 2227 (2231); *Wasmann*, ZGR 2011, 83 (100 f.); OLG Frankfurt a. M., BeckRS 2011, 3054, Rn. 52 f.

[693] Vgl. *Brösel/Karami*, WPg 2011, 417 (426).

§ 11 Vorrang einer rein börsenkursorientierten Bewertung

Die vorstehenden Ausführungen haben gezeigt, dass die Bewertung anhand von Börsenkursen mit den grundlegenden rechtlichen Bewertungsvorgaben vereinbar ist und auch kein Konflikt mit den bewertungstheoretischen Grundsätzen besteht, die sich in rechtsgeleiteten Bewertungsverfahren am konkreten Normzweck zu orientieren haben. Dass Börsenkurse grundsätzlich geeignet sind, den Beteiligungswert aus der Perspektive der betroffenen Minderheit abzubilden, genügt für sich allein jedoch noch nicht als Argument für eine vorrangige Heranziehung von Börsenkursen als Regelkompensation. Warum der Börsenkurs aber die Methode ist, die dem Bewertungsziel der Barabfindung bei Strukturmaßnahmen am ehesten entspricht, soll nachfolgend begründet werden.

A. Objektivität der Marktbewertung

Einer der wesentlichen Vorteile der börsenkursorientierten Bewertung ist deren Objektivität und intersubjektive Nachvollziehbarkeit.[694]

I. Realer Verkehrswert

Während die Fundamentalbewertung von den Einschätzungen des jeweiligen Gutachters abhängt, ist der Börsenkurs Ausdruck einer Vielzahl subjektiver Bewertungen der Marktteilnehmer, die zu realen Transaktionen führen.[695] Er bildet damit den „größtmöglichen Konsens" der Marktteilnehmer über den (Verkehrs-)Wert der Beteiligung ab.[696] Denn es gibt wohl kaum eine tauglichere Methode, den Verkehrswert zu bestimmen, als über frei ausgehandelte Preise, die auf einer Vielzahl subjektiver Wertvorstellungen basieren.[697] Dies setzt gewiss voraus, dass ein hinreichend liquider, informationsbasierter und manipulationsfreier Handel vorliegt.[698] Zwar fließen auch nicht informationsbasierte

---

[694] *Adolff*, Unternehmensbewertung, S. 14; *T. Baums*, GS Schindhelm 2009, 63 (93); *Burger*, NZG 2012, 281 (281); *Luttermann*, ZIP 1999, 45 (49); *W. Müller*, FS Roth 2011, 517 (520 f.); *Risse*, ZIP 2021, 2309 (2310); *Stilz*, FS Goette 2011, 529 (537); *Tonner*, FS Schmidt 2009, 1581 (1589); dies müssen auch die den Börsenkurs grundsätzlich ablehnenden Stimmen zugeben: *Rapp/Follert/Maas*, CF 2020, 46 (46), die in der Objektivität der Marktbewertung daher einen Konflikt mit der Subjektbezogenheit der Bewertung sehen. Krit. hingegen *Brösel/Karami*, WPg 2011, 417 (419).

[695] LG Frankfurt a. M. Beschl. v. 27.01.2012 – 3–5 0 102/05 – „*Höchst-AG*", nv (Teil 2, Fn. 439), S. 25; LG Frankfurt a. M., BeckRS 2012, 210626 – „*Didier Werke AG*"; *W. Müller*, FS Roth 2011, 517 (531); *Tonner*, FS Schmidt 2009, 1581 (1589 f.).

[696] Siehe Teil 3, Fn. 217.

[697] *Hachmeister/Ruthardt*, DB 2014, 1689 (1692); *Hüttemann*, ZGR 2001, 454 (468); *Stilz*, FS Goette 2011, 529 (536); LG Frankfurt a. M., Beschl. v. 13.03.2009 – 3–5 O 57/06, juris, Rn. 19; LG Frankfurt a. M. Beschl. v. 27.01.2012 – 3–5 0 102/05 – „*Höchst-AG*", nv (Teil 2, Fn. 439), S. 26; LG Frankfurt a. M., BeckRS 2012, 210626 – „*Didier Werke AG*".

[698] *T. Baums*, GS Schindhelm 2009, 63 (75). Näher zu den Anforderungen an den Börsenkurs sodann bei der Untersuchung des Freiverkehrs auf S. 270 ff.

Faktoren in die subjektive Bewertung der Akteure am Markt ein.[699] Die Erwerbsvorgänge sind trotz dieser potenziellen kurzfristigen Effekte, aber in erster Linie von informationsbasierten, wirtschaftlichen Erwägungen geleitet.[700] Dagegen kann das Ergebnis einer Fundamentalbewertung[701] nur zu einem hypothetischen Wert führen, da diesem kein reales Verkehrsgeschäft zugrunde liegt. Fundamentalbewertungsverfahren stellen daher nur einen Versuch dar, sich dem Verkehrswert anzunähern (fiktiver Verkehrswert).[702]

Zwar wird auch an der Börse nicht zu Durchschnittskursen gehandelt, sodass dem Durchschnittskurs der Charakter des „realen Verkehrswerts" bei enger Betrachtung abgesprochen werden müsste.[703] Jedoch kommt es bei der Zugrundelegung des Börsenkurses als Schätzgrundlage nicht auf die tatsächliche Desinvestitionsmöglichkeit zu diesem Kurs an, sondern auf die im Börsenkurs zum Ausdruck kommende objektive Marktbewertung auf Basis einer Vielzahl subjektiver Wertvorstellungen. Richtig mag sein, dass die Bestimmung des maßgeblichen Referenzzeitraums recht willkürlich erscheint und die Objektivität des Börsenkurses beeinträchtigt. Auf einem vollkommenen Markt spiegelt allein der Stichtagskurs den wahren Beteiligungswert zum Stichtag wider.[704] Da das Ideal des vollkommenen Marktes jedoch nicht erreicht ist und dem Bedürfnis, einem Missbrauch beider Seiten effektiv entgegenzutreten, daher nur durch eine Durchschnittsbildung entsprochen werden kann, ist diese nur schwer messbare Verringerung der Objektivität hinzunehmen. Auch ein Durchschnittskurs ist letztlich Ergebnis realer Verkehrsgeschäfte über einen längeren Zeitraum und damit objektiver Marktwert.[705]

II. Effektive Informationsverarbeitung

Die Einschätzung des gesamten Kapitalmarkts ist außerdem wesentlich objektiver als die subjektive Beurteilung des einzelnen Gutachters.[706] Zwar verfügt der Gutachter über eine breitere Informationsbasis, da er auch Einblick in die unternehmensinternen Planungen erhält, die der Börsenkurs mangels Veröffent-

---

[699] Vgl. die Untersuchungen der Behavioral Finance auf S. 170 ff.

[700] Zutr. *Stilz*, FS Goette 2011, 529 (537).

[701] Vgl. zu den Schwächen der Fundamentalbewertungsverfahren S. 215 ff.

[702] *Busse v. Colbe*, FS Lutter 2000, 1053 (1062); *W. Müller*, FS Roth 2011, 517 (531); *Stilz*, ZGR 2001, 875 (886); *Stilz*, FS Mailänder 2006, 423 (427); *Stilz*, FS Goette 2011, 529 (538); LG Frankfurt a. M., AG 2019, 574 (insoweit abgedruckt in BeckRS 2019, 15231 Rn. 57); LG Stuttgart, BeckRS 2019, 23342, Rn. 241, 252; OLG Frankfurt a. M., AG 2010, 751 (753) – „*T-Online/Deutsche Telekom*"; OLG Frankfurt a. M., NZG 2014, 464 (465) – „*Höchst AG*".

[703] So auch *Weber*, *ZGR* 2004, 280 (290 ff.).

[704] Vgl. bereits S. 196 ff.

[705] Dagegen wohl *Hüffer*, FS Hadding 2004, 461 (472).

[706] *Bebchuk/Kahan*, SSRN Journal 1999, 247 (250); *Koch*, AktG, § 305 Rn. 39; *W. Müller*, FS Roth 2011, 517 (523, 531); *Schmidt*, NZG 2020, 1361 (1364); *Steinhauer*, AG 1999, 299 (306); *Tonner*, FS Schmidt 2009, 1581 (1589).

lichungspflicht nicht einzupreisen vermag.[707] Es ist jedoch äußerst fraglich, ob ein einzelner Gutachter in der Lage ist, die Informationsfülle aus öffentlichen und internen Informationen derart effektiv zu bewerten und in das Bewertungsgutachten zu überführen, dass er zu einem „richtigeren" Ergebnis kommt als der gesamte Kapitalmarkt.[708] Der Kapitalmarkt ist aufgrund der Vielzahl der Marktteilnehmer und subjektiven Wertzumessungen über den Preismechanismus eher in der Lage, die nahezu endlose Informationsfülle zu bewältigen.[709] Dass ein Bewertungsgutachter insoweit eine potenziell breitere Informationsbasis hat und insbesondere über unternehmensinterne Informationen verfügt, wird beim Börsenkurs durch die Vielzahl der informationsverarbeitenden Marktteilnehmer ausgeglichen.[710]

III. Normzweckgerechte Typisierung

Hinzu kommt, dass der Börsenkurs dem rechtlichen Typisierungserfordernis, das sich aus dem Gebot der Bestimmung eines objektivierten Wertes ergibt,[711] schon naturgemäß gerecht wird, da er sämtliche subjektiven Wertvorstellungen basierend auf Angebot und Nachfrage am Markt einpreist.[712] Legt man einen gewichteten Börsenkurs zugrunde, so bildet der Börsenkurs die durchschnittlichen Wertvorstellungen der Anleger und damit den Beteiligungswert aus Sicht des durchschnittlichen Minderheitsaktionärs ab.

B. Verfahrensökonomie

Eines der entscheidenden Argumente für die Heranziehung von Börsenkursen als Schätzgrundlage ist aber die Verfahrensökonomie. Spruchverfahren sind bekannt für eine überlange Verfahrensdauer, der auch durch die Reform des Spruchverfahrens nur bedingt abgeholfen wurde.[713] Unter dieser Prämisse ist die Heranziehung des Börsenkurses besonders relevant.

---

[707] Siehe bereits ausführlich auf S. 134 ff.

[708] *Hüffer*, FS Hadding 2004, 461 (473); *Hüffer/Schmidt-Aßmann/Weber*, S. 63. Insoweit sogar von einer „*schmaleren Informationsbasis*" des Bewertungsgutachters sprechend *Tonner*, FS Schmidt 2009, 1581 (1590).

[709] OLG Frankfurt a. M., AG 2010, 751 (754) – „*T-Online/Deutsche Telekom*"; *W. Müller*, FS Roth 2011, 517 (531).

[710] OLG Frankfurt a. M., AG 2010, 751 (754) – „*T-Online/Deutsche Telekom*"; OLG Frankfurt a. M., NZG 2014, 464 (insoweit abgedruckt in BeckRS 2014, 01047) – „*Höchst AG*"; OLG Frankfurt a. M., BeckRS 2021, 10278, Rn. 33.

[711] Vgl. zum Objektivierungsgebot S. 85.

[712] DAI, Evaluierung des Spruchverfahrens, S. 7.

[713] Siehe Teil 2, Fn. 314.

I. Einfache Wertermittlung

Eine kursorientierte Bewertung erfordert im Vergleich zu den Fundamentalbewertungsverfahren keine langwierigen Bewertungsgutachten, was sie – jedenfalls auf den ersten Blick – deutlich handhabbarer und auch für den Richter nachvollziehbarer macht.[714] Ertragswertgutachten werden im Spruchverfahren regelmäßig durch weitere Gutachten angegriffen, was letztlich zu einer enormen Verzögerung der Verfahren führt.[715] Sie sind überdies mit erheblichen Kosten verbunden,[716] weshalb eine effizientere Bewertungsmethode durchaus auch im Interesse des Abfindungsschuldners liegt.[717] Eine Bewertung anhand von Börsenkursen erfordert keine Bewertung in dem Sinne, sondern greift auf die existierenden Börsenkurse zurück, die leicht feststellbar sind.[718] Die vorrangige Heranziehung von Börsenkursen könnte Spruchverfahren daher erheblich beschleunigen.[719]

Im Interesse der Rechtssicherheit sind aber Einschränkungen zu machen. Werden Börsenkurse übernommen, besteht das Risiko, dass diese verzerrt und zur Bestimmung des realen Verkehrswerts ungeeignet sind. Es müssen daher Kriterien entwickelt werden, anhand derer der Börsenkurs auf seine Aussagekraft untersucht werden kann.[720] Nur so ist gewährleistet, dass die außenstehenden Aktionäre zum vollen Beteiligungswert abgefunden werden. Rechtssicherheit und Verfahrensökonomie sind insoweit gegeneinander abzuwägen. Dies macht zwar auch die Heranziehung von Börsenkursen komplexer und zeitintensiver, die Dimension eines Bewertungsgutachtens nimmt diese aber noch lange nicht an. Ein Abstellen auf Börsenkurse steigert daher die Verfahrensöko-

---

[714] DAI, Evaluierung des Spruchverfahrens, S. 7; *W. Müller*, FS Röhricht 2005, 1015 (1017); *Stilz*, ZGR 2001, 875 (896).

[715] *Steinhauer*, AG 1999, 299 (301); OLG Frankfurt a. M., NZG 2014, 464 (insoweit abgedruckt in juris, Rn. 46) – *„Höchst AG"*.

[716] *Bungert/Wettich*, FS Hoffmann-Becking 2013, 157 (176); *Krause*, FS Hopt 2010, 1005 (1022).

[717] Vgl. auch Beschlussempfehlung und Bericht des Finanzausschusses zu dem Entwurf eines Gesetzes zur Umsetzung der Transparenzrichtline-Änderungsrichtlinie, BT-Drs. 18/6220, S. 84.

[718] *Bungert/Wettich*, FS Hoffmann-Becking 2013, 157 (176); Handelsrechtsausschuss des DAV, NZG 2008, 534 (544); *Rodloff*, DB 1999, 1149 (1151); *Schmidt*, NZG 2020, 1361 (1364); *Wasmann*, AG 2021, 179 (189).

[719] DAI, Evaluierung des Spruchverfahrens, S. 7. Auch unter diesem Aspekt ist eine Meistbegünstigung im Sinne einer Doppelbewertung anhand von Börsenkurs und Ertragswert abzulehnen (*Bayer*, Gutachten E, 67. DJT, 2008, S. 106; *Burger*, NZG 2012, 281 (283); *Piltz*, ZGR 2001, 185 (197); *Reichert*, FS Stilz 2014, 479 (486 f.); *Stilz*, ZGR 2001, 875 (893); *Stilz*, FS Goette 2011, 529 (530)). Damit wäre ein erheblicher Einschnitt in die verfahrensökonomischen Vorteile börsenkursbasierter Bewertung (doppelter Bewertungsaufwand), der nur dann gerechtfertigt sein kann, wenn andernfalls keine volle Entschädigung sichergestellt werden kann.

[720] Siehe die Analyse der Aussagekraft von Freiverkehrskursen auf S. 266 ff.

nomie und ist im Hinblick auf die Dauer und Kosten von Spruchverfahren stark zu befürworten.[721]

II. Richterliches Schätzungsermessen

Fraglich ist, ob diese verfahrensökonomischen Aspekte Eingang in das richterliche Schätzungsermessen finden dürfen. Stehen Börsenkurs und Ertragswert derzeit als gleichwertige Methoden nebeneinander, so ist in der Praxis entscheidend, ob der Richter bei der Auswahl zwischen den beiden grundsätzlich geeigneten Bewertungsverfahren mit Rücksicht auf Zeit- und Kosteneffizienz von einer langwierigen Unternehmensbewertung absehen und allein auf den Börsenkurs abstellen darf.

Dies überzeugt aus mehreren Gründen: Nach § 287 Abs. 1 Satz 2 ZPO steht es im Ermessen des Richters, ob und in welchem Umfang ein Sachverständigengutachten eingeholt wird. § 287 Abs. 2 ZPO regelt insoweit eine gewisse Aufwand-Nutzen-Analyse einer sachverständigen Begutachtung.[722] Die Zeit- und Kosteneffizienz eines Verfahrens ist daher durchaus gewichtig bei der Ausübung des richterlichen Schätzungsermessens und sollte intensiver Beachtung finden.[723] Bei einer extensiven Auslegung des richterlichen Schätzungsermessens müsste der Richter daher stets vom Börsenkurs ausgehen – was das BVerfG zumindest in Bezug auf die Heranziehung des Börsenkurses als Abfindungsuntergrenze fordert – und sich im nächsten Schritt fragen, ob eine zusätzliche Fundamentalbewertung einen Erkenntnisgewinn verspricht, der den erhöhten Aufwand übersteigt.[724] Dieses Vorgehen hat mangels rechtssicherer Kriterien noch keinen Eingang in die Praxis gefunden. Lediglich in Fällen von Masseunzulänglichkeit wird regelmäßig auf eine Fundamentalbewertung verzichtet, da

---

[721] Vgl. zum Problem der Verfahrensdauer in Spruchverfahren: *Bilda*, NZG 2000, 296 (298); *Lorenz*, AG 2012, 284 (284 ff.); *Luttermann*, ZIP 1999, 45 (52); *Noack*, Das Spruchverfahren, S. 65–211; *Weimann*, Spruchverfahren nach Squeeze-Out, S. 245.

[722] Fleischer/Hüttemann/*Hüttemann*, § 1 Rn. 65; *Hüttemann*, ZGR 2001, 454 (476); *Piltz*, ZGR 2001, 185 (197); *Stilz*, FS Goette 2011, 529 (540); BGH, NZG 2016, 139 (144) – „*Stinnes*"; bestätigt durch BGH, BeckRS 2023, 6362, Rn. 22; LG Stuttgart, BeckRS 2018, 35320, Rn. 105; OLG Frankfurt a. M., Beschl. v. 09.04.2010 – 5 W 75/09, juris, Rn. 25; OLG Frankfurt a. M., BeckRS 2016, 9636, Rn. 61 (jedoch vor dem Hintergrund, dass im konkreten Fall allenfalls eine Befriedigung des Anspruchs nach der Insolvenzquote in Betracht kam); OLG Stuttgart, NZG 2013, 897 (insoweit abgedruckt in BeckRS 2013, 10389); OLG Zweibrücken, BeckRS 2017, 134513, Rn. 14.

[723] Auch in der Rechtsprechung werden verfahrensökonomische Aspekte inzwischen stärker hervorgehoben (vgl. BVerfG, NZG 2012, 907 (910) – „*Deutsche Hypothekenbank*"; BVerfG, NZG 2012, 1035 (1037) – „*DaimlerChrysler*"; LG Köln, AG 2009, 835 (838); LG Stuttgart, BeckRS 2019, 23342, Rn. 255; OLG Düsseldorf, BeckRS 2016, 118241, Rn. 44; OLG Frankfurt a. M., NZG 2014, 464 (466) – „*Höchst AG*"; OLG Stuttgart, NZG 2013, 897 [insoweit abgedruckt in BeckRS 2013, 10389]).

[724] In diese Richtung OLG Frankfurt a. M., AG 2010, 751 (insoweit abgedruckt in juris, Rn. 50) – „*T-Online/Deutsche Telekom*"; gegen eine derart extensive Handhabung: MüKoZPO/*Prütting*, § 287 Rn. 21.

eine Erhöhung der Abfindungsleistung in aller Regel ohnehin nicht realisierbar wäre.[725] Die Einholung eines Bewertungsgutachtens würde dann dem Wirtschaftlichkeitsgebot widersprechen.[726] Davon abgesehen werden Börsenkurse in der Praxis jedoch nur äußerst zurückhaltend herangezogen.

III. Zeit- und Kosteneffizienz als Ausfluss des Gebots effektiven Rechtsschutzes

Von Verfassungs wegen ist auf Rechtsanwendungsebene keine bestimmte Bewertungsmethode vorgegeben. Es genügt, dass im konkreten Fall eine geeignete und aussagekräftige Methode gewählt wird, die der Minderheit eine volle Abfindung sichert, die nicht unter dem Verkehrswert i. e. S. liegen darf.[727] Es ist nicht diejenige Methode zu wählen, die den außenstehenden Aktionären die höchste Abfindung gewährt, sondern diejenige, die dem Bewertungsziel am ehesten gerecht wird.[728] Ausfluss des Art. 14 Abs. 1 GG ist aber auch, dass die Abfindung einer gerichtlichen Kontrolle unterzogen werden kann. Das Gebot effektiven Rechtsschutzes (Art. 2 Abs. 1 i. V. m. Art. 20 Abs. 3 GG bzw. Art. 6 Abs. 1 EMRK)[729] verlangt daher, dass die ausscheidende Minderheit, der eine vergleichbare, alternative Kapitalanlage ermöglicht werden soll, nicht erst Jahre nach der Durchführung der Strukturmaßnahme kompensiert wird.[730] Die Beteiligten haben vielmehr einen Anspruch darauf, dass über die Streitigkeit innerhalb angemessener Frist verhandelt wird. Der zeitliche Aufwand einer Fundamentalbewertung kann daher u. U. „die Grenzen des verfassungsrechtlich Zumutbaren überschreiten".[731]

Auch von Verfassungs wegen sind daher verfahrensökonomische Aspekte in die Abwägung miteinzubeziehen. Nach dem Gebot effektiven Rechtsschutzes ist eine Fundamentalbewertung daher nur dann durchzuführen, wenn begründete Zweifel an der Aussagekraft des Börsenkurses bestehen und der Aufwand eines Ertragswertgutachtens nicht außer Verhältnis zu dem erwarteten zusätzlichen Erkenntnisgewinn steht.[732] Würde alleine auf Börsenkurse abgestellt und

---

[725] BayObLG München, AG 1999, 43 (45); OLG Frankfurt a. M., Beschl. v. 09.04.2010 – 5 W 75/09, juris, Rn. 24 ff. (Masseunzulänglichkeit); OLG Frankfurt a. M., BeckRS 2016, 9636, Rn. 66.

[726] OLG Frankfurt a. M., Beschl. v. 09.04.2010 – 5 W 75/09, juris, Rn. 24 ff.; OLG Frankfurt a. M., BeckRS 2016, 9636, Rn. 61.

[727] BVerfGE 100, 289 (305) – *„DAT/Altana"*; BVerfG, NZG 2012, 907 (909) – *„Deutsche Hypothekenbank"*; dem folgend BGH, DStR 2016, 974 (975 f.) – *„Nestlé"*.

[728] Siehe Teil 2, Fn. 439.

[729] BVerfG, NZG 2012, 907 (910) – *„Deutsche Hypothekenbank"*; BVerfG, NZG 2012, 1035 (1037) – *„DaimlerChrysler"*.

[730] *Rodloff*, DB 1999, 1149 (1151).

[731] BayObLG München, NZG 2006, 156 (157); *Reichert*, FS Stilz 2014, 479 (497 f.).

[732] Fleischer/Hüttemann/*Adolff/Häller*, § 18 Rn. 73 ff.; Fleischer/Hüttemann/*Lauber*, § 34 Rn. 27; *Koch*, AktG, § 305 Rn. 41; *Luttermann*, NZG 2007, 611 (616 f.); in diese Richtung auch BVerfG, NZG 2012, 907 (909 f.) – *„Deutsche Hypothekenbank"*; OLG Frankfurt a. M., AG 2010, 751 (insoweit abgedruckt in juris Rn. 128) – *„T-Online/Deutsche Telekom"*.

eine Unternehmensbewertung nur in Ausnahmefällen bei nicht aussagekräftigen Börsenkursen durchgeführt, so würden Kosten und Dauer von Spruchverfahren erheblich verkürzt und für die Gesellschaft bzw. den Mehrheitsaktionär vorhersehbarer und kalkulierbarer.[733]

Da für die Antragsteller ohnehin ein äußerst geringes Risiko im Spruchverfahren besteht, wiegt das Argument, auch die Minderheit könne die Erfolgsaussichten eines Spruchverfahrens so besser einschätzen,[734] hingegen nicht sonderlich schwer.

IV. Unangemessenheitsprüfung

Im Interesse der Verfahrensökonomie überzeugt es daher, dass der Abfindungsschuldner die Aussagekraft des Börsenkurses als Schätzgrundlage auf effizienten Märkten nicht beweisen muss, sondern eine widerlegliche Vermutung dafür streitet, dass der Börsenkurs den Verkehrswert i. w. S. abbildet. Nur so können Abfindungen allein auf Börsenkurse gestützt werden, ohne ein Bewertungsgutachten zur Plausibilisierung des Börsenkurses durchführen zu müssen. Da sich eine Bewertungsmethode dem „wahren" Wert immer nur annähern kann, wäre es zu viel zu fordern, wenn nicht gar unmöglich, die Aussagekraft des Börsenkurses im Hinblick auf den inneren Beteiligungswert nachzuweisen. Die Abfindungsbemessung auf Basis des Börsenkurses ist im Spruchverfahren allein auf ihre Unangemessenheit zu prüfen. Die außenstehenden Aktionäre bzw. der Mehrheitsaktionär müssen Einwendungen gegen die Geeignetheit des Börsenkurses vorbringen.[735] Nur in den Fällen, in denen sich der Börsenkurs als ungeeignet erweist, ist ein Ertragswertgutachten in Auftrag zu geben, um die angemessene Barabfindung zu bestimmen. Denn eine börsenkursorientierte Abfindungsbemessung ist nach den bisherigen Erkenntnissen zumindest eine gleich geeignete Methode. Die zusätzlichen verfahrensökonomischen Vorteile sprechen aber für einen Vorrang gegenüber langwierigen Bewertungsgutachten.

Eine Ertragswertbegutachtung sollte immer nur dann erfolgen, wenn diese die besseren Erkenntnisse verspricht, weil der Börsenkurs nicht aussagekräftig ist. Zwar lässt sich der Börsenkurs nicht in seine einzelnen Bestandteile

---

733 OLG Frankfurt a. M., NZG 2014, 464 (466) – *„Höchst AG"*; *Decher*, ZHR 171 (2007) 126 (143); Handelsrechtsausschuss des DAV, NZG 2008, 534 (544); *Krause*, FS Hopt 2010, 1005 (1022); *Noack*, Das Spruchverfahren, S. 165; *Schmidt*, NZG 2020, 1361; *Steinhauer*, AG 1999, 299 (308); *Stilz*, FS Goette 2011, 529 (541). Dies erkennt auch der Gesetzgeber bei der Neuregelung des BörsG, wonach die Orientierung am Börsenkurs für Klarheit und Berechenbarkeit sorge (Beschlussempfehlung und Bericht des Finanzausschusses zu dem Entwurf eines Gesetzes zur Umsetzung der Transparenzrichtline-Änderungsrichtlinie, BT-Drs. 18/6220, S. 78 f., 84).

734 *Bungert/Wettich*, FS Hoffmann-Becking 2013, 157 (176); *Schmidt*, NZG 2020, 1361 (1365); *Stilz*, FS Goette 2011, 529 (541 f.).

735 *Krieger*, Verhandlungen des 67. DJT, 2008, N25 (N31); *Noack*, Das Spruchverfahren, S. 169.

zerlegen, was die Beurteilung seiner Aussagekraft erschwert.[736] Es geht unter Annahme einer widerleglichen Vermutung aber gerade nicht darum, die Aussagekraft des Börsenkurses in jedem Einzelfall positiv festzustellen, sondern umgekehrt dessen Aussagekraft zu erschüttern. Fälle, in denen der Börsenkurs nicht aussagekräftig ist, lassen sich klar definieren. Die Prüfung ist daher lange nicht so umfassend wie bei einer Ertragswertbegutachtung.[737]

Zu weitgehend ist es hingegen bei einer Heranziehung von Börsenkursen ein Spruchverfahren gänzlich für entbehrlich zu halten.[738] Eine gerichtliche Überprüfung der Abfindung muss gewährleistet sein, um dem Gebot einer gerichtlichen Durchsetzung des Abfindungsanspruchs Rechnung zu tragen. Dies gilt bei der Heranziehung von Marktpreisen umso mehr, da deren Zustandekommen nur bedingt nachprüfbar ist.[739] Zwar reduziert sich der Prüfungsumfang der Gerichte, wenn lediglich die Aussagekraft beeinträchtigende Umstände untersucht werden. Gleichwohl wird die Bedeutung der gerichtlichen Prüfung nicht obsolet, zumal bei nicht aussagekräftigen Kursen eine Fundamentalbewertung erforderlich wird, die dann ebenfalls der gerichtlichen Kontrolle unterliegt.

V. Zwischenergebnis

Die Verfahrensökonomie ist ein entscheidender Faktor, warum vorrangig auf börsenkursorientierte Bewertungsverfahren zurückgegriffen werden sollte. Die Zeit- und Kosteneffizienz der Heranziehung von Börsenkursen ist in der Praxis aber nur gewährleistet, wenn eine widerlegliche Vermutung für die Aussagekraft des Börsenkurses streitet, was jedenfalls in regulierten Märkten aufgrund des hohen Regulierungsniveaus zu befürworten ist. Solange aber zusätzlich zum Börsenkurs noch Ertragswertgutachten in Auftrag gegeben oder der Börsenkurs im Spruchverfahren mittels Ertragswertgutachten widerlegt werden soll, können die verfahrensökonomischen Vorteile nicht wirken.[740] Im Gegenteil läuft ein Verweis auf den Börsenkurs dann Gefahr, das Verfahren noch weiter zu verzögern,[741] da stets eine doppelte Bewertung anhand von Ertragswert und Börsenkurs erfolgen muss. Die Gerichtspraxis sollte sich daher noch mehr auf die Heranziehung von Börsenkursen konzentrieren und klarere Vorgaben wie eine widerlegliche Angemessenheitsvermutung etablieren. Ein Ertragswertverfahren sollte in Spruchverfahren immer nur dann durchgeführt werden, wenn erhebliche Zweifel an der Aussagekraft des Börsenkurses bestehen.[742]

---

736 *Brösel/Karami*, WPg 2011, 417 (425 f.); *Burger*, NZG 2012, 281 (289).
737 Dagegen *Burger*, NZG 2012, 281 (289).
738 So aber *Ruiz de Vargas*, NZG 2021, 1056 (1057).
739 *Gude*, Strukturänderungen, S. 28.
740 Vgl. exemplarisch OLG Düsseldorf, BeckRS 2016, 118241, Rn. 44 ff.; *Ruiz de Vargas*, NZG 2021, 1001 (1001).
741 So im Falle des OLG Düsseldorf, BeckRS 2016, 118241, Rn. 44.
742 Entgegen der ökonomischen h. M.: *Ruiz de Vargas*, NZG 2021, 1001 (1010).

C. Methodische Schwächen der Fundamentalbewertungsverfahren

I. Bewertungsverfahren

Die bereits angedeutete Kritik an den Fundamentalbewertungsverfahren, setzt sich abseits der Zeit- und Kosteneffizienz fort. Denn auch Fundamentalbewertungen weisen methodische Schwächen auf.[743] Dies soll anhand der geläufigsten Bewertungsmethoden, dem Ertragswert- und DCF-Verfahren, verdeutlicht werden.[744]

1. Ertragswertmethode

Die Wertermittlung auf Grundlage der investitionstheoretischen Ertragswertmethode orientiert sich maßgeblich an den erwarteten finanziellen Überschüssen des Unternehmens.[745] Hintergrund der Wertermittlungsmethode ist, dass sich der Wert eines Unternehmens vor allem nach seiner künftigen Ertragskraft bemisst.[746] Dabei werden die künftigen Nettoeinnahmen nicht allein mittels einer Vergangenheitsanalyse, sondern primär durch zukunftsgerichtete Planungsrechnungen (Schätzungen, Prognosen) ermittelt und anschließend auf den Bewertungsstichtag abgezinst.[747] Entwicklungen, die erst nach dem Stichtag eintreten, dürfen nicht berücksichtigt werden (Stichtagsprinzip),[748] es sei denn sie sind bereits im Kern angelegt (Wurzeltheorie).[749] Die Ermittlung des Kapitalisierungszinssatzes erfolgt regelmäßig unter Anwendung des in der Bewertungspraxis anerkannten (Tax) Capital Asset Pricing Model (CAPM) auf Grundlage des Basiszinssatzes ergänzt durch einen Risikozuschlag (den persönlichen Steuersatz beim Tax-CAPM) und einen inflationsorientierten Wachstumsabschlag, der sich unter anderem aus der Multiplikation der Marktrisikoprämie mit dem Betafaktor des Bewertungsobjekts ermitteln lässt.[750] Die Berechnung bezieht

---

743 Vgl. die eingehende Auseinandersetzung und Kritik des LG Frankfurt a. M., Beschl. v. 13.03.2009 – 3–5 O 57/06, juris, Rn. 20 ff.

744 Auf die Darstellung anderer Bewertungsverfahren, wie u. a. das Substanzwertverfahren (vgl. Petersen/Zwirner/*Mugler/Zwirner*, F.7), das Stuttgarter Verfahren (vgl. *Großfeld*, Unternehmens- und Anteilsbewertung 2002, S. 52 f.; *Viskorf*/Schuck/Wälzholz, § 11 BewG Rn. 31 ff.), vergleichsorientierte Verfahren und das Mittelwertverfahren soll verzichtet werden, da diesen in der Rechtsprechung zur Barabfindung keine Bedeutung zukommt.

745 Überschussorientiertes Verfahren (vgl. *Egger/Tönnes*, EWeRK 2016, 362 (362); *Stilz*, FS Goette 2011, 529 (535)).

746 BayObLG München, AG 1999, 43 (44); *Stilz*, FS Goette 2011, 529 (532).

747 Fleischer/Hüttemann/*Hüttemann*, § 1 Rn. 1.53; *Großfeld*, Unternehmens- und Anteilsbewertung 2002, S. 77 ff.; *Höfling*, NZG 2020, 136 (137); *Steinhauer*, AG 1999, 299 (300).

748 *Steinhauer*, AG 1999, 299 (300); instruktiv *Ruthardt/Hachmeister*, WPg 2012, 451.

749 BGH, NJW 1973, 509 (511); *Großfeld*, Unternehmens- und Anteilsbewertung 2002, S. 59 f.; *Risse*, ZIP 2021, 2309 (2315); *Ruthardt*, Normzweckkonforme Unternehmensbewertung, S. 40 ff.; *Ruthardt/Hachmeister*, WPg 2012, 451 (451 ff.).

750 *Höfling*, NZG 2020, 136 (137); *Stilz*, FS Goette 2011, 529 (533).

sich ausschließlich auf das betriebsnotwendige Vermögen. Das nicht betriebsnotwendige Vermögen ist daher gesondert anzusetzen.[751]

2. DCF-Methode[752]

Zu den Fundamentalbewertungsverfahren zählt auch die Discounted-Cash-Flow-Methode (DCF-Methode). Sie ist ebenso zukunftsorientiert wie auf Schätzungen und Prognosen basierend und zielt auf die Ermittlung des Gesamtunternehmenswertes. Als Bezugsgröße verwendet die DCF-Methode jedoch nicht die zukünftigen Erträge des Unternehmens, sondern zukünftige Zahlungsströme (Cash-Flows).[753] Ein Vorteil gegenüber der Ertragswertmethode wird vor allem in einer geringeren Manipulationsanfälligkeit durch „Bilanzkosmetik" gesehen.[754] Zur Diskontierung des Cash-Flows muss aber ebenfalls ein Kapitalisierungszinssatz ermittelt werden. Die DCF-Methode stellt damit letztlich eine Variante der Ertragswertmethode dar, die vom IdW ebenfalls anerkannt,[755] von Bewertungs- und Gerichtspraxis aber bislang nicht gleichermaßen angenommen wird. Sie wird vorwiegend der Bewertung in M&A-Prozessen zugrunde gelegt, da sie vor allem aus investitionstheoretischer Sicht zielführender ist.[756]

II. Schwächen des Ertragswertverfahrens

1. Problem der Unsicherheit und Abhängigkeit vom Bewertungsgutachter

Die Tendenz zu einer stärkeren Berücksichtigung von Börsenkursen geht maßgeblich auf die wachsende Erkenntnis zurück, dass auch die anerkannten Bewertungsverfahren wie das Ertragswertverfahren[757] nicht frei von Unwägbarkeiten sind und aufgrund ihrer Abhängigkeit von zahlreichen Variablen nur selten zu denselben, geschweige denn zu exakten Ergebnissen führen.[758] Ein

---

[751] *Stein*, Fundamentalanalyse und Börsenkurs, S. 35 f.

[752] Die DCF-Methode wird wegen der Anwendung des Capital Asset Pricing Model (CAPM) teilweise der kapitalmarktorientierten Unternehmensbewertung zugeordnet (vgl. Crasselt/*Lukas/Mölls*, S. 5). In dieser Arbeit wird jedoch auf einen engeren Begriff der kapitalmarktorientierten Bewertung zurückgegriffen, wonach es nicht genügt, dass einzelne Bewertungsparameter kapitalmarktorientiert sind, sondern die Gesamtbewertung sich am Kapitalmarkt – konkret den am Kapitalmarkt gebildeten Börsenkursen (Marktpreisen) – orientiert.

[753] Schmidt/Lutter/Bayer/*Stephan*, AktG, § 305 Rn. 50.

[754] Doch auch der Cash-Flow ist nicht frei von Beeinflussungen (vgl. *Großfeld/Frantzmann*, FS Beuthien 2009, 155 (156)).

[755] IDW S 1, Rn. 101.

[756] *Mattes/Maldeghem*, BKR 2003, 531 (534 f.).

[757] Verstanden als Ertragswertverfahren i. w. S. unter Einschluss des DCF-Verfahrens.

[758] BGH, NZG 2016, 139 (143) – „*Stinnes*"; BGH, BeckRS 2023, 6362, Rn. 17; BVerfG, NZG 2012, 1035 (1037) – „*DaimlerChrysler*"; OLG Frankfurt a. M., NZG 2009, 74 (77 f.); OLG Frankfurt a. M., AG 2010, 751 (insoweit abgedruckt in juris, Rn. 120 ff.) – „*T-Online/Deutsche Telekom*"; OLG Stuttgart, Beschl. v. 19.01.2011 – 20 W 3/09, juris, Rn. 256; LG Frankfurt a. M., NZG 2019, 989 (insoweit abgedruckt in BeckRS 2019, 15231, Rn. 64) – „*Stada AG*"; LG Stuttgart, BeckRS 2019, 23342, Rn. 254; *Emmerich*, FS Stilz 2014, 135

Ertragswertgutachten unterliegt erheblichen Unsicherheiten, ist abhängig von Prognosen und Ermessensentscheidungen, bestimmten Weichenstellungen innerhalb der einzelnen Methoden und zahlreichen Streitfragen.[759] Dies wird auch seitens der Bewertungslehre erkannt.[760] Bereits die unterschiedliche Gewichtung von Teilaspekten durch den Gutachter, wie insbesondere die Wahl des Kapitalisierungszinssatzes, kann zu erheblichen Abweichungen im Bewertungsergebnis führen.[761] Insbesondere die anzustellenden Ertragsprognosen als Grundlage der Unternehmensplanungen sind das „Kernproblem einer jeden Unternehmensbewertung".[762] Sie werden daher nicht zu Unrecht etwas überspitzt als „Nebelreich subjektiver Hoffnungswerte" und „Wahrsagerei" betitelt.[763] Doch auch über die Bestimmung von Basiszins, Risikozuschlag und Wachstumsabschlag scheiden sich die Geister, was die Bewertungsparameter ebenfalls zu „hoffnungslose[n] Unbekannte[n]" macht.[764] Das Ergebnis ist dadurch letztlich abhängig vom konkreten Bewerter und damit trotz objektivierender Parameter von subjektiven Entscheidungselementen beeinflusst und von erheblichen Interpretations- und Ermessensspielräumen geprägt.[765] Die Ertragsprog-

---

(137 ff.); *Follert*, Unternehmensbewertung, S. 14 f.; *Großfeld*, BB 2000, 261 (264); *Großfeld* 2000, 205 (264); *Happ/Bednarz*, FS Stilz 2014, 219 (231); *Hüttemann*, FS Hoffmann-Becking 2013, 603 (615); *Schmidt*, NZG 2020, 1361 (1364); *Stilz*, FS Goette 2011, 529 (531 ff.); *Tonner*, FS Schmidt 2009, 1581 (1589).

759 *Emmerich*, FS Stilz 2014, 135 (135 ff.); *Hachmeister*, FS Ballwieser 2014, 219 (221) m. w. N.; OLG Stuttgart, NZG 2013, 897 (insoweit abgedruckt in BeckRS 2013, 10389, Rn. 138); LG Frankfurt a. M., NZG 2019, 989 (991) – „*Stada AG*"; *Ruthardt/Hachmeister*, WPg 2012, 451; *Stilz*, FS Goette 2011, 529 (532 ff.).

760 *Großfeld*, Unternehmens- und Anteilsbewertung 2002, S. 45; *Ruthardt/Popp*, AG 2020, 240 (244). Vgl. auch *Heesen*, Basiswissen Unternehmensbewertung, S. VII: „Die Bewertung kann nach bestem Wissen und Gewissen aufgebaut sein, das ändert aber nichts an der Tatsache, dass sie letztendlich immer auf ‚intelligenten Schätzungen' beruht".

761 BayObLG München, AG 1999, 43 (45); LG Stuttgart, BeckRS 2018, 35320, Rn. 98; *Busse v. Colbe*, AG 1964, 263 (266); *Decher*, ZHR 171 (2007) 126 (141); Ebenroth/Boujong/Joost/*Lorz*, HGB, § 131 HGB Rn. 87; *Knoll*, BFuP 2017, 300 (304 f.); *Schwark*, FS Lutter 2000, 1529 (1542); *Stilz*, FS Goette 2011, 529 (534); *Tonner*, FS Schmidt 2009, 1581 (1589); vgl. bspw. die Fälle des LG Frankfurt a. M. Beschl. v. 27.01.2012 – 3–5 0 102/05 – „*Höchst-AG*", nv (Teil 2, Fn. 439), S. 24; OLG Frankfurt a. M., NZG 2014, 464 – „*Höchst AG*" (Abweichungen von fast einhundert Prozent); jüngst OLG München, BeckRS 2021, 43656, Rn. 72 (Wertbandbreiten von unter 70 Euro bis über 250 Euro je Aktie).

762 IDW S 1, Rn. 68.

763 Petersen/Zwirner/*Luttermann*, S. 470; a. A. *Egger/Tönnes*, EWeRK 2016, 362 (362 ff.).

764 *Decher/Hoffmann-Becking/Löbbe/Wilsing*, Stellungnahme DAV S. 467; *Emmerich*, FS Stilz 2014, 135 (138); *Emmerich*, EWeRK 2016, 153 (153); *Emmerich*/Habersack, § 305 AktG Rn. 56.

765 BayObLG München, AG 1999, 43 (45); LG Frankfurt a. M., NZG 2019, 989 (insoweit abgedruckt in BeckRS 2019, 15231, Rn. 66) – „*Stada AG*"; *Busse v. Colbe*, AG 1964, 263 (266); Lutter/*Drygala*, UmwG, § 5 Rn. 61; *Emmerich*, EWeRK 2016, 153 (153); *W. Müller*, FS Bezzenberger 2000, 705 (707); *W. Müller*, FS Röhricht 2005, 1015 (1023); *W. Müller*, FS Roth 2011, 517 (523 f.); *Rodloff*, DB 1999, 1149 (1151); Schmidt/Lutter/Bayer/*Stephan*, AktG, § 305 Rn. 61; *Steinhauer*, AG 1999, 299 (301); *Tonner*, FS Schmidt 2009, 1581 (1589).

nosen werden sich nur selten bewahrheiten.[766] Hinzu kommt, dass die erforderlichen „Ertragsprognosen“ – aufgrund der langen Verfahrensdauer – häufig erst Jahre nach dem eigentlichen Stichtag rückblickend und in Kenntnis der tatsächlichen Unternehmensentwicklung aufgestellt werden.[767] Es ist daher zu bezweifeln, dass die Ertragswertmethode per se zu zuverlässigeren Ergebnissen als die Marktbewertung führt.[768]

Denn der Börsenkurs basiert nicht nur auf der Einschätzung eines einzelnen Bewerters über den Unternehmenswert, sondern einer Vielzahl von Marktteilnehmern, was ihn letztlich objektiver macht.[769] Auch ist der Börsenwert der Beteiligung nicht nur ein fiktiver, maßgeblich auf Prognosen beruhender Wert, sondern ein real gebildeter „echter Marktpreis“.[770] Dieser Realitätsbezug macht ihn dem Ertragswertverfahren gar überlegen.[771] Das Ertragswertverfahren hat auch außerhalb Deutschlands keine Bedeutung.[772]

---

[766] *Emmerich*, FS Stilz 2014, 135 (138 f.); *Emmerich*/Habersack, § 305 AktG Rn. 93; *Großfeld*, BB 2000, 261 (264); *Hüttemann*, ZGR 2001, 454 (467 f.); *Kiem*, ZGR, 36 2007, 542 (555 ff.); *Knoll*, FS Großfeld 2019, 229 (237); *Stilz*, FS Goette 2011, 529 (529 ff.); OLG München, AG 2019, 357 (358); OLG Stuttgart, BeckRS 2018, 26698, Rn. 68.

[767] *Hüttemann*, ZGR 2001, 454 (476); *Steinhauer*, AG 1999, 299 (301).

[768] So jüngst ausdrücklich hervorgehoben vom BGH, BeckRS 2023, 6362, Rn. 35. Auch das BVerfG erkennt in Bezug auf den übernahmerechtlichen Squeeze-Out, dass die Bewertung mittels Ertragswertverfahren „keine richtigeren Ergebnisse zeitigt als der Markttest“ (BVerfG, NZG 2012, 907 (909) – „*Deutsche Hypothekenbank*“; so schon OLG Frankfurt a. M., NZG 2009, 74 (78); dies aufgreifend BGH, BeckRS 2023, 6362, Rn. 35). Jedoch erfordert der übernahmerechtliche Squeeze-Out eine hohe Annahmeschwelle, die als Anknüpfungspunkt des Markttests dient und daher nicht mit der Heranziehung von Börsenkursen ohne vorheriges Übernahmeangebot vergleichbar ist. In der US-amerikanischen Rechtsprechung und Literatur wird die Vorteilhaftigkeit von Marktpreisen gegenüber dem einzelnen Bewertungsgutachter indes klar hervorgehoben: „But, a single person’s own estimates of the cash flows are just that, a good faith estimate by a single, reasonably informed person to predict the future. Thus, a singular discounted cash flow model is often most helpful when there isn’t an observable market price.“ (U. S. Supreme Court of Delaware 01.08.2017 – No. 518, 2016, 46 – „*DFC Global*“ m. w. N.). Dabei ist jedoch zu beachten, dass in Delaware im Vorfeld des Gerichtsverfahrens auch kein unabhängiger vom Gericht bestellter sachverständiger Prüfer mit der Bewertung betraut wird (*Ruthardt/Popp*, AG 2020, 240 (246)).

[769] Siehe bereits S. 206 ff.

[770] *Diekmann*, FS Großfeld 2019, 97 (106); *Emmerich*/Habersack, § 305 AktG Rn. 64; *Gärtner/Handke*, NZG 2012, 247 (249); *W. Müller*, FS Bezzenberger 2000, 705 (710); *Schmidt*, NZG 2020, 1361 (1364); *Stilz*, FS Goette 2011, 529 (537); MüKoAktG/*van Rossum*, § 305 Rn. 95; LG Frankfurt a. M., Beschl. v. 13.03.2009 – 3-5 O 57/06, juris, Rn. 32; LG Frankfurt a. M., NZG 2019, 989 (insoweit abgedruckt in BeckRS 2019, 15231, Rn. 64) – „*Stada AG*“; LG Stuttgart, BeckRS 2018, 35320, Rn. 93; vgl. S. 206.

[771] *Emmerich*/Habersack, § 305 AktG Rn. 56; in diese Richtung auch *Piltz*, ZGR 2001, 185 (195); *Schnorbus/Rauch*/Grimm Manon, AG 2021, 391 (396).; LG Köln, AG 2009, 835 (837); a. A. *Happ/Bednarz*, FS Stilz 2014, 219 (231 ff.).

[772] *Kiem*, ZGR, 36 2007, 542 (555); vgl. die Kritik der DVFA Expert Group „Corporate Transactions and Valuation“, CF biz 2012, 43 (43 f.).

2. *Missbrauchsgefahr und Manipulationsanfälligkeit*

Ein weiterer Nachteil des Ertragswertverfahrens ist dessen hohe Komplexität,[773] die nicht nur auf der Anwendungsebene eine methodensaubere Wertermittlung nahezu unmöglich macht,[774] sondern auch vom zur Entscheidung berufenen Richter kaum nachvollzogen werden kann.[775] Die Rechtsprechung zieht sich daher häufig auf eine Plausibilitätskontrolle zurück.[776] Die Unternehmensplanung sei in erster Linie eine unternehmerische Entscheidung.[777] Die zukunftsgerichteten Planungen der Unternehmensleitung und die darauf aufbauenden Schätzungen und Prognosen ihrer Erträge seien daher nur eingeschränkt justiziabel.[778] Sie können vom erkennenden Gericht nur darauf untersucht werden, ob sie am Bewertungsstichtag auf zutreffenden Tatsachen beruhen und auf realistischen Annahmen aufbauen, plausibel, konsistent, in sich nicht widersprüchlich und rechnerisch richtig seien.[779] Unternehmensplanungen dürfen nicht durch andere – ebenfalls nur vertretbare – Annahmen des Gerichts ersetzt werden.[780] Ertragswerte sind damit keinesfalls frei von Einflüssen der Unternehmensleitung.[781] Die eingeschränkte gerichtliche Kontrolle eröffnet vielmehr eine gewisse Missbrauchsgefahr zu Lasten der Minderheitsaktionäre, die auf die unternehmerischen Planungsrechnungen keinerlei Einfluss ausüben können.[782] Zwar setzt dies den fehlenden Einfluss der Minderheit auf die Unter-

---

[773] Vgl. zur Ermittlung der künftigen Überschüsse und der Abzinsung *Stilz*, FS Goette 2011, 529 (532ff.).

[774] *Quill*, BFuP 2017, 275 (278f.); *Ruiz de Vargas*, NZG 2021, 1001 (1003).

[775] *Emmerich*, FS Stilz 2014, 135 (135); *W. Müller*, FS Röhricht 2005, 1015 (1017).

[776] OLG Frankfurt a.M., AG 2012, 513 (514); OLG Stuttgart, Beschl. v. 17.10.2011 – 20 W 7/11, juris, Rn. 176ff.; dies kritisierend: *Emmerich*/Habersack, §305 AktG Rn. 58 m. w. N. aus der Rspr.; jüngst auch OLG München, BeckRS 2021, 43656, Rn. 37.

[777] *Hüffer*, ZHR 172 (2008) 572 (574ff.); LG Frankfurt a.M., Beschl. v. 13.03.2009 – 3–5 O 57/06, juris, Rn. 19.

[778] OLG Düsseldorf, BeckRS 2020, 9067, Rn. 38 mit umfangreichen Nachweisen aus Rspr. und Lit.

[779] *Emmerich*, EWeRK 2016, 153 (154); *W. Müller*, FS Roth 2011, 517 (523); OLG Frankfurt a.M., Beschl. v. 02012 – 21 W 11/11, juris, Rn. 22; OLG Zweibrücken, BeckRS 2017, 134513, Rn. 27; *Ruthardt/Popp*, AG 2019, 196 (197).

[780] *Emmerich*, EWeRK 2016, 153 (154); *Höfling*, NZG 2020, 136 (138); *Ruthardt/Popp*, AG 2019, 196 (197); BGH, BeckRS 2023, 6362, Rn. 35; OLG Frankfurt a.M., AG 2012, 513 (514); OLG Frankfurt a.M., Beschl. v. 05.03.2012 – 21 W 11/11, juris, Rn. 22; OLG Frankfurt a.M., BeckRS 2020, 23646, Rn. 39; OLG Stuttgart, AG 2011, 420 (424); OLG Zweibrücken, BeckRS 2017, 134513, S. 19, 27 jeweils m. w. N.; vgl. zur Kritik an einer reinen Vertretbarkeitsprüfung bereits S. 55ff.

[781] *W. Müller*, FS Röhricht 2005, 1015 (1028); *Schwetzler*, FS Großfeld 2019, 401 (409).

[782] *Emmerich*, FS Stilz 2014, 135 (136, 139); *Emmerich*/Habersack, §305 AktG Rn. 91; *W. Müller*, FS Röhricht 2005, 1015 (1028). Eine grundsätzliche Kritik am Ertragswertverfahren äußert *Stilz*, FS Goette 2011, 529 (531ff.) und plädiert gleichzeitig für eine stärkere Fokussierung auf den Verkehrswert; äußerst krit. *Matschke*, FS Nadvornik 2016, 101 (v.a. 123). Zu Recht wirft *Ruiz de Vargas*, NZG 2021, 1001 (1003) jedoch auf, dass Ertragswerte in der Praxis nicht per se zu einer Benachteiligung der Minderheitsaktionäre führen.

nehmensplanung auf Abfindungsebene fort.[783] Die richterliche Zurückhaltung hat über die Jahre hinweg jedoch zu einer gewissen Monopolstellung des IDW in der Gerichtspraxis geführt.[784] Hinzu kommt, dass die Wertgutachten vom Mehrheitsaktionär in Auftrag gegeben werden, was erhebliche Zweifel an deren Objektivität schürt.[785] Dasselbe gilt für den gerichtlichen Angemessenheitsprüfer, der auf Vorschlag des Mehrheitsgesellschafters bestellt wird.[786] Die wertrelevanten Parameter können so gewählt werden, dass sie zu einem möglichst geringen Abfindungsanspruch der Minderheit führen.[787] Durch den Einfluss der Unternehmensleitung besteht somit im Ertragswertverfahren jedenfalls kein geringeres Missbrauchs- bzw. Manipulationspotenzial, das den Vorzug gegenüber Börsenkursen rechtfertigen würde.[788]

3. *Umweg der indirekten Anteilsbewertung*

Die Unternehmensbewertung mittels Fundamentalbewertungsverfahren ist bei existierenden Marktpreisen außerdem ein Umweg, der keine besseren Erkenntnisse verspricht und zugleich „das Bewertungsproblem im Ansatz von den Füßen auf den Kopf" stellt.[789] Wenn aussagekräftige Börsenkurse existieren, sollten diese als Schätzgrundlage herangezogen werden, da eine direkte Anteilsbewertung dem Bewertungsziel, insbesondere im Hinblick auf Gegenstand und Perspektive der Bewertung am besten entspricht.[790] Indem das Ertragswertverfahren zunächst den Unternehmenswert ermittelt und dabei auf einen objektiven Dritten abstellt,[791] wird das Bewertungsobjekt „Gesellschaftsanteil" und das Bewertungssubjekt „Durchschnitts-Minderheitsaktionär" nicht hinreichend

---

[783] In diese Richtung: OLG Frankfurt a. M., Beschl. v. 05.03.2012 – 21 W 11/11, juris, Rn. 23.

[784] Krit. *Karami*, Stand und (Weiter-)Entwicklung der rechtsgeprägten Unternehmensbewertung, S. 1 ff.

[785] *Drukarczyk*, FS Scherrer 2004, 626 (642 f.); *Karami*, Stand und (Weiter-)Entwicklung der rechtsgeprägten Unternehmensbewertung, S. 6 ff.; *Kiem*, ZGR, 36 2007, 542 (554); *Knoll*, BFuP 2017, 300 (305); *Steinhauer*, AG 1999, 299 (302); *F. Zeidler*, NZG 1998, 946 (949).

[786] *Karami*, Stand und (Weiter-)Entwicklung der rechtsgeprägten Unternehmensbewertung, S. 6; *Matschke*, FS Nadvornik 2016, 101 (116); *Schwetzler*, FS Großfeld 2019, 401 (409).

[787] *Matschke*, FS Nadvornik 2016, 101 (120 f.).

[788] *Emmerich*, FS Stilz 2014, 135 (137 f.); *Knoll*, FS Großfeld 2019, 229 (237); *Luttermann*, ZIP 1999, 45 (47); *W. Müller*, FS Röhricht 2005, 1015 (1028); OLG München, BeckRS 2021, 43656, Rn. 90; *Schmidt*, NZG 2020, 1361 (1364); LG Frankfurt a. M., NZG 2019, 989 (insoweit abgedruckt in BeckRS 2019, 15231, Rn. 78) – *„Stada AG"*; a. A. OLG Frankfurt a. M., Beschl. v. 05.03.2012 – 21 W 11/11, juris, Rn. 25 f.

[789] *Busse v. Colbe*, FS Lutter 2000, 1053 (1062); dem folgend LG Stuttgart, BeckRS 2018, 35320, Rn. 85; OLG Frankfurt a. M., AG 2010, 751 (753) – *„T-Online/Deutsche Telekom"*; *Luttermann*, NZG 2007, 611 (616 f.); *Matschke*, FS Nadvornik 2016, 101 (128); *W. Müller*, FS Roth 2011, 517 (518 f.).

[790] *Hachmeister*, FS Ballwieser 2014, 219 (228); *Stilz*, ZGR 2001, 875 (892).

[791] IDW S 1, Rn. 32.

gewürdigt.[792] Insoweit sollte das Ertragswertverfahren gerade mit Rücksicht auf seine Normzweckadäquanz stärker hinterfragt werden.

III. Zwischenergebnis

Letztlich wird mittels des Ertragswertverfahrens nur scheinbar ein rationaler und von interessengeleiteten Einflüssen freier Wert ermittelt. Richtigerweise kann es sich auch bei den Ertragswertverfahren lediglich um „Hilfsverfahren" bei der Ermittlung der angemessenen Abfindung handeln.[793] Ertragswertverfahren sind jedenfalls nicht geeignet, einen „mathematisch exakten" Unternehmenswert zum Stichtag im Sinne des einen „wahren" Wertes zu ermitteln.[794] Das Bewertungsergebnis im Ertragswertverfahren ist allenfalls Grundlage der richterlichen Schätzung.[795] Etwaige Ineffizienzen des Kapitalmarkts führen nicht zu einem weiter vom „inneren" Wert abweichenden Ergebnis als die Schätzungen und Prognosen im Ertragswertverfahren.[796] Eine unreflektierte Anwendung der betriebswirtschaftlichen Bewertungsverfahren verkennt die rechtliche Dimension der Bewertung.[797] Die Schwächen des Ertragswertverfahrens machen deutlich, dass auch die anerkannten Bewertungsverfahren keinesfalls frei von Kritik sind. Der Börsenkurs kann daher ebenso ein taugliches Näherungsverfahren sein und bietet gegenüber dem Ertragswertverfahren die bereits dargelegten Vorteile.

---

[792] *Hachmeister*, FS Ballwieser 2014, 219 (228).

[793] *Hüttemann*, FS Hoffmann-Becking 2013, 603 (615); LG Frankfurt a. M., BeckRS 2016, 6241; *W. Müller*, FS Röhricht 2005, 1015 (1022); *W. Müller*, FS Roth 2011, 517 (523); *Stilz*, FS Goette 2011, 529 (536).

[794] BayObLG München, NZG 2006, 156 (157); BGH, NZG 2016, 139 (143) – „*Stinnes*"; BVerfG, NZG 2012, 1035 (1037) – „*DaimlerChrysler*"; OLG Düsseldorf, BeckRS 2019, 6564, Rn. 67; OLG München, AG 2019, 659 (660); OLG München, BeckRS 2019, 18251, Rn. 37; OLG München, BeckRS 2019, 22733, Ls. 1; OLG München, BeckRS 2020, 3428, Rn. 47; OLG München, BeckRS 2020, 9359, Rn. 34; OLG München, AG 2012, 749 (750) – „*Singulus*"; OLG Zweibrücken, BeckRS 2017, 134513, Rn. 16; *Risse*, ZIP 2021, 2309 (2320); *Ruthardt/Popp*, AG 2020, 240 (244); *Stilz*, FS Goette 2011, 529 (531 ff.): „Scheinrationalität des Ertragswerts"; MüKoAktG/*van Rossum*, § 305 Rn. 95 („Scheingenauigkeit"); LG Frankfurt a. M., Beschl. v. 13.03.2009 – 3–5 O 57/06, juris, Rn. 19 („Scheingenauigkeit"); LG Frankfurt a. M., BeckRS 2016, 6241; LG Frankfurt a. M., NZG 2019, 989 (991) – „*Stada AG*"; LG Stuttgart, BeckRS 2018, 35320, 97 („pseudomathematische Exaktheit"); LG Stuttgart, BeckRS 2019, 23342, Rn. 254 („pseudomathematische Exaktheit"); *Großfeld*, Unternehmens- und Anteilsbewertung 2002, S. 45; *Hachmeister*, FS Ballwieser 2014, 219 (229); *Luttermann*, ZIP 1999, 45 (47): „Gewand mathematischer Exaktheit".

[795] *Hüttemann*, FS Hoffmann-Becking 2013, 603 (615); *Koch*, AktG, § 305 Rn. 40; OLG Stuttgart, BeckRS 2011, 23676; LG Frankfurt a. M., NZG 2019, 989 (991) – „*Stada AG*".

[796] Schmidt/Lutter/Bayer/*Stephan*, AktG, § 305 Rn. 61; *Stilz*, FS Goette 2011, 529 (538).

[797] *W. Müller*, FS Bezzenberger 2000, 705 (706); vgl. zur bloßen „Scheingenauigkeit": MüKoAktG/*van Rossum*, § 305 Rn. 95 mit umfassenden Nachweisen aus der Lit.

D. Der börsennotierten Aktie immanente Beschränkung

Für einen Vorrang des Börsenkurses lässt sich außerdem anführen, dass der Aktionär bereits eine „originär begrenzte Vermögensposition" erwirbt.[798] Dies gleich in zweierlei Hinsicht: Die Rechtsstellung der Aktionäre in der Gesellschaft unterliegt von vornherein der Möglichkeit der Beschränkung durch die Mehrheit (Stichwort: Mehrheitsprinzip), mit der die Möglichkeit minderheitsausschließender Strukturmaßnahmen einhergeht.[799] Bei börsennotierten Aktiengesellschaften unterwirft sich der Aktionär beim Erwerb der Aktie außerdem der Bewertung durch den Kapitalmarkt und den jeweiligen Marktgegebenheiten.[800] Will er seine Beteiligung veräußern, kann er bei rationalem Anlegerverhalten keinen höheren Preis erwarten als den auf Angebot und Nachfrage basierenden Börsenpreis.[801] Es mag in Ausnahmefällen durchaus vorkommen, dass außerhalb der Börse ein höherer Preis erzielt wird. Dies beruht aber entweder auf Zufällen und Irrationalitäten wie bspw. unzureichender Information des Erwerbers oder erfolgt in den Fällen des Zukaufs zur Erlangung einer Mehrheitsbeteiligung, wofür regelmäßig ein „Governance-Zuschlag" gezahlt wird. Diese Preise bilden jedoch nicht den Anteilswert in der Hand der Minderheit ab. Die Differenz beziffert vielmehr die mit der Erlangung der Mehrheit verbundene Herrschaftsmacht, die der Minderheit gerade nicht vermögensmäßig zuzuordnen ist.[802] Diesen Preis könnte ein Minderheitsaktionär, würde er nicht an den Mehrheitsaktionär veräußern, in der Regel nicht erzielen, weshalb er ihm wertmäßig auch nicht zusteht.[803] Diese Wertungen sind auch auf Paketpreise und Vorerwerbspreise übertragbar.[804] Im Übernahmerecht hingegen rechtfertigt die

[798] *Luttermann*, NZG 2007, 611 (616).

[799] RGZ 68, 235 (246): „Mit dieser Tatsache muß sich jeder abgefunden haben, der Aktien erwirbt".

[800] *Diekmann*, FS Großfeld 2019, 97 (106); *Luttermann*, NZG 2007, 611 (616); *W. Müller*, FS Röhricht 2005, 1015 (1023 ff.); LG Frankfurt a. M., NZG 2019, 989 (insoweit abgedruckt in BeckRS 2019, 15231, Rn. 65) – *„Stada AG"*; LG Stuttgart, BeckRS 2018, 35320, Rn. 95; LG Stuttgart, BeckRS 2019, 23342, Rn. 225, 253, 290.

[801] So auch *Bungert/Wettich*, FS Hoffmann-Becking 2013, 157 (165); LG Stuttgart, BeckRS 2018, 35320, Rn. 111.

[802] *Wilm*, NZG 2000, 234 (239 f.) stellt zutr. fest, dass Paketpreise den Grenznutzen des Mehrheitsaktionärs abbilden. Auf diesen kommt es für die Barabfindung jedoch nicht an.

[803] Wie hier: *Brandi/Wilhelm*, NZG 2009, 1408 (1410); *Piltz*, ZGR 2001, 185 (198); *Wilm*, NZG 2000, 234 (239 f.); OLG Frankfurt a. M., BeckRS 2021, 31295, Rn. 32; a. A. *Busse v. Colbe*, FS Lutter 2000, 1053 (1061); *Emmerich*/Habersack, § 305 AktG Rn. 68; *W. Müller*, FS Bezzenberger 2000, 705 (718); OLG Hamm, AG 1963, 218 (219).

[804] So die h. M.: *Behnke*, Spruchverfahren, S. 32; *Großfeld*, BB 2000, 261 (265); *Koch*, AktG, § 305 Rn. 31 m. w. N.; *Piltz*, ZGR 2001, 185 (198 f.); MüKoAktG/*van Rossum*, § 305 Rn. 91; BeckOGK/*Veil/Preisser* AktG, § 305 Rn. 71 f.; *Wilm*, NZG 2000, 234 (240); BVerfGE 100, 289 (306 f.) – *„DAT/Altana"*; BGH, NJW 2010, 2657 (2660) – *„Stollwerck"*; OLG Düsseldorf, NZG 2003, 588 (591) – *„SNI"*; OLG Frankfurt a. M., AG 2012, 513 (Ls. 1); OLG Frankfurt a. M., Beschl. v. 28.03.2014 – 21 W 15/11, juris, Rn. 225 f.; OLG Frankfurt a. M., BeckRS 2021, 31295, Rn. 32; OLG Stuttgart, NZG 2007, 112 (119); differenzierend LG Köln,

Nähe zu einer tatsächlichen Verkaufssituation eine abweichende Beurteilung (vgl. § 31 Abs. 6 WpÜG).[805]

Die spezifische Unsicherheit des Marktes ist der Investitionsentscheidung von vornherein immanent. Die Aktionäre unterwerfen sich im Zeitpunkt der Anlage den Marktbegebenheiten und haben nie die Sicherheit, dass sie dauerhaft an der Gesellschaft beteiligt bleiben oder dass sich ihre Renditeerwartungen auch tatsächlich realisieren.[806] All dies sind zukünftige Gewinnerwartungen, die dem Beteiligungswert zum Stichtag noch nicht innewohnen. Der Aktionär einer börsennotierten Gesellschaft kann daher lediglich den im Börsenkurs ausgedrückten Nutzwert der Beteiligung verlangen. Ein höherer Preis wäre eine Überkompensation des Minderheitsaktionärs, auf die kein Anspruch besteht.[807]

Auf den ersten Blick greift das Argument einer der Aktie immanenten Beschränkung für die Aktionäre zu kurz, die ihre Aktien bereits vor dem Börsengang erworben haben. Es wäre dann eine unterschiedliche Bewertung dieser Aktionärsgruppe erforderlich, was einerseits schon aus Praktikabilitätsgründen, vielmehr aber noch im Interesse der abfindungsrechtlichen Gleichbehandlung ausscheiden muss. Begründen lässt sich dies schon damit, dass auch Aktionäre einer nicht-börsennotierten Gesellschaft keine andere Möglichkeit haben, ihren Beteiligungswert zu realisieren als über eine Veräußerung am Markt. Durch den Börsengang wird diese Veräußerungsmöglichkeit lediglich vereinfacht und in einem Marktpreis ausgedrückt. Die Veräußerungsmöglichkeit ist der Minderheitsbeteiligung an einer Aktiengesellschaft aber unabhängig davon, ob die Aktien in einem Markt gehandelt werden, immanent.

AG 2009, 835 (839) (keine Bedeutung für den Verkehrswert der Aktie, aber für den Verkehrswert des Unternehmens); a. A. *Emmerich*/Habersack, § 305 AktG Rn. 68; *Helmis*, ZBB 2003, 161 (164); *Hüttemann*, FS Hoffmann-Becking 2013, 603 (615); LG Stuttgart, Beschl. v. 17.09.2018 – 31 O 1/15 KfH SpruchG, juris, Rn. 177 ff., mit umfassender Argumentation, wobei das Gericht die Frage im konkreten Fall offenlassen konnte. Vorerwerbspreise können ausnahmsweise berücksichtigt werden, wenn diese gerade keine Paketzuschläge enthalten (so im Falle des OLG Frankfurt a. M., BeckRS 2021, 31295, Rn. 33 ff.).

[805] Vgl. bereits S. 106 ff.

[806] LG Frankfurt a. M., NZG 2019, 989 (insoweit abgedruckt in BeckRS 2019, 15231, Rn. 65) – „*Stada AG*“; LG Stuttgart, BeckRS 2018, 35320, Rn. 95; LG Stuttgart, BeckRS 2019, 23342, Rn. 253.

[807] In diese Richtung argumentierend: *W. Müller*, FS Röhricht 2005, 1015 (1024 f.); *Piltz*, ZGR 2001, 185 (198). Dies deutet auch bereits das BayObLG München, AG 1999, 43 (45) an, wenn es ausführt, dass der „Börsenkurs von vielen Faktoren und Zufälligkeiten beeinflußt sein kann. Das nimmt aber schon jeder Aktienerwerber bewußt in Kauf.“.

E. Fazit

I. Heranziehung von Börsenkursen als Regelabfindung bei börsennotierten Aktiengesellschaften

Nach alledem überzeugt es im Hinblick auf Normzweckadäquanz und Effizienz bzw. Prozessökonomie bei börsennotierten Gesellschaften Börsenkurse als Regelabfindung heranzuziehen.[808] Einer unbeeinflussten Preisbildung auf einem effizienten Markt kann die Aussagekraft hinsichtlich des Beteiligungswerts kaum abgesprochen werden. Funktionierenden Marktmechanismen kommt insoweit eine gewisse Richtigkeitsgewähr zu.[809] Börsenkurse bilden aufgrund der Vielzahl subjektiver Wertvorstellungen den gesuchten objektivierten Beteiligungswert ab. Auch im Hinblick auf die Bewertungsperspektive entspricht die Sicht des Kapitalmarkts am ehesten derjenigen der außenstehenden Aktionäre, die ihren Beteiligungswert regelmäßig nur durch Veräußerung am Markt realisieren können. Auch die Fundamentalbewertung weist erhebliche Schwächen, Beeinflussungs- und Manipulationspotenziale auf, sodass deren Ergebnisse insoweit nicht als zuverlässiger gelten können. Im Hinblick auf das Gebot effektiven Rechtsschutzes kann der überlangen Dauer von Spruchverfahren allein durch eine Heranziehung von Börsenkursen als Regelabfindung effektiv entgegengewirkt werden. Denn solange zusätzliche Bewertungsgutachten in Auftrag gegeben werden, kann auch die Heranziehung von Börsenkursen nicht zu verkürzten Verfahren führen.

II. Prüfungsmaßstab und Beweislast in Spruchverfahren

Legt man den Börsenkurs als Regelabfindung fest, so obliegt es dann den außenstehenden Aktionären im Spruchverfahren darzulegen und zu beweisen, dass der Börsenkurs den Verkehrswert der Beteiligung im konkreten Einzelfall nicht abbildet, weil kein hinreichend liquider Handel stattgefunden hat, Anzeichen für manipulative Einwirkungen auf den Kurs vorliegen oder keine effek-

---

808 Wie hier: *Bayer*, Gutachten E, 67. DJT, 2008, S. 105 f.; *Bungert/Wettich*, FS Hoffmann-Becking 2013, 157 (176 f.); *Decher*, ZHR 171 (2007) 126 (142) (Ausnahme nur bei „*Marktversagen*"); *Fleischer*, AG 2014, 97 (112); *Gärtner/Handke*, NZG 2012, 247 (249); *Hüttemann*, ZGR 2001, 454 (478); *Krieger*, Verhandlungen des 67. DJT, 2008, N25 (N30 f.); *Krieger* in MüHdb GesR IV, § 71 Rn. 139; *Luttermann*, ZIP 1999, 45 (47) (Ausnahme nur bei „totalem Marktversagen"); *Luttermann*, NZG 2007, 611 (616 f.); *W. Müller*, FS Röhricht 2005, 1015 (1028); *Stilz*, FS Goette 2011, 529 (542); *Tonner*, FS Schmidt 2009, 1581 (1602); MüKoAktG/*van Rossum*, § 305 Rn. 96; BeckOGK AktG/*Veil/Preisser*, § 305 Rn. 58; a. A. *Happ/Bednarz*, FS Stilz 2014, 219 (231 ff.).

809 *Drukarczyk*, FS Scherrer 2004, 626 (637); *Götz*, DB 1996, 259 (262); *Koch*, AktG, § 305 Rn. 39; *W. Müller*, FS Bezzenberger 2000, 705 (716); *Reichert*, FS Stilz 2014, 479 (499); *Schnorbus/Rauch/*Grimm Manon, AG 2021, 391 (396); *Steinhauer*, AG 1999, 299 (306); in Bezug auf Verschmelzungen instruktiv *Stilz*, FS Mailänder 2006, 423 (430); a. A. FAUB, WPg 2021, 957 (959).

tive Informationsbewertung gewährleistet war. Dies erfordert im ersten Schritt kein Bewertungsgutachten, sondern vielmehr eine Kursanalyse. Werden dabei Manipulationen oder Ineffizienzen aufgedeckt, ist im zweiten Schritt zu prüfen, ob diese nicht bereinigt werden können.[810] Eine Kursbereinigung lässt sich bei Marktmanipulationen einfacher durchführen als bei Verstößen gegen Publizitätspflichten, da nur schwer zu ermitteln ist, wie sich eine Information hypothetisch auf den Kurs auswirkt.[811] Nur wenn eine Kursbereinigung im Einzelfall nicht möglich ist und die Aussagekraft des Börsenkurses widerlegt werden kann, muss in einem dritten Schritt eine Neubewertung auf Basis anderer geeigneter Bewertungsverfahren erfolgen.[812]

III. Gesetzgeberisches Tätigwerden

Eine Bewertung allein anhand von Börsenkursen ist nach den vorstehenden Erwägungen somit zwar die zweckadäquateste Methode zur Ermittlung angemessener Abfindungsleistungen bei Strukturmaßnahmen. Dennoch ist in der Praxis – mangels Rechtssicherheit bezüglich der Anforderungen an den Börsenkurs – derzeit nicht davon auszugehen, dass sich ein alleiniges Abstellen auf Börsenkurse etabliert. Eine Verfahrensbeschleunigung ist aber nur zu erwarten, wenn bereits auf Ebene der Gesellschaft bei der Bestimmung der Abfindungsleistung auf den Börsenkurs abgestellt und kein Bewertungsgutachten in Auftrag gegeben wird. Dies bietet sich auch gesamtökonomisch an, da kostspielige Ertragswertgutachten dann nur in Abwesenheit aussagekräftiger Kurse erfolgen müssen. Nach der derzeitigen Rechtslage ist der Börsenkurs aber nicht als vorrangige Bewertungsmethode heranzuziehen.

Denkbar ist daher eine Anpassung der geltenden Abfindungsregelungen dahingehend, dass sich die Abfindung in Anlehnung an WpÜG und BörsG bei börsennotierten Gesellschaften grundsätzlich nach dem (durchschnittlichen) Börsenkurs der (bspw. letzten drei Monate) vor Bekanntgabe der Maßnahme bemisst,[813] es sei denn, der Börsenkurs ist im konkreten Fall nicht aussagekräftig (widerlegliche Angemessenheitsvermutung). Dabei sollten für die Ausfüllung des Begriffs der „Aussagekraft" lediglich Eckpunkte als Ausnahmen nach dem Vorbild des § 5 Abs. 4 WpÜG festgelegt und im Übrigen den Gerichten die Beurteilung im konkreten Einzelfall überlassen werden. Nur so ist eine flexible Anpassung an die sich verändernden Marktumstände möglich.

---

[810] Wie hier schon *W. Baums*, Ausgleich nach § 304 AktG, S. 145; *Luttermann*, ZIP 1999, 45 (51); *W. Müller*, FS Bezzenberger 2000, 705 (716); *Steinhauer*, AG 1999, 299 (307); *Steinhauer*, Insiderhandelsverbot, S. 274–281.

[811] *W. Baums*, Ausgleich nach § 304 AktG, S. 145.

[812] In diese Richtung auch *Stilz*, FS Goette 2011, 529 (542).

[813] *Bayer*, Gutachten E, 67. DJT, 2008, S. 106; *Fleischer*, AG 2014, 97 (112) (unter Verweis auf die italienische Regelung des Art. 2437-ter des Codice civile); Fleischer/Hüttemann/*Fleischer*, § 38 Rn. 38.43.

Insbesondere vor dem Hintergrund, dass die Strukturmaßnahmen nach dem AktG und UmwG auch nicht-börsennotierte Gesellschaften erfassen, sollte die Abfindungsregelung weiterhin möglichst abstrakt gehalten werden. Es überzeugt daher, die gesetzlichen Regelungen unangetastet zu lassen. Die höchstrichterliche Rechtsprechung, der auch in der Vergangenheit die Ausfüllung des Angemessenheitsgebots überantwortet wurde, sollte die Börsenkursrechtsprechung vielmehr fortschreiben und sich für eine Angemessenheitsvermutung des Börsenkurses aussprechen. So können schon die Mehrheitsaktionäre die Barabfindungen auf Grundlage des Börsenkurses ohne zusätzliches Ertragswertverfahren bestimmen und die Verfahren im gesamtökonomischen Interesse erheblich beschleunigt werden. Die Minderheit wird hierdurch auch nicht ihrer Rechte beschnitten, da sie die Angemessenheit der Barabfindung weiterhin im Spruchverfahren überprüfen lassen kann.

Teil 4

Bewertung mittels Freiverkehrskursen

Teil 3 hat gezeigt, dass Börsenkurse nicht nur als Bewertungsmethode zur Bestimmung der Barabfindung von Minderheitsaktionären geeignet sind, sondern dass auf funktionierenden Märkten wie dem regulierten Markt sogar eine Angemessenheitsvermutung für den Börsenkurs streitet. Ob und inwieweit aber auch im Freiverkehr gebildete Kurse bei der Barabfindung der außenstehenden Aktionäre herangezogen werden können, wird in Rechtsprechung und Literatur bislang, wenn überhaupt, nur am Rande thematisiert.[1] Die Frage soll hier daher unter Einbeziehung der bisherigen Feststellungen neu aufgerollt und eingehend untersucht werden.

Dabei soll einleitend das Handelssegment Freiverkehr in seinen grundlegenden Zügen dargestellt und systematisch in das nationale und europäische Rechtsgefüge eingeordnet werden (§ 12). Insbesondere die systematische Einordnung in das (inter)nationale Marktsystem ist von entscheidender Bedeutung für die weiteren Analysen, allen voran das Regulierungsniveau des Freiverkehrs als Grundbedingung der Aussagekraft von Börsenkursen. Die Untersuchung erfolgt anschließend unter zwei Gesichtspunkten: Zum einen soll untersucht werden, ob die DAT/Altana-Rechtsprechung, wonach Börsenkurse als Wertuntergrenze heranzuziehen sind, auch auf Freiverkehrskurse unmittelbar oder zumindest entsprechend anzuwenden ist (§ 13), ob Freiverkehrskurse also gleichermaßen den Desinvestitionswert der Aktie abbilden. Zum anderen wird untersucht, inwieweit Freiverkehrskurse als eigenstände Schätzgrundlage für den Verkehrswert i. w. S. geeignet sind (§ 14). Dies richtet sich maßgeblich nach der von der Funktionsfähigkeit des Marktes abhängigen Aussagekraft von Freiverkehrskursen, die daher den Schwerpunkt der Untersuchung bildet. Abschließend wird zur Frage Stellung bezogen, ob auch Freiverkehrskurse als Regelabfindung herangezogen werden sollten.

---

[1] So lag auch dem Verfahren i. S. Nestlé (BGH, DStR 2016, 974 – „*Nestlé*"; OLG Frankfurt a. M., BeckRS 2014, 22980) eine Notierung im Freiverkehr zugrunde, was der Senat in der Entscheidung jedoch vollkommen unberücksichtigt ließ; so auch im Fall des LG Mannheim, Beschl. v. 29.01.2007 – 24 AktE 15/04, juris, Rn. 5; vgl. dagegen aber *Brandenstein/Höfling*, NZG 2021, 18; Karami, Übertragung der Börsenkursrechtsprechung auf Freiverkehrstitel; *Schmidt*, NZG 2020, 1361; *Zwirner/Zimny*, BB 2018, 1387 (1388).

§ 12 Der Freiverkehr an den Wertpapierbörsen

Neben dem Handel im regulierten Markt werden an der Frankfurter Wertpapierbörse (FWB) und den Regionalbörsen[2] Wertpapiere auch im sog. Freiverkehr gehandelt. Der Charakter des Freiverkehrs ist in besonderem Maße historisch geprägt, unterliegt jedoch einer zunehmenden rechtlichen Ausformung. Denn die wirtschaftliche Bedeutung der Handelsplätze, insbesondere aufgrund ihrer Rolle für die Binnenmarktunion im Finanzsektor, führt zu einer stetig steigenden Regulierung des Kapitalmarktrechts durch den europäischen Gesetzgeber.[3] Gerade im Hinblick auf die umfassende Neustrukturierung des europäischen Marktsystems in den vergangenen Jahren, ist eine klare Einordnung des Freiverkehrs unter die Begrifflichkeiten der nationalen und europäischen Regelungen vorzunehmen. Einerseits, um den Anwendungsbereich der Vorschriften auch in kollisionsrechtlicher Hinsicht abzustecken, andererseits um bereits erste Unterschiede zum regulierten Markt auszumachen.

A. Systematische Einordnung des Freiverkehrs in das europäische und nationale Marktsystem

Es ist zunächst eine Einordnung in das System von nationalen und europäischen Handelsplätzen und regulatorischen Grundlagen vorzunehmen. Aufgrund der kontinuierlichen Ausdifferenzierung der Handelsplätze und der Vielzahl gesellschafts- und kapitalmarktrechtlicher Vorschriften, die auf unterschiedliche Begriffsverständnisse setzen, lässt sich der Freiverkehr nicht offensichtlich regulatorisch einordnen. Dies ist aber entscheidend, um herauszustellen, inwieweit sich der regulierte Markt und der Freiverkehr unterscheiden. Um einen Überblick zu gewinnen, welche Vorschriften im Einzelnen Anwendung finden, erscheint es sinnvoll, diese Überlegungen voranzustellen, ehe im Laufe der Untersuchung auf das Regulierungsniveau im Einzelnen noch intensiver eingegangen wird.

I. Die historische Entwicklung des Freiverkehrs

Der Freiverkehrshandel hatte sich an der Börse zunächst als ein von den Händlern in eigener Verantwortung betriebener und privatrechtlich organisierter, außerbörslicher Handel entwickelt,[4] der vom Gesetzgeber lediglich geduldet wurde.[5] Dies verdeutlicht § 43 BörsG 1896[6]:

---

[2] Börse Berlin, Börse Düsseldorf, Börse Hamburg/Hannover, Börse München und Börse Stuttgart.

[3] MüKoBGB/*Lehmann*, Teil 12. Internationales Finanzmarktrecht Rn. 253.

[4] *Claussen*, FS Stimpel 1985, 1049 (1050, 1054 f.); *Fink*, Der Freiverkehr, S. 23, 28; *Hammen*, WM 2003, 997 (997). Differenziert wurde zu dieser Zeit noch zwischen dem durch Richtlinien des Trägers des Freiverkehrs geregelten und dem ungeregelten Freiverkehr – dem Tele-

Für[5] Wertpapiere[6], deren Zulassung zum Börsenhandel verweigert oder nicht nachgesucht ist, *darf eine amtliche Feststellung des Preises nicht erfolgen*. Geschäfte in solchen Wertpapieren *sind von der Benutzung der Börseneinrichtung ausgeschlossen und dürfen von den Kursmaklern nicht vermittelt werden*. Auch dürfen für solche an der Börse abgeschlossenen Geschäfte *Preislisten (Kurszettel) nicht veröffentlicht* oder in mechanisch hergestellter Vervielfältigung verbreitet werden, soweit nicht die Börsenordnung für besondere Fälle Ausnahmen gestattet.

Insbesondere das Verbot, die Einrichtungen der Börse zu nutzen, koppelte den Freiverkehr sichtbar von der Börse ab. Wegen der geringeren Qualität des außerbörslichen und unregulierten Handels wollte der Gesetzgeber den Handel in „amtlich nicht notierten Werten“[7] augenscheinlich erschweren. Befürchtet wurde, dass sich der Freiverkehrshandel negativ auf die Reputation der Börse auswirken könnte, da die Anleger Missstände im Freiverkehr mit der Börse in Verbindung bringen könnten und dadurch das Vertrauen der Anleger in den Kapitalmarkt insgesamt geschmälert würde.[8]

Da das Interesse an einem Handel in amtlich nicht notierten Werten jedoch immer weiter stieg,[9] wurde der Freiverkehrshandel vermehrt organisiert. So wurde 1912 eine „Ständige Kommission für Angelegenheiten des Handels in amtlich nicht notierten Werten“ durch den Centralverband des deutschen Bank- und Bankiergewerbes e. V. errichtet, um den Handel einheitlichen Regelungen zu unterwerfen.[10] In der Folgezeit wurden an den Handelsplätzen regionale Unterausschüsse gebildet,[11] die Richtlinien zur Organisation des Handels, der Einbeziehung von Wertpapieren und der Konfliktlösung erließen und dabei den Zweck verfolgten, dem Freiverkehr eine einheitliche (privatrechtliche) Grundlage zu geben.[12]

---

fonverkehr. Diese Unterscheidung wurde aufgegeben (vgl. Hopt/*Kumpan*, HGB, § 48 BörsG Rn. 2, 14).

[5] RegE Börsenzulassungs-Gesetz, BT-Drs. 10/4296, S. 11; *Claussen*, FS Stimpel 1985, 1049 (1049); *Schwark*, NJW 1987, 2041 (2046); vgl. zu den Ursprüngen des Freiverkehrs instruktiv *Fink*, Der Freiverkehr, S. 26 ff.

[6] Börsengesetz (BörsG 1896) v. 22.06.1896, RGBl., S. 157 (Hervorhebungen durch Verf.).

[7] Vgl. *Scheller*, Der Handel in amtlich nicht notierten Werten, S. 23.

[8] RegE Zweites Finanzmarktförderungsgesetz, BT-Drs. 12/6679, S. 76; *Grunewald/Schlitt*, S. 213; Kümpel/Mülbert/Früh/Seyfried/*Seiffert*, Teil 14 Rn. 14.73.

[9] *Scheller*, Der Handel in amtlich nicht notierten Werten, S. 82.

[10] *Claussen*, FS Stimpel 1985, 1049 (1054); *Scheller*, Der Handel in amtlich nicht notierten Werten, S. 32; ausführlich zur Funktion der Ständigen Kommission und ihrer Ausschüsse: *Scheller*, Der Handel in amtlich nicht notierten Werten, S. 32 ff.; aufgegriffen von *Fink*, Der Freiverkehr, S. 30 ff.

[11] Sog. Freiverkehrs- oder auch Ortsausschüsse (vgl. *Claussen*, FS Stimpel 1985, 1049 (1051, 1054)).

[12] *Claussen*, FS Stimpel 1985, 1049 (1051 f.); *Müller-Stahl*, Der geregelte Freiverkehr, S. 11.

Erst im Zuge des Börsenzulassungs-Gesetzes im Jahre 1986[13] wurde der Freiverkehr offiziell als drittes Marktsegment – neben dem amtlichen und geregelten Markt – anerkannt.[14] Damit ging eine Neustrukturierung des börslichen Wertpapierhandels einher, die insbesondere den Zweck verfolgte, den Börsenzugang für kleine und mittlere Unternehmen (sog. KMU) zu erleichtern.[15] Eine gesetzliche Regelung des Freiverkehrs sollte sicherstellen, dass „ein den öffentlich-rechtlich geregelten Börsenhandel [...] ergänzender Börsenhandel nur unter der Voraussetzung ordnungsgemäßer Abwicklung stattfindet".[16] Zur Wahrung einer größtmöglichen Flexibilität ließ der Gesetzgeber in § 78 BörsG 1986[17] jedoch zunächst von einer umfassenden Regelung des Freiverkehrs ab und überließ den Handel weitestgehend der Selbstregulierung durch den Freiverkehrsträger.[18] Fragen der Preisfeststellung sowie das Erfordernis der Gewährleistung eines ordnungsgemäßen Handels im Freiverkehr sollten jedoch durch die jeweilige Börsenordnung geregelt werden.[19] Damit wurde der Börse neben der Überwachung des Handels eine eigenständige Regelungskompetenz zuerkannt. Gleichzeitig wurde das Verbot, die Börseneinrichtungen im Freiverkehrshandel zu benutzen, aufgehoben. Hierzu war der Gesetzgeber nicht zuletzt auch aufgrund der umfassenden Nutzung der Börseneinrichtungen im gesamten Wertpapierhandel und der damit einhergehenden faktischen Integration des Freiverkehrs in die Börse durch die Handelspraxis veranlasst worden.[20]

Mit dem Zweiten Finanzmarktförderungsgesetz[21] stellte der Gesetzgeber in § 78 BörsG 1994[22] zwar klar, dass der Freiverkehr tatsächlich in die Börse in-

---

[13] Börsenzulassungs-Gesetz (BörsZulG) v. 16. Dezember 1986, BGBl. I 1986, 2478.

[14] Vgl. zur Neuregelung des Kapitalmarkts: *Schwark*, NJW 1987, 2041 (2046) und *Hammen*, WM 2003, 997. Die Differenzierung zwischen dem amtlichen und dem geregelten Markt wurde durch das Finanzmarktrichtlinie-Umsetzungsgesetz (FRUG) v. 16. Juli 2007, BGBl. I, 1330 aufgehoben und in einen einheitlichen regulierten Markt überführt.

[15] RegE Börsenzulassungs-Gesetz, BT-Drs. 10/4296, S. 10. Dabei wurde die sich zwischenzeitlich etablierte Differenzierung von geregeltem und ungeregeltem Freiverkehr nicht übernommen (vgl. Hopt/*Kumpan*, HGB, § 48 BörsG Rn. 2).

[16] So ausdrücklich RegE Börsenzulassungs-Gesetz, BT-Drs. 10/4296, S. 18.

[17] Siehe BörsZulG, S. 2482.

[18] RegE Börsenzulassungs-Gesetz, BT-Drs. 10/4296, S. 11; MüKoBGB/*Lehmann*, Teil 12. Internationales Finanzmarktrecht Rn. 148.

[19] RegE Börsenzulassungs-Gesetz, BT-Drs. 10/4296, S. 1, 10.

[20] So ausdrücklich der Gesetzgeber im RegE Börsenzulassungs-Gesetz, BT-Drs. 10/4296, S. 18. Zwar stand die Nutzung der Börseneinrichtungen im Freiverkehr in direktem Konflikt mit der klaren Regelung des § 43 BörsG 1896. Jedoch hatten die Handelsteilnehmer ein besonderes Interesse am Freiverkehrshandel und wollten die durch diese Vorschrift begründeten erheblichen Handelshindernisse nicht weiter hinnehmen (vgl. *Scheller*, Der Handel in amtlich nicht notierten Werten, S. 82 f.). Für eine Anerkennung des Freiverkehrs kraft Gewohnheitsrechts: *Claussen*, FS Stimpel 1985, 1049 (1057 ff.).

[21] Zweites Finanzmarktförderungsgesetz (2. FiMaFöG) v. 26.07.1994, BGBl. I 1994, 1749.

[22] Vgl. 2. FiMaFöG, S. 1769.

tegriert, jedoch nicht durch die Börse, sondern durch privatrechtliche Träger des Freiverkehrs in sog. *Handelsrichtlinien* zu reglementieren ist. Hintergrund dieser Klarstellung war vor allem die mit Erlass der Insider-Richtlinie[23] aufkommende Frage, ob der Freiverkehr ein „von staatlich anerkannten Stellen reglementierter und überwachter Markt" i. S. d. Art. 1 der Insider-Richtlinie ist. Hätte der Freiverkehr die Definition der Insider-Richtlinie erfüllt, wäre auch im Freiverkehrshandel der Anwendungsbereich der Ad-hoc-Publizitätspflicht nach Art. 7 der Insider-Richtlinie eröffnet gewesen. Obwohl der Gesetzgeber letztlich auch den Freiverkehr in die Insiderregelung einbezog,[24] hat er dies doch zum Anlass genommen, den Freiverkehr ausdrücklich als privatrechtliches Handelssegment einzuordnen.[25] Mit der Ablösung der Handelsrichtlinien durch die Geschäftsbedingungen im Rahmen des Finanzmarktrichtlinie-Umsetzungsgesetz[26] wurde dies bestätigt.[27]

Lediglich Teilbereiche, wie die Zulassung und die Sicherstellung der Ordnungsgemäßheit des Handels (vgl. § 78 Abs. 1 BörsG 1994), sollten in den Zuständigkeitsbereich der Börse fallen. Außerdem sollten die im Freiverkehr ermittelten Preise Börsenpreise sein (§ 78 Abs. 2 BörsG 1994). Mit dem Vierten Finanzmarktförderungsgesetz[28] wurden außerdem die Befugnisse der Börsenaufsichtsbehörde in Bezug auf den Freiverkehr erweitert. Diese sollte berechtigt sein, den Handel im Freiverkehr zu untersagen, wenn ein ordnungsgemäßer Handel nicht mehr gewährleistet sei (§ 57 BörsG 2002[29]).

Den Freiverkehr allein auf eine privatrechtliche Grundlage zu stellen, hatte jedoch den Nachteil, dass Verstöße gegen die Geschäftsbedingungen nur über den Zivilrechtsweg mit einer Klage auf Vertragserfüllung verfolgt werden konnten.[30] Die privatrechtliche Ausgestaltung verhinderte damit die öffentlich-rechtliche Sanktionierung von Fehlverhalten durch den Sanktionsausschuss der Börse. Deshalb führte der Gesetzgeber mit dem Gesetz zur Fortentwicklung des Pfandbriefrechts[31] eine vom Börsenrat als Satzung zu erlassende Handelsordnung ein (vgl. § 12 Abs. 2 Nr. 1 BörsG). Diese sollte die Geschäftsbedingungen ergänzen, indem sie inhaltlich diejenigen Vorschriften regelt, die im Interesse der Sicherstellung eines ordnungsgemäßen Börsenhandels sanktionierbar sein

[23] Richtlinie 89/592/EWG – Insiderrichtlinie (InsiderRL) v. 13.11.1989, ABl. L 334/30.
[24] RegE 2. FiMaFöG (Teil 4, Fn. 8), S. 45.
[25] Schimansky/Bunte/Lwowski/*Seiler/Geier*, Vor § 104 Rn. 26; hierzu auch LG Frankfurt a. M., NJW-RR 2013, 424 (425).
[26] FRUG (Teil 4, Fn. 14).
[27] Bericht des Finanzausschusses, BT-Drs. 16/4899, S. 15.
[28] Viertes Finanzmarktförderungsgesetz (4. FiMaFöG) v. 21.06.2002, BGBl. I, 2010.
[29] 4. FiMaFöG, S. 2026.
[30] Bericht des Finanzausschusses, BT-Drs. 16/11929, S. 7; LG Frankfurt a. M., NJW-RR 2013, 424 (425).
[31] Gesetz zur Fortentwicklung des Pfandbriefrechts v. 20.03.2009, BGBl. I, 607.

müssen (§ 48 BörsG 2009[32]).[33] Mit Einführung der Handelsordnung ist der Freiverkehr daher nicht mehr rein privatrechtlich reguliert. Er unterliegt vielmehr einem hybriden Regelungsregime aus privatrechtlichen Geschäftsbedingungen einerseits und der öffentlich-rechtlichen Handelsordnung andererseits.[34]

II. Rechtsnatur des Freiverkehrs

Der dargestellten Entwicklung des Freiverkehrs ist eine klare Tendenz hinsichtlich seiner Rechtsnatur zu entnehmen: Der Freiverkehr als zunächst ungeregeltes, außerbörsliches Marktsegment wurde fortwährend stärker reguliert und ist heute jedenfalls teilweise in die öffentlich-rechtliche Börse integriert, organisationsrechtlich von dieser jedoch nach wie vor strikt zu trennen.[35] So bedarf bereits der Betrieb des Freiverkehrs gem. §48 Abs. 3 Satz 1 BörsG der schriftlichen Erlaubnis der Börsenaufsichtsbehörde, die – ebenso wie die Versagung – ein Verwaltungsakt ist. Ferner wird der Börsenhandel durch die Handelsordnung öffentlich-rechtlich geregelt und sanktioniert. Damit kommt der Börse auch im Freiverkehr eine Normsetzungsbefugnis zu, obwohl dieser eigentlich keine Selbstverwaltungsangelegenheit der Börse ist.[36]

Die partielle börsliche Regulierung darf jedoch nicht darüber hinwegtäuschen, dass der Freiverkehr im Kern auch weiterhin ein privatrechtlicher Markt ist.[37] Er unterliegt zwar einem hybriden Regelungsregime, namentlich den privatrechtlichen Geschäftsbedingungen des Freiverkehrs und der öffentlich-rechtlichen Handelsordnung.[38] Der Handel im Freiverkehr erfolgt jedoch nicht aufgrund eines öffentlich-rechtlichen Zulassungsverfahrens (vgl. §32 BörsG für den regulierten Markt), sondern durch Einbeziehung (vgl. §48 Abs. 1 Satz 3 BörsG) und damit auf privatrechtlicher Grundlage.[39]

---

[32] Gesetz zur Fortentwicklung des Pfandbriefrechts v. 20.03.2009, BGBl. I, 607 (620).

[33] Bericht des Finanzausschusses, BT-Drs. 16/11929, S. 7ff.; Hopt/*Kumpan*, HGB, §48 BörsG Rn. 3; Schwark/Zimmer/*Kumpan*, §2 WpHG Rn. 189.

[34] *Fink*, Der Freiverkehr, S. 21; *Groß*, Kapitalmarktrecht, §48 BörsG Rn. 6; Schwark/Zimmer/*Schwark*, §48 BörsG Rn. 10; vgl. insbesondere auch *Schweppe*, Hybride Regulierung des Freiverkehrs, S. 215 u. a.

[35] *Beer*, Gestaltung alternativer Marktsegmente, S. 73; *Fink*, Der Freiverkehr, S. 91, 140; *Schweppe*, Hybride Regulierung des Freiverkehrs, S. 215 f.

[36] *Fink*, Der Freiverkehr, S. 139 f. begründet dies mit der partiellen Integration des Freiverkehrs in die Börse.

[37] BVerfGE 132, 99 (101) – „*Delisting*“; LG Stuttgart, BeckRS 2018, 35320, Rn. 425; LG Stuttgart, BeckRS 2018, 35320, Rn. 122; *Fink*, Der Freiverkehr, S. 24; *Harrer* in BeckHdB AG, §20 Rn. 130; Hopt/*Kumpan*, HGB, §48 BörsG Rn. 2; *Pasch/Schmeling/Starke*, CF 2015, 259 (260); Schwark/Zimmer/*Schwark*, §48 BörsG Rn. 5, 8.

[38] Vgl. Teil 4, Fn. 34.

[39] Siehe zur Einbeziehung und ihren Voraussetzungen S. 278 ff.

III. Das Regelungsspektrum des Börsen- und Kapitalmarktrechts

Zunächst fällt auf, dass der Freiverkehr außerhalb des BörsG, ebenso wie der regulierte Markt, nicht ausdrücklich geregelt wird. Während WpÜG, WpHG und KAGB den Begriff des „organisierten Marktes“ verwenden, nehmen die europäischen Regelungen[40] Bezug auf den „geregelten Markt“, wie er in Art. 4 Abs. 1 Nr. 21 MiFID II[41] definiert wird. Daneben wurden mit der MiFID[42] und MiFID II jüngst „multilaterale und organisierte Handelssysteme“ (MTF, OTF) sowie „systematische Internalisierer“ eingeführt. Während das Aktiengesetz partiell Sondervorschriften für die „börsennotierte Gesellschaft“ regelt, dient im Handelsgesetzbuch der Begriff der „kapitalmarktorientierten Kapitalgesellschaft“ als Anknüpfungspunkt. Allein das BörsG differenziert zwischen dem regulierten Markt und dem Freiverkehr, ohne jedoch die beiden Segmente näher zu definieren. Regulierter Markt und Freiverkehr sind damit originär börsenrechtlich geprägt. In diese Begriffsvielfalt und ihre Bedeutung für den Anwendungsbereich der Vorschriften soll daher zunächst die nötige Klarheit und Struktur gebracht werden.

IV. Das nationale Marktsystem

1. Regulierter Markt

Auf nationaler Ebene werden Börsenhandel und -organisation im BörsG geregelt. Demnach besteht die Möglichkeit, Wertpapiere im regulierten Markt oder im Freiverkehr zu handeln, wobei es innerhalb dieser beiden Marktsegmente qualitative Abstufungen gibt.[43] Außerbörsliche Handelsplattformen sind vom Regelungsbereich des BörsG nicht umfasst. Sie unterfallen als Wertpapierdienstleistung den Regelungen des WpHG.[44]

Der regulierte Markt wird im BörsG nicht ausdrücklich definiert. Eine inhaltliche Abgrenzung zum Freiverkehr kann daher nur anhand der Regelungssystematik erfolgen. Auf den Freiverkehr finden ausweislich des § 48 Abs. 3 Satz 5 BörsG sämtliche Vorschriften mit Ausnahme der §§ 27 bis 43 BörsG entsprechend Anwendung. Ausgeschlossen werden damit unter anderem die Vorschriften über die Zulassung und Einbeziehung von Wertpapieren zum Handel und die Skontroführung. Auf den ersten Blick sind die Unterschiede zwischen

---

[40] Exemplarisch: Richtlinie 2004/39/EG – Finanzmarktrichtlinie (MiFID) v. 21.04.2004, ABl. L 145/1; MAR, (Teil 2, Fn. 279); MiFID II (Teil 3, Fn. 279); Prospekt-VO, (Teil 3, Fn. 277).

[41] Die Definition ist wortlautidentisch mit der Definition des geregelten Marktes in Art. 4 Abs. 1 Nr. 14 MiFID. Soweit europäische Regelungen bezüglich des geregelten Marktes auf die Definition der MiFID verweisen, haben sich mit der MiFID II daher inhaltlich keine Änderungen ergeben.

[42] Siehe oben Fn. 40.

[43] Dazu näher auf S. 247 f.

[44] MüKoHGB/*Ekkenga*, P. Effektengeschäft Rn. 15.

dem regulierten Markt und dem Freiverkehr daher marginal. Gerade das öffentlich-rechtliche Zulassungsverfahren stellt an den Emittenten jedoch zahlreiche Anforderungen und dient als Anknüpfungspunkt für umfassende Folgepflichten.[45] Der regulierte Markt unterliegt im Gegensatz zum Freiverkehr einer rein öffentlich-rechtlichen Regulierung durch die Börse. Zwar bedarf auch der Betrieb des Freiverkehrs der Erlaubnis der Börsenaufsichtsbehörde, und seit Einführung der Handelsordnung existiert jedenfalls eine teilweise öffentlich-rechtliche Regulierung. Hinsichtlich der Teilnahme am Handel und der Einbeziehung von Wertpapieren zum Handel bleibt es jedoch bei einer rein privatrechtlichen Regulierung in den Geschäftsbedingungen.

Schwierigkeiten bei der rechtlichen Einordnung der beiden Marktsegmente ergeben sich insbesondere aus dem räumlichen Zusammenfallen von reguliertem Markt und Freiverkehr „unter dem Dach der Börse“.[46] Ohne Berücksichtigung der Börsenorganisation in Deutschland fällt es daher schwer, eine strikte Trennlinie zwischen den beiden „Komplementärmärkten“[47] zu finden. Hintergrund ist das dualistische System der deutschen Wertpapierbörsen.[48] Von der Börse als Marktveranstalterin und teilrechtsfähigen Anstalt des öffentlichen Rechts (§ 2 Abs. 1 BörsG) ist der Börsenträger, der regelmäßig privatrechtlich in der Rechtsform einer Kapitalgesellschaft organisiert ist[49] und die „erforderlichen finanziellen, personellen und sachlichen Mittel zur Verfügung zu stellen“ hat (§ 5 Abs. 1 Satz 2 BörsG), zu unterscheiden. Es existieren folglich zwei juristische Personen, die mit der Veranstaltung des Börsenhandels betraut sind und die sich die Kompetenzen bei der Veranstaltung des Wertpapierhandels teilen.[50]

Wenn das BörsG von der „Börse“ spricht, so ist stets die Anstalt des öffentlichen Rechts adressiert, während im gewöhnlichen Sprachgebrauch unter der Börse zumeist das Marktgeschehen am Handelsplatz verstanden wird.[51] Der Wertpapierhandel im Freiverkehr bedient sich zwar der Handelseinrichtungen der Börse[52] und ist in dieser Hinsicht inzwischen vollständig in die Börse als

---

[45] Vgl. im Einzelnen zu den Zulassungs- und Folgepflichten im regulierten Markt und Freiverkehr S. 270 ff.

[46] Vgl. Marsch-Barner/*Schäfer*, Hdb. börsennotierte AG, Rn. 12.10; *Schweppe*, Hybride Regulierung des Freiverkehrs, S. 107.

[47] *Berg*, Der Marktrückzug des Emittenten, S. 24.

[48] Eingehend *Kümpel*, BKR 2003, 3 (4 ff.); jüngst *Kaufhold*, ZHR 184 (2020) 562 (565).

[49] Dies ermöglicht die Refinanzierung über die Börse.

[50] Der Börse als Marktveranstalterin kommen damit Rechte und Pflichten nur in den durch das BörsG geregelten Bereichen zu (vgl. Assies/Beule/Heise/*Zeidler*, Rn. 155).

[51] *Kümpel*, BKR 2003, 3 (4). Wenn in der Folge von der Börse gesprochen wird, so ist daher stets die Börse als Anstalt des öffentlichen Rechts gemeint.

[52] So findet der Handel mit Wertpapieren an der FWB sowohl im regulierten Markt als auch im Freiverkehr auf dem wohl größten elektronischen Handelsplatz XETRA (dem Exchange Electronic Trading, das 1997 von der Deutschen Börse eingeführt wurde) statt, auf dem über 90 %des deutschen Aktienhandels stattfindet (https://www.xetra.com/xetra-de/handel, zu-

Handelsplatz integriert.[53] Er ist aber nicht Börse im Sinne einer Anstalt des öffentlichen Rechts, sondern wird von dem Börsenträger als Träger des Freiverkehrs eingerichtet (§ 48 Abs. 1 Satz 1 BörsG).[54] Träger und Marktveranstalter fallen im Freiverkehr in einer Person zusammen. Der Freiverkehr unterliegt damit nicht dem dualistischen System der Börse.[55]

Die Börse verfügt als Teil der mittelbaren Staatsverwaltung über eine autonome Rechtsetzungsbefugnis.[56] Der privatrechtlich organisierte Freiverkehrsträger kann dagegen lediglich in Form von Allgemeinen Geschäftsbedingungen tätig werden. Zwar wurde mit der Einführung der Handelsordnung auch der Börse eine (beschränkte) Rechtsetzungsmacht im Freiverkehr zuteil und die Integration des Freiverkehrs in die Börse weiter verstärkt. Die Organisationshoheit liegt jedoch weiterhin beim Börsenträger.

Der Grundgedanke der Börsen, durch eine Bündelung und Regelung des Handels marktgerechte Preise zu bilden sowie einen liquiden Markt mit geringen Transaktionskosten und ohne Preismanipulationen zu gewährleisten,[57] liegt jedoch nicht nur im regulierten Markt im Interesse der Börse. Die gemeinsame Nutzung der Einrichtungen der Börse hat nämlich auch zur Folge, dass Mängel im Freiverkehr zugleich auf die Wahrnehmung des regulierten Marktes durchschlagen.[58] Denn mangels strikter Trennung der beiden Segmente im Handel ist für den Markt nicht auf den ersten Blick erkennbar, ob von einem bestimmten Umstand nur der Freiverkehrshandel betroffen ist.[59] Es ist daher im besonderen Interesse der Börse, auch im Freiverkehr einen effizienten Handel sicherzustellen. Hierzu hat die zunehmende staatliche Regulierung beigetragen, die durch öffentlich-rechtliche Sanktionsmechanismen eine effektives Mittel zur Gewährleistung eines ordnungsgemäßen Handels bereitstellt.[60] Dass der Freiverkehr ein „rein privatrechtlich" organisiertes Marktsegment sei,[61] kann in dieser Pauschalität daher spätestens seit der Einführung der Handelsordnung nicht mehr

---

letzt abgerufen am 16.08.2023); vgl. *Buck-Heeb*, Kapitalmarktrecht, Rn. 78; *Fink*, Der Freiverkehr, S. 142, 279.

[53] So auch *Fink*, Der Freiverkehr, S. 137 ff., 287.

[54] Vgl. auch *Schweppe*, Hybride Regulierung des Freiverkehrs, S. 215 f. Der Freiverkehr erfüllt damit zwar den materiellen Börsenbegriff des § 2 Abs. 1 BörsG, jedoch nicht den formellen Börsenbegriff des § 4 BörsG, da die Erlaubnis im Freiverkehr nicht zum Betreiben einer Börse erteilt wird (vgl. *Beer*, Gestaltung alternativer Marktsegmente, S. 68 ff.).

[55] *Beer*, Gestaltung alternativer Marktsegmente, S. 61; *Grunewald/Schlitt*, S. 212.

[56] *Kümpel*, BKR 2003, 3 (9).

[57] Vgl. Assies/Beule/Heise/*Zeidler*, Rn. 150.

[58] *Beer*, Gestaltung alternativer Marktsegmente, S. 85.

[59] Schwark/Zimmer/*Kumpan/Misterek*, Art. 2 MAR Rn. 22.

[60] BVerfGE 132, 99 (101) – „*Delisting*"; Steinmeyer/*Santelmann/Nestler*, WpÜG, § 31 Rn. 27.

[61] RegE Börsenzulassungs-Gesetz, BT-Drs. 10/4296, S. 11; *Grunewald/Schlitt*, S. 212; *Harrer* in BeckHdB AG, § 20 Rn. 130; Marsch-Barner/Schäfer/*Meyer*, Hdb. börsennotierte AG, Rn. 7.48; wohl auch *Zwirner/Zimny*, BB 2018, 1387 (1389).

behauptet werden.[62] Wenn sich der Freiverkehr auch schrittweise an den regulierten Handel angenähert hat, so werden doch im Unterschied zum regulierten Markt wichtige Teile der Einbeziehung und Teilnahme am Handel nach wie vor privatrechtlich geregelt. In Einklang mit dem gesetzgeberischen Willen ist der Freiverkehr somit weiterhin als privatrechtliche Marktveranstaltung zu begreifen und kein regulierter Markt i. S. d. BörsG.[63]

2. *Organisierter Markt*

Während der Begriff des regulierten Marktes primär börsenrechtlich geprägt ist, finden sich für den organisierten Markt an unterschiedlichen Stellen Regelungen, denen jedoch abweichende Definitionen zu Grunde liegen. Nach diesen einzelnen Regelungen soll daher im Folgenden differenziert werden.

a) *Organisierter Markt i. S. d. WpHG*

§ 2 Abs. 11 WpHG:

„Organisierter Markt im Sinne dieses Gesetzes ist ein im Inland, in einem anderen Mitgliedstaat der Europäischen Union oder einem anderen Vertragsstaat des Abkommens über den Europäischen Wirtschaftsraum betriebenes oder verwaltetes, *durch staatliche Stellen genehmigtes, geregeltes und überwachtes multilaterales System*, das die Interessen einer Vielzahl von Personen am Kauf und Verkauf von dort zum Handel *zugelassenen* Finanzinstrumenten innerhalb des Systems und nach nichtdiskretionären Bestimmungen in einer Weise zusammenbringt oder das Zusammenbringen fördert, die zu einem Vertrag über den Kauf dieser Finanzinstrumente führt." (Hervorhebungen durch Verf.)

Der organisierte Markt wurde mit der Umsetzung der Wertpapierdienstleistungs-Richtlinie[64] ins WpHG eingeführt.[65] Der in der WpDlRL verwendete Begriff des „geregelten Marktes"[66] wurde dabei nicht übernommen, weil der Begriff des geregelten Marktes bereits im Börsengesetz mit der Differenzierung von amtlichem und geregeltem Markt (§§ 71 ff. BörsG a. F.) belegt war. Um Verwechslungen zu vermeiden, stellte der Gesetzgeber daher auf den abweichenden Begriff des organisierten Marktes ab, ohne an der Definition des geregelten Marktes etwas zu ändern.[67] Mit dem regulierten Markt, dem geregelten

---

[62] *Beer*, Gestaltung alternativer Marktsegmente, S. 76; so auch *Fink*, Der Freiverkehr, S. 67; Schwark/Zimmer/*Kumpan*, § 2 WpHG Rn. 189.

[63] RegE 2. FiMaFöG (Teil 4, Fn. 8), S. 76; Bericht des Finanzausschusses, BT-Drs. 16/4899, S. 15.

[64] RL 93/22/EWG – Wertpapierdienstleistungs-Richtlinie (WpDlRL) v. 11.06.1993L 141/27.

[65] Gesetz zur Umsetzung von EG-Richtlinien zur Harmonisierung bank- und wertpapieraufsichtsrechtlicher Vorschriften v. 22.10.1997, BGBl. I 1997, 2518 (2560).

[66] Siehe näher auf S. 241.

[67] RegE Gesetz zur Umsetzung von EG-Richtlinien zur Harmonisierung bank- und wertpapieraufsichtsrechtlicher Vorschriften, BT-Drs. 13/7142, S. 103; *Angerer*/Geibel/Süßmann, WpÜG, § 1 Rn. 59; MüKoBGB/*Lehmann*, Teil 12. Internationales Finanzmarktrecht Rn. 147;

Markt und dem organisierten Markt existieren damit jedenfalls begrifflich drei Anknüpfungspunkte in der kapitalmarktrechtlichen Regulierung.

Ein Kapitalmarkt qualifiziert sich als organisierter Markt, wenn er (1) ein multilaterales System ist, an dem (2) zugelassene Finanzinstrumente gehandelt werden, (3) der einer staatlichen Genehmigung, Regelung und Überwachung unterliegt und (4) der im Inland oder einem anderen EU/EWR-Staat betrieben oder verwaltet wird. Ausweislich der gesetzlichen Differenzierung zwischen reguliertem und organisiertem Markt ist nicht jeder organisierte Markt zwingend ein regulierter Markt im Sinne des BörsG.[68] Der regulierte Markt an der Börse erfüllt dagegen alle Voraussetzungen eines organisierten Marktes (s. o.).[69] Die Regelungen über organisierte Märkte finden auf den regulierten Markt daher grundsätzlich Anwendung. Obwohl der organisierte Markt nicht zwingend an einer Börse erfolgen muss, wurde in Deutschland bislang kein außerbörslicher organisierter Markt geschaffen. Nur der regulierte Markt ist daher organisierter Markt i. S. d. WpHG.[70]

Wenn auch die Merkmale (1), (3) und (4) im Freiverkehr noch bejaht werden könnten, da der Freiverkehr gem. § 48 Abs. 1 Satz 1, Abs. 3 Satz 1 BörsG der Zulassung durch die Börse bedarf, jedenfalls eine teilweise staatliche Regulierung durch die Handelsordnung erfährt und der Börsenaufsicht (§§ 3 Abs. 1, 48 Abs. 2 BörsG) unterliegt, ist das Merkmal (2) „zugelassene[n] Finanzinstrumente[n]" nicht erfüllt. Denn nur der Freiverkehr selbst bedarf einer Zulassung (Billigung). Die Wertpapiere werden in den Freiverkehr lediglich einbezogen.[71] Dies entspricht gerade der Konzeption des Freiverkehrs als Handel für nicht zugelassene Wertpapiere.[72]

Tatsächlich ist jedoch auch das Merkmal (3) im Freiverkehr zu verneinen. Der Freiverkehr ist durch die Handelsordnung zwar teilweise öffentlich-rechtlich geregelt und in die Börse integriert, jedoch genügt er nicht den Anforderungen eines organisierten Marktes. So wurde im Regierungsentwurf zum FRUG[73]

Schwark/Zimmer/*Heidelbach*, § 32 BörsG Rn. 62; MüKoAktG/*Wackerbarth*, § 1 WpÜG Rn. 27.

[68] Vgl. § 24 Abs. 2 Satz 3 BörsG, § 193 Abs. 1 Nr. 1 KAGB.

[69] Zu den einzelnen Voraussetzungen: *Fink*, Der Freiverkehr, S. 57 ff.; vgl. auch die Einordnung der Deutschen Börse (https://www.deutsche-boerse.com/dbg-de/produkte-services/ps-preipo-listing/ps-marktstruktur, zuletzt abgerufen am 16.08.2023).

[70] Assmann/Schneider/Mülbert/*Assmann*, WpHG, § 2 Rn. 215; KK-WpHG/*Baum*, § 2 Rn. 231; *Fuchs* WpHG, § 2 Rn. 149, 163; Kümpel/Mülbert/Früh/Seyfried/*Oulds*, S. 1812; MüKoBGB/*Lehmann*, Teil 12. Internationales Finanzmarktrecht Rn. 147; Marsch-Barner/*Schäfer*, Hdb. börsennotierte AG, Rn. 18.7; Schwark/Zimmer/*Kumpan*, § 2 WpHG Rn. 189. Die Ausführungen von Schimansky/Bunte/Lwowski/*Seiler/Geier*, Vor § 104 Rn. 22, die Begriffe des regulierten und organisierten Marktes würden synonym verwendet, greifen daher zu kurz, wenn auch derzeit faktisch nur regulierte organisierte Märkte bestehen.

[71] Vgl. zur Unterscheidung von Zulassung und Einbeziehung S. 277 ff.

[72] *Fink*, Der Freiverkehr, S. 61.

[73] Siehe Teil 4, Fn. 14.

noch eine öffentlich-rechtliche Ausgestaltung der Handelsrichtlinien erwogen, letztlich jedoch eine privatrechtliche Einordnung präferiert.[74] Auch die Implementierung der öffentlich-rechtlichen Handelsordnung im Rahmen des Gesetzes zur Fortentwicklung des Pfandbriefrechts sollte lediglich wirksame Sanktionsmechanismen installieren, die Rechtsnatur des Freiverkehrs insgesamt jedoch nicht berühren.[75]

Der Freiverkehr ist damit kein organisierter Markt nach § 2 Abs. 11 WpHG, sodass die Regelungen für organisierte Märkte im Freiverkehr keine Anwendung finden.[76]

b) Organisierter Markt i. S. d. WpÜG

§ 2 Abs. 7 WpÜG:

„Organisierter Markt sind der *regulierte Markt an einer Börse im Inland und der geregelte Markt im Sinne des Artikels 4 Abs. 1 Nr. 14 der Richtlinie 2004/39/EG* des Europäischen Parlaments und des Rates vom 21. April 2004 über Märkte für Finanzinstrumente, zur Änderung der Richtlinien 85/611/EWG und 93/6/EWG des Rates und der Richtlinie 2000/12/EG des Europäischen Parlaments und des Rates und zur Aufhebung der Richtlinie 93/22/EWG des Rates (ABl. EU Nr. L 145, S. 1) in einem anderen Staat des Europäischen Wirtschaftsraums." (Hervorhebungen durch Verf.)

Dem WpÜG unterfallen sowohl der regulierte Markt im Inland als auch der geregelte Markt im Sinne des Art. 4 Abs. 1 Nr. 14 der MiFID. Das WpÜG definiert den organisierten Markt folglich nicht selbst. Für die Einordnung des regulierten Marktes und des Freiverkehrs unter das WpÜG kann daher auf die Ausführungen zum regulierten und geregelten Markt Bezug genommen werden.[77] Danach sind der Freiverkehr und auch dessen qualifizierte Teilsegmente keine organisierten Märkte i. S. d. WpÜG.[78]

c) Organisierter Markt i. S. d. KAGB

Auch das Investmentrecht enthält in § 1 Abs. 19 Nr. 29 KAGB einen eigenständigen Begriff des organisierten Marktes:

---

[74] Bericht des Finanzausschusses, BT-Drs. 16/4899, S. 15.

[75] Vgl. die argumentative Auseinandersetzung bei *Fink*, Der Freiverkehr, S. 70 ff. Durch dieses Merkmal wird der organisierte Markt insbesondere formal vom multilateralen Handelssystem nach § 2 Abs. 8 Satz 1 Nr. 8 WpHG abgegrenzt (vgl. Schwark/Zimmer/*Kumpan*, § 2 WpHG Rn. 187).

[76] So auch Assmann/Schneider/Mülbert/*Assmann*, WpHG, § 2 Rn. 215; BaFin, Emittentenleitfaden Modul A, S. 4; DAI, Stellungnahme zu Delisting und Spruchverfahren, S. 3; *Fuchs* WpHG, § 2 Rn. 163; *Grunewald/Schlitt*, S. 9; Hopt/*Kumpan*, HGB, § 48 BörsG Rn. 1; Schimansky/Bunte/Lwowski/*Seiler/Geier*, Vor § 104 Rn. 22; Schwark/Zimmer/*Kumpan*, § 2 WpHG Rn. 189.

[77] Siehe S. 233, 241.

[78] So auch *Angerer*/Geibel/Süßmann, WpÜG, § 1 Rn. 65; MüKoAktG/*Wackerbarth*, § 1 WpÜG Rn. 27; Erbs/Kohlhaas/*Wehowsky*, § 2 WpHG Rn. 32.

§ 1 Abs. 19 Nr. 29 KAGB:

„Organisierter Markt ist ein Markt, der anerkannt und für das Publikum offen ist und dessen Funktionsweise ordnungsgemäß ist, sofern nicht ausdrücklich etwas anderes bestimmt ist."

Die Definition entspricht dem durch das KAGB abgelösten § 2 Abs. 13 InvG a. F.[79]. Sie gilt, „sofern nicht ausdrücklich etwas anderes bestimmt ist", sprich ein anderer Begriff des organisierten Marktes (bspw. § 2 Abs. 11 WpHG) oder der Begriff des geregelten Marktes einer Vorschrift des KAGB zugrunde gelegt wird (exemplarisch: § 67 Abs. 2 Satz 1 KAGB).[80] Die erforderliche „Anerkennung" des organisierten Marktes meint – im Unterschied zum wertpapierhandelsrechtlichen Begriff – nicht zwingend die Zulassung durch eine staatliche Stelle. Vielmehr genügt eine tatsächliche Anerkennung durch die teilnehmenden Akteure und die Abwicklung mit der Börse vergleichbarer Handelsvolumina.[81] Es bedarf daher auch keiner Anerkennung durch die BaFin.[82] Zwar führt die BaFin eine fortwährend aktualisierte Liste zugelassener Börsen und organisierter Märkte, berücksichtigt dabei jedoch nur Nicht-EU/EWR-Märkte. Diese bedürfen aufgrund ihrer Belegenheit außerhalb der EU nach § 193 Abs. 1 Nr. 2 und 4 KAGB einer entsprechenden Zulassung durch die BaFin.[83] Da der Begriff des KAGB auch Drittstaaten erfasst, ist dessen Anwendungsbereich weiter als der des WpHG.[84] Er geht mangels Erfordernisses einer staatlichen Zulassung auch weiter als die regulierten und geregelten Märkte. Die Börsen sind daher nicht die einzigen organisierten Märkte i. S. d. KAGB.[85]

Vielmehr sollte nach dem Willen des Gesetzgebers auch der Freiverkehr vom Begriff des organisierten Marktes erfasst sein.[86] Eine ordnungsgemäße Funktionsweise des Freiverkehrs ist nicht schon deshalb abzulehnen, weil er auch privatrechtlich geregelt ist, vor allem dann nicht, wenn der Freiverkehr die Anforderungen an multilaterale Handelssysteme erfüllt.[87] Dies erfordert eine Auseinandersetzung mit dem europäischen Marktsystem.

---

[79] Außer Kraft seit dem 21.07.2013.

[80] Patzner/Döser/Kempf/*Schneider-Deters* HK-InvR, § 1 KAGB Rn. 121.

[81] Assmann/Wallach/*Zetzsche*, KAGB, § 1 Rn. 218; Baur/Tappen/Mehrkhah/Behme/*Jesch*, § 1 KAGB Rn. 174; Berger/Steck/Lübbehüsen/*Köndgen*, § 2 InvG Rn. 81; Emde/Dornseifer/Dreibus/*Verfürth/Emde*, KAGB, § 1 Rn. 348; Patzner/Döser/Kempf/*Schneider-Deters*, HK-InvR, § 1 KAGB Rn. 121.

[82] Emde/Dornseifer/Dreibus/*Verfürth/Emde* KAGB, § 1 Rn. 349.

[83] BaFin, Liste der zugelassenen Börsen und der anderen organisierten Märkte gemäß § 193 Abs. 1 Nr. 2 und 4 KAGB v. 20.05.2021 (abrufbar unter https://www.bafin.de/SharedDocs/Veroeffentlichungen/DE/Auslegungsentscheidung/WA/ae_080208_boersenInvG.html, zuletzt abgerufen am 16.08.2023).

[84] Assmann/Wallach/*Zetzsche*, KAGB, § 1 Rn. 217.

[85] Assmann/Wallach/*Zetzsche*, KAGB, § 1 Rn. 217 f.; Baur/Tappen/Mehrkhah/Behme/*Jesch*, § 1 KAGB Rn. 174; Berger/Steck/Lübbehüsen/*Köndgen*, § 2 InvG Rn. 85.

[86] RegE Investmentmodernisierungsgesetz, BT-Drs. 15/1553, S. 76.

[87] Assmann/Wallach/*Zetzsche*, KAGB, § 1 Rn. 218; Berger/Steck/Lübbehüsen/*Köndgen*, § 2 InvG Rn. 85; Emde/Dornseifer/Dreibus/*Verfürth/Emde*, KAGB, § 1 Rn. 347; siehe S. 242.

V. Das europäische Marktsystem

Insbesondere durch MiFID[88], MiFID II[89] und MiFIR[90] hat das europäische Marktsystem eine umfassende Neustrukturierung erfahren. Der Freiverkehr ist nicht unmittelbar Gegenstand der europäischen Regelungen. Vielmehr sind im europäischen Marktsystem multilaterale und bilaterale Systeme geregelt, in die der Freiverkehr einzuordnen ist. Im Gegensatz zum nationalen System erfolgt die Abgrenzung der Marktsysteme hier nach qualitativen Kriterien und nicht nach Handelsplätzen.[91]

1. Multilaterale und bilaterale Systeme

Erster Anknüpfungspunkt des europäischen Marktsystems ist die Differenzierung nach bilateralen und multilateralen Systemen.[92] Ein multilaterales System ist nach Art. 4 Abs. 1 Nr. 19 MiFID II[93] „ein System oder Mechanismus, der die Interessen einer Vielzahl Dritter am Kauf und Verkauf von Finanzinstrumenten innerhalb des Systems zusammenführt". Dieses Merkmal ist Bestandteil der Definitionen des geregelten Marktes (§ 4 Abs. 1 Nr. 21 MiFID II), des organisierten Marktes (§ 2 Abs. 11 WpHG), des multilateralen Handelssystems (Art. 4 Abs. 1 Nr. 22 MiFID II, § 2 Abs. 8 Satz 1 Nr. 8 WpHG) und des organisierten Handelssystems (Art. 4 Abs. 1 Nr. 23 MiFID II, § 2 Abs. 8 Satz 1 Nr. 9 WpHG). Bilaterale Systeme werden als Systeme definiert, in denen eine Wertpapierfirma jedes Geschäft für eigene Rechnung tätigt, auch wenn sie als risikolose Gegenpartei zwischen Käufer und Verkäufer steht.[94] Darunter fallen systematische Internalisierer[95] und sonstige OTC-Market-Maker.[96]

Im Freiverkehr handelt der Freiverkehrsträger aber nicht auf eigene Rechnung, sondern führt die Interessen einer Vielzahl Dritter am Kauf und Verkauf von Finanzinstrumenten im Sinne eines multilateralen Systems zusammen.[97] Zu konkretisieren ist daher, unter welche Art multilateraler Systeme der Freiverkehr zu fassen ist.

---

88 MiFID (Teil 4, Fn. 40).
89 MiFID II (Teil 3, Fn. 279).
90 MiFIR (Teil 3, Fn. 278).
91 Vgl. *Berg*, Der Marktrückzug des Emittenten, S. 15.
92 Diese schließen sich gegenseitig aus (vgl. MiFIR, ErwGr. 4).
93 Wortlautidentisch übernommen in § 2 Abs. 21 WpHG.
94 So MiFID, ErwGr. 6 Satz 2; MiFIR, ErwGr. 7 Satz 2.
95 *Güllner*, WM 2017, 938 (945); *Schweppe*, Hybride Regulierung des Freiverkehrs, S. 53.
96 *Kumpan/Müller-Lankow*, WM 2017, 1777; *Kümpel*, FS Hadding 2004, 915 (917 ff.).
97 *Beer*, Gestaltung alternativer Marktsegmente, S. 69.

2. Geregelter Markt

Die europäischen Vorschriften verweisen für die Definition des geregelten Marktes auf Art. 4 Abs. 1 Nr. 14 MiFID, Art. 4 Abs. 1 Nr. 21 MiFID II.[98]

Art. 4 Abs. 1 Nr. 14 MiFID:

„Geregelter Markt: ein von einem Marktbetreiber betriebenes und/oder verwaltetes *multilaterales System*, das die Interessen einer *Vielzahl Dritter* am Kauf und Verkauf von Finanzinstrumenten innerhalb des Systems und nach seinen nichtdiskretionären Regeln in einer Weise zusammenführt oder das Zusammenführen fördert, die zu einem Vertrag in Bezug auf Finanzinstrumente führt, die gemäß den Regeln und/oder den Systemen des Marktes zum Handel *zugelassen* wurden, sowie eine Zulassung erhalten hat und ordnungsgemäß und *gemäß den Bestimmungen des Titels III funktioniert.*"

Diese enthält für die Definition des geregelten Marktes einen Verweis auf den Titel III (Art. 36 bis 47 MiFID), der bestimmte Mindestvoraussetzungen für die Einordnung eines Marktes als geregelter Markt festlegt. Es ist insbesondere zwingend eine staatliche Zulassung und Überwachung erforderlich (Art. 36 MiFID). Wie beim Begriff des organisierten Marktes bereits festgestellt, ist jeder regulierte Markt im Sinne des BörsG gleichzeitig organisierter Markt im Sinne des WpHG und damit geregelter Markt im Sinne der europäischen Vorschriften.[99]

Umgekehrt ist nicht jeder geregelte Markt auch ein regulierter Markt. Wesentlicher Unterschied ist, dass der Begriff des regulierten Marktes nur Börsen umfasst, deren Satzungssitz im Inland liegt. Der Begriff des geregelten Marktes umfasst hingegen auch im Inland ansässige Märkte und ist damit weiter.[100] Die ESMA führt auf Grundlage von Art. 56 MiFID II ein Verzeichnis geregelter Märkte. Hieraus lassen sich die geregelten Märkte in Deutschland entnehmen, wobei die Eintragung für die Qualifikation als geregelter Markt nicht konstitutiv ist.[101] In Deutschland sind jedoch bislang allein die regulierten Märkte als geregelte Märkte zugelassen.[102] Trotz teils staatlicher Regulierung fällt der

---

[98] Die Definitionen des geregelten Marktes entsprechen sich inhaltlich.

[99] Assmann/Schneider/Mülbert/*Assmann*, WpHG, § 2 Rn. 161; *Fuchs* WpHG, § 2 Rn. 149; Kümpel/Mülbert/Früh/Seyfried/*Oulds*, S. 1812; MüKoBGB/*Lehmann*, Teil 12. Internationales Finanzmarktrecht Rn. 147; Schwark/Zimmer/*Kumpan*, § 2 WpHG Rn. 120; Schwark/Zimmer/*Kumpan/Misterek*, Art. 2 MAR Rn. 20.

[100] MüKoBGB/*Lehmann*, Teil 12. Internationales Finanzmarktrecht Rn. 147.

[101] Vgl. *Fink*, Der Freiverkehr, S. 79 ff.; Langenbucher/*Klöhn*, § 6 Rn. 48; Schwark/Zimmer/*Kumpan/Misterek*, Art. 2 MAR Rn. 20.

[102] Siehe https://registers.esma.europa.eu/publication/searchRegister?core=esma_registers_upreg (zuletzt abgerufen am 16.08.2023). Seit dem 02.01.2020 ist auch die European Energy Exchange (EEX) in das Verzeichnis der geregelten Märkte aufgenommen. Die EEX ist ein Marktplatz für Energie und energienahe Produkte, die als öffentlich-rechtliche Institution dem deutschen Börsengesetz unterliegt und sich damit in die regulierten Märkte in Deutschland einreiht. Auch die Terminbörse für Finanzderivate European Exchange (Eurex) ist ein regulierter Markt (vgl. Ebenroth/Boujong/Joost/*Groß*, HGB, § 2 BörsG Rn. 19).

Freiverkehr damit nicht unter den Tatbestand des geregelten Marktes, wie ihn die MiFID definiert, da es ihm insbesondere an der staatlichen Zulassung fehlt. Die für geregelte Märkte geltenden Vorschriften finden auf den Freiverkehr folglich keine Anwendung.

3. *Multilaterale und Organisierte Handelssysteme*

Neben dem regulierten Markt wurden mit der MiFID die sog. multilateralen Handelssysteme (MTF) eingeführt.[103]

Art. 4 Abs. 1 Nr. 15 MiFID, Art. 4 Abs. 1 Nr. 22 MiFID II:

„Multilaterales Handelssystem (MTF): ein von einer Wertpapierfirma oder einem Marktbetreiber betriebenes *multilaterales System*, das die Interessen einer *Vielzahl Dritter* am Kauf und Verkauf von Finanzinstrumenten innerhalb des Systems und nach nichtdiskretionären Regeln in einer Weise zusammenführt, die zu einem Vertrag *gemäß den Bestimmungen des Titels II führt*."

Dabei wird dieselbe Systematik verwendet, die auch der Definition des geregelten Marktes zugrunde liegt. Titel II sieht Mindestanforderungen an MTF vor. Vom geregelten Markt unterscheiden sich die MTF im Wesentlichen dadurch, dass die gehandelten Finanzinstrumente nicht zugelassen werden müssen.[104]

MTF sind keine Börsen im Sinne des § 2 Abs. 1 BörsG, sondern außerbörsliche Handelsplattformen, die nicht der staatlichen Börsenaufsicht unterliegen, sondern von Finanzdienstleistern mit einer Erlaubnis nach § 32 KWG betrieben werden.[105] Diese unterliegen der Aufsicht der Bundesanstalt für Finanzdienstleistungsaufsicht (BaFin). Sie können zwar auch durch den Börsenträger eingerichtet werden,[106] sind jedoch auch dann nicht als Börse zu qualifizieren. Insbesondere entsprechen sie nicht dem dualistischen System der Börse. Denn Träger und Veranstalter fallen hier zusammen.[107] Aktuell sind im Verzeichnis der Europäische Wertpapier- und Marktaufsichtsbehörde (ESMA) 23 deutsche MTF registriert, davon werden 17 an Börsen betrieben.[108]

Das dritte Marktsegment der organisierten Handelssysteme (OTF) dient als Auffangtatbestand für Schuldverschreibungen, strukturierte Finanzprodukte, Emissionszertifikate und Derivate mit dem Ziel sämtlichen organisierten Handel in der Europäischen Union zu regulieren.[109] Denn insbesondere Dark Pools

---

[103] Der Begriff des multilateralen Handelssystems ersetzt den Begriff der „börsenähnlichen Einrichtungen" nach altem Recht (§ 59 BörsG a. F.).

[104] *Veil*, Kapitalmarktrecht, § 7 Rn. 23.

[105] Assies/Beule/Heise/*Zeidler*, Rn. 160.

[106] Vgl. § 1 Abs. 1 Satz 2 BörsG.

[107] So auch *Kümpel*, BKR 2003, 3 (5) zu außerbörslichen elektronischen Handelssystemen.

[108] Siehe https://registers.esma.europa.eu/publication/searchRegister?core=esma_registers_upreg (zuletzt abgerufen am 16.08.2023).

[109] MiFIR, ErwGr. 6, 8, 10.

und Broker Crossing Systeme sollten nicht unreguliert bleiben.[110] Da im Freiverkehr Aktien gehandelt werden, ist dieser kein OTF.

Bereits mit Einführung der MTF wurde eine Einordnung des Freiverkehrs als MTF diskutiert.[111] Hierauf deutet auch bereits die Regierungsbegründung zu §§ 31 f. WpHG hin.[112] Mit § 48 Abs. 3 BörsG im Rahmen des 2. FiMaNoG[113] wurde dies nun Gesetz. Im Freiverkehr finden somit die europäischen Anforderungen an MTF, einschließlich der Durchführungsbestimmungen, Anwendung.[114]

Der Freiverkehr bleibt jedoch trotz ausdrücklicher Qualifizierung als MTF organisationsrechtlich abschließend im BörsG geregelt.[115] Denn die Regelung im BörsG genügt durch den Verweis in § 48 Abs. 3 Satz 5 BörsG bereits den strengen Anforderungen an MTF.[116] Um den Freiverkehr an die europäischen Vorgaben für MTF anzugleichen, wurden zuletzt in § 48 Abs. 4 und 5 BörsG noch einige weitere Anpassungen an die Richtlinienvorgaben der MiFID II vorgenommen.[117]

Der Freiverkehr unterscheidet sich zudem grundlegend von außerbörslichen MTF.[118] Der Betrieb des Freiverkehrs ist schon nur durch den Börsenträger als Freiverkehrsträger zulässig; er bedarf der Zulassung der Börsenaufsichtsbehörde und wird von dieser überwacht.[119] Die Wertpapiere im Freiverkehr werden zu Börsenpreisen gehandelt. Die Nähe zur Börse hat daher den Vorteil, dass ein höherer Qualitätsstandard gewährleistet werden kann.[120]

[110] So bzgl. Broker Crossing Systemen ausdrücklich: MiFIR, ErwGr. 6; Schwark/Zimmer/*Kumpan*, § 2 WpHG Rn. 147; Assies/Beule/Heise/*Zeidler*, Rn. 166.

[111] Dies wurde insbesondere problematisiert, da § 48 Abs. 3 Satz 2 BörsG die Regelungen des Börsengesetzes für anwendbar erklärt und nicht auf die Regelungen für MTF nach § 31 f WpHG verweist. Exemplarisch: *Groß*, Kapitalmarktrecht, § 48 BörsG Rn. 3; *T. Richter*, NZG 2020, 210 (213).

[112] RegE Finanzmarktrichtlinie-Umsetzungsgesetz, BT-Drs. 16/4028, S. 68.

[113] Zweites Finanzmarktnovellierungsgesetz (2. FiMaNoG) v. 23. Juni 2017, BGBl. I 2017, 1693.

[114] RegE 2. FiMaNoG, BT-Drs. 813/16, S. 325. Die Anforderungen der MiFID und MiFID II an Multilaterale Handelssysteme wurden in Deutschland in den §§ 72–74 WpHG umgesetzt.

[115] Bericht des Finanzausschusses, BT-Drs. 16/4899, S. 15. Dem Gesetzgeber steht es bei der Umsetzung von Richtlinien grundsätzlich frei, in welchem Gesetz er die europäischen Vorgaben umsetzt. Eine Aufteilung der Regelungen für MTF auf das WpHG und das BörsG (für den Freiverkehr) ist daher unbedenklich (so auch *Fink*, Der Freiverkehr, S. 84).

[116] *Fink*, Der Freiverkehr, S. 84 ff.; *Groß*, Kapitalmarktrecht, § 48 BörsG Rn. 3; Schwark/Zimmer/*Schwark*, § 48 BörsG Rn. 6.

[117] Absatz 4 entspricht § 72 Abs. 1 Nr. 13 WpHG und setzt dabei Art. 18 Abs. 7 MiFID II um. Absatz 5 entspricht § 72 Abs. 5 WpHG (RegE 2. FiMaNoG, S. 325).

[118] Bericht des Finanzausschusses, BT-Drs. 16/4899, S. 5; RegE 2. FiMaNoG, S. 325.

[119] Beschlussempfehlung des Finanzausschusses, BT-Drs. 16/4883, S. 4.

[120] So auch *Beer*, Gestaltung alternativer Marktsegmente, S. 83; daher auch Bezeichnung des Freiverkehrs als „MTF sui generis" (vgl. *Fink*, Der Freiverkehr, S. 43, 82 ff.) bzw. „qualifiziertes MTF" (*Fink*, Der Freiverkehr, S. 98).

4. Zwischenergebnis

Auf den regulierten Markt an den Börsen finden damit die europäischen Regelungen für organisierte und geregelte Märkte Anwendung. Der Freiverkehr ist hingegen kein regulierter Markt und unterfällt auch außerhalb des KAGB nicht den Vorschriften über geregelte und organisierte Märkte. Auf nationaler Ebene unterliegt er den Vorschriften des Börsengesetzes und den auf Grundlage des § 48 Abs. 1 Satz 1 BörsG erlassenen Regelwerken. Im europäischen Kontext gilt der Freiverkehr nach ausdrücklicher gesetzlicher Anordnung als MTF.

VI. Weitere Anknüpfungspunkte gesetzlicher Regelungen

Auch im Handels- und Gesellschaftsrecht werden unterschiedliche Anknüpfungspunkte geregelt.

1. Börsennotierte Gesellschaft

Mit dem Gesetz für kleine Aktiengesellschaften und zur Deregulierung des Aktienrechts[121] wurde erstmalig eine gewisse Trennlinie zur sog. „kleinen AG“ gezogen, um die Rechtsform der Aktiengesellschaft auch für KMU attraktiver zu machen.[122] Mit dem KonTraG[123] wurde 1998 sodann der Begriff der börsennotierten Aktiengesellschaft in das Aktiengesetz eingeführt. Diese wird in § 3 Abs. 2 AktG legaldefiniert als Gesellschaft, deren Aktien zu einem Markt zugelassen sind, der von staatlich anerkannten Stellen geregelt und überwacht wird, regelmäßig stattfindet und für das Publikum mittelbar oder unmittelbar zugänglich ist. Hierunter fallen alle im regulierten Markt im Inland und an einer ausländischen Börse notierte Aktiengesellschaften, wenn zumindest ein Teil der Aktien im regulierten Markt zugelassen ist.[124] Das Aktiengesetz lehnt sich dabei an den Begriff des geregelten bzw. organisierten Marktes an,[125] geht allerdings weiter, da sich der Begriff nicht auf EU/EWR-Märkte beschränkt. Im Gegensatz zum geregelten oder organisierten Markt sind jedoch keine anderen Finanzinstrumente als Aktien erfasst.

Mit der Einführung der börsennotierten Gesellschaft wurde in das Aktiengesetz jedoch keinesfalls eine generelle organisationsrechtliche Unterscheidung zwischen börsennotierten und nicht-börsennotierten Gesellschaften ein-

---

[121] Siehe Teil 3, Fn. 83.

[122] Entwurf eines Gesetzes für kleine Aktiengesellschaften und zur Deregulierung des Aktienrechts, BT-Drs. 12/6721, S. 5 f.

[123] Gesetz zur Kontrolle und Transparenz im Unternehmensbereich (KonTraG) v. 27.04.1998, BGBl. I, 786.

[124] RegE KonTraG, BT-Drs. 13/9712, S. 12; BeckOGK AktG/*Drescher*, § 3 Rn. 6; Henssler/Strohn/*Wöstmann*, § 3 AktG Rn. 3; *Koch*, AktG, § 3 Rn. 6; *Marsch-Barner*/Schäfer, Hdb. börsennotierte AG, Rn. 1.6.

[125] RegE KonTraG, BT-Drs. 13/9712, S. 12; BeckOGK AktG/*Drescher*, § 3 Rn. 6; *Koch*, AktG, § 3 Rn. 6.

geführt.[126] Der Begriff dient lediglich als Anknüpfungspunkt für zahlreiche über das gesamte Aktiengesetz verteilte Sonderregelungen, die über die Jahre noch weiter ergänzt wurden.[127] Mangels hinreichender staatlicher Regulierung werden Freiverkehrsemittenten von den besonderen organisationsrechtlichen Regelungen nicht erfasst.[128] Sie sind – auch wenn dies in Anbetracht der regulatorischen Entwicklung und der zu befürwortenden Einordnung als „offene AG"[129] – beachtliche Kritik erfährt,[130] de lege lata zwingend als nicht-börsennotierte Gesellschaften zu qualifizieren. Die damit einhergehenden Erleichterungen für nicht-börsennotierte Gesellschaften machen den Freiverkehr jedoch für Gesellschaften, die sich vor dem administrativen Aufwand einer Börsennotierung scheuen, attraktiver.

2. *Kapitalmarktorientierte Kapitalgesellschaft*

Vom Begriff der Börsennotierung abzugrenzen ist der unionsrechtlich geprägte Begriff der kapitalmarktorientierten Kapitalgesellschaft, der in § 264d HGB legaldefiniert ist:

§ 264d HGB:

Eine Kapitalgesellschaft ist kapitalmarktorientiert, wenn sie einen *organisierten Markt* im Sinn des § 2 Absatz 11 des Wertpapierhandelsgesetzes durch von ihr ausgegebene Wertpapiere im Sinn des § 2 Absatz 1 des Wertpapierhandelsgesetzes in Anspruch nimmt oder die Zulassung solcher Wertpapiere zum Handel an einem organisierten Markt beantragt hat.

---

[126] Anders hingegen die Differenzierung von public und private limited companies u. a. nach dem britischen Gesellschaftsrecht (hierzu *Bayer*, Gutachten E, 67. DJT, 2008, S. 71 ff.).

[127] Vgl. §§ 10 Abs. 1 Nr. 1, 67 Abs. 6 Satz 2, 67a Abs. 1, Abs. 3 Satz 2, 67b Abs. 2, 67c Abs. 1 Sätze 1 und 2, Abs. 2 Satz 4, 67d Abs. 1 und 5, 76 Abs. 3a und 4, 87 Abs. 1 Satz 2, 87a, 91 Abs. 3, 93 Abs. 6, 96 Abs. 2 und 3, 104 Abs. 5, 107 Abs. 3 Satz 4, 110 Abs. 3 Satz 2, 111 Abs. 5 Satz 1, 111a Abs. 2 Satz 2, 111b f., 113 Abs. 3, 120a Abs. 1, 4 und 5, 121 Abs. 3 Satz 3, Abs. 4a, Abs. 7 Satz 4, 122 Abs. 2 Satz 3, 123 Abs. 4 und 5, 124 Abs. 1 Satz 2 Hs. 2, Abs. 2 Satz 2, 124a, 125 Abs. 1 Sätze 3 und 5, Abs. 5 Satz 2, 126 Abs. 1 Satz 3, 127 Satz 3, 130 Abs. 1 Satz 3, Abs. 2 Satz 2, Abs. 6, 134 Abs. 1 Satz 2, Abs. 3 Sätze 2 und 3, 135 Abs. 5 Satz 3 Hs. 1, 142 Abs. 2 Satz 1 Hs. 2, 149 Abs. 1, 161 Abs. 1 Satz 1, 162 Abs. 1, 171 Abs. 2 Satz 2 Hs. 2, 176 Abs. 1 Satz 1, 248a, 328 Abs. 3, 404 Abs. 1 und 2 AktG.

[128] BeckOGK AktG/*Bayer/Scholz*, § 161 Rn. 52; RegE KonTraG, BT-Drs. 13/9712, S. 12; BeckOGK AktG/*Drescher*, § 3 Rn. 6; Grigoleit/*Vedder*, AktG, § 3 Rn. 4; *Groß*, Kapitalmarktrecht, § 48 BörsG Rn. 15; *Habersack*, Gutachten E, 69. DJT, 2012, S. 30 f.; *Harrer/Müller*, WM, 60 2006 14, 653 (656); Henssler/Strohn/*Wöstmann*, § 3 AktG Rn. 3; Hölters/Weber/*Solveen*, AktG, § 3 Rn. 6; *Koch*, AktG, § 161 Rn. 6a; *Marsch-Barner*/Schäfer, Hdb. börsennotierte AG, Rn. 1.6; Manz/Schröder/Mayer/*Süß/Thies*, Börsennotierte Aktiengesellschaft Rn. 1629, 1743; OLG München, NZG 2008, 755 (758).

[129] So insbesondere *Bayer*, Gutachten E, 67. DJT, 2008, S. 95.

[130] *Döge/Jobst*, BKR 2010, 136 (142); *Habersack*, Gutachten E, 69. DJT, 2012, S. 31 f.; *Kiem*, FS Seibert 2019, 449 (461); *Koch*, AktG, § 3 Rn. 6; *Mülbert*, Verhandlungen des 67. DJT, 2008, N51 (N55). Bestrebungen gehen daher vor allem dahin, den Anwendungsbereich auf solche Emittenten zu erweitern, deren Aktien mit deren Zustimmung im Freiverkehr gehandelt werden (vgl. *Krieger*, Verhandlungen des 67. DJT, 2008, N25 (N27).

Im Gegensatz zur Börsennotierung erfasst die Kapitalmarktorientierung auch den Handel mit anderen Wertpapieren als Aktien sowie andere Rechtsformen als Aktiengesellschaften.[131] Da der Freiverkehr jedoch kein organisierter Markt i. S. d. WpHG ist, finden auf ihn auch die Vorschriften für kapitalmarktorientierte Gesellschaften keine Anwendung.[132]

3. *Börslicher und außerbörslicher Handel*

Der organisierte Handel von Finanzinstrumenten lässt sich institutionell ferner in börslichen und außerbörslichen Handel unterteilen.[133] Unter außerbörslichem Handel werden dabei Handelsplätze verstanden, die nicht als Börsen organisiert sind.[134] Der Börsenhandel findet zentralisiert an der Börse statt, während der außerbörsliche Handel dezentralisiert ist. Dies hat insbesondere Auswirkungen auf die Transparenz der Preisbildung. Für die Feststellung von Börsenpreisen findet sich außerbörslich in aller Regel kein Äquivalent.[135]

Unter den außerbörslichen Handel fällt sämtlicher nicht der Institution Börse zuzuordnender Handel. Typischerweise fällt darunter der klassische OTC-Handel,[136] aber auch der Handel an MTF.[137] Der Freiverkehr hat daher eine gewisse Zwitterstellung, da er als MTF gilt, jedoch gleichzeitig am Handelsplatz Börse vom Börsenträger betrieben wird. Die Zuordnung des Freiverkehrs zum börslichen oder außerbörslichen Handel hängt damit entscheidend von der Definition des Börsenhandels ab.[138] Bei einem engen Verständnis des börslichen Han-

---

[131] Henssler/Strohn/*Wöstmann*, § 3 AktG Rn. 3; *Koch*, AktG, § 3 Rn. 6; *Marsch-Barner*/Schäfer, Hdb. börsennotierte AG, Rn. 1.6; MüKoHGB/*Reiner*, § 264d Rn. 7.

[132] So auch Ebenroth/Boujong/Joost/*Böcking/Gros/Oser*, HGB, § 264d Rn. 4; Hopt/*Merkt*, HGB, § 264d Rn. 1; Beck Bil-Komm/*Justenhoven/Roland*, § 264d HGB Rn. 5; Koller/Kindler/Roth/Drüen/*Morck/Drüen*, HGB, § 264d Rn. 2; MüKoHGB/*Reiner*, § 264d Rn. 4; *Zwirner/König*, KoR 2014, 378 (379). Untechnisch zu verstehen ist insoweit die bejahte Kapitalmarktorientierung der „Freiverkehrs-AG" bei *Bayer*, Gutachten E, 67. DJT, 2008, S. 22. Auf den Begriff der kapitalmarktorientierten Kapitalgesellschaften wird Bezug genommen in §§ 264 Abs. 1 Satz 2, 267 Abs. 3 Satz 2, 286 Abs. 3 Satz 3, 289 Abs. 4, 289b Abs. 1 Satz 1 Nr. 2, 293 Abs. 5, 313 Abs. 3 Satz 3, 315 Abs. 4, 315b Abs. 1 Satz 1 Nr. 1, 316a Nr. 1, 325 Abs. 4 Satz 1, 334 Abs. 3 Satz 2, Abs. 3a Satz 1, Abs. 4, 335 Nr. 1a, 1d, 336 Abs. 1 Satz 2, 340n Abs. 3 Satz 2, Abs. 3a Satz 1, 341n Abs. 3 Satz 2, Abs. 3a Satz 1, 341w Abs. 1 Satz 2 HGB.

[133] *Berg*, Der Marktrückzug des Emittenten, S. 24; MüKoBGB/*Lehmann*, Teil 12. Internationales Finanzmarktrecht Rn. 40.

[134] MüKoBGB/*Lehmann*, Teil 12. Internationales Finanzmarktrecht Rn. 41 f.; Schimansky/Bunte/Lwowski/*Seiler/Geier*, Vor § 104 Rn. 30.

[135] MüKoBGB/*Lehmann*, Teil 12. Internationales Finanzmarktrecht Rn. 40 ff.

[136] MüKoHGB/*Ekkenga*, P. Effektengeschäft Rn. 15; MüKoBGB/*Lehmann*, Teil 12. Internationales Finanzmarktrecht Rn. 41 f.; Schimansky/Bunte/Lwowski/*Seiler/Geier*, Vor § 104 Rn. 30.

[137] MüKoHGB/*Ekkenga*, P. Effektengeschäft Rn. 15; Schimansky/Bunte/Lwowski/*Seiler/Geier*, Vor § 104 Rn. 31.

[138] Sich für die Frage des börslichen Handels an der Börse i. S. d. BörsG orientierend wohl *Döge/Jobst*, BKR 2010, 136 (137); Ebenroth/Boujong/Joost/*Poelzig*, HGB, § 2 WpHG Rn. 32. Dagegen stellt *Berg*, Der Marktrückzug des Emittenten, S. 14, 37 eher auf den Handelsplatz

dels, ist nur der durch die Marktveranstalterin Börse betriebene Handel unter diesen Begriff zu fassen. Entsprechend wäre der Freiverkehr dem außerbörslichen Handel zuzuordnen.[139] Dies würde jedoch die weitgehende Integration des Freiverkehrs in die Börse außer Acht lassen. Auch die abschließende Regelung im BörsG und der weitgehende Verweis auf die Vorschriften des regulierten Marktes spricht für eine Einordnung des Freiverkehrs als börslichen Handel.[140] Würde man den Freiverkehr als außerbörslichen Handel begreifen, so würde verkannt, dass dieser aufgrund der Kompetenzen der Börsenorgane faktisch nicht mehr ohne die Börse existieren kann.

Im Hinblick auf das Regulierungsniveau hilft die Unterscheidung zwischen börslichem und außerbörslichem Handel allerdings nur bedingt weiter. Denn die nationalen und unionsrechtlichen Vorschriften knüpfen an das konkrete Marktsegment – regulierter Markt, Freiverkehr, MTF etc. – an, statt nach dem börslichen und außerbörslichen Handel zu differenzieren.[141] Die Beschreibung des Freiverkehrs als „börsliches MTF" bietet jedoch gerade gegenüber regulären, außerhalb der Börse betriebenen MTF ein griffiges Abgrenzungsmerkmal für den Freiverkehr.

4. Zwischenergebnis

Freiverkehrsemittenten gelten damit de lege lata weder als börsennotiert noch als kapitalmarktorientiert. Der Handel ist jedoch der Börse so stark angenähert, dass der Freiverkehrshandel inzwischen eher dem börslichen Handel zuzuordnen ist.

B. Segmentierung des Freiverkehrs

I. Einfacher und qualifizierter Freiverkehr

Die überwiegend privatrechtliche Natur des Freiverkehrs bietet den Freiverkehrsträgern die Möglichkeit, ihre Geschäftsbedingungen privatautonom auszugestalten. Gewiss besteht eine Einschränkung dahingehend, dass die Geschäftsbedingungen einen ordnungsgemäßen Handel gewährleisten müssen

---

Börse oder genauer gesagt das dem Handel zugrundeliegende Regelungsregime ab und ordnet den Freiverkehr dem börslichen Handel zu.

[139] So wohl *Döge/Jobst*, BKR 2010, 136 (137); Ebenroth/Boujong/Joost/*Poelzig*, HGB, § 2 WpHG Rn. 32; *Schweppe*, Hybride Regulierung des Freiverkehrs, S. 110.

[140] Vgl. § 48 Abs. 3 BörsG; dahingehend *Berg*, Der Marktrückzug des Emittenten, S. 14 f., 37; DAI, Stellungnahme zu Delisting und Spruchverfahren, S. 9.

[141] Die Einordnung war unter den §§ 10, 12 WpHG a. F. noch entscheidender, hat sich mit der Einführung der MAR jedoch erübrigt. Der aktienrechtliche Begriff der Börsennotierung knüpft gerade an die Zulassung/Einbeziehung der Wertpapiere an der Börse an und ist damit nach Auffassung der Verf. vom Begriff des börslichen Handels abzugrenzen; a. A. wohl *Beer*, Gestaltung alternativer Marktsegmente, S. 79 ff.

und daher von der Geschäftsführung der Börse zu billigen sind. Ferner ist die Gestaltungsfreiheit nach unten durch die gesetzlichen Mindestanforderungen an MTF begrenzt.[142] Darüber hinaus ermöglicht die Vertragsfreiheit jedoch weitreichende Gestaltungsmöglichkeiten im Sinne einer Anhebung des privatrechtlichen Regulierungsniveaus. Hiervon haben die Freiverkehrsträger regen Gebrauch gemacht und neben dem regulären Freiverkehr[143] alternative – qualifizierte – Freiverkehrssegmente (sog. Teilsegmente[144]) geschaffen,[145] die erhöhte Zulassungs- und Folgepflichten an die Emittenten stellen.[146] Dies hat zur Folge, dass auch innerhalb des Freiverkehrs teils erhebliche regulatorische Unterschiede bestehen, die das Regulierungsniveau des Freiverkehrs einer einheitlichen Beurteilung entziehen. Die Freiverkehrsträger können dabei so weitreichende Anforderungen regeln, dass die Qualitätssegmente privatrechtlich an das Regulierungsniveau staatlich regulierter Märkte heranreichen, jedenfalls aber zwischen dem regulierten Markt und dem regulären „einfachen Freiverkehr" anzusiedeln sind.[147] An der Qualifizierung als MTF ändert dies nichts. Denn trotz erhöhter Anforderungen ist auch ein qualifiziertes Freiverkehrssegment kein regulierter Markt. Die unterschiedliche Regelungsdichte der Freiverkehrssegmente ist in der folgenden regulatorischen Analyse jedoch entsprechend zu würdigen.

---

[142] Diese Mindestanforderungen bilden mit *Berg* eine Art „level playing field" an das sich börsliche und außerbörsliche MTF halten müssen (*Berg*, Der Marktrückzug des Emittenten, S. 25).

[143] Unter dem regulären Freiverkehr werden Freiverkehrssegmente verstanden, die den Mindestanforderungen an den Betrieb eines Freiverkehrs erfüllen, darüber hinaus jedoch keine weiteren Anforderungen an den Emittenten stellen.

[144] Vgl. zum Begriff: *Berg*, Der Marktrückzug des Emittenten, S. 19; *Mitental/Anders*, DStR 2003, 1893 (1894); *Seibt/Wollenschläger*, AG 2009, 807 (808); *Sudmeyer* in MAH AktR, § 47 Rn. 37; *Weitnauer*, S. 558.

[145] Instruktiv zur Segmentierung des Freiverkehrs: *Storm*, Alternative Freiverkehrssegmente; *Veil*, Privates Recht, 269 (273).

[146] Die Börse ist durch das BörsG zwar auf die Segmente des regulierten Markts und des Freiverkehrs beschränkt (sog. Zwei-Segmente-Prinzip). Jedoch ist die Börse zur Bildung bestimmter Teilbereiche befugt (vgl. § 42 BörsG, dazu Hammen, WM 2003, 997, 1000 f.). Hierzu zählen die Segmente Scale der Frankfurter Wertpapierbörse, m:access der Börse München, Primärmarkt der Börse Düsseldorf, Freiverkehr Plus der Baden-Württembergischen Wertpapierbörse sowie die Mittelstandsbörse Deutschland der Börse Hamburg/Hannover. Lediglich der Freiverkehrsträger der Börse Berlin hat kein eigenständiges Qualitätssegment eingerichtet. Vor allem die Baden-Württembergische Wertpapierbörse hat darüber hinaus Freiverkehrssegmente geschaffen, die bestimmte Arten von Emittenten (bspw. Nordic Growth Market für in nordischen Ländern gelistete Aktien) oder Wertpapiere (bspw. Euwax für verbriefte Derivate) betreffen.

[147] *Berg*, Der Marktrückzug des Emittenten, S. 35; Storm propagiert aus diesem Grunde auch eine gesetzliche Einordnung der qualifizierten Teilsegmente als „teilregulierter Markt" (vgl. zusammenfassend *Storm*, Alternative Freiverkehrssegmente, S. 317).

II. KMU-Wachstumsmarkt

Insbesondere für KMU[148] ist eine Positionierung im Freiverkehr aufgrund der geringeren Zulassungsanforderungen und Folgepflichten interessant.[149] Denn der Kapitalmarkt bietet Unternehmen nicht nur eine gute Alternative zur klassischen Fremdfinanzierung durch Bankkredite, sondern erhöht zugleich deren Bekanntheit und Reputation.[150] In den vergangenen Jahren ist daher ein erkennbarer Bedeutungszuwachs der Eigenkapitalfinanzierung zu verzeichnen. Für KMU ist dabei aufgrund der hohen Zulassungs- und Folgepflichten der regulierten Märkte v. a. der Freiverkehr interessant.[151]

Um für KMU einen erleichterten Zugang zum Kapitalmarkt zu schaffen, wurde mit Art. 33 MiFID II eine weitere Unterkategorie innerhalb der multilateralen Handelssysteme geschaffen.[152] Betreiber multilateraler Handelssysteme können diese als sog. *KMU-Wachstumsmarkt* registrieren lassen,[153] wodurch Bekanntheit und Reputation gestärkt werden soll.[154] Der KMU-Wachstumsmarkt ist jedoch kein regulierter Markt. Allein MTF und Freiverkehrssegmente können sich als KMU-Wachstumsmarkt registrieren lassen.[155] Im Freiverkehr

---

[148] Unternehmen mit einer durchschnittlichen Marktkapitalisierung von weniger als 200 Millionen Euro (vgl. Art. 4 Abs. 1 Ziff. 13 MiFID II; Art. 77 Abs. 1 Delegierte Verordnung (EU) 2017/565 v. 25.04.2016, ABl. L 87/1; §§ 2 Abs. 10 BörsG, 2 Abs. 46 WpHG; Marktkapitalisierung meint dabei den rechnerischen Gesamtwert, der sich aus der Multiplikation der Anzahl der im Umlauf befindlichen Anteile an einem Unternehmen mit deren aktuellem Kurswert ergibt (vgl. Schwark/Zimmer/*Kumpan*, § 2 WpHG Rn. 255)).

[149] Hierzu ausführlich auf S. 277 ff.

[150] So das Ergebnis einer Umfrage des Deutschen Aktieninstituts (DAI, Börsengang und Börsennotiz aus Sicht der KMU, S. 14).

[151] *Harrer* in BeckHdB AG, § 20 Rn. 48; *Leuering/Simon*, NJW-Spezial 2006, 27 (27).

[152] Der durch das 2. FiMaNoG (Teil 4, Fn. 113) neu eingefügte § 48a BörsG setzt Art. 33 MiFID II um und regelt Inhalt und Verfahren bei der Einstufung eines multilateralen Handelssystems als Wachstumsmarkt für KMU. Die Erleichterung des Marktzugangs für KMU spielte auch im Aktionsplan der Europäischen Kommission für eine Kapitalmarktunion eine große Rolle (vgl. Europäische Kommission, Aktionsplan zur Schaffung einer Kapitalmarktunion, COM (2015) 468 final; Europäische Kommission, Mitteilung Kapitalmarktunion: Fortschritte beim Aufbau eines Kapitalbinnenmarkts für eine starke Wirtschafts- und Währungsunion, COM (2019) 136 final; MiFID II (Teil 2, Fn. 279), ErwGr. 132; FESE, Blueprint 2019; *Linden*, DStR 2016, 1036 (1036)).

[153] Die Umsetzung des Art. 33 MiFID II erfolgte sowohl im BörsG (§ 48a BörsG) als auch im WpHG (§ 76 WpHG). Als KMU-Wachstumsmarkt kann sich daher nicht nur der börsliche Freiverkehr registrieren lassen, sondern auch die außerbörslichen multilateralen Handelssysteme können von dieser Möglichkeit Gebrauch machen. Gerade für KMU-Wachstumsmärkte besteht daher eine direkte Konkurrenz zwischen den börslichen und außerbörslichen MTF. Zur näheren Bestimmung sei auf die Art. 77 bis 79 der Delegierten Verordnung (EU) 2017/565 (Delegierte Verordnung (EU) 2017/565 v. 25.04.2016, ABl. L 87/1) verwiesen, die detaillierte Regelungen zur Qualifizierung als KMU sowie der Registrierung und deren Aufhebung treffen. So ist eine Registrierung als KMU-Wachstumsmarkt insbesondere nur dann möglich, wenn mindestens 50 % der Emittenten KMU sind (vgl. Art. 33 Abs. 3 lit. a) sowie ErwGr. 135 der MiFID II, Art. 78 der Delegierte Verordnung (EU) 2017/565).

[154] MiFID II, ErwGr. 134.

[155] Schwark/Zimmer/*Schwark*, § 48 BörsG Rn. 2.

obliegt die nähere Ausgestaltung grundsätzlich der privatautonomen Regelung der Freiverkehrsträger in den Geschäftsbedingungen, die dabei aber die regulatorischen Anforderungen des § 48a BörsG berücksichtigen müssen.

KMU-Emittenten bleibt es aber auch weiterhin unbenommen, ihre Aktien in gewöhnlichen Freiverkehrssegmenten und MTF zu handeln. Ziel der Einführung war allein die Verringerung des Verwaltungsaufwands für KMU-Emittenten bei gleichzeitiger Aufrechterhaltung des Anlegerschutzes.[156] Dies hat bislang jedoch nur wenig Anklang gefunden. Allein das Frankfurter Qualitätssegment Scale hat sich Ende 2019 als KMU-Wachstumsmarkt registrieren lassen.[157]

C. Schlussfolgerungen

Es bleibt festzuhalten, dass die Einordnung des Freiverkehrs aufgrund der Regelungsvielfalt des nationalen und europäischen Kapitalmarktrechts komplex ist und fortwährenden Veränderungen unterliegt. Vom regulierten/geregelten/organisierten Markt unterscheidet sich der Freiverkehr vor allem aufgrund seiner überwiegend privatrechtlichen Organisation. Zwar ist der Freiverkehr inzwischen weitestgehend in die Börse integriert. Die Regulierung erfolgt dennoch primär durch den Freiverkehrsträger in den Geschäftsbedingungen und nicht durch die Börse.

Die Schwierigkeiten bei der Einordnung des Freiverkehrs in das nationale und europäische Marktsystem sind maßgeblich darauf zurückzuführen, dass sich der Freiverkehr in Deutschland originär privatautonom an den Börsen entwickelt hat und keine Entsprechung in den europäischen Regelungen findet. Insbesondere das europäische Kapitalmarktrecht hat aber in den vergangenen Jahrzehnten maßgeblich an Bedeutung für die nationalen Kapitalmärkte gewonnen. Der Freiverkehr befindet sich zugleich in einem inneren Widerstreit, da er einerseits als außerbörsliches und damit nicht reguliertes Marktsegment konzipiert wurde, andererseits jedoch im Interesse eines funktionierenden Handels und dem Vertrauen der Anleger in den Börsenhandel auch gewissen sanktionsbewährten und damit öffentlich-rechtlichen Regulierungen unterliegen muss.

Obwohl der Freiverkehr als MTF gilt, unterscheidet er sich doch klar von klassischen MTF, die nicht in die Organisation einer Börse eingegliedert sind. Der Freiverkehr nimmt gegenüber gewöhnlichen MTF eine qualifizierte Son-

---

[156] MiFID II, ErwGr. 134; *Linden*, DStR 2016, 1036 (1036). Eine Studie des Deutschen Aktieninstituts (DAI, Börsengang und Börsennotiz aus Sicht der KMU), die eine Befragung von KMU zu Börsengang und Börsennotiz auswertet, deutet aber darauf hin, dass die Einführung des KMU-Wachstumsmarkts jedenfalls keine deutlichen Besserungen in Bezug auf die Attraktivität der Börse für KMU erreichen konnte. So auch *Veil*, FS Baums 2017, 1267 (1276 f.).

[157] Siehe https://registers.esma.europa.eu/publication/searchRegister?core=esma_registers_upreg (Stand 16.08.2023).

derstellung ein.[158] Denn die Nähe zur Börse verschafft dem Freiverkehr eine höhere Akzeptanz gegenüber außerbörslichen MTF.[159]

Die Ausgestaltung des Freiverkehrs obliegt im Einzelnen dem jeweiligen Freiverkehrsträger, wodurch es zu erheblichen regulatorischen Unterschieden innerhalb des Freiverkehrssegments kommen kann. Die privatrechtliche Regulierung des Freiverkehrs ermöglicht es dem Freiverkehrsträger, an bestimmte Freiverkehrssegmente erhöhte qualitative Anforderungen zu stellen.[160] Der Freiverkehr entzieht sich damit einer pauschalisierenden Betrachtung. Die individuellen privatrechtlichen Einbeziehungs- und Folgepflichten des jeweiligen Freiverkehrs sind daher auch bei der regulatorischen Untersuchung des Freiverkehrs entsprechend zu würdigen.

§ 13 Freiverkehrskurse als Wertuntergrenze – Desinvestitionswert der Aktie

Nachdem die DAT/Altana-Rechtsprechung schon mehrmals angesprochen wurde, soll sie nun in ihrem Aussagegehalt und ihrer Bedeutung für die Abfindungsbemessung bei Freiverkehrsemittenten genauer untersucht werden. Während die Heranziehung von Börsenkursen im regulierten Markt als Wertuntergrenze inzwischen allgemein anerkannt und gängige Praxis ist,[161] äußern sich nur vereinzelte Stimmen zu lediglich im Freiverkehr gehandelten Aktien.[162]

Die Rechtsprechung wendet die DAT-Altana Grundsätze auf Freiverkehrskurse entweder unreflektiert an[163] oder lehnt die Berücksichtigung von Börsenkursen im Freiverkehr grundlegend ab.[164] Nur selten erfolgt eine kritische Auseinandersetzung mit der Anwendbarkeit der DAT/Altana-Entscheidung.[165]

---

[158] Vgl. auch *Schweppe*, Hybride Regulierung des Freiverkehrs, S. 105 ff.

[159] Zutr. *Fink*, Der Freiverkehr, S. 92.

[160] Siehe die Übersicht der Freiverkehrssegmente im Aktienhandel in Anhang 3.

[161] *Katzenstein*, AG 2018, 739 (739).

[162] Siehe Teil 1, Fn. 9.

[163] So LG Mannheim, Beschl. v. 29.01.2007 – 24 AktE 15/04, juris, Rn. 35 ff.; OLG Frankfurt a. M., NZG 2020, 339 (wobei der Kurs hier unterhalb des Barwerts der Ausgleichszahlungen lag und seine Heranziehung daher offenbleiben konnte); OLG München, BeckRS 2020, 9359, Rn. 30; OLG Stuttgart, Beschl. v. 26.06.2019 – 20 W 27/18, juris.

[164] OLG Dresden Beschl. v. 16.08.2017 – 8 W 244/17, nv (Teil 1, Fn. 8), S. 13; OLG Karlsruhe, BeckRS 2020, 10571 (die Entscheidung bezog sich hier aber primär auf die Frage der Berücksichtigungsfähigkeit vergangener Kurse); OLG München, BeckRS 2020, 9359, Rn. 30, jedoch zur weiterführenden Frage, ob Freiverkehrskurse als Schätzgrundlage herangezogen werden können; LG München I Beschl. v. 29.12.2011 – 5 HK O 2417/03, nv, S. 47; OLG Zweibrücken Beschl. v. 14.08.2017 – 9 W 4/14, nv (Teil 2, Fn. 272), S. 41.

[165] Jüngst aber OLG Hamburg, BeckRS 2020, 27988, Rn. 21 ff.; LG Hamburg, BeckRS 2020, 6025, Rn. 33; LG Stuttgart, BeckRS 2018, 35320, Rn. 117 ff.; vgl. bereits OLG Düsseldorf, BeckRS 2008, 9759, Ls. 2.

Wenn Freiverkehrskurse aber schon als Wertuntergrenze ausscheiden müssen, können sie erst recht nicht als Bewertungsmethode herangezogen werden. Der Bewertung anhand von Freiverkehrskursen ist sich daher zunächst über den Desinvestitionswert zu nähern.

A. Anwendung der DAT/Altana-Rechtsprechung auf Freiverkehrskurse

Der Entscheidung in Sachen DAT/Altana erging zur Abfindung der an den Börsen Frankfurt und Düsseldorf gehandelten Aktien der Altana AG.[166] Das BVerfG hat sich bislang nicht ausdrücklich zur Berücksichtigung von Freiverkehrskursen geäußert. Die Notierung im regulierten Markt und die Tatsache, dass sich das BVerfG an der Begrifflichkeit der „börsennotierten Aktie"[167] orientiert, spricht dafür, dass die Entscheidung allein die Abfindung bei börsennotierten Gesellschaften i. S. d. § 3 Abs. 2 AktG im Blick hatte.[168] Historisch gestützt wird dies auch durch die im Zeitpunkt der Entscheidung noch geringere Integration des Freiverkehrs in die Börse und die damit einhergehende Skepsis gegenüber dem Freiverkehrshandel.[169] Lediglich im Freiverkehr gehandelte Aktien sind nicht börsennotiert. Hieraus wird teilweise gefolgert, dass Freiverkehrskurse schon deshalb nicht maßgeblich sein können.[170] Genauer zu untersuchen ist daher, ob sich die Rechtsprechung tatsächlich allein auf börsennotierte Aktiengesellschaften i. S. d. § 3 Abs. 2 AktG bezieht oder der Begriff untechnisch zu verstehen ist als Aktien, die an der Börse oder einem anderen Handelsplatz gehandelt werden, an dem Kurse festgestellt werden.[171]

Offensichtlich verfehlt ist das Argument, dass es sich bei Freiverkehrskursen nicht um „Börsenkurse" nach dem Verständnis des BVerfG handle.[172] Schon die Anwendbarkeit der Vorschriften über die Preisbildung zeigt, dass Freiverkehrskurse ebenfalls Börsenkurse sind.[173]

Zwar bezieht sich das BVerfG auf die Börsennotierung, begründet die Heranziehung von Börsenkursen aber darüber hinaus wie folgt:

„Zum anderen ermöglicht das Aktieneigentum eine Sphäre individueller Freiheit in finanzieller Hinsicht. Dieser Freiraum fußt auf der besonders ausgeprägten *Verkehrsfähig-*

[166] BGH, Beschl. v. 12.03.2001 – II ZB 15/00, juris, Rn. 39 – „*DAT/Altana IV*".

[167] BVerfGE 100, 289 (308) – „*DAT/Altana*".

[168] So auch *Arnold/Rothenburg*, DStR 2014, 150 (155); *Bungert/Leyendecker-Langner*, BB 2014, 521 (521).

[169] Vgl. S. 228 ff.

[170] So ausdrücklich *Riegger/Wasmann*, FS Stilz 2014, 509 (510 f.).

[171] Für Beschränkung auf börsennotierte Aktien: Karami, Übertragung der Börsenkursrechtsprechung auf Freiverkehrstitel, S. 1 ff.; *Koch*, AktG, § 305 Rn. 29; BeckOGK AktG/*Singhof*, § 327b Rn. 5; BeckOGK AktG/*Veil/Preisser*, § 305 Rn. 58 (in Rn. 60 jedoch zurückhaltende Tendenz zur Anwendung auch im Freiverkehr); a. A. *Emmerich*/Habersack, § 305 AktG Rn. 64; Hölters/Weber/*Müller-Michaels*, AktG, § 327b Rn. 8.

[172] So *Zwirner/Zimny*, BB 2018, 1387 (1389 f.).

[173] Vgl. §§ 48 Abs. 3 Satz 5, 24 Abs. 1 BörsG.

keit von Aktien. Darin unterscheidet sich die Beteiligung an einer Aktiengesellschaft von anderen Unternehmensbeteiligungen. *Vor allem* trifft das auf Beteiligungen an börsennotierten Aktiengesellschaften zu, die es dem Gesellschafter, jedenfalls in Zeiten eines funktionierenden Kapitalmarktes, praktisch jederzeit erlauben, sein Kapital nach freiem Belieben zu investieren oder zu deinvestieren."[174]

Das BVerfG hebt hier die besondere Verkehrsfähigkeit von Aktien hervor, die „vor allem" bei Beteiligungen an börsennotierten Aktiengesellschaften eine jederzeitige Investition bzw. Desinvestition ermögliche. Dies deutet darauf hin, dass die Börsennotierung nur als ein Fall der besonders ausgeprägten Verkehrsfähigkeit angeführt wird, das BVerfG aber offen gegenüber anderen Handelsmöglichkeiten ist. Primär bezieht sich das BVerfG auf die tatsächlich gesteigerte Verkehrsfähigkeit der börsengehandelten Aktie und nicht auf die Börsennotierung i. S. d. § 3 Abs. 2 AktG.

Dem BVerfG kommt es nicht auf die öffentlich-rechtliche Anstalt Börse, sondern vielmehr auf die Möglichkeit der freiwilligen Veräußerung zum Marktpreis an. Entscheidend ist damit die Desinvestitionsmöglichkeit der Minderheit am Markt, die auf anderen Handelsplätzen wie dem Freiverkehr gleichermaßen gewährleistet sein kann.[175] Denn Verkehrsfähigkeit verlangt eine hinreichende Liquidität der Aktien,[176] nicht aber eine Börsennotierung.

Freiverkehrsaktien sind grundsätzlich verkehrsfähig.[177] Dagegen spricht zwar auf den ersten Blick die höchstrichterliche Rechtsprechung zum Delisting. So hat der BGH in Sachen Macrotron noch entschieden, dass bei einem Rückzug von der Börse die Verkehrsfähigkeit der Aktie beeinträchtigt werde und darauf das Erfordernis eines Hauptversammlungsbeschlusses in Verbindung mit einer angemessenen Abfindung gestützt.[178] Die Anwendung der Macrotron-Grundsätze wurde überwiegend auch für einen Wechsel vom regulierten Markt in den (einfachen) Freiverkehr befürwortet.[179] Dies revidierte das BVerfG in seiner Delisting-Entscheidung[180] zwar, knüpft den Begriff der Börsennotierung jedoch weiterhin an § 3 Abs. 2 AktG, mithin allein den regulierten Markt, an. Lediglich im Freiverkehr gehandelte Aktien sind danach nicht börsennotiert. Hieraus wird zum Teil gefolgert, dass der Börsenkurs schon des-

[174] BVerfGE 100, 289 (306) – „*DAT/Altana*" (Hervorhebungen durch Verf.).

[175] So auch das OLG Hamburg, BeckRS 2020, 27988, Rn. 23; LG Mannheim, Beschl. v. 29.01.2007 – 24 AktE 15/04, juris, Rn. 54; Karami, Übertragung der Börsenkursrechtsprechung auf Freiverkehrstitel: *Karami/Schuster*, CF 2016, 106 (119); *Ruthardt/Hachmeister*, CF 2014, 174 (179).

[176] *Bungert/Leyendecker-Langner*, BB 2014, 521 (523 f.); *Heldt/Royé*, AG 2012, 660 (664); *Holzborn*, WM 2003, 1105 (1107); *Seibt/Wollenschläger*, AG 2009, 807 (811); OLG Düsseldorf, BeckRS 2008, 9759, Rn. 32.

[177] Dagegen LG München I Beschl. v. 29.12.2011 – 5 HK O 2417/03, nv, S. 47.

[178] BGH, NJW 2003, 1032 – „*Macrotron*".

[179] *Habersack*, ZHR, 176 2012, 463 (465).

[180] BVerfGE 132, 99 (100) – „*Delisting*".

halb bei Freiverkehrsaktien nicht maßgeblich sein könne.[181] Die Entscheidung erging aber in einem anderen Kontext, nämlich zu der Frage des verfassungsrechtlichen Schutzgehalts der Verkehrsfähigkeit unter Art. 14 Abs. 1 GG und nicht der Berücksichtigung des Desinvestitionswerts als Wertuntergrenze.[182] Die Entscheidung betrifft damit allein die Frage, ob auch Eingriffe in die Verkehrsfähigkeit entschädigungspflichtig sind. Erkenntnisse für die Auslegung der DAT/Altana Entscheidung, die sich nicht auf die Eingriffs-, sondern auf die Abfindungsebene bezieht, lassen sich der Delisting-Entscheidung damit nicht entnehmen.

Zwar hebt das BVerfG i. S. DAT/Altana hervor, dass außerbörslich gezahlte Preise unberücksichtigt bleiben müssen.[183] Unabhängig davon, ob der Freiverkehr als außerbörslicher Handel zu qualifizieren ist,[184] ergibt sich jedoch bereits aus dem Kontext der Ausführungen, dass dies nicht den Anwendungsbereich des Grundsatzes (Börsenkurs als Wertuntergrenze) beschränken soll. Vielmehr stellt das BVerfG klar, dass vom Mehrheitsaktionär außerhalb der Börse gezahlte – und in der Regel über dem Börsenkurs liegende – Preise deshalb unberücksichtigt bleiben müssen, da sie allein vom Mehrheitsaktionär im Interesse an der Erlangung der erforderlichen Beschlussmehrheit gezahlt werden.[185] Für die Berücksichtigung von Kursen anderer (außerbörslicher) Handelsplätze haben die Ausführungen hingegen keine Bedeutung.

Nur wenn man auch für den Börsenkurs als Desinvestitionswert eine effektive Informationsbewertung fordert,[186] bedarf die Frage der Anwendbarkeit der Rechtsprechung auf Freiverkehrskurse einer näheren regulatorischen Untersuchung. Denn insoweit unterscheidet sich der privatrechtlich organisierte Freiverkehr schon dem Grunde nach von dem öffentlich-rechtlich regulierten Markt.[187] Würde man an den Börsenkurs als Desinvestitionswert jedoch derart hohe Anforderungen stellen, wäre der Anwendungsbereich der Börsenkursrechtsprechung erheblich eingeschränkt. Dies lässt sich mit der verfassungsrechtlichen Bedeutung der Verkehrsfähigkeit nicht vereinbaren.[188] Die Rechtsprechung des BVerfG ist daher so zu verstehen,

---

[181] So ausdrücklich *Riegger/Wasmann*, FS Stilz 2014, 509 (510 f.).

[182] Vgl. bereits die Ausführungen im Rahmen der verfassungsrechtlichen Bedeutung der besonderen Verkehrsfähigkeit der Aktie auf S. 29 ff.

[183] BVerfGE 100, 289 (307) – „*DAT/Altana*".

[184] Vgl. S. 246 f.

[185] Siehe S. 142 ff.

[186] So wohl OLG München, NZG 2014, 1230 (1230): „Im Hinblick auf die unterschiedliche Ausgestaltung [...] ist aber bei Aktien, die nur im Freiverkehr gehandelt werden, die eingehende Prüfung erforderlich, ob preisrelevante Informationen in die Kursbildung eingeflossen sind".

[187] Dies problematisiert auch Karami, Übertragung der Börsenkursrechtsprechung auf Freiverkehrstitel.

[188] *Karami*, Übertragung der Börsenkursrechtsprechung auf Freiverkehrstitel; vgl. im Übrigen bereits S. 46 ff.

dass sie auf die besondere Verkehrsfähigkeit der Aktie abstellt und nicht die Börsennotierung.[189]

Für die Anwendung der DAT/Altana-Rechtsprechung ist somit nicht entscheidend, in welchem Segment die Aktien gehandelt werden. Es kommt allein darauf an, ob Freiverkehrskurse grundsätzlich in der Lage sind, den Desinvestitionswert der Aktie abzubilden. Freiverkehrskurse sind nach den bisherigen Feststellungen jedenfalls dann als Wertuntergrenze heranzuziehen, wenn der Freiverkehr als Handelssegment eine jederzeitige Veräußerungsmöglichkeit zum Marktpreis schafft (abstrakte Desinvestitionsmöglichkeit) und im konkreten Fall ein hinreichend liquider Handel mit den Aktien des Emittenten bestand (konkrete Desinvestitionsmöglichkeit).[190]

B. Abstrakte Desinvestitionsmöglichkeit

Das Kriterium der Desinvestitionsmöglichkeit setzt voraus, dass im Freiverkehr Kurse festgestellt werden, zu denen die außenstehenden Aktionäre ihre Aktien hätten veräußern können. Es muss somit eine ordnungsgemäße Preisfeststellung gewährleistet sein. Auf den zugrundeliegenden Preisbildungsprozess – die Bewertungseffizienz des Kurses – kommt es für die Heranziehung von Freiverkehrskursen als Wertuntergrenze hingegen nicht an.[191]

Bis zur Neuregelung des BörsG (vgl. § 78 BörsG 1987[192]) war eine Feststellung von Preisen außerhalb des amtlichen Marktes untersagt (§ 43 Satz 3 BörsG 1986). Dennoch wurden bereits zu diesem Zeitpunkt Preise privat festgestellt (§ 43 Satz 1 BörsG 1896). Viele Börsenordnungen enthielten darüber hinaus Ausnahmen, die die Möglichkeit einer Veröffentlichung in Preislisten und Anhängen vorsahen.[193] Seit Erlass des § 78 BörsG 1994 im Rahmen des Zweiten Finanzmarktförderungsgesetzes[194] sind jedoch auch im Freiverkehr ermittelte Preise echte Börsenpreise (§ 24 Abs. 1 Satz 2 BörsG).[195] Diese müssen ordnungsgemäß zustande kommen und der wirklichen Marktlage des Börsenhandels entsprechen (§ 24 Abs. 2 Satz 1 BörsG). Die Preisermittlung erfolgt analog zum regulierten Markt und unterliegt auch im Freiverkehr der Aufsicht der Börsenaufsichtsbehörde und der Handelsüberwachungsstelle (§ 48 Abs. 2 und 3

---

[189] Wie hier: OLG Hamburg, BeckRS 2020, 27988, Rn. 23; Karami, Übertragung der Börsenkursrechtsprechung auf Freiverkehrstitel.

[190] BVerfGE 100, 289 (305) – „*DAT/Altana*"; BGH, BeckRS 2020, 28435, Rn. 36 – „*Wella*".

[191] OLG Hamburg, BeckRS 2020, 27988, Rn. 38.

[192] Siehe Teil 4, Fn. 13.

[193] *Claussen*, FS Stimpel 1985, 1049 (1054).

[194] Vgl. 2. FiMaFöG (Teil 4, Fn. 21), S. 1769.

[195] RegE 2. FiMaFöG (Teil 4, Fn. 8), S. 76; Bericht des Finanzausschusses, BT-Drs. 16/11929, S. 7; *Krug*, Rückzug von der Börse, S. 100; Schwark/Zimmer/*Schwark*, § 48 BörsG Rn. 2; LG Stuttgart, BeckRS 2018, 35320, Rn. 143.

BörsG). So muss u. a. auch bei erheblichen Preisschwankungen eine ordnungsgemäße Preisermittlung sichergestellt werden (§ 24 Abs. 2a und 2b BörsG). Die wesentlichen Regelungen im Hinblick auf die Preisfeststellung werden in den Börsenordnungen getroffen, die über entsprechende Verweisungen auch im Freiverkehr Anwendung finden.[196] Aufgrund des umfassenden Verweises des § 48 Abs. 3 Satz 5 BörsG auf die Vorschriften über das Zustandekommen und die Feststellung von Preisen, lassen sich trotz der privatrechtlichen Organisation des Freiverkehrs keine wesentlichen Abweichungen zum regulierten Markt feststellen.[197] Die Ermittlung von Börsenpreisen findet überwiegend im elektronischen Handel (z. B. Xetra an der Frankfurter Wertpapierbörse) statt, da dieser gegenüber dem Präsenzhandel schneller und kostengünstiger ist.[198] Auch in der elektronischen Preisfeststellung wird nicht zwischen den Marktsegmenten unterschieden.[199] Somit ist die Preisfeststellung und damit die abstrakte Veräußerungsmöglichkeit im Freiverkehr grundsätzlich gleichermaßen gewährleistet.

C. Konkrete Desinvestitionsmöglichkeit – Liquidität von Freiverkehrsaktien

Die Frage der Liquidität ist für den Desinvestitionswert der Aktie entscheidend.[200] Das BVerfG zieht den Börsenkurs gerade deshalb als Untergrenze heran, weil er den Betrag widerspiegelt, den ein Aktionär bei einer freiwilligen Desinvestition am Markt erhalten hätte. Nur so werde die besondere Verkehrsfähigkeit der (börsennotierten) Aktie bei der Abfindung berücksichtigt.[201] Besteht aber kein hinreichend liquider Handel, so ist nicht gesichert, dass der Aktionär seine Aktien zu diesem Preis hätte veräußern können. Der Verkehrswert

---

[196] § 3 Handelsordnung für den Freiverkehr an der Frankfurter Wertpapierbörse (HandelsO-FWB) v. 24.08.2020; § 2 Abs. 2 Handelsordnung für den Freiverkehr an der Börse München (HandelsO-München) v. 03.01.2017; § 2 Abs. 2 Satz 2 Handelsordnung für den Freiverkehr an der Baden-Württembergischen Wertpapierbörse (HandelsO-Stuttgart) v. 01.01.2022; § 2 Abs. 1 Satz 2 Handelsordnung für den Freiverkehr an der Hanseatischen Wertpapierbörse Hamburg (HandelsO-Hamburg) v. 04.10.2010; § 2 Abs. 1 Satz 2 Handelsordnung für den Freiverkehr an der Niedersächsischen Börse zu Hannover (HandelsO-Hannover) v. 13.10.2010; § 58a Abs. 3 Börsenordnung (BörsO-Düsseldorf) v. 02.01.2018, wonach die Börse Düsseldorf die Handelsordnung in die Börsenordnung integriert; ebenso § 1 Abs. 2 Bedingungen für Geschäfte im Skontroführerhandel an der Börse Berlin (Bedingungen Skontroführerhandel Berlin) v. 01.12.2017 und § 1 Abs. 2 Bedingungen für Geschäfte im elektronischen Handel an der Börse Berlin (Bedingungen im elektronischen Handel Berlin) v. 11.05.2021.

[197] KG Berlin, NZG 2009, 752 (753); LG München I, NZG 2007, 951; OLG München, NZG 2008, 755 (756); *Clauß*, Abfindungsanspruch, S. 69; Karami, Empirische Analyse des Kurs- und Liquiditätseffekts, S. 9; *Seibt/Wollenschläger*, AG 2009, 807 (811).

[198] Hopt/*Kumpan*, HGB, § 24 BörsG Rn. 15.

[199] OLG München, NZG 2008, 755 (757); *Holzborn*, WuB 2009, 1504 (1506).

[200] OLG Düsseldorf, BeckRS 2008, 9759, Rn. 32; OLG Hamburg, BeckRS 2020, 27988, Rn. 27; OLG München, NZG 2014, 1230 (1230); MüKoAktG/*van Rossum*, § 305 Rn. 109.

[201] BVerfGE 100, 289 (306) – „*DAT/Altana*“.

i. e. S. kann in illiquiden Märkten regelmäßig nicht realisiert werden.[202] Der Minderheitsaktionär kann sich dann auch für die Barabfindung nicht auf diesen berufen. Bei Aktien, die an der Börse nur im Freiverkehr gehandelt werden, kommt es somit entscheidend darauf an, ob der Handel gleichwohl so liquide ist, dass eine tatsächliche Veräußerungsmöglichkeit besteht; der Börsenkurs also den Verkehrswert i. e. S. widerspiegelt.

I. Grundbedingung: Fungibilität

Die Fungibilität, d. h. Veräußerlichkeit, ist dabei die Grundvoraussetzung der Liquidität von Aktien. Bei nicht-börsennotierten Aktien werden die Anteile in der Regel nicht gehandelt. Die Anteile sind hier überwiegend noch nicht einmal verbrieft, womit keine Teilnahme am Handel möglich ist. Geschlossene Gesellschaften verfügen regelmäßig über Vinkulierungsklauseln. Die Fungibilität der Aktien und der in ihnen verkörperten Unternehmensbeteiligung ist daher stark eingeschränkt.[203]

Freiverkehrsaktien sind zwar nicht börsennotiert, sie weisen aber dennoch ein hohes Fungibilitätsniveau auf, da sie am Markt schnell und unkompliziert gehandelt werden können.[204] Gesellschaften, deren Aktien im Freiverkehr gehandelt werden sind in der Regel „offene" Aktiengesellschaften, die keine Vinkulierung in der Satzung regeln.[205] Sie sind daher grundsätzlich fungibel.

II. Marktenge als Ausnahme

1. Restriktive Handhabung

Das BVerfG hat bereits in seiner DAT/Altana-Entscheidung die Marktenge ausdrücklich als Ausnahme von der Berücksichtigungsfähigkeit von Börsenkursen festgelegt.[206] Dabei enthält die Entscheidung zwar keine näheren Vorgaben, wann von einer Marktenge auszugehen ist. Das BVerfG legt jedoch offensichtlich einen äußerst restriktiven Maßstab an. Eine Marktenge sei nur dann gegeben, wenn es für die Minderheitsaktionäre „völlig unmöglich gewesen wäre, ihre Aktienbeteiligung […] zu Börsenkursen zu veräußern".[207] Der BGH kon-

---

202 OLG Düsseldorf, BeckRS 2008, 9759, Rn. 32; OLG München, NZG 2014, 1230; *Zwirner/Zimny*, BB 2018, 1387.

203 *Bayer/Hoffmann*, AG 2008, R379-R382 (R380). Vgl. auch die zutreffenden jüngeren Erkenntnisse bei *Hüttemann/André Meyer*, ZIP 2022, 935 (942).

204 *Bayer/Hoffmann*, AG 2008, R379-R382 (R380); krit. *Krug*, Rückzug von der Börse, S. 110.

205 *Bayer*, Gutachten E, 67. DJT, 2008, S. 95; *Bayer/Hoffmann*, AG 2008, R379-R382 (R380).

206 BVerfGE 100, 289 (309) – „*DAT/Altana*"; bestätigt durch BVerfG, NZG 2011, 869 (871) – „*T-Online/Deutsche Telekom*"; jüngst bestätigt durch BGH, BeckRS 2023, 6362, Rn. 51; a. A. mit beträchtlichen Gegenargumenten LG Stuttgart, BeckRS 2019, 23342, Rn. 290.

207 BVerfGE 100, 289 (312) – „*DAT/Altana*".

kretisiert dies dahingehend, dass „über einen längeren Zeitraum mit Aktien der Gesellschaft praktisch kein Handel stattgefunden" haben müsse, um eine Marktenge zu bejahen.[208] Eine Marktenge wird also nur in wenigen Ausnahmefällen anzunehmen sein, wenn keine realistische Chance auf eine Veräußerung bestand, wobei nicht zu fordern ist, dass jeder Minderheitsaktionär seine Aktien zum Börsenkurs veräußern können muss.[209] Es genügt, dass der einzelne Aktionär eine realistische Möglichkeit gehabt hätte, seine Aktie(n) zum Börsenkurs zu veräußern, weil eine hinreichende Nachfrage bestand.[210] Insoweit müssen auch Geldkurse als ausreichend erachtet werden, da es nicht auf eine tatsächliche, sondern eine rein hypothetische Veräußerung ankommt.[211] Dies lässt sich damit begründen, dass der Börsenkurs als Wertuntergrenze nur dann ausscheiden muss, wenn die Minderheitsaktionäre sich auf eine Veräußerungsmöglichkeit nicht berufen können. Die Liquidität bezieht sich hier gerade nicht auf die Aussagekraft des Börsenkurses im Hinblick auf den Verkehrswert der Beteiligung (Verkehrswert i. w. S.), sondern allein auf den Desinvestitionswert.[212] Auch an den Freiverkehr sind insoweit dieselben Anforderungen wie im regulierten Markt zu stellen.[213]

2. Keine Korrektur durch die Rechtsprechung des OLG Frankfurt

Einen strengeren Maßstab legt neuerdings das OLG Frankfurt im Zusammenhang mit der angemessenen Gegenleistung in liquiden Aktien gem. § 31 Abs. 2 WpÜG im Rahmen eines freiwilligen Übernahmeangebots an.[214] Das Gericht führt in Anlehnung an Art. 22 Abs. 1 Verordnung (EG) Nr. 1287/2006[215] aus,

---

[208] BGH, Beschl. v. 12.03.2001 – II ZB 15/00, juris, Rn. 20 – „*DAT/Altana IV*".

[209] OLG Frankfurt a. M., Beschl. v. 30.03.2010 – 5 W 32/09, juris, Rn. 35; OLG Stuttgart, Beschl. v. 14.02.2008 – 20 W 9/06, juris, Rn. 50; a. A. *Wilm*, NZG 2000, 234 (238 f.).

[210] Karami, Übertragung der Börsenkursrechtsprechung auf Freiverkehrstitel; OLG Düsseldorf, BeckRS 2008, 9759; OLG Frankfurt a. M., Beschl. v. 30.03.2010 – 5 W 32/09, juris, Rn. 35; OLG Frankfurt a. M., Beschl. v. 28.03.2014 – 21 W 15/11, juris, Rn. 219; OLG München, AG 2006, 246 (247); OLG Stuttgart, BeckRS 2010, 9848; a. A. *Naschke*, Der Börsenkurs als Abfindungsgrundlage, S. 162 ff.

[211] Karami, Übertragung der Börsenkursrechtsprechung auf Freiverkehrstitel; OLG Düsseldorf, BeckRS 2008, 9759; OLG München, AG 2006, 246 (247); krit. OLG Zweibrücken Beschl. v. 14.08.2017 – 9 W 4/14, nv (Teil 2, Fn. 272), S. 44; *Happ/Bednarz*, FS Stilz 2014, 219 (228), die jedoch verkennen, dass es auf die Aussagekraft des Börsenkurses nicht ankommt; *Land/Hallermayer*, AG 2015, 659 (664). Siehe bereits S. 195 f. zu den relevanten Kursarten.

[212] Überzeugend OLG Frankfurt a. M., Beschl. v. 28.03.2014 – 21 W 15/11, juris, Rn. 219.

[213] Dagegen wohl OLG Düsseldorf, BeckRS 2008, 9759, Rn. 32; OLG München, NZG 2014, 1230 (1230), wonach im Freiverkehr zu prüfen sei, ob ein liquider Börsenhandel stattgefunden hat. Letztlich verknüpfen aber auch diese beiden Entscheidungen Liquidität und Aussagekraft im Hinblick auf den Desinvestitionswert, sodass die Anforderungen an die Liquidität auch danach nicht zu hoch anzusetzen sind.

[214] OLG Frankfurt a. M., BeckRS 2021, 2598.

[215] Verordnung (EG) Nr. 1287/2006 der Kommission zur Durchführung der Richtlinie

eine Aktie sei nur dann liquide, „wenn sie als Vermögensgegenstand – jedenfalls fast – so gut wie ein Geldbetrag in Euro ist, also ohne weiteres und jederzeit – insbesondere zeitnah zu deren Übereignung [...] verkauft (‚liquidiert‘) werden kann“.[216] Dies steht in Einklang mit der Beschreibung der Liquidität des Handels als Gradmesser dafür, inwieweit ein Wertpapier ohne wesentliche Effekte auf den Preis jederzeit erworben bzw. veräußert werden kann.[217] Die Liquidität der Aktien soll es den Aktionären ermöglichen, ihre Aktien auch nach dem Übernahmeangebot schnell und einfach zu veräußern.[218]

Das Erfordernis einer „zeitnahen“ Veräußerungsmöglichkeit kann auf gesellschaftsrechtliche Barabfindungen insofern übertragen werden, als das BVerfG bei der Heranziehung von Börsenkursen (als Wertuntergrenze) gerade auf die Desinvestitionsmöglichkeit abstellt. Eine gänzliche Übertragung der aufgestellten Kriterien verbietet sich jedoch gleich unter mehreren Gesichtspunkten: So erfolgt die Bestimmung der Liquidität schon aus einer abweichenden zeitlichen Perspektive. Im Rahmen der Gegenleistung in liquiden Aktien wird eine Zukunftsprognose angestellt, während die Untersuchung für die Frage des Aussagegehalts des Börsenkurses vergangenheitsgerichtet ist.[219] Die an eine Marktenge zu stellenden Anforderungen (Illiquidität) können außerdem nicht mit den Anforderungen an liquide Aktien (Liquidität) gleichgesetzt werden. Auch wenn im Einzelfall eine Marktenge verneint wird, folgt daraus nicht zugleich, dass der Aktienhandel liquide ist.[220] Die Rechtsprechung hilft auch insofern nicht weiter, als sich aus dem Erfordernis der „zeitnahen“ Veräußerungsmöglichkeit keine konkreten Liquiditätskriterien ableiten lassen. Zum anderen sind die Anforderungen der Rechtsprechung äußerst hoch angesetzt.[221] Bei der Heranziehung von Börsenkursen als Wertuntergrenze kommt es aber gerade nicht auf die Aussagekraft des Börsenkurses im Hinblick auf den Verkehrswert der Beteiligung, sondern allein auf die realistische Veräußerungsmöglichkeit an. Die Marktenge ist als restriktiv zu handhabende Ausnahme für die Fälle zu sehen, in denen keine Veräußerungsmöglichkeit am Markt bestand. Die Heranziehung von Börsenkursen als Wertuntergrenze erfordert hingegen keinen liquiden Handel.[222]

2004/39/EG des Europäischen Parlaments und des Rates betreffend die Aufzeichnungspflichten für Wertpapierfirmen, die Meldung von Geschäften, die Markttransparenz, die Zulassung von Finanzinstrumenten zum Handel und bestimmte Begriffe im Sinne dieser Richtlinie (Finanzinstrumente-Aufzeichnungspflicht-Durchführungs-VO) v. 10.08.2006, ABl. L 241/1 (12).

[216] OLG Frankfurt a. M., BeckRS 2021, 2598, Rn. 146.

[217] *Board/Vila/Wells*, Liquidity, S. 4; *Hüffer/Schmidt-Aßmann/Weber*, S. 167; *Klöhn*, Kapitalmarkt, Spekulation und Behavioral Finance, S. 68 ff.; Langenbucher/*Klöhn*, § 6 Rn. 9.

[218] Assmann/Pötzsch/Schneider/*Krause*, WpÜG, § 31 Rn. 47; Marsch-Barner/Schäfer/*Drinkuth*, Hdb. börsennotierte AG, Rn. 60.268; *Oppenhoff* in BeckHdB AG, § 23 Rn. 126.

[219] Vgl. auch das OLG Frankfurt a. M., BeckRS 2021, 2598, Rn. 85, das aus diesem Grund die Anwendbarkeit des § 5 Abs. 4 WpÜG ablehnt.

[220] Angerer/Geibel/*Süßmann*, WpÜG, § 31 Rn. 11.

[221] Vgl. die Kritik bei *Kuthe*, AG 2021, R217-R219.

[222] OLG Frankfurt a. M., Beschl. v. 28.03.2014 – 21 W 15/11, juris, Rn. 218.

3. *Gesetzgeberische Wertungen des § 5 Abs. 4 WpÜG-AngebV, § 39 Abs. 3 Satz 4 BörsG*

Nachdem das BVerfG keine genaueren Vorgaben dazu macht, wann eine Marktenge vorliegt, bedarf es einer Konkretisierung. Insoweit liegt eine Orientierung an den Kriterien des § 5 Abs. 4 WpÜG-AngebV bzw. § 39 Abs. 3 Satz 4 BörsG nahe.[223] Nach den für Übernahmeangebote und Delistings geltenden Vorschriften, ist eine Unternehmensbewertung in den Fällen erforderlich, in denen kumulativ an weniger als einem Drittel der Börsentage Börsenkurse festgestellt worden sind und mehrere unmittelbar nacheinander festgestellte Börsenkurse um mehr als fünf Prozent voneinander abweichen.[224] Es ist dann nicht davon auszugehen, dass die Minderheitsaktionäre ihre Aktien zum relevanten Kurs tatsächlich hätten veräußern können.

Im Freiverkehr stellt sich jedoch ein doppeltes Anwendungsproblem. Zum einen gilt die Vorschrift nicht unmittelbar für gesellschaftsrechtliche Strukturmaßnahmen. Zum anderen gilt sie nur für Gesellschaften im organisierten Markt. Die ganz h. M. spricht sich dennoch zu Recht für eine generelle Orientierung an § 5 Abs. 4 WpÜG-AngebV auch außerhalb des Übernahmerechts aus.[225] Dies überzeugt auch im Freiverkehr.[226] § 5 Abs. 4 WpÜG-AngebV ist ein allgemeines Indiz für eine Marktenge zu entnehmen, das auch auf andere Bewertungskontexte übertragbar ist.[227] Zwar gelten WpÜG und BörsG nicht im Freiverkehr. Wenn man die Eignung von Freiverkehrskursen als Wertuntergrenze jedoch bejaht, ist es nur konsequent auch die Kriterien der Marktenge zu übertragen. Denn diese knüpfen nicht etwa an die Regulierung, sondern die tatsächlichen Marktgegebenheiten an.

---

[223] Da sich die Regelungen bis auf den relevanten Zeitrahmen entsprechen, wird der Einfachheit halber im Folgenden allein auf § 5 Abs. 4 WpÜG-AngebV abgestellt.

[224] BGH, BeckRS 2019, 32344, Rn. 12 – *„Sachsenmilch"* m. w. N. aus der Lit.

[225] OLG Frankfurt a. M., Beschl. v. 30.03.2010 – 5 W 32/09, juris, Rn. 29; OLG Karlsruhe, BeckRS 2015, 12205, Rn. 36; OLG Karlsruhe, BeckRS 2017, 124895, Rn. 34; OLG München, BeckRS 2020, 34436, Rn. 39; *Austmann* in MüHdb GesR IV, § 75 Rn. 100; *Bayer*, Gutachten E, 67. DJT, 2008, S. 106; Emmerich/*Habersack*, § 327b AktG Rn. 9a; MüKoAktG/*Grunewald*, § 327b Rn. 10; *Happ/Bednarz*, FS Stilz 2014, 219 (227 f.); Henssler/Strohn/*Paschos*, § 305 AktG Rn. 23; *Koch*, AktG, § 305 Rn. 45; *Krieger* in MüHdb GesR IV, § 71 Rn. 138; *Land/Hallermayer*, AG 2015, 659 (660 ff.); *Mülbert*, FS Hopt 2010, 1039 (1075); *W. Müller*, FS Röhricht 2005, 1015 (1027); Sagasser/Bula/Brünger/*Bula/Thees*, § 9 Rn. 88; *Schmidt*, NZG 2020, 1361 (1366); Schmidt/Lutter/Bayer/*Schnorbus*, AktG, § 327b Rn. 3a; BeckOGK AktG/*Singhof*, § 327b Rn. 6; BeckOGK AktG/*Veil/Preisser*, § 305 Rn. 68.

[226] *Bungert/Leyendecker-Langner*, BB 2014, 521 (525); *Emmerich*/Habersack, § 305 AktG Rn. 64; LG Hamburg, BeckRS 2020, 6025, Rn. 49; OLG Hamburg, BeckRS 2020, 27988, Rn. 30; zwar auf die Unanwendbarkeit der WpÜG-AngebV bei nur im Freiverkehr gehandelten Aktien hinweisend, die Grundsätze des § 5 Abs. 4 WpÜGAngebV jedoch dennoch anführend das OLG München, NZG 2014, 1230 (1231).

[227] *Land/Hallermayer*, AG 2015, 659 (664); OLG Karlsruhe, BeckRS 2015, 12205, Rn. 36; OLG München, NZG 2014, 1230 (1231); BeckOGK AktG/*Veil/Preisser*, § 305 Rn. 68.

4. Weitere Anforderungen

Zu beachten ist jedoch, dass § 5 Abs. 4 WpÜG-AngebV kein Mindesthandelsvolumen fordert. Es genügt also auch, dass pro Tag lediglich eine Aktie gehandelt wird.[228] Dann kann aber kaum von einer tatsächlichen Veräußerungsmöglichkeit der Minderheit gesprochen werden. § 5 Abs. 4 WpÜG-AngebV kann daher nicht alleiniger Maßstab einer Marktenge sein. Es müssen weitere Kriterien gefunden werden.

a) Streubesitz

Der Streubesitz ist für die Liquidität des Handels insofern entscheidend, als er darüber bestimmt, wie viele Aktien sich tatsächlich im Umlauf befinden. So wurde zum Teil gefordert, eine Marktenge bei einem Streubesitz von weniger als 5 % zu bejahen.[229] Dies vermag jedoch schon deshalb nicht zu überzeugen, da es für den Desinvestitionswert allein auf die Veräußerungsmöglichkeit der außenstehenden Aktionäre ankommt, das Kriterium der Veräußerungsmöglichkeit sich also gerade auf die Streubesitzaktien bezieht.[230] Der Streubesitz ist für den Desinvestitionswert daher unbeachtlich. Dies wird regelmäßig verkannt.[231] Entscheidend für die Veräußerungsmöglichkeit ist nicht die relative Zahl handelbarer Aktien, sondern die absolute Zahl gehandelter Streubesitzaktien.[232] Auch hier verbietet sich eine schematisierende Betrachtung.[233] Das BVerfG hat daher zu Recht auch für die Fälle eines Mehrheitsbesitzes von 95 % ein Abstellen auf Börsenkurse zumindest als Untergrenze generell bejaht, auch wenn hier potenziell geringere Handelsvolumina vorliegen.[234] Allein ein geringer Streu-

---

[228] Schmidt/Lutter/Bayer/*Stephan*, AktG, § 305 Rn. 102; vgl. auch *Zwirner/Zimny*, BB 2018, 1387 (1390).

[229] OLG Düsseldorf, NZG 2003, 588 (592) – „*SNI*"; dagegen schon der BGH, Beschl. v. 12.03.2001 – II ZB 15/00, juris, Rn. 35 – „*DAT/Altana IV*" (Marktenge verneint bei Streubesitz von 2,5–3,7 %); vgl. auch *Piltz*, ZGR 2001, 185 (202).

[230] Zutr. *Wilm*, NZG 2000, 234 (238).

[231] Vgl. nur für die Relevanz des Streubesitzes: OLG München, BeckRS 2019, 18251, Rn. 33; *Luttermann*, NZG 2007, 611 (617); *W. Müller*, FS Röhricht 2005, 1015 (1027); auch wenn zum Teil anerkannt wird, dass zu dem geringen Streubesitz weitere Umstände hinzutreten müssen (OLG Stuttgart, Beschl. v. 14.02.2008 – 20 W 9/06, juris; OLG Stuttgart, BeckRS 2011, 11195; Karami, Übertragung der Börsenkursrechtsprechung auf Freiverkehrstitel).

[232] OLG Frankfurt a. M., Beschl. v. 30.03.2010 – 5 W 32/09, juris, Rn. 33.

[233] BGH, Beschl. v. 12.03.2001 – II ZB 15/00, juris, Rn. 35 – „*DAT/Altana IV*"; *Piltz*, ZGR 2001, 185 (202).

[234] BVerfGE 100, 289 (309) – „*DAT/Altana*"; dagegen OLG München, BeckRS 2019, 18251, Rn. 33; krit. *Mattes/Maldeghem*, BKR 2003, 531 (536 f.) sowie die Rspr. des U. S. Supreme Court of Delaware 01.08.2017 – No. 518, 2016, S. 40 f. – „*DFC Global*"; U. S. Supreme Court of Delaware 14.12.2017 – No. 565, 2016, S. 40 – „*Dell Inc. v. Magnetar Global*". Auch hier sind letztlich die Kriterien des § 5 Abs. 4 WpÜG-AngebV entscheidend, die in Squeeze-Out-Fällen aber durchaus häufiger erfüllt sein können (so *Ruiz de Vargas*, NZG 2021, 1001 (1003)).

besitz begründet noch keine Marktenge.[235] Dies ist unabhängig von der Regulierung und gilt daher im Freiverkehr gleichermaßen.[236]

b) Handelsvolumen

Das Handelsvolumen darf nicht derart gering sein, dass den einzelnen Aktionären eine Veräußerung ihrer Beteiligung unmöglich gewesen wäre.[237] Jedoch bedeuten selbst geringe Umsätze nicht automatisch eine Marktenge.[238] Auf eine Veräußerungsmöglichkeit aller Aktionäre kommt es nicht an. Denn dies würde auch auf dem liquidesten Markt zu einem erheblichen Kursverfall führen. Der Börsenkurs müsste dann stets als Wertuntergrenze ausscheiden. Dies widerspricht jedoch der verfassungsrechtlichen Bedeutung der Verkehrsfähigkeit.[239]

Teilweise wurde das Vorliegen einer hinreichenden Liquidität nur bei umsatzstarken Aktien wie den DAX-100-Werten bejaht.[240] Dann müssten Freiverkehrskurse stets als illiquide ausscheiden. Eine derartige Sicht ist jedoch deutlich zu eng und würde die vom BVerfG anerkannte Bedeutung des Verkehrswerts ignorieren.

c) Bid-Ask-Spread

Auch ein hoher Bid-Ask-Spread ist nur einer von mehreren Indikatoren für das Vorliegen einer Marktenge.[241] Auf ihn allein kann eine Marktenge nicht gestützt werden, wenn in den Aktien ein tatsächlicher Handel in nicht unerheblichem Umfang stattgefunden hat und auch die Kriterien des § 5 Abs. 4 WpÜG-AngebV nicht erfüllt sind. Die Spanne zwischen Angebots- und Nachfragekurs

---

[235] OLG Karlsruhe, BeckRS 2017, 124895, Rn. 124; dem folgend OLG Zweibrücken Beschl. v. 14.08.2017 – 9 W 4/14, nv (Teil 2, Fn. 272), S. 43; sehr weitgehend OLG München, AG 2006, 246 (247) (Streubesitz von nur 0,45 %) und OLG Stuttgart, NZG 2007, 302 (305) (Streubesitz von nur 0,73 %); Hölters/Weber/*Müller-Michaels*, AktG, § 327b Rn. 8; *Land/Hallermayer*, AG 2015, 659 (660 f.); dagegen krit. für die Fälle des Squeeze-Out: *Brösel/Karami*, WPg 2011, 417 (420); OLG München, BeckRS 2021, 43656, Rn. 90; *Vetter*, AG 1999, 566 (571).

[236] OLG Hamburg, BeckRS 2020, 27988, Rn. 33; OLG Zweibrücken Beschl. v. 14.08.2017 – 9 W 4/14, nv (Teil 2, Fn. 272), S. 43: „Bestand innerhalb des Referenzzeitraums an vielen Tagen eine realistische Möglichkeit, die Aktie an der Börse zu veräußern, kann der Kurs auch in diesem Fall nicht von vornherein außer Betracht bleiben".

[237] OLG Frankfurt a. M., Beschl. v. 30.03.2010 – 5 W 32/09, juris, Rn. 35.

[238] *Luttermann*, ZIP 2001, 869 (872); *Luttermann*, NZG 2007, 611 (616); insbesondere wenn lediglich ein geringes Angebot vorliegt (*Karami/Schuster*, CF 2016, 106 (118)).

[239] Vgl. zu den vorstehenden Erwägungen OLG Frankfurt a. M., Beschl. v. 30.03.2010 – 5 W 32/09, juris, Rn. 35. f.

[240] *Aha*, AG 1997, 26 (28); *Puszkajler/Sekera-Terplan*, NZG 2015, 1055 (1062); *Rodloff*, DB 1999, 1149 (1153); *Wilm*, NZG 2000, 234 (238). Noch enger auf den DAX 30 abstellend: *Schwark*, FS Lutter 2000, 1529 (1548).

[241] OLG Frankfurt a. M., AG 2017, 790 (792); OLG Hamburg, BeckRS 2020, 27988, Rn. 34.

betrifft vielmehr die Aussagekraft des Börsenkurses.[242] Gerade in Bezug auf den Freiverkehr hält das OLG Hamburg die Aussagekraft des Bid-Ask-Spreads daher zu Recht für begrenzt.[243] Im Hinblick auf den Desinvestitionswert kann er daher regelmäßig vernachlässigt werden.

III. Zwischenergebnis

Der Börsenkurs scheidet als Wertuntergrenze nur dann aus, wenn für die außenstehenden Aktionäre faktisch keine Veräußerungsmöglichkeit bestand. Die Rechtsprechung stellt an das Vorliegen einer Marktenge zu Recht hohe Anforderungen. Allein ein geringer Streubesitz oder ein geringes Handelsvolumen schließen den Börsenkurs als Untergrenze nicht aus. Auch die Festlegung absoluter Schwellenwerte überzeugt nicht. Entscheidend ist vielmehr, ob man in einer Gesamtschau der Umstände zu dem Ergebnis kommt, dass die Minderheit ihre Aktien zum entsprechenden Kurs nicht hätte veräußern können, weil keinerlei Handel und keinerlei Nachfrage bestanden.[244] Die Kriterien des § 5 Abs. 4 WpÜG-AngebV sind zwar ein Indiz für eine Marktenge. Gleichwohl ist eine alleinige Orientierung an § 5 Abs. 4 WpÜG-AngebV nicht zu befürworten, da dieser nicht die Fälle erfasst, in denen kaum Handel stattfindet, aber dennoch keine Kurssprünge zu verzeichnen sind oder nur sehr geringe Handelsvolumina gehandelt werden. Umgekehrt kann auch, wenn § 5 Abs. 4 WpÜG-AngebV erfüllt ist, dennoch keine Marktenge vorliegen. Der Freiverkehr ist insoweit nicht abweichend zu behandeln.

D. Besonderheiten bei der Bestimmung des relevanten Freiverkehrskurses

Grundsätzlich gelten die zur Bestimmung des relevanten Börsenkurses angestellten Erwägungen auch im Freiverkehr.[245] Insbesondere die Wertung des § 5 Abs. 1 WpÜG, wonach auf eine dreimonatige Referenzperiode abzustellen ist, lässt sich auch auf den Freiverkehr übertragen, unabhängig davon, dass die Vorschrift nur im organisierten Markt Anwendung findet.[246] Freiverkehrsemittenten sind keine Zielgesellschaften i. S. d. WpÜG (§ 2 Abs. 7 WpÜG).[247] Dem WpÜG lassen sich jedoch über den Schutz der Minderheitsaktionäre bei öffentlichen Übernahmen hinaus allgemeine Wertungen für die Heranziehung von

---

[242] Wie hier: OLG Frankfurt a. M., Beschl. v. 28.03.2014 – 21 W 15/11, juris, Rn. 222.

[243] LG Hamburg, BeckRS 2020, 6025, Rn. 52.

[244] *Land/Hallermayer*, AG 2015, 659 (660); *Ruthardt/Hachmeister*, CF 2014, 174 (179).

[245] Vgl. S. 194 ff.

[246] OLG Hamburg, BeckRS 2020, 27988, Rn. 20; OLG München, NZG 2014, 1230 (1230 f.); OLG Zweibrücken Beschl. v. 14.08.2017 – 9 W 4/14, nv (Teil 2, Fn. 272), S. 42.

[247] Marsch-Barner/Schäfer/*Drinkuth*, Hdb. börsennotierte AG, Rn. 60.260; *Schwark*/Zimmer, § 48 BörsG Rn. 37; *Sudmeyer/Rückert/Kuthe*, BB 2005, 2703 (2705).

Börsenkursen entnehmen, die unabhängig von der Börsennotierung Geltung beanspruchen, zumal auch Freiverkehrskurse Börsenpreise sind.

I. Gewichteter Kurs

Dasselbe gilt für eine Heranziehung des § 5 Abs. 3 WpÜG-AngebV. Allerdings legt die BaFin dem nach Umsätzen gewichteten Durchschnittskurs alle der BaFin nach § 22 Abs. 3 WpHG als an einem organisierten Markt getätigt gemeldeten oder übermittelten Geschäfte (§ 5 Abs. 3 WpÜG-AngebV) zugrunde. Nach der Verwaltungspraxis der BaFin werden bei Übernahmeangeboten ausschließlich börsliche Geschäfte, die im regulierten Markt abgewickelt werden, berücksichtigt. Geschäfte im Freiverkehr oder auf anderen MTF oder OTF bleiben außer Betracht.[248] Der Durchschnittskurs beschränkt sich daher auf den regulierten Markt. Zu Recht wird dies insbesondere für Börsenpreise, die im Freiverkehr an inländischen Börsen zustande kommen, kritisiert.[249]

II. Bewertungsstichtag

Während ein Abstellen auf die Bekanntmachung der Maßnahme im regulierten Markt aufgrund der hohen Transparenz unproblematisch ist, besteht eine derartige Publizitätspflicht im einfachen Freiverkehr ohne Zustimmung des Emittenten gerade nicht.[250] Fraglich ist daher, auf welchen Zeitpunkt abgestellt werden kann. Sofern eine freiwillige Ad-hoc-Mitteilung erfolgt, kann auf diese als maßgeblichen Publizitätsakt abgestellt werden.[251] Eine Ad-hoc-Mitteilung ist jedoch nicht zwingend.[252] Ausreichend ist auch jede andere belastbare Form der Bekanntgabe der Maßnahme, auf die sich die Anleger bei ihrer Investitionsentscheidung stützen können.

Sofern eine Bekanntgabe erst später erfolgt, sich die Strukturmaßnahme jedoch offensichtlich anbahnt, ist fraglich, ob das bloße Bekanntwerden der Maßnahme, das nicht auf einem direkten Kommunikationsakt der Gesellschaft beruht, bereits der relevante Stichtag ist. Dagegen spricht, dass die Rechtspre-

---

[248] *Bayer*, NZG 2015, 1169 (1174) m. w. N.; Marsch-Barner/Schäfer/*Eckhold*, Hdb. börsennotierte AG, Rn. 61.4; vgl. zur Ermittlung durch die BaFin: *Gerber*, AG 2013, R6–R7.

[249] Steinmeyer/*Santelmann/Nestler*, WpÜG, § 31 Rn. 27; Schwark/Zimmer/*Noack/Zetzsche*, § 31 WpÜG Rn. 16; so hält auch das OLG Düsseldorf, BeckRS 2015, 10199, Rn. 29 die Heranziehung der Freiverkehrskurse für sachgerecht, zumindest wenn der Handel überwiegend im Freiverkehr stattfand; a. A. OLG Dresden Beschl. v. 16.08.2017 – 8 W 244/17, nv (Teil 1, Fn. 8) S. 13, wobei sich die Ausführungen auf den konkreten Einzelfall und wohl nicht auf die Notierung im Freiverkehr beziehen.

[250] *Frommelt*, Das neue börsengesetzliche Regulierungskonzept, S. 275; *Wasmann*, ZGR 2011, 83 (88). Näher S. 318 ff.

[251] *Bungert/Wettich*, ZIP 2012, 449 (450); *Emmerich*/Habersack, § 305 AktG Rn. 61; *Hüffer/Schmidt-Aßmann/Weber*, S. 38; *Ruthardt/Hachmeister*, CF 2014, 174 (176).

[252] *Austmann* in MüHdb GesR IV, § 75 Rn. 101; BGH, NJW 2010, 2657 (2658) – *„Stollwerck"*; *Koch*, AktG, § 305 Rn. 43; *Wasmann*, ZGR 2011, 83 (90 f.).

chung zur Berücksichtigung von Börsenkursen bislang ausdrücklich auf die Bekanntgabe abstellt, was auf das Erfordernis eines gewissen Kommunikationsakts hindeutet.[253] Bloße Gerüchte und Mutmaßungen am Markt genügen hierfür nicht.[254] Es muss sich demnach um eine unbedingte Veröffentlichung handeln, die überdies eine zeitnahe Durchführung der Maßnahme erwarten lässt.[255]

Eine hinreichende Konkretisierung ist insbesondere aus Gründen der Rechtssicherheit wünschenswert.[256] Jedoch darf nicht verkannt werden, dass sich bereits im Zeitpunkt eines anderweitigen Bekanntwerdens der Maßnahme, die Erwartungen der Marktteilnehmer auf Basis dieser Informationen ändern, was sich entsprechend auf den Kurs auswirkt. Es kann für den relevanten Stichtag daher nicht darauf ankommen, dass ein dem Hauptaktionär oder der Gesellschaft zurechenbarer Kommunikationsakt vorliegt.[257] Man muss vielmehr aus der Perspektive des Marktes fragen, in welchem Zeitpunkt ein typischer Anleger von der bevorstehenden Maßnahme Kenntnis hatte, bspw. im Falle eines Informationslecks.[258] Nur so können diejenigen Kursentwicklungen ausgeklammert werden, die bereits die bevorstehende Strukturmaßnahme einpreisen.[259] Die Information muss sich auf die Erwartungsbildung der Marktteilnehmer auswirken.[260] Es kommt damit richtigerweise nicht zwingend auf einen gezielten kommunikativen Akt der Gesellschaft oder des Hauptaktionärs, sondern auf das Bekanntwerden der Maßnahme an.[261]

Ob ein Bekanntwerden der Maßnahme erfolgt ist, muss daher auch im Freiverkehr im konkreten Einzelfall untersucht werden.[262] Eine Bekanntgabe liegt

---

[253] *Bücker*, NZG 2010, 967 (969); Lutter/*Drygala*, UmwG, § 5 Rn. 44; *Ruthardt/Hachmeister*, CF 2014, 174 (177); *Weber*, *ZGR* 2004, 280 (284).

[254] *Emmerich*/Habersack, § 305 AktG Rn. 61; *Koch*, AktG, § 305 Rn. 43; OLG Düsseldorf, BeckRS 2016, Rn. 57; OLG Frankfurt a. M., BeckRS 2011, 3054, Rn. 37; OLG Frankfurt a. M., BeckRS 2016, 9636, Rn. 67; OLG München, BeckRS 2021, 43656, Rn. 43; a. A. *Burger*, NZG 2012, 281 (286), der zutr. erkennt, dass sich auch Gerüchte auf den Kurs auswirken. Wie groß dieser Einfluss ist, konnte empirisch jedoch bislang nicht nachgewiesen werden.

[255] *Austmann* in MüHdb GesR IV, § 75 Rn. 101; *Brösel/Karami*, WPg 2011, 417 (424); *Bücker*, NZG 2010, 967 (969); *Bungert/Wettich*, ZIP 2012, 449 (450 f.); *Koch*, AktG, § 305 Rn. 43; *Wasmann*, ZGR 2011, 83 (89 f.); *Weber*, *ZGR* 2004, 280 (284); OLG Karlsruhe, BeckRS 2015, 12205, Rn. 29.

[256] *Koch*, AktG, § 305 Rn. 43; OLG Frankfurt a. M., BeckRS 2011, 3054, Rn. 37.

[257] So jedoch Marsch-Barner/Schäfer/*Gehling*, Hdb. börsennotierte AG, Rn. 66; wohl auch *Wasmann*, ZGR 2011, 83 (91).

[258] Vgl. *Hasselbach/Ebbinghaus*, DK 2010, 467 (471); *Helmis*, ZBB 2003, 161 (165).

[259] Grigoleit/*Servatius*, AktG, § 305 Rn. 17; *Hasselbach/Ebbinghaus*, DK 2010, 467 (471) m w. N.; Henssler/Strohn/*Wilsing/Paul*, § 327b AktG Rn. 5, jedoch ist unklar was diese unter einem „hinreichend konkreten Bekanntwerden" verstehen.

[260] *Hasselbach/Ebbinghaus*, DK 2010, 467 (472); *Ruthardt/Hachmeister*, CF 2014, 174 (176); *Weber*, *ZGR* 2004, 280 (284).

[261] *Hasselbach/Ebbinghaus*, DK 2010, 467 (472). Insoweit knüpft das OLG München, BeckRS 2021, 43656, Rn. 49 an den Zeitpunkt an, in dem der Betafaktor verzerrt und nicht mehr aussagekräftig war.

[262] *Bungert/Wettich*, ZIP 2012, 449 (451); vgl. hierzu insbesondere die von *Bücker*, NZG 2010, 967 (969 f.) entwickelten Kriterien.

spätestens im Zeitpunkt der Einberufung zur Hauptversammlung, in der die Strukturmaßnahme beschlossen werden soll, vor.[263] Die Maßnahme kann aber bereits deutlich früher bekannt werden. Der Stichtag muss daher im Einzelfall so bestimmt werden, dass der Kurs sich aufgrund der Abfindungserwartungen noch nicht vom Beteiligungswert abgekoppelt hat. Dies erfordert eine Analyse des historischen Kursverlaufs vor der Strukturmaßnahme, anhand derer festzustellen ist, in welchem Zeitpunkt die Maßnahme bekannt wurde.[264] Die hieraus resultierende Rechtsunsicherheit ist im Interesse der Ermittlung eines unverfälschten Kurses hinzunehmen.[265]

E. Zwischenergebnis

Im Ergebnis muss die DAT/Altana-Rechtsprechung somit auch uneingeschränkt im Freiverkehr gelten. Denn auch der Freiverkehr ermöglicht den Aktionären eine Veräußerung zu ordnungsgemäß festgestellten Marktpreisen, dem Desinvestitionswert. Es muss jedoch im Einzelfall beurteilt werden, ob auch eine tatsächliche Veräußerungsmöglichkeit bestand. Dies gilt jedoch unabhängig davon, ob die Aktien im regulierten Markt oder im Freiverkehr gehandelt werden und bestimmt sich insoweit nach denselben Kriterien. Dasselbe gilt für die Bestimmung des maßgeblichen Börsenkurses.

§ 14 Freiverkehrskurse als Bewertungsmethode

Abschließend soll unter besonderer Berücksichtigung der Regulierung des Freiverkehrs untersucht werden, ob Freiverkehrskurse auch alleinmaßgeblich sein können. Insbesondere aufgrund der richtungsweisenden DAT/Altana-Entscheidung war der Weg zur Berücksichtigung von Freiverkehrskursen als Untergrenze angemessener Barabfindungen bereits geebnet. Anders verhält sich dies für die Heranziehung von Freiverkehrskursen als Bewertungsmethode, für die es nicht allein auf die Veräußerungsmöglichkeit am Markt, sondern auf die Aussagekraft des Kurses ankommt.

Da sich der Freiverkehr schon aufgrund seiner (teilweise) privatrechtlichen Natur grundlegend vom regulierten Markt unterscheidet, bedarf die Bestimmung der Aussagekraft von Freiverkehrskursen einer eingehenden Betrachtung. Im ersten Schritt sollen daher erneut die gesetzgeberischen Wertungen – nun aber konkret im Hinblick auf den Freiverkehr – untersucht werden (A.), ehe die Funktionsfähigkeit des Freiverkehrs insbesondere aus regulatorischer Sicht genauer in den Blick genommen wird (B.).

---

263 *Wasmann*, ZGR 2011, 83 (88).
264 *Ruthardt/Hachmeister*, CF 2014, 174 (177).
265 Grigoleit/*Servatius*, AktG, § 305 Rn. 17.

A. Gesetzgeberische Wertungen

Den bereits in Teil 3 angesprochenen Regelungen lassen sich zum Teil auch allgemeine Wertungen im Hinblick auf Freiverkehrsemittenten entnehmen.

I. Pro Freiverkehrskurse

So gilt § 11 Abs. 1 Satz 1 BewG, der für die Bewertung von Wertpapieren auf deren Börsen- bzw. Marktpreis abstellt, ausdrücklich auch bei einer Einbeziehung in den Freiverkehr (§ 11 Abs. 1 Satz 3 BewG). Zwar dient die Regelung in erster Linie der Vereinfachung steuerlicher Masseverfahren, stellt dabei jedoch ebenfalls auf den Verkehrswert ab. Auch in den Vorschriften über den freihändigen Verkauf bringt der Gesetzgeber die Bedeutung des „Börsenpreises" zum Ausdruck. Der Verweis auf den Börsenpreis kann als Verweis auf § 24 BörsG verstanden werden, wonach auch Freiverkehrskurse Börsenpreise sind.[266] § 186 Abs. 3 Satz 4 AktG hält die überwiegende Meinung bei im Freiverkehr notierten Emittenten ebenfalls für anwendbar.[267] § 168 Abs. 2 KAGB i. V. m. § 27 KARBV stellt auch zur Bewertung von Vermögensgegenständen, die in den Freiverkehr einbezogen sind, vorrangig auf den Börsenkurs (Kurswert) als Verkehrswert ab. Zuletzt kann auch eine Parallele zum allgemeinen Schadensrecht gezogen werden, wo Freiverkehrskurse von der Rechtsprechung bei der Schadensschätzung als geeignete Schätzgrundlage herangezogen werden.[268] Die Regelungen bringen damit zumindest eine gewisse Anerkennung von Freiverkehrskursen im Bewertungskontext zum Ausdruck, auch wenn die Bewertungssituationen nicht mit denjenigen bei Strukturmaßnahmen vergleichbar sind.[269]

Die Regelungen der GesRRL in ihrer durch die MobilRL geänderten Fassung sind durch den Verweis auf „Marktpreise" insoweit offener formuliert und beschränken sich jedenfalls dem Wortlaut nach nicht auf den geregelten Markt. Inwieweit auch an MTF festgestellte Preise berücksichtigt werden sollen, wird jedoch nicht explizit geregelt. Da sich der Anwendungsbereich nicht auf börsennotierte bzw. in geregelten Märkten notierte Gesellschaften beschränkt (vgl. Art. 86a GesRRL), ist der Verweis auf den Marktpreis durchaus weit zu verstehen, sodass auch andere Preise als Börsenpreise zur Bestimmung der angemessenen Abfindung herangezogen werden können, mithin auch Freiverkehrskurse.

---

[266] So jedenfalls die Interpretation des LG Stuttgart, BeckRS 2018, 35320, Rn. 144.

[267] Dafür BGH, NZG 2018, 1019; Grigoleit/*Rieder/Holzmann*, AktG, § 186 Rn. 72; Henssler/Strohn/*Hermanns*, § 186 AktG Rn. 15; *Koch*, AktG, § 186 Rn. 39a; *Scholz* in MüHdb GesR IV, § 57 Rn. 128 unter Bezugnahme auf § 24 Abs. 1 BörsG); MüKoAktG/*Schürnbrand/Verse*, § 186 Rn. 137 (unter Bezugnahme auf § 24 Abs. 1 BörsG; *Seibt/Wollenschläger*, AG 2009, 807 (811); BeckOGK AktG/*Servatius*, § 186 Rn. 69; a. A. wohl *Bayer*, Gutachten E, 67. DJT, 2008, S. 45 („allein auf börsennotierte Gesellschaften Anwendung findet").

[268] So das LG Stuttgart, BeckRS 2018, 35320, Rn. 144 m. w. N.

[269] Siehe bereits S. 120.

II. Contra Freiverkehrskurse

Die Vorschrift des § 31 Abs. 1 Satz 2 WpÜG, wonach sich die angemessene Gegenleistung bei Übernahmeangeboten grundsätzlich nach dem durchschnittlichen Börsenkurs der Aktien der Zielgesellschaft und etwaigen Vorerwerben des Bieters bestimmt, ist im Freiverkehr hingegen nicht anwendbar. Denn das WpÜG gilt nur im regulierten bzw. geregelten Markt (§ 2 Abs. 7 WpÜG). Freiverkehrsemittenten sind damit keine Zielgesellschaften i. S. d. WpÜG.[270] Auch der Markttest nach § 39a Abs. 3 Satz 3 WpÜG gilt dementsprechend nicht. Dies lässt sich dahingehend interpretieren, dass der Gesetzgeber den Börsenkurs als Regelkompensation nur bei börsennotierten Aktien als taugliche Grundlage einer angemessenen Abfindung anerkennt.

Hierfür spricht auch die Neuregelung des Delistings in § 39 BörsG, die allein das Delisting und Downlisting aus dem regulierten Markt erfasst,[271] nicht jedoch das Delisting und Downlisting aus dem (qualifizierten) Freiverkehr.[272] Dass der Gesetzgeber auch das Downlisting aus dem regulierten Markt in den Freiverkehr als abfindungsrechtliche Maßnahme erachtet, ist durchaus kritisch zu hinterfragen. Der Gesetzgeber bringt damit zum Ausdruck, dass er dem Freiverkehr sowohl ein niedrigeres Schutzniveau als auch eine geringere Handelbarkeit beimisst.[273] Die Handelbarkeit der Aktie ist bei einem Downlisting in den Freiverkehr jedoch weiterhin gewährleistet.[274] Auch in regulatorischer Hinsicht hat der Freiverkehr in den vergangenen Jahren eine qualitative Aufwertung erfahren, die nachfolgend noch genauer in den Blick zu nehmen ist.[275] Zwar lässt sich argumentieren, dass die Abfindungspflichtigkeit des Downlistings in den Freiverkehr einen stufenweisen Rückzug aus dem Markt ohne Abfindung verhindern soll.[276] Konsequenter wäre es jedoch, nicht das Downlis-

---

270 Marsch-Barner/Schäfer/*Drinkuth*, Hdb. börsennotierte AG, Rn. 60.260; *Schwark*/Zimmer, § 48 BörsG Rn. 37; *Sudmeyer/Rückert/Kuthe*, BB 2005, 2703 (2705).

271 Zu Recht krit. *Berg*, Der Marktrückzug des Emittenten, S. 414 ff.; *Bungert/Leyendecker-Langner*, ZIP 2016, 49 (52); *Drygala* in Gesellschaftsrechtliche Vereinigung (Hrsg.), Gesellschaftsrecht in der Diskussion 2015, Die Neuregelung des Delistings, 1 (3); *Kocher/Seiz*, DB 2016, 153 (153).

272 *Berninger/Schiereck/Vathorst*, ZBB 2019, 329 (338); *Bungert/Leyendecker-Langner*, ZIP 2016, 49 (50); *Frommelt*, Das neue börsengesetzliche Regulierungskonzept, S. 172; *Kocher/Seiz*, DB 2016, 153 (153); *Schwark*/Zimmer, § 48 BörsG Rn. 28.

273 *Bayer*, NZG 2015, 1169 (1176); *Berninger/Schiereck/Vathorst*, ZBB 2019, 329 (333); *Harnos*, ZHR, 179 2015, 750 (754); *Schwark*/Zimmer, § 48 BörsG Rn. 28; zu Recht krit. *Kocher/Seiz*, DB 2016, 153 (153).

274 *Bungert/Leyendecker-Langner*, DB 2015, 2251 (2253); *Kocher/Seiz*, DB 2016, 153 (153); vgl. bereits die Ausführungen zur Marktenge (S. 256 ff.) und die nachfolgenden Ausführungen zur Liquidität (S. 298 ff.).

275 *Bungert/Leyendecker-Langner*, DB 2015, 2251 (2253); *Bungert/Leyendecker-Langner*, ZIP 2016, 49 (52); vgl. die nachfolgende Untersuchung des Regulierungsniveaus (S. 270 ff.).

276 *Bayer*, ZIP 2015, 853 (858); *Bayer*, NZG 2015, 1169 (1176); *Bayer*, ZfPW 2015, 163 (219).

ting, sondern den Rückzug aus dem regulierten Markt sowie den Rückzug aus dem Freiverkehr von der Abfindungspflicht zu erfassen.[277]

Dass die Regelung des § 39 BörsG Marktrückzugsbewegungen aus dem Freiverkehr vollständig ausklammert, spricht daher zwar zunächst dafür, dass der Gesetzgeber die Regelabfindung nach dem Börsenkurs im Freiverkehr für untauglich erachtet. Andererseits lässt sich dies den Gesetzgebungsmaterialien nicht entnehmen. Es lässt sich außerdem argumentieren, dass der Gesetzgeber den Anlegerschutz im Freiverkehr der privatrechtlichen Ausgestaltung der Freiverkehrsträger überantwortet hat, da die Regulierung einen staatlichen Eingriff in die privatrechtliche Organisationsfreiheit des Freiverkehrsträgers bedeuten würde. Jedenfalls ist nicht anzunehmen, dass allein die Regelabfindung nach dem Börsenkurs ausschlaggebendes Kriterium für den Ausschluss des Freiverkehrs aus dem Anwendungsbereich des § 39 BörsG war.

III. Stellungnahme

Aus der Tatsache, dass gerade die kapitalmarktrechtlichen Abfindungsregelungen, die auf den Börsenkurs abstellen, im Freiverkehr keine Geltung beanspruchen, könnte man durchaus folgern, dass der Gesetzgeber Freiverkehrskurse zur Bestimmung angemessener Abfindungen unberücksichtigt lassen will. Zwar wird auch in anderen Kontexten auf Freiverkehrskurse abgestellt. Dem liegen jedoch abweichende Bewertungssituationen zugrunde. Die Regelungen des § 31 Abs. 1 WpÜG und § 39 Abs. 3 Satz 2 BörsG sind hingegen mit den dominierten Konfliktsituationen bei Strukturmaßnahmen am ehesten vergleichbar, auch wenn diese nur abgeschwächte Eingriffe in die Rechtspositionen der Minderheit betreffen.[278] Der Gesetzgeber deutet damit an, dass Freiverkehrskurse im Rahmen von Abfindungsleistungen unbeachtlich seien. Eine klare Aussage trifft der Gesetzgeber indes nicht. Auch die unionsrechtlichen Vorgaben zu Unternehmensübernahmen beziehen sich allein auf regulierte Märkte, weshalb der Gesetzgeber multilaterale Handelssysteme wie den Freiverkehr von der Regulierung ausnehmen konnte. Aussagen zur Berücksichtigungsfähigkeit von Freiverkehrskursen lassen sich dem indes nicht entnehmen. Lediglich bei grenzüberschreitenden Umwandlungen, Formwechseln und Spaltungen können durch den Verweis auf „Marktpreise" grundsätzlich auch außerhalb von Börsen festgestellte Preise herangezogen werden.

---

[277] Wie hier: *Karami/Schuster*, CF 2016, 106 (116 f.); *Pilsl/Knoll*, DB 2016, 181 (185 f.); *Thomale/Walter*, ZGR 2016, 679 (683); *Verse*, FS Baums 2017, 1317 (1320); a. A. *Linnerz/Freyling*, BB, 2017 2017, 1354 (1358): nur Rückzug aus dem qualifizierten Freiverkehr; *Bayer*, ZIP 2015, 853 (859): nur Rückzug aus dem regulierten Markt; Marsch-Barner/Schäfer/*Eckhold*, Hdb. börsennotierte AG, Rn. 61.19: keine abweichende Behandlung des Freiverkehrs gegenüber anderen MTF.

[278] Siehe näher S. 108 ff.

Im Ergebnis blendet der Gesetzgeber Freiverkehrskurse bei Abfindungen der Minderheitsaktionäre grundsätzlich aus.

B. Funktionsfähigkeit des Freiverkehrs

Nachdem die gesetzlichen Regelungen sich nicht explizit gegen eine Heranziehung von Freiverkehrskursen aussprechen, ist näher zu untersuchen, ob Freiverkehrskurse eine angemessene Abfindung gewährleisten können. Als entscheidende Grundlage für die Heranziehung von Börsenkursen wurde in den vorstehenden Untersuchungen bereits die Funktionsfähigkeit des Marktes identifiziert. Ob Freiverkehrskurse als Bewertungsmethode herangezogen werden können, richtet sich daher nach der Funktionsfähigkeit des Freiverkehrs.

I. Untersuchungsgegenstand

1. Kriterien

Um der Funktionsfähigkeit des Freiverkehrs auf den Grund zu gehen, müssen zunächst die Anforderungen an einen funktionierenden Kapitalmarkt bestimmt werden. Die Rechtsprechung enthält sich näheren Ausführungen zu den Kriterien der Funktionsfähigkeit des Kapitalmarkts. Die Marktintegrität ist indes eine der zentralen Erwägungen der kapitalmarktrechtlichen Regulierung.[279] Es bedarf eines fairen Handels mit gleichen Chancen auf einen Geschäftsabschluss für alle Marktbeteiligten.[280] Der Funktionenschutz unterscheidet dabei im Kern drei Dimensionen: die institutionelle Funktionsfähigkeit, die allokative Funktionsfähigkeit und die operationale Funktionsfähigkeit.[281]

Der Kapitalmarkt ist institutionell funktionsfähig, wenn die Grundbedingungen für einen funktionsfähigen Kapitalmarkt vorliegen, d. h. ein freier Marktzugang besteht, auf dem Markt typisierte und umlauffähige Anlageformen zur Verfügung stehen, ein liquider Handel und ein Vertrauen der Anleger in die unbeeinflusste Preisbildung am Markt besteht.[282]

Ein Markt ist allokationseffizient, wenn Anlagekapital über die Marktpreise zu seinen besten Einsatzmöglichkeiten gelenkt wird.[283] Dies wird jedoch nur bei einem entsprechenden Vertrauen der Marktteilnehmer stattfinden. Eine der wesentlichen Grundbedingungen allokationseffizienter Märkte ist die Informa-

---

279 Ebenroth/Boujong/Joost/*Poelzig*, HGB, Vorbem. WpHG Rn. 42; *Poelzig*, Kapitalmarktrecht, S. 12 f., 372; RegE Anlegerschutz- und Funktionsverbesserungsgesetz (AnsFuG), BT-Drs. 17/3628, S. 1; MAR (Teil 2, Fn. 279), ErwGr. 2, 19, 51.

280 MAR, ErwGr. 2.

281 *Merkt/Rossbach*, JuS 2003, 217 (220); *Poelzig*, Kapitalmarktrecht, S. 12.

282 Ebenroth/Boujong/Joost/*Poelzig*, HGB, Vorbem. WpHG Rn. 43; *Poelzig*, Kapitalmarktrecht, S. 12.

283 *Buck-Heeb*, Kapitalmarktrecht, Rn. 10; Ebenroth/Boujong/Joost/*Poelzig*, HGB, Vorbem. WpHG Rn. 42; FAUB, WPg 2021, 957 (958).

tionseffizienz.[284] Der allokativen Funktionsfähigkeit dienen daher vor allem die kapitalmarktrechtlichen Transparenz- und Publizitätspflichten.[285]

Damit eng verbunden ist die operationale Funktionsfähigkeit des Kapitalmarkts, die sich insbesondere durch geringe Transaktionskosten auszeichnet, wozu ebenfalls Transparenz- und Publizitätspflichten, aber auch die Liquidität des Handels beitragen.[286]

Als maßgebliche Kriterien des Funktionenschutzes und Grundvoraussetzungen einer effektiven Informationsbewertung lassen sich damit die unbeeinflusste Preisbildung, die Liquidität des Handels und die Allokationseffizienz identifizieren, die nachfolgend auf Basis der Regulierung des Freiverkehrs untersucht werden.

2. *Rechtsgrundlagen*

Die Regelungen für Aktiengesellschaften sind primär im AktG verortet. Das AktG differenziert dabei nicht generell zwischen kapitalmarktorientierten und kapitalmarktfernen Gesellschaften. Es gilt grundsätzlich für sämtliche Arten von Aktiengesellschaften – von der Familien- bis hin zur Publikumsgesellschaft, wobei einige Besonderheiten für börsennotierte Gesellschaften gelten.[287] Zunehmend werden aktienrechtliche Fragen aber auch außerhalb des AktG geregelt oder durch rechtsformübergreifende Regelungen (z. B. MitbestG, UmwG, HGB) ergänzt.[288] Hinzu kommen bei der kapitalmarktorientierten Aktiengesellschaft zahlreiche kapitalmarktrechtliche Regelungen (v. a. im BörsG, WpHG, WpÜG, WpPG, KapMuG), die einem erheblichen Einfluss europäischer Richtlinien unterliegen (vgl. nur MiFID, MiFID II, CRIM-MAD, Prospekt-RL). Auch die weitgehende und besonders dynamische europäische Regulierung durch Verordnungen führt erkennbar zu einer immer weitreichenderen Überlagerung der aktienrechtlichen Regelungen durch das europäische Kapitalmarktrecht, wodurch sich börsennotierte und nicht-börsennotierte Gesellschaften regulatorisch immer weiter auseinanderentwickeln.[289] Umso wichtiger und entscheidender für die Aussagekraft von Freiverkehrskursen ist es, den Freiverkehr, der sich weder der börsennotierten noch der nicht-börsennotierten Gesellschaft eindeutig zuordnen lässt, intensiver zu untersuchen. Die

---

[284] *W. Baums*, Ausgleich nach § 304 AktG, S. 132 m. w. N.; *Poelzig*, Kapitalmarktrecht, S. 12.

[285] *Poelzig*, Kapitalmarktrecht, S. 12.

[286] *W. Baums*, Ausgleich nach § 304 AktG, S. 116; *Buck-Heeb*, Kapitalmarktrecht, S. 9; Ebenroth/Boujong/Joost/*Poelzig*, HGB, Vorbem. WpHG Rn. 44; *Klöhn*, Kapitalmarkt, Spekulation und Behavioral Finance, S. 68 f.; *Poelzig*, Kapitalmarktrecht, S. 13.

[287] Siehe S. 244.

[288] Für bestimmte Arten von Aktiengesellschaften werden ergänzende Regelungen getroffen (vgl. Gesetz über das Kreditwesen [KWG], Versicherungsaufsichtsgesetz [VAG]).

[289] MüKoAktG/*Habersack*, Einleitung Rn. 182; *Mülbert*, Aktiengesellschaft, Unternehmensgruppe und Kapitalmarkt, passim.

Geschäftsbedingungen[290] der Freiverkehrssegmente der jeweiligen Börsen sowie die Handelsordnungen regeln dabei zusätzliche Anforderungen.

Sofern ein Emittent sowohl im regulierten Markt als auch im Freiverkehr gelistet ist, finden auf ihn aber die strengen Vorschriften für börsennotierte Gesellschaften und das öffentlich-rechtliche Regulierungsregime Anwendung. Die erhöhte Transparenz und Publizität schlägt sich dann auch grundsätzlich – eine hinreichende Liquidität und unbeeinflusste Preisbildung vorausgesetzt – im Freiverkehrskurs nieder; selbst dann, wenn die Einbeziehung in den Freiverkehr ohne Veranlassung oder Zustimmung des Emittenten erfolgt ist.

3. Kriterium der Kursrelevanz

Für die hier konkret untersuchte Fragestellung kommt es weniger auf die organisationsrechtlichen Regelungen als auf die kursrelevante Regulierung der Marktsegmente an. Das Regulierungsniveau soll daher unter dem Gesichtspunkt der Funktionsfähigkeit des Freiverkehrs, aussagekräftige Kurse hervorzubringen, untersucht werden. Für das Kriterium der Kursrelevanz kann man sich am Insiderrecht orientieren.[291] Denn Insiderinformationen sind solche nicht öffentlich bekannten präzisen Informationen, die, wenn sie öffentlich bekannt würden, geeignet wären, den Kurs von Finanzinstrumenten oder damit verbundener derivativer Finanzinstrumente erheblich zu beeinflussen (Art. 7 Abs. 1 MAR).[292] Das Kursbeeinflussungspotenzial ist dabei eines der entscheidenden Merkmale in der Praxis. Eine Information ist kursrelevant, wenn sie ein verständiger Anleger – ex ante – wahrscheinlich als Teil der Grundlage seiner Anlageentscheidungen nutzen würde (Art. 7 Abs. 4 MAR). Im übergeordneten Kontext kann daher all das als kursrelevant eingestuft werden, was der „durchschnittliche börsenkundige Anleger, der seine Entscheidungen auf objektiv nachvollziehbarer Informationsgrundlage trifft", in seine Anlageentscheidung einbezieht. Ein besonderes Augenmerk ist dabei auch auf die vorhandenen Sanktionsmechanismen zu legen. Denn diese sind letztlich entscheidend für die faktische Durchsetzbarkeit und damit die Effektivität der Regelungen.

---

[290] Geschäftsbedingungen für den Freiverkehr an der Baden-Württembergischen Wertpapierbörse (AGB-Stuttgart) v. 01.12.2021; Geschäftsbedingungen für den Freiverkehr an der Börse Berlin (AGB-Berlin) v. 01.11.2012; Geschäftsbedingungen für den Freiverkehr an der Börse München (AGB-München) v. 03.01.2018; AGB-Freiverkehr Hannover (AGB-Hannover) v. 27.10.2015; AGB Freiverkehr Hamburg (AGB-Hamburg) v. August 2017; Geschäftsbedingungen der BÖAG Börsen AG für den Freiverkehr an der Börse Düsseldorf (AGB-Düsseldorf) v. 10.01.2019; Allgemeine Geschäftsbedingungen für den Freiverkehr an der Frankfurter Wertpapierbörse (AGB-FWB) v. 09.12.2019; Allgemeine Geschäftsbedingungen für den Freiverkehr an der Tradegate Exchange (AGB-Tradegate-Berlin) v. 03.07.2016.

[291] So auch *Veil*, FS Schneider 2011, 1313 (1320).

[292] Vgl. zum Begriff der Insiderinformation näher Marsch-Barner/*Schäfer*, Hdb. börsennotierte AG, Rn. 14.13 ff.

II. Institutionelle Funktionsfähigkeit

1. Marktorganisation

Die Funktionsfähigkeit der Institution Freiverkehr setzt zunächst eine stabile Marktorganisation voraus, die durch entsprechende Kontrollinstanzen eine langfristige Existenz des Handelssegments und einen ordnungsgemäßen Handel sicherstellt.

a) Anforderungen an den Betreiber

Während der Freiverkehr anfänglich durch die Handelsteilnehmer in eigener Verantwortung geregelt und betrieben wurde, ist heute der Börsenträger sowohl Träger als auch Marktveranstalter des Freiverkehrs (vgl. § 48 Abs. 1 Satz 1 BörsG). Dabei bedient er sich der börslichen Handelseinrichtungen.[293] Im Vergleich zum regulierten Markt, an dem der Börsenträger die Börse primär sachlich und finanziell unterstützt, kommen ihm im Freiverkehr deutlich weitreichendere Kompetenzen zu. Ihm obliegt die gesamte Organisation des Freiverkehrshandels, insbesondere der Erlass der Geschäftsbedingungen. Er wird dabei nicht öffentlich-rechtlich als Beliehener, sondern privatrechtlich tätig.[294]

Während im regulierten Markt der Börsenträger einer Erlaubnis nach § 4 Abs. 1 BörsG bedarf, können MTF grundsätzlich von jeder natürlichen oder juristischen Person mit einer Zulassung nach § 32 KWG betrieben werden. Von regulären MTF unterscheidet sich der Freiverkehr jedoch darin, dass die Börsenorgane über umfassende Kompetenzen verfügen und er bereits deshalb allein an der Börse existieren kann.[295] Konsequent kann daher nur der Börsenträger einen Freiverkehr einrichten. Damit liegt auch beim Freiverkehrsträger stets eine Genehmigung i. S. d. § 4 Abs. 1 BörsG vor.[296]

b) Erlaubnispflicht

Ein weiterer Unterschied zu außerbörslichen MTF liegt in dem Erfordernis der Zulassung durch die Börse sowie der schriftlichen Erlaubnis durch die Börsenaufsichtsbehörde (§ 48 Abs. 1 Satz 1, Abs. 3 Satz 1 BörsG).[297] Die Einbindung der Börsenorgane hielt der Gesetzgeber für erforderlich, da sich Missstände im Freiverkehr negativ auf das Standing des regulierten Marktes und dessen Funktionsfähigkeit auswirken können.[298] Die Erlaubnis ist ein Dauerverwaltungsakt, dessen Voraussetzungen auch nach Aufnahme des Handels vorliegen müssen.

---

[293] Vgl. § 3 Abs. 1 AGB-FWB.
[294] Zutr. *Fink*, Der Freiverkehr, S. 147.
[295] Überzeugend *Fink*, Der Freiverkehr, S. 91.
[296] *Fink*, Der Freiverkehr, S. 62; a. A. noch *Kümpel*, FS Hadding 2004, 915 (917).
[297] Krit. zu diesem doppelten Zulassungserfordernis: *Fink*, Der Freiverkehr, S. 120 f.
[298] RegE 2. FiMaFöG (Teil 4, Fn. 8), S. 76.

Andernfalls kann die Erlaubnis gem. § 48 Abs. 2 BörsG, §§ 47 ff. VwVfG zurückgenommen bzw. widerrufen werden.[299] Die Funktionsfähigkeit des Freiverkehrs wird daher nicht nur bei der Zulassung sichergestellt, sondern auch im laufenden Handel überwacht.

c) Kompetenzen der Börsenorgane

Die institutionelle Funktionsfähigkeit des Freiverkehrs wird ferner durch weitreichende Befugnisse der Börsenorgane sichergestellt.

aa) Börsengeschäftsführung

Die Kompetenzen der Börsengeschäftsführung liegen zwar primär im regulierten Markt an der Börse. Die Börsengeschäftsführung leitet die Börse eigenverantwortlich und vertritt diese gerichtlich und außergerichtlich, sofern nicht der Zuständigkeitsbereich des Börsenträgers eröffnet ist (§ 15 Abs. 1 Satz 1, Abs. 3 Satz 1 BörsG). Ihr obliegt ferner die Zulassung der Teilnehmer zum Börsenhandel (§ 19 Abs. 1 BörsG) sowie die Zulassung und Einbeziehung von Wertpapieren in den regulierten Markt (§§ 32 Abs. 1, 33 BörsG).

Auch im Freiverkehr wurden der Geschäftsführung entscheidende Kompetenzen übertragen. Hierzu gehört vor allem die Billigung der Geschäftsbedingungen (§ 48 Abs. 1 Satz 2 BörsG), womit die privatrechtliche Natur der Geschäftsbedingungen gewissermaßen relativiert wird. Denn die privatautonome Gestaltungsfreiheit des Freiverkehrsträgers wird insoweit einer öffentlich-rechtlichen Kontrollinstanz unterworfen. Zwar ist er in der Ausgestaltung der Geschäftsbedingungen grundsätzlich frei, jedoch besteht zumindest rechtlich die Möglichkeit, dass die Geschäftsführung die Billigung der Geschäftsbedingungen so lange verweigert, bis sie mit deren Inhalt einverstanden ist. Allerdings kann sich die Billigung im Kontext der Norm nur darauf beziehen, ob die Geschäftsbedingungen eine ordnungsgemäße Durchführung des Handels und der Geschäftsabwicklung gewährleisten.[300] Da auch die Börse ein Interesse an der Einrichtung von Freiverkehrssegmenten hat, ist die Billigung in der Praxis daher von untergeordneter Bedeutung. Mit ihr wird noch keine Aussage über die Wirksamkeit der Geschäftsbedingungen getroffen. Die Regelungen unterliegen weiterhin der Inhaltskontrolle nach §§ 307 ff. BGB.[301] Sie verdeutlicht jedoch die Verzahnung von Börse und Freiverkehr. Wenn auch die Geschäftsbedingungen nach außen hin privatrechtlicher Natur sind, so obliegt die Letztentscheidungsbefugnis der Börsengeschäftsführung.

---

[299] *Fink*, Der Freiverkehr, S. 128.

[300] So auch *Fink*, Der Freiverkehr, S. 71.

[301] *Fink*, Der Freiverkehr, S. 114; *Groß*, Kapitalmarktrecht, § 48 Rn. 2; *Veil*, FS Schneider 2011, 1313 (1316).

bb) Börsenrat

Der Börsenrat ist das zentrale Selbstverwaltungsorgan der Börse.[302] Er ist Kontroll- und Rechtsetzungsgremium.[303] Er erlässt insbesondere die Börsen- und Gebührenordnung, die Bedingungen für Geschäfte an der Börse, die Zulassungsordnung für Börsenhändler und die Handelsordnung für den Freiverkehr als Satzung (§ 12 Abs. 2 Satz 1 Nr. 1 BörsG). Er ist im Einvernehmen mit der Börsenaufsichtsbehörde außerdem zuständig für die Bestellung, Wiederbestellung und Abberufung der Geschäftsführung und des Leiters der Handelsüberwachungsstelle (§ 12 Abs. 2 Satz 1 Nr. 2 und Nr. 5 BörsG). Er überwacht die Geschäftsführung (§ 12 Abs. 2 Satz 1 Nr. 3 BörsG) und erlässt für sie eine Geschäftsordnung (§ 12 Abs. 2 Satz 1 Nr. 4 BörsG).

Im Freiverkehr beschränkt sich seine Rechtssetzungsbefugnis damit auf die Handelsordnung. Betrachtet man dies jedoch im Zusammenhang mit der Billigung der Geschäftsbedingungen durch die Geschäftsführung, so lässt sich eine grundlegende Erkenntnis gewinnen: Der Freiverkehr ist nur scheinbar privatrechtlich geregelt, aber eigentlich in weiten Teilen öffentlich-rechtlich geprägt und überwacht.

cc) Börsenaufsichtsbehörde

Die zuständige oberste Landesbehörde (Börsenaufsichtsbehörde) übt die Aufsicht über die Börse und deren Organe, sowie den Börsenträger, die Einrichtungen der Börse und den Freiverkehr (§ 3 Abs. 1 Sätze 1 und 2 BörsG) aus. Der Betrieb des Freiverkehrs bedarf der schriftlichen Erlaubnis der Börsenaufsichtsbehörde (§ 48 Abs. 3 Satz 1 BörsG). Hierfür legt der Börsenträger der Börsenaufsichtsbehörde eine ausführliche Beschreibung der Funktionsweise des Handelssystems sowie eine Liste der Handelsteilnehmer vor (§ 48 Abs. 3 Satz 3 BörsG). Die Börsenaufsichtsbehörde stellt diese Informationen der BaFin und auf deren Verlangen auch der ESMA zur Verfügung und teilt ihnen jede Erlaubnis eines Freiverkehrs mit (§ 48 Abs. 3 Satz 4 BörsG). Ist ein ordnungsgemäßer Handel nicht (mehr) gewährleistet, so kann die Börsenaufsichtsbehörde den Handel im Freiverkehr untersagen (§ 48 Abs. 2 BörsG). Die Befugnisse der Börsenaufsicht sind im Freiverkehr damit besonders weitreichend. Hierin unterscheidet sich der Freiverkehr evident von außerbörslichen MTF.[304]

dd) Handelsüberwachungsstelle

Die Börse selbst übt die Aufsicht über den Handel an der Börse und die Geschäftsabwicklung durch Einrichtung einer Handelsüberwachungsstelle aus

[302] *Grunewald/Schlitt*, S. 206.
[303] RegE 2. FiMaFöG (Teil 4, Fn. 8), S. 62.
[304] Kümpel/Mülbert/Früh/Seyfried/*Seiffert*, Teil 14 Rn. 14.69.

(§ 7 Abs. 1 BörsG). Diese hat im Wesentlichen die Befugnisse der Börsenaufsichtsbehörde (§ 7 Abs. 3 BörsG) und erstattet der BaFin Anzeige bei Verdacht einer Marktmanipulation oder des Insiderhandels (§ 7 Abs. 5 Satz 5 BörsG). Aufgrund der sich zum Teil überschneidenden Aufsichtsbefugnisse arbeitet die Handelsüberwachungsstelle eng mit der BaFin und der Börsenaufsicht zusammen.[305] Dies gilt gleichermaßen im Freiverkehr.[306] Bei der Überwachung des Handels wird zwischen den Segmenten nicht unterschieden.

ee) Sanktionsausschuss

Zusätzlich kann ein Sanktionsausschuss durch Rechtsverordnung der Landesregierung zur Ahndung von Verstößen gegen börsenrechtliche Vorschriften eingesetzt werden (§ 22 Abs. 1 Satz 1, Abs. 2 BörsG). Bei Verstößen der Handelsteilnehmer (§ 2 Abs. 8 BörsG) kann der Sanktionsausschuss einen Verweis, ein Ordnungsgeld bis zu einer Million Euro oder einen Ausschluss von der Börse für einen Zeitraum von bis zu 30 Handelstagen aussprechen (§ 22 Abs. 2 Satz 1 BörsG). Auch der Emittent kann bei Verstößen von der Börse verwiesen oder mit einem Ordnungsgeld belegt werden (§ 22 Abs. 2 Satz 2 BörsG). Auch die Handelsordnungen für den Freiverkehr sind unter die börsenrechtlichen Vorschriften zu fassen.[307] Der Sanktionsausschuss fördert damit die Rechtssetzung und die Funktionsfähigkeit des Handels auch im Freiverkehr. Die Geschäftsbedingungen unterliegen als privatrechtliche Rechtsetzungsakte jedoch nicht der Überwachung des Sanktionsausschusses.

ff) Zwischenergebnis

Der Einfluss der Börse auf den Freiverkehr ist aufgrund der weitreichenden Kompetenzen der Börsenorgane nicht von der Hand zu weisen. Trotz der privatrechtlichen Regulierung findet der Freiverkehr schon lange nicht mehr neben der Börse statt, sondern ist mit dieser untrennbar verzahnt. Sämtliche Börsenorgane üben auch Kompetenzen im Freiverkehr aus und bilden damit das öffentlich-rechtliche Dach des Freiverkehrs. Aus der privatrechtlichen Natur des Freiverkehrs die Ungeeignetheit von Freiverkehrskursen zu folgern, ginge daher von vornherein fehl. Denn ob der Freiverkehr tatsächlich noch als privatrechtlich organisiert bezeichnet werden kann, ist aufgrund der weitreichenden Kompetenzen der Börsenorgane äußerst zweifelhaft.[308] Er unterscheidet sich

[305] Assies/Beule/Heise/*Zeidler*, Rn. 156.

[306] LG Stuttgart, BeckRS 2018, 35320, Rn. 122; VG Frankfurt a. M., BeckRS 2008, 144668, Rn. 21 f.

[307] So von Seiten der Rspr. schon vor der Einführung der Handelsordnung für die Freiverkehrsrichtlinien angenommen (VG Frankfurt a. M., NJOZ 2003, 192), obwohl diese jedoch als privat-rechtliche Regelungen nicht der öffentlich-rechtlichen Sanktionierung unterliegen (*Groß*, Kapitalmarktrecht, § 48 Rn. 6).

[308] So jedoch BVerfGE 132, 99 (101) – „*Delisting*“; *Harrer* in BeckHdB AG, § 20 Rn. 46.

aufgrund seiner Eingliederung in die Börse grundlegend von außerbörslichen MTF. Die Verbindung zur Börse und deren Kompetenzen verschaffen dem Freiverkehr eine besondere Seriosität und größere Akzeptanz gegenüber außerbörslichen MTF,[309] was sich positiv auf die Qualität des Handels und die im Freiverkehr zustande gekommen Kurse auswirkt. Die Marktorganisation gewährleistet daher gerade auch durch die öffentlich-rechtlichen Überwachungs- und Eingriffsbefugnisse einen funktionierenden Markt.

2. *Zulassung und Einbeziehung*

Um Aktien im regulierten Markt oder im Freiverkehr zu handeln, müssen diese zunächst zugelassen bzw. einbezogen werden. Eine Zulassung oder Einbeziehung in den regulierten Markt bedeutet nicht zugleich auch eine Einbeziehung in den Freiverkehr und umgekehrt. Es handelt sich um zwei voneinander unabhängige Komplementärmärkte, die die Voraussetzungen an den Handel eigenständig regeln. Eine Einbeziehung in den Freiverkehr kann nur für Wertpapiere erfolgen, die weder zum Handel im regulierten Markt zugelassen noch zum Handel in den regulierten Markt einbezogen sind (§ 48 Abs. 1 Satz 1 BörsG).

a) *Zulassung und Einbeziehung in den regulierten Markt*

Bevor Wertpapiere im regulierten Markt gehandelt werden können, müssen sie nach §§ 32 f. BörsG zum Handel zugelassen oder in den Handel einbezogen werden. Die Börsengeschäftsführung entscheidet über die Zulassung auf Antrag des Emittenten und des emissionsbegleitenden Kreditinstituts durch Verwaltungsakt (§§ 32 Abs. 2 Satz 1, 15 BörsG).[310] An die Zulassung zum regulierten Markt werden in der BörsZulV hohe Anforderungen gestellt, deren Vorliegen durch eine Vielzahl an Unterlagen zu bescheinigen ist (vgl. § 48 Abs. 2 S. 2 BörsZulV). Einzureichen ist u. a. ein aktueller beglaubigter Handelsregisterauszug, die aktuelle und i. d. R. auch beglaubigte Fassung der Satzung, die letzten drei Jahresabschlüsse nebst Lagebericht und Bestätigungsvermerk und ggf. weitere Bescheinigungen (§ 48 Abs. 2 BörsZulV). Darüber hinaus muss der Emittent einen von der BaFin gebilligten Wertpapierprospekt veröffentlichen. (§ 32 Abs. 3 Nr. 2 BörsG; Art. 3 Abs. 1 und 3 Prospekt-VO[311]).[312] Der regulierte Markt stellt zudem zahlreiche qualitative Anforderungen an den Emittenten und die Wertpapiere. Der Emittent muss mindestens drei Jahre als Unternehmen bestanden haben und in den letzten drei Geschäftsjahren seine Jahresabschlüsse offengelegt haben (§ 3 Abs. 1 BörsZulV). Die Wertpapiere müssen frei handel-

---

[309] Zutr. *Fink*, Der Freiverkehr, S. 92.

[310] *Groß*, Kapitalmarktrecht, § 32 BörsG Rn. 7; Schwark/Zimmer/*Heidelbach*, § 32 BörsG Rn. 17.

[311] Siehe Teil 3, Fn. 277.

[312] Siehe zur Prospektpflicht näher S. 313 ff.

bar sein (§ 5 Abs. 1 BörsZulV). Der voraussichtliche Kurswert der zuzulassenden Aktien muss mindestens 1,25 Mio. Euro betragen (§ 2 Abs. 1 BörsZulV). Hiervon kann die Geschäftsführung jedoch auch Ausnahmen zulassen, wenn sie der Überzeugung ist, dass sich für die zuzulassenden Wertpapiere ein ausreichender Markt bilden wird (§ 2 Abs. 4 BörsZulV). Ferner müssen die Aktien spätestens kurz nach ihrer Einführung ausreichend gestreut sein (§ 9 BörsZulV). Die Zulassung ist Voraussetzung für die Aufnahme der Notierung (§ 38 Abs. 1 BörsG).

Die Einbeziehung nach § 33 BörsG ermöglicht hingegen eine erleichterte Aufnahme des Handels, wenn die Wertpapiere bereits an einem anderen organisierten Markt zugelassen sind.[313] Die Einbeziehung kann dann auch auf Antrag eines zugelassenen Handelsteilnehmers i. S. d. § 2 Abs. 8 BörsG erfolgen, den in der Börsenordnung zu regelnde Folgepflichten treffen können (§ 33 Abs. 2 Satz 1 BörsG i. V. m. BörsO).[314]

b) Einbeziehung in den einfachen Freiverkehr

aa) Einbeziehungsvoraussetzungen

Für den Handel im Freiverkehr ist hingegen keine Zulassung erforderlich. Es genügt die Einbeziehung in den Handel (§ 48 Abs. 1 Satz 3 BörsG). Diese ist nicht zu verwechseln mit der Erlaubnis des Freiverkehrs durch die Börsenaufsichtsbehörde,[315] die sich allein auf den Betrieb des Freiverkehrs als solchen und nicht auf die Einbeziehung der Wertpapiere einzelner Emittenten bezieht. Zu Beginn wurde das Einbeziehungsverfahren noch durch die Freiverkehrsausschüsse auf Antrag eines an der Börse zugelassenen Kreditinstituts betrieben. Zusätzlich war ein Exposé der Gesellschaft einzureichen. Dieses musste jedoch nicht veröffentlicht werden und unterlag auch nicht der Prospekthaftung.[316]

Während die Wertpapiere für die Zulassung im regulierten Markt ein öffentlich-rechtliches Zulassungsverfahren durchlaufen, werden die Einbeziehungsvoraussetzungen für den Freiverkehr heute durch den Freiverkehrsträger privatautonom in den Geschäftsbedingungen geregelt (§ 48 Abs. 1 Satz 3 BörsG).[317] Die Einbeziehung ist daher auch kein Verwaltungsakt, sondern eine privatrecht-

---

313 Schwark/Zimmer/*Heidelbach*, § 33 BörsG Rn. 3.

314 Schwark/Zimmer/*Heidelbach*, § 33 BörsG Rn. 5 f., 19.

315 Diese Erlaubnis ist ebenso wie die Versagung ein Verwaltungsakt (*Groß*, Kapitalmarktrecht, § 48 BörsG Rn. 5).

316 *Claussen*, FS Stimpel 1985, 1049 (1051); Ebenroth/Boujong/Joost/*Groß*, HGB, § 16 WpPG Rn. 7 m. w. N.; Hopt/*Kumpan*, HGB, § 48 BörsG Rn. 7; *Leuering/Simon*, NJW-Spezial 2006, 27 (28).

317 *Groß*, Kapitalmarktrecht, § 48 Rn. 7; Manz/Schröder/Mayer/*Süß/Thies*, Börsennotierte Aktiengesellschaft Rn. 1743. Diese unterliegen aber der Billigung der Börsengeschäftsführung.

liche Entscheidung des Freiverkehrsträgers.[318] Als Privatrechtsubjekt unterliegt der Freiverkehrsträger keinen unmittelbaren verfassungsrechtlichen Bindungen.[319] Es besteht daher auch grundsätzlich kein Anspruch auf Einbeziehung der Wertpapiere.[320] Der wesentliche Unterschied zum regulierten Markt liegt aber darin, dass die Einbeziehung auch ohne Beteiligung des Emittenten durch einen Handelsteilnehmer erfolgen kann (§ 48 Abs. 1 Satz 4 BörsG e contrario). Das Interesse der Investoren an der Einbeziehung der Titel bestimmt daher im Freiverkehr regelmäßig das Angebot.[321]

bb) Rechtsverhältnisse zwischen den Beteiligten

Die Tatsache, dass die Einbeziehung in den Freiverkehr durch den Handelsteilnehmer ohne Mitwirkung des Emittenten erfolgen kann, wirkt sich auch auf die Rechtsverhältnisse zwischen dem Freiverkehrsträger, dem Emittenten und dem Handelsteilnehmer aus. Denn im Gegensatz zur öffentlich-rechtlichen Regulierung können die privatrechtlichen Regelwerke nur im jeweiligen Vertragsverhältnis Anwendung finden.

Zwischen den Handelsteilnehmern und dem Freiverkehrsträger bestehen daher mehrere Anknüpfungspunkte für eine vertragliche Beziehung. Ein Vertragsverhältnis entsteht nicht bereits auf Grundlage der Erteilung der nach § 19 BörsG erforderlichen Zulassung des Handelsteilnehmers durch die Börse. Denn die Börse handelt dabei in ihrer Funktion als Marktveranstalterin des regulierten Marktes, die von dem Börsenträger strikt zu trennen ist. Die Börsenzulassung ist allein im Verhältnis der Börse zu den jeweiligen Handelsteilnehmern relevant. Erst mit der Teilnahme am Handel entsteht eine vertragliche Beziehung zwischen dem Freiverkehrsträger und einem Handelsteilnehmer. Der Freiverkehrsträger gibt nach Zulassung des Freiverkehrs durch die Börse konkludent durch Öffnung des Handels ein Angebot auf Teilnahme am Handel gegenüber sämtlichen zugelassenen Handelsteilnehmern ab, sofern er sich hierbei kein Auswahlermessen vorbehält.[322] Dieses nimmt der jeweilige Handelsteilnehmer durch die Aufnahme des Handels konkludent an. Die besonderen Einbeziehungsvoraussetzungen des § 305 Abs. 2 BGB finden auf die Geschäftsbedingungen des Freiverkehrs insoweit keine Anwendung, da es sich bei den Handelsteilnehmern um zugelassene Unternehmen, Börsenhändler, Skon-

---

318 *Claussen*, FS Stimpel 1985, 1049 (1053); *Groß*, Kapitalmarktrecht, § 48 Rn. 12; Marsch-Barner/*Schäfer*, Hdb. börsennotierte AG, S. 637 Fn. 1; LG Stuttgart, BeckRS 2018, 35320, Rn. 122.

319 Vgl. die Herleitung eines etwaigen Einbeziehungsanspruchs bei *Fink*, Der Freiverkehr, S. 251 ff.

320 Zutr. Hopt/*Kumpan*, HGB, § 48 BörsG Rn. 6; vgl. die Klarstellung in § 7 Abs. 4 AGB-Stuttgart, § 6 Abs. 4 AGB-Hamburg, §§ 3 Satz 1, 14 Abs. 5 AGB-Düsseldorf.

321 *Fink*, Der Freiverkehr, S. 25.

322 *Fink*, Der Freiverkehr, S. 199.

troführer und skontroführende Personen handelt, die am Kapitalmarkt in Ausübung ihrer gewerblichen oder selbständigen beruflichen Tätigkeit handeln und damit als Unternehmer nach § 14 BGB zu klassifizieren sind. Stellt der Handelsteilnehmer einen Antrag auf Einbeziehung der Wertpapiere eines bestimmten Emittenten und bezieht der Freiverkehrsträger diese in den Handel mit ein, so kommt zwischen ihm und dem Freiverkehrsträger ein Einbeziehungsvertrag in Bezug auf diese Wertpapiere zustande, an den verschiedene Folgepflichten des Handelsteilnehmers geknüpft werden. Die Handelsteilnehmer werden dabei in erster Linie verpflichtet, durch Liquidität und Transparenz zu einer ordnungsgemäßen Preisbildung beizutragen.[323] An bestimmte Handelsteilnehmer, namentlich die Skontroführer, Designated Sponsor,[324] Spezialisten, Deutsche-Börse-Listing-Partner, Emissionsexperten (§§ 16 f. AGB-München) werden seitens des jeweiligen Freiverkehrsträgers erhöhte Anforderungen gestellt. Der Handelsteilnehmer ist insoweit Hauptadressat der privatrechtlichen Regelungen.[325]

Da der Emittent im einfachen Freiverkehr an der Einbeziehung nicht beteiligt wird und ihn weder eine Zustimmungspflicht trifft noch ein Widerspruchsrecht zusteht,[326] erhält er auch nicht zwingend Kenntnis von der Einbeziehung seiner Wertpapiere in den Freiverkehr. Es besteht somit keine unmittelbare Beziehung zwischen dem Emittenten und dem Freiverkehrsträger bei der Einbeziehung seiner Wertpapiere.[327] Die Einbeziehungsfolgepflichten treffen allein den Handelsteilnehmer. Dies ist schon deshalb zwingend, weil der Einbeziehungsvertrag ansonsten ein unzulässiger Vertrag zu Lasten Dritter wäre. § 48 Abs. 1 Satz 4 hat insoweit deklaratorischen Charakter. Selbst wenn der Emittent den Handelsteilnehmer mit der Einbeziehung beauftragt, handelt Letzterer nicht als Vertreter, sondern im eigenen Namen und auf eigene Rechnung. Auch in diesem Fall wird der Emittent nicht im Einbeziehungsverfahren beteiligt und daher auch nicht aus diesem verpflichtet.[328] Zwischen dem Emittenten und dem Handelsteilnehmer besteht insoweit jedoch ein Auftragsverhältnis,[329] aus dem sich entsprechende Rechte und Pflichten ergeben. Die Geschäftsbedingungen des Freiverkehrs können Anforderungen an das Rechtsverhältnis zwischen dem Handelsteilnehmer und dem Emittenten regeln. So fordert die Börse Frankfurt

---

323 *Fink*, Der Freiverkehr, S. 207.

324 Siehe Deutsche Börse AG, Designated Sponsor Guide v. 08.01.2021 (abrufbar unter https://www.xetra.com/resource/blob/3452184/75f9eefb7b59e0464dc34c3658e1549b/data/designated-sponsor-guide.pdf, zuletzt abgerufen am 16.08.2023).

325 *Seibt/Wollenschläger*, AG 2009, 807 (809); *Veil*, FS Schneider 2011, 1313 (1317); *Veil*, Privates Recht, 269 (276).

326 Dagegen will *Groß*, Kapitalmarktrecht, § 48 BörsG Rn. 5, dem Emittenten ein Widerspruchsrecht in Form eines Abwehranspruchs aus § 1004 BGB zugestehen.

327 *Storm*, Alternative Freiverkehrssegmente, S. 34; *Sudmeyer/Rückert/Kuthe*, BB 2005, 2703 (2704); *Veil*, FS Schneider 2011, 1313 (1317).

328 So auch *Fink*, Der Freiverkehr, S. 201.

329 *Fink*, Der Freiverkehr, S. 208.

im qualifizierten Freiverkehrssegment Scale explizit einen Vertrag nach Anlage 1 der AGB-FWB zwischen dem Emittenten und dem betreuenden Capital Market Partner, § 17 Abs. 1 lit. a) AGB-FWB.

Abgesehen davon bestehen im einfachen Freiverkehr ohne Zustimmung des Emittenten aber keine vertraglichen Beziehungen zwischen dem Freiverkehrsträger und dem Emittenten, sodass Letzterer nicht aus den Geschäftsbedingungen verpflichtet wird.[330]

c) Einbeziehungsvoraussetzungen der Wertpapierbörsen

Die vorstehenden Ausführungen bilden jedoch allein die gesetzliche Regelung unabhängig von den Geschäftsbedingungen des Freiverkehrs ab. Da § 48 Abs. 1 Satz 3 BörsG die Ausgestaltung der Einbeziehung den Geschäftsbedingungen überantwortet, müssen diese im Folgenden noch genauer in den Blick genommen werden. Diese unterscheiden regelmäßig zwischen Primär- bzw. Erstlistings und Sekundär- bzw. Zweitlistings. Bei Letzteren werden die Aktien des Emittenten bereits an einer anderen Börse oder einem anderen Handelsplatz gehandelt, während beim Primär- bzw. Erstlisting die Aktien des Emittenten erstmalig in den Handel einbezogen werden.

aa) Frankfurt – Basic Board, Quotation Board, Scale

An der Frankfurter Wertpapierbörse erfolgt die Einbeziehung in das Quotation Board auf Antrag eines Teilnehmers gem. § 5 Abs. 1 AGB-FWB, der zugleich Spezialist gem. § 33 AGB-FWB ist (§ 10 Abs. 1 AGB-FWB). Auch ohne Antrag eines Teilnehmers können Aktien durch die Deutsche Börse AG (DBAG) in das Quotation Board einbezogen werden, § 10 Abs. 2 Satz 1 AGB-FWB. Ausweislich des Art. 12 Abs. 1 AGB-FWB ist das Quotation Board ein Segment für Zweitnotierungen von Aktien, d. h. die Einbeziehung erfordert eine Primärnotiz in einem von der DBAG anerkannten regulierten Markt. Nähere Anforderungen an den Emittenten oder die zu emittierenden Aktien werden nicht gestellt. Es muss lediglich eine ordnungsgemäße Geschäftserfüllung sowie eine freie Handelbarkeit der Aktien gewährleistet sein (§ 7 Punkt 4 und 5 AGB-FWB). Der Emittent muss der Einbeziehung nicht zustimmen.

Im Scale erfolgt die Einbeziehung gem. § 16 Abs. 1 AGB-FWB unter gleichzeitiger Einbeziehung in das Basic Board hingegen auf Antrag eines Emittenten zusammen mit einem Capital Market Partner[331]. Der Emittent hat mit dem

[330] Zur Zustimmung des Emittenten als Legitimation der privaten Rechtsetzung *Veil*, FS Schneider 2011, 1313 (1322); *Veil*, Privates Recht, 269 (277); grundlegend *Bachmann*, Private Ordnung, S. 159 ff.

[331] Kreditinstitut, Finanzdienstleistungsinstitut oder ein nach § 53 Abs. 1 Satz 1 KWG oder § 53 b Abs. 1 Satz 1 KWG tätiges Unternehmen, das von der DBAG als Antragstellender Capital Market Partner anerkannt wurde.

Capital Market Partner einen Vertrag nach Anlage 1 der AGB-FWB zu schließen, § 17 Abs. 1 lit. a) AGB-FWB. Es ist ein Prospekt oder ein Einbeziehungsdokument gem. § 36 Abs. 1 AGB-FWB zu veröffentlichen, § 17 Abs. 1 lit. b) AGB-FWB. Die Einbeziehung in Scale erfordert, dass der Emittent seit mindestens zwei Jahren existiert, § 17 Abs. 1 lit. c) AGB-FWB. Die Marktkapitalisierung muss im Zeitpunkt der Aufnahme des Handels mindestens 30 Mio. Euro betragen, § 17 Abs. 1 lit. d) AGB-FWB. Im Hinblick auf die Aktien muss eine hinreichende Streuung (mind. 1 Mio. Stück oder 20 %) gewährleistet sein, § 17 Abs. 1 lit. f) AGB-FWB. § 17 Abs. 1 lit. g) AGB-FWB verlangt ferner die Vorlage eines Research Reports. Außerdem sind mindestens zwei Kontaktpersonen als Ansprechpartner für die Folgepflichten anzugeben, § 17 Abs. 1 lit. h) AGB-FWB. Der antragstellende Capital Market Partner hat die Geeignetheit des Emittenten für Scale nachzuweisen[332] und das ggf. zu erstellende Einbeziehungsdokument auf Vollständigkeit, Kohärenz und Verständlichkeit zu prüfen, § 17 Abs. 2 AGB-FWB. Darüber hinaus besteht eine umfassende Dokumentations- und Vorlagepflicht im Hinblick auf die Anforderungen nach § 17 Abs. 1 und 2 AGB-FWB sowie den Jahresabschluss und Lagebericht (ggf. Konzernabschluss und Konzernlagebericht) der letzten zwei Geschäftsjahre, wobei derjenige des letzten Geschäftsjahres geprüft sein und zusammen mit dem Bestätigungsvermerk oder dem Vermerk über dessen Versagung übermittelt werden muss, § 17 Abs. 3 lit. c) AGB-FWB. Liegt das vergangene Geschäftsjahr bei Antragstellung mehr als zehn Monate zurück, ist ein Halbjahresabschluss und Zwischenlagebericht (ggf. verkürzter Konzernabschluss und Konzernzwischenlagebericht) zu übermitteln, § 17 Abs. 3 lit. d) AGB-FWB.[333] Vorzulegen sind außerdem ein aktueller Handelsregisterauszug, die Satzung, ein nach Anlage 4 der AGB-FWB erstelltes Unternehmenskurzporträt und ein Unternehmenskalender § 17 Abs. 3 lit. f) bis i) AGB-FWB.

Seit der Neufassung der AGB-FWB gibt es keine erleichterte Einbeziehungsmöglichkeit mehr.[334] Der Emittent und der antragstellende Capital Market Partner haften gegenüber der DBAG für sämtliche Schäden, die der DBAG aufgrund unrichtiger oder unvollständiger Angaben und Unterlagen entstehen, § 17 Abs. 5 Satz 1 AGB-FWB.

---

[332] Dabei müssen drei der folgenden Merkmale bestätigt werden: Mindestumsatz von zehn Millionen Euro, positiver Jahresüberschuss, positiv bilanziertes Eigenkapital bei einer Eigenkapitalsumme von über 30 Millionen Euro und/oder mindestens 20 Mitarbeiter (Anlage 3 AGB-FWB).

[333] Anforderungen abhängig davon, um was für eine Kapitalgesellschaft im Sinne des § 267 HGB es sich handelt (vgl. *Sudmeyer/Rückert/Kuthe*, BB 2005, 2703 (2704)).

[334] Vgl. noch die erleichterten Einbeziehungsvoraussetzungen in § 18 Allgemeine Geschäftsbedingungen der Deutsche Börse AG für den Freiverkehr an der Frankfurter Wertpapierbörse (AGB-FWB a. F.) v. 02.01.2019.

bb) München – Freiverkehr, m:access

Im Freiverkehr der Börse München erfolgt die Einbeziehung auf Antrag eines Handelsteilnehmers, § 9 Abs. 1 Satz 1 AGB-München. Wenn Wertpapiere des Emittenten bereits im organisierten Markt i. S. d. § 2 Abs. 11 WpHG oder einem vergleichbaren/anerkannten ausländischen organisierten Markt oder Handelsplatz zugelassen/einbezogen sind, können die Wertpapiere ohne Zustimmung des Emittenten einbezogen werden, § 7 Abs. 1 lit. a) AGB-München (Sekundärlisting). Andernfalls muss der Emittent die Einbeziehung in den Freiverkehr genehmigen und die gesetzlichen Voraussetzungen eines Listings müssen erfüllt sein, § 7 Abs. 1 lit. b) AGB-München (Primärlisting). Der Antrag kann abgelehnt werden, wenn die Voraussetzungen für die Bildung eines börsenmäßigen Marktes nicht gegeben sind, der Einbeziehung Interessen des Anlegerschutzes entgegenstehen oder die Einbeziehung zur Schädigung erheblicher allgemeiner Interessen führen kann, § 10 Abs. 2 AGB-München. Die Einbeziehung wird öffentlich bekanntgemacht, § 10 Abs. 3 AGB-München.

Im m:access ist der Einbeziehungsantrag von einem Emissionsexperten (§ 16 AGB-München) mit Genehmigung des Emittenten zu stellen, § 13 Abs. 1 Satz 1 AGB-München. Der Emittent muss mindestens einen Jahresabschluss als Kapitalgesellschaft aufgestellt und ein Grundkapital von mindestens 1 Mio. Euro haben, § 14 Abs. 1 Sätze 1 und 2 AGB-München. Im Zusammenhang mit einer Erstnotiz, soll eine Liquiditätsgarantie in Höhe von 5 000 Euroabgegeben sowie ein garantierter Spread durch den Emissionsexperten für einen Zeitraum von mindestens sechs Monaten ab der Erstnotiz nachgewiesen werden. Das Nähere regelt die Geschäftsführung der Börse München, § 17 Abs. 2 AGB-München. Gegenüber der Einbeziehung in den Freiverkehr sind im Antrag zusätzliche Angaben zu machen, § 13 Abs. 1 Satz 2 AGB-München i. V. m. Anlage 2. Hierzu zählen insbesondere die Vorlage einer aktuellen Satzung, eines aktuellen Handelsregisterauszugs, eines Geschäftsberichts der letzten drei Jahre, sofern das Unternehmen entsprechend lange besteht, eines Wertpapierprospekts (bei öffentlichem Angebot) bzw. eine Unternehmensdarstellung, eines Nachweises des emissionsbegleitenden Instituts, der Beauftragung eines Wertpapier-Researchs, eines Skontroführers, einer Liquiditätsgarantie sowie eines garantierten Spreads. An die Beibehaltung der Notiz werden in § 14 Abs. 2 AGB-München weitere Veröffentlichungspflichten gestellt, u. a. die Veröffentlichung der Kernaussagen des geprüften Jahresabschlusses in einer Pressemitteilung oder in vergleichbarer Form sowie auf der Internetseite des Emittenten (lit. a), die Veröffentlichung eines unterjährigen Emittentenberichts mit den bewertungsrelevanten Informationen sechs Monate nach Veröffentlichung der Kernaussagen des geprüften Jahresabschlusses (lit. b), die Veröffentlichung von Insiderinformationen und Directors' Dealings (lit. c), die Veröffentlichung eines Unternehmenskalenders (lit. d). Der Emittent wird ferner verpflichtet jährlich an mindestens einer Analystenkonferenz teilzunehmen oder in vergleichbarer Form unterjährig Finanzkennzahlen und die aktuelle Geschäftsentwicklung darzustellen (lit. e) sowie eine Investorenkonferenz durchzuführen oder an einer von dritter Seite durchgeführten Investorenkonferenz teilzunehmen (§ 14 Abs. 3 AGB-München). Der Emissionsexperte erklärt sich bei Aktien gegenüber der Börse bereit, in den ersten zwölf Monaten ab Notizaufnahme dafür zu sorgen, dass der Emittent den Anforderungen nach § 14 Abs. 2 entspricht, dies zu überwachen und die Börse über Verstöße zu informieren, § 17 Abs. 3 Sätze 1 und 3 AGB-München. Den Emissionsexperten treffen in den ersten zwölf Monaten zusätzliche Informationspflichten gegenüber der Börse, § 17 Abs. 4 AGB-München. Die Anforderungen an die Einbeziehung in den m:access sind damit besonders hoch.

Über die Einbeziehung entscheidet sowohl im Freiverkehr als auch im m:access die Geschäftsführung im Benehmen mit dem im Freiverkehr zu bildenden Freiverkehrsausschuss, §§ 2 Abs. 3, 10 Abs. 1 Satz 1, 13 Abs. 4 AGB-München.[335]

cc) Stuttgart – Freiverkehr, Freiverkehr Plus

Eine Einbeziehung in den Freiverkehr der Baden-Württembergischen Wertpapierbörse (Börse Stuttgart) kann auf Antrag eines an der Börse zum Handel zugelassenen Unternehmens erfolgen, § 7 Abs. 1 Satz 2 AGB-Stuttgart. Aber auch der Freiverkehrsträger kann die Aktien ohne Antrag in den Freiverkehr einbeziehen, § 7 Abs. 3 AGB-Stuttgart. Über den Einbeziehungsantrag entscheidet der Freiverkehrsträger, § 7 Abs. 2 AGB-Stuttgart. Sofern die Aktien bereits an einem anderen Handelsplatz[336] zum Handel zugelassen oder in den Handel einbezogen sind, ist keine Zustimmung des Emittenten erforderlich (Sekundärlisting), §§ 7 Abs. 6 Satz 2, 8 Abs. 2 und 3, 42 ff. AGB-Stuttgart. Der Emittent ist über die Einbeziehung jedoch zu unterrichten, § 7 Abs. 6 Satz 3 AGB-Stuttgart. Sind die Aktien noch nicht an einem anderen Handelsplatz zugelassen oder einbezogen (Primärlisting), so ist die Zustimmung des Emittenten erforderlich und nachzuweisen, §§ 7 Abs. 6 Satz 1, 10 Abs. 3 Nr. 6 AGB-Stuttgart.

An das Sekundärlisting im Freiverkehr Stuttgart werden geringe Anforderungen gestellt (vgl. § 8 AGB-Stuttgart). Bei einem Primärlisting muss hingegen die Bildung eines ordnungsgemäßen Handels sichergestellt werden (§ 9 Abs. 1 Nr. 5 AGB-Stuttgart). Dies erfordert, dass der Mindestbetrag der einbezogenen Wertpapiere nominal 250 000 Euro beträgt (lit. a), mindestens 10 000 Aktien zu Handelsbeginn zur Verfügung stehen (lit. b), das Grundkapital von mindestens 250 000,00 Euro durch Bareinlage eingezahlt ist (lit. c) und

[335] Vgl. §§ 3 f. AGB-München zur Zusammensetzung und Beschlussfassung.

[336] Erfasst die Zulassung zum Handel oder die Einbeziehung in den regulierten Markt, in den Freiverkehr oder den Handel an einem anderen vergleichbaren ausländischen staatlich geregelten und überwachten Handelsplatz im Sinne des § 2 Abs. 11 WpHG.

der Streubesitz mindestens rund 20 % beträgt (lit. d). Es ist eine aktuelle Satzung, ein aktueller beglaubigter Handelsregisterauszug und ein Jahresabschluss (ggf. Konzernabschluss) des Emittenten des letzten Geschäftsjahres vor Antragstellung einschließlich Anhang, Lagebericht und Bestätigungsvermerk des Abschlussprüfers einzureichen, § 10 Abs. 3 Nr. 1 bis 3 AGB-Stuttgart. Falls der Emittent vor weniger als 18 Monaten gegründet worden ist und noch keinen Jahresabschluss offengelegt hat, kann dieser ersetzt werden, § 10 Abs. 3 Nr. 3 lit. a) bis d) AGB-Stuttgart. Eine gewisse Existenzdauer des Emittenten wird also nicht gefordert. Es ist jedoch ein Gründungsbericht gem. §§ 32 ff. AktG einzureichen, wenn die Gesellschaft noch nicht mindestens zwei Jahre im HR eingetragen ist (Nr. 4). Im Falle einer Privatplatzierung ist ein nicht-öffentliches Exposé zu erstellen (Nr. 9); im Falle eines öffentlichen Angebots ist zudem der erforderliche Prospekt inkl. Billigung der BaFin und Zusammenfassung vorzulegen (Nr. 10). Wurde kein Prospekt erstellt und werden die Wertpapiere erstmalig in den Freiverkehr einbezogen, so muss ein Exposé mit umfassenden Angaben zu den Wertpapieren, dem Emittenten und dessen Geschäftstätigkeit erstellt werden, damit sich der Träger ein sachgerechtes Bild über die zur Einbeziehung vorgesehenen Wertpapiere bzw. ein zutreffendes Urteil über den Emittenten machen kann, § 10 Abs. 4 Satz 1 AGB-Stuttgart. Das Exposé wird jedoch nicht veröffentlicht, § 10 Abs. 4 Satz 4 AGB-Stuttgart.

Im Qualitätssegment Freiverkehr Plus bedarf die Einbeziehung eines Antrags des Emittenten sowie eines Primärlistings im Freiverkehr, das jedoch gleichzeitig mit der Einbeziehung in den Freiverkehr Plus aufgenommen werden kann, § 36 Abs. 1 und 2 AGB-Stuttgart. Der Emittent hat einen gebilligten Wertpapierprospekt vorzulegen, soweit dieser aufgrund der gesetzlichen Vorschriften erforderlich ist oder nach Art. 4 Prospekt-VO erstellt wurde, § 36 Abs. 3 AGB-Stuttgart. Ein Downlisting in den Freiverkehr ist nicht prospektpflichtig (§ 36 Abs. 3 Satz 3 AGB-Stuttgart). Es ist wie beim Primärlisting im Freiverkehr eine aktuelle Satzung, ein aktueller beglaubigter Handelsregisterauszug und ein Jahresabschluss (ggf. Konzernabschluss) des Emittenten des letzten Geschäftsjahres vor Antragstellung einschließlich Anhang, Lagebericht und Bestätigungsvermerk des Abschlussprüfers einzureichen, § 37 Abs. 2 Nr. 1 bis 3 AGB-Stuttgart. Bei der Aufstellung des Jahresabschlusses dürfen Erleichterungen für kleine Kapitalgesellschaften jedoch nicht in Anspruch genommen werden, § 37 Abs. 2 Nr. 3 Satz 3 AGB-Stuttgart. Falls ein Wertpapierprospekt erforderlich ist, muss dieser ebenfalls vorgelegt werden; andernfalls ist eine aktuelle Unternehmensdarstellung einzureichen, § 37 Abs. 2 Nr. 4 AGB-Stuttgart. Es ist ferner ein Factsheet mit Angaben zu den Wertpapieren und dem Emittenten zur Veröffentlichung auf der Website der Börse Stuttgart zu erstellen, § 37 Abs. 2 Nr. 5 AGB-Stuttgart. Dem Antrag sind alle zur Prüfung der Aufnahmevoraussetzungen erforderlichen Unterlagen und Nachweise beizufügen. Der Träger ist berechtigt, weitere Unterlagen und Nachweise zu verlangen, § 37 Abs. 3 AGB-Stuttgart.

In den Einbeziehungsvoraussetzungen unterscheiden sich die Freiverkehrssegmente der Börse Stuttgart somit marginal, zumal auch an das Primärlisting im Freiverkehr hohe Anforderungen gestellt werden.

dd) Hamburg/Hannover – Freiverkehr, Mittelstandsbörse Deutschland, High Risk Market

Die Einbeziehungsvoraussetzungen der Börsen Hamburg und Hannover werden zusammen dargestellt, da diese von derselben Trägergesellschaft – der BÖAG Börsen AG (BÖAG)– betrieben werden und sich die Geschäftsbedingungen im Hinblick auf die Segmente Freiverkehr und die Mittelstandsbörse Deutschland entsprechen. Der High Risk Market wird hingegen lediglich an der Börse Hamburg betrieben, weshalb nachfolgend die Regelungen der AGB-Hamburg zugrunde gelegt werden.

Im Freiverkehr ist der Einbeziehungsantrag von einem an der Hanseatischen Wertpapierbörse Hamburg (HWH) zugelassenen Unternehmen zu stellen, § 6 Abs. 2 AGB-Hamburg. Der Emittent hat der Einbeziehung nicht zuzustimmen, ist über diese jedoch gem. § 7 Abs. 5 AGB-Hamburg zu informieren. Der Antragsteller hat sich zur Gewährleistung eines ordnungsgemäßen Handels und der Einhaltung von Unterrichtungspflichten gegenüber der BÖAG zu verpflichten, § 7 Abs. 4 AGB-Hamburg.

Werden die Aktien des Emittenten bereits an einem von der ESMA anerkannten Regulated Market oder vergleichbaren Handelsplatz im In- und Ausland oder u. U. einem MTF gehandelt (Sekundärlisting), werden an die Einbeziehung nur geringe Anforderungen gestellt, wobei die BÖAG weitere Einbeziehungsvoraussetzungen festlegen kann, § 8 AGB-Hamburg. Andernfalls werden zusätzliche Voraussetzungen an den Emittenten und die zu emittierenden Wertpapiere gestellt. Der Antragsteller hat nachzuweisen, dass das eingezahlte Grundkapital des Emittenten mindestens 500 000 Euro beträgt (§ 9 Abs. 1 lit. b) AGB-Hamburg) und eine ausreichende Streuung der Aktien gewährleistet ist (mindestens 10 % des Gesamtnennbetrages der einzubeziehenden Aktien vom Publikum erworben worden sind oder ein ordnungsgemäßer Börsenhandel auch mit einem niedrigeren Prozentsatz gewährleistet erscheint), § 9 Abs. 1 lit. d) AGB-Hamburg. Soweit ein Wertpapierprospekt erforderlich ist, muss dieser vorgelegt werden, andernfalls muss das eingezahlte Grundkapital abweichend von lit. b) 750 000 Euro sowie der Mindestnennbetrag 1 Euro betragen, § 9 Abs. 1 lit. e) a. AGB-Hamburg. Ferner ist ein aktueller Handelsregisterauszug, die Satzung des Emittenten, der Jahresabschluss des Emittenten für das letzte Geschäftsjahr und ein Informationsblatt (Anlage 2) mit näheren Angaben über das Wertpapier und den Emittenten einzureichen, § 9 Abs. 1 lit. e) b. bis e. AGB-Hamburg. Der Antragsteller hat eine verpflichtende Erklärung abzugeben, dafür Sorge zu tragen, dass der Emittent für die Dauer der Notierung im Freiverkehr den im Regelwerk genannten Verpflichtungen nachkommt und die vereinbarten Notierungsentgelte entrichtet (Anlage 3b AGB-Hamburg), § 9 Abs. 1 lit. e) f. Hs. 2 AGB-Hamburg. Hat der Emittent die Einbeziehung veranlasst, so hat dieser eine verpflichtende Erklärung gem. Anlage 3a AGB-Hamburg gegenüber der Börsen AG abzugeben, in der er die Geltung des Regelwerkes für den Freiverkehr anerkennt, § 9 Abs. 1 lit. e) f. Hs. 1 AGB-Hamburg. Die BÖAG kann darüber hinaus weitere Einbeziehungsvoraussetzungen festlegen, § 9 Abs. 3 AGB-Hamburg.

An der Mittelstandsbörse Deutschland ist der Einbeziehungsantrag von einem an der HWH zugelassenem Unternehmen gemeinsam mit dem Emittenten zu stellen, § 13 Satz 1 AGB-Hamburg. Das eingezahlte Grundkapital muss 750 000 Euro betragen, § 17 Abs. 1 lit. c) AGB-Hamburg. Der Emittent hat eine verpflichtende Erklärung gegenüber der BÖAG abzugeben, in der er die Geltung des Regelwerkes für das Handelssegment „Mittelstandsbörse Deutschland“ anerkennt (Anlage 3c). Der Antragsteller hat eine verpflichtende Erklärung abzugeben, dafür Sorge zu tragen, dass der Emittent für die Dauer der Notierung in dem Handelssegment „Mittelstandsbörse Deutschland“ den in §§ 20 bis 22 genannten Verpflichtungen nachkommt (Anlage 3d AGB-Hamburg), § 17 Abs. 1 lit. g) AGB-Hamburg.

Im High Risk Market erfolgt der Einbeziehungsantrag durch ein zum Börsenhandel an der HWH zugelassenes Wertpapierdienstleistungsunternehmen, § 24 AGB-Hamburg. Das Grundkapital des Emittenten muss mindestens 250 000 Euro betragen, § 25 Abs. 1 AGB-Hamburg. Ergänzend zur Einbeziehung in den Freiverkehr hat der Emittent eine verpflichtende Erklärung gegenüber der Börsen AG abzugeben, in der die Geltung des Regelwerkes für das Handelssegment High Risk Market sowie die vereinbarten Einbeziehungs- und Notierungsentgelte anerkannt werden (Anlage 5a), § 25 Abs. 2 lit. d) AGB-Hamburg. Im Gegensatz zur Regelung des § 9 Abs. 1 lit. e) f. Hs. 1 AGB-Hamburg ist diese Anforderung ausweislich des Wortlauts nicht von der Veranlassung des Emittenten abhängig. Die Aktien sollen im Publikum ausreichend gestreut sein. Sie gelten als ausreichend gestreut, wenn mindestens 25 % des Gesamtnennbetrages der einzubeziehenden Aktien vom Publikum erworben worden sind oder wenn ein ordnungsgemäßer Börsenhandel auch mit einem niedrigeren Prozentsatz gewährleistet erscheint, § 25 Abs. 3 AGB-Hamburg.

Über die Einbeziehung entscheidet jeweils der Freiverkehrsausschuss, § 6 Abs. 3 AGB-Hamburg.

ee) Berlin – Freiverkehr, Berlin Second Regulated Market

Im Freiverkehr der Börse Berlin erfolgt die Einbeziehung auf Antrag oder auf Vorschlag des Betreibers, § 4 Abs. 1 AGB-Berlin. Von dem Antragsteller kann die Stellung einer ausreichenden Sicherheit für Haftungsfälle aus der Einbeziehung verlangt werden, deren Höhe die Geschäftsführung der Börse Berlin festlegt und die ggf. zusätzlich zu einer nach § 33 BörsO-Berlin geleisteten Sicherheit zu leisten ist, § 4 Abs. 3 AGB-Berlin.

Für Aktien, die bereits an einem anderen organisierten Markt oder MTF oder an einem vergleichbaren außereuropäischen Handelsplatz, der von der Geschäftsführung als gleichwertig anerkannt wurde, gehandelt werden (Zweitlisting), kann der Einbeziehungsantrag von einem zur Teilnahme am Handel an der Börse Berlin zugelassenen Unternehmen (§ 2) beantragt werden, § 16 Abs. 1 AGB-Berlin. Der Emittent hat der Einbeziehung nicht zuzustimmen, ist über diese jedoch zu unterrichten; sein Widerspruch ist unbeachtlich, § 16 Abs. 4 AGB-Berlin. Der Antragsteller übernimmt mit dem Antrag die Verpflichtung, einen ordnungsgemäßen Börsenhandel zu gewährleisten und die Geschäftsführung über gewisse Umstände zu unterrichten, § 16 Abs. 6 Satz 1 AGB-Berlin. Im Übrigen werden nur geringe Anforderungen an das Sekundärlisting gestellt.

Bei einem Erstlisting ist der Einbeziehungsantrag durch ein zur Teilnahme am Handel zugelassenes Unternehmen (§ 2) gemeinsam mit dem Emittenten zu stellen, § 7 Abs. 1 Satz 1 AGB-Berlin. Ist das antragstellende Unternehmen nicht gleichzeitig zur Skontroführung an der Börse Berlin zugelassen, ist dem Antrag die Erklärung eines zur Skontroführung zugelassenen Unternehmens beizufügen, dass es die Skontroführung für die Aktien übernimmt und einen ordnungsgemäßen Handel gewährleistet, § 7 Abs. 2 AGB-Berlin. An den Emittenten werden zusätzliche Anforderungen gestellt. Dieser muss grundsätzlich einen Sitz in einem Europäischen Mitgliedsstaat haben, ein Eigenkapital von mindestens 500 000 Euro nachweisen, in den letzten drei Jahren vor der Einbeziehung kontinuierlich dieselbe operative Geschäftstätigkeit betrieben und eine interne Organisation zur Erfüllung seiner Publizitäts- und Berichtspflichten eingerichtet haben, § 8 Abs. 1 bis 4 AGB-Berlin. Dem Markt müssen Anteile im Wert von mindestens 250 000 Euro zur Verfügung gestellt werden, mindestens 20 % der Aktien müssen sich im Streubesitz befinden oder eine ausreichende Streuung über die Einbeziehung erreicht werden. Einzureichen sind die Satzung des Emittenten, ein aktueller Handelsregisterauszug, testierte Jahresabschlüsse inkl. Lageberichte für die letzten drei Geschäftsjahre (ggf. Konzernabschluss) sowie ein Wertpapierprospekt oder ein Exposé, § 11 Abs. 1 lit a bis e AGB-Berlin. Ein Exposé muss nähere Angaben über den Emittenten und die zu emittierenden Aktien enthalten. Sofern kein Wertpapierprospekt eingereicht wird, muss der Emittent einen Vertrag über das Erstlisting mit der Börse Berlin AG schließen, § 12 AGB-Berlin.

Eine Einbeziehung in den Berlin Second Regulated Market (BSRM) verlangt, dass die Aktien des Emittenten an einem geregelten Markt i. S. v. Art. 4 Abs. 14 MiFID (Art. 4 Abs. 1 Nr. 21 MiFID II) zum Handel zugelassen sind. Nähere Anforderungen werden nicht geregelt.

Über die Einbeziehung entscheidet in allen Segmenten die Geschäftsführung, § 4 Abs. 1 AGB-Berlin.

ff) Düsseldorf – Freiverkehr, Primärmarkt, Sekundärmarkt

Im allgemeinen Freiverkehr Düsseldorf wird der Antrag durch einen zum Handel an der Börse Düsseldorf zugelassenen Handelsteilnehmers bzw. eines zugelassenen Kapitalmarktpartners i. S. d. § 12 im Einvernehmen mit dem Emittenten gestellt, § 2 Abs. 2 S. 2 AGB-Düsseldorf. Der Gesamtnennbetrag der einbezogenen Aktien muss mindestens 250 000 Euro betragen. Dabei müssen dem Publikum zu Beginn 100 000 Aktien zur Verfügung stehen. Der voraussichtliche Kurswert des dem Markt zur Verfügung stehenden gesamten Kapitals soll 1 Mio. Euro nicht unterschreiten, § 4 Abs. 1 AGB-Düsseldorf.

Im Sekundärmarkt erfolgt die Einbeziehung auf Antrag eines zum Handel an der Börse Düsseldorf zugelassenen Handelsteilnehmers ohne Mitwirkung des Emittenten des Wertpapiers, § 2 Abs. 2 Satz 3, 9 Abs. 1, 10 Abs. 2 AGB-Düsseldorf. Die Einbeziehung setzt indes voraus, dass Wertpapiere des Emittenten bereits an einer anderen inländischen Börse zum regulierten Markt zugelassen sind oder bereits an einem anderen vergleichbaren ausländischen staatlich geregelten und überwachten Markt im Sinne des § 2 Abs. 11 WpHG oder einem anderen Handelsplatz, der den Anlegerschutz hinreichend wahrt, gehandelt werden (§ 8 Abs. 1 Satz 1, Abs. 2 AGB-Düsseldorf). Der Antragsteller muss sich zur Anerkennung der Geschäftsbedingungen und zur Erfüllung der sich daraus ergebenden Pflichten verpflichten, § 9 Abs. 2 AGB-Düsseldorf. Wie auch an der Börse Berlin, kann vom Antragsteller die Stellung einer ausreichenden Sicherheit für Haftungsfälle aus der Einbeziehung, zusätzlich zur Börsensicherheit nach § 14 BörsO verlangt werden, § 9 Abs. 3 AGB-Düsseldorf.

Im Primärmarkt erfolgt die Einbeziehung wie im allgemeinen Freiverkehr auf Antrag eines zum Handel an der Börse Düsseldorf zugelassenen Handelsteilnehmers bzw. eines zugelassenen Kapitalmarktpartners i. S. d. § 12 im Einvernehmen mit dem Emittenten, §§ 2 Abs. 2 S. 2, 14 Abs. 1 Satz 2 AGB-Düsseldorf. In den Primärmarkt können nur Aktien aufgenommen werden, die zum regulierten Markt der Börse Düsseldorf zugelassen oder in den Sekundärmarkt oder allgemeinen Freiverkehr der Börse Düsseldorf einbezogen werden, § 14 Abs. 1 Satz 1 AGB-Düsseldorf. Gemäß § 14 Abs. 2 Nr. 1 AGB-Düsseldorf ist ein gebilligter und gültiger Wertpapierprospekt vorzulegen. Sind die Aktien bereits an einem regulierten Markt i. S. d. § 2 Abs. 11 WpHG zugelassen oder ist ein Prospekt aufgrund der gesetzlichen Vorschriften entbehrlich, so ist ein Exposé zu erstellen, § 15 Abs. 2 AGB-Düsseldorf. Ferner ist ein aktueller Handelsregisterauszug, die aktuelle Satzung, Jahresabschlüsse für die letzten drei Geschäftsjahre (ggf. mit Lagebericht und Konzernabschluss); mindestens der letzte Jahresabschluss ist in testierter Form vorzulegen; falls das Unternehmen noch keine drei Jahre existiert, sind der Gründungsprüfungsbericht und die Eröffnungsbilanz beizufügen, § 14 Abs. 2 Nr. 2 bis 4 AGB-Düsseldorf. Ferner ist eine Erklärung des Emittenten gemäß Anhang 1 AGB-Düsseldorf, die Zustimmung des Skontroführers und ein Datenblatt mit weiteren Informationen über den Emittenten und die zu emittierenden Wertpapiere vorzulegen, § 14 Abs. 2 Nr. 5 bis 7 AGB-Düsseldorf. Der Emittent und der Kapitalmarktpartner haben einen Vertrag gem. Anhang 2 AGB-Düsseldorf zu schließen, § 14 Abs. 2 Nr. 8 AGB-Düsseldorf.

Über den Einbeziehungsantrag entscheidet die Geschäftsführung, § 2 Abs. 1 AGB-Düsseldorf.

gg) Zwischenergebnis

Die Untersuchung der Einbeziehungsvoraussetzungen der einzelnen Freiverkehrssegmenten zeigt, dass diese regelmäßig zwischen Primär- und Sekundärlisting unterscheiden. Die Anforderungen an das Sekundärlisting sind vergleichsweise gering, da der Emittent bereits bei der Primärnotiz im geregelten Markt hohe Anforderungen erfüllen muss. Beim Primärlisting im Freiverkehr wird hingegen die Zustimmung des Emittenten und die Erfüllung besonderer emittenten- und wertpapierbezogener Voraussetzungen gefordert. Allein im allgemeinen Freiverkehr der Börse Hamburg/Hannover ist eine primäre Einbeziehung in den Freiverkehr ohne Zustimmung des Emittenten möglich. Den Freiverkehr auf Basis der gesetzlichen Mindestanforderungen gibt es daher kaum noch. Vielmehr werden schon an die Einbeziehung deutlich höhere Anforderungen gestellt, indem insbesondere bei Primärlistings und in den qualifizierten Segmenten der Emittent in das Einbeziehungsverfahren integriert wird.

Im Hinblick auf die Rechtsverhältnisse zwischen dem Freiverkehrsträger und dem Emittenten ergeben sich daher deutliche Abweichungen, betrachtet man Primärlistings und die qualifizierten Teilsegmente. Während Sekundärlistings im Freiverkehr den obigen Darstellungen der Rechtsverhältnisse entsprechen, da der Emittent an der Einbeziehung nicht beteiligt wird, wird bei Primärlistings abgesehen von der Börse Hamburg/Hannover die Zustimmung des Emittenten gefordert, sodass dieser in den Einbeziehungsprozess integriert wird. In den qualifizierten Segmenten bedarf die Einbeziehung entweder der Zustimmung des Emittenten (so im m:access und Primärmarkt), eines Antrags des Handelsteilnehmers gemeinsam mit dem Emittenten (so im Scale) oder eines Antrags des Emittenten selbst (so im Freiverkehr Plus). Dadurch entsteht auch zwischen dem Freiverkehrsträger und dem Emittenten ein Rechtsverhältnis, das es ermöglicht, dem Emittenten auf Basis der AGB zusätzliche Folgepflichten aufzuerlegen.[337]

---

[337] Gegen ein Rechtsverhältnis zwischen dem Emittenten und dem Freiverkehrsträger im

Auch für das Verhältnis zwischen dem Emittenten und dem Handelsteilnehmer können die AGB Vorgaben machen. So sieht § 17 Abs. 1 lit. a) AGB-FWB für Scale einen zwingenden Vertrag zwischen dem Emittenten und dem Capital Market Partner mit den Mindestinhalten nach Anlage 1 AGB-FWB vor.

d) Zwischenergebnis

Das öffentlich-rechtliche Zulassungsverfahren im regulierten Markt geht damit zwar qualitativ über die privatrechtlichen Einbeziehungsanforderungen im Freiverkehr hinaus. Während im regulierten Markt der Emittent die Zulassung und Einbeziehung seiner Wertpapiere (gemeinsam mit einem Kreditinstitut) beantragt, werden im Freiverkehr die Handelsteilnehmer aktiv in die Pflicht genommen. Der Freiverkehr ist grundsätzlich emittentenunabhängig ausgestaltet.[338] Die Geschäftsbedingungen der Freiverkehrsträger beziehen den Emittenten jedoch immer weiter in den Einbeziehungsprozess ein, sodass die Freiverkehrssegmente in der Praxis lediglich bei Sekundärlistings noch emittentenunabhängig ausgestaltet sind, was sich maßgeblich auf die Einbeziehungs- und Folgepflichten auswirkt. Diese gehen deutlich über das gesetzliche Mindestmaß hinaus. Durch die Inpflichtnahme der Handelsteilnehmer wird im Freiverkehr darüber hinaus ein weiteres Überwachungsorgan installiert.[339] Indem der Handelsteilnehmer als Antragsteller der Einbeziehung unmittelbar in die Pflicht genommen wird oder dieser den Emittenten bei der Erfüllung der Einbeziehungs- und Folgepflichten unterstützt, wird die Einhaltung der privatrechtlichen Pflichten effektiv sichergestellt. Insoweit findet im Freiverkehr ein funktionsfähiger Handel statt.

3. Unbeeinflusste Preisbildung

Auch eine faire und unbeeinflusste Preisbildung ist „Gütesiegel" für einen funktionsfähigen Markt.[340] Denn nur wenn Anleger in die unbeeinflusste Preisbildung am Kapitalmarkt vertrauen können, werden sie ihr Geld in Finanzinstrumente investieren.[341]

a) Preisermittlung im Freiverkehr

Dass im Freiverkehr grundsätzlich eine ordnungsgemäße Preisfeststellung gewährleistet ist, wurde bereits im Rahmen des Desinvestitionswerts fest-

---

qualifizierten Markt hingegen *Berg*, Der Marktrückzug des Emittenten, S. 30; *Sudmeyer/Rückert/Kuthe*, BB 2005, 2703 (2704).

338 *Fink*, Der Freiverkehr, S. 201; *Mülbert*, ZHR 165 (2001) 104 (107).

339 *Storm*, Alternative Freiverkehrssegmente, S. 34 f.; *Veil*, FS Schneider 2011, 1313 (1317).

340 RegE 2. FiMaFöG (Teil 4, Fn. 8), S. 76.

341 Ebenroth/Boujong/Joost/*Poelzig*, HGB, Vorbem. WpHG Rn. 43.

gestellt.[342] Die Geschäftsbedingungen des jeweiligen Freiverkehrs und die Handelsordnungen der Wertpapierbörsen regeln darüber hinaus die Einzelheiten der Preisfeststellung. Die Handelsordnungen für den Freiverkehr verweisen dabei in weiten Teilen auf die jeweilige Börsenordnung. Dadurch bestehen auch im Freiverkehr dem regulierten Markt entsprechende umfassende Regelungen zur Sicherstellung einer ordnungsgemäßen Preisermittlung.[343] Auch die Regelungen der MiFID II und MiFIR über die Vor- und Nachhandelstransparenz sind im Freiverkehr anwendbar.[344] Aufgrund des im Übrigen umfassenden Verweises des § 48 Abs. 3 Satz 5 BörsG auf die Vorschriften über das Zustandekommen und die Feststellung von Preisen, lassen sich trotz der privatrechtlichen Organisation des Freiverkehrs keine wesentlichen Abweichungen zum regulierten Markt feststellen.[345] Im Freiverkehr ist daher insgesamt eine ordnungsgemäße Preisermittlung gewährleistet.

b) Kursbeeinflussungspotenzial

Eine unbeeinflusste Preisbildung setzt jedoch zusätzlich voraus, dass auf die Preisbildung nicht von außen manipulativ eingewirkt wird. Diesen Gedanken greift auch § 39 Abs. 3 Satz 3 Nr. 1 BörsG auf, wonach der Börsenkurs in Fällen manipulativer Einwirkungen des Emittenten oder des Bieters ausscheidet.[346] In diesem Zusammenhang kommt dem Marktmissbrauchsrecht eine entscheidende Bedeutung zu. Vorkehrungen gegen Marktmissbrauch und für einen funktionsfähigen Kapitalmarkt werden primär auf unionsrechtlicher Ebene in der Marktmissbrauchsverordnung (MAR) und den die Rechtsanwendung konkretisierenden delegierten Rechtsakten und Durchführungsverordnungen, Leitlinien und sonstigen Verlautbarungen der ESMA sowie dem WpHG getroffen.[347] Die Regelungen über das Verbot von Marktmanipulationen (Art. 12, 15 MAR), die Ad-hoc-Publizitätspflicht (Art. 17 MAR),[348] das Insiderhandelsverbot (Art. 14,

---

[342] Vgl. S. 255.

[343] Vgl. § 2 Abs. 2 HandelsO-Stuttgart; Bedingungen Skontroführerhandel Berlin; Bedingungen im elektronischen Handel Berlin; § 53 Abs. 2 Börsenordnung (BörsO-Berlin) v. 11.05.2021; § 2 Abs. 2 HandelsO-München; § 2 Abs. 2 Handelsordnung für den Freiverkehr an der Baden-Württembergischen Wertpapierbörse (HandelsO-Stuttgart a. F.) v. 10.12.2010; § 2 Abs. 1 Satz 2 HandelsO-Hamburg; § 58a Abs. 3 BörsO-Düsseldorf; § 3 Abs. 1 i. V. m. §§ 87 ff. BörsO HandelsO-FWB; § 10 Abs. 1 AGB-Tradegate-Berlin.

[344] *Groß*, Kapitalmarktrecht, § 24 BörsG, Rn. 9, 11; Hopt/*Kumpan*, HGB, § 24 BörsG Rn. 15; *Schwark*/Zimmer, § 48 BörsG Rn. 25.

[345] KG Berlin, NZG 2009, 752 (753); LG München I, NZG 2007, 951 (951); OLG München, NZG 2008, 755 (756); *Clauß*, Abfindungsanspruch, S. 69; Karami, Empirische Analyse des Kurs- und Liquiditätseffekts, S. 9; *Seibt/Wollenschläger*, AG 2009, 807 (811).

[346] Siehe bereits S. 115.

[347] Ebenroth/Boujong/Joost/*Poelzig*, HGB, Vorbem. WpHG Rn. 42; RegE AnsFuG (Teil 4, Fn. 279), S. 1; MAR, ErwGr. 2, 19, 51.

[348] Hierzu näher auf S. 318.

18 MAR) und die Directors' Dealings (Art. 19 MAR)[349] bilden den Kernbereich des Marktmissbrauchsrechts. Spätestens seit der Klarstellung in § 48 Abs. 3 Satz 1 BörsG, dass der Freiverkehr als MTF gilt, findet die MAR auf Freiverkehrsemittenten unmittelbar Anwendung (Art. 2 Abs. 1 lit. b MAR),[350] sobald der Antrag auf Einbeziehung in den Freiverkehr gestellt wurde.[351]

aa) Manipulative Kurseinwirkungen

Zum Teil wird pauschal angeführt, dass Kurse unterhalb des regulierten Marktes manipulationsanfälliger seien.[352] Dies stützt auch eine Auswertung der BaFin Jahresberichte der Jahre 2003 bis 2018 (Abb. 1 und 2).[353]

Die Analyse der Berichte zeigt, dass Anhaltspunkte für manipulative Kurseinwirkungen im Referenzzeitraum überwiegend Freiverkehrsemittenten betrafen. Dabei ist jedoch zu berücksichtigen, dass die Datenlage leider nicht hergibt, in wie vielen Fällen es zu tatsächlichen Verurteilungen kam. Die empirischen Daten legen aber zumindest nahe, das Manipulationspotenzial von Freiverkehrskursen intensiver zu untersuchen.

Aus regulatorischer Perspektive lässt sich das Auseinanderfallen von reguliertem Markt und Freiverkehr jedoch nach Inkrafttreten der MAR nicht erklären. Denn das Verbot von Marktmanipulationen gem. Art. 12, 15 MAR gilt im Freiverkehr unmittelbar und unabhängig davon, ob der Emittent der Einbeziehung zugestimmt hat. Verstöße gegen das Manipulationsverbot werden mit straf- und verwaltungsrechtlichen Mitteln sanktioniert. Dabei kann eine Freiheitsstrafe von bis zu fünf Jahren oder Geldstrafe verhängt werden (§ 119 Abs. 1 Nr. 1 WpHG). Schon der Versuch der Marktmanipulation ist strafbar (§ 119 Abs. 5 WpHG). Die Marktmanipulation ist ferner einer Ordnungswidrigkeit gem. § 120 Abs. 15 Nr. 2 WpHG, die mit einem Bußgeld gegenüber Einzelpersonen bis zu 5 Mio. Euro und gegenüber juristischen Personen bis zu 15 Mio. Euro bzw. 15 % des Gesamtumsatzes (§ 120 Abs. 18 Satz 1, Satz 2 Nr. 1 WpHG) bzw. bis zum Dreifachen des aus dem Verstoß gezogenen wirtschaft-

---

349 Hierzu näher auf S. 320.

350 Umstritten war die Anwendbarkeit indes vor dem 2. FiMaNoG. Sofern man den Freiverkehr in diesem Zeitraum nicht unter den Begriff des MTF fasste, unterfiel der Freiverkehr bis zum 02.01.2018 nicht dem Anwendungsbereich der MAR (so *T. Richter*, NZG 2020, 210 (213)).

351 BaFin, Emittentenleitfaden Modul C, S. 79.

352 Veil/*Teigelack*, ECML, § 15 Rn. 1.

353 Der Auswertung liegen die Jahresberichte der BaFin aus den Jahren 2003 bis 2018 zugrunde (sämtlich abrufbar auf der offiziellen Website der BaFin: https://www.bafin.de/DE/PublikationenDaten/Jahresbericht/jahresbericht_node.html, zuletzt abgerufen am 16.08.2023). Seit 2019 weist die BaFin Verfahren betreffend Freiverkehrsemittenten nicht mehr gesondert aus. Die Datenlage ist insgesamt uneinheitlich und hat sich in ihrer Darstellung über die Jahre verändert, weshalb die Abbildung lediglich die Differenzen zwischen reguliertem Markt und Freiverkehr aufzeigen kann. Die Entwicklung im Zeitverlauf ist aufgrund der unterschiedlichen Darstellung der BaFin (mutmaßliche oder positive Analysen) nur bedingt aussagekräftig.

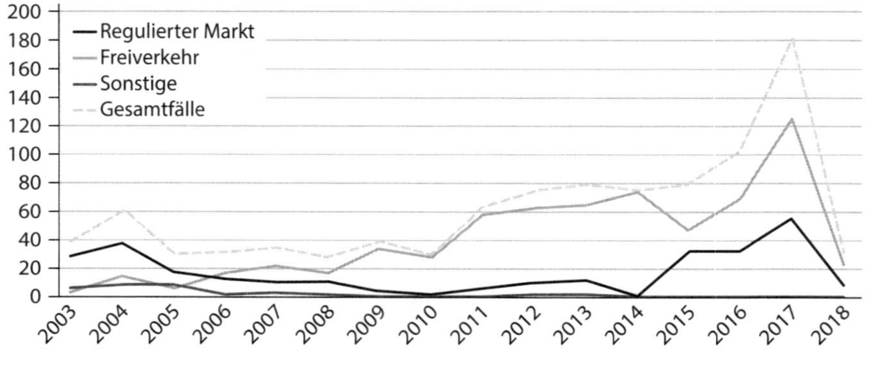

Abbildung 1: Marktmanipulationsanalysen der BaFin von 2003 bis 2018.

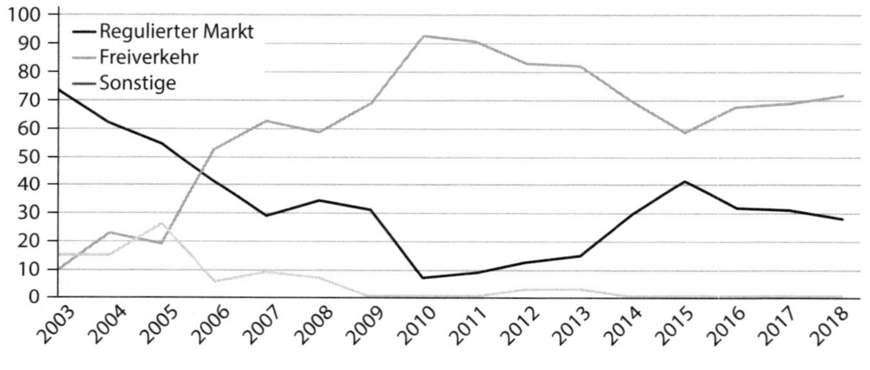

Abbildung 2: Marktmanipulationsanalysen der BaFin von 2003 bis 2018 (in Prozent).

lichen Vorteils (§ 120 Abs. 18 Satz 3 WpHG) geahndet werden kann. Entscheidungen über Maßnahmen und Sanktionen, die wegen eines Verstoßes gegen das Verbot der Marktmanipulation erlassen wurden, werden von der BaFin auf ihrer Internetseite bekannt gemacht (§ 125 WpHG). Ob auch zivilrechtliche Sanktionen greifen, ist zwar umstritten,[354] aufgrund der intensiven öffentlich-rechtlichen Sanktionsmittel, wird Marktmanipulationen aber unabhängig davon effektiv entgegengewirkt, wenn auch der Nachweis manipulativer Kurseinwirkungen in der Praxis regelmäßig nur schwer gelingt.[355] Dies gilt jedoch für regulierten Markt und Freiverkehr gleichermaßen. Dass Manipulationen nicht vollständig ausgeschlossen werden können, macht Freiverkehrskurse daher als Bewertungsmethode nicht ungeeignet – dies müsste sonst auch im regulierten

354 Vgl. *Walz* in MAH AktR, § 48 Rn. 155 f.

355 So auch *Brandenstein/Höfling*, NZG 2021, 18 (20); *Riegger/Wasmann*, FS Stilz 2014, 509 (511).

Markt sowie bei den ebenfalls manipulationsanfälligen Ertragswertgutachten gelten.[356]

bb) Insiderhandel

Auch die Regelungen zum Insiderhandel haben einen positiven Einfluss auf die Preisbildung am Markt. Das Verbot des Insiderhandels umfasst drei Teilbereiche. So werden einerseits die Emittenten verpflichtet eine Liste mit denjenigen Personen zu führen, die aufgrund ihrer Aufgaben im Unternehmen Zugang zu Insiderinformationen haben (Art. 18 MAR).[357] Andererseits regelt Art. 14 MAR einen Verbotstatbestand für das Tätigen von Insidergeschäften und die unrechtmäßige Offenlegung von Insiderinformationen. Ein Verstoß gegen das Insiderhandelsverbot ist strafbar und wird mit einer Freiheitsstrafe von bis zu fünf Jahren oder Geldstrafe bestraft (§ 119 Abs. 3 WpHG). Auch der Versuch ist strafbar (§ 119 Abs. 4 WpHG). Zivilrechtliche Ansprüche werden zu Recht überwiegend verneint.[358] Darüber hinaus zielt auch die Regelung der Veröffentlichung von Directors' Dealings (Art. 19 MAR) auf die Insiderüberwachung ab. Führungskräfte verfügen regelmäßig über Wissensvorsprünge (Insiderinformationen), weshalb ihren Transaktionen der Anschein des Insiderwissens immanent ist.[359] Die Offenlegung verhindert, dass Führungspersonen von potenziellem Insiderwissen Gebrauch machen.[360]

Da die Pflicht zum Führen einer Insiderliste den Emittenten sanktionsbewehrt verpflichtet,[361] gilt sie im Freiverkehr nur, wenn dieser der Einbeziehung zugestimmt hat.[362] Das Insiderhandelsverbot gilt indes unabhängig von der Zustimmung des Emittenten, da es dem Emittenten keine zusätzlichen Pflichten auferlegt, sondern die Marktteilnehmer adressiert.[363] Bereits vor Geltung der MAR erstreckte sich das Insiderhandelsverbot auch auf den Freiverkehr,[364] der aufgrund einer geringen Transparenz besonders anfällig für Insiderhandel war.[365]

---

[356] *W. Müller*, FS Röhricht 2005, 1015 (1028); *Schmidt*, NZG 2020, 1361 (1364); LG Stuttgart, BeckRS 2018, 35320, Rn. 108.

[357] Emittenten, deren Aktien auf einem KMU-Wachstumsmarkt gehandelt werden, dürfen gem. Art. 18 Abs. 6 MAR ihre Insiderlisten auf Personen beschränken, die aufgrund der Art ihrer Funktion oder Position beim Emittenten stets auf Insiderinformationen zugreifen können.

[358] Vgl. *Walz* in MAH AktR, § 48 Rn. 40 f. m. w. N.

[359] RegE Viertes Finanzmarktförderungsgesetz, BT-Drs. 14/8017, S. 87.

[360] Assmann/Schütze/*Buck-Heeb*, Rn. 342; *Walz* in MAH AktR, § 48 Rn. 101.

[361] Vgl. § 120 Abs. 15 Nr. 12 bis 16, Abs. 18 Sätze 1 und 2 Nr. 3, Satz 3 WpHG (Geldbuße von bis zu 1 Mio. Euro bzw. dem Dreifachen des aus dem Verstoß gezogenen wirtschaftlichen Vorteils).

[362] DAI, Stellungnahme 1. FiMaNoG, S. 4; *Simons*, CCZ 2016, 221 (221); *Walz* in MAH AktR, § 48 Rn. 128.

[363] *Groß*, Kapitalmarktrecht, § 48 BörsG Rn. 9.

[364] Marsch-Barner/*Schäfer*, Hdb. börsennotierte AG, Rn. 14.1.

[365] RegE: Anlegerschutzverbesserungsgesetz (AnSVG), BT-Drs. 15/3174, S. 33.

Auch nach den empirischen Erkenntnissen der BaFin bleibt der Insiderhandel im Freiverkehr insgesamt deutlich hinter dem regulierten Markt zurück:

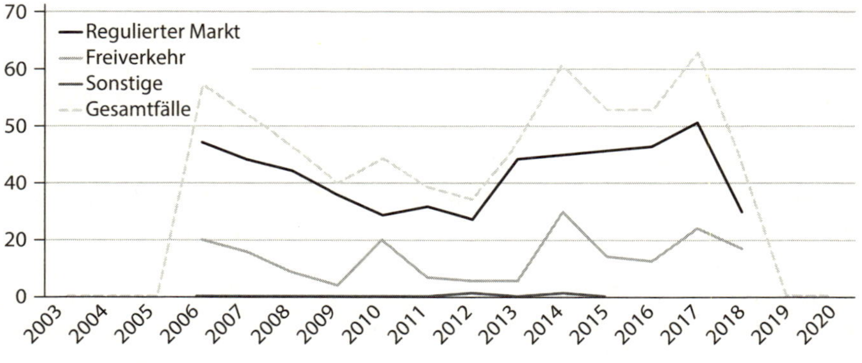

Abbildung 3: Insiderhandelsanalysen der BaFin von 2003 bis 2018.

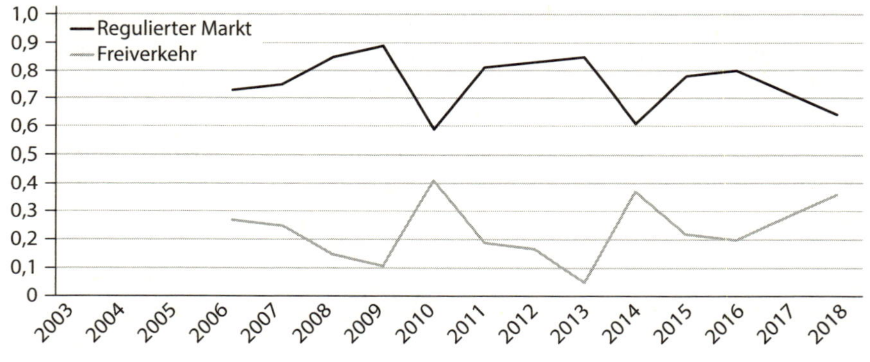

Abbildung 4: Insiderhandelsanalysen der BaFin von 2003 bis 2018 (in Prozent).

Seit Inkrafttreten der MAR sind auch im Freiverkehr Eigengeschäfte von Führungskräften (Directors' Dealings) offenzulegen (Art. 19 MAR, § 26 Abs. 2 WpHG), sofern der Emittent der Einbeziehung zugestimmt hat (Art. 19 Abs. 4 lit. b) MAR).[366] Neben Offenlegungspflichten regelt Art. 19 MAR auch Handelsverbote in einem Zeitraum von 30 Tagen vor Ankündigung eines Zwischenberichts oder eines Jahresabschlusses (sog. Closed Periods).[367]

Ohne nähere Anhaltspunkte kann daher auch nicht eine Kursbeeinflussung durch Insiderhandel im Freiverkehr angenommen werden. Bei Emittenten, die

---

366 RegE 1. FiMaNoG, BT-Drs. 18/7482, S. 61; DAI, Stellungnahme 1. FiMaNoG, S. 4; Marsch-Barner/*Schäfer*, Hdb. börsennotierte AG, Rn. 16.4.

367 Näher *Buck-Heeb*, Kapitalmarktrecht, Rn. 572 ff.; BaFin, Emittentenleitfaden Modul C, S. 74.

der Einbeziehung in den Freiverkehr nicht zugestimmt haben, ist jedoch zu beachten, dass diese keine Insiderlisten zu führen haben. Sinn und Zweck der Insiderlisten ist es aber, die Überwachung von Insidergeschäften durch die BaFin zu erleichtern und potenziellen Insiderhandel schneller aufzudecken. Sie dienen damit gleichermaßen der Marktintegrität wie das eigentliche Insiderhandelsverbot.[368] Insoweit weicht der einfache Freiverkehr ohne Zustimmung des Emittenten negativ vom regulierten Markt ab.

cc) Finanzmarktaufsicht

Die Effektivität der Marktmissbrauchsregulierung hängt jedoch entscheidend von den Sanktionsmechanismen ab. Die Mindestanforderungen an die Aufsicht werden in Art. 23 MAR geregelt, wobei die konkrete Ausgestaltung den Mitgliedstaaten obliegt. In Deutschland übt die BaFin die Aufsicht über die Einhaltung der Vorschriften der MAR aus (§ 6 Abs. 2 WpHG). Sie kann sich dabei auch der Börsenaufsichtsbehörde im Wege der Organleihe bedienen (§ 17 Abs. 1 WpHG). Da sich die Kompetenzbereiche und Befugnisse der Börsenaufsichtsbehörden (Börsenaufsicht) und der BaFin (Wertpapieraufsicht) teilweise überschneiden, arbeiten diese eng zusammen (§ 17 Abs. 2 und 3 WpHG).[369] Zwar weichen die allgemeinen Sanktionsmechanismen im Freiverkehr aufgrund dessen privatrechtlicher Regulierung grundsätzlich vom regulierten Markt ab. Im Anwendungsbereich der MAR liegt jedoch auch im Freiverkehr die Zuständigkeit bei der BaFin, sodass sich insoweit aus der privatrechtlichen Dimension des Freiverkehrs keine regulatorischen Nachteile ergeben. Insoweit reicht das Regulierungsniveau des Freiverkehrs an den regulierten Markt heran.[370]

dd) Zwischenergebnis

Aus regulatorischer Sicht ist das Kursbeeinflussungspotenzial im Freiverkehr somit keineswegs größer als im regulierten Markt, sofern der Emittent dem Handel zugestimmt hat. Werden die Aktien des Emittenten hingegen ohne dessen Zustimmung gehandelt, so ist der Emittent weder zum Führen einer Insiderliste verpflichtet noch finden die Regelungen zur Veröffentlichung von Di-

---

[368] BaFin, Emittentenleitfaden Modul C, S. 86.

[369] Vgl. auch BaFin, Wertpapieraufsicht v. 01.06.2021 (abrufbar unter https://www.bafin.de/DE/DieBaFin/AufgabenGeschichte/Wertpapieraufsicht/wertpapieraufsicht_node.html, zuletzt abgerufen am 16.08.2023); BaFin, Zusammenarbeit mit den Börsenaufsichtsbehörden und Handelsüberwachungsstellen – §§ 110 Abs. 2 Satz 2, 17 Abs. 2, 21 Abs. 1 Satz 3 Nr. 2 WpHG (abrufbar unter https://www.bafin.de/DE/Aufsicht/BoersenMaerkte/Emittentenleitfaden/Modul1/Kapitel2/Kapitel2_3/kapitel2_3_node.html#:~:text=Durch%20die%20Mitteilung%20der%20BaFin,erf%C3%BCllen%20haben%2C%20besser%20zu%20kontrollieren., zuletzt abgerufen am 16.08.2023).

[370] Anders noch vor Geltung der MAR (vgl. *Veil*, FS Schneider 2011, 1313 (1318); *Veil*, Privates Recht, 269 (278)).

rectors' Dealings Anwendung. Insoweit ist eine Preisbeeinflussung daher nicht auszuschließen.

4. Zwischenergebnis

Der Freiverkehr ist somit in institutioneller Hinsicht ein grundsätzlich funktionsfähiger Markt. Der einfache Freiverkehr ohne Zustimmung des Emittenten birgt jedoch gegenüber dem regulierten Markt die Gefahr von Kursbeeinflussungen.

III. Liquidität

Ein weiterer bedeutender Gradmesser für die Funktionsfähigkeit des Marktes ist dessen Liquidität, die bislang nur am Rande als Voraussetzung für eine Heranziehung von Börsenkursen – insbesondere in Bezug auf das Vorliegen einer Marktenge – gestreift wurde, um sie nun anhand des Freiverkehrshandels intensiver zu betrachten. Denn die Liquidität des Handels ist eine der wesentlichen Voraussetzungen für einen aussagekräftigen Kurs – nicht nur im Hinblick auf den Desinvestitionswert.

1. Bedeutung für die Marktintegrität

Ein liquider Handel wirkt einerseits Marktmanipulationen entgegen, da eine Kursbeeinflussung auf liquiden Märkten große Handelsvolumina erfordert, während auf illiquiden Märkten schon wenige Orders eine erhebliche Kursverschiebung bewirken können. Je höher die Liquidität, desto größer ist also die Resistenz des Börsenkurses gegenüber Marktmanipulationen (unbeeinflusste Preisbildung).[371] Andererseits kann nur dort, wo ein reger Handel stattfindet, davon ausgegangen werden, dass sämtliche wertrelevante Informationen im Kurs verarbeitet werden. Denn je größer der Handel, desto mehr individuelle Bewertungen finden Eingang in den Kurs und desto effektiver ist die Informationsbewertung sowie die Objektivität des Marktpreises (allokative Funktionsfähigkeit).[372] Auf illiquiden Märkten kann die Informationseffizienz daher durchaus auch bei Geltung hoher Publizitätspflichten in Frage gestellt werden.[373] Aus einem hohen Regulierungsniveau kann aber tendenziell auf eine hohe Liquidität geschlossen werden, denn die Regulierung des Marktes stärkt das Vertrauen der Anleger in dessen Funktionsfähigkeit und steigert die Inves-

---

[371] *Aha*, AG 1997, 26 (28); BGH, WM 2014, 414 (415); *Burger*, NZG 2012, 281 (287); *Clauß*, Abfindungsanspruch, S. 78 f.; *Hüffer/Schmidt-Aßmann/Weber*, S. 164; Veil/*Teigelack*, ECML, § 15 Rn. 1; *Weber*, *ZGR* 2004, 280 (298).

[372] *Hüttemann*, ZGR 2001, 454 (469); *Klöhn*, Kapitalmarkt, Spekulation und Behavioral Finance, S. 70 f. („*Gesetz der großen Zahlen*"); OLG München, BeckRS 2020, 34436, Rn. 41.

[373] *Roth*, Marktliquidität von Aktien, S. 1, 5.

titionsbereitschaft.[374] Dennoch kann auch auf streng regulierten Märkten ein illiquider Handel bestehen, was den Kurs im konkreten Einzelfall zur Bewertung ungeeignet macht. Die Aufnahmefähigkeit des Marktes ist zudem eine der Grundvoraussetzungen wirksamer Marktmechanismen (institutionelle Funktionsfähigkeit). Alles in allem bedingt die Liquidität somit die Marktintegrität.[375] Sie zeigt auf, inwieweit ein Wertpapier ohne wesentliche Effekte auf den Preis jederzeit erworben bzw. veräußert werden kann, und senkt damit die impliziten Transaktionskosten (operationale Funktionsfähigkeit).[376]

2. *Erhöhte Anforderungen an die Liquidität*

Schon für das Vorliegen einer Marktenge lassen sich nur schwer allgemeingültige Liquiditätskriterien festlegen. Während der Börsenkurs als Desinvestitionswert aber lediglich eine Veräußerungsmöglichkeit der Minderheit gewährleisten muss, sind an die Liquidität bei der Bewertung von Minderheitsbeteiligungen anhand von Börsenkursen erhöhte Anforderungen zu stellen. Zwar ist die Liquidität grundsätzlich ein Maß für die Desinvestitionsmöglichkeit, die bei Vorliegen der bereits skizzierten Kriterien gegeben ist.[377] Allerdings wirkt sich ein liquider Handel gleichermaßen auf die Bewertungseffizienz des Kurses aus.[378] Zwar lässt sich durchaus argumentieren, dass der Aktionär auch bei einem illiquiden Markt nicht erwarten kann, einen höheren Preis zu erhalten als den tatsächlichen Kurs.[379] Im Interesse des Minderheitenschutzes kann es für die Heranziehung von Kursen zur Bestimmung der angemessenen Abfindungsleistung jedoch nicht allein auf die Veräußerungsmöglichkeit ankommen. Vielmehr muss der Börsenkurs dann in der Lage sein, den Beteiligungswert der Minderheit aussagekräftig abzubilden, um eine Unterkompensation zu vermeiden. Für die Heranziehung von Börsenkursen als Schätzgrundlage genügt daher nicht die bloße Verneinung einer Marktenge. Vielmehr sind die Anforderungen an einen

---

[374] *Clauß*, Abfindungsanspruch, S. 70 unter Verweis auf die Untersuchung von *Richter*, Unternehmensfinanzierung, S. 133 ff.; *Kocher/Seiz*, DB 2016, 153 (153); *Rutz*, Delisting und Downgrading, S. 111.

[375] *Steinhauer*, AG 1999, 299 (302).

[376] *Board/Vila/Wells*, Liquidity, S. 4; *Burger*, NZG 2012, 281 (287); *Hüffer/Schmidt-Aßmann/Weber*, S. 167; *Klöhn*, Kapitalmarkt, Spekulation und Behavioral Finance, S. 68 ff.; Langenbucher/*Klöhn*, § 6 Rn. 9; Deutsche Börse AG, Der Market Impact: Liquiditätsmaß im elektronischen Wertpapierhandel, S. 2 v. 06.03.2022 (abrufbar unter https://www.deutsche-boerse-cash-market.com/resource/blob/5486/48392721f25fc679c8830a463cb2a673/data/Der-market-impact-liquiditaetsmass-im-elektronischen-wertpapierhandel.pdf, zuletzt abgerufen am 16.08.2023).

[377] Vgl. S. 257 ff.

[378] *Hüttemann*, ZGR 2001, 454 (469); *Ruthardt/Popp*, AG 2019, 196 (205); *Steinhauer*, AG 1999, 299 (307); *Emmerich*/Habersack, § 305 AktG Rn. 65; OLG München, BeckRS 2021, 9687, Rn. 39.

[379] LG Stuttgart, BeckRS 2018, 35320, Rn. 109 ff.; LG Stuttgart, BeckRS 2019, 23342, Rn. 290.

liquiden Handel gegenüber den Feststellungen in § 13 insoweit erhöht, dass es einer positiven Feststellung eines hinreichend liquiden Handels bedarf.[380]

Hierfür genügt es nicht, dass die Kriterien der Marktenge gemäß § 5 Abs. 4 WpÜG-AngebV nicht vorliegen.[381] Diese bilden jedoch den Ausgangspunkt und die Mindestanforderungen an die Liquidität. Denn es liegt schon von vornherein kein liquider Handel vor, wenn schon die Anforderungen des § 5 Abs. 4 WpÜG-AngebV erfüllt sind.[382]

Allgemeingültige Kriterien zur Bestimmung eines hinreichend liquiden Handels existieren nicht. Die Kapitalmarktforschung hat insoweit bislang keinen tauglichen Ansatz entwickelt, die Liquidität von Aktien zu messen.[383] Es werden vielmehr verschiedene Kriterien herangezogen, und auch die rechtswissenschaftliche Literatur und Rechtsprechung formt die Anforderungen an einen liquiden Handel immer weiter aus. Als relevante Faktoren werden dabei insbesondere der Streubesitz, das Handelsvolumen,[384] die Handelsquote,[385] der Handelsumsatz,[386] die Handelstage[387] und die Geld-Brief-Spanne[388] meist kumulativ herangezogen.[389] Ein einheitliches Bild zur Frage, wann ein Handel liquide ist, lässt sich hieraus jedoch nicht ableiten. Insbesondere bedingen

---

[380] Vgl. OLG Frankfurt a. M., BeckRS 2021, 10278, Rn. 40 ff.; in diese Richtung auch OLG Düsseldorf, BeckRS 2022, 38808, Rn. 43; a. A. LG Stuttgart, BeckRS 2018, 35320, Rn. 111, 174.

[381] Angerer/Geibel/*Süßmann*, WpÜG, § 31 Rn. 11; LG Stuttgart, BeckRS 2019, 23342, Os. 7; OLG Frankfurt a. M., AG 2017, 790 (793); OLG München, BeckRS 2021, 9687, Rn. 39; *Ruiz de Vargas*, NZG 2021, 1056 (1062); a. A. *Decher*, ZHR, 171 2007, 126 (142); *Habersack*, NZG 2019, 881 (883); *Martens*, FS Bezzenberger 2000, 267 (289) (zu § 255 Abs. 2 AktG); LG Leipzig Beschl. v. 9.12.2016 – 01 HK O 2401/15, nv (Teil 2, Fn. 437), S. 11.

[382] DAI, Evaluierung des Spruchverfahrens, S. 7; *Mülbert*, FS Hopt 2010, 1039 (1075). Der Gesetzgeber hatte bei der Regelung des § 5 Abs. 4 WpÜG-AngebV durchaus die Aussagekraft des Börsenkurses im Blick (vgl. RegE Gesetz zur Regelung von öffentlichen Angeboten zum Erwerb von Wertpapieren und von Unternehmensübernahmen, BT-Drs. 14/7034, S. 80).

[383] Karami, Übertragung der Börsenkursrechtsprechung auf Freiverkehrstitel.

[384] *Hüffer/Schmidt-Aßmann/Weber*, S. 167 f.; OLG Frankfurt a. M., Beschl. v. 28.03.2014 – 21 W 15/11, juris, Rn. 223.

[385] Quotient aus der Anzahl der gehandelten Aktien und dem Streubesitz (LG Stuttgart, Beschl. v. 17.09.2018 – 31 O 1/15 KfH SpruchG, juris, Rn. 495; OLG München, BeckRS 2019, 18251, Rn. 70).

[386] Mit dem bezahlten Kurs bewertete gehandelte Aktien (vgl. *Ruthardt/Popp*, AG 2020, 322 (329)).

[387] OLG Düsseldorf, BeckRS 2019, 48249, Rn. 27 (bzgl. Betafaktor); OLG Frankfurt a. M., BeckRS 2015, 9544, Rn. 54 (bzgl. Betafaktor); OLG Frankfurt a. M., AG 2017, 790 (32); OLG Frankfurt a. M., BeckRS 2021, 2598, Rn. 173; OLG Stuttgart, Beschl. v. 14.02.2008 – 20 W 9/06, juris, Rn. 53.

[388] OLG Frankfurt a. M., AG 2017, 790 (insoweit abgedruckt in BeckRS 2017, 111151, Rn. 32).

[389] Karami, Empirische Analyse des Kurs- und Liquiditätseffekts, S. 1; *Ruthardt/Popp*, AG 2020, 322 (329); OLG Düsseldorf, BeckRS 2019, 48249, Rn. 27; OLG Frankfurt a. M., Beschl. v. 28.03.2014 – 21 W 15/11, juris, Rn. 216 ff.; OLG Frankfurt a. M., AG 2017, 790 (insoweit abgedruckt in BeckRS 2017, 111151, Rn. 32); OLG München, BeckRS 2019, 18251, Rn. 70.

sich die Kriterien auch gegenseitig. So stellen u. a. *Board/Vila/Wells* fest, dass eine höhere Marktkapitalisierung und ein höherer Streubesitz beide zu einer größeren Anzahl an Trades, einer geringeren Handelskonzentration, geringerer Preisvolatilität und niedrigeren effektiven Spreads beitragen.[390] Auch ein nicht aussagekräftiger Beta-Faktor ist Indiz für fehlende Liquidität.[391] Allein eine Notierung im regulierten Markt genügt jedenfalls nicht zur Annahme eines liquiden Handels. Umgekehrt kann aber auch nicht bereits aus einer Notierung nur im Freiverkehr auf einen illiquiden Handel geschlossen werden. Bei Hinweisen auf einen nicht hinreichend liquiden Handel, bedarf die Liquidität des Handels daher einer Überprüfung im konkreten Einzelfall.

3. Liquiditätskriterien im Einzelnen

a) Streubesitz

aa) Untergeordnete Bedeutung

Im Zusammenhang mit der Liquidität von Aktien wird regelmäßig die Bedeutung des Streubesitzes hervorgehoben. Zum einen bedingt der Streubesitz die Liquidität des Handels, da ein höherer Streubesitz den Umsatz größerer Aktienvolumina ermöglicht. Schon bei der Heranziehung von Börsenkursen als Wertuntergrenze wurde jedoch aufgezeigt, dass ein geringer Streubesitz allein noch keinen illiquiden Handel indiziert. Umgekehrt spricht aber auch ein hoher Streubesitz nicht zwangsläufig für einen liquiden Handel.[392] So ist zwar gerade in Squeeze-Out-Fällen zweifelhaft, ob der Börsenkurs den Verkehrswert ausreichend widerspiegelt, da mindestens 95 % der Aktien nicht gehandelt werden.[393] Bei einer pauschalen Verneinung der Liquidität bei einem Streubesitz von unter 5 % müsste der Börsenkurs in Squeeze-Out-Fällen jedoch grundsätz-

---

[390] *Board/Vila/Wells*, Liquidity, S. 3 ff.

[391] In diese Richtung auch LG Leipzig Beschl. v. 9.12.2016 – 01 HK O 2401/15, nv (Teil 2, Fn. 437), S. 10; OLG Frankfurt a. M., NZG 2014, 464 (466) – *„Höchst AG"*; OLG Frankfurt a. M., AG 2017, 790 (792); OLG Frankfurt a. M., BeckRS 2021, 10278, Rn. 52; OLG Frankfurt a. M., BeckRS 2021, 31295, Rn. 147; OLG München, BeckRS 2020, 34436, Rn. 42; *Ruthardt/Hachmeister*, NZG 2014, 455 (457).

[392] *Bungert/Leyendecker-Langner*, BB 2014, 521 (525); *Burger*, NZG 2012, 281 (287) (da nicht auf den Umsatz abstellend); Emmerich/*Habersack*, § 327b AktG Rn. 9a; *Karami/Schuster*, CF 2016, 106 (119); LG Mannheim, Beschl. v. 29.01.2007 – 24 AktE 15/04, juris, Rn. 50; LG Stuttgart, BeckRS 2018, 35320, Rn. 173; OLG Karlsruhe, BeckRS 2017, 124895, Rn. 33; OLG Stuttgart, BeckRS 2011, 11195. Dagegen sieht das LG Leipzig Beschl. v. 09.12.2016 – 01 HK O 2401/15, nv (Fn. 454), S. 10, in einem Streubesitz von rund 10 % zumindest ein Argument gegen eine Marktenge.

[393] *Brösel/Karami*, WPg 2011, 417 (420); *Habersack*, ZIP 2001, 1230 (1238); BeckOGK AktG/*Singhof*, § 327b Rn. 6; krit. OLG Frankfurt a. M., Beschl. v. 30.03.2010 – 5 W 32/09, juris, Rn. 33. Den Börsenkurs in diesen Fällen daher regelmäßig ablehnend: *Olbrich/Rapp*, DStR 2011, 2005 (2007).

lich ausscheiden.[394] Dies ist nicht gerechtfertigt. Auch bei Delistings knüpft § 39 Abs. 3 Satz 2 BörsG an den Börsenkurs an, obwohl hier typischerweise ein geringer Streubesitz vorliegt.[395] Selbst bei einem geringen Streubesitz fehlt dem Börsenkurs nicht „jede Eignung" zur Bemessung des Beteiligungswerts, da auch bei geringem Streubesitz ein reger Handel stattfinden kann.[396] Zu dem geringen Streubesitz müssen vielmehr weitere Kriterien hinzutreten, aufgrund derer davon ausgegangen werden kann, dass wertrelevante Informationen nicht eingepreist wurden. Dabei ist gerade zu berücksichtigen, dass der Handel der sich im Streubesitz befindlichen Aktien die Perspektive der Minderheit widerspiegelt.

bb) Hinreichende Streuung auch im Freiverkehr

Im regulierten Markt ist auf Grundlage des § 9 BörsZulV für eine Zulassung eine hinreichende Streuung der Aktien erforderlich, was bei einem Streubesitz von mindestens 25 % vermutet wird. So wird im regulierten Markt zumindest im Zeitpunkt der Zulassung ein hoher Streubesitz gewährleistet.

Im Freiverkehr findet die BörsZulV zwar keine Anwendung, sodass bei Freiverkehrsemittenten auf Grundlage gesetzlicher Regelungen auch nur eine geringe Anzahl an Aktien handelbar sein kann.[397] Dies lässt jedoch die Geschäftsbedingungen der Freiverkehre außer Acht, die zum Teil ebenfalls erhöhte Anforderungen an den Streubesitz regeln. So muss bei einem Primärlisting in den Freiverkehren Stuttgart, Berlin, Hamburg/Hannover und Düsseldorf eine ausreichende Streuung der Aktien gewährleistet sein.[398] Bei einer Einbeziehung in das qualifizierte Freiverkehrssegment Scale an der Frankfurter Wertpapierbörse muss ein Streubesitz von mindestens rund 20 % oder mind. 1 Mio. Stück vorliegen (§ 17 Abs. 1 lit. f) AGB-FWB). An der Mittelstandsbörse Deutsch-

[394] *Lorenz*, AG 2012, 284 (284); *Vetter*, DB 2001, 1347 (1351). Nach der Rechtsprechung des OLG Frankfurt a. M. ist in Squeeze-Out-Fällen die Liquidität jedoch ggf. genauer zu untersuchen (OLG Frankfurt a. M., NZG 2014, 464 (insoweit abgedruckt in BeckRS 2014, 01047) – „*Höchst AG*"; OLG Frankfurt a. M., BeckRS 2016, 6246, Rn. 41; OLG Frankfurt a. M., AG 2017, 790 (792)). Dies lässt sich vor allem mit dem Erfordernis einer effektiven Informationsbewertung begründen (*Ruthardt*, NZG 2015, 1387 (1389); *Ruthardt/Hachmeister*, NZG 2014, 41 (45)).

[395] *Aders/Muxfeld/Lill*, CF 2015, 389 (395 ff.); *Bungert/Leyendecker-Langner*, DB 2015, 2251 (2254); *Bungert/Leyendecker-Langner*, ZIP 2016, 49 (51); *Karami/Cserna/Schuster*, Wie frostig ist die „FRoSTA"-Entscheidung.

[396] OLG Hamburg, BeckRS 2020, 27988, Rn. 32; a. A. FAUB, WPg 2021, 957 (959); *Hanau*, NZG 2002, 1040 (1043); *Martens*, FS Bezzenberger 2000, 267 (289).

[397] *Fink*, Der Freiverkehr, S. 50.

[398] § 9 Abs. 1 Nr. 5 lit. d) AGB-Stuttgart (mind. rund 20 %); § 9 Abs. 3 AGB-Berlin (mind. 20 % des Grundkapitals); § 9 Abs. 1 lit. d) AGB-Hannover (entspricht den AGB Freiverkehr Hamburg); § 9 Abs. 1 lit. d) AGB-Hamburg (mindestens 10 % des Gesamtnennbetrages der einzubeziehenden Aktien vom Publikum erworben oder ein ordnungsgemäßer Börsenhandel erscheint auch mit einem niedrigeren Prozentsatz gewährleistet); § 4 Abs. 1 AGB-Düsseldorf (100.000 Stück; dem Markt zur Verfügung stehendes Gesamtkapital von 1 Mio. Euro).

land, dem qualifizierten Freiverkehrssegment der Börse Hamburg/Hannover, muss ebenfalls eine ausreichend breite Streuung von mind. 10% gewährleistet sein, es sei denn auch mit einem niedrigeren Streubesitz ist ein ordnungsgemäßer Handel gewährleistet (§ 17 Abs. 1 lit. b) AGB-Hamburg/Hannover). Im High Risk Market wird der Streubesitz sogar auf mind. 25% festgelegt und entspricht damit dem regulierten Markt, § 25 Abs. 3 AGB-Berlin. Die Börse München geht für das qualifizierte Freiverkehrssegment m:access noch darüber hinaus, indem sie bei einer Erstnotiz den Nachweis eines garantierten Spreads durch den Emissionsexperten für einen Zeitraum von mind. sechs Monaten fordert (§ 17 Abs. 2 AGB-München). Damit hebt sich der m:access sogar vom regulierten Markt ab, da über die Gewährleistung eines Spreads im Zeitpunkt der Notierung hinaus für mindestens sechs Monate ein entsprechendes Niveau garantiert wird. Eine Mindesthöhe wird jedoch nicht festgelegt.

Damit ist auch im Freiverkehr regelmäßig eine Streuung der Aktien gewährleistet. Denn nur wenige Segmente wie das Quotation Board und der Freiverkehr München sehen keine Mindeststreuung der Aktien vor.

b) Handelsvolumen

Noch aussagekräftiger als der Streubesitz sind die Handelsumsätze der Aktien am Markt. Wie bereits bei der Marktenge gesehen kommt es nicht auf die relative Zahl handelbarer Aktien, sondern die absolute Zahl gehandelter Aktien an. Je mehr Wertpapiere gehandelt werden, desto höher ist deren Liquidität.[399] Das Handelsvolumen bedingt daher ebenfalls die Verlässlichkeit der Aussagekraft des Börsenkurses im Hinblick auf den Verkehrswert.[400] Findet kein relevanter Aktienhandel statt, so kann auch trotz hohem Streubesitz ein illiquider Handel vorliegen und umgekehrt.[401]

Im Hinblick auf die Bewertungseffizienz ist das Handelsvolumen damit besonders aussagekräftig, da es ausdrückt, inwiefern ein tatsächlicher Handel stattgefunden hat und daher wertrelevante Informationen Eingang in den Kurs finden konnten.[402] Bei welchem Handelsvolumen ein liquider Handel besteht, wird mangels hinreichender empirischer Erkenntnisse bislang anhand einer

---

[399] *Grunewald/Schlitt*, S. 7.

[400] *Böcking*, FS Drukarczyk 2003, 59 (80); *Riegger/Wasmann*, FS Stilz 2014, 509 (512).

[401] *Burger*, NZG 2012, 281 (287).

[402] *Burger*, NZG 2012, 281 (287); *Hüffer/Schmidt-Aßmann/Weber*, S. 167 f.; *Karami/Schuster*, CF 2016, 106 (118 f.); *Wilm*, NZG 2000, 234 (238). *Steinhauer*, AG 1999, 299 (306): „Wird eine Aktie nur selten oder in geringem Umfang gehandelt, ist ein Vertrauen darauf, dass der Handelspreis dem Wert des Papiers entspricht, nicht gerechtfertigt.“; krit. *Weber*, *ZGR* 2004, 280 (298 f.): Ein „geringer Umsatz ist per se nichts Schlechtes, da kein weiterer Umsatz zu erwarten ist, wenn sich der Markt im Gleichgewicht befindet, d. h. Angebot und Nachfrage ausgeglichen sind“. Aus pragmatischen Gründen hält jedoch auch *Weber* die Festlegung von Mindestumsatzgrenzen für erforderlich (Stichwort: Manipulationsgefahr).

Einzelfallprüfung beurteilt.[403] Festere Anhaltspunkte wären aus Gründen der Rechtssicherheit wünschenswert, wobei von einer zu schematischen Betrachtung aufgrund des Einzelfallbezugs der Bewertung abgesehen werden sollte.[404] Es kommt entscheidend darauf an, ob angenommen werden kann, dass sämtliche Informationen Eingang in den Kurs finden konnten.[405] Dabei sollte nicht das gesamte Aktienvolumen, sondern die sich im Streubesitz befindlichen Aktien berücksichtigt werden (Handelsvolumen in Relation zum Streubesitzanteil).[406]

Auch bei einem geringen Handelsvolumen kann eine effektive Informationsbewertung gegeben sein. Ein hohes Handelsvolumen ist jedoch Indiz für eine effektive Informationsbewertung. Dies gilt im regulierten Markt und Freiverkehr gleichermaßen. Zwar sind Freiverkehrsemittenten regelmäßig kleiner als im regulierten Markt notierte Unternehmen. Die Handelsvolumina im Freiverkehr sind jedoch nicht schon deshalb per se geringer als im regulierten Markt.[407] Wie hoch die Handelsvolumina sind, ist letztlich nicht segment-, sondern emittentenabhängig. Um eine Einzelfallprüfung kommt man hier daher kaum herum.

c) Handelstage

Die Festlegung einer Mindestanzahl von Handelstagen im Referenzzeitraum überzeugt hingegen nicht, da sich hieraus zum einen nicht auf Umsätze schließen lässt und zum anderen fehlende Handelsaktivitäten auch ein Indiz für ein Marktgleichgewicht sein können.[408] Ein stetiger Handel spricht zwar für eine

---

[403] Bejaht vom OLG Frankfurt a. M., BeckRS 2021, 10278, Rn. 40 bei einem Handelsvolumen von 0,15 % des gesamten Aktienbestandes an einem Tag. *Wilm*, NZG 2000, 234 (238) fordert einen Handel von 3–5 % der ausgegebenen Aktien im Jahr vor der Bekanntgabe der Maßnahme und einen Handel an mindestens jedem zweiten Tag. Zusätzlich müsse der Umsatz der betroffenen Aktien im letzten Jahr vor Bekanntgabe der Maßnahme annähernd der Zahl der von den abfindungsberechtigten Aktionären gehaltenen Aktien entsprechen (dem folgend *Vetter*, DB 2001, 1347 (1351); ablehnend – allerdings nur für den Börsenkurs als Wertuntergrenze – BGH, Beschl. v. 12.03.2001 – II ZB 15/00, juris, Rn. 35 – *„DAT/Altana IV“*; *Piltz*, ZGR 2001, 185 (202). *Weber*, *ZGR* 2004, 280 (299): Handelsvolumen von 1–2 % der ausstehenden Aktien. Dagegen wurde eine hinreichende Liquidität vom OLG Stuttgart, Beschl. v. 14.02.2008 – 20 W 9/06, juris, Rn. 54 abgelehnt bei einem Handel von 2 % des Streubesitzes.

[404] Schmidt/Lutter/Bayer/*Stephan*, AktG, § 305 Rn. 101; *Stilz*, FS Goette 2011, 529 (541): demzufolge „kann es nicht schematisch darauf ankommen, ob ein bestimmtes Handelsvolumen erreicht wird, ausreichend ist ein realer Handel oder zumindest eine zu einigermaßen konstantem Kurs anhaltende Nachfrage“. In diese Richtung auch *Burger*, NZG 2012, 281 (287); in Bezug auf die *DAT/Altana*-Rechtsprechung des BVerfG bereits BGH, Beschl. v. 12.03.2001 – II ZB 15/00, juris, Rn. 35 – *„DAT/Altana IV“*; *Piltz*, ZGR 2001, 185 (202 f.). Für die Festlegung von Mindestumsätzen: *Burger*, NZG 2012, 281 (287); *Weber*, *ZGR* 2004, 280 (298).

[405] OLG Zweibrücken Beschl. v. 14.08.2017 – 9 W 4/14, nv (Teil 2, Fn. 272), S. 43.

[406] *Karami/Schuster*, CF 2016, 106 (119).

[407] So war bspw. im Fall des OLG München, NZG 2008, 755 (757) das Handelsvolumen im Freiverkehr sogar größer als im regulierten Markt.

[408] *Weber*, *ZGR* 2004, 280 (298 f.). Entsprechend stellt auch § 5 Abs. 4 WpÜG-AngebV kumulativ auf Kurssprünge von über 5 % ab.

konstante Einpreisung von Informationen.[409] Wenn jedoch keine neuen Informationen bekannt werden, spricht ein fehlender Handel weder gegen die Liquidität noch gegen die Aussagekraft des Kurses. Die Handelstage sind daher kein bedeutendes Liquiditätsmaß.

d) Bid-Ask-Spread

Weiterer Gradmesser für die Liquidität des Handels im Hinblick auf die Bewertungseffizienz des Kurses ist der sog. Bid-Ask-Spread (Geld-Brief-Spanne), d. h. die Differenz zwischen dem besten Kauf- und Verkaufskurs (Angebot und Nachfrage) für ein Wertpapier zu einem bestimmten Zeitpunkt.[410] Dieser wird auch im Rahmen des relevanten Betafaktors regelmäßig herangezogen.[411] Je enger die Geld-Brief-Spanne ist, desto einheitlicher ist die Einschätzung der Marktteilnehmer hinsichtlich des Wertes einer Aktie.[412] Je näher die Preisvorstellungen auf Käufer- und Verkäuferseite beieinander liegen, desto eher liefert der Marktpreis einen tauglichen Wertindikator für den Beteiligungswert.[413] Der Briefkurs ist in der Regel höher als der Geldkurs, da der Händler mit dem Verkauf des Wertpapiers einen Gewinn erzielen will. Der Geldkurs ist niedriger, da der Käufer möglichst wenig bezahlen möchte, um seine Rendite zu maximieren.

Ab welchem Wert der Bid-Ask-Spread für einen illiquiden Handel spricht, wird indes nicht einheitlich beurteilt. So hat das OLG Hamburg eine Marktenge bei einem Spread von 4,78 %[414] und 4,26 % verneint.[415] Das OLG Frankfurt hingegen hat eine Marktenge schon bei einem Spread von 1,88 % bejaht, da der mittlere Spread der relevanten Mitbewerber nur bei 0,06 bis 0,09 % lag.[416] Auch bei Spreads von 2,37 %,[417] und 2,8 %[418] wurde eine Marktenge bejaht. Besonders hervorgehoben hat das OLG Frankfurt die Liquidität des Handels bei einem Bid-Ask-Spread von nur 0,37 %.[419] Das LG München hält einen liquiden

[409] *Wilm*, NZG 2000, 234 (238).

[410] OLG Frankfurt a. M., AG 2017, 790 (792); OLG Frankfurt a. M., BeckRS 2021, 10278, Rn. 40; OLG Hamburg, BeckRS 2020, 27988, Rn. 34; *Aders/Muxfeld/Lill*, CF 2015, 389 (397).

[411] Siehe nur LG Hamburg, BeckRS 2016, 4711.

[412] OLG Frankfurt a. M., AG 2017, 790 (792).

[413] *Kuthe*, AG 2021, R217-R219 (R218); den Bid-Ask-Spread besonders hervorhebend das OLG Frankfurt a. M., BeckRS 2021, 10278, Rn. 40.

[414] OLG Hamburg, BeckRS 2020, 27988, Rn. 34; so bereits die Vorinstanz LG Hamburg, BeckRS 2020, 6025, Rn. 51.

[415] LG Hamburg, BeckRS 2016, 4711 betreffend den Betafaktor.

[416] OLG Frankfurt a. M., BeckRS 2015, 9544, Rn. 55.

[417] OLG Frankfurt a. M., BeckRS 2015, 4317, Rn. 69 (jedoch auch erhebliche Kurssprünge).

[418] OLG Frankfurt a. M., AG 2017, 790 (792) (jedoch zusätzliche Verzerrung durch ein Übernahmeangebot im Referenzzeitraum).

[419] OLG Frankfurt a. M., BeckRS 2021, 10278, Rn. 41.

Handel bei einem Bid-Ask-Spread von 1 % für gegeben.[420] Dies als feste Grenze zu etablieren kritisiert das OLG Hamburg zu Recht, da dann auch die CDAX gelisteten Unternehmen, die regelmäßig über eine hohe Liquidität verfügen, einen illiquiden Handel aufwiesen.[421] Insgesamt sollte der Bid-Ask-Spread in seiner Funktion als Liquiditätsmesser seitens der Ökonomen noch intensiver untersucht werden.

Empirisch konnte jedenfalls für die Fälle eines Downlistings in den Freiverkehr keine relevante Beeinflussung des Bid-Ask-Spreads festgestellt werden.[422] Der Bid-Ask-Spread ist daher im Freiverkehr nicht zwingend höher als im regulierten Markt. Dies spricht erneut dafür, die Liquidität nicht segment-, sondern emittentenbezogen zu betrachten. Dass zwischen den Kursen der einzelnen Handelsplätze Spreads entstehen, wird auch im Freiverkehr durch eine Übernahme der Preise der anderen Systeme verhindert (vgl. § 24 Abs. 2 Satz 3 BörsG).

4. *Liquiditätsanreize*

Die Regulierung kann auf die Liquidität des Handels insoweit einwirken, indem sie einerseits bestimmte Mindestanforderungen an den Emittenten stellt, andererseits aber auch besondere Liquiditätsanreize schafft, die den Handel in dem jeweiligen Marktsegment ankurbeln. Auch in den Freiverkehrssegmenten werden zum Teil erhöhte Anforderungen an den Emittenten und die emittierten Wertpapiere gestellt. Insbesondere werden regelmäßig Liquiditätsprovider eingesetzt, um einen liquiden Handel sicherzustellen.

a) *Liquiditätsprovider in den Freiverkehrssegmenten*

In den Freiverkehrssegmenten der Frankfurter Wertpapierbörse (Quotation Board, Basic Board und Scale) können sog. Designated Sponsors eingesetzt werden, die für einen liquiden Handel sorgen (§ 32 AGB-FWB).[423] Im Handelsmodell der Fortlaufenden Auktion sind Spezialisten mit der Sicherstellung einer hinreichenden Liquidität betraut (§ 33 AGB-FWB i. V. m. §§ 71, 86, 89 BörsO). Die Liquidität entspricht dadurch im Wesentlichen dem Regulierten Markt. In den Freiverkehrssegmenten der Börse München werden sowohl im Spezialistenmodell als auch im Market-Maker-Modell Quotierungspflichten sowie Spread- und Liquiditätsgarantien geregelt (§§ 10 f. Ausführungsbestimmungen-

---

[420] LG München I Beschl. v. 21.12.2015 – 5HK O 24402/13, nv, S. 86 (abrufbar unter http://www.spruchverfahren-direkt.de/wp-content/uploads/2019/08/WET-Automotive-Systems-2015-12-21-LG-M%C3%BCnchen-I-Squeeze-out.pdf, zuletzt abgerufen am 16.08.2023).

[421] So die zutreffende Kritik des OLG Hamburg, BeckRS 2020, 27988, Rn. 35. *Aders/Muxfeld/Lill*, CF 2015, 389 (397) messen einen Bid-Ask-Spread von 1,25 % im CDAX.

[422] *Karami/Schuster*, CF 2016, 106 (zusf. 119).

[423] Vgl. zu den Anforderungen an Designated Sponsors: Designated Sponsor Guide (Teil 4, Fn. 324).

München[424], §§ 54 ff. AGB-München). Im m:access sind außerdem Emissionsexperten dazu verpflichtet, Liquiditätsgarantien in Höhe von 5 000 Euro abzugeben sowie einen garantierten Spread für einen Zeitraum von mindestens sechs Monaten ab der Erstnotiz nachzuweisen (§ 17 Abs. 2 AGB-München).

An den Börsen Hamburg und Hannover werden nur im qualifizierten Freiverkehrssegment Mittelstandsbörse Deutschland weitere Liquiditätsanreize gesetzt. Ein Spezialist ist verpflichtet, während der Handelszeit zum Zwecke des Marktausgleichs und der Information der Marktteilnehmer permanent aktuelle Quotes bestehend aus einem Geld- und einem Brieflimit mit Volumen in das Handelssystem einzustellen. (§ 18 Abs. 2 AGB-Hamburg/Hannover). Im einfachen Freiverkehr und im High Risk Market bestehen keine vergleichbaren Regelungen.

An der Börse Stuttgart werden alle Wertpapiere durch einen sog. Quality Liquidity Provider (QLP) betreut (vgl. § 2 Abs. 4 Ausführungsbestimmungen-Stuttgart[425]). Market Maker und QLP sind zur Bereitstellung von Liquidität im elektronischen Handel damit auch im Freiverkehr und Freiverkehr Plus verpflichtet (§ 2 Abs. 2 HandelsO-Stuttgart, § 56 BörsO).

Im Freiverkehr Berlin sorgen sog. Orderflow-Provider[426] als Market Maker und/oder Liquidity Provider für zusätzliche Liquidität (§ 3 Bedingungen im elektronischen Handel Berlin).

Im elektronischen Handelssystem Quotrix der Börse Düsseldorf sorgen Market-Maker auch im Freiverkehr für zusätzliche Liquidität (§ 58a Abs. 3 i. V. m. § 40 BörsO).

Auch im Freiverkehr werden daher regelmäßig Liquiditätsprovider eingesetzt, um auch in andernfalls illiquiden Aktien einen liquiden Handel zu gewährleisten. Diese Besonderheiten müssen bei der Beurteilung der Liquidität im Einzelfall berücksichtigt werden.

b) *Index und Sichtbarkeit*

Auch die Aufnahme in einen Index führt zu einer erhöhten Sichtbarkeit des Emittenten, was die Liquidität der Aktien positiv beeinflusst.[427] Für Freiver-

---

424 Ausführungsbestimmungen der Geschäftsführung zum Regelwerk der Börse München (Ausführungsbestimmungen München) v. 24.01.2022.

425 Ausführungsbestimmungen zur Börsenordnung der Baden-Württembergischen Wertpapierbörse (Ausführungsbestimmungen Stuttgart) v. 01.12.2021.

426 Handelsteilnehmer i. S. v. § 14 BörsO, die am elektronischen Handel teilnehmen und Order erteilen.

427 OLG Frankfurt a. M., BeckRS 2021, 10278, Rn. 40; *Berg*, Der Marktrückzug des Emittenten, S. 197; *Holzborn/Hilpert*, WM 2010, 1347 (1349); *Naschke*, Der Börsenkurs als Abfindungsgrundlage, S. 164; *Sudmeyer/Rückert/Kuthe*, BB 2005, 2703 (2703); vgl. näher zum Liquiditätseffekt der Aufnahme in einen Aktienindex: *Gassen/Kaltofen*, ZfbF 57 (2005) 423

kehrsemittenten können Indizes durch den Freiverkehrsträger privatautonom gebildet werden.[428] Die Aufnahme in einen Index ist für ein Unternehmen im Freiverkehr häufig einfacher als im regulierten Markt. Emittenten im Freiverkehr kann dadurch gegenüber dem regulierten Markt sogar im Einzelfall eine erhöhte Liquidität zukommen.[429]

5. Empirische Studien zur Liquidität von Freiverkehrsaktien

Empirisch lässt sich die Liquidität von Freiverkehrsaktien anhand der Studien zu den Auswirkungen von Downlistings beobachten, die jedoch zu keinem einheitlichen Ergebnis kommen. Während *Doumet/Limbach/Theissen* bei einem Downlisting in den Freiverkehr einen Rückgang der Aktienliquidität feststellen,[430] hat nach *Karami/Schuster* ein Downlisting in den qualifizierten oder einfachen Freiverkehr keine signifikanten Auswirkungen auf die Liquidität.[431] Liquiditätsbestimmend seien vielmehr der Bid-Ask-Spread, die Handelstage, die Aktienkursvolatilität, die Unternehmensgröße und der Streubesitzanteil.[432] Auch die Börse München hat in ihrer amtlichen Auskunft zur Delisting-Entscheidung des BVerfG klargestellt, dass die Liquidität nicht entscheidend vom Marktsegment abhänge, sondern von „der Anzahl der handelbaren Stücke, der Höhe des Streubesitzes, dem Bekanntheitsgrad und der Branchenzugehörigkeit".[433] Eine Studie zum London Alternative Investment Market (AIM), der mit dem (einfachen) Freiverkehr vergleichbar ist,[434] stellt fest, dass sich die Handelsaktivitäten häufig auf wenige Tage konzentrieren und höhere Spreads vorliegen.[435] Zugleich erkennen *Board/Vila/Wells* aber an, dass die Liquidität nur schwer vorhersehbar ist und keine „durchschnittliche" AIM-Aktie exis-

---

(423 ff.) für den SDAX). In erster Linie sei der Liquiditätsschub jedoch auf die erhöhten Transparenz- und Publizitätsvorschriften zurückzuführen (ebd. (449)). Dagegen sind Nebenwerte tendenziell illiquide (*Ruthardt*, NZG 2015, 1387 (1389); *Ruthardt/Hachmeister*, NZG 2014, 41 (45); *Ruthardt/Hachmeister*, WPg 2016, 411 (412)).

[428] *Storm*, Alternative Freiverkehrssegmente, S. 138.

[429] *Berg*, Der Marktrückzug des Emittenten, S. 30, 197; *Holzborn/Hilpert*, WM 2010, 1347 (1349); so werden bspw. im Shares Index alle im Scale gelisteten Unternehmen abgebildet (vgl. Gruppe Deutsche Börse – Deutsche Börse startet Scale All Share Index v. 13.03.2017 (abrufbar unter https://deutsche-boerse.com/dbg-de/media/pressemitteilungen/Deutsche-B-rse-startet-Scale-All-Share-Index-146234, zuletzt abgerufen am 16.08.2023). Der Scale-30-Index listet hingegen die 30 liquidesten Aktien in Scale (vgl. *Weber*, NJW 2018, 995 (996)).

[430] Zusf. *Doumet/Limbach/Theissen*, ZfbF 68 (2016) 253 (253).

[431] *Karami/Schuster*, Empirische Analyse des Kurs- und Liquiditätseffekts, S. 38, 54.

[432] Ebd.

[433] Vgl. die amtliche Auskunft der Börse München im Verfahren zur Delisting-Entschidung des BVerfG (BVerfGE 132, 99 (106, 116) – „*Delisting*"). Das IDW konnte bei Börsensegmentwechseln keine signifikante Verringerung der Fungibilität/Liquidität der Aktie feststellen (BVerfGE 132, 99 (115) – „*Delisting*").

[434] Keine Mindestwerte für Handelsbilanz, Vermögen, Gewinnhöhe, Marktkapitalisierung oder Streubesitz für die Zulassung.

[435] *Board/Vila/Wells*, Liquidity, S. 3.

tiert.[436] Die empirischen Feststellungen bestätigen daher erneut die Emittentenabhängigkeit der Liquidität.

6. *Volatilität*

Mit der Liquidität des Handels eng verknüpft ist die Volatilität der Kurse.[437] Bereits vor der DAT/Altana-Entscheidung des BVerfG und der Anerkennung des Börsenkurses als Untergrenze angemessener Abfindungsleistungen wurde die Volatilität als generelles Problem von Börsenkursen bei der Bewertung gesehen und gegen dessen Maßgeblichkeit angeführt.[438] Eine entsprechende Wertung des Gesetzgebers lässt sich auch § 5 Abs. 4 WpÜG-AngebV entnehmen, der Liquidität und Volatilität unmittelbar kombiniert. Die Liquidität der Aktien hat Einfluss auf die Volatilität der Kurse, da bei einem geringen Handel den einzelnen Verkaufsabschlüssen ein relativ stärkeres Gewicht zukommt, wohingegen sich bei hohen Handelsvolumina einzelne Verkaufsorders kaum auf den Kurs auswirken.[439] In einem engen Markt braucht es nur geringe Transaktionen, um den Preis nach oben oder unten zu bewegen (volatile Stagnation).[440] Eine geringe Liquidität der Aktien begünstigt somit Kursschwankungen und zugleich auch Marktmanipulationen.[441] Werden nur selten Aktien gehandelt ist es wahrscheinlicher, dass die Transaktionen neue Informationen enthalten und zu großen Preisänderungen führen.[442] Jedoch können auch liquide Märkte von erheblichen Schwankungen betroffen sein. In diesen Märkten spricht eine hohe Volatilität aber nicht gegen die Aussagekraft. Im Gegenteil, die Volatilität ist hier Ausdruck der Effizienz der Märkte, bewertungsrelevante Informationen umgehend einzupreisen. Kursschwankungen machen zudem deutlich, dass der Börsenkurs nicht auf fortgeschriebenen Kursen beruht.[443]

Dies gilt jedoch nur, solange die Schwankungen auf die Veröffentlichung von Informationen zurückzuführen sind. Ansonsten ist ein volatiler Kurs Ausdruck unsicherer Markterwartungen.[444] Gerade übertriebene Reaktionen auf

---

[436] Ebd.

[437] *Clauß*, Abfindungsanspruch, S. 69; *Francioni*, Verhandlungen des 67. DJT, 2008, N13 (N17).

[438] BayObLG München, AG 1999, 43 (45).

[439] *Ruthardt/Hachmeister*, CF 2014, 174 (178).

[440] Konkret zum Freiverkehr: *Zwirner/Zimny*, BB 2018, 1387 (1390).

[441] *Berg*, Der Marktrückzug des Emittenten, S. 145.

[442] *Board/Vila/Wells*, Liquidity, S. 13; *Land/Hallermayer*, AG 2015, 659 (661) halten den Börsenkurs in diesen Fällen daher für ungeeignet zur Bestimmung des Verkehrswerts (i. e. S.).

[443] LG Hamburg, BeckRS 2020, 6025, Rn. 50; *Karami/Schuster*, CF 2016, 106 (118) verweisen hier auf eine zwingende Differenzierung von permanenten Preisänderungen auf Basis neuer Informationen und transitorischen Preisschwankungen, die auf eine temporäre Unausgeglichenheit von Angebot und Nachfrage schließen lassen. Nur transitorische Preisschwankungen seien Ausdruck illiquider Aktien.

[444] Schwark/Zimmer/*Kumpan/Misterek*, Art. 7 MAR Rn. 223.

verfügbare Informationen sind ein Grund für eine hohe Volatilität.[445] Zum Teil wird daher behauptet, je volatiler der Markt sei, desto weiter entferne sich die Marktbewertung vom inneren Wert und verliere an Aussagekraft.[446] Dem ist jedoch nur zuzustimmen, wenn die Schwankungen offensichtlich nicht informationsbasiert sind. Andernfalls sind Schwankungen Ausdruck einer effektiven Informationsbewertung und geradezu charakteristisch für Aktien.[447] Eine hohe Volatilität des Kurses schließt dessen Aussagekraft daher nicht grundsätzlich aus.[448]

Eine übertriebene Volatilität von Freiverkehrskursen konnte auch empirisch nicht festgestellt werden.[449] Eine Studie zum London AIM legt zwar nahe, dass die Kurse gegenüber dem regulierten Markt volatiler sind.[450] Zum Freiverkehr an den deutschen Wertpapierbörsen existieren jedoch keine vergleichbaren Studien, weshalb eine erhöhte Volatilität im Freiverkehr nicht empirisch nachweisbar ist. Hinzu kommt, dass § 24 Abs. 2 bis 2b BörsG, der im Freiverkehr gleichermaßen Anwendung findet, der Börse ermöglicht, effektive Vorkehrungen gegen erhebliche Preisschwankungen zu treffen, die der Börsenaufsichtsbehörde mitzuteilen sind. So trifft die Börse auch für den Fall, dass Börsenpreise aufgrund erheblicher Preisschwankungen zustande gekommen sind, nähere Bestimmungen über die Aufhebung, Änderung und Berichtigung von Geschäften durch die Börsengeschäftsführung. Die Preisermittlung muss auch bei erheblichen Preisschwankungen sichergestellt werden. Auch kann im Einzelfall durch die Anpassung der Referenzperiode volatilen Effekten entgegengewirkt werden.[451]

Als genereller Anknüpfungspunkt für eine höhere Volatilität könnte allein eine geringere Liquidität des Freiverkehrs dienen, die jedoch gerade nicht festgestellt werden konnte. Die Volatilität ist damit ebenfalls emittenten- und nicht segmentabhängig.

7. Zwischenergebnis

Die vorstehende Analyse widerlegt die Annahme, dass Freiverkehrsaktien typischerweise illiquider sind. Es lässt sich vielmehr eine davon abweichende These aufstellen: Die Liquidität des Handels ist unabhängig vom Marktsegment, in dem die Aktien gehandelt werden. Sie ist vielmehr emittentenbezo-

---

[445] *Schulte/Köller/Luksch*, WPg 2012, 380 (385).

[446] So wohl auch *Riegger/Wasmann*, FS Stilz 2014, 509 (512).

[447] Rössler/Troll/*Eisele*, BewG, § 11 Rn. 12.

[448] Dagegen wohl OLG Zweibrücken Beschl. v. 14.08.2017 – 9 W 4/14, nv (Teil 2, Fn. 272), S. 44.

[449] *Bungert/Leyendecker-Langner*, BB 2014, 521 (525).

[450] *Board/Vila/Wells*, Liquidity; *Board et al.*, Risk and Trading on London's AIM, S. 54 ff.

[451] So hat das OLG Frankfurt a. M., Beschl. v. 09.04.2010 – 5 W 75/09, juris, Rn. 37 die Referenzperiode angesichts der Volatilität der Kurse auf sechs Monate erweitert, um eine aussagekräftige Bewertung zu ermöglichen.

gen[452] und damit abhängig von Größe, Streubesitz, Handelsvolumen, Branche, Bekanntheitsgrad und weiteren unternehmensbezogenen Faktoren sowie der Aufnahme in Indizes.[453]

Zwar mag es zutreffen, dass Unternehmen, deren Aktien lediglich im Freiverkehr gehandelt werden, typischerweise kleiner sind und daher eine geringere Marktkapitalisierung aufweisen.[454] Das folgt jedoch nicht aus dem Marktsegment als solchem, sondern der Attraktivität des Freiverkehrshandels insbesondere für KMU, für die eine Notierung im regulierten Markt nicht rentabel wäre. Dies rechtfertigt es jedoch nicht, dem Freiverkehrshandel von vornherein die Liquidität abzusprechen. Denn die Marktkapitalisierung und der Streubesitz allein – so machen insbesondere die Fälle des Squeeze-Outs deutlich – sind nicht das entscheidende Liquiditätskriterium. Entscheidend ist vielmehr die Liquidität im Hinblick auf die Bewertungseffizienz des Kurses. Der Handel muss so liquide sein, dass davon ausgegangen werden kann, dass sämtliche wertrelevanten und zu veröffentlichenden Informationen Eingang in den Marktpreis gefunden haben.

Es ist festzustellen, dass auch im Freiverkehr nicht von vornherein ausgeschlossen werden kann, dass der Handel hinreichend liquide ist.[455] Im Freiverkehr gelistete Aktien können sogar durchaus liquider sein als im regulierten Markt.[456] Die Liquidität ist letztlich einzelfallabhängig und orientiert sich auch im Freiverkehr an den dargestellten Liquiditätskriterien, lässt sich jedoch nicht nach einer allgemeingültigen Formel bestimmen. Absolute Schwellenwerte für liquide Aktien existieren nicht.[457] Zusätzliche Liquiditätsanreize im Freiverkehr bewirken eine weitere Annäherung an den regulierten Markt.[458] Es ist daher sachgerechter, von einem grundsätzlich liquiden Handel auch in den Freiverkehrssegmenten auszugehen und bei Zweifeln an der Liquidität der Aktien im konkreten Einzelfall eine genauere Prüfung anhand einer Gesamtbetrachtung vorzunehmen.[459]

---

[452] So bereits die amtliche Auskunft der Börse München in BVerfGE 132, 99 (106, 116) – „*Delisting*"; DAI, Stellungnahme zu Delisting und Spruchverfahren, S. 9; OLG München, NZG 2008, 755 (757); *Fink*, Der Freiverkehr, S. 284.; *Board/Vila/Wells*, Liquidity, S. 18; *Brellochs*, AG 2014, 633 (638); in diese Richtung auch *Heldt/Royé*, AG 2012, 660 (665).

[453] *Board/Vila/Wells*, Liquidity, S. 18; *Brellochs*, AG 2014, 633 (638); BVerfGE 132, 99 (106) – „*Delisting*" (amtliche Auskunft der Börse München); *Heldt/Royé*, AG 2012, 660 (665).

[454] Das BVerfGE 132, 99 (116) – „*Delisting*" hebt die Bedeutung der Unternehmensgröße hervor; vgl. OLG Frankfurt a. M., AG 2010, 751 (756 [vollständig abgedruckt in juris, Rn. 120 ff.]) – „*T-Online/Deutsche Telekom*".

[455] So festgestellt für den London AIM bei *Board/Vila/Wells*, Liquidity, S. 19.

[456] Wie hier: *Holzborn*, WM 2003, 1105 (1107).

[457] OLG Stuttgart, Beschl. v. 14.02.2008 – 20 W 9/06, juris, Rn. 53; OLG Zweibrücken Beschl. v. 14.08.2017 – 9 W 4/14, nv (Teil 2, Fn. 272), S. 45; *Piltz*, ZGR 2001, 185 (202).

[458] DAI, Stellungnahme zu Delisting und Spruchverfahren, S. 9; BeckOGK UmwG/*Fromholzer*, § 8 Fn. 168; *Habersack*, ZHR 176 (2012) 463 (465).

[459] *Burger*, NZG 2012, 281 (287); OLG Zweibrücken Beschl. v. 14.08.2017 – 9 W 4/14, nv (Teil 2, Fn. 272), S. 44.

Im Hinblick auf die Liquidität des Handels ist der Freiverkehr daher als insgesamt funktionsfähiger Markt anzuerkennen.

IV. Allokative Funktionsfähigkeit und effektive Informationsbewertung im Freiverkehr

Die entscheidende Funktion für die Bewertung anhand von Freiverkehrskursen ist aber die Allokationsfunktion. Denn der Aussagegehalt von Kursen hängt maßgeblich davon ab, ob und welche Informationen in die Preisbildung einfließen. Je mehr Informationen am Kapitalmarkt verwertet werden, desto eher spiegelt der Kurs den tatsächlichen Beteiligungswert wider. Ein Markt ist allokationseffizient, wenn er informations- und bewertungseffizient ist. Für den Aussagegehalt des Börsenkurses im Hinblick auf den Verkehrswert der Beteiligung ist eine effektive Informationsbewertung erforderlich.[460]

1. Kriterien der effektiven Informationsbewertung

a) Bewertungseffizienz

Bezüglich der Bewertungseffizienz von Börsenkursen stellen sich im Freiverkehr dieselben Probleme wie im regulierten Markt.[461] Ob und unter welchen Umständen von einer korrekten Verarbeitung von Informationen ausgegangen werden kann, ist ein generelles Problem rationalen Anlegerverhaltens und daher marktunabhängig. Insoweit kann auf die Diskussion um die Rationalität der Bewertung in Teil 3 verwiesen werden. Auch im Freiverkehr kann daher grundsätzlich davon ausgegangen werden, dass informierte und rational agierende Anleger potenzielle Irrationalitäten aufdecken und zu ihrem Vorteil ausnutzen, sodass sich irrationale Schwankungen nicht verfestigen. Der Kurs bewegt sich dann auch im Freiverkehr stets um den „wahren“ Beteiligungswert.

b) Informationseffizienz – Transparenz- und Publizitätspflichten

Anders verhält es sich mit der Informationseffizienz. Die informationelle Funktionsfähigkeit ist entscheidend für eine korrekte Preisbildung auf dem Kapitalmarkt. Transparenz- und Publizitätspflichten fördern die Aussagekraft von Börsenkursen im Hinblick auf den inneren Beteiligungswert, da sie dem Insiderhandel und Marktmanipulationen entgegenwirken und eine effektive Informationsbewertung ermöglichen.[462] Im Zusammenhang mit dem Freiverkehr wird zum Teil von typischerweise geringeren Transparenzanforderungen ge-

---

[460] Siehe bereits S. 163 ff.

[461] Dagegen sehen *Bungert/Leyendecker-Langner*, BB 2014, 521 (524) im Freiverkehr eine erhöhte Gefahr von Verzerrungen und Spekulationen.

[462] RegE 2. FiMaFöG (Teil 4, Fn. 8), S. 52; *Zwirner/Zimny*, BB 2018, 1387 (1390), dies jedoch mit der Liquidität vermischend.

sprochen, was eine abweichende Beurteilung gegenüber dem regulierten Markt rechtfertigen würde.[463] Freiverkehrskurse müssten als Bewertungsgrundlage ausscheiden, wenn wertrelevante Informationen nicht in die Kursbildung eingeflossen sind.[464] Die geltenden Informationspflichten im Freiverkehr müssen daher nachfolgend näher untersucht werden.

2. *Primärmarktpublizität – Prospektpflicht*

a) *Grundsätzliches*

Das Prospektrecht wurde erst jüngst durch den europäischen Gesetzgeber überarbeitet. Die alte Prospekt-RL[465] wurde mit Wirkung zum 21.07.2019 aufgehoben und von der neuen Prospekt-VO[466] abgelöst.[467] Das europäische Prospektrecht ist nunmehr abschließend in der neugefassten Prospekt-VO und den sie ergänzenden Delegierten Verordnungen enthalten.[468] Sofern Regelungen auf die Prospekt-RL Bezug nehmen, ist dies daher als Verweis auf die Prospekt-VO zu lesen. Das WpPG wird seither durch die Prospekt-VO weitestgehend überlagert. Es regelt aber weiterhin insbesondere die Ausnahmen von der Prospektpflicht (Art. 1 Prospekt-VO, §§ 3 ff. WpPG), die Prospekthaftung (vgl. Art. 11 Prospekt-VO, §§ 8 ff. WpPG) sowie die Zuständigkeit und Befugnisse der BaFin (vgl. Art. 31 f. Prospekt-VO, § 17 WpPG).

Die Prospektpflicht dient ebenso wie die die weiteren Veröffentlichungspflichten der Publizität und Reduktion von Informationsasymmetrien, um eine effiziente Allokation des Anlagekapitals zu gewährleisten.[469] Ein Prospekt hat stets diejenigen Informationen zu enthalten, die notwendig sind, um den Anlegern für ihre Anlageentscheidung einen Überblick vor allem über die Vermögenswerte und Verbindlichkeiten der Gesellschaft, die Finanzlage, die Gewinne

---

463 Vgl. u. a. *Berg*, Der Marktrückzug des Emittenten, S. 12; *Brandenstein/Höfling*, NZG 2021, 18 (20); *Bungert/Leyendecker-Langner*, BB 2014, 521 (523); *Clauß*, Abfindungsanspruch, S. 21; *Gude*, Strukturänderungen, S. 273; *Harrer* in BeckHdB AG, § 20 Rn. 45; *Leuering/Simon*, NJW-Spezial 2006, 27 (27); OLG München, BeckRS 2020, 9359, Rn. 30: „Hinzu kommt, dass die Aktie lediglich im – wenn auch qualifizierten – Freiverkehr gehandelt wurde, in dem die Zulassungs-, Mitteilungs- und Veröffentlichungspflichten nur eingeschränkt gelten, was wiederum im Hinblick auf die Informationsgewinnung und -bewertung kritisch zu sehen ist. Von einer alleinigen Maßgeblichkeit des Börsenkurses kann daher vorliegend nicht ausgegangen werden."

464 *Krieger* in MüHdb GesR IV, § 71 Rn. 138.

465 Richtlinie 2003/71/EG (Prospekt-RL) v. 04. November 2003, ABl. L 345/64.

466 Siehe Teil 3, Fn. 277.

467 Art. 46 Abs. 1 Prospekt-VO.

468 Delegierte Verordnung (EU) 2019/979 (ABl. EU Nr. L166 v. 21.06.2019, 1–25) und Delegierte Verordnung (EU) 2019/980 (ABl. EU Nr. L166 v. 21.06.2019, 26–176); Schwark/Zimmer/*Heidelbach*, § 32 BörsG Rn. 14.

469 *Biermann*, Prospekthaftung und Allokationseffizienz, S. 23, 72 f.; Prospekt-VO, ErwGr. 3; Schwark/Zimmer/*Heidelbach*, § 32 BörsG Rn. 1.

und Verluste sowie die Zukunftsaussichten zu gewähren.[470] Insbesondere die Darstellung der Vermögens-, Finanz- und Ertragslage des Emittenten ist für die Investitionsentscheidung der Anleger bedeutsam.[471]

Die Durchsetzung der Prospektpflicht wird auf erster Stufe dadurch sichergestellt, dass ein von der BaFin gebilligter (Art. 20 Prospekt-VO) und zu veröffentlichender (Art. 21 Abs. 1 Prospekt-VO) Prospekt für die Zulassung der Wertpapiere erforderlich ist (§ 32 Abs. 3 Nr. 2 BörsG). Die inhaltliche Richtigkeit wird dabei nicht geprüft (Art. 20 Abs. 4 Satz 1 Prospekt-VO e contrario).

Auf der zweiten Stufe sichert die Prospekthaftung (§§ 8 ff. WpPG) bereits präventiv die Erstellung eines vollständigen und fehlerfreien Prospekts ab.[472] Danach haften die für den Prospekt Verantwortlichen den Anlegern für sämtliche erlittenen Verluste, wenn sich in einem Prospekt wesentliche Angaben als unrichtig oder unvollständig erweisen.

b) Gesetzliche Prospektpflicht im Freiverkehr

Für die Einbeziehung in den Freiverkehr ist im Gegensatz zur Zulassung zum regulierten Markt (§ 32 Abs. 3 Nr. 2 BörsG) grundsätzlich keine börsenrechtliche Prospektpflicht vorgesehen.[473] Die Regelung des § 32 Abs. 3 Nr. 2 BörsG erschöpft sich jedoch in einem schlichten Verweis auf die Prospektverordnung, die daher auch im Freiverkehr unmittelbar anwendbar sein könnte, auch wenn das BörsG insoweit keinen entsprechenden Verweis enthält.

Anwendungsvoraussetzung der Prospektregelungen ist die Zulassung von Wertpapieren zum Handel an einem geregelten Markt oder ein öffentliches Angebot von Wertpapieren, Art. 1 Abs. 1 Prospekt-VO, § 1 WpPG. Da der Freiverkehr kein geregelter Markt ist und auch keine Zulassung erfolgt, kommt eine Prospektpflicht nur bei einem öffentlichen Angebot in Betracht.

> „Die bloße Zulassung von Wertpapieren zum Handel an einem MTF oder die Veröffentlichung von Geld- und Briefkursen ist nicht per se als öffentliches Angebot von Wertpapieren zu betrachten und unterliegt daher nicht der Pflicht zur Erstellung eines Prospekts gemäß dieser Verordnung. Ein Prospekt sollte nur dann verlangt werden, wenn diese Tätigkeiten mit einer Mitteilung einhergehen, die ein ‚öffentliches Angebot von Wertpapieren‘ gemäß dieser Verordnung darstellt, sollte ein Prospekt verlangt werden.“[474]

§ 2 Nr. 2 WpPG verweist bezüglich des öffentlichen Angebots auf Art. 2 lit. d) der Prospekt-VO, der dieses definiert als „eine Mitteilung an die Öffentlichkeit in jedweder Form und auf jedwede Art und Weise, die ausreichende Informatio-

---

[470] *Biermann*, Prospekthaftung und Allokationseffizienz, S. 72 f.; *Grunewald/Schlitt*, S. 36.
[471] *Biermann*, Prospekthaftung und Allokationseffizienz, S. 68.
[472] Eingehend *Biermann*, Prospekthaftung und Allokationseffizienz, S. 77 ff.
[473] *Schwark*/Zimmer, § 48 BörsG Rn. 30.
[474] Prospekt-VO, ErwGr. 14.

nen über die Angebotsbedingungen und die anzubietenden Wertpapiere enthält, um einen Anleger in die Lage zu versetzen, sich für den Kauf oder die Zeichnung jener Wertpapiere zu entscheiden". Erforderlich ist also ein bestimmtes Informationsniveau, das dem Anleger bereits für den Erwerb genügt („konkrete Erwerbsmöglichkeit").[475] Die Stellung des Einbeziehungsantrags ist daher mangels konkreter Erwerbsmöglichkeit noch kein öffentliches Angebot.[476] Die Einbeziehung allein löst keine Prospektpflicht aus.[477] Auch der bloße Handel genügt für ein öffentliches Angebot nicht, sofern keine zusätzlichen Werbemaßnahmen ergriffen werden.[478] Der Begriff der „Werbemaßnahmen" ist jedoch weit zu verstehen. Es genügt bereits, dass dem Anleger Erwerbsmodalitäten oder nähere Details zu den Wertpapieren zur Verfügung gestellt werden, die über die reinen Emissionsdaten hinausgehen.[479] Ob ein öffentliches Angebot vorliegt, ist daher im Einzelfall zu bestimmen. Dem Emittenten bleibt es jedoch auch im Freiverkehr unbenommen auf freiwilliger Basis einen Prospekt zu erstellen (Art. 4 Abs. 1 Prospekt-VO). Aus regulatorischer Sicht bleibt der Freiverkehr im Hinblick auf die Prospektpflicht jedoch hinter dem regulierten Markt zurück.

c) Prospektpflicht auf Basis der Geschäftsbedingungen

aa) Frankfurt

Im Quotation Board der FWB besteht zwar eine Prospektpflicht gem. § 11 Abs. 1 lit. b AGB-FWB nur für Nichtaktien. Da die Einbeziehung von Aktien ein Erstlisting in einem organisierten Markt voraussetzt, gilt für den Emittenten jedenfalls darüber die Prospektpflicht im organisierten Markt.

Für die Einbeziehung in Scale ist im Falle eines prospektpflichtigen Angebots ein Wertpapierprospekt zu erstellen (§§ 17 Abs. 1 lit. b), Abs. 3 lit. b) aa) AGB-FWB. Andernfalls ist ein Einbeziehungsdokument erforderlich (§ 17 Abs. 1 lit. b AGB-FWB i. V. m. Anlage 2). Das Einbeziehungsdokument hat der antragstellende Capital Market Partner gemäß Anlage 2 AGB-FWB auf Vollständigkeit, Kohärenz und Verständlichkeit zu prüfen und dies mit seiner Unterschrift auf dem Einbeziehungsdokument zu bestätigen, § 17 Abs. 2 lit. b)

---

475 *Groß*, Kapitalmarktrecht, § 2 WpPG Rn. 16; *Grunewald/Schlitt*, S. 227; zur näheren Konkretisierung vgl. BaFin, Auslegungsschreiben zum Begriff des öffentlichen Angebots von Wertpapieren im Sinne des § 2 Nr. 4 WpPG im Rahmen des Sekundärmarkthandels von Wertpapieren, abrufbar unter https://www.bafin.de/SharedDocs/Veroeffentlichungen/DE/Auslegungsentscheidung/WA/ae_130624_oeffentliches_angebot_WpPG.html?nn=7851724, zuletzt abgerufen am 16.08.2023).

476 *Groß*, Kapitalmarktrecht, § 2 WpPG Rn. 20; Hopt/*Kumpan*, HGB, § 48 BörsG Rn. 7.

477 *Groß*, Kapitalmarktrecht, § 2 WpPG Rn. 20; Hopt/*Kumpan*, HGB, § 48 BörsG Rn. 7; *Grunewald/Schlitt*, S. 228; *Schwark*/Zimmer, § 48 BörsG Rn. 32.

478 *Groß*, Kapitalmarktrecht, § 2 WpPG Rn. 20; *Leuering/Simon*, NJW-Spezial 2006, 27 (28).

479 *Groß*, Kapitalmarktrecht, § 2 WpPG Rn. 20.

AGB-FWB. Sofern kein Prospekt zu erstellen ist, haftet der Emittent für die Unrichtigkeit und Unvollständigkeit und der antragstellende Capital Market Partner für die Unvollständigkeit, Inkohärenz und Unverständlichkeit der im Einbeziehungsdokument gemäß Anlage 2 AGB-FWB gemachten Angaben, § 17 Abs. 5 AGB-FWB.

bb) München

Im einfachen Freiverkehr der Börse München wird keine Prospektpflicht geregelt. Es gelten damit die allgemeinen rechtlichen Bestimmungen des Prospektrechts.

Im m:access an der Börse München ist dem Einbeziehungsantrag ein von der BaFin gebilligter Prospekt beizufügen, § 13 Abs. 3 Satz 1 AGB-München. Dieser ist auf der Internetseite des Emittenten zu veröffentlichen (§ 13 Abs. 3 Satz 2 AGB-München). Ist ein Wertpapierprospekt aufgrund der gesetzlichen Vorschriften entbehrlich, ist nach § 13 Abs. 3 Satz 3 AGB-München eine aktuelle Unternehmensdarstellung einzureichen.

cc) Stuttgart

Ist im einfachen Freiverkehr an der Börse Stuttgart ein Prospekt mangels öffentlichen Angebots entbehrlich, so ist ein Exposé im Falle des Erstlisting erforderlich, damit sich der Träger ein sachgerechtes Bild über die zur Einbeziehung vorgesehenen Wertpapiere bzw. den Emittenten machen kann (§ 9 Abs. 4 AGB Stuttgart). Das Exposé wird jedoch nicht veröffentlicht.

Im Freiverkehr Plus ist, sofern kein Prospekt zu erstellen ist oder erstellt wurde bzw. im Falle eines Downlistings, kein Prospekt erforderlich (§ 36 Abs. 3 AGB-Stuttgart). Es ist dann jedoch eine aktuelle Unternehmensdarstellung einzureichen (§ 37 Abs. 2 Nr. 4 AGB-Stuttgart).

dd) Hamburg/Hannover

Im einfachen Freiverkehr der Börse Hamburg/Hannover ist bei einem Primärlisting ein Prospekt nur nach den gesetzlichen Vorgaben zu erstellen und zu veröffentlichen. Wurde ein Prospekt zulässigerweise nicht erstellt, so können die Aktien oder Aktien vertretenden Zertifikate nur einbezogen werden, wenn das eingezahlte Grundkapital 750 000 Euro beträgt (§ 9 Abs. 1 lit e) UAbs. a. AGB-Hamburg). An der Mittelstandsbörse Deutschland gilt dies entsprechend, insbesondere ist ein Prospekt nicht zu erstellen, wenn bereits vor dem Inkrafttreten des WpPG ein Prospekt erstellt und gebilligt wurde oder ein Downlisting aus dem regulierten Markt erfolgt (§ 17 Abs. 1 lit. a), Abs. 2 AGB-Hamburg). Die in § 22 lit. a) AGB-Hamburg geregelte Verpflichtung des Emittenten zur unverzüglichen Veröffentlichung von Prospektnachträgen gehen nicht über die Prospekt-VO hinaus. Am High Risk Market der Börse Hamburg wird keine Prospektpflicht geregelt. In allen Segmenten abgesehen vom einfachen Freiverkehr ohne Zustimmung des Emittenten ist jedoch (zusätzlich) ein Informationsblatt mit näheren Angaben über das Wertpapier und den Emittenten einzureichen, § 9 Abs. 1 lit. e) UAbs. e., § 17 Abs. 1 lit. h), § 25 Abs. 2 lit. f) AGB-Hamburg.

ee) Berlin

Bei einem Erstlisting im Freiverkehr der Börse Berlin ist ein Wertpapierprospekt oder Exposé in deutscher oder englischer Sprache mit umfassenden Angaben zu dem Emittenten und den zu emittierenden Wertpapieren zu erstellen, § 11 Abs. 1 lit. d) und e) AGB-Berlin. Im Falle der Einreichung eines Exposés statt eines Wertpapierprospektes, ist mit dem Betreiber des Freiverkehrs ein Vertrag über das Erstlisting zu schließen, § 12 AGB Freiverkehr Berlin. Für das Zweitlisting wird mangels Zustimmungserfordernis des Emittenten keine Prospektpflicht in den AGB geregelt. Für den Berlin Second Regulated Market (BSRM) wird ebenfalls keine gesonderte Prospektpflicht geregelt, da die Aktien des Emittenten bereits im regulierten Markt gehandelt werden und dort zwingend ein Zulassungsprospekt zu erstellen war.

ff) Düsseldorf

Im Primärmarkt der Börse Düsseldorf ist dem Einbeziehungsantrag ein von der BaFin oder einer zuständigen Behörde eines anderen Staates des EWR gebilligter und gültiger Wertpapierprospekt in deutscher und englischer Sprache beizufügen, § 14 Abs. 2 Satz 1 Nr. 1 AGB-Düsseldorf. Gemäß § 15 Abs. 2 AGB-Düsseldorf ist ein Wertpapierprospekt entbehrlich und stattdessen ein Exposé zu erstellen, wenn die Aktien bereits an einem regulierten Markt einer inländischen Börse oder einem anderen vergleichbaren ausländischen staatlich geregelten und überwachten Markt i. S. d. § 2 Abs. 11 WpHG zugelassen sind bzw. aus diesem Markt in den Primärmarkt wechseln sollen (Downlisting) oder ein Prospekt aufgrund der gesetzlichen Vorschriften entbehrlich ist.

d) Zwischenergebnis

Die Prospektpflicht gilt im Freiverkehr somit nur im Falle eines öffentlichen Angebots. Teilweise sehen die Freiverkehrssegmente jedoch bei Zustimmung des Emittenten oder in den qualifizierten Teilsegmenten prospektähnliche Dokumente (Exposé, Informationsblatt etc.) vor. Diese Dokumente unterliegen indes nicht der Billigung durch die BaFin (vgl. § 17 WpPG i. V. m. Art. 31 Abs. 1, Art. 2 lit. o) Prospekt-VO), wobei diese bei Wertpapierprospekten auch lediglich eine Prüfung der Vollständigkeit, Verständlichkeit und Kohärenz und nicht der Richtigkeit der Prospektangaben vornimmt (Art. 20 Abs. 4 Prospekt-

VO). Entscheidend ist, dass Exposés zur Einbeziehung in den Freiverkehr als „reines Börseninternum“ nicht der bürgerlich-rechtlichen Prospekthaftung unterliegen.[480] Insoweit weicht die Primärmarktpublizität negativ vom regulierten Markt ab.

Dies wirkt sich indes allein auf die effektive Informationsbewertung im Primärmarkt und nicht im Sekundärmarkt aus, da ein Wertpapierprospekt vor allem in unmittelbarer zeitlicher Nähe zur Prospekterstellung im Rahmen der Emission relevant ist. Da der Zulassungsprospekt nicht etwa fortlaufend zu aktualisieren ist,[481] nimmt seine Bedeutung für die Informationsbewertung im fortlaufenden Handel stetig ab. Dass im Freiverkehr u. U. kein Prospekt zu veröffentlichen ist, zeitigt daher keine relevanten Auswirkungen auf den Aussagegehalt des Kurses nach der Aufnahme des Handels.

3. Sekundärmarktpublizität

a) Ad-hoc-Publizität, Art. 17 MAR

Ein wesentliches Instrument zur Reduktion von Informationsasymmetrien ist die kapitalmarktrechtliche Pflicht zur Veröffentlichung von Insiderinformationen, die seit Erlass des Art. 17 MAR unmittelbar geltendes Unionsrecht darstellt. Sie dient primär der Informationseffizienz der Kapitalmärkte und stärkt durch die schnelle Informationsverbreitung deren Allokationsfunktion.[482] Eine hohe Publizität und Transparenz führt dazu, dass Kapital in die Investition mit der höchsten Rendite gelenkt wird. Ihr kommt zudem insoweit auch eine präventive Wirkung im Hinblick auf den Missbrauch von Insiderinformationen zu.[483]

Vor Einführung der MAR unterlag der Emittent im Freiverkehr keiner Ad-hoc-Publizitätspflicht, da § 15 Abs. 1 Satz 1 WpHG a. F. im Freiverkehr nicht anwendbar war.[484] Zwar wurden in den Freiverkehrs-AGB teilweise „Quasi-Ad-hoc-Pflichten“ geregelt,[485] diese unterlagen aber aufgrund ihrer privatrechtlichen Natur nicht der strengen öffentlich-rechtlichen Sanktionierung und verpflichteten regelmäßig den Handelsteilnehmer.[486] Mit der Erstreckung der Ad-hoc-Publizität auf MTF und der Qualifizierung des Freiverkehrs als solches

[480] Siehe Teil 4, Fn. 316.

[481] Vgl. Art. 23 Abs. 1 Satz 1 Prospekt-VO: bis zur Eröffnung des Handels.

[482] *Veil*, Privates Recht, 269 (276).

[483] RegE 2. FiMaFöG (Teil 4, Fn. 8), S. 48; Marsch-Barner/*Schäfer*, Hdb. börsennotierte AG, Rn. 15.4; *Walz* in MAH AktR, § 48 Rn. 42.

[484] *Clauß*, Abfindungsanspruch, S. 92; *Fink*, Der Freiverkehr, S. 101 f.; *Klöhn*, MAR, Art. 17 Rn. 57; Marsch-Barner/*Schäfer*, Hdb. börsennotierte AG, Rn. 15.14.

[485] Vgl. *Pasch/Schmeling/Starke*, CF 2015, 259 (266); *Veil*, FS Schneider 2011, 1313 (1318 ff.).

[486] *Linnerz/Freyling*, BB, 2017 2017, 1354 (1357 f.); dies dennoch als ausreichend erachtend, sofern keine konkreten Informationsdefizite vorliegen: OLG Düsseldorf, BeckRS 2022, 38808, Rn. 41.

ist Art. 17 MAR heute grundsätzlich auch im Freiverkehr anwendbar.[487] Zu beachten ist jedoch, dass die Anwendbarkeit des Art. 17 MAR unter der Prämisse der Zustimmung des Emittenten zum Freiverkehrshandel steht. Dies ergibt sich zwar nicht unmittelbar aus § 48 Abs. 1 Satz 4 BörsG, der sich allein auf die Regelungen in den Geschäftsbedingungen bezieht, folgt jedoch im Anwendungsbereich der MAR aus ErwGr. 49 Satz 5 und Art. 17 Abs. 1 UAbs. 3 MAR:

Dieser Artikel gilt für Emittenten, die für ihre Finanzinstrumente eine Zulassung zum Handel an einem geregelten Markt in einem Mitgliedstaat beantragt oder erhalten haben, bzw. im Falle von Instrumenten, die nur auf einem multilateralen oder organisierten Handelssystem gehandelt werden, für Emittenten, die für ihre Finanzinstrumente eine Zulassung zum Handel auf einem multilateralen oder organisierten Handelssystem in einem Mitgliedstaat erhalten haben oder die für ihre Finanzinstrumente eine Zulassung zum Handel auf einem multilateralen Handelssystem in einem Mitgliedstaat beantragt haben.

Andernfalls würde sich der Einbeziehungsvertrag zwischen dem Freiverkehrsträger und dem Antragsteller aufgrund der mit der Ad-hoc-Publizitätspflicht verbundenen erheblichen Sanktionen[488] als unzulässiger Vertrag zu Lasten des Emittenten auswirken.[489] Zwar sind vom Anwendungsbereich der MAR gem. Art. 2 Abs. 1 lit. b) MAR auch Finanzinstrumente erfasst, die in einem multilateralen Handelssystem ohne Zustimmung des Emittenten gehandelt werden. Art. 17 Abs. 1 UAbs. 3 MAR ist insoweit jedoch speziell auf die Ad-hoc-Publizitätspflicht zugeschnitten, während diejenigen Vorschriften der MAR, die nicht den Emittenten in die Pflicht nehmen, im Freiverkehr auch ohne Zustimmung des Emittenten anwendbar sein müssen. Die Ad-hoc-Publizitätspflicht gilt daher nur für Finanzinstrumente, die mit Zustimmung des Emittenten in den Freiverkehr einbezogen wurden.[490]

---

[487] Marsch-Barner/*Schäfer*, Hdb. börsennotierte AG, Rn. 15.14.

[488] Die nationalen Aufsichtsbehörden können im Falle eines Verstoßes des Emittenten gegen die Ad-hoc-Publizitätspflicht ein Bußgeld bis zu einer Höhe von 2% des Gesamtumsatzes des Konzerns verhängen, Art. 30 Abs. 2 lit. j) ii) MAR. § 120 Abs. 15 Nr. 6 bis 11, Abs. 18 Satz 1 WpHG sieht ein Bußgeld von bis zu 1 Mio. Euro vor. Bei juristischen Personen oder Personenvereinigungen kann eine Geldbuße bis zum höheren der Beträge von 2,5 Millionen Euro oder 2% des Gesamtumsatzes des vorangegangenen Geschäftsjahres verhängt werden (§ 120 Abs. 18 Satz 2 Nr. 2 WpHG). Eine weitere Steigerung des Bußgeldes eröffnet § 120 Abs. 18 Satz 3 WpHG mit einer Geldbuße bis zum Dreifachen des aus dem Verstoß gezogenen wirtschaftlichen Vorteils; wobei der wirtschaftliche Vorteil erzielte Gewinne und vermiedene Verluste erfasst und geschätzt werden kann (§ 120 Abs. 18 S. 4 WpHG). Zusätzlich bestehen ggf. Schadensersatzansprüche nach § 97 f. WpHG (vgl. Schwark/Zimmer/*Kumpan/Grütze*, Art. 17 MAR Rn. 343 ff.).

[489] Schwark/Zimmer/*Kumpan*, § 2 WpHG Rn. 196.

[490] BaFin, Emittentenleitfaden Modul C, S. 26; *Buck-Heeb*, Kapitalmarktrecht, S. 144, 475, 526; DAI, Stellungnahme 1. FiMaNoG, S. 4; *Grunewald/Schlitt*, S. 310; Marsch-Barner/*Schäfer*, Hdb. börsennotierte AG, Rn. 15.14; Schwark/Zimmer/*Kumpan*, § 2 WpHG Rn. 196; vgl. auch die kritische Auseinandersetzung bei *Scholz*, NZG 2016, 1286 (1287 f.), der sich im Ergebnis überzeugend für ein wertpapierbezogenes Verständnis ausspricht.

b) Directors' Dealings, Art. 19 MAR

Zudem ermöglicht die bereits angesprochene Offenlegung der Eigengeschäfte von Führungskräften nach Art. 19 MAR den Anlegern das Auftreten der Führungskräfte am Markt in ihr Anlagekalkül einzubeziehen und daraus Rückschlüsse auf die Unternehmensentwicklung zu ziehen.[491]

c) Beteiligungstransparenz

Auch die Eigentümerstruktur der Gesellschaft ist eine wertrelevante Information, die insbesondere Rückschlüsse auf die weitere Unternehmensentwicklung zulässt und die Anlageentscheidung der Aktionäre entsprechend beeinflusst.[492] Informationsvorsprünge von Großaktionären werden durch die Regelungen über die Beteiligungstransparenz reduziert und begegnen dadurch Insiderhandel und Marktmissbrauch.[493] Das Über- oder Unterschreiten von Beteiligungsschwellen ist aber auch unmittelbar kursrelevant und hat statistisch signifikante Aktienkursreaktionen zur Folge.[494] Das Verhältnis von positiven zu negativen Reaktionen ist dabei ausgeglichen, d. h. das Überschreiten der Schwellenwerte kann für die Marktteilnehmer sowohl positive als auch negative Informationen beinhalten.[495] Auch die Information über die mit der Beteiligung verfolgten Ziele und die Herkunft der für den Erwerb verwendeten Mittel ist kursrelevant.[496] Regelungen über die Beteiligungstransparenz fördern damit die Informationseffizienz des Kurses,[497] die Funktionsfähigkeit des deutschen Aktienmarkts sowie das Vertrauen der Anleger.[498]

---

[491] Assmann/Schütze/*Buck-Heeb*, Rn. 342; *Walz* in MAH AktR, § 48 Rn. 101.

[492] RegE 2. FiMaFöG (Teil 4, Fn. 8), S. 52; *Veil*, FS Schneider 2011, 1313 (1319).

[493] RegE 2. FiMaFöG (Teil 4, Fn. 8), S. 52; RegE Transparenzrichtlinie-Umsetzungsgesetz (TUG), BT-Drs. 16/2498, S. 28; RegE Umsetzung der Transparenzrichtlinie-Änderungsrichtlinie, BT-Drs. 18/5010, S. 44 durch Vorverlagerung des Zeitpunkts der Mitteilungspflicht; Richtlinie 2013/50/EU Transparenzrichtlinie-Änderungsrichtlinie (TRL-ÄndRL) v. 06.11.2013, ABl. L 294/13 ErwGr. 9; *Veil/Ruckes/Limbach* et al., ZGR 2015, 709 (710, 739 ff.) jedoch hinterfragend, ob die Information über die Stimmrechtsänderung überhaupt als Insiderinformation zu qualifizieren sei, da Stimmrechtsänderungen nur „*mittelbar fundamentalwertbezogene Informationen*“ seien (vgl. S. 741 ff.). Es könne daher keine pauschale Insiderrelevanz festgestellt werden. Vielmehr bedürfe die Feststellung des Vorliegens eines Insiderinformation einer Prüfung des konkreten Einzelfalls. Die Bedeutung des Insiderhandels sei im Rahmen der Stimmrechtsmitteilungen daher eher gering (744). MüKoAktG/*Bayer*, WpHG § 33 Rn. 1.

[494] *Veil/Ruckes/Limbach* et al., ZGR 2015, 709 (717 ff.).

[495] *Veil/Ruckes/Limbach* et al., ZGR 2015, 709 (zusf. 752).

[496] *Veil/Ruckes/Limbach* et al., ZGR 2015, 709 (729).

[497] *Veil/Ruckes/Limbach* et al., ZGR 2015, 709 (735, zusf. 752); *Klöhn*, ZHR 177 (2013) 349 (349) zur Informationseffizienz als Kerngedanken des WpHG.

[498] RegE 2. FiMaFöG (Teil 4, Fn. 8), S. 33, 35, 52; RegE TUG, S. 34; RegE Risikobegrenzungsgesetz (RisikobegrG), BT-Drs. 763/07, S. 16; RegE AnsFuG (Teil 4, Fn. 279), S. 2, 17, 20; RegE Umsetzung der Transparenzrichtlinie-Änderungsrichtlinie, S. 37; MüKoAktG/*Bayer*, WpHG § 33 Rn. 1; Richtlinie 88/627/EWG (Transparenzrichtlinie I) v. 17.12.1988,

aa) Regelungen der §§ 33 ff. WpHG

Aus § 33 Abs. 1 WpHG folgt die Verpflichtung des Aktionärs, bei Erreichen, Über- oder Unterschreiten von 3, 5, 10, 15, 20, 25, 30, 50 oder 75 % der Stimmrechte aus ihm gehörenden Aktien, dies unverzüglich dem Emittenten und gleichzeitig der BaFin, spätestens innerhalb von vier Handelstagen zu melden. § 34 WpHG erweitert die Meldepflicht durch die Zurechnung von Stimmrechten in Konzern-, Treuhand- und vergleichbaren Situationen (§ 34 Abs. 1 WpHG), aber auch bei einem sog. acting in concert (§ 34 Abs. 2 WpHG), um Umgehungen zu vermeiden.[499] Es wird insoweit eine wirtschaftliche Betrachtung angestellt, die auf die mögliche Einflussnahme abstellt.[500] Entsprechend fällt auch das Halten von Instrumenten gem. § 38 Abs. 1 Satz 1 WpHG ab einer Schwelle von 5 % der Stimmrechte unter die Mitteilungspflicht nach § 33 Abs. 1 und 2 WpHG. Auch der Emittent selbst ist zur Veröffentlichung seiner Beteiligungsstruktur gemäß § 40 WpHG verpflichtet. Ein Verstoß kann gem. § 120 Abs. 2 Nr. 2 lit. d), Abs. 17 WpHG mit Geldbußen von bis zu zwei Millionen Euro, bei juristischen Personen bis zu 10 Millionen Euro oder 5 % des Gesamtumsatzes bzw. bis zum Zweifachen des aus dem Verstoß gezogenen wirtschaftlichen Vorteils geahndet werden. Für den Meldepflichtigen ist die unterlassene Mitteilung mit einem totalen Rechtsverlust für die Dauer des Verstoßes verbunden, § 44 WpHG. Zusätzlich sieht § 43 Abs. 1 Satz 1 WpHG beim Überschreiten der 10 % oder einer höheren Schwelle die Pflicht des Meldepflichtigen vor, binnen 20 Handelstagen nach Erreichen oder Überschreiten der Schwelle dem Emittenten die mit dem Erwerb der Stimmrechte verfolgten Ziele und die Herkunft der für den Erwerb verwendeten Mittel mitzuteilen. Der Emittent ist gem. § 43 Abs. 2 WpHG zur Veröffentlichung und Übermittlung an das Unternehmensregister verpflichtet. Dies informiert die Anleger über die Absichten des Meldepflichtigen, dessen Strategie und seine zukünftigen Pläne.[501] § 43 Abs. 1 WpHG ist jedoch dispositiv und kann per Satzungsregelung ausgeschlossen werden, § 43 Abs. 3 Satz 1 WpHG.[502] Insgesamt wird der Nutzen der Mitteilungspflicht nach § 43 Abs. 1 WpHG vor allem deshalb in Frage gestellt, weil die Meldepflichtigen ihre Ziele recht vage formulieren und ein Verstoß – im Gegensatz zur Meldepflicht nach § 33 WpHG (vgl. § 120

ABl. L 348/62 EwrGr. 1 ff.; Richtlinie 2004/109/EG (Transparenzrichtlinie II) v. 31.12.2004, ABl. L 390/38 ErwGr. 1 f., 18, 36, 41; TRL-ÄndRL, ABl. L 294/13 (Teil 4, Fn. 493) ErwGr. 12, 29; MüKoAktG/*Bayer*, WpHG § 33 Rn. 1. Beteiligungsintransparenz kann zu einem Marktversagen führen (instruktiv *Gumpp*, ZBB 2020, 103), bei dem die Börsenkurse als Wertmesser klar ausscheiden müssen (vgl. Teil 3, Fn. 832).

[499] MüKoAktG/*Bayer*, WpHG § 34 Rn. 1.

[500] MüKoAktG/*Bayer*, WpHG § 34 Rn. 1; BGH, BeckRS 2011, 22984, Rn. 32; Emmerich/*Habersack*, § 34 WpHG Rn. 1; *Gumpp*, ZBB 2020, 103 (104).

[501] MüKoAktG/*Bayer*, WpHG § 43 Rn. 2.

[502] Kritische rechtstatsächliche Analyse bei *Bayer/Hoffmann*, AG 2013, R199-R202 (R202).

Abs. 2 Nr. 2 lit. d) WpHG) – nicht unmittelbar sanktioniert wird (bloßes Naming and shaming, § 124 WpHG).[503] Die Vorschriften der §§ 33 ff. WpHG gelten nicht im Freiverkehr, da dieser kein organisierter Markt i. S. d. § 2 Abs. 1 WpHG ist.[504]

bb) Regelungen der §§ 20, 21 AktG

Die Vorschriften des § 20 f. AktG sind insgesamt weniger weitreichend als die Mitteilungspflichten nach dem WpHG.[505] Denn sie verpflichten nur die Gesellschaft und nicht die Anleger. Der Zweck der Regelung besteht vor allem darin „Aktionäre, Gläubiger und Öffentlichkeit über bestehende und geplante Konzernverbindungen besser zu unterrichten sowie nicht erkennbare Machtverhältnisse transparent zu machen".[506]

cc) Regelung des § 35 Abs. 1 WpÜG

Auch § 35 Abs. 1 WpÜG, nach dem der unmittelbare oder mittelbare Erwerb der Kontrolle über eine Zielgesellschaft unverzüglich gemäß § 10 Abs. 3 S. 1 und 2 WpÜG zu veröffentlichen ist, erhöht die Beteiligungstransparenz am Markt.[507] Das WpÜG findet auf Freiverkehrsemittenten jedoch von vornherein keine Anwendung.

dd) Zwischenergebnis

Jenseits der Grenzen der §§ 20 f. AktG, können Anleger im Freiverkehr daher weder Einsicht in die Beteiligungsstruktur noch in die langfristigen Ziele der Kontrollinhaber nehmen.

---

[503] MüKoAktG/*Bayer*, WpHG § 43 Rn. 18. Die Regelung daher als „lex imperfectae" und „Akt der Symbolgesetzgebung" bezeichnend: *Fleischer*, ZGR 2008, 185 (202). Dennoch haftet der Meldepflichtige nach den allgemeinen Grundsätzen. So kann bei einer vorsätzlich unterlassenen Mitteilung ein Verstoß gegen das Verbot der Marktmanipulation (Art 12 MAR) vorliegen. Denkbar ist auch ein Verstoß gegen das Insiderverbot (Art. 7 ff. MAR); dagegen jedoch MüKoAktG/*Bayer*, WpHG § 43 Rn. 23 unter Verweis auf das Erfordernis eines Drittbezugs. Ferner kann eine deliktische Haftung bestehen, wenn § 43 Abs. 1 WpHG auch dem Individualschutz dient und damit Schutzgesetz i. S. d. § 823 Abs. 2 BGB ist (dafür: MüKoAktG/*Bayer*, WpHG § 43 Rn. 23; dagegen: Emmerich/*Habersack*, § 43 WpHG Rn. 14; Schwark/Zimmer/*v. Hein*, § 43 WpHG Rn. 18). Im Einzelfall ist auch eine Haftung nach § 826 BGB denkbar.

[504] *Buck-Heeb*, Kapitalmarktrecht, Rn. 145, 771; *Pasch/Schmeling/Starke*, CF 2015, 259 (267); *Schwark*/Zimmer, § 48 BörsG Rn. 36; Schwark/Zimmer/*v. Hein*, § 33 WpHG Rn. 7.

[505] *Bayer*, Gutachten E, 67. DJT, 2008, S. 111.

[506] *Bayer*, Gutachten E, 67. DJT, 2008, S. 111 m. w. N., der diese Regelung bei nichtbörsennotierten AG jedoch für nicht erforderlich hält.

[507] Vgl. näher S. 95 ff.

d) Jahres-, Halbjahresfinanzberichte

Auch die Veröffentlichung von Jahresfinanzberichten (§ 114 WpHG), Zwischenberichten (§ 115 WpHG)[508] entfällt im Freiverkehr, denn Freiverkehrsemittenten sind keine Inlandsemittenten i. S. d. § 2 Abs. 14 WpHG.[509] Allerdings legen die Freiverkehrsträger bei Zustimmung des Emittenten zum Handel regelmäßig vergleichbare Veröffentlichungspflichten fest.[510] Gleichwohl ist die Sanktionierung deutlich milder gegenüber § 120 Abs. 2 Nr. 2 lit. l), Nr. 4 lit. f), Nr. 10, Nr. 15, Abs. 12 Nr. 5, Abs. 17 bis 24 WpHG, der eine Geldbuße von bis zu 2 Mio. Euro vorsieht.[511] Im regulierten Markt werden demgegenüber teils noch strengere Anforderungen geregelt. So sind beispielsweise im Prime Standard der FWB Quartalsmitteilungen zu veröffentlichen (§ 53 BörsO).

4. Zwischenergebnis

Vor Erlass der MAR wurde die Aussagekraft des Börsenkurses im Freiverkehr aufgrund der deutlich geringeren Transparenz des Marktes zu Recht in Frage gestellt.[512] Eine effektive Informationsbewertung konnte nur nach eingehender Prüfung und nur in Ausnahmefällen angenommen werden. Dieses Bild hat sich durch die MAR insgesamt gewandelt, wobei jedoch eine klare Differenzierung zwischen dem Freiverkehr mit und ohne Zustimmung des Emittenten vorgenommen werden muss.

Denn im einfachen Freiverkehr ohne Zustimmung des Emittenten ist dieser nicht an Publizitätspflichten gebunden, insbesondere finden die Publizitätspflichten der MAR keine Anwendung und auch in den Geschäftsbedingungen können keine entsprechenden Pflichten des Emittenten begründet werden. Es fehlt hier an zentralen Informationsmöglichkeiten der Marktteilnehmer, sodass die Aussagekraft im Hinblick auf den inneren Beteiligungswert in Zweifel zu ziehen ist. Der Börsenkurs kann Fundamentaldaten des Unternehmens und

[508] Verkürzter Abschluss, Zwischenlagebericht, Bilanzeid, § 264 Abs. 2 Satz 3, 289 Abs. 1 Satz 5 HGB.

[509] RegE 1. FiMaNoG (Teil 4, Fn. 366), S. 57 f.; Schwark/Zimmer/*Kumpan*, § 2 WpHG Rn. 195.

[510] § 13 Abs. 4 AGB-Berlin (Erstlisting); § 14 Abs. 2 lit. b AGB-München (unterjähriger Emittentenbericht im m:access); §§ 10 lit. b), 20 Abs. 2 AGB-Hannover (Freiverkehr, Mittelstandsbörse Deutschland); §§ 10 lit. b, 20 Abs. 2, 26 Abs. 1 lit b) AGB-Hamburg (Freiverkehr, Mittelstandsbörse Deutschland, High Risk Market); § 18 Abs. 1 Nr. 3 AGB-Düsseldorf (Primärmarkt); § 21 Abs. 1 lit. b) i. V. m. § 36 Abs. 1 AGB-FWB (Scale).

[511] Vertragsstrafe von bis zu 50 000 Euro bei Vorsatz bzw. 25 000 Euro bei Fahrlässigkeit in Scale (§ 23 Abs. 2 AGB-FWB). Vertragsstrafe von bis zu 10 000 im Freiverkehr der Börsen Hamburg und Hannover (§§ 11 Abs. 5, 15 Abs. 2, 27 Abs. 3 AGB-Hamburg; §§ 11 Abs. 5, 15 Abs. 2 AGB-Hannover). Vertragsstrafe bis zu 5 000 Euro bei Vorsatz bzw. 2 500 Euro bei Fahrlässigkeit (§ 14 Abs. 2 AGB-Berlin). Keine Vertragsstrafen sind hingegen im Primärmarkt Düsseldorf und m:access München vorgesehen. Allerdings besteht hier die Möglichkeit der Beendigung der Notiz (§ 19 Abs. 2 AGB-Düsseldorf; § 18 Abs. 1 AGB-München).

[512] *Riegger/Wasmann*, FS Stilz 2014, 509 (510 f.); *Veil*, FS Schneider 2011, 1313 (1319).

deren Bewertung nicht effizient wiedergeben. Für die Heranziehung von Freiverkehrskursen als Wertuntergrenze ist dies von untergeordneter Bedeutung, da diese insoweit allein in der Lage sein müssen, den Desinvestitionswert, dagegen nicht den inneren Wert der Aktie abzubilden.[513] Im Hinblick auf den inneren Beteiligungswert und das Gebot der vollen Entschädigung sind die Informationsdefizite des einfachen Freiverkehrs ohne Zustimmung durchaus beachtlich. Die privatrechtliche Ausgestaltung der Freiverkehrssegmente relativiert dieses Ergebnis indes in weiten Teilen. Denn die Einbeziehungsvoraussetzungen in den einfachen Freiverkehrssegmenten ohne Zustimmung des Emittenten sind regelmäßig so ausgestaltet, dass sie eine Primärnotiz im regulierten Markt verlangen. Für die Folgepflichten folgt hieraus, dass der Emittent über die Zulassung im regulierten Markt an die strengen Publizitätspflichten gebunden ist und das Informationsniveau insoweit auf den Freiverkehr durchschlägt.

Sofern der Emittent der Notierung zustimmt, gelten für ihn auch im Freiverkehr die strengen Publizitätspflichten der MAR. Das frühere Argument gegen die Berücksichtigungsfähigkeit von Freiverkehrskursen aufgrund der geringen Informationseffizienz lässt sich insoweit entkräften.

Im qualifizierten Freiverkehr können Aktien dagegen nur mit Zustimmung des Emittenten gehandelt werden, weshalb nicht nur die MAR samt Publizitätspflicht Anwendung findet, sondern auch in den Geschäftsbedingungen erhöhte Folgepflichten geregelt werden können. Hiervon machen die Freiverkehrsträger regen Gebrauch. Der qualifizierte Freiverkehr unterscheidet sich insoweit kaum noch vom regulierten Markt.[514]

V. Operationale Funktionsfähigkeit

Die operationale Funktionsfähigkeit des Marktes ist gegeben, wenn die Marktmechanismen zu einer kostenoptimalen Bereitstellung der Marktfunktion und seiner Nebenaufgaben führen. Insbesondere sind Aspekte der impliziten und expliziten Transaktionskosten von Interesse. Müssen sich die Anleger die wertrelevanten Informationen selbst verschaffen, führt dies zu hohen Transaktionskosten. Wesentliches Mittel zur Minimierung von Transaktionskosten sind daher die Publizitätspflichten des Emittenten, da sie denjenigen zur Offenlegung von Informationen verpflichten, der diese am einfachsten und damit kostengünstigsten beschaffen kann.[515] Insoweit fallen allokative und operationale

[513] Siehe S. 46 ff., 255 ff.

[514] Dies verkennend OLG München, BeckRS 2020, 9359, Rn. 30. Wie hier: *Ballwieser*, CF 2018, 61; *Bungert/Leyendecker-Langner*, BB 2014, 521 (524); *Bungert/Leyendecker-Langner*, DB 2015, 2251 (2253) *C. Schmitt/Süßmann*, BB 2014, 1451 (1454); so schon KG Berlin, NZG 2009, 752 (753 f.) vor Geltung der MAR; jüngst aber auch das OLG Düsseldorf, BeckRS 2022, 38808, Ls. 3, Rn. 41 ff.; a. A. noch *Stöber*, WM 2014, 1757 (1761).

[515] Ebenroth/Boujong/Joost/*Poelzig*, HGB, Vorbem. WpHG Rn. 44; *Klöhn*, MAR, Art. 17 Rn. 19.

Funktionsfähigkeit in den Transparenz- und Publizitätspflichten zusammen. Im einfachen Freiverkehr ohne Zustimmung des Emittenten bestehen gerade keine Publizitätspflichten des Emittenten. Die operationale Funktionsfähigkeit bleibt hier deutlich hinter dem regulierten Markt zurück. Bei Zustimmung des Emittenten hat sich die Regulierung des Freiverkehrs dem regulierten Markt inzwischen erheblich angenähert. Insbesondere die MAR findet unmittelbar auf Freiverkehrsemittenten Anwendung.

Implizite Transaktionskosten, die aus der Differenz zwischen dem Kurs, zu dem der Auftrag ausgeführt wird und dem Mittelkurs zwischen Geld- und Briefkurs folgen, hängen entscheidend mit der Liquidität des Handels zusammen, die auch im Freiverkehr grundsätzlich gegeben ist.

VI. Zwischenergebnis: Grundsätzliche Aussagekraft von Freiverkehrskursen

Nach den vorstehenden Erwägungen kann die Funktionsfähigkeit des Freiverkehrs heute nicht mehr grundsätzlich in Frage gestellt werden. Seitdem der Freiverkehr mit dem Börsenzulassungs-Gesetz 1986 erstmalig auf eine gesetzliche Grundlage gestellt wurde, hat das Regulierungsniveau über die Zeit stetig zugenommen. Zuletzt wurde mit der MAR das Regulierungsniveau nochmals deutlich angehoben.[516] Durch MiFID und MiFID II wurde der Freiverkehr im Hinblick auf die Vorhandelstransparenz, den Nichtdiskriminierungsgrundsatz und den Schutz vor Marktmissbrauch erheblich gestärkt.[517] Der Freiverkehr gewährleistet damit im Regelfall einen funktionierenden Markt.[518] Durch die Ausweitung der Einbeziehungsfolgepflichten für MTF nähern sich diese immer weiter an den regulierten Markt an – die Unterschiede zwischen reguliertem Markt und MTF und damit auch dem Freiverkehr werden immer geringer.[519] Dies gilt insbesondere für den qualifizierten Freiverkehr, bei dem Preisbildung, Liquidität und Transparenz mit dem regulierten Markt vergleichbar sind.[520] Auch die im Kern privatrechtliche Regulierung ändert hieran nichts. Hinsichtlich der Preisfeststellung ergeben sich keine wesentlichen Abweichungen zum regulierten Markt.[521] Ein wesentliches Kriterium der Heranziehung von Frei-

---

516 DAI, Börsengang aus Sicht der KMU, S. 30; OLG Hamburg, BeckRS 2020, 27988, Rn. 38.

517 *Berg*, Der Marktrückzug des Emittenten, S. 36.

518 Schon vor Geltung der MAR: KG Berlin, NZG 2009, 752 (753); OLG München, NZG 2008, 755 (756); lediglich in Bezug auf die faktische Veräußerlichkeit: *Arnold/Rothenburg*, DStR 2014, 150 (154); *Klöhn*, NZG 2012, 1041 (1046); *Simon/Burg*, DK 2009, 214 (218); *Thomale*, ZGR 2013, 686 (709).

519 *Kumpan*, ZGR 2016, 2 (31).

520 Für den m:access: BVerfGE 132, 99 (116) – „*Delisting*"; bereits LG München I, NZG 2007, 951 (951); OLG München, NZG 2008, 755 (756); zum Wechsel in den Entry Standard: KG Berlin, NZG 2009, 752 (753).

521 LG München I, NZG 2007, 951 (951); OLG München, NZG 2008, 755 (756).

verkehrskursen muss indes die Zustimmung des Emittenten zum Handel sein, die Anknüpfungspunkt für weitreichende Folgepflichten ist.

Entscheidend ist die Aussagekraft im Hinblick auf den Beteiligungswert, die auch im Freiverkehr gegeben sein kann, sofern ein liquider Handel stattfindet, der frei von Manipulationen ist und bei dem eine effektive Informationsbewertung vorliegt.[522] Die Gewährleistung einer effektiven Informationsbewertung hängt entscheidend von den Zulassungsfolgepflichten ab, die den Emittenten im konkreten Marktsegment treffen und die ganz entscheidend davon abhängen, ob der Emittent der Einbeziehung zugestimmt hat oder nicht.

C. Ergebnis – Freiverkehrskurse als Regelabfindung

Nach den vorstehenden Erwägungen kann Freiverkehrskursen grundsätzlich nur ausnahmsweise ihre Aussagekraft abgesprochen werden. So hat sich der Freiverkehr in den vergangenen Jahren dem regulierten Markt in weiten Teilen angenähert, sodass im Regelfall von einer effektiven Informationsbewertung ausgegangen werden kann.

Abweichend ist nur der einfache Freiverkehr ohne Zustimmung und ohne Primärnotiz im regulierten Markt zu behandeln. Mangels hinreichender Publizitätspflichten muss die effektive Informationsbewertung hier unter dem Gebot der vollen Entschädigung positiv festgestellt werden, da nicht von einer unbeeinflussten Preisbildung und effektiven Informationsbewertung ausgegangen werden kann.[523] In Freiverkehrssegmenten mit Zustimmung des Emittenten kann hingegen per se von einer Aussagekraft des Kurses ausgegangen werden, die nur bei Vorliegen entsprechender Anhaltspunkte für eine ineffiziente Informationsbewertung widerlegt werden kann.[524]

Die Fälle, in denen eine positive Feststellung der Aussagekraft des Freiverkehrskurses erforderlich ist, sind jedoch äußert begrenzt. Allein im allgemeinen Freiverkehr der Börse Hamburg/Hannover ist eine primäre Einbeziehung in den Freiverkehr ohne Zustimmung des Emittenten möglich. Im Übrigen streitet eine widerlegliche Vermutung für die Aussagekraft des Börsenkurses auch im Freiverkehr.

---

[522] *Bungert/Wettich*, FS Hoffmann-Becking 2013, 157 (174); *Emmerich*/Habersack, § 305 AktG Rn. 64; OLG Düsseldorf, BeckRS 2008, 9759, Ls. 2 (besonderes Augenmerk auf Liquidität des Handels).

[523] Wie hier: OLG München, NZG 2014, 1230 (1230). Wobei das OLG München die gesteigerten Informationspflichten durch Einführung der MAR nocht nicht berücksichtigt hat, da diese erst nach der abfindungsrelevanten Maßnahme in Kraft getreten ist.

[524] OLG Hamburg, BeckRS 2020, 27988, Rn. 38.

Teil 5

Thesen

(1) Die Bestimmung der angemessenen Abfindung bei Strukturmaßnahmen ist eine originäre Rechtsfrage. Die Bewertung ist daher maßgeblich durch rechtliche Erwägungen geprägt.

(2) In rechtsgeleiteten Bewertungssituationen muss die Bewertung in erster Linie den rechtlichen Zielvorgaben – dem Bewertungszweck – entsprechen (funktionales Wertverständnis).

(3) Der Normzweck, der durch Auslegung unter Berücksichtigung der verfassungsrechtlichen Dimension des Anteilseigentums zu ermitteln ist, legt das Bewertungsziel fest, an dem sich der Bewertungsvorgang zu orientieren hat (Prinzip der Normzweckadäquanz).

(4) Die angemessene Abfindung hat die Minderheit vermögensmäßig so zu stellen, wie sie ohne die Maßnahme stünde (Entschädigungsgedanke). Der Rechtsverlust bestimmt sich nach der Rechtsstellung der Minderheit, die durch beschränkte Herrschaftsrechte, einen geringen Bestandsschutz, das Fehlen direkter Zugriffsrechte auf das Unternehmensvermögen und primäre Vermögensrechte und damit als Kapitalanleger geprägt ist. Diese begrenzte Rechtsposition muss bei der Abfindungsbemessung vermögensmäßig berücksichtigt werden.

(5) Die Suche nach der vollen Entschädigung zum „wahren" Wert ist letztlich eine nach dem normzweckadäquaten Wert. Eine Bewertungsmethode scheidet nicht schon deshalb zur Wertermittlung aus, weil sie nur zu einem Näherungs- bzw. Schätzwert führen kann. Denn mangels objektiver Werte sind sämtliche Bewertungsverfahren von vornherein nur in der Lage sich dem „wahren" Wert der Beteiligung anzunähern.

(6) Das BVerfG misst dem Börsenkurs als Verkehrswert der Aktie (Desinvestitionswert) eine eigene abfindungsrechtliche Bedeutung bei. Dieser ist vom Verkehrswert der Beteiligung insgesamt aber strikt zu trennen. Denn für den Desinvestitionswert kommt es entscheidend darauf an, ob eine tatsächliche Veräußerungsmöglichkeit bestand, hingegen nicht, ob der Börsenkurs aussagekräftig ist.

(7) Die Heranziehung der Liquidationshypothese ist gerade auch in Anbetracht der jüngeren gesetzgeberischen Bestrebungen im Personengesellschaftsrecht, vor allem aber im Hinblick auf Gegenstand und Perspektive der Bewertung bei der Abfindung von Minderheitsaktionären abzulehnen.

(8) Gegenstand der Bewertung bei Strukturmaßnahmen ist der Gesellschaftsanteil (Beteiligungswert) als einerseits quotale Unternehmensbeteiligung und andererseits selbständig verkehrsfähige Aktie. Diese Doppelnatur des Anteilseigentums muss die angemessene Abfindung wertmäßig abbilden. Aus der Doppelnatur folgt aber nicht das Erfordernis einer Doppelbewertung aus Unternehmens- und Anteilswert. Bei der Abfindung der Minderheitsaktionäre überzeugt es, – wo möglich – den Beteiligungswert direkt zu ermitteln, sofern dabei auch die Unternehmensbeteiligung wertmäßig berücksichtigt wird.

(9) Ein Verhandlungsmodell, das auf einen hypothetischen Einigungswert zwischen Mehrheit und Minderheit abzielt, ist in dominierten Konfliktsituationen als reine Fiktion abzulehnen. Die angemessene Abfindung ist vielmehr aus der Perspektive der Minderheit zu bestimmen.

(10) Aus der abfindungsrechtlichen Gleichbehandlung der Aktionäre folgt ein rechtliches Typisierungserfordernis des Bewertungssubjekts. Die Minderheit ist nicht zum höchsten individuellen Grenzpreis abzufinden, sondern zum objektiven Verkäufergrenzpreis eines Durchschnitts-Minderheitsaktionärs.

(11) Die volle Entschädigung bemisst sich nach dem Verkehrswert der Minderheitsbeteiligung. Denn er ist der Wert, der der Minderheit zusteht, da sie ihn autonom realisieren kann. Aktionären mehr zu gewähren als den Verkehrswert der Beteiligung, wäre eine verfassungsrechtlich nicht gebotene Überkompensation.

(12) Eine Bewertung allein anhand von Börsenkursen ist nicht nur normzweckadäquat, sondern wird dem Bewertungsziel „Verkehrswert des Gesellschaftsanteils“ am besten gerecht. Denn ein aussagekräftiger Börsenkurs bildet gerade den Verkehrswert der Minderheitsbeteiligung ab. Es leuchtet nicht ein, warum noch ein fiktiver Verkehrswert auf Grundlage einer Fundamentalbewertung ermittelt werden sollte, wenn doch mit dem Börsenkurs ein realer Verkehrswert existiert.

(13) Eine Bewertung anhand von Börsenkursen ist auch – entgegen der vielfachen Kritik von Seiten der Ökonomen – mit den bewertungstheoretischen Grundsätzen vereinbar und widerspricht insbesondere nicht dem Grundsatz der Rationalität der Bewertung.

(14) Aus Gründen der Objektivität der Bewertung und der Verfahrensökonomie sind Börsenkurse zur Abfindungsbemessung vorrangig heranzuziehen. Auf eine Fundamentalbewertung sollte nur im Falle nicht aussagekräftiger Börsenkurse zurückgegriffen werden, d. h. wenn keine effektive Informationsbewertung gewährleistet ist.

(15) Der Börsenkurs wird bislang zu Lasten der Prozessökonomie überwiegend nur in Kombination mit einem Ertragswertverfahren bei der Bestimmung der angemessenen Barabfindung herangezogen. Um die Vorteile einer rein

börsenkursorientierten Bewertung auszuschöpfen, sollte sich die Rechtswissenschaft daher für eine Angemessenheitsvermutung aussprechen und dabei klar definieren, wann der Börsenkurs mangels Aussagekraft ausscheiden muss.

(16) Die DAT/Altana-Rechtsprechung, wonach der Börsenkurs die Untergrenze der angemessenen Abfindung bildet, bezieht sich zwar nicht explizit auf den Freiverkehr. Sie ist jedoch inhaltlich auf Freiverkehrskurse übertragbar, da im Freiverkehr grundsätzlich eine vergleichbare Desinvestitionsmöglichkeit besteht. Auf das Regulierungsniveau kommt es insoweit nicht an.

(17) Damit Kurse zur Bestimmung des Beteiligungswerts herangezogen werden können, müssen sie aussagekräftig sein, d. h. in einem funktionsfähigen Markt auf Basis einer effektiven Informationsbewertung gebildet werden.

(18) Auch im Freiverkehr ist regelmäßig ein funktionsfähiger Handel gewährleistet. Das Vorliegen einer effektiven Informationsbewertung hängt jedoch entscheidend davon ab, ob der Emittent auch in einem regulierten Markt gelistet ist oder der Einbeziehung zugestimmt hat. Denn nur dann gelten die strengen Transparenz- und Publizitätspflichten der MAR, die Grundlage der widerleglichen Vermutung aussagekräftiger Kurse sind.

(19) Für im Freiverkehr gebildete Kurse von Emittenten, die weder im regulierten Markt gelistet sind noch der Einbeziehung in den Freiverkehr zugestimmt haben, muss die Aussagekraft daher positiv festgestellt werden. Dies betrifft nach der derzeitigen Struktur der Freiverkehrssegmente jedoch allein den Freiverkehr der Börse Hamburg/Hannover.

(20) Abgesehen von einfachem Freiverkehr ohne Zustimmung des Emittenten kommt Börsen- und Freiverkehrskursen somit unter dem Prinzip der Normzweckadäquanz eine Angemessenheitsvermutung zu. In der Praxis sollte daher verstärkt auf Börsen- und Freiverkehrskurse als Regelabfindung zurückgegriffen werden.

Literaturverzeichnis

Aders, Christian/Muxfeld, Dennis/Lill, Felix, Die Delisting-Neuregelung und die Frage nach dem Wert der Börsennotierung, CF 2015, 389–399.

Adolff, Johannes, Unternehmensbewertung im Recht der börsennotierten Aktiengesellschaft, zugl. Habil.-Schr., München, 2004, C. H. Beck, München 2007.

Aha, Christof, Aktuelle Aspekte der Unternehmensbewertung im Spruchstellenverfahren, zugleich Anmerkungen zu der Paulaner-Entscheidung des BayObLG, AG 1997, 26–36.

Akerlof, George A., The Market for „Lemons": Quality Uncertainty and the Market Mechanism, Q J Econ Vol. 84 (1970), 488–500.

Angerer, Lutz/Geibel, Stephan/Süßmann, Rainer (Hrsg.), Wertpapiererwerbs- und Übernahmegesetz (WpÜG), Kommentar, 3. Aufl., C. H. Beck, München 2017 (zitiert: Angerer/Geibel/Süßmann/*Bearbeiter*, WpÜG).

Arnold, Michael/Rothenburg, Vera, BGH-Entscheidung zum Delisting: Alle Fragen geklärt?, DStR 2014, 150–156.

Assies, Paul H./Beule, Dirk/Heise, Julia/Strube, Hartmut/Ackermann, Thomas (Hrsg.), Handbuch des Fachanwalts Bank- und Kapitalmarktrecht, 5. Aufl., Carl Heymanns, Köln 2019 (zitiert: Assies/Beule/Heise/*Bearbeiter*).

Assmann, Heinz-Dieter/Pötzsch, Thorsten/Schneider, Uwe H. (Hrsg.), Wertpapiererwerbs- und Übernahmegesetz, Kommentar, 3. Aufl., Otto Schmidt, Köln 2020 (zitiert: Assmann/Pötzsch/Schneider/*Bearbeiter*, WpÜG).

Assmann, Heinz-Dieter/Schneider, Uwe H./Mülbert, Peter O. (Hrsg.), Wertpapierhandelsrecht, Kommentar: WpHG, MAR, PRIIP, MiFIR, Leerverkaufs-VO, EMIR, 7. Aufl., Otto Schmidt, Köln 2019 (zitiert: Assmann/Schneider/Mülbert/*Bearbeiter*, WpHG).

Assmann, Heinz-Dieter/Schütze, Rolf A./Buck-Heeb, Petra (Hrsg.), Handbuch des Kapitalanlagerechts, 5. Aufl., C. H. Beck, München 2020 (zitiert: Assmann/Schütze/Buck-Heeb/*Bearbeiter*).

Assmann, Heinz-Dieter/Wallach, Edgar/Zetzsche, Dirk A. (Hrsg.), Kapitalanlagegesetzbuch Kommentar, KAGB, ELTIF-VO, EuSEF-VO, EuVECA-VO, MMF-VO, PRIIP-VO, PEPP-VO, DerivateV, Offenlegungs-VO, Taxonomie-VO, 2. Aufl., Otto Schmidt, Köln 2022 (zitiert: Assmann/Wallach/Zetzsche/*Bearbeiter*, KAGB).

Bachmann, Gregor, Der Grundsatz der Gleichbehandlung im Kapitalmarktrecht, ZHR 170 (2006), 144–177.

Ders., Private Ordnung, Grundlagen ziviler Regelsetzung, zugl. Habil.-Schr., Berlin, 2004, Mohr Siebeck, Tübingen 2006.

Ders., Rocket Internet – Ein Fall für den Gesetzgeber?, NZG 2021, 609–610.

Bajaj, Mukesh/Denis, David J./Ferris, Stephen/Sarin, Atulya, Firm Value and Marketability Discounts, JCL 2001, 89–115.

Ball, Ray, The Development, Accomplishments and Limitations of the Theory of Stock Market Efficiency, Managerial Finance 1994, 3–48.

Ballwieser, Wolfgang, Zur „Kunst“ der Verwendung von Bewertungszuschlägen und -abschlägen, CF 2018, 61–72.

Ders., Unsicherheitsbewältigung durch Bewertungsmethoden- oder Bewertungstechnikvielfalt, in: Unternehmensbewertung, Festschrift für Bernhard Großfeld zum 85. Geburtstag, Heidelberg 2019, S. 21–34.

Bauer, Hartmut/Merten, Detlef/Papier, Hans-Jürgen (Hrsg.), Handbuch der Grundrechte in Deutschland und Europa, Band 5, C. F. Müller, Heidelberg 2013 (zitiert: *Bearbeiter* in Bauer/Merten/Papier, HGR V).

Baums, Philipp A., Ausschluss von Minderheitsaktionären, zugl. Diss. Greifswald, 2000–2001, Peter Lang, Frankfurt a. M. 2001.

Baums, Theodor, Rechtsfragen der Bewertung bei Verschmelzung börsennotierter Gesellschaften, in: Recht und Wirtschaft, Gedächtnisschrift für Malte Schindhelm, Köln 2009, S. 63–114.

Baums, Wolfgang, Der Ausgleich nach § 304 AktG, Eine ökonomische Analyse, zugl. Diss. Hamburg, 2006, Peter Lang, Frankfurt a. M. 2007.

Baur, Jürgen F./Tappen, Falko/Mehrkhah, Elnaz/Behme, Caspar, Kommentar zum KAGB und Investmentsteuergesetz, Band 1: §§ 1–90 KAGB, 4. Aufl., De Gruyter, Berlin 2020 (zitiert: Baur/Tappen/Mehrkhah/Behme/*Bearbeiter*).

Bayer, Walter, Empfehlen sich besondere Regelungen für börsennotierte und für geschlossene Gesellschaften?, Gutachten E für den 67. Deutschen Juristentag, C. H. Beck, München 2008.

Ders., Unterschiede im Aktienrecht zwischen börsennotierten und nichtbörsennotierten Gesellschaften, in: Festschrift für Klaus J. Hopt zum 70. Geburtstag am 24. August 2010, Unternehmen, Markt und Verantwortung, Berlin 2010, S. 373–390.

Ders., Aktionärsschutz beim Delisting: Empfehlungen an den Gesetzgeber, ZIP 2015, 853–859.

Ders., Delisting: Korrektur der Frosta-Rechtsprechung durch den Gesetzgeber, NZG 2015, 1169–1178.

Ders., Die Delisting-Entscheidungen „Macrotron“ und „Frosta“ des II. Zivilsenats des BGH, Ein Lehrstück für die Suche nach der „richtigen“ Problemlösung und zugleich die Analyse einer unzulänglichen Gesetzgebung und einer gescheiterten Rechtsfortbildung, ZfPW 2015, 163–226.

Bayer, Walter/Habersack, Mathias (Hrsg.), Aktienrecht im Wandel, Grundsatzfragen des Aktienrechts, Band 2, Mohr Siebeck, Tübingen 2007 (zitiert: *Bearbeiter* in Bayer/Habersack).

Bayer, Walter/Hoffmann, Thomas, Die nichtbörsennotierte Aktiengesellschaft, AG 2008, R379-R382.

Dies., Kapitalmarktreaktionen beim Delisting, AG 2013, R371-R374.

Dies., Opting-Out von § 27a Abs. 1 WpHG, AG 2013, R199-R202.

Dies., Die Folgen von Frosta: Zur vorläufigen empirischen „Schadensbilanz“ von BGH v. 8.10.2013 – II ZB 26/12, AG 2013, 877, AG 2015, R55-R59.

Bayram, Milan, Manipulative Handelspraktiken gem. Art. 12 MAR, Duncker & Humblot, Berlin 2020.

Bebchuk, Lucian Arye/Kahan, Marcel, Adverse Selection and Gains to Controllers in Corporate Freezeouts, SSRN Journal 1999, 247–259.

Beck'scher Bilanz-Kommentar, Handels- und Steuerbilanz: §§ 238 bis 339, 342 bis 342a HGB, herausgegeben von Adrian, Gerrit/Almeling, Christopher/Schmidt, Stefan, 13. Aufl., C. H. Beck, München 2022 (zitiert: Beck Bil-Komm/*Bearbeiter*).

Beck'scher Online-Kommentar zum GG, herausgegeben von Epping, Volker/Hillgruber, Christian, Stand: 15.08.2022 (zitiert: BeckOK GG/*Bearbeiter*).

Beck'scher Online-Kommentar zum BGB, herausgegeben von Hau, Wolfgang/Poseck, Roman, Stand: 01.08.2022 (zitiert: BeckOK BGB/*Bearbeiter*).

beck-online.GROSSKOMMENTAR zum Zivilrecht, herausgegeben von Gsell, Beate/Krüger, Wolfgang/Lorenz, Stephan ua, Stand, 16.08.2023 (zitiert: BeckOGK ZivilR/*Bearbeiter*).

beck-online.GROSSKOMMENTAR UmwG, herausgegeben von Habersack, Mathias/Wicke, Hartmut (Hrsg.), Stand: 16.08.2023 (zitiert: BeckOGK UmwG/*Bearbeiter*).

beck-online.GROSSKOMMENTAR AktG, herausgegeben von Spindler, Gerald, Stilz, Eberhard, Stand: 16.08.2023 (zitiert: BeckOGK AktG/*Bearbeiter*).

Beer, Florian, Die Verantwortung des Börsenträgers bei der Gestaltung alternativer Marktsegmente, zugl. Diss. Regensburg, 2017, Nomos, Baden-Baden 2018.

Behnke, Thorsten, Anm. zu BVerfG, Beschl. v. 27.04.1999 – 1 BvR 1613/94, NZG 1999, 931–934.

Ders., Das Spruchverfahren nach §§ 306 AktG, 305 ff. UmwG, Ein Beitrag zum Konzernrecht, zugl. Diss. Bayreuth, 2000, Peter Lang, Frankfurt a. M. 2001.

Berg, Catharina S. von, Der Marktrückzug des Emittenten, Dynamische Marktstrukturregulierung im Schnittfeld von Kapitalmarkt- und Gesellschaftsrecht, zugl. Diss. Hannover, 2018, Mohr Siebeck, Tübingen 2018.

Berger, Hanno/Steck, Kai-Uwe/Lübbehüsen, Dieter (Hrsg.), Investmentgesetz, Investmentsteuergesetz, Kommentar, C. H. Beck, München 2010 (zitiert: Berger/Steck/Lübbehüsen/*Bearbeiter)*.

Berninger, Marc/Schiereck, Dirk/Vathorst, Dominik van de, Der Abfindungsanspruch beim Rückzug aus dem regulierten Markt – eine empirische Evaluation der gesetzlichen Neuregelung, ZBB 2019, 329–349.

Beurskens, Michael/Ehricke, Ulrich/Ekkenga, Jens (Hrsg.), Wertpapiererwerbs- und Übernahmegesetz, Wertpapiererwerbs- und Übernahmegesetz, 2. Aufl., C. H. Beck, München 2021 (zitiert: Beurskens/Ehricke/Ekkenga/*Bearbeiter*, WpÜG).

Biermann, Jan, Prospekthaftung und Allokationseffizienz, zugl. Diss. Heidelberg, 2018, Nomos, 2019.

Bilda, Klaus, Zur Dauer der Spruchstellenverfahren, NZG 2000, 296–301.

Black, Fischer, Noise, JoF Vol. 41 (1986), 529–543.

Board, John/Dufour, Alfonso/Hartavi, Yusuf/Sutcliffe, Charles/Wells, Stephen, Risk and Trading on London's Alternative Investment Market, The Stock Market for Smaller and Growing Companies, Palgrave Pivot, Palgrave Macmillan, Basingstoke, Hampshire 2015.

Board, John/Vila, Anne/Wells, Stephen, Liquidity in Second Tier Equity Markets: Evidence From Londons Alternative Investment Market (AIM), Discussion Paper 301, Financial Markets Group, 1998.

Böcking, Hans-Joachim, Zur Bedeutung des Börsenkurses für die angemessene Barabfindung, in: Kapitalgeberansprüche, Marktwertorientierung und Unternehmenswert, Festschrift für Prof. Dr. Dr. h. c. Jochen Drukarczyk zum 65. Geburtstag, München 2003, S. 59–91.

Böttcher, Conrad (Hrsg.), Umwandlung und Verschmelzung von Kapitalgesellschaften, Franz Vahlen, Berlin 1958 (zitiert: Böttcher/*Bearbeiter*).

Brandenstein, Pia/Höfling, Tobias, Sind Freiverkehrskurse eine taugliche Untergrenze der Barabfindung in Spruchverfahren?, zugleich Bespr. von OLG Hamburg, Beschl. v. 07.09.2020 – 13 W 122/20, NZG 2021, 29, NZG 2021, 18–21.

Brandi, Wilhelm/Wilhelm, Alexander, Gesellschaftsrechtliche Strukturmaßnahmen und Börsenkursrechtsprechung, aktuelle Tendenzen in der Rechtsprechung, NZG 2009, 1408–1412.

Brellochs, Michael, Der Rückzug von der Börse nach „Frosta", Rechtsdogmatische Einordnung, Durchführung und Rechtsschutz in zukünftigen Fällen, AG 2014, 633–647.

Brösel, Gerrit/Karami, Behzad, Der Börsenkurs in der Rechtsprechung: Zum Spannungsverhältnis zwischen Minderheitenschutz und Rechtssicherheit, WPg 2011, 417–429.

Bücker, Thomas, Die Berücksichtigung des Börsenkurses bei Strukturmaßnahmen – BGH revidiert DAT/Altana, NZG 2010, 967–971.

Buck-Heeb, Petra, Kapitalmarktrecht, 11. Aufl., C. F. Müller, Heidelberg 2020.

Bundesanstalt für Finanzdienstleistungsaufsicht, Emittentenleitfaden Modul A, v. 12.11.2018, geändert am 14.01.2022, abrufbar unter https://www.bafin.de/DE/Aufsicht/BoersenMaerkte/Emittentenleitfaden/Modul1/emittentenleitfaden_node.html) (zuletzt abgerufen am 16.08.2023).

Dies., Emittentenleitfaden Modul C, v. 25.03.2020, abrufbar und https://www.bafin.de/SharedDocs/Downloads/DE/Leitfaden/WA/dl_emittentenleitfaden_modul_C.pdf?__blob=publicationFile&v=5, (zuletzt abgerufen am 16.08.2023).

Bungert, Hartwin, DAT/Altana: Der BGH gibt der Praxis Rätsel auf, BB 2001, 1163–1166.

Bungert, Hartwin/Leyendecker-Langner, Benjamin E., Börsenkursrechtsprechung beim vorgeschalteten Delisting, Folgerungen aus der Frosta-Entscheidung des BGH, BB 2014, 521–525.

Dies., Unternehmensbewertung oder Durchschnittsbörsenkurs beim Delisting? Die Diskussion um den aktuellen Gesetzesvorschlag, DB 2015, 2251–2256.

Dies., Die Neuregelung des Delisting, ZIP 2016, 49–54.

Bungert, Hartwin/Meyer, Thomas, Verfassungsmäßigkeit des übernahmerechtlichen Squeeze out („Deutsche Hypothekenbank"), EWiR 2012, 539–540.

Bungert, Hartwin/Wettich, Carsten, Vorgaben aus Karlsruhe zum Referenzzeitraum des Börsenwerts für die Abfindung bei Strukturmaßnahmen, zugl. Besprechung des BGH, Beschl. v. 19.07.2010 – II ZB 18/09 „Stollwerck", BB 2010, 2227–2232.

Dies., Neues zur Ermittlung des Börsenwerts bei Strukturmaßnahmen – Die Konkretisierung der Stollwerck-Entscheidung des BGH v. 19.07.2010 – II ZB 18/09 (ZIP 2010, 1487) durch die Rechtsprechung und die Folgen für die Praxis, ZIP 2012, 449–455.

Dies., Die zunehmende Bedeutung des Börsenkurses bei Strukturmaßnahmen im Wandel der Rechtsprechung, in: Festschrift für Michael Hoffmann-Becking zum 70. Geburtstag, München 2013, S. 157–190.

Burger, Anton, Börsenkurse und angemessene Abfindung, Eine rechtswissenschaftliche Untersuchung zum Gesellschafterausschluss (Squeeze-out) für Österreich unter Einbeziehung der deutschen und der US-amerikanischen Verhältnisse, zugl. Diss. Wien, 2011, Verlag Dr. Kovač, Hamburg 2012.

Ders., Keine angemessene Abfindung durch Börsenkurse bei Squeeze-out, NZG 2012, 281–289.

Bürgers, Tobias/Körber, Torsten (Hrsg.), Aktiengesetz, Heidelberger Kommentar, 4. Aufl., C. F. Müller, Heidelberg 2017 (zitiert: Bürgers/Körber/*Bearbeiter,* AktG).

Busse v. Colbe, Walther, Zur Maßgeblichkeit des Börsenkurses für die Abfindung der bei einer Umwandlung ausscheidenden Aktionäre, AG 1964, 263–267.

Ders., Der Vernunft eine Gasse: Abfindung von Minderheitsaktionären nicht unter dem Börsenkurs ihrer Aktien, in: Festschrift für Marcus Lutter zum 70. Geburtstag, Köln 2000, S. 1053–1067.

Clauß, János, Abfindungsanspruch beim Wechsel vom regulierten Markt in den Freiverkehr, zugl. Diss. Tübingen, 2011, Nomos, Baden-Baden 2012.

Claussen, Carsten Peter, Zur rechtlichen Fundierung des geregelten Freiverkehrs, in: Festschrift für Walter Stimpel zum 68. Geburtstag am 29. November 1985, Berlin 1985, S. 1049–1064.

Crasselt, Nils/Lukas, Elmar/Mölls, Sascha H./Timmreck, Christian (Hrsg.), Handbuch Kapitalmarktorientierte Unternehmensbewertung, Grundlagen, Methoden, Regulierung und Branchentrends, Schäffer-Poeschel, Stuttgart 2018 (zitiert: Crasselt/Lukas/Mölls/*Bearbeiter*).

Daske, Holger/Bassemir, Moritz/Fischer, Felix F., Manipulation des Börsenkurses durch gezielte Informationspolitik im Rahmen von Squeeze-Outs? Eine empirische Untersuchung am deutschen Kapitalmarkt, ZfbF 62 (2010), 254–288.

Daxhammer, Rolf, J./Facsar, Máté, Behavioral Finance, UVK Verlagsgesellschaft, Konstanz 2018.

Decher, Christian E., Das Konzernrecht des Aktiengesetzes: Bestand und Bewährung, ZHR 171 (2007), 126–145.

Ders., Die Ermittlung des Börsenkurses für Zwecke der Barabfindung beim Squeeze out, Klarheit, aber auch neue Fragen durch BGH v. 19.07.2010 – II ZB 18/09, ZIP 2010, 1487 – Stollwerck, ZIP 2010, 1673–1678.

Ders., Verbundeffekte im Aktienkonzernrecht und im Recht der Unternehmensbewertung, in: Festschrift für Peter Hommelhoff zum 70. Geburtstag, Köln 2012, S. 115–134.

Decher, Christian E./Hoffmann-Becking, Michael/Löbbe, Marc/Wilsing, Hans-Ulrich, Stellungnahme zur Evaluierung des Spruchverfahrens, DAV-Stellungnahme Nr. 48/2014 von September 2014, abgedruckt in NZG 2014, 1144 ff., in: Hoffmann-Becking, Michael (Hrsg.), Stellungnahmen des Handelsrechtsausschusses des DAV, C. H. Beck, München 2016, S. 467–473.

Deutsche Vereinigung für Finanzanalyse und Asset Management (DVFA), Best-Practice-Empfehlungen Unternehmensbewertung, 2012, abrufbar unter https://www.dvfa.de/fileadmin/downloads/Publikationen/Standards/DVFA_Best_Practice_Empfehlungen_Unternehmensbewertung.pdf) (zuletzt abgerufen am 16.08.2023).

Deutsches Aktieninstitut (DAI), Börsengang und Börsennotiz aus Sicht kleiner und mittlerer Unternehmen, Ergebnisse einer Umfrage bei KMUs und Kapitalmarktexperten, März 2018, abrufbar unter https://www.dai.de/files/dai_usercontent/dokumente/studien/2018-03-01%20Boersengang%20und%20Boersennotierung%20KMUs.pdf) (zuletzt abgerufen am 16.08.2023).

Dass., Stellungnahme 1. FiMaNoG, Finanzmarktnovellierungsgesetz sollte nicht über EU-Recht hinausgehen – Enorme Umsetzungsanforderungen für Marktteilnehmer zu erwarten, v. 10.03.2016, abrufbar unter https://www.bundestag.de/resource/blob/414726/4258054d6cac14368b289642167e1e95/06-DAI-data.pdf (zuletzt abgerufen am 16.08.2023).

Dass., Evaluierung des Spruchverfahrens, Das erreichte Vertrauen in die Kapitalmarkteffizienz sollte genutzt werden, v. 06.08.2014, abrufbar unter https://www.dai.de/files/dai_usercontent/dokumente/positionspapiere/2014-08-06%20Stellungnahme%20zur%20Evaluierung%20des%20Spruchverfahrens%20-%20Deutsches%20Aktieninstitut.pdf (zuletzt abgerufen am 16.08.2023).

Dass., Stellungnahme des Deutschen Aktieninstituts zu Delisting und Spruchverfahren, Anfrage des Bundesverfassungsgerichtes 1 BvR 3142/07, v. Oktober 2010.

Diekmann, Hans, Abfindung von Aktionären börsennotierter Gesellschaften, Eine Bestandsaufnahme mit Vorschlag zur Reform, in: Unternehmensbewertung, Festschrift für Bernhard Großfeld zum 85. Geburtstag, Heidelberg 2019, S. 97–108.

Döge, Melanie/Jobst, Stefan, Aktienrecht zwischen börsen- und kapitalmarktorientiertem Ansatz, BKR 2010, 136–144.

Doumet, Markus/Limbach, Peter/Theissen, Erik, Ich bin dann mal weg: Werteffekte von Delistings deutscher Aktiengesellschaften nach dem Frosta-Urteil, Working Paper, ZfbF 68 (2016), 253–277.

Dreier, Horst (Hrsg.), Grundgesetz Kommentar, Band 1, 3. Aufl., Mohr Siebeck, Tübingen 2018 (zitiert: Dreier/*Bearbeiter*, GG).

Drinhausen, Florian/Eckstein, Hans-Martin (Hrsg.), Beck'sches Handbuch der AG, Gesellschaftsrecht, Steuerrecht, Börsengang, 3. Aufl., C. H. Beck, München 2018 (zitiert: *Bearbeiter* in BeckHdB AG).

Drukarczyk, Jochen, Zum Problem der angemessenen Barabfindung bei zwangsweise ausscheidenden Anteilseignern, AG 1973, 357–365.

Ders., Squeeze-out gemäß §§ 327a ff. AktG, Konzeption und das Problem der Abfindung, in: Unternehmensrechnung, Konzeptionen und praktische Umsetzung, Festschrift zum 68. Geburtstag von Gerhard Scherrer, München 2004, S. 626–648.

Drukarczyk, Jochen/Schüler, Andreas, Unternehmensbewertung, 8. Aufl., Franz Vahlen, München 2021.

Drygala, Tim, Die Neuregelung des Delistings, in: Gesellschaftsrechtliche Vereinigung (VGR) (Hrsg.), Gesellschaftsrecht in der Diskussion 2015, 1. Aufl., Köln 2016.

Dürig, Günter/Herzog, Roman/Scholz, Rupert (Hrsg.), Grundgesetz, Kommentar, 98. Aufl., C. H. Beck, München 2022 (zitiert: Dürig/Herzog/Scholz/*Bearbeiter*, GG).

DVFA Expert Group „Corporate Transactions and Valuation", Die Best Practice Empfehlungen der DVFA zur Unternehmensbewertung, CF biz 2012, 43–50.

Ebenroth, Carsten Thomas/Boujong, Karlheinz/Joost, Detlev/Strohn, Lutz (Hrsg.), Handelsgesetzbuch, Band 2: §§ 343–475h, Transportrecht, Bank- und Börsenrecht, 4. Aufl., C. H. Beck, München 2020 (zitiert: Ebenroth/Boujong/Joost/*Bearbeiter*, HGB).

Ebke, Werner F., Ausgleich und Abfindung der außenstehenden Aktionäre bei Beherrschungs- und Gewinnabführungsverträgen zwischen nicht börsennotierten Aktiengesellschaften, in: Festschrift für Karsten Schmidt zum 70. Geburtstag, Köln 2009, S. 289–304.

Ders., Einleitung, Bernhard Großfeld und das Recht der Rechnungslegung und der Unternehmensbewertung, in: Unternehmensbewertung, Festschrift für Bernhard Großfeld zum 85. Geburtstag, Heidelberg 2019, S. 1–6.

Egger, Ulrich/Tönnes, Wolf Achim, Komplexität der Unternehmensbewertung: Resignation der Gerichte? Eine Erwiderung auf Emmerich (EWeRK 2016, 153), EWeRK 2016, 362–365.

Eisele, Florian/Walter, Andreas, Kursreaktionen auf die Ankündigung von Going Private-Transaktionen am deutschen Kapitalmarkt, ZfbF 58 (2006), 337–362.

Ekkenga, Jens, „Macrotron" und das Grundrecht auf Aktieneigentum– der BGH als der bessere Gesetzgeber?, zugl. Besprechung der Entscheidung BGH WM 2003, 53, ZGR 2003, 878–910.

Emde, Thomas/Dornseifer, Frank/Dreibus, Alexandra (Hrsg.), Kapitalanlagegesetzbuch, 2. Aufl., C. H. Beck, München 2019 (zitiert: Emde/Dornseifer/Dreibus/*Bearbeiter*, KAGB).

Emmerich, Volker, Kapitulation vor der Komplexität – Zur Praxis der Unternehmensbewertung in der aktuellen Rechtsprechung, in: Festschrift für Eberhard Stilz zum 65. Geburtstag, München 2014, S. 135–145.

Ders., Wirtschaftsprüfer als Ersatzgesetzgeber?, EWeRK 2016, 153–154.

Emmerich, Volker/Habersack, Mathias (Hrsg.), Aktien- und GmbH-Konzernrecht, Kommentar, 9. Aufl., München 2019 (zitiert: Emmerich/Habersack, 2019).

Dies., Aktien- und GmbH-Konzernrecht, Kommentar, 10. Aufl., C. H. Beck, München 2022 (zitiert: Emmerich/Habersack).

Erbs, Georg/Kohlhaas, Max, Strafrechtliche Nebengesetze, Beck'sche Kurz-Kommentare, 241. Aufl., C. H. Beck, München 2022 (zitiert: Erbs/Kohlhaas/*Bearbeiter*).

Fachausschuss für Unternehmensbewertung und Betriebswirtschaft (FAUB), Zur Bedeutung des Börsenkurses für die Abfindungsbemessung aus Sicht der wirtschaftswissenschaftlichen Theorie und Praxis, WPg 2021, 957–960.

Fama, Eugene F., Random Walks in Stock Market Prices, FAJ Vol. 21 (1965), 55–59.

Ders., Efficient Capital Markets: A Review of Theory and Empirical Work, JoF 1970, 383–417.

Ders., Market Efficiency, Long-Term Returns, and Behavioral Finance, JFE 49 (1998), 283–306.

Federation of European Securities Exchanges (FESE), Blueprint – Capital Markets Union by 2024 – a vision for Europe, Mai 2019, abrufbar unter https://www.fese.eu/blog/fese-blueprint-capital-markets-union-by-2024-a-vision-for-europe/ (zuletzt abgerufen am 16.08.2023).

Fink, Karsten, Der Freiverkehr, Die rechtliche Organisation des Handelssegments Freiverkehr an deutschen Börsen, zugl. Diss. Gießen, 2012, Peter Lang, Frankfurt a. M. 2013.

Fischel, Daniel R., Efficient capital markets, the crash, and the fraud on the market theory, Cornell Law Review Vol. 74 (1989), 907–922.

Fleischer, Holger, Die Barabfindung außenstehender Aktionäre nach den §§ 305 und 320b AktG: Stand-alone-Prinzip oder Verbundberücksichtigungsprinzip?, ZGR 1997, 368–400.

Ders., Rechte der Minderheitsaktionäre bei „übertragender Auflösung" einer Aktiengesellschaft, DNotZ 2000, 868–880.

Ders., Börseneinführung von Tochtergesellschaften, ZHR 165 (2001), 513–549.

Ders., Grundfragen der ökonomischen Theorie im Gesellschafts- und Kapitalmarktrecht, ZGR 2001, 1–32.

Ders., Gesellschafts- und Kapitalmarktrecht als wissenschaftliche Disziplin – Das Proprium der Rechtswissenschaft, in: Engel, Christoph/Schön, Wolfgang (Hrsg.), Das Proprium der Rechtswissenschaft, Tübingen 2007, S. 50–76.

Ders., Finanzinvestoren im ordnungspolitischen Gesamtgefüge von Aktien-, Bankaufsichts- und Kapitalmarktrecht, ZGR 2008, 185–224.

Ders., Rechtsfragen der Unternehmensbewertung bei geschlossenen Kapitalgesellschaften, Minderheitsabschlag, Fungibilitätsabschlag, Abschlag für Schlüsselpersonen, ZIP 2012, 1633–1642.

Ders., Zur Behandlung des Fungibilitätsrisikos bei der Abfindung außenstehender Aktionäre (§§ 305, 320b AktG), Aktienkonzernrecht, Betriebswirtschaftslehre, Rechtsvergleichung, in: Festschrift für Michael Hoffmann-Becking zum 70. Geburtstag, München 2013, S. 331–345.

Ders., Unternehmensbewertung bei aktienrechtlichen Abfindungsansprüchen: Bestandsaufnahme und Reformperspektiven im Lichte der Rechtsvergleichung, AG 2014, 97–114.

Ders., Unternehmensbewertung zwischen Tat- und Rechtsfrage, AG 2016, 185–199.

Fleischer, Holger/Hüttemann, Rainer (Hrsg.), Rechtshandbuch Unternehmensbewertung, 2. Aufl., Otto Schmidt, Köln 2019 (zitiert: Fleischer/Hüttemann/*Bearbeiter)*.

Flick, Martin, Kein Börsenkurs als Mindestabfindung bei Marktenge der Aktie, GWR 2014, 370.

Follert, Florian, Zur Unternehmensbewertung im Spruchverfahren aus interessentheoretischer Sicht, Der aktienrechtliche Minderheitenausschluss im Lichte der Neuen Politischen Ökonomie, zugl. Diss. Universität des Saarlandes, 2019, Springer Gabler, Wiesbaden 2020.

Ders., Ein politisch-ökonomisches Modell der Unternehmensbewertung im Spruchverfahren, BFuP 2021, 48–70.

Francioni, Reto, Referat, in: Verhandlungen des Siebenundsechzigsten Deutschen Juristentages Erfurt 2008, Band II/2: Sitzungsberichte, Referate und Beschlüsse, München 2009, N13-N20.

Franken, Lars/Schulte, Jörn/Luksch, Felix, Börsenkurs als „wahrer Wert" in Abfindungsfällen?, Bewertungs-Praktiker 2012, 28–32.

Frommelt, Samuel, Das neue börsengesetzliche Regulierungskonzept für den Rückzug aus reguliertem Markt und Freiverkehr de lege lata und de lege ferenda, zugl. Diss. Passau, 2018, Peter Lang, Berlin 2019.

Fuchs, Andreas (Hrsg.), Wertpapierhandelsgesetz (WpHG), 2. Aufl., C. H. Beck, München 2016 (zitiert: Fuchs/*Bearbeiter*, WpHG).

Ganske, Joachim, Umwandlungsrecht, Textausgabe des Umwandlungsgesetzes (UmwG) v. 28. Oktober 1994 (Bundesgesetzblatt I S. 3210) und des Umwandlungssteuergesetzes (UmwStG) v. 28. Oktober 1994 (Bundesgesetzblatt I S. 3267); mit Begründungen der Regierungsentwürfe, Stellungnahmen des Bundesrates mit Gegenäußerungen der Bundesregierung, Berichten des Rechtsausschusses und des Finanzausschusses des Deutschen Bundestages, Stichwortverzeichnis; in Anhängen: bisher geltende deutsche Vorschriften, maßgebliche Richtlinien der Europäischen Union, 2. Aufl., IDW-Verl., Düsseldorf 1995.

Gärtner, Olaf/Handke, Björn, Unternehmenswertermittlung im Spruchverfahren – Schrittweiser Abschied vom Meistbegünstigungsprinzip des BGH (DAT/Altana)?, NZG 2012, 247–249.

Gassen, Joachim/Kaltofen, Daniel, Das „Qualitätssegment" SMAX: Eine Analyse der Liquiditätswirkung und des Einführungseffektes, ZfbF 57 (2005), 423–452.

Gerber, Christian, Technische Nachbildung des von der BaFin nach der WpÜG-AngV ermittelten Börsenkurses für Übernahmen und aktienrechtliche Strukturmaßnahmen, AG 2013, R6-R7.

Gierke, Die Genossenschaftstheorie und die Deutsche Rechtsprechung, Weidmann, Berlin 1887.

Gleißner, Werner, Börsenkurs und „wahrer Wert" in Abfindungsfällen, Aktien- versus Unternehmensbewertung, Anwendbarkeit des CAPM und Ertragsrisiko, WPg 2015, 71–79.

Ders., Einige Anmerkungen zur Unternehmensbewertung in der „Corona-Krise", CF 2020, 134–136.

Götz, Hans Norbert, Entschädigung von Aktionären abseits der Kapitalmarktbewertung? Unkonventionelles zur konventionellen Behandlung von deutschen Aktionären in Spruchstellenverfahren, DB 1996, 259–265.

Graham, Benjamin, The Intelligent Investor, Prabhat Prakashan, 1965.

Grigoleit, Hans Christoph (Hrsg.), Aktiengesetz, Kommentar, 2. Aufl., C. H. Beck, München 2020 (zitiert: Grigoleit/*Bearbeiter*, AktG).

Groß, Wolfgang, Kapitalmarktrecht, Kommentar zum Börsengesetz, zur Börsenzulassungs-Verordnung, zum Wertpapierprospektgesetz und zur Prospektverordnung, 8. Aufl., C. H. Beck, München 2022.

Großfeld, Bernhard, Unternehmensbewertung als Rechtsproblem, JZ 1981, 641–647.

Ders., Unternehmensbewertung im Gesellschaftsrecht, Zur Barabfindung ausscheidender Personengesellschafter und Aktionäre, Otto Schmidt, Köln 1983 (zitiert: *Großfeld*, Unternehmensbewertung).

Ders., Unternehmens- und Anteilsbewertung im Gesellschaftsrecht, Zur Barabfindung ausscheidender Gesellschafter, 3. Aufl., Otto Schmidt, Köln 1994 (zitiert: *Großfeld*, Unternehmens- und Anteilsbewertung 1994).

Ders., Börsenkurs und Unternehmenswert, BB 2000, 261–266.

Ders., Unternehmensbewertung und Rechtskultur, in: Baums, Theodor/Hopt, Klaus J./Horn, Norbert (Hrsg.), Corporations, capital markets and business in the law. Liber amicorum Richard M. Buxbaum, London 2000, S. 205–212 (zitiert: Großfeld 2000, 205).

Ders., Unternehmens- und Anteilsbewertung im Gesellschaftsrecht, 4. Aufl., Otto Schmidt, Köln 2002 (zitiert: *Großfeld*, Unternehmens- und Anteilsbewertung 2002).

Ders., Festvortrag „Unternehmensverfassung im Umbruch", in: Großfeld, Bernhard/Schwarz, Günter Christian/Meik, Frank (Hrsg.), Wirtschaftsrecht im internationalen Anpassungsprozess, Symposium anlässlich des 70. Geburtstages von Prof. Dr. Volker Beuthien, Marburg 2005, S. 21–40.

Großfeld, Bernhard/Frantzmann, Andreas, „Da mihi facta": Unternehmensbewertung, in: Von der Sache zum Recht, Festschrift für Volker Beuthien zum 75. Geburtstag, München 2009, S. 155–166.

Großfeld, Bernhard/Merkelbach, Matthias, Wirtschaftsdaten für Juristen: Grundlagen einer disziplinierten Unternehmensbewertung, NZG 2008, 241–247.

Grunewald, Barbara, Die Vereinbarkeit der Angemessenheitsvermutung von § 39a III 3 WpÜG mit höherrangigem Recht, NZG 2009, 332–335.

Dies., Gestaltungsfreiheit bei der Bestimmung der Abfindung ausscheidender Aktionäre, in: Festschrift für Michael Hoffmann-Becking zum 70. Geburtstag, München 2013, S. 413–419.

Grunewald, Barbara/Schlitt, Michael, Einführung in das Kapitalmarktrecht, 4. Aufl., C. H. Beck, München 2020.

Gude, Christian, Strukturänderungen und Unternehmensbewertung zum Börsenkurs, zugl. Diss. Hamburg, 2002–2003, Otto Schmidt, Köln 2004.

Güllner, Mariam, MiFID II: Die neue Handelsplatzarchitektur in der EU, WM 2017, 938–945.

Gumpp, Tobias, Beteiligungstransparenz und Informationseffizienz, regulierungstheoretische und rechtsökonomische Reformvorschläge, ZBB 2020, 103–114.

Habersack, Mathias, Die Mitgliedschaft – subjektives und „sonstiges" Recht, zugl.: Habil.-Schr., Heidelberg, 1995, Mohr Siebeck, Tübingen 1996.

Ders., Der Finanzplatz Deutschland und die Rechte der Aktionäre, Bemerkungen zur bevorstehenden Einführung des „Squeeze Out", ZIP 2001, 1230–1239.

Ders., „Macrotron" – was bleibt?, ZHR 176 (2012), 463–469.

Ders., Staatliche und halbstaatliche Eingriffe in die Unternehmensführung, Gutachten E für den 69. Deutschen Juristentag, Band I, C. H. Beck, München 2012.

Ders., Stellungnahme zum Entwurf eines Gesetzes zur Änderung des Aktiengesetzes (Aktienrechtsnovelle 2014), abrufbar unter https://www.bundestag.de/resource/blob/372592/4fa5dcc6925299639e78e4ee209de2f5/habersack-data.pdf (zuletzt abgerufen am 16.08.2023).

Ders., Aktienkonzernrecht – Bestandsaufnahme und Perspektiven, AG 2016, 691–697.

Ders., Angemessene Gegenleistung (§ 31 WpÜG) versus angemessene Abfindung (§§ 305, 327 b AktG) nach „BKN" und „Postbank", NZG 2019, 881–886.

Hachmeister, Dirk, Rezeption der Funktionenlehre in der Rechtsprechung: Darstellung und Würdigung, in: Rechnungslegung, Prüfung und Unternehmensbewertung, Festschrift zum 65. Geburtstag von Professor Dr. Dr. h. c. Wolfgang Ballwieser, Stuttgart 2014, S. 219–242.

Hachmeister, Dirk/Ruthardt, Frederik, Die Bedeutung von Börsenkursen und Vorerwerbspreisen im Rahmen von Unternehmensbewertungen, DB 2014, 1689–1695.

Hammen, Horst, Zwischenberichtspflicht im Geregelten Markt der Frankfurter Wertpapierbörse?, WM 2003, 997–1003.

Hanau, Hans, Der Bestandsschutz der Mitgliedschaft anlässlich der Einführung des „Squeeze Out" im Aktienrecht, Zur Verfassungsmäßigkeit des Zwangsausschlusses, NZG 2002, 1040–1047.

Handelsrechtsausschuss des DAV, Stellungnahme zum Referentenentwurf eines Gesetzes zur Umsetzung der Aktionärsrechte-Richtlinie (ARUG), NZG 2008, 534–544.

Happ, Wilhelm/Bednarz, Sebastian, Aktienrechtliche Abfindungs- und Ausgleichsansprüche – Zu offenen Fragestellungen nach den höchstrichterlichen Entscheidungen in Sachen Ytong, DAT/Altana und Stollwerck, in: Festschrift für Eberhard Stilz zum 65. Geburtstag, München 2014, S. 219–236.

Harnos, Rafael, Aktionärsschutz beim Delisting, ZHR 179 (2015), 750–781.

Harrer, Herbert, Die Bedeutung der Due Diligence bei der Vorbereitung eines Unternehmenskaufs, DStR 1993, 1673–1675.

Harrer, Herbert/Müller, Roger, Die Renaissance des Freiverkehrs, Eine aktuelle Analyse mit internationalem Vergleich, WM 2006, 653–696.

Hasselbach, Kai/Ebbinghaus, Felix, Auswirkungen der Stollwerck-Entscheidung des BGH auf die Transaktions- und Bewertungspraxis bei börsennotierten Gesellschaften, DK 2010, 467–477.

Hauschild, Anna Luise, Die Bewertung börsennotierter Aktien bei der Berechnung von Pflichtteils- und Zugewinnausgleichsansprüchen unter besonderer Berücksichtigung von Kursverlusten nach dem Bewertungsstichtag, zugl. Diss. Bonn, 2014, Duncker & Humblot, 2016.

Heesen, Bernd, Basiswissen Unternehmensbewertung, Schneller Einstieg in die Wertermittlung, 2. Aufl., Springer, Wiesbaden 2019.

Heldt, Cordula/Royé, Claudia, Das Delisting-Urteil des BVerfG aus kapitalmarktrechtlicher Perspektive, Empirie und Fragestellungen für den Gesetzgeber, AG 2012, 660–673.

Helmis, Sven, Der Ausschluss von Minderheitsaktionären, Empirische Erfahrungen der ersten zehn Monate nach Inkrafttreten der neuen Regelung, ZBB 2003, 161–260.

Henselmann, Klaus, Gründe und Formen typisierender Unternehmensbewertung, BFuP 2006, 144–157.

Henssler, Martin/Strohn, Lutz (Hrsg.), Gesellschaftsrecht, BGB, HGB, PartGG, GmbHG, AktG, GenG, UmwG, InsO, AnfG, IntGesR, Band 62 – Beck'sche Kurz-Kommentare, 5. Aufl., C. H. Beck, München 2021 (zitiert: Henssler/Strohn/*Bearbeiter*).

Henze, Hartwig, Die Berücksichtigung des Börsenkurses bei der Bemessung von Abfindung und variablem Ausgleich im Unternehmensvertragsrecht, in: Festschrift für Marcus Lutter zum 70. Geburtstag, Köln 2000, S. 1101–1111.

Ders., Schranken für den Bezugsrechtsausschluss – Rechtsprechung des BGH im Wandel?, ZHR 167 (2003), 1–7.

Herfs, Achim/Goj, Philipp, Festlegung der Barabfindung beim aktienrechtlichen Squeeze-out, DB 2021, 772–778.

Herz, Pirmin Jonas, Informationelle Gleichbehandlung und Informationsprivilegien im Aktienrecht, NZG 2020, 285–291.

Heskamp, Jan, Der Einfluss des aktienrechtlichen Squeeze-Out auf das Bestandsinteresse der Minderheitsaktionäre, zugl. Diss. Düsseldorf, 2012, Nomos, Baden-Baden 2012.

Heun, Werner, Deutsches Handelsrecht, Teil 1: Ein Handbuch für den praktischen Gebrauch mit Anmerkungen aus der Rechtsprechung, 2. Aufl., De Gruyter, Berlin 2021.

Hintner, Otto, Wertpapierbörsen, Die Wirtschaftswissenschaften, Springer Gabler, Wiesbaden 1961.

Hoffmann-Becking, Michael (Hrsg.), Münchener Handbuch des Gesellschaftsrechts, Band 4 – Aktiengesellschaft, 5. Aufl., C. H. Beck, München 2020 (zitiert: MüHdb GesR IV/*Bearbeiter*).

Höfling, Tobias, Die (un)mögliche Suche nach der Wahrheit bei der Unternehmensbewertung in Spruchverfahren, NZG 2020, 136–139.

Hofmann, Christian, Gesellschaftsrecht und Art. 14 GG, in: Festschrift für Klaus J. Hopt zum 70. Geburtstag am 24. August 2010, Unternehmen, Markt und Verantwortung, Berlin 2010, S. 834–848.

Hölken, Helge, Angemessene Barabfindung ausgeschlossener Minderheitsaktionäre bei Vorliegen eines Beherrschungs- und Gewinnabführungsvertrags, jurisPR-InsR 2016 (zitiert: Hölken, jurisPR-InsR 2016).

Hölters, Wolfgang/Weber, Markus (Hrsg.), Aktiengesetz, Kommentar, 4. Aufl., C. H. Beck, Vahlen, München 2022 (zitiert: Hölters/Weber/*Bearbeiter*, AktG).

Holzborn, Timo, BGH verschärft Delisting-Voraussetzungen, § 58 BörsO Frankfurter Wertpapierbörse vor dem Hintergrund des Macrotron-Urteils des BGH, WM 2003, 1105–1109.

Ders., Abfindungsangebot; Delisting; Wechsel vom amtlichen Markt in den Freiverkehr, Anmerkung zur Entscheidung des Kammergerichts v. 30.04.2009, 2 W 119/08, WuB 2009, 1504.

Holzborn, Timo/Hilpert, Christian, Wechsel in den Freiverkehr als Rückzug aus dem regulierten Markt ohne Delisting, Eine effektive Möglichkeit zur Kostensenkung für Mittelständler?, WM 2010, 1347–1353.

Hopt, Klaus J. (Hrsg.), Handelsgesetzbuch, Mit GmbH & Co., Handelsklauseln, Bank- und Börsenrecht, Transportrecht (ohne Seerecht), Band 9, Beck'sche Kurz-Kommentare, 41. Aufl., C. H. Beck, München 2022 (zitiert: Hopt/*Bearbeiter*, HGB).

Hueck, Alfred, Der Treugedanke im Recht der oHG, in: Festschrift für Rudolf Hübner zum siebzigsten Geburtstag, Aalen 1935, 72–91.

Ders., Der Treuegedanke im modernen Privatrecht, vorgetragen am 6. September 1946, Verlag der Bayerischen Akademie der Wissenschaften, München 1947.

Hüffer, Uwe (Hrsg.), Aktiengesetz, Band 53 – Beck'sche Kurz-Kommentare, 5. Aufl., C. H. Beck, München 2002 (zitiert: Hüffer/*Bearbeiter*, AktG 2002).

Ders., Bewertungsgegenstand und Bewertungsmethode – Überlegungen zur Berücksichtigung von Börsenkursen bei der Ermittlung von Abfindung und Ausgleich, in: Festschrift für Walther Hadding, zum 70. Geburtstag am 8. Mai 2004, Berlin 2004, S. 461–475.

Ders., Unternehmenszusammenschlüsse: Bewertungsfragen, Anfechtungsprobleme und Integrationsschranken, ZHR 172 (2008), 572–591.

Hüffer, Uwe/Schmidt-Aßmann, Eberhard/Weber, Martin, Anteilseigentum, Unternehmenswert und Börsenkurs, Band 5, C. H. Beck, München 2005 (zitiert: *Hüffer/Schmidt-Aßmann/Weber*).

Hüttemann, Rainer, Unternehmensbewertung als Rechtsproblem, ZHR 162 (1998), 563–593.

Ders., Börsenkurs und Unternehmensbewertung, ZGR 2001, 454–478.

Ders., Die angemessene Barabfindung im Aktienrecht, in: Festschrift für Michael Hoffmann-Becking zum 70. Geburtstag, München 2013, S. 603–616.

Ders., Richterliche Unternehmensbewertung zwischen Rechts- und Tatfragen, in: Rechtslage, Rechtserkenntnis, Rechtsdurchsetzung, Festschrift für Eberhard Schilken zum 70. Geburtstag, München 2015, S. 317–330.

Ders., Neue Entwicklungen bei der Unternehmensbewertung im Gesellschaftsrecht, CF 2016, 467–475.

Hüttemann, Rainer/Meyer, André, Zur Abfindung ausscheidender Personengesellschafter nach dem MoPeG, ZIP 2022, 935–943.

Immenga, Ulrich, Aktiengesellschaft, Aktionärsinteressen und institutionelle Anleger, Mohr Siebeck, Tübingen 1971.

Institut der Wirtschaftsprüfer, IDW Standard: Grundsätze zur Durchführung von Unternehmensbewertungen (IDW S 1), Stand: 04.07.2016, IDW-Verl., Düsseldorf 2008.

Jonas, Martin, Kapitalmarktgestützte Bewertungsmodelle in Zeiten von Kapitalmarktverwerfungen, in: Rechnungslegung, Prüfung und Unternehmensbewertung, Festschrift zum 65. Geburtstag von Professor Dr. Dr. h. c. Wolfgang Ballwieser, Stuttgart 2014, S. 365–386.

Karami, Behzad, Unternehmensbewertung in Spruchverfahren beim „Squeeze out“, Der Zeitaspekt in Gesetz, Rechtsprechung und Gutachterpraxis aus funktionaler Sicht, Finanzwirtschaft, Unternehmensbewertung & Revisionswesen, Springer Gabler, Wiesbaden 2014.

Ders., Übertragung der Börsenkursrechtsprechung auf Freiverkehrstitel, abrufbar unter https://bewertung-im-recht.de/blog/uebertragung-der-boersenkursrechtsprechung-auf-freiverkehrstitel, v. 01.09.2015 (zuletzt abgerufen am 16.08.2023).

Ders., Stand und (Weiter-)Entwicklung der rechtsgeprägten Unternehmensbewertung, Eine kritische Bestandsaufnahme vor dem Hintergrund der Dominanz des IDW und der jüngsten Rechtsprechung des OLG Zweibrücken v. 06.09.2016 (9 W 3/14), 2017, abrufbar unter https://bewertung-im-recht.de/blog/stand-und-weiter-entwicklung-der-rechtsgepragten-unternehmensbewertung-eine-kritische (zuletzt abgerufen am 16.08.2023).

Karami, Behzad/Cserna, Bàlazs/Schuster, René, Wie frostig ist die „FRoSTA"-Entscheidung des BGH in der Rechtsrealität?, Kurseffekte bei Delisting-Ankündigungen im Lichte der aktuellen Medienberichterstattung – (Teil-)Ergebnisse einer empirisch-ökonomischen Untersuchung, 2015, abrufbar unter https://bewertung-im-recht.de/sites/default/files/working-paper/kurseffekte_nach_-delisting-ankuendigungen_karami_cserna_schuster_0.pdf (zuletzt abgerufen am 16.08.2023).

Karami, Behzad/Schuster, René, Eine empirische Analyse des Kurs- und Liquiditätseffekts auf die Ankündigung eines Börsenrückzugs am deutschen Kapitalmarkt im Lichte der „FRoSTA"-Entscheidung des BGH, Working Paper, 2015, abrufbar unter https://bewertung-im-recht.de/working-papers/eine-empirische-analyse-des-kurs-und-liquiditaetseffekts-auf-die-ankuendigung-eines (zuletzt abgerufen am 16.08.2023).

Dies., Anlegerschutz beim Börsenrückzug im Spannungsfeld zwischen Rechtsdogmatik, Jurisprudenz und Rechtstatsachenforschung – Problemskizze und Würdigung aus ökonomischer Sicht, CF 2016, 106–119.

Katzenstein, Matthias, Schätzung des Unternehmenswerts nach Maßgabe von § 287 Abs. 2 ZPO im Spruchverfahren, AG 2018, 739–746.

Kaufhold, Ann-Katrin, Die Verfassung der Börse, Rechte und Pflichten von Börsenträgern und ihre Prägung durch Grundgesetz und Unionsrecht, ZHR 184 (2020), 562–607.

Kaulla, Rudolf, Die Lehre vom gerechten Preis in der Scholastik, JITE 1904, 579–602.

Kiem, Roger, Die Ermittlung der Verschmelzungswertrelation bei der grenzüberschreitenden Verschmelzung, ZGR 2007, 542–570.

Ders., 25 Jahre Gesetz zur kleinen AG – Rückschau und Würdigung, in: Recht und Gesetz, Festschrift für Ulrich Seibert zum 65. Geburtstag, Köln 2019, S. 449–462.

Kindermann, Der Einfluß des Börsenkurses auf die angemessene Abfindung nach § 12 UmwG, AG 1964, 178–181.

Kircher, Tobias, Kompensationsleistungen für erzwungene Rechtsverluste der Minderheitsaktionäre im deutschen und französischen Recht, Eine rechtsvergleichende Analyse unter besonderer Berücksichtigung des Spruchverfahrens und der Beschwerde zur Cour d'Appel de Paris, Nomos, Baden-Baden 2007.

Kirchner, Jörg/Iversen, Malte, Rechtliche Hürden beim außerbörslichen Verkauf eines Aktienpakets, NZG 2008, 921–925.

Kitzmann, Arnold, Massenpsychologie und Börse, So bestimmen Erwartungen und Gefühle Kursverläufe, Springer Gabler, Wiesbaden 2009.

Klöhn, Lars, Kapitalmarkt, Spekulation und Behavioral Finance, Eine interdisziplinäre und vergleichende Analyse zum Fluch und Segen der Spekulation und ihrer Regulierung durch Recht und Markt, Duncker & Humblot, Berlin 2006.

Ders., Das System der aktien- und umwandlungsrechtlichen Abfindungsansprüche, zugl. Habil.-Schr. Tübingen, 2009, Mohr Siebeck, Berlin 2009.

Ders., Delisting – Zehn Jahre später, Die Auswirkungen von BVerfG, NZG 2012, 826, auf den Rückzug vom Kapitalmarkt und den Segmentwechsel, NZG 2012, 1041–1047.

Ders., Wertpapierhandelsrecht diesseits und jenseits des Informationsparadigmas, Am Beispiel des „verständigen Anlegers" im Sinne des deutschen und europäischen Insiderrechts, ZHR 177 (2013), 349–387.

Klöhn, Lars/Brellochs, Michael/Schmolke, Klaus Ulrich/Semrau, Stephan, Marktmissbrauchsverordnung, Verordnung (EU) Nr. 596/2014 über Marktmissbrauch, C. H. Beck, München 2018 (zitiert: Klöhn/*Bearbeiter*, MAR).

Knoll, Leonhard, Unternehmensverträge und der BGH: Volle Entschädigung der außenstehenden Aktionäre?, ZIP 2003, 2329–2336.

Ders., Der Grundsatz der bestmöglichen Verwertung, Dimensionen einer bemerkenswert oft ignorierten Selbstverständlichkeit, in: Festschrift für Wienand Meilicke, Baden-Baden 2010, S. 321–339.

Ders., Rechtsgeprägte Unternehmensbewertung: Richtigkeit, Vertretbarkeit und das IDW, BFuP 2017, 300–310.

Ders., Vertretbarkeit in Spruchverfahren: Mehr Problemquelle als Lösungsprinzip, in: Unternehmensbewertung, Festschrift für Bernhard Großfeld zum 85. Geburtstag, Heidelberg 2019, S. 229–244.

Koch, Jens, Informationsweitergabe und Informationsasymmetrien im Gesellschaftsrecht, ZGR 2020, 183–216.

Ders., Der Börsenrückzug von Rocket Internet: Delisting zu Schleuderpreisen?, AG 2021, 249–259.

Ders. (Hrsg.), Aktiengesetz, 16. Aufl., C. H. Beck, München 2022 (zitiert: Koch/*Bearbeiter*, AktG).

Koch, Jens/Harnos, Rafael, Die Neuregelung des Delistings zwischen Anleger- und Aktionärsschutz, NZG 2015, 729–737.

Kocher, Dirk/Seiz, Elke, Das neue Delisting nach § 39 Abs. 2–6 BörsG, DB 2016, 153–158.

Koller, Ingo/Kindler, Peter/Roth, Wulf-Henning/Drüen, Klaus-Dieter (Hrsg.), Handelsgesetzbuch, Kommentar, 9. Aufl., C. H. Beck, München 2019 (zitiert: Koller/Kindler/Roth/Drüen/*Bearbeiter*, HGB).

Kölner Kommentar zum Aktiengesetz, herausgegeben von Wasmann, Dirk, Band 23, 4. Aufl., Carl Heymanns, Köln 2022 (zitiert: KK-AktG/*Bearbeiter*).

Kölner Kommentar zum WpHG, herausgegeben von Hirte, Heribert/Möllers, Thomas M. J./Altenhain, Karsten, 2. Aufl., Carl Heymanns, Köln 2014 (zitiert: KK-WpHG/*Bearbeiter*).

Kölner Kommentar zum WpÜG, mit AngebVO, herausgegeben von Hirte, Heribert/Seibt, Christoph/Mock, Sebastian/Schwarz, Simon, 3. Aufl., Carl Heymanns, Köln 2022 (zitiert: KK-WpÜG/*Bearbeiter*).

Komp, Ralf, Zweifelsfragen des aktienrechtlichen Abfindungsanspruchs nach §§ 305, 320b AktG, zugl. Diss. Köln, 1999, Duncker & Humblot, Berlin 2002.

Krause, Hartmut, Die Entdeckung des Marktes durch die Rechtsprechung bei der Ermittlung der angemessenen Abfindung im Rahmen aktienrechtlicher Strukturmaßnahmen, in: Festschrift für Klaus J. Hopt zum 70. Geburtstag am 24. August 2010, Unternehmen, Markt und Verantwortung, Berlin 2010, S. 1005–1024.

Ders., Fragen über Fragen zur angemessenen Gegenleistung bei Übernahme-, Pflicht- und Delisting Angeboten, in: Festschrift für Klaus J. Hopt zum 80. Geburtstag am 24. August 2020, Berlin 2020, S. 599–629.

Krengel, Marcel/Küllmer, Malte/Kern, Philipp, Variabler Ausgleich in den Unternehmensverträgen nach „Wella III", AG 2021, 661–668.

Krieger, Gerd, Referat, in: Verhandlungen des Siebenundsechzigsten Deutschen Juristentages Erfurt 2008, Band II/2: Sitzungsberichte, Referate und Beschlüsse, München 2009, N25-N45.

Krog, Markus, Marktorientierung und gesellschaftsrechtliche Unternehmensbewertung, Aktienkurse als Determinante von Abfindungen und Umtauschverhältnissen, zugl. Diss. Oestrich-Winkel, 1999, Deutscher Universitätsverlag, Wiesbaden 2000.

Kropff, Bruno, Rechtsfragen der Abfindung ausscheidender Aktionäre, DB 1962, 155–159.

Krug, Kirsten, Der Rückzug von der Börse, Widerstreitende Interessen von Groß- und Minderheitsaktionären beim Delisting, zugl. Diss. Münster, 2018, Nomos, Baden-Baden 2019.

Kuhner, Christoph, Unternehmensbewertung: Tatsachenfragen oder Rechtsfrage?, WPg 2007, 824–835.

Kumpan, Christoph, Die Europäische Kapitalmarktunion und ihr Fokus auf kleinere und mittlere Unternehmen, ZGR 2016, 2–35.

Kumpan, Christoph/Müller-Lankow, Hendrik, Ein-Market-Maker-Systeme in der neuen Kapitalmarktregulierung – Abgrenzung zwischen multilateralen und bilateralen Systemen, WM 2017, 1777–1786.

Kümpel, Siegfried, Zur öffentlichrechtlichen Organisation der deutschen Wertpapierbörsen, BKR 2003, 3–13.

Ders., Zur Abgrenzung der börsenähnlichen Einrichtung von der genehmigungspflichtigen Börse, in: Festschrift für Walther Hadding, zum 70. Geburtstag am 8. Mai 2004, Berlin 2004, S. 915–934.

Kümpel, Siegfried/Mülbert, Peter O./Früh, Andreas/Seyfried, Thorsten (Hrsg.), Bank- und Kapitalmarktrecht, 5. Aufl., Otto Schmidt, Köln 2019 (zitiert: Kümpel/Mülbert/Früh/Seyfried/*Bearbeiter)*.

Kuthe, Thorsten, Börsenwert als Grundlage zur Bestimmung von Abfindung und Ausgleich bei Beherrschungsverträgen, Zum Beschl. des OLG Frankfurt v. 26.04.2021 – 21 W 139/19, AG 2021, 559, AG 2021, R217-R219.

Land, Volker/Hallermayer, Jessica, Grenzen der Bedeutung des Börsenkurses bei der Unternehmensbewertung im Rahmen von Strukturmaßnahmen, AG 2015, 659–666.

Langenbucher, Katja (Hrsg.), Europäisches Privat- und Wirtschaftsrecht, 4. Aufl., Nomos, Baden-Baden 2017 (zitiert: Langenbucher/*Bearbeiter*).

Langenbucher, Katja/Sharaf, Samy G., Kommunikation als Governance-Instrument in der börsennotierten Aktiengesellschaft, ZHR 185 (2021), 414–460.

Lauber, Georg, Das Verhältnis des Ausgleichs gemäß § 304 AktG zu den Abfindungen gemäß den §§ 305, 327a AktG, Band 27 – Bonner Schriften zum Steuer-, Finanz- und Unternehmensrecht, Lit Verlag, Münster 2014.

Leuering, Dieter/Simon, Stefan, Der Freiverkehr als Börsensegment für kleine und mittlere Unternehmen, NJW-Spezial 2006, 27–28.

Leuschner, Lars, Gibt es das Anteilseigentum wirklich?, NJW 2007, 3248–3250.

Leyens, Patrick, Informationsintermediäre des Kapitalmarkts, Private Marktzugangskontrolle durch Abschlussprüfung, Bonitätsrating und Finanzanalyse, Mohr Siebeck, Tübingen 2017.

Linden, Das neue Marktmissbrauchsrecht im Überblick, DStR 2016, 1036–1041.

Linnerz, Markus/Freyling, Till, Delisting im Freiverkehr – Sanktionsregime und Pflichtenprogramm, BB 2017 (2017), 1354–1359.

Lo, Andrew W., Efficient Markets Hypothesis, in: *Vernengo, Matias/Caldentey, Esteban Perez/Rosser Jr, Barkley J.* (Hrsg.), The New Palgrave Dictionary of Economics, 2020, S. 1–17.

Lorenz, Dirk, Das Spruchverfahren – dickes Ende oder nur viel Lärm um nichts?, AG 2012, 284–288.

Ludewig, Rainer/Ludewig-Husheer, Bettina, Der „wahre", „wirkliche" Wert im Gesellschaftsrecht, in: Festschrift für Bernhard Großfeld zum 65. Geburtstag, Heidelberg 1999, S. 713–726.

Lutter, Marcus, Umwandlungsgesetz, Band 1: §§ 1–122m, 6. Aufl., Otto Schmidt, Köln 2019 (zitiert: Lutter/*Bearbeiter*, UmwG).

Ders., Materielle und förmliche Erfordernisse eines Bezugsrechtsausschlusses, Besprechung der Entscheidung BGHZ 71, 40 (Kali + Salz), ZGR 1979, 401–418.

Ders., Theorie der Mitgliedschaft, Prolegomena zu einem Allgemeinen Teil des Korporationsrechts, AcP 180 (1980), 84–159.

Lutter, Marcus/Drygala, Tim, Die Übertragende Auflösung: Liquidation der Aktiengesellschaft oder Liquidation des Minderheitenschutzes? in: Aktien- und Bilanzrecht, Festschrift für Bruno Kropff, Düsseldorf 1997, S. 191–223.

Luttermann, Claus, Zum Börsenkurs als gesellschaftsrechtliche Bewertungsgrundlage, Die Maßgeblichkeit des Marktpreises im Zivil- und Steuerrecht, ZIP 1999, 45–52.

Ders., Der „durchschnittliche" Börsenkurs bei Barabfindung von Aktionären und Verschmelzungswertrelation, ZIP 2001, 869–872.

Ders., Zur Rechtspraxis internationaler Unternehmensbewertung bei der Publikums-Aktiengesellschaft, NZG 2007, 611–618.

Mangoldt, Hermann von/Klein, Friedrich/Starck, Christian (Hrsg.), Grundgesetz, Kommentar, Band 1, 7. Aufl., C. H. Beck, München 2018 (zitiert: Mangoldt/Klein/Starck/*Bearbeiter*, GG).

Malkiel, Burton G., The Efficient Market Hypothesis and Its Critics, JEP Volume 17 (Winter 2003), 59–82.

Manz, Gerhard/Schröder, Albert/Mayer, Barbara (Hrsg.), Die Aktiengesellschaft, Umfassende Erläuterungen, Beispiele und Musterformulare für die Rechtspraxis, 7. Aufl., Haufe, Freiburg 2014 (zitiert: Manz/Schröder/Mayer/*Bearbeiter*).

Marsch-Barner, Reinhard/Schäfer, Frank A. (Hrsg.), Handbuch börsennotierte AG, Aktien- und Kapitalmarktrecht, 4. Aufl., Otto Schmidt, Köln 2018 (zitiert: Marsch-Barner/Schäfer/*Bearbeiter*, Hdb. börsennotierte AG).

Martens, Klaus-Peter, Die Bewertung eines Beteiligungserwerbs nach § 255 Abs. 2 AktG – Unternehmenswert kontra Börsenkurs, in: Festschrift für Gerold Bezzenberger zum 70. Geburtstag am 13. März 2000, Berlin 2000, S. 267–289.

Matschke, Manfred J., Der Entscheidungswert der Unternehmung, zugl. Diss. Köln, 1973, Springer Gabler, Wiesbaden 1975.

Ders., Funktionale Unternehmensbewertung, Der Arbitriumwert der Unternehmung, zugl. Habil.-Schr. Köln, 1979, Springer Gabler, Wiesbaden 1979.

Ders., Referenzmodelle zur Bestimmung der angemessenen Abfindung von Minderheitskapitalgesellschaftern – Günter Sieben zum 80. Geburtstag, BFuP 2013, 14–54.

Ders., Wider die Orientierung an Standards berufsständischer Gruppierungen bei der Abfindungsbemessung aus Anlass des Ausschlusses von Minderheitsaktionären, in: Bewertung von Unternehmen, Festschrift für O.Univ.-Prof. Mag. Dr. Wolfgang Nadvornik, Wien 2016, S. 101–134.

Matschke, Manfred J./Brösel, Gerrit, Unternehmensbewertung, Funktionen – Methoden – Grundsätze, Springer, Wiesbaden 2013.

Dies., Funktionale Unternehmensbewertung, Eine Einführung, Springer, Wiesbaden 2014.

Matschke, Manfred J./Brösel, Gerrit/Karami, Behzad, Unternehmensbewertung im Rahmen der Rechtsprechung aus Sicht der funktionalen Lehre, in: Unternehmensbewertung, Theoretische Grundlagen – praktische Anwendung, Festschrift für Gerwald Mandl zum 70. Geburtstag, Wien 2010, S. 421–450.

Mattes, Sabine/Maldeghem, Maximilian Graf von, Unternehmensbewertung beim Squeeze Out, BKR 2003, 531–537.

Maul, Karl-Heinz, Unternehmens- und Anteilsbewertung in Spruchstellenverfahren, in: Kapitalgeberansprüche, Marktwertorientierung und Unternehmenswert, Festschrift für Prof. Dr. Dr. h. c. Jochen Drukarczyk zum 65. Geburtstag, München 2003, S. 255–287.

Meilicke, J. Frédéric, Erzielbarer Veräußerungserlös vs. objektivierten Unternehmenswert bei der Abfindung von Gesellschaftern, ZIP 2014, 605–612.

Meilicke, Wienand, Die Barabfindung für den ausgeschlossenen oder ausscheidungsberechtigten Minderheits-Kapitalgesellschafter, Rechtsgrundsätze zur Unternehmensbewertung, zugl. Diss. Bonn, 1974, Duncker & Humblot, Berlin 1975.

Meitner, Matthias, Rechtliche Unternehmensbewertung: Königsdisziplin! … oder durch nur eine bunte Show? in: Unternehmensbewertung, Festschrift für Bernhard Großfeld zum 85. Geburtstag, Heidelberg 2019, S. 257–268.

Merkner, Andreas/Sustmann, Marco/Retsch, Alexander, Insiderrecht und Ad-hoc Publizität im neuen Emittentenleitfaden der BaFin, AG 2019, 621–633.

Merkt, Hanno, Zum Verhältnis von Kapitalmarktrecht und Gesellschaftsrecht in der Diskussion um die Corporate Governance, AG 2003, 126–136.

Merkt, Hanno/Rossbach, Oliver, Zur Einführung: Kapitalmarktrecht, JuS 2003, 217–224.

Mitental, Daniel/Anders, Dietmar, Erste Erfahrungen mit den neuen Aktienmarktsegmenten der Frankfurter Wertpapierbörse, DStR 2003, 1893–1900.

Morell, Alexander, Gefahr erkannt, Gefahr gebannt? Ist eine Abfindung beim regulären Delisting aus Effizienzsicht überhaupt geboten?, ZBB 2016, 67–88.

Moxter, Adolf, Grundsätze ordnungsmäßiger Unternehmensbewertung, 2. Aufl., Springer, Wiesbaden 1983.

Mülbert, Peter O., Aktiengesellschaft, Unternehmensgruppe und Kapitalmarkt, Die Aktionärsrechte bei Bildung und Umbildung einer Unternehmensgruppe zwischen Verbands- und Anlegerschutzrecht, zugl. Habil.-Schr., München, 1994, C. H. Beck, München 1996.

Ders., Rechtsprobleme des Delisting, ZHR 165 (2001), 104–140.

Ders., Abschwächungen des mitgliedschaftlichen Bestandsschutzes im Aktienrecht, in: Festschrift für Peter Ulmer zum 70. Geburtstag am 2. Januar 2003, Berlin 2003, S. 433–450.

Ders., Referat, in: Verhandlungen des Siebenundsechzigsten Deutschen Juristentages Erfurt 2008, Band II/2: Sitzungsberichte, Referate und Beschlüsse, München 2009, N51-N78.

Ders., Grundsatz- und Praxisprobleme der Einwirkungen des Art. 14 GG auf das Aktienrecht, in: Festschrift für Klaus J. Hopt zum 70. Geburtstag am 24. August 2010, Unternehmen, Markt und Verantwortung, Berlin 2010, S. 1039–1078.

Müller, Welf, Die Unternehmensbewertung in der Rechtsprechung. Zustandsbeschreibung und Ausblick, in: Festschrift für Gerold Bezzenberger zum 70. Geburtstag am 13. März 2000, Berlin 2000, S. 705–719.

Ders., Anteilswert oder anteiliger Unternehmenswert? Zur Frage der Barabfindung bei der kapitalmarktorientierten Aktiengesellschaft, in: Festschrift für Volker Röhricht zum 65. Geburtstag, Gesellschaftsrecht, Rechnungslegung, Sportrecht, Köln 2005, S. 1015–1032.

Ders., Unternehmenswert und börsennotierte Aktie, in: Festschrift für Günter H. Roth zum 70. Geburtstag, München 2011, S. 517–532.

Müller-Michaels, Olaf, OLG Düsseldorf: Keine Berechnung der Squeeze-out-Abfindung allein anhand des Börsenkurses, BB 2017, 2034.

Müller-Stahl, Ingo, Der geregelte Freiverkehr, 1971.

Münchener Kommentar zum Aktiengesetz, Band 1: §§ 1–75, herausgegeben von Goette, Wulf/Habersack, Mathias, 5. Aufl., C. H. Beck, München 2019 (zitiert: MüKoAktG/*Bearbeiter*).

Münchener Kommentar zum Aktiengesetz, Band 4: §§ 179–277, herausgegeben von Goette, Wulf/Habersack, Mathias, 5. Aufl., C. H. Beck, München 2021 (zitiert: MüKoAktG/*Bearbeiter*)

Münchener Kommentar zum Aktiengesetz, Band 5: §§ 278–328, SpruchG, herausgegeben von Goette, Wulf/Habersack, Mathias, 5. Aufl., C. H. Beck, München 2020 (zitiert: MüKoAktG/*Bearbeiter*).

Münchener Kommentar zum Aktiengesetz, Band 6: §§ 329–410, WpÜG, herausgegeben von Goette, Wulf/Habersack, Mathias, 5. Aufl., C. H. Beck, München 2021 (zitiert: MüKoAktG/*Bearbeiter*).

Münchener Kommentar zum Bürgerlichen Gesetzbuch, Band 1: Allgemeiner Teil §§ 1–240, AllgPersönlR, ProstG, AGG, 9. Aufl., herausgegeben von Schubert, Claudia, C. H. Beck, München 2021 (zitiert: MüKoBGB/*Bearbeiter*).

Münchener Kommentar zum Bürgerlichen Gesetzbuch, Band 3, herausgegeben von Krüger, Wolfgang, 9. Aufl., C. H. Beck, München 2022 (zitiert: MüKoBGB/*Bearbeiter*).

Münchener Kommentar zum Bürgerlichen Gesetzbuch, Band 7: Schuldrecht Besonderer Teil IV, herausgegeben von Habersack, Mathias/Oetker, Hartmut/Rixecker, Roland, Säcker, Franz Jürgen/Limperg, Bettina, 8. Aufl., C. H. Beck, München 2020 (zitiert: MüKoBGB/*Bearbeiter*).

Münchener Kommentar zum Bürgerlichen Gesetzbuch, Band 11, herausgegeben von Kessal-Wulf, Sibylle, 9. Aufl., C. H. Beck, München 2022 (zitiert: MüKoBGB/*Bearbeiter*).

Münchener Kommentar zum Bürgerlichen Gesetzbuch, Band 13 Internationales Wirtschaftsrecht, herausgegeben von Säcker, Franz Jürgen/Rixecker, Roland/Oetker, Hartmut ua, 8. Aufl., C. H. Beck, München 2021 (zitiert: MüKoBGB/*Bearbeiter*).

Münchener Kommentar zum Handelsgesetzbuch, Band 2: §§ 105–160, herausgegeben von Schmidt, Karsten, 4. Aufl., C. H. Beck, München 2016 (zitiert: MüKoHGB/*Bearbeiter*).

Münchener Kommentar zum Handelsgesetzbuch, Band 4: §§ 238–342e, herausgegeben von Schmidt, Karsten/Ebke, Werner F., 4. Aufl., C. H. Beck, München 2020 (zitiert: MüKoHGB/*Bearbeiter*).

Münchener Kommentar zum Handelsgesetzbuch, Band 6 Bankvertragsrecht, herausgegeben von Herresthal, Carsten, 4. Aufl., C. H. Beck, München 2019 (zitiert: MüKoHGB/*Bearbeiter*).

Münchener Kommentar zur Zivilprozessordnung, Band 1, herausgegeben von Rauscher, Thomas/Krüger, Wolfgang, 6. Aufl., C. H. Beck, München 2020 (zitiert: MüKoZPO/*Bearbeiter*).

Münstermann, Hans, Wert und Bewertung der Unternehmung, Springer Gabler, Wiesbaden 1966.

Musielak, Hans-Joachim/Voit, Wolfgang (Hrsg.), Zivilprozessordnung, Mit Gerichtsverfassungsgesetz, 19. Aufl., Franz Vahlen, München 2022 (zitiert: Musielak/Voit/*Bearbeiter*, ZPO).

Naschke, Michael, Der Börsenkurs als Abfindungsgrundlage, zugl. Diss. Münster, 2002–2003, Peter Lang, Frankfurt a. M. 2003.

Noack, Max, Das Spruchverfahren nach dem Spruchverfahrensgesetz, Unzulänglichkeiten und Lösungswege, zugl. Diss. Berlin, 2013, Duncker & Humblot, Berlin 2014.

Ders., Das Company Law Package – Vorschläge der Europäischen Kommission zur Harmonisierung des materiellen Schutzes der Minderheitsgesellschafter bei grenzüberschreitenden Verschmelzungen, AG 2018, 780–788.

Ders., Grenzüberschreitende Umwandlungen nach der neuen Umwandlungsrichtlinie – Das Austrittsrecht gegen angemessene Barabfindung, ZGR 2020, 90–123.

Obermaier, Robert, Unternehmensbewertung zwischen Wert und Preis, Verschlungene Pfade im Spannungsfeld von ökonomischen Wertbegriffen, Marktpreisen und Akteursinteressen, in: Unternehmensbewertung, Festschrift für Bernhard Großfeld zum 85. Geburtstag, Heidelberg 2019, S. 325–350.

Oehlrich, Marcus, Die Unternehmensbewertung im Rahmen von Unternehmenskaufverträgen, NJOZ 2020, 1–5.

Oetker, Hartmut (Hrsg.), Handelsgesetzbuch, Kommentar, 7. Aufl., C. H. Beck, München 2021 (zitiert: Oetker/*Bearbeiter*, HGB).

Olbrich, Michael, Zur Bedeutung des Börsenkurses für die Bewertung von Unternehmungen und Unternehmungsanteilen, BFuP 2000, 454–465.

Olbrich, Michael/Rapp, David J., Zur Berücksichtigung des Börsenkurses bei der Unternehmensbewertung zum Zweck der Abfindungsbemessung, Besprechung des BGH-Beschl. v. 19.07.2010 (II ZB 18/09), DStR 2011, 2005–2007.

Dies., Wider die Anwendung der DVFA-Empfehlungen in der gerichtlichen Abfindungspraxis, CF biz 2012, 233–236.

Dies., Bewertungstheoretische Missverständnisse bei der Abfindungsbemessung im aktienrechtlichen Squeeze-Out, AG 2021, R53-R55.

Ott, Nicolas, Der übernahmerechtliche Squeeze-out gemäß §§ 39a f. WpÜG, WM 2008, 384–391.

Paefgen, Walter G., Rezension zu Johannes Adolff, Unternehmensbewertung im Recht der börsennotierten Aktiengesellschaft, ZHR 172 (2008), 358–363.

Ders., Rezension zu Lars Klöhn, Das System der aktien- und umwandlungsrechtlichen Abfindungsansprüche, ZHR 174 (2010), 741–746.

Pasch, Lilia/Schmeling, Ann-Kathrin/Starke, Dennis, Wechsel vom regulierten Markt in den Freiverkehr in Deutschland, Rechtliche Voraussetzungen und Konsequenzen, CF 2015, 259–271.

Patzner, Andreas/Döser, Achim/Kempf, Ludger J. (Hrsg.), Investmentrecht, Kapitalanlagegesetzbuch, Investmentsteuergesetz, Handkommentar, 3. Aufl., Nomos, Baden-Baden 2017 (zitiert: Patzner/Döser/Kempf/*Bearbeiter*, HK-InvR).

Petersen, Karl/Zwirner, Christian (Hrsg.), Handbuch Unternehmensbewertung, 2. Aufl., Köln 2013 (zitiert: Petersen/Zwirner/*Bearbeiter*).

Pilsl, Ludwig/Knoll, Leonhard, Delisting und Börsenkurs, DB 2016, 181–186.

Piltz, Detlev J., Unternehmensbewertung und Börsenkurs im aktienrechtlichen Spruchstellenverfahren, zugl. Besprechung der Entscheidung BVerfGE 100, 289, ZGR 2001, 185–213.

Poelzig, Dörte, Kapitalmarktrecht, C. H. Beck, München 2018.

Puszkajler, Karl Peter/Sekera-Terplan, Tino, Reform des Spruchverfahrens?, NZG 2015, 1055–1063.

Quill, Tobias, Der moderne Objektivismusstreit der Unternehmensbewertung: Der Weg in die selbstverschuldete Unmündigkeit, BFuP 2017, 275–299.

Quill, Tobias/Follert, Florian, Spruchverfahren als Geschäftsmodell: Wenn die „angemessene" Abfindung negativ ist, Betriebswirtschaftliche Überlegungen zur vollen Kompensation von Berufsantragstellern, AG 2021, 696–702.

Rakoff, Todd D., Symposium: Law, Knowledge, and the Academy – Introduction, Harvard Law Review Vol. 115 (2002), 1278–1287.

Rapp, David J., Einige kritische Überlegungen zur Praxis der Abfindung von Minderheitsgesellschaftern gemäß §§ 327a ff. AktG, DK 2012, 8–14.

Ders., Abfindungsbemessung beim aktienrechtlichen Squeeze-out: Einige grundsätzliche Anmerkungen zum vermeintlichen Primat der Praktikabilität und zur Neuen Politischen Ökonomie der Unternehmensbewertung, ZfbF 72 (2020), 253–264.

Rapp, David J./Follert, Florian/Maas Alexander, Der unterlassene Aktienkauf als Argument für die Abfindung des Minderheitsaktionärs zum Börsenkurs? Ein Widerspruch, Replik zu Schwetzler, in: FS Großfeld 2019, S. 401–415, CF 2020, 46–47.

Reichert, Jochem, Eigentumsschutz und Unternehmensbewertung in der Rechtsprechung des Bundesverfassungsgerichts, in: Festschrift für Eberhard Stilz zum 65. Geburtstag, München 2014, S. 479–499.

Richter, Jörg, Quellen der Unternehmensfinanzierung, AIM, NASDAQ und Entry Standard, zugl. Diss. Stuttgart, 2007, Verlag Dr. Kovač, Hamburg 2008.

Richter, Thomas, Sanktionslücken bei Insiderhandel und Marktmanipulation im Freiverkehr infolge des 1. FiMaNoG, NZG 2020, 210–214.

Rieger, Wilhelm, Zur Frage der angemessenen Abfindung der bei der Umwandlung ausscheidenden Aktionäre, JW 1938, 3016–3018.

Riegger, Bodo, Der Börsenkurs als Untergrenze der Abfindung? Anmerkungen zum Beschluß des Bundesverfassungsgerichts v. 27.04.1999, DB 1999, 1889–1891.

Riegger, Bodo/Wasmann, Dirk, Das Stichtagsprinzip in der Unternehmensbewertung, in: Festschrift für Wulf Goette zum 65. Geburtstag, München 2011, S. 433–441.

Dies., Ausnahmen von der Berücksichtigung des Börsenkurses bei der Ermittlung gesetzlich geschuldeter Kompensationen im Rahmen von Strukturmaßnahmen, in: Festschrift für Eberhard Stilz zum 65. Geburtstag, München 2014, S. 509–516.

Risse, Jörg, Die Bestimmung des Unternehmenswertes als Rechtsproblem, ZIP 2021, 2309–2320.

Rodloff, Frank, Börsenkurs statt Unternehmensbewertung – Zur Ermittlung der Abfindung in Spruchstellenverfahren, DB 1999, 1149–1153.

Röhricht, Volker, Rechtsprechungsbericht: Die aktuelle höchstrichterliche Rechtsprechung zum Gesellschaftsrecht, in: Dauner-Lieb, Barbara (Hrsg.), Gesellschaftsrecht in der Diskussion 2001, Jahrestagung der Gesellschaftsrechtlichen Vereinigung (VGR), Köln 2002, S. 3–26.

Rössler, Rudolf/Troll, Max (Hrsg.), Bewertungsgesetz Kommentar, 34. Aufl., Franz Vahlen, München 2022 (zitiert: Rössler/Troll/*Bearbeiter*, BewG).

Roth, Lukas, Marktliquidität von Aktien, zugl. Diss. Berlin, 2006, disserttion.de, Berlin 2007.

Ruffert, Matthias, Privatrechtswirkung der Grundrechte, Von Lüth zum Stadionverbot – und darüber hinaus?, JuS 2020, 1–6.

Ruiz de Vargas, Santiago, Börsenwert: Alleinige Maßgeblichkeit oder nur Wertuntergrenze? – Teil I, NZG 2021, 1001–1010.

Ders., Santiago, Börsenwert: Alleinige Maßgeblichkeit oder nur Wertuntergrenze? – Teil II, NZG 2021, 1056–1062.

Ruiz de Vargas, Santiago/Schenk, Dieter, Anteilsbewertung im Squeeze-Out-Fall bei vorliegendem Beherrschungs- und Gewinnabführungsvertrag: Barwert der Ausgleichszahlungen oder anteiliger Ertragswert?, AG 2016, 354–358.

Ruthardt, Frederik, Angemessene Barabfindung und Gleichbehandlung von Minderheits- und Mehrheitsaktionären, NZG 2014, 972–980.

Ders., Normzweckkonforme Unternehmensbewertung und Abfindungsbemessung beim aktienrechtlichen Squeeze Out, zugl. Diss. Hohenheim, 2014, Nomos, Baden-Baden 2014.

Ders., Abfindungsbemessung beim Squeeze Out, NZG 2015, 1387–1392.

Ruthardt, Frederik/Hachmeister, Dirk, Das Stichtagsprinzip in der Unternehmensbewertung, Grundlegende Anmerkungen und Würdigung der jüngeren Rechtsprechung in Spruchverfahren, WPg 2012, 451–458.

Dies., 15 Jahre DAT/Altana – Ein (weiterer) Aufsatz zum Börsenkurs: Ermittlung des Desinvestitionswertes statt Indikation für „wahre Werte“, CF 2014, 174–186.

Dies., Börsenkurs und/oder Ertragswert in Squeeze Out Fällen – Der Fall Hoechst AG, NZG 2014, 455–457.

Dies., Der Verkehrswert des Unternehmens als rechtliche Wertkategorie, NZG 2014, 885–892.

Dies., Ermittlung der angemessenen Barabfindung beim Squeeze Out, Zur grundsätzlichen Notwendigkeit einer fundamentalen (Ertrags-)Wertermittlung, NZG 2014, 41–48.

Dies., Verkehrswert des Anteils und Verkehrswert des Unternehmens, WPg 2016, 411–421.

Dies., Unternehmensbewertung zur Abfindungsbemessung, Normzweckadäquate Typisierungen für das Ertragswertverfahren unter Beachtung der betriebswirtschaftlichen Funktionenlehre, ZfbF 70 (2018), 47–71.

Ruthardt, Frederik/Popp, Matthias, Unternehmensbewertung im Spiegel der Rechtsprechung, Entwicklungen im Jahr 2018, AG 2019, 196–206.

Dies., Unternehmensbewertung im Spiegel der Rechtsprechung, Entwicklungen im Jahr 2019 – Teil 1: Börsenkurs, AG 2020, 240–249.

Dies., Unternehmensbewertung im Spiegel der Rechtsprechung, Entwicklungen im Jahr 2019 – Teil II: Ertragswertverfahren und Barwert der Ausgleichszahlungen, AG 2020, 322–332.

Dies., Unternehmensbewertung im Spiegel der Rechtsprechung, AG 2021, 296–305.

Rutz, Konstantin, Delisting und Downgrading, Voraussetzungen und Rechtstatsachen, zugl. Diss. Jena, 2015, JWV, Jena 2015.

Sachs, Michael (Hrsg.), Grundgesetz, Kommentar, 8. Aufl., C. H. Beck, München 2018 (zitiert: Sachs/*Bearbeiter*, GG).

Sagasser, Bernd/Bula, Thomas/Brünger, Thomas R. (Hrsg.), Umwandlungen, Verschmelzung – Spaltung – Formwechsel – Vermögensübertragung: Zivilrecht, Handelsrecht, Arbeitsrecht, Kartellrecht, Steuerrecht, 5. Aufl., C. H. Beck, München 2017 (zitiert: Sagasser/Bula/Brünger/*Bearbeiter)*.

Scheller, Georg, Der Handel in amtlich nicht notierten Werten, Betriebs- und finanzwirtschaftliche Forschungen, Spaeth & Linde, Berlin 1924.

Schiel, Alexander, Aktionärsschutz zwischen Aktienrecht und Kapitalmarkt, Aktionärsrechte beim Erwerb fremden Vermögens gegen Gewährung von Aktien der AG und in der Unternehmensgruppe zwischen Verbands- und Anlegerschutzrecht, zugl. Diss. München, 2007, Duncker & Humblot, Berlin 2009.

Schildbach, Thomas, Der objektive Unternehmenswert: ein Phantom als moderne Hydra, BFuP 2017, 257–274.

Schimansky, Herbert/Bunte, Hermann-Josef/Lwowski, Hans-Jürgen (Hrsg.), Bankrechts-Handbuch, 5. Aufl., C. H. Beck, München 2017 (zitiert: Schimansky/Bunte/Lwowski/*Bearbeiter)*.

Schlote, Klaus/Schmitt, Joachim, Delisting nach Frosta, Investoren, Börsen und Gesetzgeber gefordert, HV Magazin 2015, 26–27.

Schmidt, Jessica, Das Abstellen auf den Börsenkurs bei der Ermittlung von Abfindung und Ausgleich, NZG 2020, 1361–1368.

Dies., Der Schutz der Minderheitsgesellschafter nach dem Company Law Package, ein Streifzug durch die Genese der neuen speziellen Schutzvorschriften, in: Festschrift für Gerd Krieger zum 70. Geburtstag, München 2020, S. 841–852.

Schmidt, Karsten, Das Recht der Mitgliedschaft, Ist „korporatives Denken" passé?, ZGR 2011, 108–135.

Schmidt, Karsten/Lutter, Marcus/Bayer, Walter (Hrsg.), Aktiengesetz, Kommentar, Band 2, 4. Aufl., Otto Schmidt, Köln 2020 (zitiert: Schmidt/Lutter/Bayer/*Bearbeiter*, AktG).

Schmidt-Aßmann, Eberhard, Der Schutz des Aktieneigentums durch Art. 14 GG, in: Der Staat des Grundgesetzes – Kontinuität und Wandel, Festschrift für Peter Badura zum 70. Geburtstag, Tübingen 2004, S. 1009–1029.

Schmitt, Christoph/Süßmann, Rainer, Rückzug mittelständischer Unternehmen aus dem regulierten Markt, BB 2014, 1451–1454.

Schmitt, Joachim/Hörtnagl, Robert (Hrsg.), Umwandlungsgesetz, Umwandlungssteuergesetz, 9. Aufl., C. H. Beck, München 2020 (zitiert: Schmitt/Hörtnagl/*Bearbeiter*, UmwG).

Schnorbus, York/Rauch, Stephan/Grimm Manon, Die marktorientierte Bewertungsmethode im Spruchverfahren, AG 2021, 391–402.

Scholz, Philipp, Ad-hoc-Publizität und Freiverkehr, NZG 2016, 1286–1291.

Schön, Wolfgang, Der Aktionär im Verfassungsrecht, in: Festschrift für Peter Ulmer zum 70. Geburtstag am 2. Januar 2003, Berlin 2003, S. 1359–1392.

Schoppe, Bastian, Aktieneigentum, Verfassungsrechtliche Strukturen und gesellschaftsrechtliche Ausprägungen der Aktie als Gegenstand des Art. 14 GG, zugl. Diss. Bonn, 2009/2010, Carl Heymanns, Köln 2011.

Schulte, Jörn/Köller, Georg/Luksch, Felix, Eignung des Börsenkurses und des Ertragswerts als Methoden zur Ermittlung von Unternehmenswerten für die Bestimmung eines angemessenen g Umtauschverhältnisses bei (Konzern-)Verschmelzungen, WPg 2012, 380–394.

Schulze, Reiner/Dörner, Heinrich/Ebert, Ina et al. (Hrsg.), Bürgerliches Gesetzbuch, Handkommentar, 11. Aufl., Nomos, Baden-Baden 2022 (zitiert: HK-BGB/*Bearbeiter*).

Schüppen, Matthias/Schaub, Bernhard (Hrsg.), Münchener Anwalts Handbuch Aktienrecht, 3. Aufl., C. H. Beck, München 2018 (zitiert: MAH AktR/*Bearbeiter*).

Schwark, Eberhard, Das neue Kapitalmarktrecht, NJW 1987, 2041–2048.

Ders., Anlegerschutz in der Publikums-AG, – ein Paradigmenwechsel?, in: Festschrift für Marcus Lutter zum 70. Geburtstag, Köln 2000, S. 1529–1550.

Schwark, Eberhard/Zimmer, Daniel (Hrsg.), Kapitalmarktrechts-Kommentar, Börsengesetz mit Börsenzulassungsverordnung, Wertpapierprospektgesetz, Wertpapierhandelsgesetz, Wertpapiererwerbs- und Übernahmegesetz, 5. Aufl., C. H. Beck, München 2020 (zitiert: Schwark/Zimmer/*Bearbeiter)*.

Schweppe, Michael, Hybride Regulierung des Freiverkehrs, zugl. Diss. Frankfurt a. M., 2012, Peter Lang, Frankfurt a. M. 2013.

Schwetzler, Bernhard, Der Verkehrswert als angemessene Abfindung beim Squeeze-Out, Anmerkungen aus ökonomischer Sicht, in: Unternehmensbewertung, Festschrift für Bernhard Großfeld zum 85. Geburtstag, Heidelberg 2019, S. 401–415.

Ders., Die angemessene Abfindung im aktienrechtlichen Squeeze-out – Börsenkurs vs. „Grenzpreis“, AG 2020, R297-R299.

Ders., Verkehrswert und Börsenkurs als angemessene Abfindung in Squeeze-Outs, Stellungnahme zu Rapp/Follert/Maas, CF 2020, S. 46–47, CF 2020, 48–51.

Schwetzler, Bernhard/Aders, Christian/Adolff, Johannes, Zur Anwendung der DVFA Best-Practice-Empfehlungen Unternehmensbewertung in der gerichtlichen Abfindungspraxis, CF biz 2012, 237–241.

Seibt, Christoph/Wollenschläger, Bernward, Downlisting einer börsennotierten Gesellschaft ohne Abfindungsangebot und Hauptversammlungsbeschluss, AG 2009, 807–817.

Sekera-Terplan, Tino, Anm. zu OLG Frankfurt a. M., Beschl. v. 17.01.2017 – 21 W 37/12, GWR 2017, 117.

Shiller, Robert J., From Efficient Markets Theory to Behavioral Finance, JEP Vol. 17 (2003), 83–104.

Ders., Irrational Exuberance, 2. Aufl., Broadway Books, New York 2005.

Sieben, Günter, Der Anspruch auf angemessene Abfindung nach § 12 UmwG, Höchstrichterliche Entscheidungen in betriebswirtschaftlicher Sicht (Teil I), AG 1966, 6–13.

Ders., Der Anspruch auf angemessene Abfindung nach § 12 UmwG, Höchstrichterliche Entscheidungen in betriebswirtschaftlicher Sicht (Teil III), AG 1966, 83–89.

Sieben, Günter/Schildbach, Thomas, Zum Stand der Entwicklung der Lehre von der Bewertung ganzer Unternehmungen, DStR 1979, 455.

Siekmann, Helmut, Die Legende von der verfassungsrechtlichen Sonderstellung des „anonymen“ Kapitaleigentums, in: Der grundrechtsgeprägte Verfassungsstaat, Festschrift für Klaus Stern zum 80. Geburtstag, Berlin 2012, S. 1527–1541.

Simon, Stefan (Hrsg.), Spruchverfahrensgesetz, Gesetz über das gesellschaftsrechtliche Spruchverfahren, C. H. Beck, München 2007 (zitiert: Simon/*Bearbeiter*, SpruchG).

Simon, Stefan/Burg, Michael, Zum Anwendungsbereich des § 29 Abs. 1 Satz 1 UmwG beim „kalten Delisting", DK 2009, 214–219.

Simons, Cornelius, Die Insiderliste (Art. 18 MMVO), CCZ 2016, 221–231.

Sinewe, Patrick, Die Relevanz des Börsenkurses im Rahmen des § 255 II AktG, NZG 2002, 314–317.

Spindler, Gerald/Klöhn, Lars, Ausgleich gem. § 304 AktG, Unternehmensbewertung und Art. 14 GG, DK 2003, 511–521.

Spindler, Gerald/Stilz, Eberhard (Hrsg.), Kommentar zum Aktiengesetz, Band 2, 4. Aufl., C. H. Beck, München 2019 (zitiert: Spindler/Stilz AktG 2019/*Bearbeiter*).

Stein, Philip, Fundamentalanalyse und Börsenkurs als Grundlage richterlicher Schätzung bei der Ermittlung aktienrechtlicher Barabfindungen, zugl. Diss. Bonn, 2013, Verlag Dr. Kovač, Hamburg 2014.

Steinhauer, Carsten, Der Börsenpreis als Bewertungsgrundlage für den Abfindungsanspruch von Aktionären, Finanztheoretischer Hintergrund einer möglichen Trendwende in der gesellschaftsrechtlichen Praxis, AG 1999, 299–308.

Ders., Insiderhandelsverbot und Ad-hoc-Publizität, Eine rechtsvergleichende Analyse zivilrechtlicher Haftungsansprüche von Anlegern in den USA und Deutschland, zugl. Diss. Freiburg, 1998/99, Nomos, Baden-Baden 1999.

Steinmeyer, WpÜG, Wertpapiererwerbs- und Übernahmegesetz Kommentar, 4. Aufl., Erich Schmidt, Berlin 2019 (zitiert: Steinmeyer/*Bearbeiter*, WpÜG).

Stelmaszczyk, Peter, Der materielle Stakeholderschutz nach der neuen Umwandlungsrichtlinie, ZIP 2019, 2437–2447.

Stigler, George J., Nobel Lecture: The Process and Progress of Economics, JPE Vol. 91 (1983), 529–545.

Stilz, Eberhard, Börsenkurs und Verkehrswert, Besprechung der Entscheidung BGH ZIP 2001, 734 – DAT/Altana, ZGR 2001, 875–900.

Ders., Die Anwendung der Business Judgement Rule auf die Feststellung des Unternehmenswerts bei Verschmelzungen, in: Festschrift für Karl Peter Mailänder zum 70. Geburtstag am 23. Oktober 2006, Berlin 2006, S. 423–439.

Ders., Unternehmensbewertung und angemessene Abfindung, Zur vorrangigen Maßgeblichkeit des Börsenkurses, in: Festschrift für Wulf Goette zum 65. Geburtstag, München 2011, S. 529–544.

Stöber, Michael, Ungeschriebene Hauptversammlungskompetenzen am Beispiel des Börsenrückzugs und der fakultativen Insolvenzantragstellung, WM 2014, 1757–1763.

Storm, Philipp, Alternative Freiverkehrssegmente im Kapitalmarktrecht: Zugleich ein Beitrag zur rechtsökonomischen Analyse emittentenbezogener Regulierung durch einen Marktveranstalter und zum System der Segmentierung, Schriftenreihe zum Gesellschafts- und Kapitalmarktrecht, Peter Lang, Frankfurt a. M. 2010.

Sudmeyer, Jan/Rückert, Susanne/Kuthe, Thorsten, Entry Standard – Das neue Börsensegment für den Mittelstand, BB 2005, 2703–2706.

Theissen, Erik, Organisationsformen des Wertpapierhandels, Gesamtkursermittlung, kontinuierliche Auktion und Market-Maker-System, Springer, Wiesbaden 1998.

Thomale, Chris, Minderheitenschutz gegen Delisting – die MACROTRON-Rechtsprechung zwischen Eigentumsgewähr und richterlicher Rechtsfortbildung, zugl. Besprechung von BVerfG, Urt. v. 11.07.2012 – 1 BvR 3142/07, 1569/08, NJW 2012, 3081 ff., ZGR 2013, 686–723.

Thomale, Chris/Walter, Andreas, Delisting als Regulierungsaufgabe, ZGR 2016, 679–728.

Tonner, Martin, Die Maßgeblichkeit des Börsenkurses bei der Bewertung des Anteilseigentums, Konsequenzen aus der Rechtsprechung des Bundesverfassungsgerichts, in: Festschrift für Karsten Schmidt zum 70. Geburtstag, Köln 2009, S. 1581–1602.

Tönnes, Wolf Achim, Unternehmensbewertung als Rechtsproblem, M&A Review 2017, 449–455.

Veil, Rüdiger, Marktregulierung durch privates Recht am Beispiel des Entry Standard der Frankfurter Wertpapierbörse, in: Festschrift für Uwe H. Schneider, Zum 70. Geburtstag, Köln 2011, S. 1313–1324.

Ders., Autonomie privaten Rechts und dessen Einbindung in die staatliche Rechtsordnung, Betrachtungen aus der Perspektive des Aktiengesellschafts- und Kapitalmarktrechts, in: Bumke, Christian/Röthel, Anne (Hrsg.), Privates Recht, Tübingen 2012, S. 269–284.

Ders. (Hrsg.), *European Capital Markets Law*, Oxford, Portland, Oregon 2017 (zitiert: Veil/*Bearbeiter*, ECML).

Ders., KMU-Wachstumsmärkte nach MiFID II, in: Festschrift für Theodor Baums zum siebzigsten Geburtstag, Tübingen 2017, 1267–1280.

Ders., Europäisches und deutsches Kapitalmarktrecht, 3. Aufl., Tübingen 2022.

Veil, Rüdiger/Ruckes, Martin/Limbach, Peter/Doumet, Markus, Today's or yesterday's news?, Eine empirische Analyse von Stimmrechtsmitteilungen gemäß §§ 21 ff. WpHG und Schlussfolgerungen für die Kapitalmarktregulierung, ZGR 2015, 709–753.

Veil, Rüdiger/Templer, Lena, GameStop, Reddit und die Hedgefonds – Betrachtungen aus der Perspektive des europäischen Kapitalmarktrechts, ZIP 2021, 981–989.

Verse, Dirk A., Der Gleichbehandlungsgrundsatz im Recht der Kapitalgesellschaften, Mohr Siebeck, Tübingen 2006.

Ders., Aktionärsschutz beim Delisting, in: Festschrift für Theodor Baums zum siebzigsten Geburtstag, Tübingen 2017, S. 1317–1340.

Vetter, Eberhard, Bemessung von Abfindung und Ausgleich, AG 1999, 566–572.

Ders., Die Entschädigung der Minderheitsaktionäre im Vertragskonzern erneut vor dem Bundesverfassungsgericht, Anmerkung zu BVerfG, Beschl. v. 08.09.1999 – 1 BvR 301/89, ZIP 1999, 1804 (Hartmann & Braun AG), ZIP 2000, 561–568.

Ders., Börsenkurs und Unternehmensbewertung, DB 2001, 1347–1353.

Viskorf, Hermann-Ulrich/Schuck, Stephan/Wälzholz, Eckhard (Hrsg.), Erbschaftsteuer- und Schenkungsteuergesetz, Bewertungsgesetz, (Auszug), Kommentar, Kommentar, 6. Aufl., NWB, Herne 2001 (zitiert: Viskorf/Schuck/Wälzholz/*Bearbeiter*).

Wackerbarth, Ulrich, Das neue Delisting-Angebot nach § 39 BörsG oder: Hat der Gesetzgeber hier wirklich gut nachgedacht?, WM 2016, 385–388.

Wagner, Franz W., Der Liquidationswert bei rechtsgeprägten Anlässen der Unternehmensbewertung, Eine ökonomische Analyse der Rechtsprechung, WPg 2016, 1090–1093.

Wardenbach, Frank, „Stollwerck"-Grundsätze zum Referenzzeitraum für den Börsenwert gelten bei allen aktienrechtlichen Barabfindungsfällen einschließlich Delisting, GWR 2011, 332.

Wasmann, Dirk, Die Bedeutung des Börsenkurses bei der Ermittlung gesetzlich geschuldeter Kompensationen im Rahmen von Umstrukturierungen, in: Von der Sache zum Recht, Festschrift für Volker Beuthien zum 75. Geburtstag, München 2009, S. 267–281.

Ders., Endlich Neuigkeiten zum Börsenkurs, Besprechung der Stollwerck-Entscheidung des BGH, ZGR 2011, 83–103.

Ders., Zur Evaluation des Spruchverfahrens: Kein Abschaffungs- und überschaubarer Änderungsbedarf – Die Richter können es richten, AG 2021, 179–193.

Weber, Martin, Börsenkursbestimmung aus ökonomischer Perspektive, ZGR 2004, 280–300.

Ders., Die Entwicklung des Kapitalmarktrechts in 2017/2018, NJW 2018, 995–1000.

Wegner, Kilian, Das „GameStop"-Phänomen nach deutschem Marktmissbrauchsrecht: Marktmanipulation oder legitimes Anlegerverhalten?, BKR 2021, 181–185.

Weiler, Lothar/Meyer, Ingo, Berücksichtigung des Börsenkurses bei Ermittlung der Verschmelzungswertrelation, NZG 2003, 669–671.

Weimann, Martin, Spruchverfahren nach Squeeze-Out, De Gruyter, Berlin 2015.

Ders., Empirische Daten zu Ertragswert und Börsenwert, AG 2020, R156-R158.

Ders., Ertrags-/DCF-Wert und Börsenwert bei Unternehmensübernahmen und im Spruchverfahren, Bewertungs-Praktiker 2020, 113–117.

Ders., Ertragswert und Börsenwert, Empirische Daten zur Preisfindung beim Delisting, De Gruyter, Berlin 2020.

Ders., Empirische Erkenntnisse zum Verhältnis von Ertragswert/DCF-Wert und Börsenwert, WPg 2021, 530–534.

Weitnauer, Wolfgang (Hrsg.), Handbuch Venture Capital, Von der Innovation zum Börsengang, 6. Aufl., C. H. Beck, München 2019 (zitiert: Weitnauer/*Bearbeiter).*

Wiedemann, Herbert, Rechtsethische Maßstäbe im Unternehmens- und Gesellschaftsrecht, ZGR 1980, 147–176.

Ders., Minderheitsrechte ernstgenommen, Gedanken aus Anlaß der Magna Media-Entscheidung BayObLG ZIP 1998, 2002, ZGR 1999, 857–872.

Ders., Ist der Kleinaktionär kein Aktionär? in: Festschrift für Karsten Schmidt zum 70. Geburtstag, Köln 2009, S. 1731–1742.

Ders., Gedanken zur Mitgliedschaft und zu den mitgliedschaftlichen Rechtsverhältnissen, in: Festschrift für Wulf Goette zum 65. Geburtstag, München 2011, S. 617–627.

Wilm, Daniel, Abfindung zum Börsenkurs – Konsequenzen der Entscheidung des BVerfG, NZG 2000, 234–240.

Windbichler, Christine, Die Wolpertinger-Aktie, Zum Ausgleich nach § 304 AktG, in: Festschrift für Barbara Grunewald zum 70. Geburtstag, Köln 2021, S. 1355–1372.

Winner, Martin, Wertermittlung bei dominierten Transaktionen, Gibt es Alternativen zur Bewertung? in: Kalss, Susanne/Fleischer, Holger/Vogt, Hans-Ueli (Hrsg.), Gesellschafts- und Kapitalmarktrecht in Deutschland, Österreich und der Schweiz 2013, Tübingen 2014, S. 109–136.

Wissenschaftliche Dienste des Deutschen Bundestags, Sanktionierbarkeit von Verhalten im Rahmen der GameStop-Vorgänge, Einzelfragen zu möglichen Straftaten und Ordnungswidrigkeiten von Aktienkäufern und Leerverkäufern, WD 4 – 3000 – 019/21, 2021.

Wollny, Christoph, Der objektivierte Unternehmenswert, Unternehmensbewertung bei gesetzlichen und vertraglichen Bewertungsanlässen, 3. Aufl., NWB Verlag, Herne 2018.

Zeeck, Sebastian/Reichard, Michael, Der Referenzzeitraum für die Bestimmung des Börsenwerts eines Unternehmens bei Strukturmaßnahmen, zugl. Besprechung der Entscheidung des BGH v. 19.07.2010 – II ZB 18/09, AG 2010, 629 (Stollwerck) –, AG 2010, 699–707.

Zeidler, Finn, Anm. zu BayObLG, Beschluß v. 29.09.1998 – 3Z BR 159/94, NZG 1998, 946–950.

Zetzsche, Dirk A., Kommerzialisierung der Mitgliedschaft, ein Beitrag zur Flexibilisierung des Aktienrechts, in: Recht und Gesetz, Festschrift für Ulrich Seibert zum 65. Geburtstag, Köln 2019, S. 1149–1172.

Zwirner, Christian/König, Beate, Segmentwechsel einer kapitalmarktorientierten Kapitalgesellschaft, Relevanz, Motivation und Rechtsfolgen eines Downlistings im Fokus der jüngsten BGH-Rechtsprechung, KoR 2014, 378–386.

Zwirner, Christian/Zimny, Gregor, Unternehmensbewertung unter Rückgriff auf Börsenkurse – geeignete Methode für den Mittelstand?, BB 2018, 1387–1391.

Anhang 1

Barabfindungsregelungen

§ 305 Abs. 3 Satz 2 AktG (BGAV)	Die *angemessene Barabfindung* muß die *Verhältnisse der Gesellschaft* im *Zeitpunkt der Beschlußfassung ihrer Hauptversammlung* über den Vertrag berücksichtigen.
§ 320b Abs. 1 Satz 1 und 4 AktG (Eingliederung)	Die ausgeschiedenen Aktionäre der eingegliederten Gesellschaft haben Anspruch auf *angemessene* Abfindung. [...] Die Barabfindung muß die *Verhältnisse der Gesellschaft* im *Zeitpunkt der Beschlußfassung ihrer Hauptversammlung* über die Eingliederung berücksichtigen.
§ 327a Abs. 1 Satz 1 AktG (aktienrechtlicher Squeeze-Out) Auch über § 62 Abs. 5 Satz 8 UmwG (verschmelzungsrechtlicher Squeeze-Out)	Die Hauptversammlung einer Aktiengesellschaft oder einer Kommanditgesellschaft auf Aktien kann auf Verlangen eines Aktionärs, dem Aktien der Gesellschaft in Höhe von 95 vom Hundert des Grundkapitals gehören (Hauptaktionär), die Übertragung der Aktien der übrigen Aktionäre (Minderheitsaktionäre) auf den Hauptaktionär gegen Gewährung einer *angemessenen Barabfindung* beschließen.
§§ 29 Abs. 1 Satz 1, 30 Abs. 1 Satz 1 UmwG (Verschmelzung)	(1) [...] gegen eine *angemessene Barabfindung* anzubieten (1) [1]Die Barabfindung muß die *Verhältnisse des übertragenden Rechtsträgers* im *Zeitpunkt der Beschlußfassung* über die Verschmelzung berücksichtigen.
§ 7 Abs, 2 Satz 1 SEAG	(2) Die Barabfindung muss die Verhältnisse der Gesellschaft im Zeitpunkt der Beschlussfassung über die Verschmelzung berücksichtigen.

Anhang 2

Regelungen des Freiverkehrs im BörsG

§ 43 BörsG 1896[1]	Für Wertpapiere, deren Zulassung zum Börsenhandel verweigert oder nicht nachgesucht ist, *darf eine amtliche Feststellung des Preises nicht erfolgen*. Geschäfte in solchen Wertpapieren *sind von der Benutzung der Börseneinrichtung ausgeschlossen und dürfen von den Kursmaklern nicht vermittelt werden*. Auch dürfen für solche an der Börse abgeschlossenen Geschäfte *Preislisten (Kurszettel) nicht veröffentlicht* oder in mechanisch hergestellter Vervielfältigung verbreitet werden, soweit nicht die Börsenordnung für besondere Fälle Ausnahmen gestattet.
§ 78 BörsG 1987[2]	In Wertpapieren, die weder zur amtlichen Notierung noch zum geregelten Markt zugelassen sind, dürfen Preise einschließlich Angebot und Nachfrage nach näherer Bestimmung *durch die Börsenordnung* ausgerufen, ermittelt oder veröffentlicht werden, wenn ein ordnungsgemäßer Handel an der Börse gewährleistet erscheint.
§ 78 BörsG 1994[3]	(1) Für Wertpapiere, die weder zum amtlichen Handel noch zum geregelten Markt zugelassen sind, *kann die Börse einen Freiverkehr zulassen*, wenn durch *Handelsrichtlinien* eine ordnungsgemäße Durchführung des Handels und der Geschäftsabwicklung gewährleistet erscheint. (2) Preise für Wertpapiere, die während der Börsenzeit an einer Wertpapierbörse im Freiverkehr ermittelt werden, *sind Börsenpreise*. Börsenpreise sind auch Preise, die sich für die im Freiverkehr gehandelten Wertpapiere in einem an einer Börse durch die Börsenordnung geregelten elektronischen Handelssystem oder an Börsen bilden, an denen nur ein elektronischer Handel stattfindet. Die Börsenpreise müssen die Anforderungen nach § 11 Abs. 2 erfüllen.
§ 57 BörsG 2002[4]	(1) Für Wertpapiere, die weder zum amtlichen Markt zugelassen noch zum geregelten Markt zugelassen oder einbezogen sind, kann die Börse einen Freiverkehr zulassen, wenn durch Handelsrichtlinien eine ordnungsmäßige Durchführung des Handels und der Geschäftsabwicklung gewährleistet erscheint.

[1] BörsG 1896 (Teil 4, Fn. 6), S. 157 (Hervorhebungen durch Verf.).

[2] Siehe BörsZulG (Teil 4, Fn. 13), S. 2482 (Hervorhebungen durch Verf.).

[3] Vgl. 2. FiMaFöG (Teil 4, Fn. 21), S. 1769 (Hervorhebungen durch Verf.).

[4] Geändert durch Art. 1 des 4. FiMaFöG (Teil 4, Fn. 28), S. 2026 (Hervorhebungen durch Verf.).

(2) Preise für Wertpapiere, die während der Börsenzeit an einer Wertpapierbörse im Freiverkehr ermittelt werden, sind Börsenpreise. Die Börsenpreise müssen den Anforderungen nach § 24 Abs. 2 entsprechen.

(3) Die *Börsenaufsichtsbehörde kann den Handel untersagen*, wenn ein ordnungsgemäßer Handel für die Wertpapiere nicht mehr gewährleistet erscheint.

---

§ 48 BörsG 2007[5]

(1) Für Wertpapiere, die weder zum Handel im regulierten Markt zugelassen noch zum Handel in den regulierten Markt einbezogen sind, kann die Börse den *Betrieb eines Freiverkehrs durch den Börsenträger* zulassen, wenn durch *Geschäftsbedingungen*, die *von der Geschäftsführung gebilligt* wurden, eine ordnungsmäßige Durchführung des Handels und der Geschäftsabwicklung gewährleistet erscheint. Emittenten, deren Wertpapiere *ohne ihre Zustimmung* in den Freiverkehr einbezogen worden sind, können durch Handelsrichtlinien nicht dazu verpflichtet werden, Informationen in Bezug auf diese Wertpapiere zu veröffentlichen.

(2) Die Börsenaufsichtsbehörde kann den Handel im Freiverkehr untersagen, wenn ein ordnungsgemäßer Handel für die Wertpapiere nicht mehr gewährleistet erscheint.

(3) Der Betrieb des Freiverkehrs bedarf der schriftlichen Erlaubnis der Börsenaufsichtsbehörde. Auf den Betrieb des Freiverkehrs sind die *Vorschriften dieses Gesetzes mit Ausnahme der §§ 27 bis 29 und der §§ 32 bis 47 entsprechend anzuwenden.*

---

§ 48 BörsG 2009[6]

(1) Für Wertpapiere, die weder zum Handel im regulierten Markt zugelassen noch zum Handel in den regulierten Markt einbezogen sind, kann die Börse den Betrieb eines Freiverkehrs durch den Börsenträger zulassen, wenn *durch eine Handelsordnung sowie durch Geschäftsbedingungen des Börsenträgers*, die von der Geschäftsführung gebilligt wurden, eine ordnungsmäßige Durchführung des Handels und der Geschäftsabwicklung gewährleistet erscheint. Die *Handelsordnung regelt den Ablauf des Handels*. Die *Geschäftsbedingungen regeln die Teilnahme am Handel und die Einbeziehung von Wertpapieren zum Handel*. Emittenten, deren Wertpapiere ohne ihre Zustimmung in den Freiverkehr einbezogen worden sind, können durch die Geschäftsbedingungen nicht dazu verpflichtet werden, Informationen in Bezug auf diese Wertpapiere zu veröffentlichen.

(2) Die Börsenaufsichtsbehörde kann den Handel im Freiverkehr untersagen, wenn ein ordnungsgemäßer Handel für die Wertpapiere nicht mehr gewährleistet erscheint.

---

[5] Geändert durch Art. 2 FRUG (Teil 4, Fn. 14), S. 1366 f. (Hervorhebungen durch Verf.).

[6] Geändert durch Art. 3a des Gesetz zur Fortentwicklung des Pfandbriefrechts v. 20.03.2009, BGBl. I, 607 (620) (Hervorhebungen durch Verf.).

(3) Der Betrieb des Freiverkehrs bedarf der schriftlichen Erlaubnis der Börsenaufsichtsbehörde. Auf den Betrieb des Freiverkehrs sind die Vorschriften dieses Gesetzes mit Ausnahme der §§ 27 bis 29 und der §§ 32 bis 47 entsprechend anzuwenden.

---

§ 48 BörsG 2018[7]

(1) Für Wertpapiere, die weder zum Handel im regulierten Markt zugelassen noch zum Handel in den regulierten Markt einbezogen sind, kann die Börse den Betrieb eines Freiverkehrs durch den Börsenträger zulassen, wenn durch eine Handelsordnung sowie durch Geschäftsbedingungen des Börsenträgers, die von der Geschäftsführung gebilligt wurden, eine ordnungsmäßige Durchführung des Handels und der Geschäftsabwicklung gewährleistet erscheint. Die Handelsordnung regelt den Ablauf des Handels. Die Geschäftsbedingungen regeln die Teilnahme am Handel und die Einbeziehung von Wertpapieren zum Handel. Emittenten, deren Wertpapiere ohne ihre Zustimmung in den Freiverkehr einbezogen worden sind, können durch die Geschäftsbedingungen nicht dazu verpflichtet werden, Informationen in Bezug auf diese Wert-papiere zu veröffentlichen.

(2) Die Börsenaufsichtsbehörde kann den Handel im Freiverkehr untersagen, wenn ein ordnungsgemäßer Handel für die Wertpapiere nicht mehr gewährleistet erscheint.

(3) Der Betrieb eines Freiverkehrs bedarf der schriftlichen Erlaubnis der Börsenaufsichtsbehörde. *Der Freiverkehr gilt als multilaterales Handelssystem.* Der Börsenträger legt der Börsenaufsichtsbehörde eine ausführliche Beschreibung der Funktionsweise des Handelssystems, einschließlich etwaiger Verbindungen zu einem anderen multilateralen oder organisierten Handelssystem oder einem systematischen Internalisierer in seinem Eigentum, sowie eine Liste der Handelsteilnehmer vor. Die Börsenaufsichtsbehörde stellt diese Informationen der Bundesanstalt und auf deren Verlangen der Europäischen Wertpapier- und Marktaufsichtsbehörde zur Verfügung und teilt diesen jede Erteilung einer Erlaubnis eines Freiverkehrs mit. Auf den Betrieb des Freiverkehrs sind unbeschadet der Absätze 4 und 5 die Vorschriften dieses Gesetzes mit Ausnahme der §§ 27 bis 43 entsprechend anzuwenden.

(4) Der Börsenträger hat sicherzustellen, dass der Freiverkehr über mindestens drei aktive Handelsteilnehmer verfügt, denen es jeweils möglich ist, mit allen übrigen Handelsteilnehmern zum Zwecke der Preisbildung zu interagieren.

(5) Der Börsenträger kann von einem Emittenten die Übermittlung von Referenzdaten in Bezug auf dessen Finanzinstrumente verlangen, soweit dies zur Erfüllung der Anforderungen aus Artikel 4 der Verordnung (EU) Nr. 596/2014 erforderlich ist.

---

[7] Geändert durch Art. 8 des 2. FiMaNoG (Teil 4, Fn. 113), S. 1798 (Hervorhebungen durch Verf.).

Anhang 3

Freiverkehrssegmente

Handelsplatz	*Segmente*
Börse Frankfurt	Basic Board Quotation Board Scale
Börse München	Freiverkehr M:access
Börse Stuttgart	Freiverkehr Freiverkehr Plus
Börse Hamburg	Freiverkehr Mittelstandsbörse Deutschland High Risk Market
Börse Hannover	Freiverkehr Mittelstandsbörse Deutschland
Börse Berlin	Freiverkehr Berlin Second Regulated Market
Börse Düsseldorf	Freiverkehr Primärmarkt Sekundärmarkt

Anhang 4

Übersicht der privatrechtlichen Freiverkehrsregelungen

	Regelwerk	*Stand*
Frankfurter Wertpapierbörse	Allgemeine Geschäftsbedingungen der Deutschen Börse AG für den Freiverkehr an der Frankfurter Wertpapierbörse	09.12.2019
	Handelsordnung für den Freiverkehr an der Frankfurter Wertpapierbörse	16.11.2019
Börse München	Geschäftsbedingungen für den Freiverkehr an der Börse München	03.01.2018
	Handelsordnung für den Freiverkehr an der Börse München	03.01.2017
Börse Hamburg	AGB Freiverkehr	08/2017
	Handelsordnung für den Freiverkehr an der Hanseatischen Wertpapierbörse Hamburg	04.10.2010
Börse Hannover	AGB Freiverkehr	27.10.2015
	Handelsordnung für den Freiverkehr an der Niedersächsischen Börse zu Hannover	13.10.2010
Börse Berlin	Geschäftsbedingungen für den Freiverkehr an der Börse Berlin	01.11.2012
	Handelsordnung für den Freiverkehr	19.01.2011
Börse Stuttgart	Geschäftsbedingungen für den Freiverkehr an der Baden-Württembergischen Wertpapierbörse	16.12.2019
	Handelsordnung für den Freiverkehr an der Baden-Württembergischen Wertpapierbörse	10.12.2010
Börse Düsseldorf	Geschäftsbedingungen der BÖAG Börsen AG für den Freiverkehr an der Börse Düsseldorf	10.01.2019
	Börsenordnung	02.01.2018

Sachregister

Schriften zum Unternehmens- und Kapitalmarktrecht

herausgegeben von
Jörn Axel Kämmerer, Karsten Schmidt und Rüdiger Veil

Die Schriftenreihe *Schriften zum Unternehmens- und Kapitalmarktrecht (SchrUKmR)* wurde 2012 gegründet. Sie reflektiert die Tatsache, dass das Unternehmens- und Kapitalmarktrecht in besonderer Weise von der internationalen Wirtschaftspraxis und Erkenntnissen anderer Disziplinen, insbesondere der Wirtschaftswissenschaften, beeinflusst wird. Die Globalität der Finanzmärkte spiegelt sich in einem hohen Grad internationaler Rechtsvereinheitlichung wider und bei der Fortbildung des Rechts sind Gesetzgeber und Gerichte auf Erkenntnisse der Rechtsvergleichung angewiesen. Die Reihe *SchrUKmR* verfolgt das Ziel, zur Diskussion über grundlegende Themen des Gesellschafts-, Kapitalmarkt- und Bankrechts, insbesondere an der Schnittstelle zu anderen Gebieten des Wirtschaftsrechts oder des Verfassungs- und Europarechts, beizutragen. Die Reihe ist offen für Habilitationsschriften, herausragende Dissertationen und vergleichbare Monographien.

ISSN: 2193-7273
Zitiervorschlag: SchrUKmR

Alle lieferbaren Bände finden Sie unter *www.mohrsiebeck.com/schrukmr*

Mohr Siebeck
www.mohrsiebeck.com